Curso de Direito
da Criança e do Adolescente

Dados Internacionais de Catalogação na Publicação (CIP)
(Câmara Brasileira do Livro, SP, Brasil)

Paula, Paulo Afonso Garrido de. Curso de direito da criança e do adolescente / Paulo Afonso Garrido de Paula. – São Paulo : Cortez, 2024.

Bibliografia.
ISBN 978-65-5555-424-3

1. Crianças e adolescentes - Direitos 2. Crianças e adolescentes - Direitos - Brasil 3. Crianças e adolescentes - Leis e legislação - Brasil 4. Estatuto da Criança e do Adolescente (ECA) I. Título.

23-169174 CDU-347.157.1(81)(094)

Índice para catálogo sistemático:

1. Brasil : Direito da criança e do adolescente   347.157.1(81)(094)

Cibele Maria Dias - Bibliotecária - CRB-8/9427

Paulo Afonso Garrido de Paula

Curso de Direito
da Criança e do Adolescente

São Paulo – SP

2024

CURSO DE DIREITO DA CRIANÇA E DO ADOLESCENTE
Paulo Afonso Garrido de Paula

Direção editorial: Miriam Cortez
Coordenação editorial: Danilo A. Q. Morales
Assistente editorial: Gabriela Orlando Zeppone
Preparação de originais: Silvana Cobucci
Revisão: Ana Paula Luccisano
       Amélia Ward
Diagramação: Linea Editora
Capa: Maju Bengel

Nenhuma parte desta obra pode ser reproduzida ou duplicada
sem autorização expressa do autor e do editor.

© 2024 by autor

Direitos para esta edição
CORTEZ EDITORA
R. Monte Alegre, 1074 – Perdizes
05014-001 – São Paulo-SP
Tel.: +55 11 3864 0111
editorial@cortezeditora.com.br
www.cortezeditora.com.br

Impresso no Brasil – maio de 2024

Sumário

Prefácio 21

I. Direito da criança e do adolescente e direitos humanos 23
1. Direitos humanos como caminho da civilidade 23
2. A criança como preocupação da humanidade 27
3. A dignidade da pessoa humana como fundamento do direito da criança e do adolescente 29

II. Normativa internacional 32
4. Escorço histórico 32
5. Convenção dos Direitos da Criança 33
6. A força normativa da Convenção 35

III. Direito da criança e do adolescente na Constituição brasileira 38
7. Criança, adolescente e legislação 38
8. Momento constituinte 39
9. Promessas constitucionais 42
10. Proteção especial 43

IV. Estatuto da Criança e do Adolescente 46
11. Processo de elaboração 46
12. Proteção integral 48

13. Sujeitos das relações jurídicas 49

14. Princípios informadores 53

15. Pessoa em processo de desenvolvimento 54

16. Prioridade absoluta 55

17. Abrangência 60

18. Elementos de integração e interpretação 61

V. Carta de direitos 64

19. Microssistema 64

20. Natureza dos direitos da criança e do adolescente 64

21. Características 65

22. Classificação 66

VI. Direito à vida 68

23. Essência do direito à vida 68

24. Direito de preservação da vida 70

25. Direito à proteção intrauterina 70

26. Direito ao parto assistido 72

27. Direito ao desenvolvimento saudável 73

28. Direitos inerentes à primeira infância 76

29. Direito a condições dignas de existência 78

VII. Direitos fundados na liberdade 80

30. Liberdade 80

31. Liberdade e faixas etárias 83

32. Liberdade, respeito e dignidade 84

33. Liberdade de ir, vir e estar 85

34. Liberdade de opinião e expressão 88

35. Liberdade de crença e culto religioso 91

36. Liberdade de brincar 92

CURSO DE DIREITO DA CRIANÇA E DO ADOLESCENTE 7

37. Liberdade de participar da vida familiar 94

38. Liberdade de participar da vida comunitária 96

39. Liberdade de participar da vida política 97

40. Liberdade de buscar refúgio, apoio e orientação 99

41. Direito de resistência à repressão estatal 100

VIII. Direitos fundados no respeito e na dignidade 102

42. Direito ao respeito 102

43. Direito à integridade 103

44. Respeito à imagem 104

45. Respeito à identidade 105

46. Respeito à autonomia 106

47. Respeito aos valores 107

48. Respeito às ideias 108

49. Respeito às crenças 108

50. Respeito aos espaços pessoais 109

51. Respeito aos objetos pessoais 109

52. Direito à dignidade 111

53. Proibição de tratamento desumano 112

54. Proibição de tratamento violento. Direito a uma educação sem violência 113

55. Proibição de tratamento aterrorizante 118

56. Proibição de tratamento vexatório 119

57. Proibição de tratamento constrangedor 120

IX. Direitos fundados na igualdade 121

58. Igualdade 121

59. Direitos sociais 121

60. Direitos sociais em espécie 122

61. O exercício dos direitos sociais na infância e na adolescência 123

X. Direito à saúde 125

62. Saúde e ordem social 125

63. Promoção da saúde de crianças e adolescentes 127

64. Aleitamento materno 130

65. Direito à vacinação 131

66. Direito ao diagnóstico precoce 134

67. Direito a medicamentos, órteses, próteses e tecnologias assistidas. 136

68. Direito à assistência familiar 139

69. Saúde da criança ou adolescente com deficiência 141

70. Saúde bucal 146

71. Criança, adolescente e o SUS 148

XI. Direito à educação 151

72. Educação e cidadania 151

73. Facetas da educação 153

74. Organização do sistema de ensino 155

75. Direito à creche 156

76. Direito à pré-escola 163

77. Direito ao ensino fundamental 167

78. Direito ao ensino médio 171

79. Direito ao ensino superior 175

80. Direito à educação da pessoa com deficiência 177

81. Direitos suplementares: material didático, uniforme, merenda, transporte escolar e saúde 181

82. Direito a uma educação de qualidade, plural e democrática 183

XII. Direito à assistência social 191

83. A assistência social como direito 191

84. Pertinência temática da assistência social 193

85. A assistência social no contexto dos direitos da criança e do adolescente 194

XIII. Direito à convivência familiar 197

86. Família 197
87. Direito à convivência familiar 198
88. As referências conceituais de família 199
89. Poder familiar 200
90. Inibição do direito de guarda 202
91. Suspensão do poder familiar 204
92. Perda do poder familiar 204
93. Procedimento de suspensão e perda do poder familiar 210

XIV. Direito à convivência comunitária 222

94. Conteúdo 222
95. Direito à preservação da individualidade 224
96. Intimidação sistemática (*bullying*) e convivência social 225
97. *Cyberbullying* 228
98. *Bullying* e racismo 229

XV. Direito à cultura, aos esportes e ao lazer 230

99. Direito à cultura 230
100. Direito aos esportes 233
101. Direito ao lazer 237

XVI. Direito à proteção especial no trabalho 239

102. O trabalho precoce 239
103. Balizamento constitucional 240
104. Proteção do trabalho no ECA 245
105. Situações especiais 247

XVII. Direitos fundados na universalidade 252

106. A universalidade como fonte dos direitos difusos e coletivos 252
107. Direitos individuais homogêneos 255
108. Direitos coletivos e difusos no ECA 257

XVIII. Dever social de prevenção...... 260

109. Dever geral...... 260

110. O paradigma do respeito à condição peculiar de pessoa em desenvolvimento...... 261

111. Prevenção e responsabilidade social...... 262

112. Prevenção e deveres ordinários...... 264

113. Políticas e ações de prevenção à violência...... 264

114. Prevenção e escuta protegida...... 268

115. Prevenção e informação, cultura, lazer, esportes, diversões e espetáculos...... 271

116. Prevenção e classificação indicativa...... 272

117. Prevenção especial e produtos e serviços...... 276

118. Produtos e serviços proibidos...... 278

119. Prevenção especial e autorização para viajar...... 282

120. Prevenção e poder administrativo da autoridade judiciária...... 286

121. Alvarás judiciais...... 288

122. Portarias judiciais...... 290

XIX. Situação de risco e medidas de proteção...... 293

123. Situação de risco...... 293

124. Ação ou omissão da sociedade ou do Estado...... 294

125. Falta, omissão ou abuso dos pais ou responsável...... 295

126. Situação de risco decorrente da conduta da própria criança ou adolescente...... 296

127. Características das medidas de proteção...... 297

128. Princípios informadores...... 297

129. Princípio da titularidade de direitos...... 298

130. Princípio da proteção integral...... 298

131. Princípio da proteção prioritária...... 299

132. Princípio da responsabilidade primária do poder público...... 299

CURSO DE DIREITO DA CRIANÇA E DO ADOLESCENTE   11

133. Princípio da responsabilidade solidária do poder público 301

134. Princípio do superior interesse da criança 302

135. Princípio da privacidade 303

136. Princípio da intervenção precoce 304

137. Princípio da intervenção mínima 305

138. Princípio da proporcionalidade 306

139. Princípio da atualidade 307

140. Princípio da responsabilidade parental 308

141. Princípio da prevalência da família 309

142. Princípio da obrigatoriedade da informação 311

143. Princípio da oitiva obrigatória e participação 312

XX. Espécies de medidas de proteção 314

144. Generalidades 314

145. Acertamento registral 317

146. Encaminhamento aos pais ou responsável mediante termo de
responsabilidade 319

147. Orientação, apoio e acompanhamento temporários 321

148. Matrícula e frequência obrigatórias em estabelecimento oficial
de ensino fundamental 322

149. Inclusão em serviços e programas oficiais ou comunitários de
proteção, apoio e promoção da família 323

150. Requisição de tratamento médico, psicológico ou psiquiátrico ... 324

151. Inclusão em programa oficial ou comunitário de auxílio,
orientação e tratamento a alcoólatras e toxicômanos 325

XXI. Acolhimento institucional 328

152. Conceito e características 328

153. Guia de acolhimento institucional 333

154. Plano Individual de Atendimento — PIA 335

155. Audiências concentradas 337

156. Cadastro de acolhidos 339

157. Procedimento 340

158. Princípios 341

159. Preservação dos vínculos familiares 342

160. Promoção da reintegração familiar 343

161. Integração em família substituta 345

162. Atendimento personalizado e em pequenos grupos 346

163. Atividades em regime de coeducação 347

164. Não desmembramento de grupos de irmãos 347

165. Transferência de abrigados 349

166. Incompletude institucional 350

167. Preparação gradativa para o desligamento 351

XXII. Acolhimento familiar e apadrinhamento 354

168. Acolhimento familiar 354

169. Apadrinhamento 357

XXIII. Colocação em família substituta 361

170. Generalidades 361

171. Prevalência da família natural 362

172. Situação jurídica da criança ou do adolescente 364

173. Protagonismo da criança e do adolescente 365

174. Família substituta e família extensa 365

175. Família substituta e grupo de irmãos 366

176. Família substituta e etapa de preparação 368

177. Compatibilidade com a natureza da medida 368

178. Ambiente familiar adequado 370

179. Família substituta e obrigação de convivência 371

180. Família substituta, criança indígena e de outras comunidades
tradicionais 372

181. Procedimento 374

XXIV. Guarda 376

182. Conceito 376
183. Efeitos 378
184. Requisitos 379
185. Procedimento 381

XXV. Tutela 383

186. Conceito 383
187. Efeitos 385
188. Requisitos 386
189. Obrigações do tutor 387
190. Procedimento 388
191. Cessação da tutela 390

XXVI. Adoção 392

192. Conceito 392
193. Efeitos 393
194. Prenome do adotado 396
195. Requisitos em relação à família biológica 396
196. Requisitos em relação aos adotantes 400
197. Requisitos em relação ao adotando 401
198. Exigências de ordem pública 403
199. Adoção unilateral 406
200. Adoção conjunta, com guarda isolada ou compartilhada 407
201. Adoção póstuma 408
202. Adoção *intuitu personae* 409
203. Consumação da adoção 411
204. Procedimento 413
205. Direito do adotado à sua história 414
206. Cadastros 415
207. Adoção internacional 419

XXVII. Sistemas de proteção aos direitos da criança e adolescente... 424

208. Sistemas tradicionais.. 424
209. Sistema articulado e rede de atendimento........................ 427
210. Política de atendimento dos direitos............................... 432
211. Linhas de ação da política de atendimento....................... 434
212. Diretrizes da política de atendimento............................. 436
213. Financiamento do sistema.. 440

XXVIII. Conselhos e democracia participativa......................... 441

214. Democracia participativa.. 441
215. Conselhos de direitos.. 442
216. Conselho Tutelar... 448
217. Atribuições do Conselho Tutelar.................................... 451
218. Poderes de instrução e de execução do Conselho Tutelar.......... 461
219. Conselheiros tutelares: processo de escolha e regime jurídico..... 463
220. Perda da função e outras sanções aplicáveis aos conselheiros
tutelares.. 466

XXIX. Entidades e programas de atendimento......................... 469

221. Generalidades 469
222. Programas de proteção.. 474
223. Programas socioeducativos... 475
224. Fiscalização 478
225. Medidas aplicáveis... 481
226. Procedimento 485

XXX. Da proteção judicial dos direitos da criança e do adolescente.. 489

227. Tutela jurisdicional diferenciada.................................... 489
228. Tutela socioindividual 490
229. Tutela coletiva 494
230. Tutela socioeducativa... 495

CURSO DE DIREITO DA CRIANÇA E DO ADOLESCENTE

231. Tutela administrativa 497

232. Recursos.. 499

XXXI. Poder Judiciário 507

233. O Juízo da Infância e da Juventude 507

234. Competência do juízo 510

235. Competência exclusiva 516

236. Competência concorrente 519

237. Competência administrativa.. 522

238. Equipe interprofissional 523

239. O CNJ como formulador das políticas judiciárias na esfera da
infância e da juventude.. 527

XXXII. Ministério Público 530

240. Natureza... 530

241. Criança e adolescente e o Ministério Público............................. 531

242. Promotoria da Infância e da Juventude.. 533

243. Atribuições... 533

244. O CNMP como formulador das políticas do Ministério
Público na defesa da criança e do adolescente 535

XXXIII. Defensoria Pública 539

245. A defesa dos necessitados... 539

246. Defensoria Pública e advocacia da infância e da juventude 542

XXXIV. O inquérito civil e a ação coletiva no ECA 546

247. Microssistema e complementariedade 546

248. Inquérito civil.. 547

249. Compromisso de ajustamento de conduta.................................... 552

250. Ação coletiva... 554

251. Direitos materiais e ações coletivas no ECA 563

252. A regra de extensão... 566

XXXV. Sistemas de coibição da criminalidade infantojuvenil............. 568

253. A infração penal na infância e adolescência 568

254. Responsabilidade penal... 569

255. Responsabilidade penal no Brasil... 571

256. Responsabilidade socioeducativa... 572

257. Responsabilidade socioeducativa progressiva 573

258. Os sistemas de imputação 575

259. O sistema adotado no Brasil.. 576

260. Justiça restaurativa.. 577

261. Direito penal juvenil.. 578

XXXVI. Ato infracional... 580

262. Conceito 580

263. Configuração do ato infracional... 581

264. Tipicidade infracional objetiva... 581

265. Antijuridicidade.. 582

266. Culpabilidade normativa... 583

267. Imputabilidade socioeducativa. Ato infracional praticado por
criança.. 584

XXXVII. Medidas socioeducativas 588

268. Natureza jurídica 588

269. Medida socioeducativa adequada.. 590

270. Espécies de medidas socioeducativas 592

271. Aplicação isolada, cumulativa, substituição e extinção das
medidas socioeducativas.. 594

272. Advertência 596

273. Obrigação de reparar os danos... 598

274. Prestação de serviços comunitários 600

275. Liberdade assistida... 605

276. Colocação em casa de semiliberdade....................................... 608

CURSO DE DIREITO DA CRIANÇA E DO ADOLESCENTE 17

277. Internação. Conceito, condicionantes e espécies 610
278. Medidas socioeducativas impróprias 618

XXXVIII. Direitos individuais e garantias processuais 621

279. Socioeducação e garantismo 621
280. Direitos e garantias 626
281. Direitos e garantias individuais 628
282. Direitos e garantias processuais 634

XXXIX. Ação socioeducativa pública 636

283. Persecução socioeducativa 636
284. Ação socioeducativa pública 638
285. Disponibilidade, paralisação e ultimação abreviada da ação
socioeducativa pública. O instituto da remissão 641
286. Remissão como forma de exclusão do processo 644
287. Remissão como extinção ou suspensão do processo 646

XL. Procedimento de apuração de ato infracional 649

288. Considerações gerais 649
289. Juizado de instrução socioeducativo 650
290. Fases do procedimento 653

XLI. Fase policial do procedimento de apuração de ato infracional .. 654

291. Apreensão de adolescente 654
292. Providências preliminares 658
293. Aferições prévias 660
294. Entrega aos pais ou responsável 663
295. Apresentação imediata e custódia em repartição policial 664

XLII. Fase ministerial 666

296. Apresentação ao Ministério Público 666

297. Oitiva informal 668

298. Arquivamento e remissão como forma de exclusão do processo . 672

299. Representação 676

XLIII. Fase judicial 680

300. Balizas da intervenção judicial 680

301. Apreciação da promoção de arquivamento e da concessão de remissão 683

302. Recebimento da representação e avaliação do pedido de internação provisória 685

303. Rejeição da representação 690

304. Audiência de apresentação 690

305. Defesa prévia 696

306. Audiência em continuação ou de instrução e julgamento 697

307. Sentença 699

308. Medidas iniciais de execução 702

XLIV. Execução das medidas socioeducativas 705

309. Características gerais 705

310. Objetividade finalística 706

311. Profissionalismo intervencionista 707

312. Preservação de direitos não afetados pela imposição da medida... 709

313. Insuficiência resolutiva da medida socioeducativa 711

314. Sistema Nacional de Atendimento Socioeducativo — Sinase 712

315. Princípios gerais das medidas socioeducativas 713

316. Processo de execução 714

317. Direitos individuais dos adolescentes submetidos a medidas socioeducativas 717

318. Plano Individual de Atendimento — PIA 719

319. Medida socioeducativa e atenção integral à saúde do adolescente 720

CURSO DE DIREITO DA CRIANÇA E DO ADOLESCENTE

320. Interdição do submetido à medida socioeducativa 724

321. Visitas a internados 726

XLV. Prescrição 730

322. Prescrição e sistemas diferenciados 730

323. Prescrição da pretensão socioeducativa 733

324. Prescrição da pretensão executória 734

325. A Súmula 338 do STJ 735

XLVI. Medidas aplicáveis aos pais ou responsável 740

326. Deveres 740

327. Infração aos deveres 742

328. Medidas promocionais 744

329. Medidas sancionatórias 746

XLVII. Infrações administrativas 751

330. Conceito 751

331. Infrações em espécie 753

332. Infrações ao dever de prevenir a integridade física, psíquica e moral 756

333. Infração ao dever de prevenir riscos ao exercício de direitos nas entidades socioeducativas 769

334. Infrações de risco à criação, educação e sustento 770

335. Infrações de risco ao direito à convivência familiar 772

336. Procedimento 777

XLVIII. Crimes previstos no ECA 782

337. Considerações gerais 782

338. Efeitos extrapenais dos crimes previstos no ECA 786

339. Crimes contra o nascimento seguro 787

340. Crimes contra a liberdade de criança e adolescente 790

341. Crime de desrespeito à criança ou adolescente 795

342. Crime contra a fiscalização de entidades e programas 796

343. Crimes contra a regularidade da colocação em família substituta 797

344. Crimes contra a dignidade sexual de crianças ou adolescentes previstos no ECA 801

345. Crimes contra o desenvolvimento saudável............................... 812

Referências.. 817

Sobre o Autor.. 823

Lista de Abreviaturas.. 825

Normativa 827

Prefácio

As circunstâncias determinam nossas trajetórias de vida, ocasionais ou não. Um dos poucos cursos opcionais de extensão que fiz durante a graduação em Direito consistiu na participação em uma "Semana de Direito de Menor". Minha primeira designação como Promotor de Justiça Substituto foi de Curador de Menores da Capital de São Paulo e o primeiro convite que recebi para me afastar da carreira e assumir outro cargo público foi de auxiliar na condução da então Febem. De volta ao Ministério Público, fui designado para auxiliar na Coordenação das Curadorias de Menores do Ministério Público, tendo sido seu coordenador anos depois. Também foi para lecionar Direito do Menor o primeiro pedido de integração a um Curso de Preparação de Ingresso nas Carreiras Jurídicas. Já na vigência do ECA, fui distinguido com o chamado para integrar o primeiro núcleo universitário de Direitos Difusos e Coletivos, inovação da Pontifícia Universidade de São Paulo, assumindo a cadeira de Direito da Criança e do Adolescente, na qual permaneci por vários anos. Tudo permeado pela participação em sugestões que redundaram na elaboração dos arts. 227 e 228 da Constituição da República e na comissão de redação do anteprojeto que posteriormente deu origem ao ECA. Este *Curso de Direito da Criança e do Adolescente*, acalentado e escrito durante anos, nos intervalos possíveis, é o resultado natural de uma vida e do compromisso com a concretude dos direitos fundamentais das pessoas, notadamente crianças e adolescentes.

Esta obra e minha militância na defesa da causa da criança e do adolescente inserem-se no contexto da universalização dos direitos. O desejo de uma sociedade igualitária, em que todos vivenciem uma situação de identidade de oportunidades, foi o motor da minha vida e a maior influência na elaboração das frases que integram este livro. Não existe conhecimento jurídico sem que seja baseado nos princípios de liberdade, dignidade, igualdade e universalidade, de modo que o professor tem o compromisso com a reflexão de valores que, incorporados, contribuem para a superação das desigualdades e o desenvolvimento de potencialidades. O ensino é parcial na exata correspondência dos valores civilizatórios repassados pelo mestre, suplantando o tecnicismo estéril, cego e descompromissado, apresentando-se como expressão de engajamento da ciência, como instrumento de remoção das mazelas e recurso para a criação de possibilidades para o progresso social.

Se da análise técnica dos institutos e conceitos jurídicos o desiderato do avanço civilizatório não esteja presente nesta obra foi porque me perdi na rigidez da dogmática, na importância da padronização normativa. Mas, se em alguns momentos minhas letras despertarem a necessidade de uma prática transformadora, a veiculação de reflexões de uma existência terá valido o esforço.

Paulo Afonso Garrido de Paula, 2024.

I

Direito da criança e do adolescente e direitos humanos

1. Direitos humanos como caminho da civilidade

A construção histórica dos direitos humanos tem origem no culturalismo reativo. As grandes tragédias vivenciadas pela humanidade despertaram a reação da civilidade, materializada em promessas de respeito à existência. Documentos de afirmação do valor da vida foram produzidos sob a influência da rejeição imediata aos episódios imediatamente anteriores de barbárie, na tentativa de concitar as nações a um estado de paz e de respeito à pessoa humana.

A dignidade da pessoa humana encontra-se no centro da construção dos direitos fundamentais. Um modesto e mínimo escorço histórico, documental, indica um culturalismo reativo inegável, com as incoerências próprias do desenvolvimento.

As declarações de direitos das antigas colônias inglesas da América do Norte, especialmente a da Virgínia, indicam que a independência das colônias também esteve relacionada à forma como o homem era visto pela organização social. Seu primeiro artigo indica o objetivo da felicidade humana com segurança e à luz dos direitos inerentes à sua própria natureza, como a liberdade e a independência, enquanto o disposto em seu art. 3º proclama que o governo é instituído para o benefício e a proteção do povo, da nação e da comunidade, devendo agir com a máxima eficiência no cumprimento desse objetivo maior, podendo ser penalizado quando do desvio desse caminho com a reforma e até mesmo sua abolição[1].

Na França, a Declaração dos Direitos do Homem e do Cidadão, votada definitivamente em 2 de outubro de 1789, consigna em seu introito que a ignorância, o esquecimento ou o desprezo dos direitos naturais do homem são as únicas causas das infelicidades e dos males públicos e da corrupção dos governos, razão da proclamação de direitos inalienáveis, seguindo-se prescrições de liberdade, propriedade, segurança e normas de resistência à opressão do Estado. O lema da liberdade, fraternidade e igualdade, síntese das ideias iluministas, marca, com o simbolismo da Tomada da Bastilha e uma sequência de introduções e modificações legislativas, a reação contra um sistema de privilégios, voltando-se para a valorização do cidadão[2].

A Constituição do Reich Alemão, de 14 de agosto de 1919, instauradora da República Alemã ou República de Weimar, invocando na sua introdução os ideais de justiça, liberdade, paz e progresso social e sempre

---

1. A ideia de que o Estado pertence ao cidadão acabou por influenciar fortemente a Declaração de Independência dos Estados Unidos da América do Norte, adotada aos 4 de julho de 1776, em cujo preâmbulo se verifica a invocação de direitos inalienáveis, entre os quais a vida, a liberdade e a perseguição da felicidade e inúmeros reclamos da Coroa, violadora contumaz dos interesses dos colonizados.

2. Os ideais libertários não impediram que, no seu desenrolar, a revolução produzisse uma ditadura de terror, fazendo dos episódios de violência e da guilhotina igualmente símbolos da desconsideração pela vida.

lembrada pelas prescrições de direitos sociais, foi o resultado da hecatombe da Primeira Guerra e não teve a eficácia de incutir o respeito aos direitos humanos. A Primeira Grande Guerra também influenciou a Constituição Política dos Estados Unidos Mexicanos, de 5 de fevereiro de 1917, construída ainda como reação aos desmandos ditatoriais de Porfirio Díaz e proclamada pelo presidente Venustiano Carranza como consequência da revolução de 1910. Seu art. 1º contém referência expressa à dignidade da pessoa humana.

Esse culturalismo reativo fica ainda mais evidente quando da Declaração Universal dos Direitos do Homem, aprovada em Assembleia das Nações Unidas aos 10 de dezembro de 1948, pouco mais de três anos após o final da tragédia, em 14 de agosto de 1945, data da rendição das forças japonesas. Aliás, o fruto político da guerra, a própria organização oficializada aos 24 de outubro de 1945 em substituição à Sociedade das Nações, produziu seu principal documento à luz de uma declarada tentativa de estabelecimento das bases de uma paz duradoura e do propósito de proteção aos direitos humanos. A Carta das Nações Unidas, documento de fundação da ONU, não deixa dúvidas de que a experiência de violência suscita a necessidade de preservação, de impedir a repetição de ações precedentes, ficando absolutamente patente em seu preâmbulo:

"Nós, os povos das Nações Unidas, resolvidos a preservar as gerações vindouras do flagelo da guerra, que por duas vezes, no espaço da nossa vida, trouxe sofrimentos indizíveis à humanidade, e a reafirmar a fé nos direitos fundamentais do homem, na dignidade e no valor do ser humano, na igualdade de direito dos homens e das mulheres, assim como das nações grandes e pequenas, e a estabelecer condições sob as quais a justiça e o respeito às obrigações decorrentes de tratados e de outras fontes do direito internacional possam ser mantidos, e a promover o progresso social e melhores condições de vida dentro de uma liberdade ampla".

E preliminar da Declaração Universal dos Direitos do Homem repete a motivação das experiências traumáticas, considerando que o desprezo e o desrespeito pelos direitos humanos resultaram em atos bárbaros que ultrajaram a consciência da humanidade, e que o advento de um mundo em que todos gozem de liberdade de palavra, de crença e da liberdade de viverem a salvo do temor e da necessidade foi proclamado como a mais alta aspiração do ser humano comum.

Os direitos humanos representam, portanto, conquistas da civilidade, resultado das funestas experiências vivenciadas pela humanidade. São um valor gestado pela humanidade e ainda dependente de constante validação.

Classificar os direitos humanos não é uma tarefa fácil. A classificação mais adotada no Brasil é a que separa os direitos humanos em gerações, considerando seu surgimento histórico e sua natureza. Não se substituem; se completam, formando um todo que gravita em torno da dignidade da pessoa humana. Assim, a primeira geração compreende os direitos fundados na liberdade individual, tendo por escopo limitar as intervenções do Estado na esfera privada. A segunda agasalha os direitos concebidos em razão da igualdade, encerrando primordialmente os direitos sociais e culturais. Já a terceira geração de direitos humanos, ultrapassando os limites da titularidade individual dos direitos, abrange direitos coletivos e difusos destinados à manutenção da vida saudável, digna e pacífica no planeta.

Deve-se anotar também a concepção binária ou dualista dos direitos humanos, separados em grupos em que valores relacionados às liberdades positivas ou negativas indicam direitos e garantias individuais, comportamentos garantidos, limitações ao poder do Estado e contraprestações públicas. A corrente unitária, por sua vez, agrupa interesses fundamentais como direitos humanos à luz de sua essência arraigada no valor da dignidade da pessoa humana, não fazendo nenhuma outra distinção. Realça, nesses direitos, sua condição principiológica, em posição de proeminência sobre os demais interesses protegidos, focando em suas características básicas, universalidade, complementariedade, intangibilidade, indisponibilidade e imprescritibilidade, os elementos necessários à sua identificação.

2. A criança como preocupação da humanidade

A Sociedade das Nações, criada formalmente com o Tratado de Versalhes, de 29 de junho de 1919, incorpora, em 26 de setembro de 1924, a primeira Declaração dos Direitos da Criança, conhecida como Declaração de Genebra. Trata-se do primeiro documento internacional com expressa referência aos direitos sociais, pois os anteriores, a Constituição Política dos Estados Unidos Mexicanos de 1917 e a Constituição de Weimar de 1919, tinham as limitações de suas próprias fronteiras. Assim, a criança inspirou a primeira proclamação mundial dos direitos sociais, historicamente alavancando o surgimento de uma nova geração de direitos fundamentais.

Os postulados da Declaração de Genebra de 1924 derivaram de uma carta de princípios de uma organização não governamental defensora dos direitos das crianças, criada em 1919 pela ativista inglesa Eglantyne Jebb para socorrer as crianças vítimas da Primeira Grande Guerra, a "Save the Children", ainda em funcionamento. Em 1924, a Liga das Nações incorporou a Carta Eglantyne, transformando-a no primeiro documento internacional de proclamação de direitos sociais.

Também é importante consignar que da Declaração de Genebra de 1924, baseada na Carta Eglantyne, derivou a inserção do infante como sujeito de direitos, por proclamar sua titularidade sobre uma série de interesses juridicamente subordinantes. Se não previu os obrigados nem tampouco criou condições de exigibilidade, o que pouco se discutia juridicamente naquele momento histórico, teve o inquestionável mérito de se ater aos destinatários da proteção, tratando-os como sujeitos, de modo que é possível nela vislumbrar o prenúncio de uma carta efetiva de direitos.

Em primeiro lugar, a Declaração de Genebra estabeleceu o direito aos meios necessários para um desenvolvimento normal, prenunciando a essência da proteção integral representada pelas garantias de um desenvolvimento saudável. O segundo princípio encerrou uma utopia, objetivo em contínua perseguição: o direito à alimentação quando da fome, primordial interesse humano imprescindível ao exercício de outros. O terceiro princípio — direito de auxílio na orfandade — estabeleceu a assistência social como direito, afastando ideias de dádiva, favor ou concessão. Também prescreveu o direito de receber auxílio nos momentos de perigo, retirando da fragilidade característica das diversas faixas etárias uma peculiar situação a exigir um direito especial. O direito de ganhar sustento anteviu o direito ao trabalho regular, colocando a criança em sua situação de proteção estatal que, ainda que mínima, era negada às crianças já submetidas à faina diária. A Carta Eglantyne também previu o direito de proteção contra a exploração, sinalizando que sem a garantia da integridade inexiste possibilidade de desenvolvimento sadio e harmonioso. Por fim, o sétimo e último princípio — direito à educação como forma de desenvolvimento de talentos que devem ser colocados a serviço dos semelhantes — enfatizou a educação como direito que transcende o indivíduo e alcança a comunidade, única forma de progresso pessoal e social.

Na Declaração Universal dos Direitos Humanos, de 1948, sob os auspícios da ONU, sucessora da Sociedade ou Liga das Nações, a criança contou apenas com uma ligeira menção. Prometeu à infância "cuidado e assistência especiais" e, ao tratar da educação, acabou consignando que seria "orientada no sentido do pleno desenvolvimento da personalidade humana e do fortalecimento do respeito pelos direitos humanos e pelas liberdades fundamentais. A instrução promoverá a compreensão, a tolerância e a amizade entre todas as nações e grupos raciais ou religiosos, e coadjuvará as atividades das Nações Unidas em prol da manutenção da paz".

A timidez da Declaração Universal dos Direitos Humanos levou a ONU a proclamar uma carta especial, depois de muita discussão a respeito de seu conteúdo. Assim, em 20 de dezembro de 1959, promulgou-se a Declaração dos Direitos da Criança, com dez princípios fundamentais. Uma síntese das suas razões e objetivos está em seu preâmbulo[3], de onde

---

3. "VISTO que os povos das Nações Unidas, na Carta, reafirmaram sua fé nos direitos humanos fundamentais, na dignidade e no valor do ser humano, e resolveram promover o progresso social e melhores

CURSO DE DIREITO DA CRIANÇA E DO ADOLESCENTE

é possível destacar o objetivo da "infância feliz" mediante a explicitação de "direitos e liberdades", indicando a concepção de que a criança tem interesses protegidos e garantias necessários ao seu desenvolvimento saudável.

Neste caminhar progressivo no reconhecimento dos direitos da criança, depois de alguns documentos setoriais ligados à proclamação e à eficácia dos direitos humanos, a ONU chegou à Convenção dos Direitos da Criança, principal documento normativo a regular as relações jurídicas da infância e adolescência com o mundo adulto. Mais uma vez, percebe-se a explicitação de direitos humanos de todas as gerações, indicando a importância da criança na definição de regras que não raro são também apropriadas pelo mundo adulto no processo perene de construção da civilidade.

3. A dignidade da pessoa humana como fundamento do direito da criança e do adolescente

Razão dos direitos humanos, a dignidade da pessoa humana também é da essência do direito da criança e do adolescente. Não se concebe um feixe tão elástico de proteção sem que derive do reconhecimento da importância do ser humano, criança ou adolescente, que em razão da idade

condições de vida dentro de uma liberdade mais ampla, VISTO que as Nações Unidas, na Declaração Universal dos Direitos Humanos, proclamaram que todo homem tem capacidade para gozar os direitos e as liberdades nela estabelecidos, sem distinção de qualquer espécie, seja de raça, cor, sexo, língua, religião, opinião política ou de outra natureza, origem nacional ou social, riqueza, nascimento ou qualquer outra condição, VISTO que a criança, em decorrência de sua imaturidade física e mental, precisa de proteção e cuidados especiais, inclusive proteção legal apropriada, antes e depois do nascimento, VISTO que a necessidade de tal proteção foi enunciada na Declaração dos Direitos da Criança em Genebra, de 1924, e reconhecida na Declaração Universal dos Direitos Humanos e nos estatutos das agências especializadas e organizações internacionais interessadas no bem-estar da criança, VISTO que a humanidade deve à criança o melhor de seus esforços, ASSIM, A ASSEMBLEIA GERAL PROCLAMA esta Declaração dos Direitos da Criança, visando que a criança tenha uma infância feliz e possa gozar, em seu próprio benefício e no da sociedade, os direitos e as liberdades aqui enunciados e apela a que os pais, os homens e as mulheres em sua qualidade de indivíduos, e as organizações voluntárias, as autoridades locais e os Governos nacionais reconheçam estes direitos e se empenhem pela sua observância mediante medidas legislativas e de outra natureza, progressivamente instituídas."

não pode ser objeto de qualquer discriminação; ao contrário, trata-se de especialidade que impõe uma proteção potencialmente mais eficiente, compensadora das suas inerentes vulnerabilidades.

Vale dizer que a dignidade da pessoa humana é um valor prescrito pelo homem, produto do seu desenvolvimento cultural. Encontra-se, hoje e na média das civilizações, no topo de um sistema axiológico dinâmico, construtor, mantenedor e transformador das relações sociais, informando ciências e comportamentos. Representa uma utopia em movimento, uma construção empírica racional. Diz respeito à atribuição de importância ao eu e ao outro e à aferição da valia das condições permissivas do viver individual e coletivo, adensada por um lento e contínuo repúdio às atrocidades perpetradas e sofridas pela humanidade. Vem ocupando o cume na principal escala de valores da sociedade, disputando com o Estado este lugar em algumas situações especiais, como as de guerra e de governos totalitários. Está atualmente colocado neste patamar político por uma consciência média, refletida nos detentores do poder em razão da origem democrática ou da necessidade estratégica de manutenção do mando. Utópico ponto de chegada derivado da evolução, não de partida, emanação de uma essência intrínseca. Produto de uma lenta e dolorosa caminhada na barbárie, resultado individual da empatia com o sofrimento e produto coletivo da percepção da instabilidade própria do dualismo contraditório entre opressores e oprimidos. Fruto da consciência da necessidade de preservação individual e social, razão da sua colocação no ápice do atual sistema de valores. Dignidade da pessoa humana como escolha do indivíduo e da sociedade, motivada pela necessidade.

Da visualização individual e coletiva da dignidade da pessoa como valor decorreu o princípio enquanto prescrição jurídica. A consciência da preferência gestou e pariu a norma, nascida quase sempre em momento de pós-trauma, reação da civilização à barbárie, indicativo da motivação do necessário. Desenvolveu-se lentamente, aprofundando e consolidando seus fundamentos, ganhando espaço sob a superfície dos fatos e fundindo-se com o valor numa simbiose finalística de exigibilidade. Apresenta-se ainda como um esvoaçado objetivo dos indivíduos e dos povos, sujeita a intermitentes e constantes ataques. A dignidade da pessoa humana, individual ou coletivamente, constantemente é ignorada e violada, a descoberto ou disfarçadamente, revelando valor ainda em consolidação e norma ainda em processo de validação.

Deste breve relato sobre a dignidade humana e suas costumeiras violações, percebe-se com clareza que a criança sempre se constituiu em vítima frequente. A incapacidade de resistência derivada da fragilidade, do temor reverencial e até mesmo da incompreensão da agressão a faz presa fácil da violência, exploração, crueldade e opressão. Como sofredora destas ações e omissões despertou o culturalismo reativo que move a sociedade para a utopia da civilidade, fazendo aflorar solidariedade, caridade e, finalmente, proteção através do direito. Não é exagero afirmar que a Carta de Eglantyne indicou para o mundo a necessidade de proclamação dos direitos sociais, de modo que o mundo adulto deve para a criança o despertar da necessidade de normatização internacional dos direitos fundamentais.

II

Normativa internacional

4. Escorço histórico

A construção da normativa internacional dos direitos da criança e do adolescente não é uma tarefa acabada. Ainda que o desafio jurídico deste século resida na criação de mecanismos jurídicos destinados à garantia de eficácia dos direitos já declarados, muitos interesses próprios da infância e adolescência ainda carecem de proteção legal. Embora se possa intuir que os principais direitos humanos, entre os quais os relacionados à criança e ao adolescente, já foram proclamados, é certo que novas demandas e concepções impõem um constante atualizar do conjunto de regras destinado à proteção de interesses que se afiguram fundamentais no caminho da civilidade. A normativa internacional nem sempre responde às especificidades de todas as fases da infância e adolescência, não tendo a potencialidade de promover todas as mudanças valorativas nas diversas culturas que permeiam a vida em nosso planeta e ainda não abarcam todos os meios necessários à conquista da dignidade da existência. Todavia, percebe-se com nitidez um caminho histórico de progresso normativo, malgrado a lentidão no processo de universalização dos direitos já declarados.

CURSO DE DIREITO DA CRIANÇA E DO ADOLESCENTE

Registrem-se cronologicamente os seguintes documentos de expressão internacional: (1) Declaração de Genebra de 1914; (2) Declaração Universal dos Direitos Humanos de 1948; (3) Declaração dos Direitos da Criança de 1959; (4) Pacto Internacional sobre os Direitos Civis e Políticos, de 23 de março de 1966; (5) Pacto Internacional sobre os Direitos Econômicos, Sociais e Culturais, de 16 de dezembro de 1966; (6) Declaração sobre Proteção de Mulheres e Crianças em Situação de Emergência ou de Conflito Armado, de 14 de dezembro de 1974; (7) Regras Mínimas das Nações Unidas relativas à Administração da Justiça para Menores, de 29 de novembro de 1985; (8) Declaração sobre os Princípios Sociais e Jurídicos Aplicáveis à Proteção e Bem-Estar das Crianças, com Especial Referência à Adoção e Colocação Familiar nos Planos Nacional e Internacional, de 3 de dezembro de 1986; (9) Diretrizes das Nações Unidas para a Prevenção da Delinquência Juvenil, de 1º de março de 1988, aprovadas no Oitavo Congresso das Nações Unidas sobre Prevenção do Delito e Tratamento dos Delinquentes, realizado em Havana, Cuba, de 27 de agosto a 7 de setembro de 1990; (10) Convenção dos Direitos da Criança, de 1989; e (11) Convenção Relativa à Proteção das Crianças e à Cooperação em Matéria de Adoção Internacional, concluída na Haia, em 29 de maio de 1993.

5. Convenção dos Direitos da Criança

A Convenção dos Direitos da Criança, adotada pela ONU em assembleia em 20 de novembro de 1989, foi aprovada no Brasil pelo Congresso Nacional através do Decreto Legislativo n. 28, de 14 de setembro de 1990, texto promulgado pela Presidência da República mediante o Decreto n. 99.710, de 21 de novembro de 1990.

Consta do decreto presidencial, fazendo interpretação autêntica, que o Governo brasileiro ratificou a referida Convenção em 24 de setembro de

1990, a qual entrou em vigor para o Brasil em 23 de outubro de 1990[4], na forma do seu art. 49, I e II. Tais dispositivos se encontram assim redigidos:

1. A presente convenção entrará em vigor no trigésimo dia após a data em que tenha sido depositado o vigésimo instrumento de ratificação ou de adesão em poder do Secretário-Geral das Nações Unidas. 2. Para cada Estado que venha a ratificar a Convenção ou aderir a ela após ter sido depositado o vigésimo instrumento de ratificação ou de adesão, a Convenção entrará em vigor no trigésimo dia após o depósito, por parte do Estado, de seu instrumento de ratificação ou de adesão.

A Convenção dos Direitos da Criança, como instrumento normativo hierarquicamente superior às Declarações, Diretrizes e Resoluções, sobrepõe-se aos dispositivos eventualmente conflitantes inseridos nestes últimos documentos, substituindo em validade e vigência aqueles de igual teor. Assim, afirme-se a proeminência da Convenção dos Direitos da Criança sobre os demais textos integrantes da normativa internacional, sendo hoje o marco regulatório mundial dos direitos da criança. Somente sucumbe, não em razão da hierarquia, mas por força da especialidade e também da cronologia, à Convenção Relativa à Proteção das Crianças e à Cooperação em Matéria de Adoção Internacional, concluída na Haia, em 29 de maio de 1993, que, no Brasil, foi promulgada pelo Decreto Presidencial n. 3.087, de 21 de junho de 1999, em razão da aprovação do seu texto pelo Congresso Nacional mediante o Decreto Legislativo n. 1, de 14 de janeiro de 1999, convenção com validade no território nacional a partir de 1º de julho de 1999.

Duas partes compõem a Convenção dos Direitos da Criança: a primeira, constituída pelos arts. 1º a 45, dispõe sobre os direitos em espécie; a segunda, integrada pelos arts. 46 a 54, disciplina o procedimento de aceitação e validação do documento.

---

4. O ECA entrou em vigor aos 14 de outubro de 1990, de modo que constituem legislações contemporâneas e complementares.

CURSO DE DIREITO DA CRIANÇA E DO ADOLESCENTE

Sobre a Carta de Direitos inserta nos mencionados arts. 1º a 45, destaque-se liminarmente a intencionalidade de proclamação da titularidade de interesses subordinantes próprios da infância e adolescência. A partir da definição de criança como "todo ser humano com menos de 18 anos de idade", a Convenção, vedando quaisquer formas de discriminação, disciplina basicamente direitos derivados da liberdade, direitos de cunho social e garantias tendentes à preservação da integridade da criança.

No Brasil sua importância normativa foi secundária em razão de a Constituição de 1988 e o Estatuto da Criança e do Adolescente, de 1990, prescreverem dispositivos semelhantes e outros com maior amplitude, encerrando uma proteção jurídica mais ampla e eficiente. Em outros países, todavia, com legislações insuficientes, a Convenção dos Direitos da Criança representa o único esteio normativo a possibilitar um tratamento à criança como sujeito de direitos fundamentais.

6. A força normativa da Convenção

Ainda que a Constituição da República e o Estatuto da Criança e do Adolescente estabeleçam uma proteção de conteúdo mais moderna e dotada de maior eficácia, a Convenção dos Direitos da Criança, em decorrência de sua hierarquia no conjunto das leis e de sua base principiológica de direitos humanos, também entre nós ocupa um lugar de proeminência no contexto normativo.

Anote-se que, de acordo com o art. 41 da Convenção dos Direitos da Criança, aplicam-se as leis locais e internacionais mais convenientes para a realização dos direitos da criança, defluindo a existência de um sistema complementar em que as normas mais favoráveis à garantia do desenvolvimento saudável e da integridade da criança devem ser aplicadas em detrimento das mais restritas.

A Constituição da República, hoje, prescreve que "Os tratados e convenções internacionais sobre direitos humanos que forem aprovados, em cada Casa do Congresso Nacional, em dois turnos, por três quintos dos votos dos respectivos membros, serão equivalentes às emendas constitucionais" (art. 5º, § 3º). Esse dispositivo foi incluído na Constituição pela Emenda n. 45, de 30 de dezembro de 2004, posteriormente, portanto, à promulgação e vigência da Convenção dos Direitos da Criança. Com base nessa sistemática, somente têm vigência no Brasil, como normas formalmente constitucionais, aquelas insertas na Convenção sobre os Direitos das Pessoas com Deficiência, aprovada pelo Congresso Nacional mediante o Decreto Legislativo n. 186, de 9 de julho de 2008 e promulgado através do Decreto Presidencial n. 6.949, de 25 de agosto de 2009, bem como o Tratado de Marraqueche para Facilitar o Acesso a Obras Publicadas às Pessoas Cegas, com Deficiência Visual ou com Outras Dificuldades para Ter Acesso ao Texto Impresso, aprovado pelo Decreto Legislativo n. 261, de 25 de novembro de 2015, e promulgado pelo Decreto Presidencial n. 9.522, de 8 de outubro de 2018, posto que observaram os procedimentos e obedeceram aos quóruns exigidos na Constituição Federal.

Tomada a Convenção dos Direitos da Criança como uma Convenção de Direitos Humanos, bem como adotando entendimento majoritário no Supremo Tribunal Federal, sua posição hierárquica no ordenamento brasileiro ostenta o patamar de norma supralegal, acima da lei ordinária, mas subalterna à Constituição da República. Estão as normas da Convenção dos Direitos da Criança, exemplificando, em degrau superior ao do Estatuto da Criança e do Adolescente e inferior à disciplina constitucional da matéria, especialmente delineada nos arts. 227 e 228. A premissa do raciocínio advém da compatibilidade material das normas residentes na Convenção com os ditames dos §§ 1º e 2º do art. 5º da Constituição da República, vigentes desde sua promulgação, que respectivamente prescrevem que "As normas definidoras dos direitos e garantias fundamentais têm aplicação imediata" e que "Os direitos e garantias expressos nesta Constituição não excluem outros decorrentes do regime e dos princípios por ela adotados, ou dos tratados internacionais em que a República Federativa do Brasil seja parte".

Ainda que se considere, mais em razão da nomenclatura do que em função do conteúdo, que as normas da Convenção dos Direitos da Criança não se constituem em regras integrantes de um Tratado de Direitos Humanos, a supralegalidade derivaria do concerto internacional estabelecido em defesa da criança, defluindo do seu longo processo de validação internacional e internalização local o ingresso de suas regras em nosso ordenamento em situação de proeminência sobre a legislação ordinária.

Não teria sentido que o Estado brasileiro participasse de um exaustivo processo de gestação de normas, de uma assembleia de aprovação, exercesse o direito de ratificação, aprovasse seu texto no Poder Legislativo e contasse com a promulgação do Poder Executivo e, posteriormente, interprestasse que tais regras tenham a qualidade de ordinárias, podendo ser desditas por um simplificado procedimento legislativo interno.

Anote-se, ainda, que as mesmas observações valem para a Convenção Relativa à Proteção das Crianças e à Cooperação em Matéria de Adoção Internacional, concluída na Haia, em 29 de maio de 1993, aprovada pelo Congresso Nacional mediante o Decreto Legislativo n. 1, de 14 de janeiro de 1999, promulgada pelo Decreto Presidencial n. 3.087, de 21 de junho de 1999, com vigência no território nacional fixada a partir de 1º de julho de 1999.

III

Direito da criança e do adolescente na Constituição brasileira

7. Criança, adolescente e legislação

A experiência legislativa relacionada à criança atravessou quatro fases distintas: (a) a era da indiferença; (b) a era da repressão; (c) a era da patologia; e (d) a era dos direitos.

Na primeira — era da indiferença — crianças e adolescentes não interessavam ao mundo do direito. Eram solenemente ignorados, constituindo-se em meros objetos de intervenção do mundo adulto. Exemplo do velho direito romano era o direito de vida e de morte sobre os filhos do qual era detentor o *pater familias*. Assim, a legislação não dedicava atenção à criança, inexistindo qualquer preocupação na disciplina de relações jurídicas das quais participassem crianças e adolescentes, em um dos seus polos.

Crianças e adolescentes somente começaram a despertar a atenção do direito quando partícipes de crimes e contravenções penais. A era da repressão foi marcada, portanto, pela edição de leis tendentes a coibir a

CURSO DE DIREITO DA CRIANÇA E DO ADOLESCENTE

criminalidade infantojuvenil, aparecendo, quando muito, ao lado de leis propensas à disciplina das ações de assistência social, como na fase anterior ao primeiro Código de Menores do Brasil[5].

Na era da patologia, crianças e adolescentes somente interessavam ao mundo do direito quando em uma situação reveladora de disfunção social, expressa por um fato ou condição de vida diversos da normalidade pressuposta pelo legislador. Assim, afirmada a irregularidade da situação mediante uma declaração formal da autoridade, abriam-se as portas para a aplicação de medidas destinadas à colocação dos desviados nos trilhos do considerado socialmente normal. Inexistia a dimensão da titularidade de direitos, substituída pela concepção de que a criança era somente dependente de providências ou remédios curativos da doença social.

Com a afirmação de que crianças e adolescentes são detentores de interesses que, protegidos pelas leis, subordinam razões da família, sociedade e Estado, inaugurou-se a era dos direitos. A partir da concepção de relação jurídica — relação interpessoal disciplinada, regulada ou definida pelo direito mediante a identificação do interesse protegido e do interesse subordinado — proclamaram-se direitos diante do mundo adulto, com a força subordinante necessária à obtenção do cumprimento das obrigações que lhes são correlatas.

8. Momento constituinte

As Constituições brasileiras anteriores à vigente não se preocuparam com a especificidade da criança, ficando esta última com o papel histórico de romper com os paradigmas anteriores, ingressando e permitindo o ingresso do direito da criança e do adolescente na era dos direitos. Isso somente foi possível em virtude dos desideratos de justiça social e liberdade que permearam a elaboração da Constituição Democrática de 1988.

---

5. Decreto n. 17.943-A, de 12 de outubro de 1927.

Com efeito, agonizando a ditadura militar iniciada em 1964, o momento constituinte foi marcado pelo desejo da nação brasileira de reinaugurar um Estado democrático de direito, restabelecendo um pacto social que permitisse o desenvolvimento individual e coletivo em condições de liberdade e que propiciasse a superação das desigualdades. Pode-se dizer, em resumo, que se almejava restabelecer um Estado de direito em que o modelo democrático restasse marcado pela proclamação dos direitos humanos, solapados pelo regime de exceção.

Sob o prisma jurídico, a área da criança e do adolescente também experimentava as agruras decorrentes da falta de regras de proteção. Criança e adolescente, nas especificidades que lhes são próprias, eram desconhecidos da Constituição então vigente, de modo que, sob esse ângulo, estávamos na área da indiferença. Já a legislação ordinária, fundada no Código de Menores[6], tinha na situação irregular o substrato da sua concepção, situando-se na era da patologia social. A legislação não proclamava os direitos da criança e do adolescente, enxergando-os meramente como objetos de intervenção do mundo adulto.

Os direitos humanos de primeira geração, fundados na liberdade e tendo como norte o controle do poder estatal, notadamente na repressão penal, não faziam parte do cotidiano dos menores de 18 (dezoito) anos de idade apontados como autores de infrações penais. Garantias materiais e processuais estavam longe do procedimento de apuração, reinando uma discricionariedade quase que absoluta na afirmação da existência do crime, na indicação do seu autor e na condução do processo permissivo de tais declarações, tudo a pretexto de que a intervenção, ainda que o resultado fosse a privação de liberdade, sempre era de natureza benéfica. Assim, o processo, aqui na concepção estrita de instrumento da jurisdição, não contava com as garantias clássicas do sistema acusatório, do contraditório e da ampla defesa, constituindo-se em uma atividade em que os autos do processo representavam apenas a formalização de atos administrativos, de força ou de

---

6. Lei n. 6.697, de 10 de outubro de 1979.

império do Estado sobre a liberdade do infrator. E, ainda que essa situação fosse característica de um passado recente, também não se tinha respeito à imprescindibilidade da instrução, à necessidade do preenchimento de certos requisitos para a afirmação da existência da infração, como tipicidade da ação ou omissão "antissocial", sua antijuridicidade e culpabilidade do agente. Até a década de 1990, portanto, os direitos humanos de primeira geração, construção antiga da civilidade, não tinham lembrança alguma na esfera dos inexistentes direitos da infância e juventude.

Em paralelo, os poucos direitos sociais declarados nas Constituições anteriores, como educação e saúde, eram vistos como exortações, interesses residentes em normas programáticas desprovidas de eficácia, de modo que era tênue a percepção de que poderiam alavancar transformações no cotidiano das pessoas. Inimagináveis, na ocasião, a responsabilização das autoridades omissas, o controle do exercício do poder ou mesmo a fiscalização das despesas públicas, de modo que a proclamação de direitos sociais atendia somente ao liberalismo satisfeito com a declaração dos direitos na letra da lei, sem qualquer compromisso com sua efetivação. A par da impossibilidade, imposta pela ditadura, da reinvindicação dos direitos, tachada de atividade subversiva e contrária ao regime, vivia-se uma época em que o estabelecimento de mecanismos tendentes à materialização dos direitos sociais e, assim, de consecução da igualdade substancial, constituía-se em preocupação meramente acadêmica, divorciada da realidade. O direito civil ocupava patamar de maior importância do que o direito constitucional, mesmo porque a Emenda Constitucional vigente, de base excepcional e oriunda da força, não tinha a potencialidade da validade social decorrente de legitimação democrática da norma geral. O momento constituinte, portanto, era o momento da esperança de transformação, da retomada da crença de que a Carta Magna pudesse definir novas relações que permitissem a superação das desigualdades, que garantissem a todo e qualquer cidadão direitos básicos a uma vida digna, abrissem a possibilidade de participação política e impulsionassem a atualização das potencialidades de desenvolvimento.

É possível enxergar no Preâmbulo da Constituição de 1988 os desideratos da liberdade e justiça social:

Nós, representantes do povo brasileiro, reunidos em Assembleia Nacional Constituinte para instituir um Estado democrático, destinado a assegurar o exercício dos direitos sociais e individuais, a liberdade, a segurança, o bem-estar, o desenvolvimento, a igualdade e a justiça como valores supremos de uma sociedade fraterna, pluralista e sem preconceitos, fundada na harmonia social e comprometida, na ordem interna e internacional, com a solução pacífica das controvérsias, promulgamos, sob a proteção de Deus, a seguinte Constituição da República Federativa do Brasil.

9. Promessas constitucionais

A mais importante promessa constitucional para a infância e juventude constituiu-se na declaração de que crianças e adolescentes têm direitos e que esses interesses protegidos subordinam razões do mundo adulto, representado pela família, sociedade e Estado. Assim disse o art. 227, caput, da Constituição da República, na sua redação original:

É dever da família, da sociedade e do Estado assegurar à criança e ao adolescente, com absoluta prioridade, o direito à vida, à saúde, à alimentação, à educação, ao lazer, à profissionalização, à cultura, à dignidade, ao respeito, à liberdade e à convivência familiar e comunitária, além de colocá-los a salvo de toda forma de negligência, discriminação, exploração, violência, crueldade e opressão.[7]

Trata-se de síntese de uma carta de direitos, rol das magnas promessas da nação que, reorganizando seu pacto social, resolveu proteger crianças e adolescentes mediante o anúncio solene dos seus direitos fundamentais.

---

7. A Emenda Constitucional n. 65, de 13 de julho de 2010, incluiu também o jovem no caput do art. 227 da Constituição da República.

CURSO DE DIREITO DA CRIANÇA E DO ADOLESCENTE

Também, afastando quaisquer dúvidas, peremptoriamente alinhou os obrigados ao respeito e à consolidação dos direitos declarados: família, sociedade e Estado. Conferiu ainda aos mesmos direitos a qualidade da prioridade absoluta, agregando à eficácia contida na própria declaração[8] o desiderato da primazia, precedência ou preferência quando da sua vivificação na concretude do cotidiano. E, finalmente, proclamou a necessidade do estabelecimento de garantias contra a negligência, discriminação, exploração, violência, crueldade e opressão, reconhecendo uma vulnerabilidade que situa a criança como vítima fácil do mundo adulto, constantemente ofendida na sua integridade, impediente ao desenvolvimento saudável e harmonioso.

10. Proteção especial

O legislador constituinte foi além da mera indicação de que a carta dos direitos das pessoas, especialmente contida no art. 5º da Constituição da República, também se aplicava a crianças e adolescentes. Abandonando a ideia de uma Constituição breve e sucinta, conferiu à criança e ao adolescente proteção especial, prescrevendo direitos decorrentes da própria condição de pessoa em processo de desenvolvimento. Assim procedeu em razão da exclusão interpretativa da criança e do adolescente do rol de proteção inserto nos direitos e garantias individuais da normativa anterior, porquanto, embora de fácil percepção que menores de 18 (dezoito) anos de idade não estavam fora da tutela constitucional da liberdade, estava arraigada a equivocada cultura da exclusão dos assuntos da infância e adolescência da cidadela jurídica aparentemente destinada somente aos adultos[9], de modo

---

8. A proclamação dos direitos embute sempre a promessa da sua realização.

9. Chegava-se ao cúmulo de justificar a detenção de adolescente sem processo contraditório com o sofisma de que a medida interessava ao jovem porquanto lhe propiciava um benefício educativo, que a perda da liberdade lhe faria bem, mesmo porque não era processado, mas sindicado. Não seria preso, mas internado. Quando se invocavam as garantias clássicas, a pronta resposta era que elas somente tinham aplicação no mundo adulto, na garantia do processo criminal.

que o constituinte entendeu conveniente esclarecer aspectos dos direitos fundamentais próprios da infância e juventude, garantindo a ruptura com o sistema anterior.

A tutela especial do direito à liberdade da criança e do adolescente se deu por dois dispositivos básicos. O primeiro, residente no inciso IV do art. 227, estabeleceu a "garantia de pleno e formal conhecimento da atribuição de ato infracional, igualdade na relação processual e defesa técnica por profissional habilitado, segundo dispuser a legislação tutelar específica", agasalhando o contraditório e a ampla defesa. O segundo, morador do inciso V do mesmo parágrafo e artigo, determinou "obediência aos princípios de brevidade, excepcionalidade e respeito à condição peculiar de pessoa em desenvolvimento, quando da aplicação de qualquer medida privativa da liberdade", dispositivo que pontuou a diferença da prisão de adultos e adolescentes e condicionou a prática do encarceramento a requisitos próprios condizentes com o estado de menoridade.

Quanto aos direitos fundados na igualdade e com o desiderato na justiça social, a Constituição de 1988, ainda nos dispositivos do art. 227, tratou de aspectos próprios ou interferentes da infância e adolescência, como os relacionados aos portadores de deficiência, saúde materno-infantil, proteção no trabalho, família substituta, atendimento do dependente químico, necessidade de punição severa ao abuso, exploração e violência sexual e vinculação das ações destinadas à criança na esfera da assistência social. Acabou, ainda, com a odiosa discriminação que o direito fazia em relação aos filhos, banindo as atrasadas concepções de bastardia, ilegitimidade e necessidade absoluta de consanguinidade nas relações de filiação. Para tanto, cunhou a lapidar e revolucionária regra residente no § 6º do art. 227: "Os filhos, havidos ou não da relação do casamento, ou por adoção, terão os mesmos direitos e qualificações, proibidas quaisquer designações discriminatórias relativas à filiação".

E, nos capítulos próprios da Magna Carta, tratou-se especialmente de saúde, educação e assistência social, direitos sociais especialmente referenciados à criança e ao adolescente, dependentes de políticas públicas emancipatórias, necessárias à realização do prometido Estado democrático de direito[10] e fundamentais para a consecução dos objetivos da República Federativa do Brasil[11].

Por fim, o legislador também fez inserir na Constituição da República regra que até então tinha morada exclusiva na legislação penal ordinária. Disse que "são penalmente inimputáveis os menores de 18 anos, sujeitos às normas da legislação especial" (art. 228), prescrevendo garantia de imutabilidade contra os repentes reducionistas, inaugurando um novo patamar na disciplina das responsabilidades penal[12] e socioeducativa[13].

---

10. CF: "Art. 1º A República Federativa do Brasil, formada pela união indissolúvel dos Estados e Municípios e do Distrito Federal, constitui-se em Estado democrático de direito e tem como fundamentos: I — a soberania; II — a cidadania; III — a dignidade da pessoa humana; IV — os valores sociais do trabalho e da livre-iniciativa; V — o pluralismo político".

11. CF: "Art. 3º Constituem objetivos fundamentais da República Federativa do Brasil: I — construir uma sociedade livre, justa e solidária; II — garantir o desenvolvimento nacional; III — erradicar a pobreza e a marginalização e reduzir as desigualdades sociais e regionais; IV — promover o bem de todos, sem preconceitos de origem, raça, sexo, cor, idade e quaisquer outras formas de discriminação".

12. V. §§ 254-255, Capítulo XXXV, deste livro.

13. V. § 256, Capítulo XXXV, deste livro.

IV

Estatuto da Criança e do Adolescente

11. Processo de elaboração

A história da elaboração do Estatuto da Criança e do Adolescente é dos mais belos e raros exemplos de participação popular na feitura das leis.

Começa, na realidade, no momento constituinte, quando pessoas e instituições públicas e privadas resolveram influir para que o texto da Lei Maior contemplasse os direitos da criança e do adolescente. Propostas das mais variadas multiplicavam-se pelo país, muitas delas surgidas da crítica ao sistema legislativo anterior, constitucionalmente indiferente às questões da infância e da juventude e ordinariamente vinculado à ideia de patologia social.

O grande marco foi uma reunião de diversos autores de pretensões legislativas que fundaram um movimento denominado Fórum de Defesa da Criança e do Adolescente, ou simplesmente Fórum DCA. Esse movimento chegou a uma proposta de consenso, transformou-a em emenda popular, conseguiu mais de meio milhão de assinaturas e, por meio de um abraço simbólico no Congresso Nacional, fez sua entrega solene ao então

CURSO DE DIREITO DA CRIANÇA E DO ADOLESCENTE

presidente da Assembleia Nacional Constituinte, deputado Ulysses Guimarães. Esta é a origem dos arts. 227 e 228 da Constituição da República, fonte do atual direito da criança e do adolescente.

Com a promulgação da Magna Carta, ganhou força o discurso da necessidade de remoção do "entulho autoritário", designação do conjunto de normas infraconstitucionais elaboradas anteriormente e que não guardavam consonância com a nova Constituição do Brasil, sob as quais ainda pesava a pecha da ilegitimidade. Nesse meio estava o Código de Menores, Lei n. 6.697, de 10 de outubro de 1979.

Assim, o movimento em torno do Fórum DCA prosseguiu com o objetivo de conquistar uma nova legislação, disciplinando a era dos direitos da criança e do adolescente, inaugurada com a Constituição de 1988.

Depois de uma proposta inicial denominada Normas Gerais de Proteção à Infância e Juventude[14], apresentada imediatamente no Senado Federal pelo senador Renan Tito, de Minas Gerais, e logo depois junto à Câmara dos Deputados pelo deputado Nelson Aguiar, também de Minas Gerais, com o objetivo de assegurar precedência na tramitação legislativa[15], formou-se no Fórum DCA uma comissão de redação encarregada de dar formulação jurídica a propostas que eram colhidas junto à população e a especialistas, em reuniões, encontros, seminários, convenções e congressos realizados em todo o Brasil. Colhidas as pretensões, transformadas em formulações jurídicas, agrupadas de forma sistêmica e ordenada, chegou-se a um texto substitutivo às Normas Gerais de Proteção à Infância e Juventude, já com a denominação de Estatuto da Criança e do Adolescente, que, depois de aprovado nas duas Casas Legislativas, foi promulgado aos 13 de

---

14. Esta proposta foi elaborada pelo autor deste Curso em conjunto com os membros do Ministério Público do Estado de São Paulo, Munir Cury e Jurandir Norberto Marçura, então integrantes da "Coordenação das Curadorias de Menores".

15. Havia uma movimentação reformista do Código de Menores com o objetivo de modificar minimamente a legislação anterior, dizendo-a adequada à nova Constituição. Um projeto neste sentido chegou a ser apresentado, mas a precedência de tramitação das "'Normas Gerais de Proteção da Infância e Juventude" o fez secundário, sendo apensado àquele que seria posteriormente transformado no Estatuto da Criança e do Adolescente.

julho de 1990, pela Lei Federal n. 8.069, entrando em vigor 90 (noventa) dias após sua publicação.

12. Proteção integral

O art. 227 da Constituição da República, ao alinhar direitos da criança e do adolescente, qualificá-los como prioritários, identificar os responsáveis pelas obrigações correlatas, determinar severa repressão à negligência, discriminação, exploração, violência, crueldade e opressão, bem como prometer proteção especial, abrangeu todos os aspectos da existência digna, razão da norma disposta no art. 1º do ECA[16].

A proteção é integral no sentido de completa, abrangendo todas as fases do desenvolvimento e composta por elementos imprescindíveis ao atendimento de todos os bens da vida protegidos pelos direitos proclamados, bem como suficientes para a efetivação das garantias prometidas pela Constituição da República.

Representativa da evolução axiológica da criança ou adolescente, a proteção integral reclamou regras definidoras de direitos e garantias que protegessem o mundo infantojuvenil dos desmandos do mundo adulto. Proteção, ainda, no sentido de resguardo às condições para a felicidade atual e futura e devida à totalidade do ser humano, nos seus mais variados aspectos, notadamente físico, mental, moral, espiritual e social.

Afeta o direito da criança e do adolescente de forma marcante a valoração máxima dos interesses de seus destinatários principais, em razão das necessidades do presente e das expectativas do futuro. Não se trata de um recurso utilitário, mero expediente garantidor da maturidade, mas de um dever social, uma obrigação correlata ao magno direito de viver como criança e adolescente, expresso em interesses juridicamente protegidos que

---

16. ECA: "Art. 1º: Esta lei dispõe sobre a proteção integral à criança e ao adolescente".

CURSO DE DIREITO DA CRIANÇA E DO ADOLESCENTE

permitam existir em condições de dignidade e respeito, de modo que os movimentos progressivos, mais perceptíveis na infância e adolescência, afigurem-se como consequências naturais e não como fins em si mesmos.

A proteção integral almeja, em síntese, propiciar e garantir desenvolvimento saudável e integridade à criança e ao adolescente. O desenvolvimento físico, mental, social e espiritual deve ser caracterizado por um crescimento agradável e profícuo, em que a atualização das potencialidades ultrapasse o limite da necessidade, dando satisfação ao partícipe do processo de avanço pessoal e social. Por outro lado, a integridade, incolumidade em todos os aspectos, constitui-se em condição indissociável ao desenvolvimento saudável e harmonioso, razão da preocupação legislativa em garantir à criança e ao adolescente absoluto respeito à inteireza do ser humano em desenvolvimento.

13. Sujeitos das relações jurídicas

Crianças e adolescentes, de um lado, família, sociedade e Estado, de outro, são os partícipes das relações jurídicas disciplinadas pelo Estatuto da Criança e do Adolescente.

Sob o prisma legal, crianças são pessoas de até 12 (doze) anos de idade incompletos e adolescentes aquelas entre 12 (doze) e 18 (dezoito) anos de idade[17].

A situação jurídica da criança ou do adolescente não é considerada para os fins de aplicação da lei, de vez que o legislador adotou o critério etário absoluto como determinante da proteção integral. Quem se encontrar nas faixas etárias compreendidas nos períodos legais é destinatário das normas que, fundadas na dignidade da pessoa humana, têm por desiderato assegurar um desenvolvimento saudável e garantir a integridade física, psíquica, moral e social. A proteção é devida em razão da idade, não tendo sentido

---

17. ECA, art. 2º.

a exclusão por qualquer fundamento, como a emancipação civil[18], forma precoce de libertação do poder familiar[19], mas que não tem o condão de suprir a vulnerabilidade inerente ao desenvolvimento incompleto.

A fixação da infância até os 12 (doze) anos incompletos coincide com a puberdade, com a maturação sexual reprodutiva, em regra ocorrente nessa idade. Adolescente, por sua vez, é aquele que se encontra na adolescência, período que se desenvolve entre a infância e a idade adulta.

Se o marco da passagem da infância para adolescência, ainda que temporalmente inconstante, é a puberdade, a inexistência de um episódio tão marcante entre a adolescência e a idade adulta imprime maiores e invencíveis dificuldades. A adolescência representa uma fase do desenvolvimento cognitivo, iniciada na infância e que se estende até a idade adulta, caracterizada principalmente pelo raciocínio hipotético, capacidade de pensar sobre problemas e realidades, assimilação de padrões e normas e pela compreensão da sexualidade. A adolescência termina, portanto, com o completar do processo de aquisição de mecanismos mentais relacionados a pensamento, percepção, reconhecimento, classificação etc., de sorte que seu termo final, conhecido como maturidade, apresenta-se de tal modo individualizado que seria impossível uma fixação genérica isenta de dúvidas.

Para os efeitos da CDC[20], considera-se criança "todo ser humano com menos de 18 anos de idade, a não ser que, em conformidade com a lei aplicável à criança, a maioridade seja alcançada antes"[21]. É por esse motivo que, no plano internacional, a expressão "direito da criança" designa o direito de crianças e adolescentes. A distinção da legislação brasileira entre crianças e adolescentes permite tratamento legislativo diferenciado para essas duas categorias, de vez que encerram conteúdos certos e determinados, propiciando disciplina específica para cada uma das faixas etárias.

---

18. CC, art. 5°, parágrafo único, I.

19. CC, art. 1.625, II.

20. Convenção dos Direitos da Criança.

21. CDC, art. 1°.

A utilização dos vocábulos "criança" e "adolescente" no texto da Constituição da República encerrou proscrição da locução "menor", porquanto, sob a égide da legislação anterior, havia adquirido significado sinonímico pejorativo, como bandido, malfeitor ou trombadinha. As expressões "criança" e "adolescente" permitiram igualdade semântica entre os designados, independentemente de condição ou situação social. Mas levaram, como verificado, à necessidade de definição dos termos, tarefa desincumbida pelo Estatuto da Criança e do Adolescente.

Considerando o texto da Constituição da República, bem como o conjunto de decisões judiciais, notadamente em relação ao casamento e a registros públicos, família é a comunidade formada pelos casais ou pelos pais, ou qualquer deles e seus descendentes[22]. O Estatuto da Criança e do Adolescente, na redação dada pela Lei n. 12.010, de 3 de agosto de 2009, define "família extensa ou ampliada aquela que se estende para além da unidade pais e filhos ou da unidade do casal, formada por parentes próximos com os quais a criança ou adolescente convive e mantém vínculos de afinidade e afetividade"[23].

Crianças e adolescentes, mantidos na família natural ou inseridos em família substituta[24], mantêm relações interpessoais com outros integrantes da entidade familiar, de sorte que a regulamentação jurídica possibilita a identificação, em caso de conflito, do interesse que deve prevalecer.

O novo, nesta questão, talvez seja a previsão de que crianças e adolescentes podem ter e têm interesses subordinantes em relação à família. Abandonando a visão de que tudo que gravita em torno da família representa proteção, o bem, o justo, o correto, e o que está fora dela o mal, o iníquo, o desonesto e o perigoso, o direito da criança e do adolescente acabou por reconhecer a necessidade de tutela jurídica de interesses de crianças e adolescentes, protegendo-os primordialmente da violência e da

---

22. CF, art. 226.

23. ECA, art. 25, parágrafo único.

24. V. Capítulo XXIII deste livro.

opressão no seio da própria família. O constituinte, num sintoma claro e inequívoco da gravidade dessa questão, ao expressar que o "Estado assegurará a assistência à família na pessoa de cada um dos que a integram, criando mecanismos para coibir a violência no âmbito de suas relações"[25], implicitamente reconheceu dolorosos fatos sociais nos quais os mais frágeis carecem da proteção legal. E a proteção da lei, como sabemos, opera-se mediante a afirmação de interesses que sobrelevam outros, assegurada a subordinação por meio de medidas jurídicas, tais como as penas, sanções e interditos, nada mais do que instrumentos de coerção, no caso, à própria família.

A sociedade pode ser considerada como todos nós, somatória das pessoas naturais e jurídicas existentes neste nosso mundo de relação. Corpo enquanto contextura normatizada dos indivíduos, organização como disposição de bases coletivas de convivência e de progresso, estrutura indicando tipos ou formas, figuram como substantivos que, agregados ao adjetivo social, indicam aspectos determinantes dos estudos de essência a respeito do tema.

Na sua expressão relacional, ou seja, na maneira como se revela e atua, confrontando-se com seus integrantes, representa a somatória das pessoas físicas e jurídicas existentes no mundo de relação. Se, como frequentemente afirmado, a sociedade tem direitos e obrigações, é porque existe, ainda que sua existência tenha raízes na abstração. Existindo, manifesta-se. Exprime-se, deixa-se conhecer através das ações e omissões de seus integrantes, o que lhe dá uma feição, bem como adquire qualidades ou defeitos, predicados ou imperfeições, que também a distinguem de outras e dela própria no plano histórico. Sua base material, portanto, está nas pessoas. E são as pessoas que se relacionam, de modo que os direitos ou deveres sociais revelam-se através de interesses juridicamente subordinantes ou subordinados valorados sob a ótica do coletivo. A sociedade, neste sentido, é dos sujeitos do direito da criança e do adolescente, participando de relações jurídicas através de todos os seus integrantes, todos nós.

---

25. CF, art. 226, § 8º.

Por fim, o Estado, essa forma histórica de organização jurídica do poder dotada de qualidades que o distinguem de outros poderes e organizações, o Estado constitucional, de direito e democrático, assentado no princípio da soberania popular, segundo o qual todo poder emana do povo[26]. Ou, como a ordem jurídica soberana que tem por fim o bem comum de um povo situado em determinado território.

Estado concebido no mundo de relação como pessoa jurídica, capaz de exercitar direitos e obrigações, decorrentes da expressão da sua vontade. Assim, obrigado às contraprestações correlatas aos direitos da criança e do adolescente declarados na Constituição e nas leis, é o Estado que se manifesta através de seus órgãos e agentes. Seus principais entes são as pessoas jurídicas de direito público interno, a União, os Estados-membros, o Distrito Federal e os Municípios, que direta ou indiretamente participam da vida de relações com crianças e adolescentes, titulares de interesses subordinantes e subordinados.

14. Princípios informadores

A proteção integral determinante do conjunto de regras tendentes à disciplina das promessas constitucionais orienta-se por dois princípios básicos, presentes no texto da Constituição da República: o princípio do respeito à condição peculiar de pessoa em processo de desenvolvimento e o princípio da prioridade absoluta. São alicerces que dão sustentabilidade ao desiderato da proteção integral e funcionam como verdadeiros distintivos do sistema, caracterizando direitos e obrigações em uma lógica própria dos direitos da criança e do adolescente.

---

26. CF: "Art. 1º [...] Parágrafo único. Todo o poder emana do povo, que o exerce por meio de representantes eleitos ou diretamente, nos termos desta Constituição".

São os vetores reconhecidos da diferença de tratamento da infância e juventude em todos os sentidos, condutores das particularidades que informam as relações jurídicas desenvolvidas com a família, a sociedade e o Estado. Crianças e adolescentes exercem direitos e cumprem obrigações em situação absolutamente diferenciada, diversa das que permeiam exclusivamente o mundo adulto.

15. Pessoa em processo de desenvolvimento

Evidente a especialidade da criança ou adolescente, impondo consideração permanente de seus atributos individualizados, em constante transformação e em seus múltiplos aspectos: físico, mental, moral, espiritual e social. Aos olhos do direito da criança e do adolescente, os seus destinatários principais são vistos sob o prisma do dinâmico, sob a ótica de seus movimentos ascendentes, sob a marcha da sucessão de mudanças, sob o curso das constantes evoluções.

Objetivamente, leva-se em consideração o critério etário, os anos de vivência do ser humano, porquanto indicativo de determinadas necessidades ou sinal da presença de certas habilidades ou da existência de dificuldades que peculiarizam o sujeito de uma relação jurídica específica.

O paradigma da norma jurídica especial distingue-se daquela que regula relações interpessoais do mundo adulto exatamente em razão da inconstância de um dos seus sujeitos, envolvido por rápidas e constantes modificações, relevadas pelo direito como forma de atentar para as desigualdades de um dos partícipes da relação jurídica. Em outras palavras, a criança ou o adolescente são considerados por aquilo que são, pondo-se como existentes na atualidade com todos os seus atributos modificáveis, mas que não lhes retiram a essência. Ao invés, a consideração de seus caracteres mutáveis confirma sua própria natureza, a de criança ou adolescente, pessoa em formação e caminhante da maturidade.

16. Prioridade absoluta

A prioridade absoluta constitui-se no segundo princípio informador do direito da criança e do adolescente. A concretude do interesse juridicamente protegido da criança ou do adolescente está em primeiro lugar, ocupando espaço primordial na escala de realizações do mundo jurídico. Antecede quaisquer outros interesses do mundo adulto, de vez que a rapidez das transformações que são próprias à infância e adolescência impõe a realização imediata de seus direitos, essencialmente efêmeros.

A infância e adolescência atravessam a vida com a rapidez da luz, iluminando os caminhos que conduzem à consolidação de uma existência madura. Aquisições e perdas, privações e satisfações, alegrias e tristezas, prazeres e desagrados, êxitos e fracassos e tantos outros experimentos materiais e emocionais sucedem-se em intensidade e velocidade estonteantes. Não raras vezes não podem ser repetidos, constituindo-se em experiências únicas e ingentes.

Desenvolvimento saudável é o caminho da maturidade civilizada, de modo que tem como pressuposto material a existência de condições fundamentais, entre as quais a alimentação, saúde, educação, moradia, liberdade, cultura e lazer, emocionalmente reclamando amor e acolhimento decorrentes da convivência familiar e comunitária sadia, ausentes quaisquer formas de negligência, discriminação, exploração, violência, crueldade e opressão. Juridicamente podemos considerar esses requisitos como bens tutelados, inclusive aqueles de natureza emocional.

Assim, os direitos da criança e do adolescente devem ser validados com a presteza necessária para que sirvam, no tempo certo, como alicerces do desenvolvimento saudável. Depois é tarde, ficando apenas as consequências irreparáveis da invalidação dos direitos, representada muitas vezes pela debilidade física ou mental, ignorância e ausência de instrumental para o enfrentamento dos desafios do cotidiano, de modo que a prioridade absoluta na validação de seus direitos apresenta-se como imposição da civilidade, imperativo da vida autônoma e produtiva e garantia de uma sociedade pacificada.

Nenhum outro feixe de direitos constitucionais encontra-se qualificado pela prioridade absoluta, indicando uma clara opção do legislador constituinte pela infância e adolescência. Desta forma, quando de eventual sopesamento entre normas colidentes, aquelas concernentes à vivificação dos direitos da criança e do adolescente têm peso maior no processo de revelação e colmatação dos valores prevalentes na solução dos conflitos. Negar essa importância é desdizer a vontade da Constituição.

O ECA disciplinou o princípio da prioridade absoluta liminarmente através da regra geral residente no caput do seu art. 4º, estabelecendo que é "dever da família, da comunidade, da sociedade em geral e do poder público assegurar, com absoluta prioridade, a efetivação dos direitos referentes à vida, à saúde, à alimentação, à educação, ao esporte, ao lazer, à profissionalização, à cultura, à dignidade, ao respeito, à liberdade e à convivência familiar e comunitária". Assim, indicou os principais direitos gravados com o selo constitucional da prioridade absoluta, reconhecendo sua importância para o desenvolvimento saudável. Foi além, ao prescrever as incidências legais da prioridade absoluta, fazendo escolhas substitutivas, especialmente ao poder discricionário da Administração, preceituando, no parágrafo único do mencionado art. 4º, tratamento obrigatório e diferenciado no atendimento aos direitos declarados[27].

A primazia de proteção e socorro[28] resulta de tradição oral que perpassa gerações, derivada da consciência da maior vulnerabilidade da criança, dotada de menores condições de superação individual das catástrofes. Exemplo intuitivo resulta dos naufrágios, da ética dos navegantes, porquanto salvar

---

27. ECA: "Art. 4º [...] Parágrafo único. A garantia de prioridade compreende: a) primazia de receber proteção e socorro em quaisquer circunstâncias; b) precedência de atendimento nos serviços públicos ou de relevância pública; c) preferência na formulação e na execução das políticas sociais públicas; d) destinação privilegiada de recursos públicos nas áreas relacionadas com a proteção à infância e à juventude".

28. ECA, art. 4º, parágrafo único, I.

CURSO DE DIREITO DA CRIANÇA E DO ADOLESCENTE

em primeiro lugar as crianças compreende antigo valor das civilizações, restando catalogada, de maneira específica, na Declaração dos Direitos da Criança de 26 de setembro de 1924[29], norma reiterada na Declaração dos Direitos da Criança de 1959[30].

A criança ou adolescente conta também com a garantia da precedência de atendimento nos serviços públicos ou de relevância pública, abrangendo todos os serviços, necessários ou úteis, para o desenvolvimento saudável e garantia da sua integridade. Todos se encontram obrigados ao atendimento preferencial, sem qualquer distinção, abrangendo poderes e instituições, concessionários e permissionários e, ainda, particulares que desenvolvam atividades de relevância social no atendimento aos direitos da criança e do adolescente.

Os integrantes da rede de proteção, conjunto de órgãos e entidades públicos e privados destinados à concretização dos direitos da criança[31], têm um dever ainda maior, representando a garantia do atendimento prioritário exemplo aos demais para a materialização do objetivo constitucional. Neste contexto, Judiciário, Ministério Público e Defensoria Pública não escapam da obrigação, devendo demonstrar atenção preferencial, alocando maiores recursos materiais e pessoais, criando ou fortalecendo estruturas que concretamente possam garantir qualidade e brevidade no atendimento às questões da infância e juventude. Tratar a atividade como mais uma do feixe de especializações importa prática desconforme com a proteção integral e violadora de preceitos constitucionais, merecendo a responsabilização necessária, inclusive através dos Conselhos Nacionais da Magistratura e do Ministério Público, porquanto encarregados do controle de atuação administrativa e financeira, e destinados a zelar pelo cumprimento dos deveres funcionais de juízes e promotores[32].

---

29. DDC/1927: "Item 3. A criança deve ser a primeira a receber ajuda em momentos de perigo".

30. DDC/1959: "Princípio 8º — A criança figurará, em quaisquer circunstâncias, entre os primeiros a receber proteção e socorro".

31. V. § 209, Capítulo XXVII, deste livro.

32. CF, arts. 103-B, § 4º, e 130-A, § 2º.

A prioridade absoluta também se revela na preferência nas políticas públicas[33]. Políticas públicas são conjuntos de ações governamentais e não governamentais destinadas à realização das contraprestações positivas ou negativas decorrentes dos direitos fundamentais, definidas pelo Estado em colaboração com a sociedade. Compreendem programas, meios, condutas e recursos ordenados à realização dos objetivos constitucionais, dispostos em razão dos fundamentos da República. Sua base repousa na supremacia da Constituição e no caráter vinculante dos direitos fundamentais, abrangendo os direitos e garantias individuais, direitos políticos, sociais e os da solidariedade. Distanciam-se mais ou menos dos contornos normativos constitucionais sob o influxo dos conflitos de poder, transitando nesta desconformidade os controles populares e oficiais, inclusive o jurisdicional. Sua concretização pressupõe uma rede de agentes da política, organizados em torno de instituições públicas e privadas, partícipes do processo de formulação e controle das ações e do conteúdo em todos os níveis.

A prioridade absoluta no atendimento aos direitos da criança importa "preferência na formulação e na execução das políticas sociais públicas"[34]. Trata-se de escolha legislativa de base constitucional derivada do valor da criança no contexto da perseguição do objetivo da dignidade humana, refletindo nos aspectos principais do planejamento, alocação de recursos e execução da política de atendimento aos direitos da criança e do adolescente. Deverá ser feita "através de um conjunto articulado de ações governamentais e não governamentais, da União, dos estados, do Distrito Federal e dos municípios"[35], que se manifesta em segmentos ou linhas[36], concordes com as instruções previamente definidas pelo legislador[37]. A precedência deve manifestar-se concretamente nas ações de governo e estar presente nas justificativas das decisões políticas.

---

33. V. § 212, Capítulo XXVII, deste livro.

34. ECA, art. 4°, parágrafo único, *c*.

35. ECA, art. 86.

36. ECA, art. 87.

37. ECA, art. 88.

CURSO DE DIREITO DA CRIANÇA E DO ADOLESCENTE

Também deflui da prioridade absoluta a regra da destinação privilegiada de recursos públicos nas áreas relacionadas com a proteção à infância e à juventude[38]. A locução "recursos" deve ser compreendida como insumos, fatores de produção dos resultados correspondentes aos bens da vida delineados nas normas de proteção à infância e juventude. Assim, compreende recursos financeiros, humanos, patrimoniais e de serviços, inclusive os de gerência e trato de informações[39], suficientes para alicerçar a proteção integral garantida constitucionalmente.

A precedência manifesta-se notadamente através dos instrumentos de direito financeiro, plano plurianual, diretrizes orçamentárias e orçamento geral, residência das justificativas das decisões políticas concernentes à alocação dos recursos públicos. O plano plurianual deve estabelecer, "de forma regionalizada, as diretrizes, objetivos e metas da administração pública federal para as despesas de capital e outras delas decorrentes e para as relativas aos programas de duração continuada"[40]; a lei de diretrizes orçamentárias deve prescrever "as metas e prioridades da administração pública federal, incluindo as despesas de capital para o exercício financeiro subsequente, orientará a elaboração da lei orçamentária anual, disporá sobre as alterações na legislação tributária e estabelecerá a política de aplicação das agências financeiras oficiais de fomento"[41], enquanto a lei orçamentária anual deve compreender o orçamento fiscal, de investimentos e da seguridade social[42].

O controle da prioridade absoluta no atendimento aos direitos da criança e do adolescente refletida no orçamento compete primordialmente ao próprio órgão. Segundo a Constituição, os "Poderes Legislativo, Executivo

---

38. ECA, art. 4º, parágrafo único. *d.*

39. Uma das linhas da política de atendimento, exemplificando, é a criação e manutenção de serviço de identificação e localização dos pais, responsável, crianças e adolescentes desaparecidos, o que envolve coleta e gerência de informações (ECA, art. 88, IV).

40. CF, art. 165, § 1º.

41. CF, art. 165, § 2º.

42. A Lei de Responsabilidade Fiscal, Lei Complementar à Constituição Federal n. 101, de 4 de maio de 2000, voltada à disciplina da transparência e responsabilidade na gestão fiscal também disciplina os instrumentos de política financeira.

e Judiciário manterão, de forma integrada, sistema de controle interno com a finalidade de: I — avaliar o cumprimento das metas previstas no plano plurianual, a execução dos programas de governo e dos orçamentos da União; II — comprovar a legalidade e avaliar os resultados, quanto à eficácia e eficiência, da gestão orçamentária, financeira e patrimonial nos órgãos e entidades da administração federal, bem como da aplicação de recursos públicos por entidades de direito privado"[43].

A destinação privilegiada de recursos manifesta-se nas peças orçamentárias como resultado do método comparativo, confrontando-se recursos destinados à infância e juventude com os das demais políticas públicas. O cotejo também deve considerar as despesas correntes, custeio da manutenção e funcionamento dos órgãos, e as de capital, destinadas à aquisição de formação de ativos, aferindo-se, dentro da concepção da proporcionalidade, a adequação com os objetivos fundamentais do Estado, as necessidades atuais da população e os valores últimos perseguidos pelas propostas ou gastos públicos. Desprezada, nessa esfera de razoabilidade, a prioridade absoluta fixada constitucionalmente, cabível o controle judicial mediante a utilização de ações preventivas e de ressarcimento, inclusive as tendentes à compensação orçamentária nos exercícios seguintes.

17. Abrangência

O ECA aplica-se a toda e qualquer criança ou adolescente, sem nenhuma hipótese de distinção. Sua incidência está condicionada apenas à idade, de modo que nenhuma situação ou circunstância jurídica exclui sua aplicação, de vez que as normas do ECA somente se referenciam a faixas etárias de 0 (zero) a 12 (doze) anos incompletos e de 12 (doze) a 18 (dezoito) anos.

---

43. CF, art. 74, I, II.

CURSO DE DIREITO DA CRIANÇA E DO ADOLESCENTE

Excepcionalmente o Estatuto da Criança e do Adolescente é aplicado aos maiores de 18 (dezoito) anos em razão da regra de extensão residente no parágrafo único do art. 2º, alcançando pessoas até os 21 (vinte e um) anos de idade.

Antes da vigência do Código Civil brasileiro de 2002, a maioridade era fixada aos 21 (vinte e um) anos de idade, de modo que algumas situações eram mais frequentes, como a possibilidade de deferimento da tutela[44] e a adoção cujo estágio de convivência tivesse se iniciado antes dos 18 (dezoito) anos[45]. Hoje a incidência limita-se à prática de ato infracional, resultando de opção política de combate à irresponsabilidade inconsequente, permitindo-se a imposição de medidas após os 18 (dezoito) anos de idade em razão de crimes e contravenções perpetrados ainda durante a menoridade penal.

Foi a primeira vez que a legislação ordinária adotou a idade como único parâmetro. Nos Códigos de Menores de 1927 e 1979, os critérios eram variados. No primeiro, a lei somente se aplicava a menores "delinquentes" ou "abandonados" e, no segundo, a incidência dependia da verificação de uma "situação irregular". O ECA nasceu sob o influxo da universalização, sem qualquer distinção que pudesse excluir criança ou adolescente de seu manto protetivo, buscando a plena igualdade.

18. Elementos de integração e interpretação

Revelar o alcance e o conteúdo das normas existentes, bem como suprir as lacunas dos sistemas, especialmente dos micros, numa operação própria da completude do ordenamento jurídico, desenvolvendo uma atividade harmônica e compatível com os direitos humanos, exige balizamento

---

44. ECA, art. 36.
45. ECA, art. 40.

além da genérica referência ao superior interesse da criança. A fórmula abrangente, utilizada inclusive na Convenção[46], presta-se a toda sorte de justificativas, permitindo soluções sociais, jurídicas e legais em descompasso com a razoabilidade e proporcionalidade necessárias à harmonização do sistema de proteção à dignidade de pessoas, crianças e adultos. Pode levar a graves injustiças, motivo da reação do ECA à formulação ampla da legislação anterior[47], gravando em seu art. 6° a seguinte regra: "Na interpretação desta Lei levar-se-ão em conta os fins sociais a que ela se dirige, as exigências do bem comum, os direitos e deveres individuais e coletivos, e a condição peculiar da criança e do adolescente como pessoas em desenvolvimento".

Sua inspiração advém da Lei de Introdução ao Código Civil Brasileiro, hoje denominada Lei de Introdução às Normas do Direito Brasileiro, no cumprimento de determinação constante da Lei n. 12.376, de 30 de dezembro de 2010, contendo elementos de interpretação e de integração indicados pelo legislador como bases de incidência das normas insertas no ECA e para os suprimentos necessários à correção de eventuais omissões.

Olhar para as finalidades sociais do ECA significa plantear uma construção decisória sob as bases da proteção integral. Atentar para as exigências do bem comum corresponde à atividade compromissada com a necessidade de se "instituir um Estado democrático, destinado a assegurar o exercício dos direitos sociais e individuais, a liberdade, a segurança, o bem-estar, o desenvolvimento, a igualdade e a justiça como valores supremos de uma sociedade fraterna, pluralista e sem preconceitos"[48], cerne da jurisdição inclusiva. Considerar os direitos e deveres individuais e coletivos na ação interpretativa e de integração do direito importa vivificar os princípios fundamentais inseridos na Constituição da República, aqueles que têm

---

46. CDC: "Art. 3° [...] I — Todas as ações relativas às crianças, levadas a efeito por instituições públicas ou privadas de bem-estar social, tribunais, autoridades administrativas ou órgãos legislativos, devem considerar, primordialmente, o interesse maior da criança".

47. Código de Menores, Lei n. 6.697, de 10 de outubro de 1979, art. 5°: "Na aplicação desta Lei, a proteção aos interesses do menor sobrelevará qualquer outro bem ou interesse juridicamente tutelado" apenas.

48. Preâmbulo da Constituição da República Federativa do Brasil.

como destinatário a pessoa humana, tais como definidos em seus arts. 5º e 6º, bem como os que se dirigem especialmente à criança e ao adolescente, relacionados no art. 227 da Lei Maior. Respeitar a condição peculiar de pessoa em processo de desenvolvimento impende considerar sempre no ato decisório que a criança ou adolescente encontram-se atravessando ingentes transformações que os fazem sujeitos peculiares de relações jurídicas que mantêm com o mundo adulto.

Ainda que acréscimo introduzido no Estatuto da Criança e do Adolescente tenha aparentemente reintroduzido na legislação nacional o mantra do melhor interesse da criança, é certo que o inciso IV do art. 100, na redação da Lei n. 12.010, de 3 de agosto de 2009, tratou apenas de aspecto da prioridade absoluta. Com efeito, ao mencionar que também é um dos princípios que regem a aplicação das medidas de proteção o do "interesse superior da criança e do adolescente", explicou que "a intervenção deve atender prioritariamente aos interesses e direitos da criança e do adolescente, sem prejuízo da consideração que for devida a outros interesses legítimos no âmbito da pluralidade dos interesses presentes no caso concreto", nem de longe se aproxima da norma da legislação anterior, que peremptoriamente dizia que "a proteção aos interesses do menor sobrelevará qualquer outro bem ou interesse juridicamente tutelado"[49]. Assim, na legislação nacional, o "interesse superior da criança" assume a feição de interesse prioritário, tendo primazia, precedência ou preferência na sua vivificação, sem que isso importe coarctar os direitos fundamentais de outras pessoas partícipes de conflitos.

---

49. CM, art. 5º.

V

Carta de direitos

19. Microssistema

As normas especiais, especialmente as residentes na Constituição da República e no Estatuto da Criança e do Adolescente, estão na base de um microssistema jurídico destinado à proteção integral da infância e juventude. Um diploma legal próprio, distintos princípios informadores, objeto específico e instrumentos peculiares de eficácia dos direitos declarados constituem-se nos elementos necessários ao estabelecimento de um ramo próprio do direito. O microssistema se expressa, ainda, em uma tutela jurisdicional diferenciada[50] em razão da necessidade do trato da diferença quando da atividade estatal de validação dos direitos irrealizados, impondo considerações não usuais no processo de interpretação e integração das normas jurídicas.

20. Natureza dos direitos da criança e do adolescente

Uma das mais básicas considerações peculiares diz respeito à natureza do direito da criança e do adolescente, essência da titularidade e do

---

50. V. § 227, Capítulo XXX, deste livro.

CURSO DE DIREITO DA CRIANÇA E DO ADOLESCENTE

conteúdo de um interesse. A quem pertence e qual o valor básico protegido pela norma jurídica?

Quanto à titularidade, obviamente o interesse juridicamente protegido pertence à criança e ao adolescente, constituindo-se, portanto, em um direito individual. Todavia, não pertence somente a eles, mas também a toda sociedade, na exata medida dos reflexos da efetividade dos direitos da criança e do adolescente no corpo social, repercutindo no presente e no futuro da nação. O direito da criança apresenta-se com uma titularidade dual complementar, porquanto sua concretude interessa à criança/adolescente e à sociedade.

Por outro lado, sob o prisma do conteúdo, o fundamento da dignidade da pessoa humana constitui-se em motivo individual que, sob a égide coletiva, importa razão que se constitui em fundamento do próprio Estado[51], instrumento de organização basilar, de modo que se trata de um valor individual e social da maior magnitude.

Assim, o direito da criança e do adolescente se constitui em um direito socioindividual, expressão designativa de um direito que pertence indistintamente ao indivíduo e à sociedade e que tem um magno valor pessoal e coletivo como seu substrato. Perpassa o indivíduo e colmata o núcleo de sustentabilidade ética da sociedade, numa díade complementar.

21. Características

Da sua natureza socioindividual, como em todo direito humano fundamental, decorrem suas principais características[52]. São elas: (a) indisponibilidade; (b) universalidade; (c) interdependência: (d) complementariedade; (e) pluralidade de obrigados; (f) solidariedade obrigacional; e (g) imprescritibilidade.

---

51. CF, art. 1º, III.

52. Trata-se de características básicas e gerais; outras são visualizadas nos direitos em espécie, defluindo do bem jurídico tutelado e da sua especificidade outros traços que personalizam o interesse.

A primeira concerne à indisponibilidade[53] dos direitos da criança, uma vez que ninguém pode desfazer-se isoladamente de algo que não lhe pertence. A segunda diz respeito à universalidade, qualidade de um direito que protege a todos, sem exceção[54]. A interdependência e complementariedade também marcam os direitos da criança, na medida em que a concretude de um depende da de outro e se completam mutuamente na integralidade da proteção. A quinta característica repousa na pluralidade de obrigados[55] às prestações positivas e negativas decorrentes dos direitos declarados. A sexta característica é a da solidariedade no cumprimento das obrigações, podendo a criança cobrar a prestação de quem melhor se encontre em condições de realizá-la[56]. Por fim, o tempo não aniquila ou retira a força subordinante dos direitos fundamentais da criança ou adolescente, sendo a imprescritibilidade outra das suas características básicas.

22. Classificação

A lógica da declaração dos direitos da criança é a mesma da proclamação dos direitos fundamentais. Afirmar a conservação da vida humana, buscar igualdade, garantir liberdade e promover a solidariedade entre as pessoas funcionaram como os principais motivadores da experiência da normatização dos instrumentos de proteção integral. Direitos humanos de todas as gerações, interesses subordinantes determinando prestações positivas e negativas e valoração máxima dos interesses da criança e do adolescente

---

53. A indisponibilidade, sob o prisma pessoal, revela-se pela indeclinabilidade, impossibilidade de renúncia, transação ou liberalidade. Coletivamente, pela inderrogabilidade das suas normas de proteção.

54. A dignidade da criança ou do adolescente é um valor universal reconhecido pela normativa internacional e nacional como inerente a todos os habitantes do planeta.

55. A Constituição da República não deixa margem a dúvidas que obrigados ao cumprimento das obrigações ínsitas aos direitos declarados são a família, a sociedade e o Estado.

56. A obrigação solidária não exclui a concepção de responsáveis primários e secundários, caso em que os segundos, obrigados ao adimplemento, têm, conforme o caso, direito de regresso.

determinaram a proclamação de direitos e garantias, que podem ser assim classificados: (a) direito e garantias à vida; (b) direitos fundados na igualdade; (c) direitos fundados na liberdade; e (d) direitos fundados na solidariedade.

Ao proclamar os direitos da criança e do adolescente, o ECA instituiu uma carta de direitos, disciplinando os principais aspectos do direito à vida, do direito à liberdade, dos direitos fundados no respeito e na dignidade, dos direitos fundados na igualdade, dos direitos à saúde, à educação, à assistência social, à convivência familiar, à convivência comunitária, dos direitos à cultura, a esportes e lazer, dos direitos à proteção no trabalho e dos direitos fundados na universalidade.

VI

Direito à vida

23. Essência do direito à vida

Biologicamente, a vida é caracterizada pela existência, soma de funções orgânicas que permitem atividades de formação, desenvolvimento e renovação de estruturas celulares através de processos bioquímicos e de produção de energia para a realização dessas funções. Implica, em constante adaptação, nascimento, crescimento, estabilização, declínio e morte, envolvendo atividades sensitivas e de reprodução. Socialmente é representada pelo agrupamento com participação individual em condições de segurança na satisfação de interesses, enquanto psiquicamente é caracterizada pela presença de processos mentais conscientes e inconscientes, sendo o pensamento, formulação de conceitos, sua principal característica.

Juridicamente, a vida é muito mais do que processos químicos fantásticos, equações sinápticas complexas e reproduções celulares contínuas. O caminho do desenvolvimento, maturidade e término da existência humana se expressa em relações ambientais distinguidas por valores sociais emprestados pelos grupos em seus diversos períodos históricos. Nesse sentido, o maior ou menor grau de respeito à vida e à sua dignidade indicam os variados estágios civilizatórios, constituindo-se na premissa

CURSO DE DIREITO DA CRIANÇA E DO ADOLESCENTE

obrigatória para o estabelecimento de indicadores do desenvolvimento humano.

O interesse de nascer, viver e morrer naturalmente, sem abreviação e em condições propícias ao estado de felicidade, representa uma construção histórica fincada em uma escala de valores desenvolvida pela experiência civilizatória, que vai encontrar nas sociedades democraticamente organizadas e fundadas no direito sua mais veemente expressão. O Estado social democrático, portanto, tem como fundamento o respeito à vida e à sua dignidade, constituindo-se também no seu principal objetivo.

Assim, existir e em condições favoráveis ao estado de felicidade é da essência do direito à vida. A preservação e a qualificação da existência, portanto, constituem-se em desideratos individuais coletivamente agrupados no conjunto da organização social, de modo que os ordenamentos normativos teoricamente são estabelecidos em função dessas razões.

Além da promessa constitucional genérica da sua inviolabilidade[57], o direito à vida vem contemplado no caput do art. 227 da Constituição da República, berço do direito da criança e do adolescente no Brasil[58], sendo o primeiro a ser elencado no rol dos direitos protegidos, certamente pela sua magna e irradiante importância. No ECA foi reafirmado no caput de seu art. 4º e encontrou disciplina na proclamação residente no art. 7º: "A criança e o adolescente têm direito a proteção à vida e à saúde, mediante a efetivação de políticas sociais públicas que permitam o nascimento e o desenvolvimento sadio e harmonioso, em condições dignas de existência". Depreende-se, portanto, proteção extravasando o direito de existir, alcançando o enunciado também a garantia de condições adequadas à vida, concorde com o magno princípio da dignidade da pessoa humana.

---

57. CF: "Art. 5º Todos são iguais perante a lei, sem distinção de qualquer natureza, garantindo-se aos brasileiros e aos estrangeiros residentes no país a inviolabilidade do direito à vida, à liberdade, à igualdade, à segurança e à propriedade".

58. CF: "Art. 227. É dever da família, da sociedade e do Estado assegurar à criança, ao adolescente e ao jovem, com absoluta prioridade, o direito à vida, à saúde, à alimentação, à educação, ao lazer, à profissionalização, à cultura, à dignidade, ao respeito, à liberdade e à convivência familiar e comunitária, além de colocá-los a salvo de toda forma de negligência, discriminação, exploração, violência, crueldade e opressão".

24. Direito de preservação da vida

O direito de preservação da existência é o direito à vida em sentido estrito. Viver sem abreviação até que naturalmente a morte ponha fim à existência. O direito tutela o existir biológico, psíquico e social da vida humana, afirmando a civilidade. Viver organicamente, ter a psique invulnerada e protegidas as possibilidades de interações interpessoais livres constituem-se na razão primeira da própria existência do direito.

O direito de preservação da existência permite o necessário à sua asserção, constituindo-se no principal fundamento da defesa própria e até mesmo de terceiro. A civilidade evoluiu para a compreensão de que ninguém tem o direito de tirar a vida de outrem nem mesmo de ameaçá-la, na exata medida em que a existência representa o fundamento de todas as construções humanas, razão da admissibilidade de qualquer meio para sua manutenção. Essa construção histórica abomina qualquer pena de morte, do Estado ou do particular, na exata correspondência do indeclinável direito de existir. A civilidade execra também a guerra, ilogismo da normalização da morte provocada, dos ferimentos e da destruição, dourados por um suposto direito internacional que barbaramente ainda contempla lições de conflitos legítimos.

25. Direito à proteção intrauterina

Sempre sob o enfoque de valor emprestado pela sociedade em um determinado momento histórico, inconcebível pensar a vida, ainda por nascer, sem o direito à proteção intrauterina. Abstraindo a discussão a respeito do início da vida e até em que momento a formação iniciada com a concepção poderia ser interrompida[59], uma vez resolvida a ges-

---

59. Questões fulcrais da admissibilidade ou não do aborto.

tação de uma nova pessoa humana[60], a proteção jurídica do feto já se faz presente[61].

Tem fundamento constitucional no direito social de proteção à maternidade, previsto no art. 6° da Constituição da República, e compreende o conjunto de garantias destinadas à formação sadia do feto, estando relacionada à qualidade do ambiente de formação da vida. Decorre do desiderato da proteção integral, contemplando o direito ao pré-natal, nutrição adequada e atenção humanizada à gravidez[62], defluindo preocupação com o físico e psíquico da futura mãe em razão da sua inter-relação com o desenvolvimento do nascituro, titular do direito à sua formação saudável em direção à vida no mundo exterior, expressão designativa do completar de todos os atributos necessários à superação da dependência da vida intrauterina.

O direito à proteção intrauterina convive com os direitos da mãe, devendo ser sopesado, em caso de conflito, à luz da razoabilidade. Não havendo risco à vida e ao desenvolvimento saudável do feto, as opções inserem-se na esfera de voluntariedade da gestante, devendo ser respeitadas. Todavia, afirmada a existência de risco atual e real, o que difere de mera precaução, suprimentos de vontade são de juridicidade induvidosa, notadamente se considerando o mencionado direito à paternidade e/ou maternidade responsável.

Também cabíveis indenizações *post factum* em razão do descumprimento de obrigações correlatas ao direito à proteção intrauterina. Quem viola, ameaça de violação direito de outrem ou abusa de direito pessoal,

---

60. Resolução voluntária ou legal.

61. Especialmente considerando a normativa internacional e o Estatuto da Criança e do Adolescente que ultrapassam a singela promessa do Código Civil de que a lei põe a salvo os direitos do nascituro (art. 2°). O Código Civil, ainda, possibilita a nomeação de curador falecendo o pai e não tendo a mãe o poder familiar (art. 1.779), bem como estende a curatela da interdita ao filho que está gestando (art. 1.779, parágrafo único).

62. ECA, art. 8°: "É assegurado a todas as mulheres o acesso aos programas e às políticas de saúde da mulher e de planejamento reprodutivo e, às gestantes, nutrição adequada, atenção humanizada à gravidez, ao parto e ao puerpério e atendimento pré-natal, perinatal e pós-natal integral no âmbito do Sistema Único de Saúde".

causando danos, fica obrigado a repará-los, sem prejuízo das cautelares necessárias a evitar o prejuízo que se avizinha[63].

26. Direito ao parto assistido

O nascimento, marco da vida exterior, é uma das mais ingentes experiências da existência, rivalizando-se, em significado e importância, com os termos da concepção e morte. Seu processo biológico é o parto, conjunto de atividades circundantes à expulsão do feto do aparelho reprodutor materno. Envolve riscos, para o nascituro e para a mãe, variáveis de acordo com o tipo e as condições dos sujeitos principais e secundários, estes os que assistem e prestam colaboração ao ato, notadamente realizando intervenções ou conduzindo manobras destinadas à garantia da qualidade de nascimento.

É de destacar o direito da gestante, e por derivação do neonato, de atenção humanizada no parto e no puerpério, atendimento perinatal e pós-natal integral[64]. E esse direito à proteção especial perdura depois do parto, mandando o legislador, no § 3º do art. 8º do ECA, que continue depois do nascimento, que os serviços de saúde onde o parto for realizado assegurem "às mulheres e aos seus filhos recém-nascidos alta hospitalar responsável e contrarreferência na atenção primária"[65], indicando a obrigação de orientações e encaminhamentos necessários à transferência de cuidados para outras unidades de saúde, especialmente aquelas destinadas à manutenção da higidez e prevenção de doenças mediante oferta de serviços clínicos, inclusive voltando àquela que referenciou o centro ou hospital

---

63. Enxergar o nascituro como sujeito de direitos não é uma tarefa culturalmente fácil, na exata medida da compreensão de muitos de que antes do nascimento não há vida e, sem vida, não há direitos.

64. ECA, art. 8º: "É assegurado a todas as mulheres o acesso aos programas e às políticas de saúde da mulher e de planejamento reprodutivo e, às gestantes, nutrição adequada, atenção humanizada à gravidez, ao parto e ao puerpério e atendimento pré-natal, perinatal e pós-natal integral no âmbito do Sistema Único de Saúde".

65. ECA, art. 8º, § 3º.

do parto[66]. No sentido da contrarreferência, é de destacar que o legislador determinou que "os profissionais de saúde de referência da gestante garantirão sua vinculação, no último trimestre da gestação, ao estabelecimento em que será realizado o parto, garantido o direito de opção da mulher"[67], de modo que, ao indicar o retorno ao serviço original, pretende o legislador dar continuidade a todo um processo de cuidados materno-infantis.

Dos riscos que peculiarizam o parto decorrem obrigações relacionadas à preservação da vida e da sua qualidade. Quem prioriza outros aspectos faz pouco caso do ato e, agindo com negligência, imprudência ou imperícia, comete ato ilícito passível de reparação ou, na hipótese de ameaça, justifica a adoção de providências preventivas destinadas a evitar a ocorrência da infração. Em suma, o nascituro tem direito a um nascimento assistido, a um processo de vinda para o mundo exterior em condições que garantam sua completa higidez. E a mãe tem o inquestionável direito a um parto seguro e humanizado, em uma simbiose de respeito.

Nesse contexto deve-se destacar a obrigatoriedade dos hospitais e demais estabelecimentos de atenção à saúde de gestantes de ofertar alojamento conjunto, possibilitando ao neonato a permanência junto à mãe[68], permitindo o fortalecimento de vínculos desde o período pós-natal. Essa escolha depende das condições da parturiente, pois não raras vezes as dificuldades do parto a fragilizam, reclamando intervenções curativas e o necessário descanso, inviabilizando, de pronto, a permanência com o recém-nascido.

27. Direito ao desenvolvimento saudável

O direito ao desenvolvimento saudável compreende o interesse protegido a meios, oportunidades e facilidades com a aptidão para garantir o

---

66. Contrarreferência.

67. ECA, art. 8º, § 2º.

68. ECA, art. 10, V.

progresso pessoal nos campos físico, mental, moral, espiritual e social[69]. Tem como pressupostos as condições de liberdade e de dignidade, indicativos da garantia de espaço e estado propício ao desenvolvimento, constituindo-se, em conjunto com as garantias da integridade, na própria base da proteção integral.

Além dos cuidados básicos que dizem respeito a toda infância e adolescência, tratados em itens específicos, é de observar que o nascituro e o neonato têm direitos que decorrem das suas próprias condições, visando garantir o vingar para a vida. A proteção da fase intrauterina, os cuidados durante o parto e logo depois dele visam, na essência, além de garantia da saúde da mãe, estabelecer condições que propiciem o desenvolvimento saudável.

Em decorrência das inovações introduzidas no ECA pela Lei n. 13.257, de 8 de março de 2016[70], deve-se destacar a existência de vários direitos tendentes a garantir a higidez e o progresso pessoal do neonato e do recém-nascido, podendo ser agrupados em duas ordens: (a) direitos decorrentes da proteção reflexa[71]; e (b) direitos decorrentes da proteção direta[72].

Entre os primeiros: (a) direito da gestante e parturiente ao serviço especializado em saúde da mulher[73]; (b) direito da gestante à nutrição adequada[74]; (c) direito da gestante ao pré-natal[75]; (d) direito da parturiente ao perinatal[76]; (e) direito da puérpera ao pós-natal[77]; (f) direito da gestante e mãe, no período pré e pós-natal, à assistência psicológica[78]; (g) direito da gestante e parturiente a um acompanhante durante o pré-natal, parto

---

69. ECA, art. 3º.

70. V. § 25, Capítulo VI, deste livro.

71. Direitos que decorrem de cuidados à gestante, parturiente e puérpera.

72. Direitos titularizados pelo neonato e nascituro.

73. ECA, art. 8º, caput.

74. ECA, art. 8º, caput.

75. ECA, art. 8º, caput.

76. ECA, art. 8º, caput.

77. ECA, art. 8º, caput.

78. ECA, art. 8º, § 4º.

e pós-parto imediato[79]; (h) direito da mãe à orientações de puericultura[80]; e (i) direito da mãe a um parto natural cuidadoso e à cesariana ou outras intervenções cirúrgicas por motivos médicos[81]. É de anotar, revelando a preocupação do legislador em materializar seus comandos, a inserção da seguinte regra no art. 8º, § 9º, do ECA: "A atenção primária à saúde fará a busca ativa da gestante que não iniciar ou que abandonar as consultas de pré-natal, bem como da puérpera que não comparecer às consultas pós--parto".

No que diz respeito aos direitos decorrentes da proteção direta ao recém-nascido, tratados especialmente sob a temática do direito à saúde, é de ressaltar, nesse momento, as normas residentes no art. 10 do ECA, que tratam das obrigações dos hospitais e demais estabelecimentos de atenção à saúde de gestantes, especialmente aquela que determina que se procedam a exames visando a diagnóstico e terapêutica de anormalidades no metabolismo do recém-nascido, orientando os pais[82].

A Lei n. 14.154, de 26 de maio de 2021, acrescentou os §§ 1º, 2º, 3º e 4º ao art. 10 do ECA, disciplinando os testes necessários para o rastreamento de doenças no recém-nascido através do Programa Nacional de Triagem Neonatal (PNTN), prevendo etapas de implementação da sua disponibilização no SUS[83].

Outra menção necessária diz respeito à obrigação de fornecimento de "declaração de nascimento onde constem necessariamente as intercorrências do parto e do desenvolvimento do neonato"[84], que, aliada à obrigação

---

79. ECA, art. 8º, § 6º.

80. ECA, art. 8º, § 7º: "A gestante deverá receber orientação sobre aleitamento materno, alimentação complementar saudável e crescimento e desenvolvimento infantil, bem como sobre formas de favorecer a criação de vínculos afetivos e de estimular o desenvolvimento integral da criança".

81. ECA, art. 8º, § 8º.

82. ECA, art. 10, III. V. Lei n. 14.154, de 26 de maio de 2021.

83. O Senado Federal aprovou, em 25 de novembro de 2021, o PL n. 3.681/2021, acrescentando uma quinta etapa de exames obrigatórios, compreendendo os testes relacionados à atrofia muscular espinhal, distrofias musculares e outras doenças neuromusculares. O projeto seguiu para a Câmara dos Deputados.

84. ECA, art. 10, IV.

de preservação dos dados da internação hospitalar[85], propicia o acesso a informes que podem auxiliar no diagnóstico precoce e, consequentemente, no tratamento adequado ao recém-nascido.

Como tutela complementar aos direitos declarados, o legislador estabeleceu crimes contra o nascimento seguro, prescrevendo condutas típicas com o intuito de garantir eficácia às proclamações contidas especialmente no art. 10 do ECA, na tentativa de buscar concretude para a realização dos interesses protegidos nas suas normas[86].

28. Direitos inerentes à primeira infância

O tema da primeira infância, na sua expressão mais candente, sempre esteve ligado à mortalidade infantil, uma vez que o vingar para a vida, a sobrevivência, o continuar a viver assumem nos primeiros anos da existência a dramaticidade das tragédias que marcam as populações mais pobres.

A ausência de proteção intrauterina, no momento do parto e pós-natal, a desnutrição, doenças evitáveis, a miséria, a falta de saneamento e a precariedade dos sistemas de saúde determinam índices de morte precoce que servem para a medição do grau de desenvolvimento social. Os Objetivos de Desenvolvimento Sustentável (ODS), acordo da ONU composto de 17 objetivos e 169 metas, concluídos em 2015, bem ilustram a questão. O objetivo 3 é o de "assegurar uma vida saudável e promover o bem-estar para todos, em todas as idades", prevendo a meta 3.1. a necessidade de reduzir, até 2030, a taxa de mortalidade materna para menos de 70 mortes por 100.000 nascidos vivos, e a 3.2., até a mesma data, "acabar com as mortes evitáveis de recém-nascidos e crianças menores de 5 anos, com todos os

---

85. ECA, art. 10: "Os hospitais e demais estabelecimentos de atenção à saúde de gestantes, públicos e particulares, são obrigados a: I — manter registro das atividades desenvolvidas, através de prontuários individuais, pelo prazo de dezoito anos".

86. V. § 339, Capítulo XLVIII, deste livro.

CURSO DE DIREITO DA CRIANÇA E DO ADOLESCENTE

países objetivando reduzir a mortalidade neonatal para pelo menos 12 por 1.000 nascidos vivos e a mortalidade de crianças menores de 5 anos para menos 25 por 1.000 nascidos vivos".

A Lei n. 13.257, de 8 de março de 2016, prescreveu princípios e diretrizes para a formulação e a materialização de políticas públicas para a primeira infância. Expressamente consignou, em seu art. 1º, que o fazia em razão dos desideratos básicos de atender à especificidade e à relevância dos primeiros anos de vida no desenvolvimento infantil do ser humano.

A lei em questão definiu as políticas públicas para a primeira infância que, em resumo, destinam-se a: (a) reduzir a mortalidade infantil; (b) promover o desenvolvimento infantil; e (c) garantir, depois da primeira infância desenvolvida de forma saudável, uma base sólida e favorável ao continuar do progresso pessoal e social.

Obviamente a vida e o desenvolvimento saudável podem restar comprometidos por razões inevitáveis, como doenças imprevisíveis, congênitas ou hereditárias, acidentes pessoais e catástrofes coletivas, contingências próprias da existência de todos os seres vivos. Todavia, combater a fatalidade fabricada pelas desigualdades é tarefa da civilidade, pois reduzir mortes e deficiências de desenvolvimento evitáveis, na primeira infância, importa prescrição de ações e serviços socialmente relevantes, humanitariamente necessários e economicamente lucrativos, projetando uma vida saudável a quase todos os integrantes da raça humana.

Os direitos relacionados à primeira infância extravasam os limites do vingar para a vida. Não são prioritários apenas os direitos relacionados à proteção intrauterina[87], mas também os concernentes a um parto assistido[88] e os referentes ao desenvolvimento saudável do neonato e do nascituro[89]. Tomando como parâmetro o disposto no art. 2º da Lei n. 13.257, de 8 de março de 2016, considera-se "primeira infância o período que abrange os

---

87. V. § 25, Capítulo VI, deste livro.
88. V. § 26, Capítulo VI, deste livro.
89. V. § 27, Capítulo VI, deste livro.

primeiros 6 (seis) anos completos ou 72 (setenta e dois) meses de vida da criança", de modo que nesse período os direitos ligados especialmente à saúde e educação assumem magnos papéis de indutores do desenvolvimento saudável, questões abordadas em capítulos específicos[90].

A Lei n. 14.617. de 10 de julho de 2023, instituiu o mês de agosto como "Mês da Primeira Infância". Advirta-se que não se trata de mera instituição de um período comemorativo; a lei prescreveu a adoção de ações integradas nos âmbitos nacional, estadual, distrital e municipal, visando, entre outras medidas, a promoção do conhecimento e significado da primeira infância, o respeito à especificidade desta etapa da vida e a oferta de atendimento integral e multidisciplinar, de modo a cumprir com o objetivo básico da busca da saudabilidade nesta determinante fase do desenvolvimento humano.

29. Direito a condições dignas de existência

Sem condições dignas de existência a vida é uma tragédia, marcada por dor, sofrimento e quase estagnação. O único movimento é em direção à morte; as potencialidades não são atualizadas, não há desenvolvimento e o estado de felicidade é uma quimera inatingível.

Viver dignamente é existir em condições propícias à felicidade pessoal e coletiva. Condições que permitam a formação de um estado potencialmente capaz de proporcionar a realização da pessoa humana, em todos seus aspectos. Primariamente diz respeito ao sentir-se saciado, abrigado e hígido. Também abrange o necessário para conhecer as coisas, sua natureza e finalidades, desenvolver habilidades e adquirir capacidades permissivas do relacionamento com os demais humanos e com a natureza. É estar em paz consigo mesmo e com os outros; em suma, é um estado de felicidade,

---

90. V. Capítulos IX e X deste livro.

em que a satisfação com a vida se expressa cotidianamente através de uma postura de bem-estar.

A falta de exercício pleno dos direitos sociais[91], como indicados no art. 6º da Constituição Federal, importa situação de indignidade. Quando ausentes condições de educação, saúde, alimentação, trabalho, moradia, transporte, lazer, segurança, previdência social e proteção e assistência à maternidade, à infância e aos desamparados, a vida não se realiza plenamente, de modo que inalcançável o estado de felicidade.

O bem-estar perseguido é o de todos, sem exceção, razão pela qual um dos objetivos declarados da República Federativa do Brasil é o de "promover o bem de todos, sem preconceitos de origem, raça, sexo, cor, idade e quaisquer outras formas de discriminação"[92]. Em resumo, sem condições dignas de existência para todos, não há desenvolvimento e progresso social[93], especialmente para crianças e adolescentes, humanos em fases da existência em que se formam as condições necessárias para o aproveitamento, em condições de igualdade, das oportunidades permissivas do estado de bem-estar.

---

91. V. § 38, Capítulo VII, deste livro.

92. CF, art. 3º, IV.

93. Uma das formas de mensurar o desenvolvimento social é mediante o estabelecimento de índices, sendo o mais utilizado o IDH, da ONU (Programa das Nações Unidas para o Desenvolvimento, PNUD), tendo como fatores o PIB *per capita*, a longevidade e os anos de estudos.

VII

Direitos fundados na liberdade

30. Liberdade

A liberdade pode ser entendida como a faculdade de autogoverno ou disposição sobre os atos da vida[94], entre os quais os relacionados ao poder de deliberação[95], ao tempo[96] e ao espaço de sua realização[97], especialmente o ir, vir e estar.

Sua tutela jurídica tem origem na luta do cidadão para coibir o poder do Estado intervencionista, determinando o aparecimento da primeira geração de direitos humanos. Floresceram os direitos e garantias individuais como resultados dos embates com os governos e seus mandatários, representando soluções aos poderes arbitrários e despóticos, constituindo-se em um arcabouço de normas tendentes à proteção das liberdades públicas.

---

94. O pensamento, conceito abstrato sobre as coisas, ainda que rudimentar ou incompleto, é o mais livre dos atributos da pessoa humana; sua expressão, todavia, fica sujeita a controles sociais.
95. Fazer ou não fazer.
96. Momento da ação ou omissão.
97. Em que lugar os atos podem ou devem ser praticados.

Em suma, o controle do poder do Estado determinou o aparecimento de direitos humanos fundamentais tendentes a impedir a violência travestida de atividades necessárias à manutenção dos regimes, da paz ou da ordem.

No mesmo sentido de valor cultural, a concepção de liberdade também permeou as relações familiares, incidindo de forma peculiar sobre crianças e adolescentes, tanto que a gerência dos atos da vida por terceiros, detentores do poder familiar, tutela ou guarda, juridicamente se extingue com a maioridade. Atingida certa idade, hoje o jovem se encontra liberto da submissão à gerência externa dos seus atos, presunção da existência da maturidade suficiente para o autogoverno, mesma ideia que permite faixas de presunção em que a vontade pessoal já é considerada e produz efeitos civis, ainda que proveniente de uma pessoa não considerada totalmente madura, como nos casos da incapacidade relativa do direito civil brasileiro.

Por outro lado, a maturidade enquanto fundamento da liberdade também arrimou as concepções de responsabilidade penal, na exata medida em que somente uma pessoa absolutamente livre para reger sua vida pode responder plenamente por seus atos[98]. Somente é reprovável a conduta continente a um desvalor social quando resultado de uma ação livre na causa próxima ou remota, justificando sistemas de responsabilização baseados em graus, subjetivos ou normativos, de maturidade pessoal do agente.

Como os conceitos jurídicos de criança e adolescente têm conteúdos certos e determinados, o trato do tema liberdade exige esta primeira distinção, uma vez que os termos indicam também maturidade, de modo que podemos entender que adolescentes são mais maduros do que crianças. Assim, a liberdade da criança é diversa da liberdade do adolescente, levando a uma disciplina jurídica diferenciada, focada nessas duas diferentes ordens de maturidade. Dessa forma, uma proibição ou faculdade, quanto ao seu destinatário, deve ser verificada à luz da faixa etária, emanação do respeito à condição peculiar de pessoa em processo de desenvolvimento.

---

98. V. § 254, Capítulo XXXV, deste livro.

Quanto mais próximo da maturidade, mais perto se encontra o adolescente da plenitude do autogoverno, de modo que o atentar para a faixa etária constitui-se em imprescindível elemento de interpretação dos variados aspectos que constituem os direitos fundados na liberdade. Não há de se falar em liberdade de locomoção de uma criança de tenra idade que até mesmo precisa de terceiro para sua deambulação, assim como devem-se rarear as restrições quando de adolescente prestes a atingir a maioridade.

A baliza principal das funções dos educadores de crianças e adolescentes consiste no respeito à liberdade garantida pela lei, sem renúncia da intervenção educativa, sempre ponderando as diferentes faixas etárias e os graus de maturidade. Nesse sentido exortação da Convenção dos Direitos da Criança: "Os Estados partes respeitarão os direitos e deveres dos pais e, se for o caso, dos representantes legais, de orientar a criança com relação ao exercício de seus direitos de maneira acorde com a evolução de sua capacidade" (art. 14, n. 2).

A criança e o adolescente também são destinatários de direitos e garantias expressos no art. 5º da Constituição da República: "Todos são iguais perante a lei, sem distinção de qualquer natureza", de modo que a idade não serve como elemento excludente de qualquer direito fundamental relacionado à liberdade. Eventuais distinções, relacionadas às diversas faixas etárias que marcam a infância e adolescência, dizem respeito à própria natureza das coisas, às possibilidades concretas de exercício pessoal do direito e à liberdade de deliberação quanto à prática do ato, não importando exclusões apriorísticas a direitos e garantias estabelecidos na Constituição da República.

Diga-se, ainda, que o legislador constituinte, talvez acostumado à cultura da distinção quando se trata de direitos de crianças e adolescentes, e de idosos, expressamente instituiu como um dos objetivos fundamentais da República Federativa do Brasil a promoção do bem de todos, inclusive sem preconceito ou discriminação relacionado à idade[99].

---

99. CF:"Art. 3º Constituem objetivos fundamentais da República Federativa do Brasil: [...] IV — promover o bem de todos, sem preconceitos de origem, raça, sexo, cor, idade e quaisquer outras formas de discriminação".

31. Liberdade e faixas etárias

Originalmente, o Estatuto da Criança e do Adolescente prescreveu apenas dois marcos etários, que na essência persistem até hoje: criança, pessoa até 12 (doze) anos de idade incompletos; e adolescente aquela entre 12 (doze) e 18 (dezoito) anos de idade[100]. Com base nessa previsão, estabeleceram-se direitos e deveres próprios de cada uma dessas fases da vida, em uma lógica de responsabilidade que, de um lado, permite e, de outro, veda comportamentos. Assim, se o adolescente pode, por um lado, suportar até fisicamente as consequências da prática de ato infracional, como a privação de liberdade, pode, por outro, ter direitos condizentes com essa mesma presunção de responsabilidade, como o deslocamento em território nacional, sem autorização judicial ou dos detentores do poder familiar.

No entanto, essa lógica foi quebrada pela edição da Lei n. 13.812, de 16 de março de 2019, que alterou o art. 83 do ECA, exigindo autorização judicial para o menor de 16 anos quando viajar para fora da comarca onde resida[101], no contexto da Política Nacional de Busca de Pessoas Desaparecidas. Assim, mais uma vez, o ordenamento jurídico, ao invés de proteger, no caso agir com eficácia na busca de crianças e adolescentes desaparecidos, atividade exigida desde a vigência do ECA, em 1990, pelo art. 87, IV, opta pela restrição de direitos, pretensamente protetiva.

Sempre é necessário, como parâmetro geral, fazer incidir normas permissivas de comportamentos e não estabelecer proibições à luz do referencial da idade do destinatário, sob a orientação da determinação constitucional do direito à liberdade, conforme expressamente consignado no caput do art. 227 da Constituição Federal.

A liberdade da criança ou do adolescente, como autodeterminação, está indissociavelmente ligada à faixa etária em razão da capacidade de reflexão, desenvolvida e apurada ao longo dos anos, principalmente pela

---

100. ECA, art. 2º.

101. Antes o deslocamento era livre para adolescentes. V. § 119, Capítulo XVIII, deste livro.

antevisão dos eventos da relação causal das ações e omissões comportamentais. A maturidade, enquanto fase de desenvolvimento, está relacionada
à habilitação pessoal para juízos de valor e de antecipação de resultados
das condutas, de modo que a liberdade de criança ou adolescente e sua
relação com a faixa etária devem sempre ser consideradas sob o influxo
do dinamismo do desenvolvimento e das condições de cada um[102].

32. Liberdade, respeito e dignidade

Liberdade, respeito e dignidade são elementos constitutivos de um
mesmo estado: felicidade. E felicidade é o resultado de condições propícias
à satisfação das necessidades humanas determinantes do bem-estar pessoal.
Juntos, num entrelaçamento complementar, permitem um existir pleno,
marcado pela segurança da não surpresa no mundo de relacionamentos.

A vontade de fazer ou não fazer, materializada em ações e omissões, é
compreendida pelo outro como expressão de um comportamento natural de
busca pessoal e diferenciada do estado de felicidade, permitindo um existir
sem sobressaltos, sem temores derivados de cobranças comportamentais
desprovidas de juridicidade. Aliás, a obediência ao princípio da legalidade,
expresso na razão de que ninguém é obrigado a fazer ou não fazer alguma
coisa senão em virtude de lei, no contexto de normalidade democrática
que legitima a feitura das normas, importa garantia de realização de todo
e qualquer comportamento que não esteja proibido, representando para
aquele que se depara com a ação ou omissão de outrem mais do que exercício de tolerância ou aceitabilidade, mas verdadeira submissão ao Estado
de direito democrático.

---

102. Um parque de diversões, exemplificando, deve garantir acesso aos seus brinquedos especialmente
sob a perspectiva do desenvolvimento físico de seus usuários, de modo que a vontade da criança não é a
determinante de seu uso, cabendo ao adulto a responsabilidade pela antevisão das relações de causalidade.

Liberdade, respeito e dignidade, nos termos da lei, são direitos da criança ou adolescente que devem ser vistos sob os influxos de duas condicionantes: (a) o respeito à condição de pessoa em processo de desenvolvimento; e (b) a titularidade plena de direitos civis, humanos e sociais[103].

São elementos da mesma simbiose, de uma única inteiração que não prescinde de qualquer de seus conteúdos, sob pena da vesguice que despreza a necessidade educativa ou que a resume à opressão, no sufocamento da possibilidade da autodeterminação, concorde com a faixa etária. Na temperança, no olhar ao dinamismo das constantes mudanças, na compreensão dos diferentes estágios de desenvolvimento e na aceitação da titularidade de interesses juridicamente protegidos é que se forjam as contrapartidas necessárias ao direito à liberdade, ao respeito e à dignidade.

33. Liberdade de ir, vir e estar

A prática livre dos atos da vida reclama uma expressão espacial, obviamente incidente sobre crianças e adolescentes. As regras constitucionais básicas são as que estabelecem que "é livre a locomoção no território nacional em tempo de paz, podendo qualquer pessoa, nos termos da lei, nele entrar, permanecer ou dele sair com seus bens"[104] e as que limitam o poder do Estado na suposta garantia da lei e da ordem, estabelecendo garantias aos apontados como autores de atos infracionais[105].

O Estatuto da Criança e do Adolescente contempla o direito de "ir, vir e estar nos logradouros públicos e espaços comunitários, ressalvadas as restrições legais"[106], adotando o mesmo parâmetro da Convenção dos Direitos

---

103. ECA: "Art. 15. A criança e o adolescente têm direito à liberdade, ao respeito e à dignidade como pessoas humanas em processo de desenvolvimento e como sujeitos de direitos civis, humanos e sociais garantidos na Constituição e nas leis".

104. CF, art. 5º, XV.

105. V. Capítulo XXXVIII deste livro.

106. ECA, art. 16, I.

da Criança, ou seja, o padrão da observância da legalidade na limitação do direito. Materialmente, compreende qualquer lugar de uso comum, público ou particular, que possa ser usufruído pelo público em geral.

A norma jurídica pode condicionar acessos com a finalidade de proteção concreta. Ao dizer, por exemplo, que a criança menor de 10 (dez) anos somente pode ingressar e permanecer nos locais de apresentação ou exibição de espetáculos públicos quando acompanhada dos pais ou responsável[107], prescreve uma restrição legal de natureza objetiva, previamente fazendo um juízo de valor quanto à inadequação do estar desacompanhado, pressupondo a necessidade de cuidados especiais de adultos naquela faixa etária.

Eventuais proibições devem decorrer direta ou reflexamente da lei. No primeiro caso, quando norma expressa admita ou vede a presença de pessoas considerando a faixa etária[108]; no segundo, quando atribua competência à autoridade para disciplinar ou autorizar o ingresso de criança ou adolescente em locais determinados[109] [110].

Nenhuma restrição pode ser imposta pelos gestores ou administradores dos espaços abertos ao público com pretexto na idade dos frequentadores, salvo quando derivadas da lei ou porque os produtos e serviços que comercializam sejam proibidos para crianças ou adolescentes. Muito menos quando a restrição deriva de inegável preconceito social, prática segregacionista destinada a limitar a frequência em determinados espaços em razão do público esperado para o local, evidenciando, não raras vezes, a presença de racismo estrutural.

O comportamento conforme ao direito exige da criança ou adolescente respeito à lei, de sorte que eventual prática de ato infracional determina a intervenção da autoridade, que obviamente deve se pautar em obediência

---

107. ECA, art. 75, parágrafo único.

108. O ECA, em seu art. 80, veda a presença de crianças e adolescentes em locais que explorem comercialmente bilhar, sinuca ou congêneres e casas de jogos.

109. ECA, art. 149.

110. V. §§ 121 e 122, Capítulo XVIII, deste livro.

à legalidade estrita. O "ir, vir e estar nos logradouros públicos e espaços comunitários" representa direito e não autorização para o ilícito, de sorte que as providências de mantença da situação de paz e de respeito nos ambientes abertos a todos podem ser tomadas, desde que proporcionais aos agravos sofridos.

Falta juridicidade às restrições etárias determinadas peremptoriamente por restaurantes, pousadas, hotéis e *resorts*. Segmentação, obediência às regras de mercado e derivação do princípio constitucional da livre-iniciativa[111] não esvanecem o direito de crianças e adolescentes em permanecerem nos locais abertos ao público, decorrência dos mencionados arts. 3º, IV, e 5º, caput, da Constituição da República, que vedam qualquer forma de discriminação. O estabelecimento pode recomendar a não presença de crianças e adolescentes, alertando quanto às condições adequadas somente ao público adulto, mas não estabelecer vedações sem lastro jurídico. Havendo insistência, deve aceitar a presença de criança ou adolescente, sob pena de violar também o disposto no art. 39, IX, do Código de Defesa do Consumidor[112].

O direito constitucional à convivência comunitária[113] impõe também a regulamentação de eventuais restrições etárias em caráter absolutamente excepcional e exclusivamente pelo legislativo, sob pena de o particular induzir a um verdadeiro estado de *apartheid*, impondo indevida separação entre os mundos adulto e infantojuvenil, prejudicando ou retardando a socialização necessária para uma sociedade mais fraterna, conforme razão constante do preâmbulo da nossa Constituição[114].

---

111. CF, art. 170.

112. CDC, art. 39: "Art. 39. É vedado ao fornecedor de produtos ou serviços, dentre outras práticas abusivas: [...] IX — recusar a venda de bens ou a prestação de serviços, diretamente a quem se disponha a adquiri-los mediante pronto pagamento, ressalvados os casos de intermediação regulados em leis especiais".

113. V. Capítulo XIV deste livro.

114. Preâmbulo da Constituição Federal: "Nós, representantes do povo brasileiro, reunidos em Assembleia Nacional Constituinte para instituir um Estado Democrático, destinado a assegurar o exercício dos direitos sociais e individuais, a liberdade, a segurança, o bem-estar, o desenvolvimento, a igualdade e a justiça como valores supremos de uma sociedade fraterna, pluralista e sem preconceitos, fundada na harmonia social e

34. Liberdade de opinião e expressão

Crianças e adolescentes, na exata correspondência com seu estágio de desenvolvimento, têm o direito de manifestar seu pensamento, de expor conceitos que caracterizam a própria vida psíquica. Não estão proibidos de se expressar, ainda que suas elaborações estejam concordes com o tempo de vivência e aprendizado. Têm opiniões, são detentores da garantia de transmitir suas ideias e podem buscar informações condizentes com suas respectivas faixas etárias[115].

Assim como a liberdade de expressão dos adultos encontra limites, especialmente na difusão de discursos de ódio, tendo como anteparo o conjunto dos direitos humanos destinados à afirmação constante da civilidade, a livre manifestação do pensamento de crianças e adolescentes também não é absoluta. Além da ponderação do estágio de desenvolvimento, notadamente da compreensão da peculiaridade da formação de conceitos e eventuais dificuldades na previsão da relação causal derivada de ações e omissões, objetivamente a ninguém é dado o direito de difundir a violência, a tortura, a guerra, o racismo, o preconceito e a discriminação, razão pela qual o adolescente poderá ser responsabilizado por ato infracional e a criança ficar destinatária de medida de proteção.

Não se descarta, não raras vezes, a interferência negativa de adultos na formação do pensamento de crianças e adolescentes, bem como o estímulo a sua manifestação, de modo que a responsabilização, especialmente da criança, deve vir depois da perquirição sobre a influência de maiores em relação ao suposto exercício do direito de opinião e expressão, com o cuidado de separar o que se insere em conduta educacional e o que deriva da prática de alienação.

---

comprometida, na ordem interna e internacional, com a solução pacífica das controvérsias, promulgamos, sob a proteção de Deus, a seguinte CONSTITUIÇÃO DA REPÚBLICA FEDERATIVA DO BRASIL".

115. ECA, art. 16: "O direito à liberdade compreende os seguintes aspectos: [...] II — opinião e expressão".

CURSO DE DIREITO DA CRIANÇA E DO ADOLESCENTE

A Convenção dos Direitos da Criança proclama que o direito de expressão inclui "a liberdade de procurar, receber e divulgar informações e ideias de todo tipo, independentemente de fronteiras, de forma oral, escrita ou impressa, por meio das artes ou por qualquer outro meio escolhido pela criança"[116]. Assim, a criança ou o adolescente têm o direito de escolher a fonte de aquisição de informações e ideias, podendo decidir quanto a sua divulgação e modo de fazê-lo. Anote-se, nesse sentido, a garantia de "acesso às diversões e espetáculos públicos classificados como adequados à sua faixa etária"[117], revelando o legislador nacional compromisso com a liberdade de escolha das fontes de conhecimento cultural.

A CDC admite apenas as restrições legais, de modo que vedadas as derivadas do prudente arbítrio do particular, posto que proibir alguém de difundir ideias, opiniões e pensamentos reclama magna razão, passível de ser valorada, em uma sociedade democrática, somente pelo parlamento. Diz a CDC que, além da exigência da legalidade, as restrições devem ser absolutamente necessárias, de sorte que o legislador deverá observar sua imprescindibilidade para o respeito dos direitos ou da reputação dos demais, para a proteção da segurança nacional, da ordem pública ou para proteger a saúde e a moral pública[118].

A criança e o adolescente também são especialmente protegidos pelas normas constitucionais que garantem "a livre manifestação do pensamento"[119] e da "atividade intelectual, artística, científica e de comunicação, independentemente de censura ou licença"[120]. Também têm o direito de acesso à informação[121], tudo temperado pelo princípio do respeito à condição peculiar de pessoa em processo de desenvolvimento.

---

116. CDC, art. 13.
117. ECA, art. 75, caput.
118. CSDC, art. 13-2.
119. CF, art. 5º, IV.
120. CF, art. 5º, IX.
121. CF, art. 5º, XIV.

Nem mesmo a submissão de adolescente à medida privativa de liberdade aniquila o direito de expressão. Disposições residentes no Estatuto da Criança e do Adolescente garantem ao adolescente internado o direito de acesso aos meios de comunicação social e o de receber assistência religiosa, segundo sua crença, e desde que assim o deseje[122]. Também se anote que o adolescente privado de liberdade tem outros direitos de expressão definidos no mesmo art. 124 do ECA, como o de "entrevistar-se pessoalmente com o representante do Ministério Público", "peticionar diretamente a qualquer autoridade", "avistar-se reservadamente com seu defensor", "receber visitas, ao menos, semanalmente" e o de "corresponder-se com seus familiares e amigos", defluindo promessa legislativa de resguardo à possibilidade de expressão como instrumento de comunicação e defesa de interesses. É de observar, ainda, que o adolescente apontado como autor de ato infracional tem ainda o "direito de ser ouvido pessoalmente pela autoridade competente"[123], definido expressamente como garantia processual integrante do devido processo legal de apuração de crime ou contravenção penal praticados por menor de idade.

Quando se tratar de opinião ou informe capaz de produzir efeitos jurídicos, o valor do que for expresso pela criança ou adolescente deve ser aferido à luz da sua faixa etária, da sua maturidade e presença social. Se a criança estiver "capacitada a formular seus próprios juízos", tem o inquestionável direito de expressar livremente todas as suas opiniões, notadamente com os assuntos que lhe são relacionados[124], com a determinação complementar de que deve ter a oportunidade de ser "ouvida em todo processo judicial ou administrativo que afete a mesma, quer diretamente quer por intermédio de um representante ou órgão apropriado, em conformidade com as regras processuais da legislação nacional"[125].

No ECA essa garantia ainda se revela em normas que obrigam a consideração da opinião da criança ou adolescente quando da sua colocação em família substituta, "respeitado seu estágio de desenvolvimento

---

122. ECA, art. 124, XIII e XIV.

123. ECA, art. 111, V.

124. CSDC, art. 12-1.

125. CSDC, art. 12-2.

CURSO DE DIREITO DA CRIANÇA E DO ADOLESCENTE

e grau de compreensão sobre as implicações da medida"[126], que exige o consentimento do adolescente para sua adoção[127] e que obriga a oitiva da criança, quando puder exprimir sua vontade, ou adolescente em qualquer processo que possa resultar em modificação de guarda[128].

35. Liberdade de crença e culto religioso

A Constituição Federal, em seu art. 5º,VI, prescreve que "é inviolável a liberdade de consciência e de crença, sendo assegurado o livre exercício dos cultos religiosos e garantida, na forma da lei, a proteção aos locais de culto e a suas liturgias". Compreende o direito individual de acreditar na existência do sagrado e em sua doutrina, derivação da liberdade do pensamento, bem como o direito à manifestação exterior, prometendo o Estado proteger os locais e as formas de expressão pública dessa fé.

A liberdade religiosa, completada pela proibição de que a União, Estados, Distrito Federal e Municípios estabeleçam cultos religiosos ou igrejas, os subvencionem, embaracem seu funcionamento ou mantenham relações de dependência ou aliança com eles ou seus representantes[129], determina a existência no Brasil de um Estado secular ou laico.

A liberdade de crença e de culto encontra maiores agravos quando a criança ou o adolescente deixam sua família e restam inseridos em casa de acolhimento ou em entidade de internação. Nesses estabelecimentos de permanência, não é admissível que se estipule uma religião oficial ou que se estabeleçam regras internas tendentes a estimulá-la, não só em respeito à diversidade religiosa que marca a sociedade brasileira, mas também em razão da normativa prescritora de um Estado laico, com absoluta liberdade de crença e culto religioso.

---

126. ECA, art. 28, § 1º.

127. ECA, art. 45, § 2º.

128. ECA, arts. 161, § 3º, e 168, caput.

129. CF, art. 19, I.

36. Liberdade de brincar

Liberdade para brincar, praticar esportes e divertir-se: é o que proclama o art. 16, IV, do Estatuto da Criança e do Adolescente, em consonância com a regra do art. 31, itens 1 e 2, da Convenção sobre Direitos da Criança:

> Os Estados partes reconhecem o direito da criança ao descanso e ao lazer, ao divertimento e às atividades recreativas próprias da idade, bem como à livre participação na vida cultural e artística. Os Estados partes respeitarão e promoverão o direito da criança de participar plenamente da vida cultural e artística e encorajarão a criação de oportunidades adequadas, em condições de igualdade, para que participem da vida cultural, artística, recreativa e de lazer.

O direito de brincar consiste no interesse protegido à distração mediante ocupação do pensamento e do corpo com atividades de alheamento, aflorando sentimento de felicidade em razão do prazer intrínseco à própria ação descompromissada. Espécie do direito ao lazer, interesse ao descanso e ao livre preenchimento do tempo, abrange o ócio ou atividades lúdicas de entretenimento, esportes e diversão.

O direito de brincar, de descansar e de praticar esportes, ou seja, o direito a atividades físicas individuais ou coletivas agrupadas em determinados métodos, com ou sem objetivos de competição, compõe o conjunto de interesses protegidos pelo legislador considerados imprescindíveis à vivência construtiva da infância e adolescência.

A Declaração Universal dos Direitos da Criança exorta a necessidade de geração de oportunidades de brincadeiras e da diversão[130], indispensáveis ao desenvolvimento. O caminhar para a maturidade encontra no lúdico um instrumento de formação e articulação de conceitos, já que o ato de brincar potencializa o crescimento intelectual, especialmente mediante a reflexão pessoal e a interação social que são próprias dos jogos e da recreação.

---

130. DDC-1959, art. 7º.

Ao garantir a liberdade de brincar, praticar esportes e de se divertir, o ECA viu a criança como criança, desprezando concepções que a colocam como um projeto esquemático de futuro, um esperado adulto, o vir a ser, realçando a necessidade de sua consideração como aquilo que é, no momento presente. Assim, o direito de brincar surge como a expressão mais significativa do princípio do respeito à condição peculiar de pessoa em processo de desenvolvimento[131], representando direito próprio da criança ou adolescente, exercitável diante da família, da sociedade e do Estado.

Essa proteção à liberdade, todavia, não impede um agir preventivo dos pais ou responsável que, na direção da educação dos filhos ou pupilos, no zelo pela sua integridade e na tarefa de resguardo aos valores morais, têm o direito de aferir a adequação das brincadeiras, dos esportes e da qualidade e duração do lazer. Diversão saudável, esporte seguro e lazer protegido indicam estados de respeito à condição peculiar da criança ou do adolescente como pessoa em processo de desenvolvimento. Relevam-se, pelos adjetivos usados, a maturidade da criança e do adolescente e a potencialidade dos efeitos gerados por essas atividades, preferindo-se aquelas que, garantindo a integridade, contribuam para o desenvolvimento com a certeza atual de bem-estar. É dessa conjugação entre os valores do poder de escolha da criança e do adolescente sobre suas atividades de lazer e o juízo de sua adequação à etapa de maturidade que atravessam que floresce o estado de desenvolvimento saudável, capaz de acarretar felicidade atual e projetar um futuro promissor.

Todas as pessoas, físicas e jurídicas, notadamente as responsáveis pela exploração do comércio de entretimento, também têm obrigações relacionadas à diversão saudável, esporte seguro e ao lazer protegido, tendo como referência primária o princípio do respeito à condição peculiar da criança ou adolescente como pessoa em processo de desenvolvimento[132], de modo que a liberdade de escolha da criança ou adolescente não exime

---

131. V. § 15, Capítulo IV, deste livro.

132. ECA:"Art. 71. A criança e o adolescente têm direito a informação, cultura, lazer, esportes, diversões, espetáculos e produtos e serviços que respeitem sua condição peculiar de pessoa em desenvolvimento".

obrigações relacionadas à oferta adequada de produtos e serviços a pessoas menores de 18 (dezoito) anos de idade.

Anote-se que o brincar assume maior importância no contexto da especificidade da faixa etária que abrange os 6 (seis) primeiros anos de vida da criança, representando instrumento para seu desenvolvimento integral, constituindo-se em área prioritária das políticas públicas para a primeira infância, nos termos do art. 5º da Lei n. 13.257, de 8 de março de 2016.

O brincar, praticar esportes e se divertir, em resumo, é um expressivo conteúdo do estado de felicidade da criança e do adolescente, de sorte que a geração de oportunidades, além do valor no momento das suas ofertas, contribui para a formação de uma sociedade mais sadia, refletindo-se em toda a vida de relações.

A recente Lei n. 14.826, de 20 de março de 2024, indicou o direito de brincar da criança como estratégia intersetorial de prevenção à violência. Reiterando o direito de brincar como interesse juridicamente protegido, obrigando família, sociedade e Estado, a referida lei impõe no âmbitos das políticas de assistência social, educação, cultura, saúde e segurança pública, ações de fortalecimento da parentalidade positiva e de promoção do direito ao brincar, de modo a colaborar para um relacionamento fundado no respeito, no acolhimento e na não violência.

37. Liberdade de participar da vida familiar

O direito de participar da vida familiar tem como pressuposto a tutela da liberdade. A criança e o adolescente, guardadas as faixas etárias e a maturidade, têm direitos adiante da família, porquanto, notadamente, os filhos deixaram de ser objetos de intervenção do mundo adulto, passando a ser sujeitos. Assim, os direitos fundamentais da criança ou adolescente, agrupados sob a finalidade básica da proteção integral, também determinam obrigações familiares na exata correspondência dos direitos declarados.

CURSO DE DIREITO DA CRIANÇA E DO ADOLESCENTE

Opinar, expressar seus pensamentos e interferir nos destinos do núcleo de convivência são da essência, portanto, do direito de participação familiar, irrefutável ante a importância de cada um dos membros que a compõe, inclusive criança ou adolescente. Anote-se, mais uma vez, que a proclamação desses direitos não inibe o poder-dever dos pais de dirigir a educação dos filhos menores[133]; apenas impõe uma convivência em que a consideração das opiniões de todos seja observada, condição indispensável para a felicidade e o bem-estar familiar.

Já a discriminação é a distinção, o trato desigual, o estabelecimento de relacionamento diferente, considerando pessoas ou indivíduos na mesma condição. A pior discriminação é aquela que distingue os indivíduos da raça humana, partindo de referenciais secundários, como cor, condição social, gênero, orientação sexual etc.

A idade é fonte de distinções, positivas e negativas. Positivas quando destinadas ao suprimento de uma incapacidade real, derivada da falta de desenvolvimento completo ou da perda, natural ou acidental, de habilidades ou suficiências indispensáveis à vida autônoma[134]. Negativas quando as distinções, geralmente travestidas de medidas protetivas, destinam-se à proibição de acesso a conteúdos e práticas não aceitas pelo mundo adulto, em razão da moral ou ideologia, mas que se revelam absolutamente inofensivas e naturais no momento histórico que atravessamos.

Assim, a visualização de discriminação etária é aquela que maior dificuldade impõe ao observador isento, porquanto na mescla de distinções positivas e negativas há uma inegável tendência de realce das vedações, principalmente mediante a utilização da fórmula da expectativa futura, ou seja, de apropriação da informação, do valor ou do bem da vida no momento da maioridade, desconsiderando a natureza ingente de vários experimentos durante a infância e a adolescência.

---

133. CC, art. 1.634, I.

134. É na competência pessoal de autorregência que reside a concepção de maturidade, entendida como desenvolvimento pleno suficiente para enfrentamento dos desafios da existência.

Sob o prisma jurídico. a discriminação no âmbito das relações familiares está expressamente proibida[135], inclusive a ignóbil distinção derivada da origem da filiação, dispondo o art. 227, § 6º, que: "Os filhos, havidos ou não da relação do casamento, ou por adoção, terão os mesmos direitos e qualificações, proibidas quaisquer designações discriminatórias relativas à filiação".

Todavia, a distinção pode operar-se no âmbito familiar. Um filho pode ser tratado de forma absolutamente desigual em relação a outros, podendo ser distinguido pela falta de cuidados de saúde, higiene, educação e até alimentação. Sendo visível a preterição, ou seja, o desprezo em prol de outrem, os pais ficam sujeitos às medidas previstas no art. 129 do ECA[136], desde uma mera advertência até o grave decreto de perda do poder familiar, dependendo do grau de discriminação verificado.

Ao assegurar à criança e ao adolescente a liberdade de participar da vida familiar sem qualquer diferença, quis o legislador vivificar a concepção constitucional da família como "base da sociedade"[137], dentro da perspectiva, constante do preâmbulo da Magna Carta, de construção de uma entidade "fraterna, pluralista e sem preconceitos", somente alcançável, ainda nos termos do seu prefácio, desde que tenha entre seus valores supremos a igualdade. Assim, a criança ou o adolescente que tenham sua liberdade cerceada no seio de sua família, em descompasso com o que ocorra com outros integrantes nas mesmas condições, sofrem atentado à sua esfera de intangibilidade, merecendo proteção estatal até mesmo como forma de garantir os fomentos necessários à construção e à manutenção da sociedade desejada pelo constituinte.

38. Liberdade de participar da vida comunitária

A vida comunitária, nos termos da utilização da expressão pelo ECA, diz respeito à vida fora da família. A inserção da criança ou adolescente nos

---

135. ECA, art. 227, caput.

136. V. Capítulo XLVI deste livro.

137. CF, art. 226, caput.

espaços públicos, abertos à comunidade, auxilia no processo de socialização, de modo que representa um valor no desenvolvimento da criança ou adolescente. Assim, o direito de interagir ou tomar parte dos grupos sociais e do próprio todo, criando, mantendo e atualizando relações interpessoais, importa conteúdo do direito à convivência comunitária.

Consigne-se que o desenvolvimento saudável pressupõe vinculações significativas, capazes de, em constantes trocas, permitir progressos e avanços pessoais, desenvolvendo capacidades e habilidades construídas sob a escala de valores presentes na comunidade. Essa interação é necessária para a criança ou o adolescente, constituindo-se em interesse erigido à categoria de direito em razão da sua importância para o desenvolvimento.

Diz a lei[138] que o direito de participar da vida comunitária deve ser exercitado sem discriminação, ou seja, sem que se verifique qualquer forma de distinção, o que pode provocar marcas indeléveis na memória social da criança ou adolescente, cabendo ao mundo adulto os cuidados necessários para evitar que isso aconteça, ou, ao menos, minimizar sua importância.

Isso não significa, todavia, que todos os meios de participação sejam adequados às diferentes faixas etárias que integram a infância e adolescência, mas que eventuais restrições, ante a afirmação genérica do direito, devem ser estabelecidas em lei e normativamente justificadas na mantença da própria segurança da criança ou adolescente, na concordância com as necessidades coletivas e na sintonia com outros institutos, como, exemplificando, os próprios do sistema eleitoral.

39. Liberdade de participar da vida política

A participação na vida comunitária também se dá através do reconhecimento do direito de inserção na vida política, consoante se verifica da norma residente no art. 16, VI, do Estatuto da Criança e do Adolescente.

---

138. ECA, art. 16, V.

De acordo com esse mesmo artigo, o tomar parte na comunidade se dá nos termos da lei, resolvendo o legislador pela especialidade da política em comparação com outros aspectos da interação na vida. Assim, a própria Constituição da República prevê a capacidade eleitoral relativa aos 16 (dezesseis) anos de idade[139], permitindo o alistamento eleitoral facultativo ao adolescente que atingir essa idade.

Tomando a política em sentido amplo, abrangendo todas as possibilidades de reunião e associação para a defesa de interesses comuns, é de destacar que o Estatuto da Criança e do Adolescente prevê o "direito de organização e participação em entidades estudantis"[140], reflexo das garantias constitucionais de liberdade de reunião e associação[141] que tutelam também os interesses de crianças e adolescentes, porquanto a Magna Carta veda distinção de qualquer natureza, inclusive em relação à idade.

Tudo isso concorde com a CDC que, em seu art. 15, itens 1 e 2, estabelece que: "Os Estados partes reconhecem os direitos da criança à liberdade de associação e à liberdade de realizar reuniões pacíficas" e que: "Não serão impostas restrições ao exercício desses direitos, a não ser as estabelecidas em conformidade com a lei e que sejam necessárias numa sociedade democrática, no interesse da segurança nacional ou pública, da ordem pública, da proteção à saúde e à moral públicas ou da proteção aos direitos e liberdades dos demais".

É de observar que durante a última ditadura militar no Brasil vigorou o Decreto-lei n. 477, de 26 de fevereiro de 1969, diploma legal definidor das "infrações disciplinares praticadas por professores, alunos, funcionários ou empregados de estabelecimentos de ensino público ou particulares", que, entre outras supressões da liberdade, punia com desligamento e proibição de matrícula pelo prazo de três anos o discente que praticasse "atos destinados à organização de movimentos subversivos, passeatas, desfiles ou comícios não autorizados", ou deles participasse.

---

139. CF, art. 14, § 2º, *c*.

140. ECA, art. 53, IV.

141. CF, art. 5º, XVI e XVII.

CURSO DE DIREITO DA CRIANÇA E DO ADOLESCENTE

O aluno era submetido a um procedimento sumário, conduzido por um funcionário ou empregado designado pelo dirigente do estabelecimento de ensino, ficando imediatamente suspenso das aulas e tendo o prazo de 48 (quarenta e oito) horas para oferta de defesa, seguindo-se apresentação de relatório pelo designado e aplicação da penalidade pelo dirigente.

Destaca-se que a Lei n. 6.680, de 16 de agosto de 1979[142], contemporânea ao Código de Menores, apenas permitia a constituição de grêmios estudantis nos estabelecimentos de ensino fundamental e médio com "finalidades cívicas, culturais, sociais e desportivas", cuja atividade deveria se restringir "aos limites estabelecidos em regimento, devendo ser sempre assistidos por membros do corpo docente", de modo que o pleno "direito de organização e participação em entidades estudantis", trazido pelo ECA[143], representou importante proclamação de direito no campo da liberdade.

40. Liberdade de buscar refúgio, apoio e orientação

Um dos direitos fundados na liberdade reconhecido pelo legislador, especialmente perante a família, constitui-se no interesse protegido da criança e do adolescente em "buscar refúgio, auxílio e orientação"[144].

Quis o legislador deixar claro que não configura desobediência ao poder familiar buscar socorro fora da família, pois esta pode ser a causadora principal do descumprimento dos direitos básicos da criança e do adolescente. Basta atentar que a violência no âmbito das relações familiares foi reconhecida pelo próprio legislador constituinte[145], de modo que o acesso aos "serviços especiais de prevenção e atendimento médico e psicossocial às vítimas de negligência, maus-tratos, exploração, abuso, crueldade e

---

142. Revogada pela Lei n. 7.395, de 31 de outubro de 1985.

143. ECA, art. 53, IV.

144. ECA, art. 16, VII.

145. CF, art. 226, § 8°.

opressão"[146] deve ser facilitado e franqueado a todas as crianças e adolescentes como expressão da liberdade garantida na Constituição e nas leis.

41. Direito de resistência à repressão estatal

Falar de liberdade é discursar sobre o controle do poder ou da violência do Estado. Poder ou violência que incide sobre os corpos dos cidadãos mediante a imposição de penas ou castigos destinados a responder aos atos não tolerados pelos governos ou nações. Aniquilação dos opositores e infratores, caprichos e retribuições aos males praticados e, de outro lado, justas reprimendas, correção dos desvios e prevenção de outros episódios criminosos são as frequentes justificativas à manutenção da ordem social, despótica, totalitária ou democrática.

As diferentes concepções estão ligadas às formas permitidas pelo povo para a organização dos Estados, considerando sua origem, desenvolvimento e capacidade de reação à tirania, contexto de surgimento dos direitos fundamentais. Assim, a primeira geração de direitos humanos desenvolveu-se a partir das necessidades de controlar a força e a violência do Estado, descortinando garantias processuais do *habeas corpus*, do devido processo legal, do contraditório e outras, materiais, como a legalidade ou reserva penal, da culpabilidade, da proporcionalidade da pena e tantas demais tendentes à redução do arbítrio na conceituação, no procedimento e na repressão aos fatos criminosos.

No campo dos direitos da criança e do adolescente, a evolução, todavia, foi mais tardia. A pretexto da intervenção protetiva ou tutelar, restaram estabelecidos sistemas desprovidos de garantias fundamentais, situação que começou a mudar na esfera internacional com as Regras Mínimas das Nações Unidas para a Administração da Justiça Juvenil[147], documento

---

146. ECA, art. 87, III.

147. Regras de Pequim — 1985.

CURSO DE DIREITO DA CRIANÇA E DO ADOLESCENTE

internacional propulsor da legalidade no campo dos atos infracionais[148] e, no âmago interno, com a Constituição da República e o Estatuto da Criança e do Adolescente. Surgiu um direito socioeducativo, marcado pelo garantismo[149], expressão designativa, na essência, de duas ordens básicas de componentes: direitos e garantias dos acusados, de um lado, e, de outro, trato da diferença, ou seja, relevo à situação do infrator como pessoa em processo de desenvolvimento.

O ponto fulcral da questão reside na constatação de que a liberdade da criança e do adolescente, ameaçada com a possibilidade de imposição de consequências graves e coercitivas em razão da prática de um crime ou contravenção penal, reclama um regramento impeditivo dos abusos do Estado, não raras vezes mascarados com eufemismos que não lhes escondem a natureza. Sindicar ao invés de processar, aplicar medida ao revés de apenar ou internar ao contrário de prender não têm o condão de desnaturar o uso, converter sua natureza ou reduzir a força estatal que incide, ainda que justificada pelo desvalor social das condutas criminosas, gravemente sobre a esfera da liberdade de pessoas humanas. Assim, a proclamação de que crianças e adolescentes têm direito à liberdade, e de que esse direito pode ser exercitado inclusive contra o Estado, impõe a montagem de um sistema concorde com as reais possibilidades de resistência ao desiderato repressivo do Estado no controle dos comportamentos sociais[150].

O direito de resistência à repressão estatal representa tutela concreta do direito à liberdade, estando disciplinado no ECA mediante garantias processuais e materiais[151] destinadas a impedir os arbítrios do Estado, facilmente perpetrados quando se trata de crianças e adolescentes.

---

148. A título de exemplificação: "Respeitar-se-ão as garantias processuais básicas em todas as etapas do processo, como a presunção de inocência, o direito de ser informado das acusações, o direito de não responder, o direito à assistência judiciária, o direito à presença dos pais ou tutores, o direito à confrontação com testemunhas e a interrogá-las e o direito de apelação ante uma autoridade superior" (Regras Mínimas, 7.1).

149. V. § 279, Capítulo XXXVIII, deste livro.

150. V. Capítulo XXXV deste livro.

151. V. §§ 281-282, Capítulo XXXVIII, deste livro.

VIII

Direitos fundados no respeito e na dignidade

42. Direito ao respeito

Na definição legal[152], o direito ao respeito "consiste na inviolabilidade da integridade física, psíquica e moral da criança e do adolescente, abrangendo a preservação da imagem, da identidade, da autonomia, dos valores, ideias e crenças, dos espaços e objetos pessoais".

Agrupou o legislador uma série de valores relacionados ao estado de dignidade da pessoa humana, e sobre eles fez incidir a obrigação de acatamento, de submissão, de obediência, realçando a importância de cada um na criação, formação e existência saudável da criança ou adolescente. São condições de vida que transcendem as fases da infância e adolescência, representando o instrumental mínimo para o estado de felicidade de toda e qualquer pessoa, independentemente de idade.

---

152. ECA, art. 17.

CURSO DE DIREITO DA CRIANÇA E DO ADOLESCENTE

Verdadeiro conceito de liberdade relacional, na medida em que impõe comportamento de absoluto respeito à individualidade do outro, projetando inter-relações saudáveis entre os indivíduos.

A integridade física, psíquica e moral compõe um núcleo inviolável, cidadela protegida do indivíduo por intermédio de barreiras jurídicas erguidas com o propósito de tornar corpo e mente inexpugnáveis, blindados da violência, das intervenções depreciativas e das práticas invasivas na esfera da liberdade pessoal.

43. Direito à integridade

O primeiro elemento do direito ao respeito é o absoluto apreço à integridade do outro. Não há vida saudável sem consideração da inteireza do semelhante, qualidade do que é completo ou inteiro, sem mácula ou ferimento no físico, psíquico e moral. A integridade está diretamente condicionada à existência de garantias, providências inibitórias de comportamentos que possam violá-las, salvaguardas instrumentais destinadas a propiciar condições indispensáveis ao desenvolvimento, bem-estar e felicidade.

O direito à integridade se expressa na situação de ausência de qualquer forma de negligência, discriminação, exploração, violência, crueldade e opressão[153], feitos de agravos ao físico, psíquico e moral. Nada que atinja o corpo, a mente ou a maneira de agir lícita resultante da livre deliberação do indivíduo é tolerado pelo ordenamento jurídico, integridades que não podem ser maculadas por ações de outrem, sob qualquer pretexto.

O constrangimento admitido em uma sociedade democrática é o legal, derivado da lei e incidente nos exatos limites da permissão normativa, de modo que nem mesmo o agir da autoridade familiar ou estatal pode macular a integridade humana. O corpo, em qualquer de suas dimensões

---

153. ECA, art. 5º.

básicas[154], é intangível, de forma que é da essência do direito ao respeito a intransponibilidade dos limites de preservação da integridade da criança ou adolescente.

44. Respeito à imagem

O respeito à imagem impõe a preservação da forma e dos atributos físicos do outro, traços característicos da personalidade. Sua presença no art. 17 do ECA deriva dos postulados residentes nos incisos V e X do art. 5º da Constituição da República[155], que reconhece a existência da possibilidade de danos à imagem e proclama a sua inviolabilidade. Também o Código Civil, especialmente em seu art. 20, tutela a imagem das pessoas naturais[156], de modo que trata de valor reconhecido e protegido pelo direito.

Não é porque se trata de criança ou adolescente que a sua imagem não deve ser preservada. Ao contrário, notadamente porquanto se trata de pessoa em processo de desenvolvimento, a exposição indevida ou ofensiva pode causar danos indeléveis, reclamando maior atenção. Basta atentar ao disposto no art. 100, parágrafo único, V, do ECA, que considera o direito à imagem como elemento integrante do princípio da privacidade[157], informador das medidas de proteção[158], bem como ao fato de que a imagem

---

154. Físico, psíquico e moral.

155. CF, art. 5º: "V — é assegurado o direito de resposta, proporcional ao agravo, além da indenização por dano material, moral ou à imagem; [...] X — são invioláveis a intimidade, a vida privada, a honra e a imagem das pessoas, assegurado o direito a indenização pelo dano material ou moral decorrente de sua violação".

156. CC, art. 20: "Salvo se autorizadas, ou se necessárias à administração da justiça ou à manutenção da ordem pública, a divulgação de escritos, a transmissão da palavra, ou a publicação, a exposição ou a utilização da imagem de uma pessoa poderão ser proibidas, a seu requerimento e sem prejuízo da indenização que couber, se lhe atingirem a honra, a boa fama ou a respeitabilidade, ou se se destinarem a fins comerciais".

157. V. § 135, Capítulo XIX, deste livro.

158. ECA, art. 100, parágrafo único, V: "— privacidade: a promoção dos direitos e proteção da criança e do adolescente deve ser efetuada no respeito pela intimidade, direito à imagem e reserva da sua vida privada".

CURSO DE DIREITO DA CRIANÇA E DO ADOLESCENTE

é o bem jurídico tutelado quando da definição da infração administrativa prevista no art. 247 do ECA[159].

Extrai-se do mencionado art. 20 do Código Civil que os agravos ao direito de imagem podem conspurcar a honra, a boa fama ou a respeitabilidade da criança ou adolescente. Nada que possa diminuir a autoestima, minimizar a confiança que lhes depositam pessoas e seus grupos de pertença ou manche a reputação familiar e social fica isento de reprimenda, na exata proporção das consequências negativas, reais e presumidas, ao seu desenvolvimento.

45. Respeito à identidade

A identidade, enquanto elemento integrante do direito ao respeito, consiste no conjunto de características distintivas do indivíduo, derivadas especialmente de traços culturais que o diferenciam na sociedade plural e o colocam em grupos de pertença. Ao determinar a preservação da identidade, pretende o ECA garantir que a criança ou o adolescente seja tomado individualmente, com seus atributos pessoais, derivados ou não da sua cultura, que o colocam como ser distinto e único.

Além da identidade pessoal, a identidade de origem também é levada em conta pelo legislador, valendo lembrar a preocupação com a colocação em família substituta de criança ou adolescente indígena ou integrante de comunidades tradicionais, nos termos do determinado pelo art. 28, § 6°, do ECA[160].

Respeitar a identidade é vislumbrar o interlocutor, criança ou adolescente, como ser humano dotado de individualidade própria, com

---

159. ECA: "Art. 247. Divulgar, total ou parcialmente, sem autorização devida, por qualquer meio de comunicação, nome, ato ou documento de procedimento policial, administrativo ou judicial relativo a criança ou adolescente a que se atribua ato infracional".

160. V. § 180, Capítulo XXIII, deste livro.

características pessoais que o peculiarizam no contexto da humanidade, de modo que, ainda que em fase de educação dirigida, deve ser considerado como expressão da diversidade humana, não podendo ser discriminado em razão das suas características pessoais ou atributos de origem.

46. Respeito à autonomia

Autonomia compreende basicamente a liberdade de escolha entre fazer ou não fazer e em que momento. Trata-se, como expressão da liberdade, de valor ligado ao autogoverno, de modo que o trato da matéria envolve a consideração da fase de desenvolvimento da criança ou adolescente, e da capacidade de compreensão a respeito dos resultados das suas ações e omissões.

É na possibilidade de representação prévia da realização da conduta, com suas circunstâncias e consequências, que reside o termo de verificação da autonomia. Quanto mais velha a criança ou adolescente, maior respeito à sua autodeterminação, sem prejuízo da intervenção educativa, potencialmente capaz de, mediante a passagem de valores positivos, interferir nas suas conclusões. O que se veda é a alienação, a repressão dolosa aos componentes permissivos da capacidade de pensar, notadamente mediante maledicências, ameaças e castigos, de modo a obter crianças e adolescentes que, sob a máscara da obediência, comportem-se nos exatos termos desejados pelos adultos.

O que solenemente se desconsidera é que, com a Convenção dos Direitos da Criança, a Constituição da República e o ECA, ocorreram profundas mudanças na conformação dos direitos no âmbito das relações familiares, passando as crianças e adolescentes a terem direitos que podem ser exercitados diante das famílias, estabelecendo condições de relacionamento diversas do passado. Os filhos não estão mais sujeitos aos desígnios arbitrários dos pais, ainda que pretensamente projetados com finalidades educacionais, não mais se submetendo a práticas corretivas desarrazoadas,

CURSO DE DIREITO DA CRIANÇA E DO ADOLESCENTE

compondo legalmente uma unidade em que o respeito é a base da formatação dos relacionamentos.

47. Respeito aos valores

Respeito aos valores, nos termos do art. 17 do ECA, significa consideração à importância conferida pela criança ou adolescente às suas coisas, materiais ou imateriais. A atribuição pessoal de relevância depende das referências positivas desenvolvidas através da educação, de modo que os valores baseados na ética pressupõem aprendizado social, contato com princípios morais e reflexão sobre a sua importância enquanto instrumentos difusores da paz.

Os valores da criança ou adolescente podem se encontrar em patamar superior na escala axiológica da civilidade, comparados com os dos adultos da família, principalmente pelo arejamento derivado de acesso a diferentes e mais modernas fontes educacionais. O respeito a valores diversos emprestados por crianças e adolescentes às suas coisas, imposição legal e da lógica da convivência civilizada, assenta-se ainda na possibilidade de interação construtiva derivada de ambiente saudável de trocas e aprendizados recíprocos.

Indicativos dos valores positivos que a educação deve desenvolver encontramos no art. 29, item 1, da CDC, posto que deve ser orientada "a imbuir na criança o respeito aos direitos humanos e às liberdades fundamentais, bem como aos princípios consagrados na Carta das Nações Unidas", "o respeito aos seus pais, à sua própria identidade cultural, ao seu idioma e seus valores, aos valores nacionais do país em que reside, aos do eventual país de origem, e aos das civilizações diferentes da sua", "o respeito ao meio ambiente", tendo como objetivo final "preparar a criança para assumir uma vida responsável numa sociedade livre, com espírito de compreensão, paz, tolerância, igualdade de sexos e amizade entre todos os povos, grupos étnicos, nacionais e religiosos e pessoas de origem indígena".

48. Respeito às ideias

Protege o ECA as concepções próprias da criança ou adolescente. Como têm direito à expressão, de manifestação do pensamento, exige a lei o respeito aos conceitos que expressam, de sorte que sejam considerados pelo mundo adulto.

A desconsideração das ideias de crianças e adolescentes se manifesta pelo preconceito em relação aos que têm pouco tempo de vida, aprendizado e reflexão, importando desestímulo à potencialidade criativa e ao desenvolvimento pessoal. Às vezes as ideias gestadas na infância e na adolescência apresentam-se com significados importantes, de modo que a atenção do mundo adulto, além de obrigação, pode alavancar avanços relevantes[161].

49. Respeito às crenças

Da liberdade de crença assegurada à criança ou adolescente decorre a obrigação, de todos, de respeitar as escolhas feitas nos momentos oportunos. A crença no sagrado desenvolve-se especialmente na infância, sendo, em regra, resultado da vida confessional das famílias. Os questionamentos mais comuns operam-se na adolescência, razão primordial de o ECA tratar especificadamente dessa matéria[162], uma vez que envolve a prerrogativa de escolha da religião, da sua mudança e até mesmo da opção pela descrença, razão primordial da sua afetação no contexto da liberdade.

Também se anote que a CSDC promete que os países signatários a ela submetidos devem respeitar "o direito da criança à liberdade de pensamento, de consciência e de crença", adotando também a prescrição da

---

161. Louis Braille começou a desenvolver a escrita, que hoje leva seu nome, aos 12 anos, e Malala Yousafzai iniciou sua pregação pelo direito à educação aos 11 anos, recebendo o prêmio Nobel da Paz aos 17 anos de idade.

162. ECA, art. 16, III.

legalidade para o estabelecimento de restrições, pronunciando que a "liberdade de professar a própria religião ou as próprias crenças estará sujeita, unicamente, às limitações prescritas pela lei e necessárias para proteger a segurança, a ordem, a moral, a saúde pública ou os direitos e liberdades fundamentais dos demais"[163].

50. Respeito aos espaços pessoais

O ECA tutela os espaços físicos[164] pessoais como expressão do direito à privacidade, levando em conta principalmente sua importância enquanto ambientes de segurança e refúgio, necessários para o desenvolvimento da criança ou adolescente. Quando existentes[165], merecem ser preservados como ambientes permissivos da fantasia e de projeção de projetos de futuro, representando cidadela indevassável da intimidade.

Ao exigir respeito a esses espaços privados, o ECA não limita a ação educativa dos responsáveis pela criança ou adolescente; apenas a submete às regras da razoabilidade, de modo que o mundo adulto não invada, pela via da intervenção desmedida e autoritária, o lugar de intimidade, necessário para a formação da identidade pessoal.

51. Respeito aos objetos pessoais

Por óbvio, crianças e adolescentes podem ser proprietários ou possuidores de bens. Não existe qualquer restrição, salvo as que determinam

---

163. CSDC, art. 14.

164. Os espaços internos são tutelados especialmente mediante a proteção a ideias, valores e crenças.

165. Parte expressiva da população brasileira não dispõe de espaço pessoal, próprio ou exclusivo, sempre dividindo seus ambientes com outros, inclusive as ruas.

representação ou assistência legal para os atos da vida civil relacionados à aquisição e disposição de certos bens. Os pais são os administradores legais dos bens dos filhos menores e detentores do usufruto legal[166], e a função básica de tutor nomeado judicialmente, ainda que sujeito à prestação de contas, reside na administração de bens de menores de idade[167].

A disciplina do direito ao respeito, ainda que eticamente abranja todos os bens de criança ou adolescente, concerne especialmente àqueles que servem ao cotidiano e que, não raras vezes, podem ser objeto de uso, apreensão ou destruição indevida pelos adultos. Um presente ou uma aquisição advinda de proventos do trabalho faz parte do patrimônio da criança ou adolescente, de modo que o respeito à propriedade e posse é exigido pela lei.

Mais uma vez, deve-se lembrar a concepção de educação como passagem de valores civilizatórios, inclusive a exemplificação fática da importância do respeito na vida de relações, fonte mais adequada de solução de conflitos. O respeito aos objetos da criança ou adolescente não importa inação em relação à posse de objetos que possam representar valores impróprios à convivência pacífica entre as pessoas, de sorte que os dirigentes educacionais, especialmente os pais, não podem ficar alheios a essas situações. Armas de brinquedo, por exemplo, estão proibidas pelo Estatuto do Desarmamento[168], e o próprio ECA proíbe a venda de alguns produtos que considera impróprios à formação da criança ou adolescente[169],

---

166. CC: "Art. 1.689. O pai e a mãe, enquanto no exercício do poder familiar: I — são usufrutuários dos bens dos filhos; II — têm a administração dos bens dos filhos menores sob sua autoridade".

167. CC: "Art. 1.741. Incumbe ao tutor, sob a inspeção do juiz, administrar os bens do tutelado, em proveito deste, cumprindo seus deveres com zelo e boa-fé".

168. Lei n. 10.826, de 22 de dezembro de 2003: "Art. 26. São vedadas a fabricação, a venda, a comercialização e a importação de brinquedos, réplicas e simulacros de armas de fogo, que com estas se possam confundir".

169. "Art. 81. É proibida a venda à criança ou ao adolescente de: I — armas, munições e explosivos; II — bebidas alcoólicas; III — produtos cujos componentes possam causar dependência física ou psíquica ainda que por utilização indevida; IV — fogos de estampido e de artifício, exceto aqueles que pelo seu reduzido potencial sejam incapazes de provocar qualquer dano físico em caso de utilização indevida; V — revistas e publicações a que alude o art. 78; VI — bilhetes lotéricos e equivalentes".

de sorte que o respeito do mundo adulto não vai ao ponto da convivência com objetos ilícitos.

No mais, a posse de objetos pessoais deve ser garantida, mesmo porque integram conjunto definidor da personalidade da criança e do adolescente, somente sendo admissível o coarctar de sua posse ou uso quando oferecer perigo à segurança e saúde.

52. Direito à dignidade

A dignidade da pessoa humana é fruto do culturalismo reativo, do repúdio civilizatório às barbáries que assolaram o planeta, mediante a colocação do homem no mais alto patamar da escala dos valores presentes na humanidade. Diretamente condicionada à existência de garantias, de providências inibitórias de comportamentos que possam violá-la, a dignidade da pessoa humana tem evoluído também para a prescrição de regras produtoras de condições sociais satisfatórias, de modo a propiciar a existência de um estado individual e coletivo de integridade e felicidade.

Além das normas constitucionais que prometem dignidade a todos os brasileiros e estrangeiros residentes no país, coube ao ECA estabelecer uma Carta de Direitos[170], protegendo juridicamente uma série de interesses individuais e sociais voltados ao magno objetivo de conferir dignidade a crianças e adolescentes. De maneira mais restrita, considerando apenas a necessidade de garantir espaços familiares, sociais e comunitários de criação, proteção e desenvolvimento saudáveis, arrimou a redação do seu art. 18, prescrevendo: "É dever de todos velar pela dignidade da criança e do adolescente, pondo-os a salvo de qualquer tratamento desumano, violento, aterrorizante, vexatório ou constrangedor".

---

170. V. Capítulo V deste livro.

Trata-se de um dever social, de todos, conjunto de pessoas naturais e jurídicas, de direito privado e público, estabelecido como alicerce de uma "sociedade fraterna, pluralista e sem preconceitos"[171], somente alcançável mediante proibições de comportamentos ofensivos, tais como os tratamentos desumano, violento, aterrorizante, vexatório e constrangedor, exemplos robustos das mais graves violações aos direitos fundamentais.

53. Proibição de tratamento desumano

Tratamento desumano é o que vilipendia a pessoa, coisificando o ser humano mediante ações que desconsideram a dignidade que lhe é própria.

Abrange atos sobre o corpo, a mente e a moral, sendo a tortura o mais grave e infeliz dos exemplos[172], estando hoje tipificada pela Lei n. 9.455, de 7 de abril de 1997[173], diploma legal que revogou o art. 233 do ECA[174], primeiro tipo penal específico incriminador da tortura no direito brasileiro.

---

171. Preâmbulo da Constituição da República.

172. A tortura, nos termos da Convenção contra a Tortura e Outros Tratamentos ou Penas Cruéis, Desumanos ou Degradantes, promulgada pelo Decreto n. 40, de 15 de fevereiro de 1991, definiu o termo como "qualquer ato pelo qual dores ou sofrimentos agudos, físicos ou mentais, são infligidos intencionalmente a uma pessoa a fim de obter, dela ou de uma terceira pessoa, informações ou confissões; de castigá-la por ato que ela ou uma terceira pessoa tenha cometido ou seja suspeita de ter cometido; de intimidar ou coagir esta pessoa ou outras pessoas; ou por qualquer motivo baseado em discriminação de qualquer natureza; quando tais dores ou sofrimentos são infligidos por um funcionário público ou outra pessoa no exercício de funções públicas, ou por sua instigação, ou com o seu consentimento ou aquiescência".

173. Lei n. 9.455, de 7 de abril de 1997: "Art. 1º Constitui crime de tortura: I — constranger alguém com emprego de violência ou grave ameaça, causando-lhe sofrimento físico ou mental: a) com o fim de obter informação, declaração ou confissão da vítima ou de terceira pessoa; b) para provocar ação ou omissão de natureza criminosa; c) em razão de discriminação racial ou religiosa; II — submeter alguém, sob sua guarda, poder ou autoridade, com emprego de violência ou grave ameaça, a intenso sofrimento físico ou mental, como forma de aplicar castigo pessoal ou medida de caráter preventivo".

174. ECA, art. 233, revogado: "Submeter criança ou adolescente sob sua autoridade, guarda ou vigilância a tortura: Pena — reclusão de um a cinco anos. § 1º Se resultar lesão corporal grave: Pena — reclusão de dois a oito anos. § 2º Se resultar lesão corporal gravíssima: Pena — reclusão de quatro a doze anos. § 3º Se resultar morte: Pena — reclusão de quinze a trinta anos".

CURSO DE DIREITO DA CRIANÇA E DO ADOLESCENTE

A Constituição da República prescreve, em seu art. 5º, III, que "ninguém será submetido a tortura nem a tratamento desumano ou degradante", permitindo interpretação de que a tortura é a forma mais gravosa de tratamento desumano. O degradante, qualquer ação afrontosa com a potencialidade da diminuição da dignidade, representa sua forma menos intensa, ainda que essencialmente depreciativa de outro ser humano.

O legislador, no ECA, ao se utilizar da fórmula "pondo-os a salvo de qualquer tratamento desumano, violento, aterrorizante, vexatório ou constrangedor", relevou a especificidade da criança e do adolescente, vítima recorrente de tratamentos desumanos, notadamente pela impossibilidade ou dificuldade de reação, situação também reveladora de covardia ante o emprego da força sobre os mais vulneráveis.

O tratamento desumano abrange, além da tortura, qualquer prática degradante, entendida como aquela que avilta a condição humana, coisificando a pessoa, como as representadas pelas condutas criminosas da redução à condição análoga de escravo e o tráfico de pessoas[175]. Pode também configurar o crime de maus-tratos[176] e abandono de incapaz[177], bastando que os elementos dos tipos indicativos da coisificação da pessoa estejam presentes.

54. Proibição de tratamento violento. Direito a uma educação sem violência

Afronta a dignidade da criança ou adolescente qualquer tratamento violento, bastando para sua caracterização o emprego de força física, psicológica ou moral capaz de impor dor ou sofrimento, de qualquer intensidade.

---

175. CP, arts. 149, 149-A.

176. CP, art. 136.

177. CP, art. 133.

Importante consignar que a prática da violência integra diferentes tipos penais, sendo o crime cometido contra criança agravado por força do art. 61, II, *h*, do Código Penal, e por outras circunstâncias que, além da idade, determinam maior reprovação, como o crime cometido contra descendente, previsto na alínea *e*, com abuso de autoridade, na prevalência de relações domésticas, conforme a alínea *f*, ou com abuso de poder, nos termos do definido na alínea *g*, todas do citado artigo e inciso do Código Penal.

Anote-se, também, que a criança tem direito a uma educação sem violência. Ninguém aprende com dor, medo e desconforto, expressões de intervenções na cidadela inviolável do respeito ao corpo, à moral e ao psiquismo de qualquer pessoa, inclusive criança, de modo que reprimendas corporais e castigos físicos não encontram excludentes no nosso ordenamento jurídico.

Resquício de épocas passadas, em que agressões e castigos físicos se inseriam no cotidiano da educação dos filhos e pupilos, como se a ofensa ao corpo, em suas diversas dimensões, tivesse conteúdo educativo e não deixasse marcas indeléveis no caráter do educando, especialmente induzindo à solução da violência como forma aceitável da resolução dos conflitos. Do dever de educar os filhos, condição inerente ao antigo pátrio poder, hoje poder familiar, entendiam os juristas que defluía o direito de correção, que abrangia os gravames corporais e os castigos físicos, um direito que, inclusive, transferia-se aos mestres e professores, justificativa da licitude das agressões em sala de aula.

Neste sentido, não mais se pode extrair do art. 136 do Código Penal[178] a ideia de admissibilidade de conduta violenta como meio pedagógico ante a mudança dos costumes e o advento de lei proibindo esse tipo de prática. A locução "abuso dos meios de correção e disciplina", prevista no

---

178. CP, art. 136: "Expor a perigo a vida ou a saúde de pessoa sob sua autoridade, guarda ou vigilância, para fim de educação, ensino, tratamento ou custódia, quer privando-a de alimentação ou cuidados indispensáveis, quer sujeitando-a a trabalho excessivo ou inadequado, quer abusando de meios de correção ou disciplina".

tipo penal, tem hoje apenas o significado de reforço ao dever dos pais de dirigir a criação e educação de seus filhos, tal como previsto no Código Civil, especialmente no art. 1.634, I[179], não tendo o condão de desculpar juridicamente qualquer conduta violenta.

Hoje, salvo no pensamento de quem ostente déficit civilizatório, a violência como instrumento educativo não mais se justifica. Aqui no Brasil, com o advento da Lei n. 13.010, de 26 de junho de 2014, a proibição é de clareza meridiana:

> A criança e o adolescente têm o direito de ser educados e cuidados sem o uso de castigo físico ou de tratamento cruel ou degradante, como formas de correção, disciplina, educação ou qualquer outro pretexto, pelos pais, pelos integrantes da família ampliada, pelos responsáveis, pelos agentes públicos executores de medidas socioeducativas ou por qualquer pessoa encarregada de cuidar deles, tratá-los, educá-los ou protegê-los. (ECA, art. 18-A)

A lei citada, afastando qualquer dúvida, definiu as condutas proibidas, de sorte a evitar que interpretações tendentes à manutenção da violência pudessem atrasar a mudança por ela preconizada, prescrevendo no parágrafo único do mencionado artigo o seguinte:

> Para os fins desta Lei, considera-se: I — castigo físico: ação de natureza disciplinar ou punitiva aplicada com o uso da força física sobre a criança ou o adolescente que resulte em: a) sofrimento físico; ou b) lesão; II — tratamento cruel ou degradante: conduta ou forma cruel de tratamento em relação à criança ou ao adolescente que: a) humilhe; ou b) ameace gravemente; ou ridicularize.

Em resumo, condutas que causem sofrimento físico, lesão, humilhem, ameacem gravemente ou ridicularizem criança ou adolescente estão proibidas em qualquer espaço familiar, escolar ou institucional, porquanto reconhecidamente desumanas, incompatíveis com o atual estágio da

---

179. Art. 1.634: "Compete a ambos os pais, qualquer que seja a sua situação conjugal, o pleno exercício do poder familiar, que consiste em, quanto aos filhos: I — dirigir-lhes a criação e a educação".

civilização, em que a ausência de violência é valor da vida em comum, condição indispensável ao progresso e determinante do bem-estar social.

Além das medidas civis, como indenizações por danos materiais e/ou morais, providências criminais, como as penalizações por injúria, calúnia, difamação, maus-tratos, lesões corporais, tortura etc., o legislador[180], em uma ótica educativa, pretendendo uma mudança cultural, estabeleceu que:

> Os pais, os integrantes da família ampliada, os responsáveis, os agentes públicos executores de medidas socioeducativas ou qualquer pessoa encarregada de cuidar de crianças e de adolescentes, tratá-los, educá-los ou protegê-los que utilizarem castigo físico ou tratamento cruel ou degradante como formas de correção, disciplina, educação ou qualquer outro pretexto estarão sujeitos, sem prejuízo de outras sanções cabíveis, às seguintes medidas, que serão aplicadas de acordo com a gravidade do caso: I — encaminhamento a programa oficial ou comunitário de proteção à família; II — encaminhamento a tratamento psicológico ou psiquiátrico; III — encaminhamento a cursos ou programas de orientação; IV — obrigação de encaminhar a criança a tratamento especializado; V — advertência.

No contexto de combate à tragédia da educação com violência, o legislador prescreveu a necessidade de os entes públicos[181] definirem políticas públicas, executarem ações destinadas a coibir o uso de castigo físico ou de tratamento cruel ou degradante e difundir formas não violentas de educação de crianças e de adolescentes[182], arrolando uma série de iniciativas com esse objetivo[183]. Além disso, a mencionada Lei n. 13.010, de 26 de junho de 2014, alterando o art. 13 do ECA[184], acrescentou aos casos de suspeita ou confirmação de maus-tratos também as situações de castigo

---

180. ECA, art. 18-B.

181. União, os Estados, o Distrito Federal e os Municípios.

182. ECA, art. 70-A, caput.

183. ECA, art. 70-A, I, II, III e IV.

184. ECA, art. 13: "Os casos de suspeita ou confirmação de castigo físico, de tratamento cruel ou degradante e de maus-tratos contra criança ou adolescente serão obrigatoriamente comunicados ao Conselho Tutelar da respectiva localidade, sem prejuízo de outras providências legais".

CURSO DE DIREITO DA CRIANÇA E DO ADOLESCENTE

físico, de tratamento cruel ou degradante, evidenciando a necessidade de coibir também essas práticas, muitas vezes prenúncio de crimes graves.

A lei citada, ainda, alterando regra da Lei de Diretrizes e Bases da Educação Nacional, determinou a inclusão de conteúdos relativos a direitos humanos e à prevenção de todas as formas de violência contra a criança ou o adolescente nos currículos da educação infantil, do ensino fundamental e do ensino médio, reafirmando o desiderato de investimento na cultura para conquista de mais um degrau civilizatório[185], representado pela educação sem violência.

Merece também destaque a edição da Lei n. 14.811, de 12 de janeiro de 2024, que, além de alterar dispositivos do Código Penal, da Lei de Crimes Hediondos e do próprio Estatuto da Criança e do Adolescente, instituiu medidas no âmbito dos estabelecimentos educacionais e similares, impondo ao poder público a responsabilidade pelo desenvolvimento de protocolos destinados a estabelecer medidas de proteção contra qualquer forma de violência nos espaços escolares.

Esta lei nova mandou incluir também no ECA dispositivos que visam garantir a idoneidade dos adultos que tratam diretamente ou mantenham contatos com crianças e adolescentes no âmbito institucional, prevenindo lesão ou ameaça de lesão a direitos fundamentais da criança ou adolescente, especialmente integridade e dignidade. São eles:

> Art. 59-A. As instituições sociais públicas ou privadas que desenvolvam atividades com crianças e adolescentes e que recebam recursos públicos deverão exigir e

---

185. Lei n. 9.394, de 29 de dezembro de 1996: "Art. 26: Os currículos da educação infantil, do ensino fundamental e do ensino médio devem ter base nacional comum, a ser complementada, em cada sistema de ensino e em cada estabelecimento escolar, por uma parte diversificada, exigida pelas características regionais e locais da sociedade, da cultura, da economia e dos educandos. [...] § 9° Conteúdos relativos aos direitos humanos e à prevenção de todas as formas de violência contra a criança e o adolescente serão incluídos, como temas transversais, nos currículos escolares de que trata o caput deste artigo, tendo como diretriz a Lei n. 8.069, de 13 de julho de 1990 (Estatuto da Criança e do Adolescente), observada a produção e distribuição de material didático adequado".

manter certidões de antecedentes criminais de todos os seus colaboradores, as quais deverão ser atualizadas a cada 6 (seis) meses.

Parágrafo único. Os estabelecimentos educacionais e similares, públicos ou privados, que desenvolvem atividades com crianças e adolescentes, independentemente de recebimento de recursos públicos, deverão manter fichas cadastrais e certidões de antecedentes criminais atualizadas de todos os seus colaboradores.

Também deve ser destacado o advento da Lei n. 14.344, de 24 de maio de 2022, conhecida como Lei Henry Borel, que ampliou os mecanismos de coibição de violência doméstica e familiar, expressamente consignando que se trata de modalidades que se constituem em "formas de violação dos direitos humanos"[186].

Ao considerar violência doméstica como a ocorrente "no âmbito do domicílio ou da residência da criança e do adolescente, compreendida como o espaço de convívio permanente de pessoas, com ou sem vínculo familiar, inclusive as esporadicamente agregadas" e a violência familiar como a perpetrada no âmbito da "comunidade formada por indivíduos que compõem a família natural, ampliada ou substituta, por laços naturais, por afinidade ou por vontade expressa"[187], a Lei n. 14.344, de 24 de maio de 2022, tem por escopo atender ainda mais à promessa constitucional de que o Estado criaria mecanismos de coibição da violência no âmbito das relações estabelecidas em razão da família[188].

55. Proibição de tratamento aterrorizante

Aterrorizar é provocar susto, medo e até pavor. É levar ao outro a antecipação de algo terrível, capaz de causar mal de natureza grave, a si ou

---

186. Lei n. 14.344, de 24 de maio de 2022, art. 3º.

187. Lei n. 14.344, de 24 de maio de 2022, art. 2º, I e II.

188. CF, art. 227, § 8º.

CURSO DE DIREITO DA CRIANÇA E DO ADOLESCENTE

a terceiro. O perigo pode ser real ou fictício, mas sempre com a potencialidade de amedrontar, induzindo ao comportamento desejado, razão de o tema ser tratado nos campos da liberdade, interferindo no livre pensar, e da dignidade, gerando sofrimento e desconforto.

Ao vedar qualquer forma de tratamento aterrorizante, quis o ECA proteger especialmente crianças, vítimas preferenciais desse tipo de método, em regra na perspectiva da obtenção do resultado da obediência. Práticas ameaçadoras ou ações concretas, como o assustar com prováveis tragédias e o trancafiar em lugares escuros, mexem com a imaginação, mais fértil e fantasiosa nas crianças de pouca idade, gerando medo, estado emocional marcado por reações orgânicas. Ainda que comum no passado, o tratamento aterrorizante não faz bem, podendo gerar consequências indesejáveis, de modo que, ainda que somente pela precaução, o legislador acabou proibindo condutas que acarretem terror.

56. Proibição de tratamento vexatório

Também é dever de todos, nos termos do art. 18 do ECA, velar pela dignidade da criança e do adolescente, pondo-os a salvo de qualquer tratamento vexatório. Proíbe, portanto, especialmente a humilhação perante os outros e a si próprio, a imposição da vergonha, causa de tormento ou angústia pessoal.

O não ao tratamento vexatório importa conduta proativa de impedimento das ações que possam acarretar esse sentimento negativo, de rebaixamento, podendo levar, não raras vezes, a marcas indeléveis que acompanham toda a existência da pessoa.

Configura o crime previsto no art. 232, do ECA: "Submeter criança ou adolescente sob sua autoridade, guarda ou vigilância a vexame ou a constrangimento: Pena — detenção de seis meses a dois anos".

57. Proibição de tratamento constrangedor

Na mesma seara ofensiva do vexame encontra-se o constrangimento, aqui indicando ação desencadeadora de situação de embaraço, sensação de intensidade um pouco menor no campo da vergonha, mas ainda determinante de uma vivência de desconforto. Nessa razão, as duas figuras, vexame e constrangimento, estão juntas nas regras dos arts. 18 e 232 do ECA. No primeiro, ao reclamar de todas as pessoas iniciativas tendentes a colocar crianças e adolescentes a salvo de qualquer tratamento vexatório ou constrangedor e, no segundo, ao incriminar a conduta de quem os submete a uma ou outra situação.

A tutela do desenvolvimento saudável mediante a preservação da dignidade previne o sofrimento evitável, as feridas provocadas por terceiros no psiquismo de crianças e adolescentes. A vergonha experimentada ou o medo de passar por situações dessa natureza, quando poupáveis na razão de que são indevidamente provocadas, representam toxicidades energicamente combatidas pela lei[189], na perspectiva de se evitar qualquer atentado ou violação a direito cuja inteireza é necessária para o crescimento, especialmente psíquico e moral.

---

189. ECA, art. 232.

IX

Direitos fundados na igualdade

58. Igualdade

Igualdade é a condição de paridade de tratamento, de oportunidades e de fruição dos bens da vida indispensáveis à existência digna e saudável.

Tratamento isonômico e mesmas oportunidades definem possibilidades idênticas de desfrute das coisas da existência, razão da consideração de conceitos de igualdade formal e substancial. A primeira indicando tratamento isonômico a todos, que se submetem e se beneficiam do mesmo comando inserto na norma jurídica; a segunda compreendida como o real estado de oportunidades e fruição dos bens da vida protegidos pelo direito, propiciados pela presença de ações redutoras das diferenças pessoais, reparação de agravos passados e de desenvolvimento das potencialidades humanas.

59. Direitos sociais

Os direitos sociais se fundam na igualdade, na perspectiva de fomento das mesmas condições e no oferecimento das mesmas oportunidades para uma vida saudável e desenvolvimento pessoal e coletivo. Daí a necessidade de serem consubstanciados através de prestações positivas que materialmente importem fatores favoráveis à aquisição e fruição dos bens indispensáveis à vida digna e feliz.

Os direitos sociais são, na essência, os direitos imprescindíveis ao desenvolvimento e existir condigno. São materializados por políticas públicas, conjunto de ações e serviços organizados de modo a propiciar materialmente as condições, oportunidades e os próprios bens da vida por eles protegidos. Em resumo, direitos sociais são instrumentos de justiça social, destinados à garantia da igualdade substancial.

60. Direitos sociais em espécie

A Constituição da República, em seu art. 6º, arrola os direitos sociais. Diz que "são direitos sociais a educação, a saúde, a alimentação, o trabalho, a moradia, o transporte, o lazer, a segurança, a previdência social, a proteção à maternidade e à infância, a assistência aos desamparados, na forma desta Constituição".

Todos os direitos arrolados na redação original da Constituição de 1988 (educação, saúde, trabalho, lazer, segurança, previdência social, proteção à maternidade e à infância, assistência aos desamparados) contaram com a preocupação do legislador quando da edição do ECA, em 1990. Depois, por emendas constitucionais, em 2000[190], 2010[191] e 2015[192], foram incluídos ao texto, respectivamente, os direitos sociais à moradia, à alimentação e ao transporte, espécies que reclamam ainda normas propícias à sua efetivação, que permitam a visualização clara das contraprestações devidas pelo poder público, permitindo sua cobrança judicial. Aliás, à legislação

---

190. Emenda Constitucional n. 26, de 14 de fevereiro de 2000.

191. Emenda Constitucional n. 64, de 4 de fevereiro de 2010.

192. Emenda Constitucional n. 90, de 15 de setembro de 2015.

CURSO DE DIREITO DA CRIANÇA E DO ADOLESCENTE

infraconstitucional resta o trabalho inconcluso de disciplinar alguns dos direitos sociais, pois, com exceção de saúde[193], assistência social[194] e educação[195], falta uma normatização que proporcione eficácia plena a todas as promessas constitucionais relacionadas à existência digna.

61. O exercício dos direitos sociais na infância e na adolescência

Salvo conformações especiais, patologias ou acidentes, todos nascem iguais. O meio, propício ou não à atualização das potencialidades humanas, é que vai determinar as histórias de vida, a ocorrência dos sofrimentos e das felicidades. Assim, os direitos sociais cumprem a finalidade de reduzir as diferenças, buscando paridade entre as pessoas.

O mundo do direito pressupõe essa igualdade. A Declaração Universal dos Direitos Humanos, editada pela Organização das Nações Unidas em 1948, inicia sua normativa declarando que "todos os seres humanos nascem livres e iguais em dignidade e em direitos".

Todavia, a presumida igualdade natural, ainda que dependente das mesmas condições de desenvolvimento do feto, de saudabilidade da gestante e das circunstâncias do parto, começa a ser dramaticamente desdita pelas adversidades da manutenção e do desenvolvimento da existência humana em todas as partes do planeta.

A redução das condições pessoais opera-se desde o nascimento. Uma primeira infância marcada pela falta de alimentação, cuidados, estimulação, saúde, ausência ou oferta irregular de pré-escola e educação infantil etc. diminui drasticamente as oportunidades, levando a um estado real de

---

193. Lei do SUS, Lei n. 8.080, de 19 de setembro de 1990.

194. Lei Orgânica da Assistência Social, Lei n. 8.742, de 7 de dezembro de 1993.

195. Lei de Diretrizes e Bases da Educação Nacional, Lei n. 9.394, de 20 de dezembro de 1996.

desigualdade, não raras vezes agravado pelo continuar da exclusão dos benefícios derivados da materialização dos direitos sociais. Daí a importância da proteção jurídica aos magnos interesses da criança e do adolescente, com a criação de mecanismos tendentes à sua efetivação, de modo a ajudar na construção de uma sociedade livre, justa e solidária, com a erradicação da pobreza, da marginalização e das desigualdades, promovendo o bem de todos, sem exceções[196].

O ECA, sem substituir as legislações específicas, como a Lei do Sistema Único de Saúde, a Lei Orgânica da Assistência Social e a Lei de Diretrizes e Bases da Educação Nacional, disciplinou aspectos desses direitos, com ênfase à criação de mecanismos destinados à sua cobrança, judicial e extrajudicial. Ao criar um sistema diferenciado de proteção aos direitos[197], valendo como exemplificações o estabelecimento de diretrizes, linhas de ações, requisições de serviços pelo Conselho Tutelar[198] e a regulamentação da ação civil pública, para a defesa de direitos de uma, de várias ou de todas as crianças ou adolescentes de uma comunidade[199], o ECA arrimou no Brasil a cobrança dos direitos sociais, permitindo a exigência das suas contraprestações, qualificando a lenta e demorada marcha para a igualdade, não raras vezes sujeita a retrocessos da pauta política conservadora e antidemocrática.

Não é exagero mencionar que o povo brasileiro deve à criança e ao adolescente a cultura da cobrança dos direitos sociais, que gradativamente vai se espraiando para o mundo adulto, em uma propagação democrática da experiência jurídica. Não existe regime verdadeiramente democrático sem incondicional respeito aos direitos fundamentais, expressão que, muito além da retórica liberal que se contenta com a mera exortação formal, pressupõe mecanismos de efetivação, utilizados com maior frequência com o advento do ECA que, com ineditismo, colocou o Estado no banco dos réus.

---

196. CF, art. 3º.

197. V. Capítulo XXVII deste livro.

198. V. § 217, Capítulo XXVIII, deste livro.

199. V. §§ 228 e 229, Capítulo XXX, deste livro.

X

Direito à saúde

62. Saúde e ordem social

A Constituição de 1988 disciplinou o direito à saúde no título que trata da ordem social, ou seja, no campo da organização do Estado para a regência da vida em sociedade.

De acordo com o art. 193 da Constituição da República, a ordem social tem como "base o primado do trabalho", a superioridade do labor enquanto alicerce da estrutura que sustenta a nação, considerando a faina como matriz geradora de recursos para a consecução dos objetivos sociais. A pátria é construída para a garantia do bem-estar social, do estado de satisfação dos direitos básicos, indispensáveis à felicidade humana. Tem como desiderato a justiça social, o fomento de condições e oportunidades semelhantes para que cada um possa se desenvolver adequadamente, reclamando políticas inclusivas na tentativa de minimizar os desequilíbrios históricos.

A ordem social constitucionalmente se subdivide em 7 (sete) grandes ramos: (a) seguridade social; (b) educação, cultura e desporto; (c) ciência, tecnologia e inovação; (d) comunicação social; (e) meio ambiente; (f) família, criança, adolescente, jovem e idoso; e (g) indígenas.

A saúde foi agrupada no capítulo da seguridade, ao lado da previdência e da assistência social, de modo que o bem-estar e a justiça sociais englobam especialmente ações de apoio aos cidadãos nos momentos de doença, velhice e desamparo[200].

A saúde não é apenas tratamento ou remédio. Engloba "políticas sociais e econômicas que visem à redução do risco de doenças e outros agravos e ao acesso universal e igualitário às ações e serviços para a sua promoção, proteção e recuperação"[201].

Da expressão "direito de todos e dever do Estado" extrai-se a sua universalidade, sendo as prestações a ela correspondentes devidas independentemente de qualquer imposto, taxa ou contribuição.

A saúde, como todo e qualquer direito social, funda-se na igualdade, na presença das mesmas condições e oportunidades para a mantença adequada da vida e do desenvolvimento pessoal e coletivo, de modo que reclama prestações positivas visando a sua concretude.

Além da generalidade da promessa constitucional, devida à pessoa sem qualquer distinção de idade, o constituinte, no art. 227, caput, mais uma vez jurou o direito à saúde da criança ou adolescente, arrimando também como obrigadas aos cuidados necessários a família e a sociedade, indicando uma proatividade complementar aos deveres do Estado, derivada da vulnerabilidade maior dos seus destinatários. Assim, se o Estado deve ofertar ações e serviços de saúde, incumbe aos pais ou responsável envidar esforços para que a criança ou o adolescente tenham acesso a esses cuidados, e deles usufruam de maneira correta e adequada. É de lembrar que o "dever do Estado não exclui o das pessoas, da família, das empresas e da sociedade"[202].

O fundar do direito à saúde no princípio da igualdade impõe práticas inclusivas destinadas ao estabelecimento das mesmas oportunidades,

---

200. CF, "Art. 194. A seguridade social compreende um conjunto integrado de ações de iniciativa dos Poderes Públicos e da sociedade, destinadas a assegurar os direitos relativos à saúde, à previdência e à assistência social".

201. CF, art. 196.

202. Lei n. 8.080, de 19 de setembro de 1990, art. 2º, § 2º.

CURSO DE DIREITO DA CRIANÇA E DO ADOLESCENTE

em todos os campos da existência humana, indicativo da inter-relação e dependência entre os direitos sociais.

A saúde, em especial, é definida em razão dos determinantes sociais, de sorte que sua promoção, prevenção ou recuperação reclamam um conjunto de bens da vida que dignifiquem o existir. A OMS considera os determinantes sociais de saúde as condições em que as pessoas nascem, crescem, trabalham, vivem e envelhecem, indicando o combate à desigualdade como o principal insumo redutor de doenças e agravos que afetam o desenvolvimento e a higidez física, mental e social das pessoas[203].

Não é por outra razão que a Lei n. 8.080, de 19 de setembro de 1990, prescreve que: "Os níveis de saúde expressam a organização social e econômica do país, tendo a saúde como determinantes e condicionantes, entre outros, a alimentação, a moradia, o saneamento básico, o meio ambiente, o trabalho, a renda, a educação, a atividade física, o transporte, o lazer e o acesso aos bens e serviços essenciais"[204]. E sintetiza aduzindo que dizem respeito às ações que "se destinam a garantir às pessoas e à coletividade condições de bem-estar físico, mental e social"[205].

63. Promoção da saúde de crianças e adolescentes

Depois de afirmar, no caput do art. 227 da Constituição da República, que a saúde da criança ou do adolescente corresponde a deveres da família, da sociedade e do Estado, o constituinte prometeu que o "Estado promoverá programas de assistência integral à saúde da criança, do adolescente e do jovem, admitida a participação de entidades não governamentais, mediante políticas específicas"[206], determinando a obrigatoriedade

---

203. V. Relatório Final da Comissão para os Determinantes Sociais da Saúde, ONU, 2010.

204. Lei n. 8.080, de 19 de setembro de 1990, art. 3º, caput.

205. Lei n. 8.080, de 19 de setembro de 1990, art. 3º, parágrafo único.

206. CF, art. 227, § 1º.

de "aplicação de percentual dos recursos públicos destinados à saúde na assistência materno-infantil"[207].

O ECA disciplinou a saúde da criança ou do adolescente especialmente em seus arts. 7º a 14, juntamente ao direito à vida, pois as condições dignas de existência estão indissociavelmente ligadas à higidez física e mental, fomentos do desenvolvimento sadio e harmonioso[208]. O direito à vida, em sentido amplo, compreende também a proteção intrauterina, o direito a um parto assistido e ao desenvolvimento saudável, neste último aspecto residindo a saúde da criança e do adolescente.

Da expressão "desenvolvimento sadio e harmonioso", contida no art. 7º do ECA como desiderato da proteção à saúde da criança ou do adolescente, extrai-se a ideia de movimentos ascendentes em direção à maturidade física e mental, marcados pelo bem-estar e equilíbrio. Como esclarece o art. 3º do ECA[209], o desenvolvimento não se resume aos aspectos físico e mental, englobando também facetas relacionadas aos progressos moral, espiritual e social, igualmente dependentes da saúde do corpo e da mente.

A saúde estará presente quando verificadas outras "condições dignas de existência"[210], conforme sinaliza o mencionado art. 7º do ECA, especialmente moradia, saneamento básico e educação, de modo que representam bens da vida garantidos pelos direitos sociais caracterizados pela interdependência, estado ou qualidade necessários à realização da finalidade básica do desenvolvimento saudável de crianças e adolescentes.

Promover a saúde de criança ou adolescente de forma específica significa oportunizar acesso integral às linhas de cuidados especiais

---

207. CF, art. 227, § 1º, I.

208. ECA, art. 7º: "A criança e o adolescente têm direito a proteção à vida e à saúde, mediante a efetivação de políticas sociais públicas que permitam o nascimento e o desenvolvimento sadio e harmonioso, em condições dignas de existência".

209. ECA, art. 3º: "A criança e o adolescente gozam de todos os direitos fundamentais inerentes à pessoa humana, sem prejuízo da proteção integral de que trata esta Lei, assegurando-se-lhes, por lei ou por outros meios, todas as oportunidades e facilidades, a fim de lhes facultar o desenvolvimento físico, mental, moral, espiritual e social, em condições de liberdade e de dignidade".

210. V. § 29, Capítulo VI, deste livro.

CURSO DE DIREITO DA CRIANÇA E DO ADOLESCENTE

disponibilizados pelo Sistema Único de Saúde, conforme prescreve o art. 11 do ECA, com a redação dada pela Lei n. 13.257, de 8 de março de 2016[211]. Deflui do dispositivo a obrigação de mantença, pelo SUS, de circuitos de atendimento próprios para crianças e adolescentes, respeitadas as especificidades e necessidades peculiares das distintas faixas etárias da infância e adolescência, com profissionais especializados.

O art. 11 do ECA, ao assegurar acesso integral às linhas de cuidado voltadas à saúde da criança e do adolescente, expressamente ressalvou o princípio da equidade, um dos pilares do SUS, na conformação de que as linhas especiais garantidas à criança ou ao adolescente não importam desigualdade na assistência à saúde, ou qualquer forma de privilégio, na exata dicção do que dispõe o art. 7º, IV, da Lei n. 8.080, de 19 de setembro de 1990[212]. Ao garantir programas, ações e serviços especiais de promoção, proteção e recuperação da saúde, realçou o legislador a especificidade, o primado da garantia constitucional à proteção integral da saúde de crianças e adolescentes com prioridade absoluta e o necessário respeito à condição peculiar de pessoa em processo de desenvolvimento, sem perder de vista que a saúde é direito de todos, sem qualquer distinção, inclusive de idade. Nesse sentido, vale ainda lembrar que o legislador, no art. 100, parágrafo único, IV, disciplinou o princípio do interesse superior da criança, também ressalvando que o atendimento prioritário a direito da criança ou adolescente se faz "sem prejuízo da consideração que for devida a outros interesses legítimos no âmbito da pluralidade dos interesses presentes no caso concreto"[213].

---

211. ECA, art. 11: "É assegurado acesso integral às linhas de cuidado voltadas à saúde da criança e do adolescente, por intermédio do Sistema Único de Saúde, observado o princípio da equidade no acesso a ações e serviços para promoção, proteção e recuperação da saúde".

212. Lei n. 8.080/90: "Art. 7º As ações e serviços públicos de saúde e os serviços privados contratados ou conveniados que integram o Sistema Único de Saúde (SUS) são desenvolvidos de acordo com as diretrizes previstas no art. 198 da Constituição Federal, obedecendo ainda aos seguintes princípios: [...] IV — igualdade da assistência à saúde, sem preconceitos ou privilégios de qualquer espécie".

213. V. § 134, Capítulo XIX, deste livro.

64. Aleitamento materno

O direito da criança à alimentação não se confunde com o direito à amamentação. O primeiro é absoluto, enquanto a exigibilidade do segundo depende das condições da nutriz. Essa foi a razão para que o ECA não o contemplasse expressamente, limitando-se a garantir que:"O poder público, as instituições e os empregadores propiciarão condições adequadas ao aleitamento materno"[214], colocando a questão no âmago da voluntariedade da mãe. Razões pessoais, físicas, culturais e sociais informam a opção pelo aleitamento, não havendo obrigatoriedade legal, ainda que a ciência indique, além de benefícios na nutrição, especialmente ganhos na formação de vínculos com a genitora, aparelhamento para a defesa de infecções e diminuição de certos agravos, como diarreias, alergias, hipertensão, colesterol alto, diabetes e obesidade. Havendo decisão de amamentar, as oportunidades e facilidades para a realização do ato devem ser fornecidas pelos terceiros obrigados, família, sociedade e Estado, inclusive às mães submetidas a medidas privativas de liberdade.

Coube à Lei n. 13.257, de 8 de março de 2016, conhecida como Marco Legal da Primeira Infância, introduzir no ECA outros dispositivos relacionados ao tema. Além disso, quando em seu art. 5º definiu as áreas prioritárias para a primeira infância, expressamente se referiu "a alimentação e a nutrição"[215], aparentemente expressando uma díade complementar, de modo que o aleitamento, tomado como integrante de uma ou outra ativi-dade, serve efetivamente para a proteção da criança, em múltiplos aspectos, de forma que se insere inarredavelmente na pauta da primeira infância.

O aleitamento materno é referido em três dispositivos do ECA, com os acréscimos da Lei da Primeira Infância: § 7º, do art. 8º, caput, do art. 9º

---

214. ECA, art. 9º.

215. Lei n. 13.257/2016: "Art. 5º. Constituem áreas prioritárias para as políticas públicas para a primeira infância a saúde, a alimentação e a nutrição, a educação infantil, a convivência familiar e comunitária, a assistência social à família da criança, a cultura, o brincar e o lazer, o espaço e o meio ambiente, bem como a proteção contra toda forma de violência e de pressão consumista, a prevenção de acidentes e a adoção de medidas que evitem a exposição precoce à comunicação mercadológica".

CURSO DE DIREITO DA CRIANÇA E DO ADOLESCENTE 131

e seus §§ 1° e 2°. Também é referido pelo § 3° do art. 13 da Lei n. 13.257, de 8 de março de 2016. O vocábulo amamentação, por sua vez, é utilizado no § 3° do art. 8° e no inciso VI do art. 10, todos do ECA.

Agrupados sistematicamente indicam: (a) a opção legislativa pelo aleitamento materno, posto que regra expressa determina obrigações relacionadas ao fornecimento de condições adequadas à sua prática; (b) o reconhecimento legal de que o aleitamento materno favorece a formação e a consolidação de vínculos afetivos e estimula o desenvolvimento integral na primeira infância; (c) a necessidade de investimento cultural para a consolidação da prática do aleitamento materno, notadamente mediante formação e orientação de gestantes e famílias; (d) a prescrição de obrigações, para os profissionais das unidades primárias de saúde[216], de planejamento, implementação e avaliação de ações de promoção, proteção e apoio ao aleitamento materno e à alimentação complementar saudável[217]; e (e) estabelecimento de obrigação dos serviços de unidade de terapia intensiva neonatal de manutenção de banco de leite humano ou unidade de coleta[218].

65. Direito à vacinação

"É obrigatória a vacinação das crianças nos casos recomendados pelas autoridades sanitárias."[219] Extrai-se da norma: (a) uma obrigação *erga*

---

216. Porta de entrada do SUS, em regra representada pelas UBS — Unidades Básicas de Saúde. V. Portaria n. 2.488, do Ministério da Saúde, que aprovou a Política Nacional de Atenção Básica.

217. Alimentação suplementar saudável é utilizada no § 1° do art. 9° do ECA, como expressão das práticas de alimentação para crianças menores de dois anos de idade, complementar ao aleitamento materno e destinada à criação de hábitos saudáveis desde a infância, contribuindo para a redução do sobrepeso e da obesidade infantil.

218. A Fundação Oswaldo Cruz, Fiocruz, mantém a Rede Brasileira de Bancos de Leite Humano, criada em conjunto com o Ministério da Saúde em 1998, com o objetivo de "promover, proteger e apoiar o aleitamento materno, coletar e distribuir leite humano com qualidade certificada e contribuir para a diminuição da mortalidade infantil", sendo reconhecida, em 2001, pela Organização Mundial da Saúde "como uma das ações que mais contribuíram para redução da mortalidade infantil no mundo, na década de 1990". V. https://rblh.fiocruz.br.

219. ECA, art. 14, § 1°.

omnes; (b) a necessidade de recomendação da autoridade de saúde; (c) a responsabilidade jurídica do recalcitrante.

Todos, família, sociedade e Estado, estão obrigados a vacinar as crianças, na exata correspondência com a promessa constitucional do direito à vida e à saúde, previsto no art. 227, caput, da Lei Maior.

Quanto à família, sequer a "objeção de consciência", pauta pessoal baseada em concepções religiosas, políticas ou filosóficas[220], exime o obrigado de conduta conforme o direito, na medida em que a ausência de vacinação, frustrando interesse protegido de terceiro, pode levar a graves consequências, como a morte ou sequelas físicas significativas. O imperativo de consciência não determina nenhuma exclusão de direito, mas também não exime ninguém de qualquer obrigação[221] e, no caso, não se admite qualquer contraprestação substitutiva, porquanto nada assume o lugar da vacina no fornecimento de imunidade em relação às doenças infecciosas.

O poder público, que se revela através de seus entes organizados de forma política e administrativa, União, Estados, Distrito Federal e Municípios[222], tem a obrigação de fornecer, gratuitamente, as vacinas recomendadas pelas autoridades sanitárias. É um dos deveres mais básicos relacionados à proteção à saúde, estando sua obrigatoriedade, de forma direta, contemplada expressamente pela Lei n. 6.259, de 30 de outubro de 1975[223], cabendo ao Ministério da Saúde definir "a organização e as atribuições

---

220. Conceito extraído do art. 143, § 1º, da Constituição da República. "Art. 143. [...] § 1º Às Forças Armadas compete, na forma da lei, atribuir serviço alternativo aos que, em tempo de paz, após alistados, alegarem imperativo de consciência, entendendo-se como tal o decorrente de crença religiosa e de convicção filosófica ou política, para se eximirem de atividades de caráter essencialmente militar".

221. CF, art. 5º, VIII: "Ninguém será privado de direitos por motivo de crença religiosa ou de convicção filosófica ou política, salvo se as invocar para eximir-se de obrigação legal a todos imposta e recusar-se a cumprir prestação alternativa, fixada em lei".

222. V. CF, art. 18.

223. Lei n. 6.259/75, art. 3º: "Cabe ao Ministério da Saúde a elaboração do Programa Nacional de Imunizações, que definirá as vacinações, inclusive as de caráter obrigatório. Parágrafo único. As vacinações obrigatórias serão praticadas de modo sistemático e gratuito pelos órgãos e entidades públicas, bem como pelas entidades privadas, subvencionadas pelos Governos Federal, Estaduais e Municipais, em todo o território nacional".

CURSO DE DIREITO DA CRIANÇA E DO ADOLESCENTE

dos serviços incumbidos da ação de Vigilância Epidemiológica, promover a sua implantação e coordenação". De acordo com a Lei n. 8.080, de 19 de setembro de 1990, cabe à direção nacional do SUS definir e coordenar os sistemas de vigilância epidemiológica e sanitária[224], e à estadual o dever de coordenar e, em caráter complementar, executar ações e serviços nessas áreas[225], ficando os municípios com a obrigação da execução direta dos mencionados serviços[226]. De toda sorte, é necessário lembrar a incidência da regra da solidariedade, de modo que a obrigação pode ser reclamada de qualquer um dos obrigados.

A sociedade, enquanto conjunto das pessoas naturais e jurídicas, é corresponsável pela efetivação da vacinação das crianças, podendo exigir dos pais ou responsáveis a comprovação do encargo, como os empregadores, estabelecimentos de ensinos, serviços públicos ou particulares de promoção e assistência social, comunicando ao Conselho Tutelar ou ao Ministério Público os casos de omissão ou de recusa ao cumprimento da obrigação. Também se anote que a vacinação é um dever social, na medida em que a imunização do maior número de pessoas contribui para a saúde de toda a coletividade, tendo a potencialidade de erradicar doenças que afligem historicamente a população do planeta, evitando mortes e custos de tratamentos.

As vacinas recomendadas pela autoridade sanitária, obrigatórias de acordo com o ECA, são, em regra, aquelas constantes do Calendário Nacional de Vacinações, divulgado periodicamente pelo Ministério da Saúde, representando o mínimo necessário para as imunizações, sem prejuízo de outras, voluntárias, sugeridas por *experts* e associações especializadas. Fora do calendário, o Ministério da Saúde também pode recomendar vacinas necessárias em determinado momento, considerando surtos e epidemias episódicas.

---

224. Art. 16, III, *c* e *d*.

225. Art. 17, IV, *a* e *b*.

226. Art. 18, IV, *a* e *b*.

Os pais ou responsável recalcitrantes podem ser obrigados judicialmente a vacinar o filho ou pupilo, mediante decisão obtida em processo contraditório de suprimento de consentimento. Também podem ser constrangidos à vacina por força de medida de urgência concedida incidentalmente em qualquer processo. Antes da medida judicial extrema, devem ser orientados pelo Conselho Tutelar, que, no caso de recusa, deve fazer a comunicação necessária ao Ministério Público para as providências cabíveis.

As consequências jurídicas decorrentes do descumprimento do dever de vacinar variam de acordo com os resultados da omissão. A mais singela é a aplicação de multa em razão do cometimento da infração administrativa prevista no art. 249 do ECA[227]. Perdas e danos, especialmente no caso de sequelas irreversíveis, e mesmo a atribuição de crimes, não deixam de ser hipóteses a serem consideradas à luz das circunstâncias de cada caso concreto[228]. Também o descumprimento de obrigação ínsita ao poder familiar justifica sua suspensão ou perda, nos termos do art. 129 do ECA, medida reservada às situações de perpetuação das omissões, com grave risco à saúde e à vida de criança ou adolescente.

66. Direito ao diagnóstico precoce

O direito ao diagnóstico precoce decorre do princípio constitucional da prioridade absoluta[229], apresentando-se como instrumento de prevenção, proteção e recuperação da saúde.

---

227. ECA: "Art. 249. Descumprir, dolosa ou culposamente, os deveres inerentes ao poder familiar ou decorrente de tutela ou guarda, bem assim determinação da autoridade judiciária ou Conselho Tutelar: Pena — multa de três a vinte salários de referência, aplicando-se o dobro em caso de reincidência".

228. No caso de homicídio culposo, afigura-se provável a incidência de perdão judicial previsto no Código Penal, em seu art. 121, § 5º, porquanto a grave consequência da morte de filho ou pupilo em razão de infecção evitável atinge o responsável de forma tão grave que torna desnecessária qualquer reprimenda.

229. CF, art. 227, caput.

CURSO DE DIREITO DA CRIANÇA E DO ADOLESCENTE

A preocupação com o desenvolvimento saudável da criança começa na fase neonatal. Assim, prescreveu o legislador como uma das obrigações, ainda nos hospitais e maternidades, a de realização de exames visando ao diagnóstico de anormalidades no metabolismo do recém-nascido[230], perscrutando a presença de doenças metabólicas que, tratadas a tempo e de maneira correta, podem evitar agravos significativos. É crime deixar de realizar esses exames, conforme previsão no art. 229 do ECA[231].

A Lei n. 14.154, de 26 de março de 2021, acrescentou parágrafos ao art. 10 do ECA, determinando a criação de um Programa Nacional de Triagem Neonatal e estabelecendo 5 (cinco) etapas para implementação de testes relacionados a doenças específicas[232], estando o Congresso Nacional discutindo outros acréscimos[233], reforçando a ideia de fortalecer o diagnóstico precoce, não raras vezes o melhor instrumento para evitar danos e garantir uma existência sadia.

Anote-se também que a obrigação de fornecimento de "declaração de nascimento onde constem necessariamente as intercorrências do parto e do desenvolvimento do neonato"[234] tem por objeto garantir a mães, pais

---

230. ECA: "Art. 10. Os hospitais e demais estabelecimentos de atenção à saúde de gestantes, públicos e particulares, são obrigados a: [...] III — proceder a exames visando ao diagnóstico e terapêutica de anormalidades no metabolismo do recém-nascido, bem como prestar orientação aos pais".

231. ECA: "Art. 229. Deixar o médico, enfermeiro ou dirigente de estabelecimento de atenção à saúde de gestante de identificar corretamente o neonato e a parturiente, por ocasião do parto, bem como deixar de proceder aos exames referidos no art. 10 desta Lei: Pena — detenção de seis meses a dois anos. Parágrafo único. Se o crime é culposo: Pena — detenção de dois a seis meses, ou multa".

232. ECA: "Art. 10. [...] § 1º Os testes para o rastreamento de doenças no recém-nascido serão disponibilizados pelo Sistema Único de Saúde, no âmbito do Programa Nacional de Triagem Neonatal (PNTN), na forma da regulamentação elaborada pelo Ministério da Saúde, com implementação de forma escalonada, de acordo com a seguinte ordem de progressão: I — etapa 1: a) fenilcetonúria e outras hiperfenilalaninemias; b) hipotireoidismo congênito; c) doença falciforme e outras hemoglobinopatias; d) fibrose cística; e) hiperplasia adrenal congênita; f) deficiência de biotinidase; g) toxoplasmose congênita; II — etapa 2: a) galactosemias; b) aminoacidopatias; c) distúrbios do ciclo da ureia; d) distúrbios da betaoxidação dos ácidos graxos; III — etapa 3: doenças lisossômicas; IV — etapa 4: imunodeficiências primárias; V — etapa 5: atrofia muscular espinhal".

233. O Senado Federal aprovou, em 25 de novembro de 2021, o PL n. 3.681/2021, incluindo exames relacionados a distrofias musculares e outras doenças neuromusculares, sendo o projeto remetido para a Câmara dos Deputados.

234. ECA, art. 10, IV.

e cuidadores a existência de um registro escrito que, levado aos pediatras e a outros profissionais de saúde, possa fornecer elementos necessários à continuidade ou definição de tratamentos adequados.

O § 5º do art. 14 do ECA, incluído pela Lei n. 13.538, de 26 de abril de 2017, tornou obrigatória a adoção pelo Sistema Único de Saúde (SUS) de protocolo de padrões para a avaliação de riscos para o desenvolvimento psíquico das crianças[235], completando assim regra advinda com a Lei da Primeira Infância que incluiu no art. 11 do ECA um § 3º, determinando formação específica para profissionais de saúde diagnosticarem e acompanharem o desenvolvimento psíquico da criança[236].

Consigne-se, todavia, que a falta de referenciais permissivos de um diagnóstico seguro a respeito dos eventuais riscos ao desenvolvimento psíquico, principalmente nos primeiros 18 (dezoito) meses de vida, exige redobrada cautela e responsabilidade, sob pena de patologização e medicalização da infância, de modo que o protocolo referido pela lei reclama ampla aceitação pela comunidade científica para que integre a norma e tenha força cogente indiscutível.

67. Direito a medicamentos, órteses, próteses e tecnologias assistidas

Medicamento, de acordo com Lei n. 5.991, de 17 de dezembro de 1973, é todo "produto farmacêutico, tecnicamente obtido ou elaborado, com finalidade profilática, curativa, paliativa ou para fins de diagnóstico"[237].

---

235. ECA, art. 14, § 5º: "É obrigatória a aplicação a todas as crianças, nos seus primeiros dezoito meses de vida, de protocolo ou outro instrumento construído com a finalidade de facilitar a detecção, em consulta pediátrica de acompanhamento da criança, de risco para o seu desenvolvimento psíquico".

236. ECA, art. 11, § 3º: "Os profissionais que atuam no cuidado diário ou frequente de crianças na primeira infância receberão formação específica e permanente para a detecção de sinais de risco para o desenvolvimento psíquico, bem como para o acompanhamento que se fizer necessário".

237. Lei n. 5.991, de 17 de dezembro de 1973, art. 4º, II.

Órteses são dispositivos destinados à reabilitação de componentes dos sistemas humanos, especialmente locomotor e de sustentação. Próteses são engenhos substitutivos de membros, sentidos ou funções humanas. Tecnologias assistidas são todas as formas de apoio à realização de tarefas humanas impedidas ou dificultadas por doenças ou acidentes, destinadas à garantia de autonomia e independência individual.

Ao garantir o direito da criança ou adolescente de obtenção gratuita de "medicamentos, órteses, próteses e outras tecnologias assistivas relativas ao tratamento, habilitação ou reabilitação", o ECA, na redação do § 2º do seu art. 11, conforme determinação da Lei n. 13.257, de 8 de março de 2016, vivifica a promessa constitucional do direito à saúde, garantindo o acesso de todos, universal e igualitário, a ações e serviços para a promoção, proteção e recuperação da saúde[238].

O fornecimento de medicamentos usuais é questão juridicamente sedimentada, sendo a obrigação indiscutível. Todavia, principalmente depois do advento da norma residente no art. 19-T da Lei n. 8.080, de 19 de setembro de 1990, inclusão determinada pela Lei n. 12.401, de 28 de abril de 2011[239], julgados começaram a reconhecer a inexistência do direito em relação a medicamentos de uso não autorizado ou sem registro na Anvisa[240].

---

238. CF, art. 196.

239. Lei n. 8.080, 19 de setembro de 1990: "Art. 19-T. São vedados, em todas as esferas de gestão do SUS: I — o pagamento, o ressarcimento ou o reembolso de medicamento, produto e procedimento clínico ou cirúrgico experimental, ou de uso não autorizado pela Agência Nacional de Vigilância Sanitária — Anvisa; II — a dispensação, o pagamento, o ressarcimento ou o reembolso de medicamento e produto, nacional ou importado, sem registro na Anvisa".

240. A Agência Nacional de Vigilância Sanitária (Anvisa) foi criada pela Lei n. 9.782, de 26 de janeiro de 1999, restando definida como "autarquia sob regime especial, vinculada ao Ministério da Saúde, com sede e foro no Distrito Federal, prazo de duração indeterminado e atuação em todo território nacional" (art. 3º), tendo atualmente, entre outras, como suas atribuições (art. 7º): "[...] VII — autorizar o funcionamento de empresas de fabricação, distribuição e importação dos produtos mencionados no art. 8º desta Lei e de comercialização de medicamentos; VIII — anuir com a importação e exportação dos produtos mencionados no art. 8º desta Lei; IX — conceder registros de produtos, segundo as normas de sua área de atuação". O citado art. 8º, por sua vez, estabelece: "Art. 8º Incumbe à Agência, respeitada a legislação em vigor, regulamentar, controlar e fiscalizar os produtos e serviços que envolvam risco à saúde pública. § 1º Consideram-se bens e produtos submetidos ao controle e fiscalização sanitária pela Agência: I — medicamentos de uso

Coube às Cortes Superiores, STJ e STF, através de julgamentos em recursos repetitivos, modularem a questão, ainda que nos casos paradigmáticos não estivessem em questão direitos de crianças e adolescentes, blindados pela garantia constitucional da prioridade absoluta.

O STJ, pela sua 1ª Seção, no julgamento do Recurso Especial n. 1.657.156, completado depois por embargos de declaração, analisando especialmente os casos de remédios sem registro na Anvisa e os chamados de *off label*, aqueles dispensados fora das prescrições determinantes dos respectivos registros, decidiu que a concessão desses medicamentos ficava sujeita aos seguintes requisitos: (a) comprovação, por meio de laudo médico fundamentado e circunstanciado expedido por médico que assiste o paciente, da imprescindibilidade ou necessidade do medicamento, assim como da ineficácia, para o tratamento da moléstia, dos fármacos fornecidos pelo SUS; (b) incapacidade financeira de arcar com o custo do medicamento prescrito; (c) existência de registro do medicamento na Anvisa, observados os usos autorizados pela agência.

Já o STF, por decisão da maioria do Plenário, no julgamento do RE n. 677.718, decidiu que o Estado não está obrigado a fornecer medicamento experimental ou sem registro na Anvisa, salvo em casos excepcionais, fixando as seguintes teses: (1) o Estado não pode ser obrigado a fornecer medicamentos experimentais; (2) a ausência de registro impede, como regra geral, o fornecimento de medicamento por decisão judicial; (3) é possível,

---

humano, suas substâncias ativas e demais insumos, processos e tecnologias; II — alimentos, inclusive bebidas, águas envasadas, seus insumos, suas embalagens, aditivos alimentares, limites de contaminantes orgânicos, resíduos de agrotóxicos e de medicamentos veterinários; III — cosméticos, produtos de higiene pessoal e perfumes; IV — saneantes destinados à higienização, desinfecção ou desinfestação em ambientes domiciliares, hospitalares e coletivos; V — conjuntos, reagentes e insumos destinados a diagnóstico; VI — equipamentos e materiais médico-hospitalares, odontológicos e hemoterápicos e de diagnóstico laboratorial e por imagem; VII — imunobiológicos e suas substâncias ativas, sangue e hemoderivados; VIII — órgãos, tecidos humanos e veterinários para uso em transplantes ou reconstituições; IX — radioisótopos para uso diagnóstico *in vivo* e radiofármacos e produtos radioativos utilizados em diagnóstico e terapia; X — cigarros, cigarrilhas, charutos e qualquer outro produto fumígero, derivado ou não do tabaco; XI — quaisquer produtos que envolvam a possibilidade de risco à saúde, obtidos por engenharia genética, por outro procedimento ou ainda submetidos a fontes de radiação".

excepcionalmente, a concessão judicial de medicamento sem registro sanitário, em caso de mora irrazoável da Anvisa em apreciar o pedido[241], quando preenchidos três requisitos: (a) a existência de pedido de registro do medicamento no Brasil, salvo no caso de medicamentos órfãos para doenças raras e ultrarraras; (b) a existência de registro do medicamento em renomadas agências de regulação no exterior; e (c) a inexistência de substituto terapêutico com registro no Brasil. Ainda fixou o entendimento de que as ações que demandem o fornecimento de medicamentos sem registro na Anvisa deverão ser necessariamente propostas em face da União.

A Lei n. 14.313, de 21 de março de 2022, permite ao Sistema Único de Saúde (SUS) receitar e aplicar medicamento que tenha uso distinto daquele aprovado pela Anvisa, desde que seja recomendado pela Comissão Nacional de Incorporação de Tecnologias do SUS (Conitec), organismo da estrutura do Ministério da Saúde, e a Lei n. 14.454, de 21 de setembro de 2022, obriga os planos de saúde a custearem tratamentos de eficácia comprovada mesmo fora do rol da Agência Nacional de Saúde Suplementar (ANS), igualmente recomendados pela Conitec ou órgão de avaliação de renome internacional.

68. Direito à assistência familiar

A saúde de crianças e adolescentes também é uma obrigação da família, que tem deveres relacionados à promoção, proteção e recuperação da saúde de seus filhos e pupilos. Decorrência direta do art. 227 da Constituição Federal[242], a obrigação não conflita com a regra geral do seu art. 196 ao prescrever que a "saúde é direito de todos e dever do Estado". Incumbe ao

---

241. A Lei n. 13.411, de 28 de dezembro de 2016, fixa em 90 (noventa) dias o prazo para a apreciação do pedido de registro.

242. CF: "Art. 227. É dever da família, [...] assegurar à criança, ao adolescente e ao jovem, com absoluta prioridade, o direito [...] à saúde".

Poder Público estabelecer para o coletivo "políticas sociais e econômicas que visem à redução do risco de doença e de outros agravos", e garantir, também a todos, "o acesso universal e igualitário às ações e serviços" de saúde, enquanto os pais e os responsáveis[243], encarregados do dever básico de criação[244], têm o encargo "de prevenir a ocorrência de ameaça ou violação dos direitos da criança e do adolescente"[245].

Incumbe à família, dentro de suas possibilidades e realidade cultural, desenvolver os cuidados que lhe são próprios e encetar as iniciativas necessárias para que a criança ou o adolescente adquiram hábitos saudáveis, sejam imunizados, passem pelas consultas médicas, sejam encaminhados a tratamento quando necessário e sigam as prescrições determinadas. Também tem o dever de procurar proteção judicial, valendo-se do Conselho Tutelar, da Defensoria Pública e do Ministério Público quando da negativa de realização dos direitos à saúde do filho ou pupilo.

Entre os deveres da família, destacam-se as obrigações relacionadas aos atendimentos de puericultura, principalmente na primeira infância. Normas destinadas ao aprendizado dos pais em relação aos cuidados com os filhos se revelam em dispositivos que estabelecem regras sobre a possibilidade de exigência, pelas mães, de alojamento conjunto com o neonato, forma inicial de aprendizado[246], aleitamento materno e alimentação complementar.

Ao determinar que os hospitais e demais estabelecimentos de atenção à saúde de gestantes, públicos e particulares, mantenham registro das atividades desenvolvidas, através de prontuários individuais, pelo prazo de 18 (dezoito) anos[247], o ECA protege o interesse ao conhecimento das intercorrências da gestação e parto ante a importância para o diagnóstico de doenças e anomalias, bem como para a aferição do cumprimento das obrigações ínsitas ao pré-natal.

---

243. Também os guardiões e tutores.

244. CC, art. 1.634, I.

245. ECA, art. 70.

246. ECA, art. 10, V.

247. ECA, art. 10, I.

Anote-se também que a obrigação do fornecimento de "declaração de nascimento onde constem necessariamente as intercorrências do parto e do desenvolvimento do neonato"[248], documento indispensável ao registro de nascimento, cumpre a função, especialmente para os pais, de documentar os informes imprescindíveis para eventuais cuidados médicos posteriores.

Importante regra indutora da participação dos pais ou responsáveis na recuperação da saúde dos filhos ou pupilos temos estampada no art. 12 do ECA. Na sua redação original, prescrevia que "os estabelecimentos de atendimento à saúde deverão proporcionar condições para a permanência em tempo integral de um dos pais ou responsável, nos casos de internação de criança ou adolescente", evidenciando a presença como um dos fatores facilitadores da reabilitação ou, pelo menos, de minimização do sofrimento do doente. Sua redação foi modificada pela Lei n. 13.257, de 8 de março de 2016, marco legal da primeira infância, que acrescentou ao dispositivo regra que obriga também "as unidades neonatais, de terapia intensiva e de cuidados intermediários"[249], evidenciando a importância da presença dos pais ou responsáveis nos momentos mais críticos de internação de criança ou adolescente na tentativa de recuperação da saúde. A falta de participação nesses momentos tão difíceis da vida da criança e do adolescente, desde que injustificável, pode configurar abandono, sujeitando seus autores às consequências legais, porquanto resvala no descumprimento dos deveres inerentes à convivência familiar[250].

69. Saúde da criança ou adolescente com deficiência

A saúde da criança ou adolescente com deficiência contou com a preocupação do legislador constituinte. Assim, em seu art. 227, § 1º, II, a

---

248. ECA, art. 10, IV.

249. ECA, art. 12: "Os estabelecimentos de atendimento à saúde, inclusive as unidades neonatais, de terapia intensiva e de cuidados intermediários, deverão proporcionar condições para a permanência em tempo integral de um dos pais ou responsável, nos casos de internação de criança ou adolescente".

250. V. Capítulo XIII deste livro.

Constituição da República determinou a "criação de programas de prevenção e atendimento especializado para as pessoas portadoras de deficiência física, sensorial ou mental, bem como de integração social do adolescente e do jovem portador de deficiência, mediante o treinamento para o trabalho e a convivência, e a facilitação do acesso aos bens e serviços coletivos, com a eliminação de obstáculos arquitetônicos e de todas as formas de discriminação".

Também se anote que a Magna Carta prescreveu como "competência comum da União, dos Estados, do Distrito Federal e dos Municípios", "cuidar da saúde e assistência pública, da proteção e garantia" das pessoas com deficiência[251], atribuindo-lhes também a competência concorrente para legislarem sobre a sua "proteção e integração social"[252].

A Convenção sobre os Direitos da Pessoa com Deficiência, CSDPD, aprovada pelo Congresso Nacional pelo Decreto Legislativo n. 186, de 9 de julho de 2008, e promulgada através do Decreto Presidencial n. 6.949, de 25 de agosto de 2009, ingressou no ordenamento jurídico brasileiro com força de emenda constitucional em razão do estatuído no art. 5º, § 3º, da Constituição da República. Até o seu advento, a normativa de regência era a Lei n. 7.853, de 24 de outubro de 1989, regulamentada pelo Decreto n. 3.298, de 20 de dezembro de 1999. Esse regulamento considera pessoa deficiente aquela que tem deficiência física, auditiva, visual, mental ou múltipla[253].

---

251. CF, art. 23, II.

252. CF, art. 24, XIV.

253. Decreto n. 3.298, de 20 dezembro de 1999: "Art. 4º É considerada pessoa portadora de deficiência a que se enquadra nas seguintes categorias: I — deficiência física — alteração completa ou parcial de um ou mais segmentos do corpo humano, acarretando o comprometimento da função física, apresentando-se sob a forma de paraplegia, paraparesia, monoplegia, monoparesia, tetraplegia, tetraparesia, triplegia, triparesia, hemiplegia, hemiparesia, ostomia, amputação ou ausência de membro, paralisia cerebral, nanismo, membros com deformidade congênita ou adquirida, exceto as deformidades estéticas e as que não produzam dificuldades para o desempenho de funções; II — deficiência auditiva — perda bilateral, parcial ou total, de quarenta e um decibéis (dB) ou mais, aferida por audiograma nas frequências de 500 Hz, 1.000 Hz, 2.000 Hz e 3.000 Hz; III — deficiência visual — cegueira, na qual a acuidade visual é igual ou menor que 0,05 no melhor olho, com a melhor correção óptica; a baixa visão, que significa acuidade visual entre 0,3 e 0,05 no melhor olho, com a melhor correção óptica; os casos nos quais a somatória da medida do campo visual em ambos os olhos for igual ou menor que 60º; ou a ocorrência simultânea de

Sobreveio a Lei n. 13.146, de 6 de julho de 2015, instituindo a Lei Brasileira de Inclusão da Pessoa com Deficiência, um verdadeiro Estatuto da Pessoa com Deficiência, definindo pessoa com deficiência "aquela que tem impedimento de longo prazo de natureza física, mental, intelectual ou sensorial, o qual, em interação com uma ou mais barreiras, pode obstruir sua participação plena e efetiva na sociedade em igualdade de condições com as demais pessoas"[254]. Essa lei estabeleceu princípios, disciplinou direitos fundamentais, regulou o acesso à justiça e dispôs sobre crimes e infrações administrativas cometidos contra a proteção à pessoa com deficiência.

Em relação à saúde é de destacar, além de uma completa regulamentação de aspectos relacionados ao atendimento, especialmente em seus arts. 18 a 26, a consideração da criança e do adolescente com deficiência como pessoas "especialmente vulneráveis"[255], situação que, somada à garantia constitucional da prioridade absoluta[256], impõe uma atenção extraordinária à validação dos seus direitos, em busca da igualdade. Aliás, o objetivo da lei foi o de promover os direitos em condições de igualdade, prescrevendo normas tendentes à superação das deficiências, em um contexto de cidadania.

A Convenção define pessoas com deficiência como "aquelas que têm impedimentos de longo prazo de natureza física, mental, intelectual ou sensorial, os quais, em interação com diversas barreiras, podem obstruir sua participação plena e efetiva na sociedade em igualdades de condições com as demais pessoas"[257]. Nos seus considerandos, indica que se trata de um conceito em evolução e que "resulta da interação entre pessoas com deficiência e as barreiras devidas às atitudes e ao ambiente que impedem

---

quaisquer das condições anteriores; IV — deficiência mental — funcionamento intelectual significativamente inferior à média, com manifestação antes dos dezoito anos e limitações associadas a duas ou mais áreas de habilidades adaptativas, tais como: a) comunicação; b) cuidado pessoal; c) habilidades sociais; d) utilização dos recursos da comunidade; e) saúde e segurança; f) habilidades acadêmicas; g) lazer; e h) trabalho; V — deficiência múltipla — associação de duas ou mais deficiências".

254. Lei n. 13.146, de 6 de julho de 2015, art. 2º.

255. Lei n. 13.146, de 6 de julho de 2015, art. 5º, parágrafo único.

256. ECA, art. 227, caput.

257. CSDPD, art. 1º.

a plena e efetiva participação dessas pessoas na sociedade em igualdade de oportunidades com as demais pessoas"[258].

Dos dispositivos constitucionais que regem a matéria, sem prejuízo do disciplinado na CSDPD, na Lei n. 13.146, de 6 de julho de 2015, e na Lei n. 7.853, de 24 de outubro de 1989, é possível extrair os direitos básicos, derivados essencialmente da condição de pessoa humana, mas construídos à luz de necessidades especiais e consistentes em prestações adequadas à garantia da isonomia substancial, a seguir arrolados: (1) direito à atenção integral à saúde; (2) direito à assistência pública; (3) direito à proteção especial; (4) direito a um sistema de garantias potencialmente eficaz à materialização dos seus direitos; (5) direito à inclusão; (6) direito ao treinamento ao trabalho; (7) direito à convivência social; e (8) direito à acessibilidade, incluindo o direito à eliminação de obstáculos arquitetônicos e a transportes públicos adaptados.

Tais direitos guardam relação com os princípios gerais, insertos no art. 3º da CSDPD, dos quais defluem inúmeras possibilidades de proteção jurídica, como forma de precaução, prevenção e reparação dos danos causados às pessoas com deficiência. São eles: (1) o princípio do respeito pela dignidade inerente, a autonomia individual, inclusive a liberdade de fazer as próprias escolhas, e a independência das pessoas; (2) o princípio da não discriminação; (3) o princípio da plena e efetiva participação e inclusão na sociedade; (4) o princípio do respeito pela diferença e pela aceitação das pessoas com deficiência como parte da diversidade humana e da humanidade; (5) o princípio da igualdade de oportunidades; (6) o princípio da acessibilidade; (7) o princípio da igualdade entre homem e mulher; (8) o princípio do respeito pelo desenvolvimento das capacidades da criança com deficiência; e (9) o princípio da preservação da identidade de criança com deficiência.

É necessário ressaltar que a CSDPD é hierarquicamente superior a outras regras integrantes da legislação infraconstitucional, de modo que

---

258. CSDPD, Preâmbulo, *e*.

CURSO DE DIREITO DA CRIANÇA E DO ADOLESCENTE

restam mantidas somente na situação de oferecer condições mais propícias à realização dos direitos da pessoa com deficiência[259]. A CSDPD ampliou o leque dos direitos, disciplinando o direito à vida, direitos relacionados à igualdade e à não discriminação, direitos das mulheres, meninas e crianças com deficiência, direito à acessibilidade, direito à proteção especial em situações de risco ou de emergência humanitária, direito à vida independente e inclusão na comunidade, direito à mobilidade pessoal, direitos à educação, saúde, habilitação e reabilitação, trabalho e emprego, direito a um padrão de vida e proteção social adequados, direito à participação na vida política, pública, cultural e de recreação, evidenciando a potencialidade das demandas coletivas na busca de ofertas gerais de condições e serviços capazes de alavancar a concretude dos direitos da pessoa com deficiência.

De maneira singular, a Convenção dos Direitos da Criança, CDC, promulgada pelo Decreto n. 99.710, de 21 de novembro de 1990[260], conjunto de normas supralegais, já trazia uma disciplina mínima sobre os direitos da

---

259. A prevalência de normas locais mais favoráveis vem expressamente contemplada no item 8, do art. 4º, da CSDPD, de modo que a derrogação, seja em razão do critério hierárquico, seja em razão da incompatibilidade da antiga com a nova disciplina, somente se afirma à luz das comparações de conteúdo e da ponderação das normas em situação concreta.

260. Convenção sobre os Direitos da Criança: "Art. 23. 1. Os Estados Partes reconhecem que a criança portadora de deficiências físicas ou mentais deverá desfrutar de uma vida plena e decente em condições que garantam sua dignidade, favoreçam sua autonomia e facilitem sua participação ativa na comunidade. 2. Os Estados Partes reconhecem o direito da criança deficiente de receber cuidados especiais e, de acordo com os recursos disponíveis e sempre que a criança ou seus responsáveis reúnam as condições requeridas, estimularão e assegurarão a prestação da assistência solicitada, que seja adequada ao estado da criança e às circunstâncias de seus pais ou das pessoas encarregadas de seus cuidados. 3. Atendendo às necessidades especiais da criança deficiente, a assistência prestada, conforme disposto no § 2 do presente artigo, será gratuita sempre que possível, levando-se em consideração a situação econômica dos pais ou das pessoas que cuidem da criança, e visará a assegurar à criança deficiente o acesso efetivo à educação, à capacitação, aos serviços de saúde, aos serviços de reabilitação, à preparação para o emprego e às oportunidades de lazer, de maneira que a criança atinja a mais completa integração social possível e o maior desenvolvimento individual factível, inclusive seu desenvolvimento cultural e espiritual". 4. "Os Estados Partes promoverão, com espírito de cooperação internacional, um intercâmbio adequado de informações nos campos da assistência médica preventiva e do tratamento médico, psicológico e funcional das crianças deficientes, inclusive a divulgação de informações a respeito dos métodos de reabilitação e dos serviços de ensino e formação profissional, bem como o acesso a essa informação, a fim de que os Estados Partes possam aprimorar sua capacidade e seus conhecimentos e ampliar sua experiência nesses campos. Nesse sentido, serão levadas especialmente em conta as necessidades dos países em desenvolvimento".

criança ou adolescente com deficiência. Em seu art. 23 arrolou uma série de direitos da criança com deficiência, especialmente no campo da saúde.

O ECA contempla norma de proteção à saúde de criança ou adolescente com deficiência, vazada nos seguintes termos: "A criança e o adolescente com deficiência serão atendidos, sem discriminação ou segregação, em suas necessidades gerais de saúde e específicas de habilitação e reabilitação"[261].

Em suma, existe uma proteção jurídica satisfatória e abrangente em favor da criança ou adolescente com deficiência, muito embora as políticas públicas ainda não tornaram realidade a promessa de igualdade nas oportunidades para a apropriação dos bens da vida garantidos a todos pelos direitos sociais. Com a saúde não é diferente, de modo que a judicialização de questões dos mais diversos matizes indica o estado de vulnerabilidade derivado da insuficiência de atendimento nos aspectos básicos da promoção, proteção e recuperação da saúde da pessoa com deficiência. Nossos tribunais, inclusive os superiores, reiteradamente vêm vivificando essas normas de proteção especial, o que, todavia, não alcança a todos, de modo que ainda está em construção o Estado social prometido pela Constituição de 1988.

70. Saúde bucal

O art. 14 do ECA, na sua redação originária, limitava-se a estabelecer que o SUS promoveria programas de assistência odontológica para a população infantil. A Lei da Primeira Infância[262] veio a estabelecer um novo marco regulatório para essa questão, prescrevendo normas indicativas da colocação da atenção odontológica de crianças, adolescentes e gestantes no mesmo nível da atenção médica já disciplinada no ECA.

Assim, incluiu dispositivos no art. 14, iniciando por afirmar que: "O Sistema Único de Saúde promoverá a *atenção* à saúde bucal das crianças e

---

261. ECA, art. 11, § 1º.
262. Lei n. 12.257, de 8 de março de 2016.

CURSO DE DIREITO DA CRIANÇA E DO ADOLESCENTE

das gestantes, de forma transversal, integral e intersetorial com as demais linhas de cuidado direcionadas à mulher e à criança"[263].

A atenção transversal à saúde bucal, pelo SUS, significa que deve estar presente em todas as políticas e programas, mantendo pontos de contato e permitindo ações e serviços de qualidade. De forma integral, indica garantia de acesso a todos os recursos odontológicos e de saúde em geral[264], prometendo a integralidade da assistência[265], enquanto a atenção intersetorial representa a articulação com os demais integrantes da rede de atendimento aos direitos da criança e do adolescente, notadamente levando em conta os determinantes sociais da saúde.

A função "educativa protetiva" é revelada pelos esclarecimentos quanto às doenças bucais e para o despertar de hábitos de higiene que permitam evitar agravos. Diz a lei: "A atenção odontológica à criança terá função educativa protetiva e será prestada, inicialmente, antes de o bebê nascer, por meio de aconselhamento pré-natal, e, posteriormente, no sexto e no décimo segundo anos de vida, com orientações sobre a saúde bucal"[266]. No aconselhamento pré-natal inserem-se cuidados bucais com a própria gestante, evitando transmissões verticais de patologias, bem como conteúdos relacionados à saúde bucal dos filhos, notadamente nos primeiros anos de vida, em que a dependência dos adultos é quase total e o aprendizado em família é o mais significativo. No sexto e no décimo segundo anos de vida as orientações são diretas, estando a criança ou adolescente, nas condições peculiares aos seus estágios de aprendizado, em condições de desenvolver os hábitos necessários para a garantia da saúde bucal, inclusive para os dependentes de cuidados especiais[267].

---

263. ECA, art. 14, § 2º.

264. O direito à assistência integral à saúde bucal vem expresso no caput do art. 11 do ECA.

265. O art. 7º, II, da Lei n. 8.080/90, considera a integralidade da assistência um dos princípios do SUS, assim definido: "conjunto articulado e contínuo das ações e serviços preventivos e curativos, individuais e coletivos, exigidos para cada caso em todos os níveis de complexidade do sistema".

266. ECA, art. 14, § 3º.

267. ECA, art. 14, § 4º.

71. Criança, adolescente e o SUS

O Sistema Único de Saúde, SUS, na sua conformação constitucional, é uma rede regionalizada e hierarquizada integrada por ações e serviços de saúde[268]. Segue diretrizes constitucionais[269], é financiado com recursos da seguridade social[270], com imperativos de aplicação de percentuais mínimos da arrecadação de impostos[271], é aberto à participação da iniciativa privada[272] e tem atribuições básicas fixadas na Lei Maior[273].

No âmbito do ECA, o SUS é referido várias vezes. Em primeiro lugar, quando a lei assegura "a todas as mulheres o acesso aos programas e às políticas de saúde da mulher e de planejamento reprodutivo e, às gestantes, nutrição adequada, atenção humanizada à gravidez, ao parto e ao puerpério e atendimento pré-natal, perinatal e pós-natal integral no âmbito do Sistema Único de Saúde"[274]. Em segundo, quando assegura, por seu intermédio, "acesso integral às linhas de cuidado voltadas à saúde de criança ou adolescente"[275], afirmando a necessidade de uma especialidade que respeite a

---

268. CF, art. 198, caput.

269. CF: "Art. 198. [...] seguintes diretrizes: I — descentralização, com direção única em cada esfera de governo; II — atendimento integral, com prioridade para as atividades preventivas, sem prejuízo dos serviços assistenciais; III — participação da comunidade".

270. CF, art. 198, § 1º.

271. CF, art. 198, § 2º.

272. CF, art. 199.

273. CF: "Art. 200. Ao sistema único de saúde compete, além de outras atribuições, nos termos da lei: I — controlar e fiscalizar procedimentos, produtos e substâncias de interesse para a saúde e participar da produção de medicamentos, equipamentos, imunobiológicos, hemoderivados e outros insumos; II — executar as ações de vigilância sanitária e epidemiológica, bem como as de saúde do trabalhador; III — ordenar a formação de recursos humanos na área de saúde; IV — participar da formulação da política e da execução das ações de saneamento básico; V — incrementar, em sua área de atuação, o desenvolvimento científico e tecnológico e a inovação; VI — fiscalizar e inspecionar alimentos, compreendido o controle de seu teor nutricional, bem como bebidas e águas para consumo humano; VII — participar do controle e fiscalização da produção, transporte, guarda e utilização de substâncias e produtos psicoativos, tóxicos e radioativos; VIII — colaborar na proteção do meio ambiente, nele compreendido o do trabalho".

274. ECA, art. 8º.

275. ECA, art. 11.

CURSO DE DIREITO DA CRIANÇA E DO ADOLESCENTE

condição peculiar de pessoa em processo de desenvolvimento[276]. Também ficou a seu cargo o estabelecimento de "programas de assistência médica e odontológica para a prevenção das enfermidades que ordinariamente afetam a população infantil, e campanhas de educação sanitária para pais, educadores e alunos"[277], a promoção e "atenção à saúde bucal das crianças e das gestantes"[278], inclusive "com necessidade de cuidados especiais"[279].

Sua disciplina básica reside na Lei n. 8.080, de 19 de setembro de 1990. Seu art. 4º prescreve que o "conjunto de ações e serviços de saúde, prestados por órgãos e instituições públicas federais, estaduais e municipais, da Administração direta e indireta e das fundações mantidas pelo Poder Público, constitui o Sistema Único de Saúde (SUS)".

A normativa atinente ao SUS, especialmente as regras constitucionais prescritoras da universalidade do direito à saúde[280], as normas de financiamento do sistema[281] e a garantia de aplicação de percentuais mínimos[282], torna evidente a solidariedade dos entes da federação em tornar efetivo o direito à saúde. Assim, o credor da obrigação pode escolher de qual ente cobrar a prestação ínsita ao dever comum, ficando regressivamente sub-rogado em eventuais direitos decorrentes da execução compartilhada do sistema.

Trata-se de interpretação arrimada na concepção histórica do instituto da solidariedade, tal como disciplinada na legislação civil. Relembre-se de que solidariedade obrigacional passiva é a responsabilidade, de um, pela dívida por inteiro, ainda que ostente demais coobrigados pelo débito comum. De acordo com o art. 275 do Código Civil, o "credor tem direito a exigir e receber de um ou de alguns dos devedores, parcial ou totalmente,

---

276. V. § 15, Capítulo IV, deste livro.
277. ECA, art. 14, caput.
278. ECA, art. 14, § 2º.
279. ECA, art. 14, § 4º.
280. CF, art. 196.
281. CF, art. 195.
282. CF, art. 198.

a dívida comum; se o pagamento tiver sido parcial, todos os demais devedores continuam obrigados solidariamente pelo resto". E, de acordo com o art. 283 do mencionado Código Civil: "O devedor que satisfez a dívida por inteiro tem direito a exigir de cada um dos codevedores a sua quota, dividindo-se igualmente por todos a do insolvente, se o houver, presumindo-se iguais, no débito, as partes de todos os codevedores".

No que concerne especialmente a crianças e adolescentes, o ECA, quando tratou das medidas de proteção, insculpiu o princípio da solidariedade, vazado nos seguintes termos: "responsabilidade primária e solidária do poder público: a plena efetivação dos direitos assegurados a crianças e a adolescentes por esta Lei e pela Constituição Federal, salvo nos casos por esta expressamente ressalvados, é de responsabilidade primária e solidária das 3 (três) esferas de governo, sem prejuízo da municipalização do atendimento e da possibilidade da execução de programas por entidades não governamentais"[283]. Desta forma, resulta absolutamente clara a solidariedade entre União, Estados, Distrito Federal e Municípios na oferta de ações e serviços de saúde, de modo que cabe ao credor e/ou credores do direito desse direito fundamental cobrar de qualquer deles as promessas constitucionais e legais.

---

283. ECA, art. 100, parágrafo único, III.

XI

Direito à educação

72. Educação e cidadania

A educação é um direito social, nos termos do art. 6º da Constituição da República, traduzindo inegável direito humano fundamental. Garantidas a vida e a saúde, a educação representa o bem mais valioso da existência humana, porquanto confere a possibilidade de influir para que os demais direitos se materializem e prevaleçam. Somente reivindica quem conhece e tem informação, saber, instrução, e, portanto, cria e domina meios capazes de levar a transformações individuais e coletivas. Se a ignorância é a principal arma dos exploradores, a educação é o instrumento mais eficaz para a transposição da marginalidade para a cidadania, única medida de desenvolvimento de um povo.

O direito à educação vem definido no art. 205 da Constituição da República: "A educação, direito de todos e dever do Estado e da família, será promovida e incentivada com a colaboração da sociedade, visando ao pleno desenvolvimento da pessoa, seu preparo para o exercício da cidadania e sua qualificação para o trabalho".

Na Lei de Diretrizes e Bases da Educação Nacional[284], a educação, em sentido genérico, é o complexo de atividades que "abrange os processos

---

284. Lei n. 9.394, de 20 de dezembro de 1996.

formativos que se desenvolvem na vida familiar, na convivência humana, no trabalho, nas instituições de ensino e pesquisa, nos movimentos sociais e organizações da sociedade civil e nas manifestações culturais"[285]. Essa mesma lei, depois de esclarecer que disciplina apenas "a educação escolar, que se desenvolve, predominantemente, por meio do ensino, em instituições próprias"[286], a considera, repetindo o preceito constitucional, como "dever da família e do Estado, inspirada nos princípios de liberdade e nos ideais de solidariedade humana, [que] tem por finalidade o pleno desenvolvimento do educando, seu preparo para o exercício da cidadania e sua qualificação para o trabalho"[287].

Na legislação anterior, as finalidades da educação encontravam-se suficientemente explicitadas:

a) a compreensão dos direitos e deveres da pessoa humana, do cidadão, do Estado, da família e dos demais grupos que compõem a comunidade; b) o respeito à dignidade e às liberdades fundamentais do homem; c) o fortalecimento da unidade nacional e da solidariedade internacional; d) o desenvolvimento integral da personalidade humana e a sua participação na obra do bem comum; e) o preparo do indivíduo e da sociedade para o domínio dos recursos científicos e tecnológicos que lhes permitam utilizar as possibilidades e vencer as dificuldades do meio; f) a preservação e expansão do patrimônio cultural; g) a condenação a qualquer tratamento desigual por motivo de convicção filosófica, política ou religiosa, bem como a quaisquer preconceitos de classe ou de raça[288].

A visão abrangente da revogada Lei n. 4.024, de 20 de dezembro de 1961, permite a compreensão da educação enquanto instrumento da afirmação do regime democrático, voltada ao incondicional respeito aos direitos humanos e à construção de uma sociedade justa e sem discriminações. Toma

---

285. Lei n. 9.394, de 20 de dezembro de 1996, art. 1º.

286. Lei n. 9.394, de 20 de dezembro de 1996, art. 1º, § 1º.

287. Lei n. 9.394, de 20 de dezembro de 1996, art. 2º.

288. Lei n. 4.024, de 20 de dezembro de 1961, revogada pela atual LDB, exceto os arts. 6º a 9º, que tratam da Administração do Ensino. Finalidades indicadas em seu art. 1º.

CURSO DE DIREITO DA CRIANÇA E DO ADOLESCENTE 153

a educação como razão do desenvolvimento pessoal e coletivo, projetando-a como a principal forma de superação das adversidades, propiciada pela incorporação e possibilidade de difusão do conhecimento, principal forma de busca da igualdade substancial.

73. Facetas da educação

A educação é um processo de edificação da autonomia mediante a aquisição de instrumentos permissivos do desenvolvimento individual e social. A individuação como processo de incorporação de habilidades pessoais e a socialização enquanto possibilidade de integração a grupos reclamam gerência própria da vida mediante o domínio de recursos e capacidades determinantes do livre pensar e da crítica, bem como dos meios suficientes para o enfrentamento dos desafios da existência.

As habilidades e possibilidades propiciadas pela educação advêm de espaços variados de transmissão de conhecimentos. A LDB menciona "processos formativos que se desenvolvem na vida familiar, na convivência humana, no trabalho, nas instituições de ensino e pesquisa, nos movimentos sociais e organizações da sociedade civil e nas manifestações culturais"[289], de modo que se insere no contexto plural de transmissão de conhecimentos.

Juridicamente, em especial à luz do art. 227, caput, da Constituição da República, estão obrigados à educação de crianças e adolescentes a família, a sociedade e o Estado. Cada um em suas esferas próprias, ainda que interdependentes e complementares.

Em relação à família, anote-se o dever dos pais em educar os filhos, também imposto pelo art. 229 da Constituição Federal[290], com a obrigação específica de matricular crianças e adolescentes dos 4 aos 17 anos

---

289. Lei n. 9.394, de 20 de dezembro de 1996, art. 2º.

290. CF, art. 229: "Os pais têm o dever de assistir, criar e educar os filhos menores, e os filhos maiores têm o dever de ajudar e amparar os pais na velhice, carência ou enfermidade".

na educação básica[291], dever reclamado pelo ECA[292] e exigido pela regra residente no art. 6º da LDB[293]. Trata-se, ainda, de obrigação inerente ao poder familiar[294], de modo que seu descumprimento injustificado pode determinar sua suspensão ou perda, permitido pelas normas dos arts. 24 do ECA e 1.638, II, do Código Civil[295].

O *homeschooling*, educação domiciliar, não tem previsão na legislação brasileira, decidindo o STF que a falta de lei que assegure avaliação do aprendizado e a socialização impede sua adoção no Brasil[296]. A prática, ainda, pode configurar o crime previsto no art. 246 do Código Penal[297].

O Estado, ente formal que se expressa através de um sistema de organização e funções, é o responsável pela oferta de ensino obrigatório, indeclinável para todos, estando seus deveres primordiais arrolados no art. 208 da Constituição Federal[298].

"O acesso ao ensino obrigatório e gratuito é direito público subjetivo"[299], de modo que a garantia alcança a educação básica, constitucionalmente

---

291. CF, art. 208, I.

292. ECA, art. 55: "Os pais ou responsável têm a obrigação de matricular seus filhos ou pupilos na rede regular de ensino".

293. Lei n. 9.394, de 20 de dezembro de 1996, art. 6º: "É dever dos pais ou responsáveis efetuar a matrícula das crianças na educação básica a partir dos 4 (quatro) anos de idade".

294. CC, art. 1.634, I.

295. Neste caso por abandono intelectual. V. § 92, Capítulo XIII, deste livro.

296. O STF, no julgamento do RE 888815-RS, fixou a tese relacionada ao Tema 822, assim redigida: "Não existe direito público subjetivo do aluno ou de sua família ao ensino domiciliar, inexistente na legislação brasileira".

297. CP: "Art. 246 — Deixar, sem justa causa, de prover à instrução primária de filho em idade escolar: Pena — detenção, de quinze dias a um mês, ou multa".

298. "Art. 208. O dever do Estado com a educação será efetivado mediante a garantia de: I — educação básica obrigatória e gratuita dos 4 (quatro) aos 17 (dezessete) anos de idade, assegurada inclusive sua oferta gratuita para todos os que a ela não tiveram acesso na idade própria; II — progressiva universalização do ensino médio gratuito; III — atendimento educacional especializado aos portadores de deficiência, preferencialmente na rede regular de ensino; IV — educação infantil, em creche e pré-escola, às crianças até 5 (cinco) anos de idade; V — acesso aos níveis mais elevados do ensino, da pesquisa e da criação artística, segundo a capacidade de cada um; VI — oferta de ensino noturno regular, adequado às condições do educando; VII — atendimento ao educando, em todas as etapas da educação básica, por meio de programas suplementares de material didático-escolar, transporte, alimentação e assistência à saúde".

299. CF, art. 208, § 1º.

obrigatória e gratuita[300], abrangendo a educação infantil[301], o ensino fundamental e o ensino médio. Ao afirmar que se trata de direito público subjetivo, reforça o constituinte a característica de direito exercitável contra o Estado, de modo que esclarece que o poder público, através de seus entes próprios, pode figurar no polo passivo de demandas individuais e coletivas tendentes à validação desse direito fundamental.

Ainda na tentativa de dar efetividade à educação, a Constituição da República prescreveu que: "O não oferecimento do ensino obrigatório pelo Poder Público, ou sua oferta irregular, importa responsabilidade da autoridade competente"[302], fixando percentuais mínimos de aplicação no ensino[303], de modo a garantir atendimento de qualidade a toda a demanda. Ainda nesse sentido, o art. 212-A da Constituição da República, nos termos prescritos pela Emenda Constitucional n. 108, de 26 de agosto de 2020, dispõe sobre o "Fundo de Manutenção e Desenvolvimento da Educação Básica e de Valorização dos Profissionais da Educação (Fundeb)", atualmente regulamentado pela Lei n. 14.113, de 25 de dezembro de 2020.

74. Organização do sistema de ensino

A educação abrange o ensino, qualificado de formal quando inserido em um sistema oficial de acesso, aprendizado e formação, escalonado em etapas encadeadas, dependentes de registro e passíveis de certificação.

Extrai-se, especialmente do art. 208 da Constituição da República, e dos arts. 4º, 8º e 21 da Lei n. 9.394, de 20 de dezembro de 1996, LDB,

---

300. CF, art. 208, I.

301. Creche e pré-escola.

302. CF, art. 208, § 2º.

303. CF: "Art. 212. A União aplicará, anualmente, nunca menos de dezoito, e os Estados, o Distrito Federal e os Municípios vinte e cinco por cento, no mínimo, da receita resultante de impostos, compreendida a proveniente de transferências, na manutenção e desenvolvimento do ensino".

que o sistema de ensino formal hoje compreende dois segmentos: educação básica e educação superior.

A educação básica, nos termos do art. 21 da LDB, "é formada pela educação infantil, ensino fundamental e ensino médio". A educação infantil é oferecida em creches ou entidades equivalentes para crianças de até 3 anos de idade[304] e em pré-escolas para crianças de 4 a 5 anos de idade[305]. O ensino fundamental, de seu turno, é obrigatório, tem duração de 9 (nove) anos e inicia-se aos 6 (seis) anos de idade, podendo ser desdobrado em ciclos[306]. O ensino médio é a última etapa da educação básica e tem duração de 3 (três) anos[307].

Já a educação superior, agora sob a disciplina do art. 44 da LDB, abrange os cursos sequenciais e os de graduação, abertos a candidatos que tenham concluído o ensino médio ou equivalente, os cursos de pós-graduação, para diplomados na graduação, e os cursos de extensão.

75. Direito à creche

A creche, ou entidade equivalente, integrante da educação infantil, é um espaço de atenção e cuidados para a criança de até 3 (três) anos de idade, complementar à família enquanto instrumento de desenvolvimento físico, psicológico, intelectual e social[308].

Na fase entre 0 (zero) a 3 (três) anos de idade, as mudanças são ingentes e muito perceptíveis, valendo lembrar, como exemplos, a aquisição de movimentos finos, sustentação corporal, desenvolvimento dos sentidos, o começar a andar, o desmame, controle dos esfíncteres, alimentação

---

304. LDB, art. 30, I.
305. LDB, art. 30, II.
306. LDB, art. 32.
307. LDB, art. 35.
308. LDB, arts. 29 e 30, I.

autônoma, elaboração de narrativas, interações e formação e/ou solidificação de amizades e vínculos afetivos, indicativos da complexidade dessa fase e de sua importância para a existência humana. Segundo a neurociência, é a etapa de formação, sedimentação de circuitos neurais e reconhecimento das conexões mais frequentes, podendo nela ocorrer a primeira e uma das mais significativas podas neurais, com a desativação de neurônios e sinapses pouco utilizados ou que já não sejam úteis.

É a fase em que o mundo adulto deve investir basicamente em estimulação sensorial, motora, perceptiva, proprioceptiva, cognitiva, linguística, emocional e social, colaborando para o desenvolvimento sadio do bebê que nasceu bem e minimizando eventuais consequências de nascidos com alterações do desenvolvimento neuropsicomotor.

A presunção é de que a família possa dar conta dessa tarefa. Mas nem sempre é assim, pois fatores pessoais e sociais, dos mais diversos, notadamente relacionados às condições socioeconômicas, determinantes do trabalho contínuo, sem interrupções, impedem esses cuidados fundamentais, principalmente a estimulação, levando a uma menor ativação de sinapses e impondo, em futuro próximo e a médio prazo, podas neurais incidentes em conexões imprescindíveis ao conjunto de capacidades plenas, restringindo o aprendizado, a memória, a percepção, os sentimentos, a mobilidade, a leitura, o domínio das operações básicas e até mesmo atingindo aquelas sinapses responsáveis pelas análises mais complexas.

A creche complementa ou supre totalmente, em muitos casos, esse espaço imprescindível para o desenvolvimento das crianças de até 3 (três) anos de idade. Esta é a razão primordial para que, integrante da educação infantil, seja protegida pela regra da obrigatoriedade para o Estado, arrimada pela norma residente no art. 54, IV, do ECA: "É dever do Estado assegurar à criança e ao adolescente: [...] IV — atendimento em creche e pré-escola a crianças de zero a seis anos de idade".

Essa norma, de eficácia plena na medida em que garante direito básico e fundamental, deixando especialmente para a LDB a definição das regras de organização do sistema, hoje vem complementada por dispositivos inovados pela Lei da Primeira Infância[309], que priorizou as visitas domiciliares como recursos de busca ativa na perspectiva de garantia da estimulação necessária.

Assim, inicialmente prescreveu em seu art. 14 que: "As políticas e programas governamentais de apoio às famílias, incluindo as visitas domiciliares e os programas de promoção da paternidade e maternidade responsáveis, buscarão a articulação das áreas de saúde, nutrição, educação, assistência social, cultura, trabalho, habitação, meio ambiente e direitos humanos, entre outras, com vistas ao desenvolvimento integral da criança", deixando, entre suas premissas, a proposição de que a visita domiciliar representa estratégia imprescindível na garantia do desenvolvimento integral da criança, pois, evidenciada a fragilidade da família, a creche surge como alternativa à redução das potencialidades da criança e à desigualdade de oportunidades. Não foi à toa que o legislador, na lei especial, prescreveu no § 4º desse mesmo artigo que: "A oferta de programas e de ações de visita domiciliar e de outras modalidades que estimulem o desenvolvimento integral na primeira infância será considerada estratégia de atuação sempre que respaldada pelas políticas públicas sociais e avaliada pela equipe profissional responsável", estabelecendo, em seu § 5º, que: "Os programas de visita domiciliar voltados ao cuidado e educação na primeira infância deverão contar com profissionais qualificados, apoiados por medidas que assegurem sua permanência e formação continuada".

Resta claro, portanto, que a creche, enquanto instrumento da educação infantil, integrante da educação básica, representa muito mais do que um local de guarda de crianças para que as mães possam cuidar de seus interesses pessoais e familiares, constituindo-se em espaço de estimulação necessário ao desenvolvimento da criança, imprescindível para a redução das desigualdades sociais, na medida em que garante, minimamente, idênticas oportunidades de desenvolvimento a todos.

---

309. Lei n. 13.257, de 8 de março de 2016.

CURSO DE DIREITO DA CRIANÇA E DO ADOLESCENTE

Em resumo, a oferta de creche é obrigatória para o poder público, mas não é para as famílias. Os pais ou responsáveis não estão obrigados a colocar seus filhos em creches, desde que ofertem a atenção e os cuidados necessários imprescindíveis na primeira infância, especialmente a estimulação. Detectadas, notadamente através das visitas domiciliares, vulnerabilidades familiares comprometedoras do desenvolvimento da criança, a matrícula e a frequência a creches poderão ser determinadas pela autoridade judiciária, nos termos da permissão contida na regra do art. 129, V, do ECA, derivada do dever de todos de prevenir violação a direito fundamental da criança[310], ainda que decorrente da omissão dos pais ou responsáveis[311].

O direito à creche, ainda que sob a ótica da proteção reflexa[312], conta também com preocupação na esfera trabalhista. O art. 7º da Constituição da República, ao tratar dos direitos dos trabalhadores, prevê assistência gratuita em creches aos seus filhos e dependentes[313], podendo ser extraído desse dispositivo, considerando outros direitos elencados no mesmo artigo, que a contraprestação necessária e direta é do Estado, que, todavia, pode disciplinar forma e valores de contribuição dos empregadores para o custeio do direito.

O § 1º do art. 389 da CLT, vigente desde 1967, determina que: "Os estabelecimentos em que trabalharem pelo menos 30 (trinta) mulheres com mais de 16 (dezesseis) anos de idade terão local apropriado onde seja permitido às empregadas guardar sob vigilância e assistência os seus filhos no período da amamentação", sendo que a norma inserta em seu § 2º permite o suprimento da obrigação mediante atividade de terceiros[314],

---

310. ECA, art. 70.

311. ECA, art. 98, II.

312. Concepção ultrapassada de defesa da criança mediante atribuição de direitos aos pais ou responsáveis.

313. Art. 7º: "São direitos dos trabalhadores urbanos e rurais, além de outros que visem à melhoria de sua condição social: [...] XXV — assistência gratuita aos filhos e dependentes desde o nascimento até 5 (cinco) anos de idade em creches e pré-escolas".

314. CLT, art. 389, § 2º: "A exigência do § 1º poderá ser suprida por meio de creches distritais mantidas, diretamente ou mediante convênios, com outras entidades públicas ou privadas, pelas próprias empresas, em regime comunitário, ou a cargo do Sesi, do Sesc, da LBA ou de entidades sindicais".

inclusive reembolsos aos empregados[315]. Anote-se também que, de acordo como art. 400 da CLT, "os locais destinados à guarda dos filhos das operárias durante o período da amamentação deverão possuir, no mínimo, um berçário, uma saleta de amamentação, uma cozinha dietética e uma instalação sanitária". Observe-se, ainda, que, de acordo com o art. 396, "para amamentar seu filho, inclusive se advindo de adoção, até que este complete 6 (seis) meses de idade, a mulher terá direito, durante a jornada de trabalho, a 2 (dois) descansos especiais de meia hora cada um".

A oferta de creche deve se dar próxima à residência da família. O art. 53, V, do ECA, garante o "acesso à escola pública e gratuita próxima de sua residência", de modo a não inviabilizar a alternativa, notadamente porquanto a idade em questão[316] exige acompanhamento e suprimento da capacidade de deambulação, representando custo pessoal significativo. É de anotar que nem sempre o transporte escolar supre a necessidade de acompanhamento particularizado, de modo que a proximidade com a residência ou local de trabalho da mãe é um facilitador para a eficácia do direito, previsto no ECA.

A redação do art. 4º, X, da LDB[317] não exclui a garantia da proximidade, posto que a ausência de referência à creche, no dispositivo, decorre da disciplina restrita ao ensino obrigatório, da qual a creche não faz parte. Se para a criança maior, já na pré-escola, o direito à proximidade é garantido expressamente, por maior razão a proteção ao deslocamento de crianças mais novas, inclusive bebês de colo, faz-se necessária.

O município é o ente da federação obrigado à oferta de creche. Determinando a Constituição da República um "regime de colaboração"

---

315. A Portaria n. 3.296, de 3 de setembro de 1996, do Ministério do Trabalho, disciplina o reembolso--creche, estatuindo em seu art. 1º, I, que o "reembolso-creche deverá cobrir, integralmente, as despesas efetuadas com o pagamento da creche de livre escolha da empregada-mãe, ou outra modalidade de prestação de serviços desta natureza, pelo menos até os seis meses de idade da criança, nas condições, prazos e valor estipulados em acordo ou convenção coletiva, sem prejuízo do cumprimento dos demais preceitos de prestação à maternidade".

316. De 0 (zero) a 3 (três) anos.

317. "O dever do Estado com educação escolar pública será efetivado mediante a garantia de: [...] X — vaga na escola pública de educação infantil ou de ensino fundamental mais próxima de sua residência a toda criança a partir do dia em que completar 4 (quatro) anos de idade."

CURSO DE DIREITO DA CRIANÇA E DO ADOLESCENTE

entre a União, os Estados, o Distrito Federal e os Municípios[318], acabou por prescrever que ele atuaria "prioritariamente no ensino fundamental e na educação infantil"[319]. A LDB, ao regulamentar o sistema, expressamente consignou caber ao município "oferecer a educação infantil em creches e pré-escolas, e, com prioridade, o ensino fundamental, permitida a atuação em outros níveis de ensino somente quando estiverem atendidas plenamente as necessidades de sua área de competência e com recursos acima dos percentuais mínimos vinculados pela Constituição Federal à manutenção e desenvolvimento do ensino"[320].

Tais normas harmonizam-se com o disposto no art. 88, I, do ECA, ao estabelecer a diretriz da municipalização da política de atendimento aos direitos da criança e do adolescente, rumo necessário para o atendimento próximo à população[321].

A creche, como integrante da educação infantil, fica sujeita a um sistema regulatório, composto por normas destinadas à sua organização e funcionamento. As principais estão dispostas especialmente no art. 31 da LDB, agrupadas sob o título da educação infantil, da qual a creche é parte integrante. Destacam-se também normas do MEC, MS e Anvisa, bem como outras, locais, destinadas à avaliação qualitativa dos serviços de creche, especialmente elaboradas à luz do Plano de Desenvolvimento da Educação, aprovado pela Lei n. 13.005, de 15 de junho de 2014.

É de destacar a questão do tempo de duração da jornada, parcial ou integral, de 4 ou 7 horas, no mínimo. Como estratégia suplementar à atuação da família, na perspectiva de cuidados indispensáveis à primeira infância, notadamente estimulação, as condições individualizadas, especialmente necessidades ou vulnerabilidades, devem ser levadas em conta na definição do tempo de jornada.

---

318. CF, art. 211.

319. CF, art. 211, § 1º.

320. LDB, art. 11, V.

321. V. § 211, Capítulo XXVII, deste livro.

Assim, a criança tem direito à creche em período integral se esse tempo for necessário para a mantença desse espaço de desenvolvimento físico, psicológico, intelectual e social, condição inexistente ou precária no âmbito das relações familiares. Ainda que se possam criticar jornadas excessivas em ambientes institucionais e coletivos, não raras vezes despersonalizados, carentes, portanto, de predicados de qualidade que devem ser exigidos pelos canais oficiais ou informais de fiscalização, a creche, em muitos casos, tem a potencialidade de suprir as deficiências que dificilmente seriam superadas em casa, garantindo melhores chances de desenvolvimento para a criança.

Anote-se que o caráter educacional da creche não exclui sua parcela de recurso de assistência social destinado ao provimento dos mínimos existenciais imprescindíveis à vida digna e à superação das desigualdades, mesmo porque se trata de "direito do cidadão e dever do Estado"[322] e, mais do que ilações teóricas, sua necessidade também está induvidosamente atrelada às condições de vida das famílias. Educação e assistência social não raras vezes compõem uma díade complementar, de modo que somente a individualização das necessidades e possibilidades permite o estabelecimento da jornada adequada.

As mesmas razões antes expostas impõem a conclusão de que não pode haver solução de continuidade na oferta de creche, constituindo-se em serviço ininterrupto, porquanto a ausência ou irregularidade na oferta pode importar desestruturação de dinâmicas familiares e hiatos importantes no processo de desenvolvimento da criança. Valorar em maior grau necessidades burocráticas ou mesmo pedagógicas relacionadas à avaliação e ao planejamento do trabalho subsequente implica, além da desconsideração da realidade das famílias vulneráveis, incompreensão quanto às finalidades da creche. Ela não está estabelecida para suprir, durante seu funcionamento, deficiências de outras áreas, como assistência e proteção social, saúde, cultura e esporte, que, assim, deveriam, nos períodos de férias, articular-se para remediar a interrupção do serviço; ao contrário, representa espaço

---

322. CF, art. 203.

CURSO DE DIREITO DA CRIANÇA E DO ADOLESCENTE

diferenciado, ainda que complementar à família, instrumento de progresso físico, psicológico, intelectual e social da criança de até 3 (três) anos de idade, validado pelo ideal republicano de busca incansável de uma situação de igualdade de oportunidades, possibilitada pelo desenvolvimento minimamente isonômico, de modo que se materializa em atividade essencial e permanente, não podendo ficar sujeita a determinantes secundários.

As creches levam especialmente em conta a condição peculiar do desenvolvimento, que ocorre ou pode ocorrer nas condições adequadas, da pessoa até 3 (três) anos de idade, de sorte que nem de longe se enquadra em qualquer padrão de ensino, notadamente formal, o que não importa ausência de referenciais técnicos para o melhor desenvolvimento dos trabalhos. São espaços peculiares dentro do sistema, reclamando adaptações que respeitem suas finalidades específicas, de modo que as próprias diretrizes da educação, caminhos de busca da cidadania, impõem plasticidade incompatível com uma rigidez sistêmica indevidamente visualizada. Em resumo, creche não é pré-escola, na qual a criança é preparada para o ensino, mediante o desenvolvimento de recursos que lhe possibilitem o aprendizado; creche é um centro de cuidados e estimulações nos campos físico, psicológico, intelectual e social, inseridos na educação porquanto pressupostos ao desenvolvimento e à consolidação dos atributos permissivos da capacidade humana de aquisição de conhecimentos.

76. Direito à pré-escola

Completa a educação infantil, área considerada prioritária para a primeira infância[323], a pré-escola, constitucionalmente inserida na educação básica obrigatória[324], de oferta indeclinável pelo Estado e matrícula

---

323. Lei n. 13.257, de 8 de março de 2016, art. 5º.
324. CF, art. 208, I.

compulsória para os pais[325], reservada legalmente para as crianças de 4 (quatro) e 5 (cinco) anos de idade[326], constituindo-se em etapa antecedente e preparatória ao ensino fundamental.

A pré-escola fica sujeita a regras de organização[327], destacando-se a que prescreve que não há reprovação, pois não tem o objetivo da promoção, notadamente para o ensino fundamental. Isso não a exime de registro das atividades, inclusive avaliação quanto ao desenvolvimento da criança[328], não raras vezes imprescindível a diagnósticos de evolução motora, psicológica e emocional, mesmo porque a pré-escola é responsável pela expedição de documentação que permita atestar os processos de desenvolvimento e aprendizagem da criança[329].

A pré-escola precede a alfabetização, preparando a criança para o domínio da leitura e escrita mediante estímulos ao desenvolvimento que lhe permitam capacidades nos campos motor, cognitivo, emocional e social. Ler e escrever pressupõem, entre outros, recursos que proporcionem à criança olhar em foco e segurar o lápis, concentrar-se, fazer associações, exercitar a memória, agir com confiança e interagir com interlocutores. O físico, o intelecto, o emocional e o social, portanto, devem propiciar capacidades para o controle do alfabeto e sua utilização, forma importantíssima de comunicação entre as pessoas, requisito indispensável para o continuar do aprendizado formal.

Os estímulos necessários ao desenvolvimento se dão especialmente por meio de recreação, contato com livros e filmes, jogos, e principalmente

---

325. LDB, art. 6º: "É dever dos pais ou responsáveis efetuar a matrícula das crianças na educação básica a partir dos 4 (quatro) anos de idade".

326. LDB, art. 30, II.

327. LDB, art. 31: "A educação infantil será organizada de acordo com as seguintes regras comuns: I — avaliação mediante acompanhamento e registro do desenvolvimento das crianças, sem o objetivo de promoção, mesmo para o acesso ao ensino fundamental; II — carga horária mínima anual de 800 (oitocentas) horas, distribuída por um mínimo de 200 (duzentos) dias de trabalho educacional; III — atendimento à criança de, no mínimo, 4 (quatro) horas diárias para o turno parcial e de 7 (sete) horas para a jornada integral; IV — controle de frequência pela instituição de educação pré-escolar, exigida a frequência mínima de 60% (sessenta por cento) do total de horas; V — expedição de documentação que permita atestar os processos de desenvolvimento e aprendizagem da criança".

328. LDB, art. 31, I.

329. LDB, art. 32, V.

através do exercício do brincar que, além da sua intrínseca utilidade, constitui-se em direito da criança[330]. A pré-escola não é etapa do ensino fundamental, mas antecedente necessário ao desenvolvimento de capacidades que permitam à criança o aprendizado formal, razão determinante de sua obrigatoriedade geral porquanto fomentadora dos requisitos imprescindíveis ao acesso à educação enquanto atributo da cidadania.

Tendo por arrimo o art. 9º, IV, da LDB[331], a União editou documento normativo intitulado Base Nacional Comum Curricular (BNCC), referido também no art. 35-A da LDB, com redação final em dezembro de 2018, depois de aprovado pelo Conselho Nacional de Educação que, na etapa da educação infantil, reconheceu a existência de 6 (seis) direitos de aprendizagem e desenvolvimento na creche e pré-escola, assim referidos: (a) direito de conviver[332]; (b) direito de brincar[333]; (c) direito de participar[334]; (d) direito de explorar[335]; (e) direito de expressão[336]; e (f) direito ao autoconhecimento[337].

---

330. V. § 36, Capítulo VII, deste livro.

331. "Art. 9º A União incumbir-se-á de: [...] IV — estabelecer, em colaboração com os Estados, o Distrito Federal e os Municípios, competências e diretrizes para a educação infantil, o ensino fundamental e o ensino médio, que nortearão os currículos e seus conteúdos mínimos, de modo a assegurar formação básica comum."

332. BNCC: "Conviver com outras crianças e adultos, em pequenos e grandes grupos, utilizando diferentes linguagens, ampliando o conhecimento de si e do outro, o respeito em relação à cultura e às diferenças entre as pessoas".

333. BNCC: "Brincar cotidianamente de diversas formas, em diferentes espaços e tempos, com diferentes parceiros (crianças e adultos), ampliando e diversificando seu acesso a produções culturais, seus conhecimentos, sua imaginação, sua criatividade, suas experiências emocionais, corporais, sensoriais, expressivas, cognitivas, sociais e relacionais".

334. BNCC: "Participar ativamente, com adultos e outras crianças, tanto do planejamento da gestão da escola e das atividades propostas pelo educador quanto da realização das atividades da vida cotidiana, tais como a escolha das brincadeiras, dos materiais e dos ambientes, desenvolvendo diferentes linguagens e elaborando conhecimentos, decidindo e se posicionando".

335. BNCC: "Explorar movimentos, gestos, sons, formas, texturas, cores, palavras, emoções, transformações, relacionamentos, histórias, objetos, elementos da natureza, na escola e fora dela, ampliando seus saberes sobre a cultura, em suas diversas modalidades: as artes, a escrita, a ciência e a tecnologia".

336. BNCC: "Expressar, como sujeito dialógico, criativo e sensível, suas necessidades, emoções, sentimentos, dúvidas, hipóteses, descobertas, opiniões, questionamentos, por meio de diferentes linguagens".

337. BNCC: "Conhecer-se e construir sua identidade pessoal, social e cultural, constituindo uma imagem positiva de si e de seus grupos de pertencimento, nas diversas experiências de cuidados, interações, brincadeiras e linguagens vivenciadas na instituição escolar e em seu contexto familiar e comunitário".

Anote-se, ainda, que a Resolução n. 5, de 17 de dezembro de 2009, do Conselho Nacional de Educação, incorporada às Diretrizes Curriculares Nacionais da Educação Básica (DCNEI), em seu art. 9º, prescreveu "que as práticas pedagógicas que compõem a proposta curricular da Educação Infantil devem ter como eixos norteadores as interações e a brincadeira", indicando em seus doze incisos as experiências necessárias ao preenchimento do currículo da creche e pré-escola, incorporadas também na BNCC antes mencionada mediante a indicação dos chamados campos de experiência, "âmbito dos quais são definidos os objetivos de aprendizagem e desenvolvimento"[338].

Em resumo, do ponto de vista da exigência de uma "educação de qualidade", prometida na Constituição da República[339] e especialmente requisitada pelo art. 3º, IX, da LDB[340], bem como levando em conta que a oferta irregular de creche e pré-escola, em seus aspectos quantitativo e qualitativo, propicia o ingresso em juízo mediante o manejar de ação civil

---

338. Resolução n. 5/2009-CNE: "Art. 9º As práticas pedagógicas que compõem a proposta curricular da Educação Infantil devem ter como eixos norteadores as interações e a brincadeira, garantindo experiências que: I — promovam o conhecimento de si e do mundo por meio da ampliação de experiências sensoriais, expressivas, corporais que possibilitem movimentação ampla, expressão da individualidade e respeito pelos ritmos e desejos da criança; II — favoreçam a imersão das crianças nas diferentes linguagens e o progressivo domínio por elas de vários gêneros e formas de expressão: gestual, verbal, plástica, dramática e musical; III — possibilitem às crianças experiências de narrativas, de apreciação e interação com a linguagem oral e escrita, e convívio com diferentes suportes e gêneros textuais orais e escritos; IV — recriem, em contextos significativos para as crianças, relações quantitativas, medidas, formas e orientações espaçotemporais; V — ampliem a confiança e a participação das crianças nas atividades individuais e coletivas; VI — possibilitem situações de aprendizagem mediadas para a elaboração da autonomia das crianças nas ações de cuidado pessoal, auto-organização, saúde e bem-estar; VII — possibilitem vivências éticas e estéticas com outras crianças e grupos culturais, que alarguem seus padrões de referência e de identidades no diálogo e reconhecimento da diversidade; VIII — incentivem a curiosidade, a exploração, o encantamento, o questionamento, a indagação e o conhecimento das crianças em relação ao mundo físico e social, ao tempo e à natureza; IX — promovam o relacionamento e a interação das crianças com diversificadas manifestações de música, artes plásticas e gráficas, cinema, fotografia, dança, teatro, poesia e literatura; X — promovam a interação, o cuidado, a preservação e o conhecimento da biodiversidade e da sustentabilidade da vida na Terra, assim como o não desperdício dos recursos naturais; XI — propiciem a interação e o conhecimento pelas crianças das manifestações e tradições culturais brasileiras; XII — possibilitem a utilização de gravadores, projetores, computadores, máquinas fotográficas, e outros recursos tecnológicos e midiáticos".

339. CF, art. 206, VII.

340. LDB: "Art. 3º O ensino será ministrado com base nos seguintes princípios: [...] IX — garantia de padrão de qualidade".

CURSO DE DIREITO DA CRIANÇA E DO ADOLESCENTE

pública[341], o conjunto de direitos de aprendizagem e desenvolvimento constitui-se no patamar mínimo de cobrança de excelência dos serviços ofertados, representando primordial referencial de avaliação das práticas e dos resultados da educação infantil.

77. Direito ao ensino fundamental

A criança ou o adolescente têm direito ao ensino fundamental, que é obrigatório, tem duração de 9 (nove) anos, é gratuito na escola pública, inicia-se aos 6 (seis) anos de idade e tem por objetivo a formação básica do cidadão[342]. Deve ser ministrado em língua portuguesa[343], é presencial[344] e obrigado a incluir necessariamente "conteúdo que trate dos direitos das crianças e dos adolescentes"[345]. O estudo sobre os símbolos nacionais é tema transversal nos currículos de ensino fundamental[346] e a matrícula no ensino religioso é de natureza facultativa[347].

Integra a educação básica[348], que, junto à educação infantil e ao ensino médio, tem por "finalidades desenvolver o educando, assegurar-lhe a formação comum indispensável para o exercício da cidadania e fornecer-lhe meios para progredir no trabalho e em estudos posteriores"[349]. É o resultado de evolução do sistema, inicialmente abrangido pelo ensino

---

341. ECA: "Art. 208. Regem-se pelas disposições desta Lei as ações de responsabilidade por ofensa aos direitos assegurados à criança e ao adolescente, referentes ao não oferecimento ou oferta irregular: [...] III — de atendimento em creche e pré-escola às crianças de zero a cinco anos de idade".

342. LDB, art. 32, caput.

343. LDB, art. 32, § 3º: "O ensino fundamental regular será ministrado em língua portuguesa, assegurada às comunidades indígenas a utilização de suas línguas maternas e processos próprios de aprendizagem".

344. LDB, art. 32, § 4º: "O ensino fundamental será presencial, sendo o ensino a distância utilizado como complementação da aprendizagem ou em situações emergenciais".

345. LDB, art. 32, § 5º.

346. LDB, art. 32, § 6º.

347. LDB, art. 33.

348. LDB, art. 21.

349. LDB, art. 22.

primário e ginasial[350], depois ensino de primeiro grau[351], vindo a assumir a configuração atual com a LDB pós-Constituição de 1988, e suas alterações posteriores, Lei n. 9.394, de 20 de dezembro de 1996.

O acesso ao ensino fundamental é garantido às crianças que completarem, até 31 de março, 6 (seis) anos de idade, concorde com a Portaria MEC n. 1.035, de 5 de outubro de 2018[352], porquanto o STF considerou, por maioria de votos e em julgamento que teve como relator designado o Ministro Luís Roberto Barroso, constituir prerrogativa do Ministério da Educação a definição do momento em que o aluno preenche o critério etário[353].

Além do conteúdo prescrito em lei, inderrogável, a BNCC, já referida, dispõe que nos dois primeiros anos do ensino fundamental "a alfabetização deve ser o foco da ação pedagógica"[354] e que todo o segmento tem por finalidade a aquisição de saberes relacionados à matemática, língua portuguesa, ciências, arte, geografia, educação física, história e língua inglesa, de modo a conferir habilidades e competências necessárias e indispensáveis à vida de relações.

A Portaria MEC n. 826, de 7 de julho de 2017, dispôs sobre o Plano Nacional pela Alfabetização na Idade Certa, estabelecendo que o MEC, em parceria com os sistemas públicos de ensino dos Estados, Distrito Federal e Municípios, apoiará a alfabetização[355] e o letramento[356] dos estudantes

---

350. Lei n. 4.024, de 20 de dezembro de 1961.

351. Lei n. 5. 692, de 11 de agosto de 1971.

352. Portaria n. 1.035/2018, art. 1º, item 3, *a*: "É obrigatória a matrícula no Ensino Fundamental de crianças com 6 (seis) anos completos ou a completar até o dia 31 de março do ano em que ocorrer a matrícula, nos termos da Lei e das normas nacionais vigentes".

353. ADC 17 e ADPF 292.

354. O Decreto n. 9.765/2019, em seu art. 5ª, I, estabelece como uma das diretrizes do Plano Nacional de Alfabetização a "priorização da alfabetização no primeiro ano do ensino fundamental".

355. Alfabetização como aprendizado sistêmico das relações entre sons e sinais gráficos, com o desenvolvimento da competência ou habilidade de transformar um em outro, compreendendo seu significado e sua forma de comunicação, mediante a leitura e a escrita.

356. Letramento como práticas sociais de leitura e escrita, permitindo descobertas indutoras do domínio da linguagem.

até o final do 3º (terceiro) ano do ensino fundamental, em escolas rurais e urbanas[357]. Os aprendizados fundamentais exigem uma oferta de educação de qualidade, de modo que a BNCC e o Plano Nacional de Educação (PNE) representam, juridicamente, assunção de compromissos que podem e devem ser cobrados, inclusive judicialmente, conforme regra expressa presente no art. 208, I, do ECA[358], especialmente com base em índices de avaliação, como o Ideb[359] e o Pisa[360]. Outro importante fator de avaliação diz respeito ao preparo de professores para atuar na educação básica, cuja formação deve "incluir as habilitações para a atuação multidisciplinar e em campos específicos do conhecimento", conforme o Decreto n. 3.276, de 6 de dezembro de 1999, editado para vivificar o disposto nos arts. 61 a 63 da Lei n. 9.394, de 20 de dezembro de 1996[361].

Em 11 de abril de 2019, a Presidência da República editou o Decreto n. 9.765, instituindo uma Política Nacional de Alfabetização (PNA), com a finalidade de melhorar sua qualidade e "combater o analfabetismo absoluto e o analfabetismo funcional, no âmbito das diferentes etapas e modalidades da educação básica e da educação não formal"[362]. Definiu alfabetização como "ensino das habilidades de leitura e de escrita em um sistema alfabético, a fim de que o alfabetizando se torne capaz de ler e escrever palavras e textos com autonomia e compreensão", como trouxe

---

357. Também o PNE estabelece como objetivo "alfabetizar todas as crianças, no máximo, até o final de 3º (terceiro) ano do ensino fundamental" (meta 5).

358. ECA: "Art. 208. Regem-se pelas disposições desta Lei as ações de responsabilidade por ofensa aos direitos assegurados à criança e ao adolescente, referentes ao não oferecimento ou oferta irregular: I — do ensino obrigatório".

359. O Índice de Desenvolvimento da Educação Básica (Ideb) é o resultado do Sistema de Avaliação Básica (Saeb) do Instituto Nacional de Estudos e Pesquisas Educacionais Anísio Teixeira (Inep), autarquia federal vinculada ao Ministério da Educação.

360. O Programa Internacional de Avaliação de Estudantes (Pisa) é um estudo comparativo realizado a cada 3 (três) anos pela Organização para Cooperação e Desenvolvimento Econômico (OCDE), com avaliações nas áreas de leitura, matemática e ciências, reconhecido no Brasil pela Lei n. 13.005, de 25 de junho de 2014, que o identifica como "instrumento externo de referência".

361. LDB.

362. Decreto n. 9.765/2019, art. 1º.

uma série de outros conceitos[363], elencou seus princípios e objetivos, fixou diretrizes, identificou seu "público-alvo", entre os quais crianças na primeira infância, alunos dos anos iniciais do ensino fundamental e da educação básica regular que apresentam níveis insatisfatórios de alfabetização[364], e prescreveu regras visando à execução da política e seus mecanismos de avaliação e monitoramento. Ainda que o PNA esteja mais para a generalidade do que para regras vivificadoras do preceito constitucional que toma como objetivo da República a erradicação da marginalização[365], é certo que mantém o analfabetismo, nas suas diversas expressões, como um dos mais graves problemas nacionais, reclamando providências, inclusive judiciais, minimizadoras da tragédia.

O Plano Nacional de Educação, aprovado pela Lei n. 13.005, de 25 de junho de 2014, tem como meta universalizar o ensino fundamental de 9 (nove) anos para toda a população de 6 (seis) a 14 (catorze) anos e garantir que pelo menos 95% (noventa e cinco por cento) dos alunos concluam essa etapa na idade recomendada, até o último dos 10 (dez) anos de vigência do PNE, estabilizando o fluxo escolar.

---

363. Decreto n. 9.765/2019: "Art. 2º Para fins do disposto neste Decreto, considera-se: I — alfabetização — ensino das habilidades de leitura e de escrita em um sistema alfabético, a fim de que o alfabetizando se torne capaz de ler e escrever palavras e textos com autonomia e compreensão; II — analfabetismo absoluto — condição daquele que não sabe ler nem escrever; III — analfabetismo funcional — condição daquele que possui habilidades limitadas de leitura e de compreensão de texto; IV — consciência fonêmica — conhecimento consciente das menores unidades fonológicas da fala e a habilidade de manipulá-las intencionalmente; V — instrução fônica sistemática — ensino explícito e organizado das relações entre os grafemas da linguagem escrita e os fonemas da linguagem falada; VI — fluência em leitura oral — capacidade de ler com precisão, velocidade e prosódia; VII — literacia — conjunto de conhecimentos, habilidades e atitudes relacionadas com a leitura e a escrita e sua prática produtiva; VIII — literacia familiar — conjunto de práticas e experiências relacionadas com a linguagem, a leitura e a escrita, as quais a criança vivencia com seus pais ou cuidadores; IX — literacia emergente — conjunto de conhecimentos, habilidades e atitudes relacionadas com a leitura e a escrita, desenvolvidos antes da alfabetização; X — numeracia — conjunto de conhecimentos, habilidades e atitudes relacionadas com a matemática; e XI — educação não formal — designação dos processos de ensino e aprendizagem que ocorrem fora dos sistemas regulares de ensino".

364. Decreto n. 9.765/2019, art. 6º, I, II e III.

365. CF, art. 2º, III.

78. Direito ao ensino médio

O ensino médio, última etapa da educação básica, é obrigatório[366], tem duração de 3 (três) anos, é gratuito na escola pública e tem por objetivo primordial a formação geral do aluno e, facultativamente, seu preparo para o exercício de profissões técnicas[367].

Sua última reforma foi patrocinada pela Lei n. 13.415, de 16 de fevereiro de 2017, determinando uma nova redação ao art. 36 da LDB, assim redigido:

> O currículo do ensino médio será composto pela Base Nacional Comum Curricular e por itinerários formativos, que deverão ser organizados por meio da oferta de diferentes arranjos curriculares, conforme a relevância para o contexto local e a possibilidade dos sistemas de ensino, a saber: I — linguagens e suas tecnologias; II — matemática e suas tecnologias; III — ciências da natureza e suas tecnologias; IV — ciências humanas e sociais aplicadas; V — formação técnica e profissional.

Restou indicada, como ponto base da reforma, a instituição de uma Política de Fomento à Implementação de Escolas de Ensino Médio em Tempo Integral, ainda dependente de melhor definição de estratégias que permitam alcançar todos os adolescentes que deveriam estar na escola. Nela não estão em razão da necessidade de trabalhar, em função dos apelos do consumismo, da pouca disposição acolhedora do sistema, da sua falta de estrutura, da ausência de quadro homogêneo e motivado de professores, da mesmice do ensino ante os estímulos da adrenalina gerada pela vida na ilicitude e das fugas determinadas pela violência no âmbito das relações familiares.

---

366. O ensino médio tornou-se obrigatório a partir da Emenda Constitucional n. 59, de 11 de novembro de 2009, que deu nova redação ao disposto no art. 208, I, da Magna Carta: "Art. 208. O dever do Estado com a educação será efetivado mediante a garantia de: I — educação básica obrigatória e gratuita dos 4 (quatro) aos 17 (dezessete) anos de idade, assegurada inclusive sua oferta gratuita para todos os que a ela não tiveram acesso na idade própria".

367. Acréscimo introduzido na LDB pela Lei n. 11.741, de 16 de julho de 2009.

Assim, o grande desafio da educação brasileira, na tentativa de igualdade substancial, consiste em garantir ensino médio de qualidade, seja ele ministrado em tempo integral ou parcial, até mesmo noturno, valendo lembrar que o PNE[368], aprovado pela Lei n. 13.005, de 25 de junho de 2014, além de estabelecer como uma das estratégias para o ensino médio "a busca ativa da população de 15 (quinze) a 17 (dezessete) anos fora da escola, em articulação com os serviços de assistência social, saúde e proteção à adolescência e à juventude"[369], indica a necessidade de "redimensionar a oferta de ensino médio nos turnos diurno e noturno, bem como a distribuição territorial das escolas de ensino médio, de forma a atender a toda a demanda"[370], atuando de modo a implementar também "políticas de prevenção à evasão motivada por preconceito ou quaisquer formas de discriminação, criando rede de proteção contra formas associadas de exclusão"[371].

Não que a luta pela creche, pré-escola e ensino fundamental esteja superada, mas o empenho pela universalização[372] e qualidade do ensino médio, no qual se opera a maior desigualdade, é a tarefa educacional de maior relevância na busca pela cidadania plena. O abandono do ensino médio projeta a desqualificação para o enfrentamento dos desafios do cotidiano, colabora ou determina a exclusão social e projeta imensa mão de obra despreparada para a utilização básica das novas tecnologias, além de ofertar enorme contingente para a criminalidade. A principal pergunta, portanto, cujas respostas consequentes dependem de vontade política, recursos e muita competência técnica, reside no desafio da manutenção do aluno no ensino médio, com o estabelecimento de protocolo de aferição de desempenho que permita ajustes e inovações compatíveis com a contemporaneidade.

---

368. Plano Nacional de Educação.

369. PNE, meta 3, estratégia 9.

370. PNE, meta 3, estratégia 11.

371. PNE, meta 3, estratégia 13.

372. CF: "Art. 208. O dever do Estado com a educação será efetivado mediante a garantia de: [...] II — progressiva universalização do ensino médio gratuito".

O adolescente tem direito a um ensino médio de qualidade, que o prepare para outras etapas de formação ou lhe forneça o indispensável para o exercício de uma profissão técnica. Como se trata de ensino obrigatório, a questão pode ser enxergada sob três aspectos distintos de obrigações: (a) do próprio adolescente; (b) da família; e (c) do Estado.

O ensino médio é obrigatório para o adolescente, de sorte que a evasão importa descumprimento de dever individual, representando violação a direito em razão de sua própria conduta, nos termos do art. 98, III, do ECA, ficando sujeito às medidas de proteção previstas no art. 101 do mesmo diploma legal. Todavia, notadamente em razão das complexas causas do abandono escolar, nem sempre as medidas têm a potencialidade restaurativa necessária, ou seja, a eficácia de reincluir e manter o adolescente na escola, evidenciando a insuficiência normativa enquanto elemento indutor de comportamento social, dependente de uma série de condições que não se esgotam na vontade pessoal de frequentar ou não a escola.

Da mesma forma, os pais também, quando deixam de estimular e exigir matrícula e frequência do adolescente no ensino médio, descumprindo de maneira injustificada seus deveres, especialmente a direção da educação dos filhos[373], incidem em sanções próprias, indicadas no art. 129 do ECA[374], porquanto provocam violação do direito à educação, descumprindo dever básico inerente ao poder familiar. Sendo também um dever da família, impõe comportamento ativo, obrigação escusável somente quando motivos plenamente justificáveis impeçam o agir conforme o direito[375].

---

373. CF: "Art. 229. Os pais têm o dever de assistir, criar e educar os filhos menores"; CC: "Art. 1.634. Compete a ambos os pais, qualquer que seja a sua situação conjugal, o pleno exercício do poder familiar, que consiste em, quanto aos filhos: I — dirigir-lhes a criação e a educação".

374. ECA: "Art. 129. São medidas aplicáveis aos pais ou responsável: I — encaminhamento a serviços e programas oficiais ou comunitários de proteção, apoio e promoção da família; II — inclusão em programa oficial ou comunitário de auxílio, orientação e tratamento a alcoólatras e toxicômanos; III — encaminhamento a tratamento psicológico ou psiquiátrico; IV — encaminhamento a cursos ou programas de orientação; V — obrigação de matricular o filho ou pupilo e acompanhar sua frequência e aproveitamento escolar; VI — obrigação de encaminhar a criança ou adolescente a tratamento especializado; VII — advertência; VIII — perda da guarda; IX — destituição da tutela; X — suspensão ou destituição do poder familiar".

375. O STF, no julgamento do RE 888815-RS, fixou a tese relacionada ao tema 822, assim redigida: "Não existe direito público subjetivo do aluno ou de sua família ao ensino domiciliar, inexistente na legislação brasileira".

A garantia do direito à educação encontra no Estado seu principal obrigado, de modo que as iniciativas visando universalizar o acesso ao ensino médio, promessa constitucional[376], determinam a existência de uma escola acolhedora e de qualidade, acoplada a projetos de suprimento das necessidades básicas das famílias, permitindo a frequência de seus adolescentes durante todo o curso, na expectativa de propiciar aproveitamento capaz de preparar o aluno para novas etapas do conhecimento ou o domínio de habilidades técnicas necessárias ao exercício de uma profissão.

Além dessas finalidades, o poder público, através da escola, tem deveres relacionados ao combate à evasão escolar, ofertando ambiente confortável, seguro e com a infraestrutura necessária para sua caracterização como estabelecimento de ensino, estando obrigado à mantença de projetos de busca ativa dos faltantes, identificação das demandas pessoais e familiares e encaminhamento aos órgãos próprios, restauração de relações pessoais em conflito, combate ao *bullying* e de atuação coadjuvante na coibição da violência familiar mediante estabelecimento de fluxo permanente de comunicação com as autoridades competentes[377]. A educação integra a rede de proteção aos direitos da criança e do adolescente, especialmente no município, tendo papel proeminente em razão da sua importância para o desenvolvimento pessoal e social[378].

Nessa esteira foi editada recentemente a Lei n. 14.818, de 16 de janeiro de 2024, instituindo auxílio financeiro-educacional, na modalidade de poupança, destinado à permanência e à conclusão escolar de estudantes matriculados no ensino médio público, instrumento de combate à evasão escolar.

---

376. CF, art. 208, II.

377. ECA: "Art. 13. Os casos de suspeita ou confirmação de castigo físico, de tratamento cruel ou degradante e de maus-tratos contra criança ou adolescente serão obrigatoriamente comunicados ao Conselho Tutelar da respectiva localidade, sem prejuízo de outras providências legais".

378. V. § 209, Capítulo XXVII, deste livro.

79. Direito ao ensino superior

O ensino superior em regra atende a jovens, maiores de 18 (dezoito) anos de idade, fugindo às particularidades do direito da criança e do adolescente. É garantido pelo Estado mediante a promessa constitucional de "acesso aos níveis mais elevados do ensino, da pesquisa e da criação artística, segundo a capacidade de cada um"[379], ministrado "em instituições de ensino superior, públicas ou privadas, com variados graus de abrangência ou especialização"[380], credenciadas pelo poder público e com cursos autorizados[381], sujeitas a procedimentos de regulação, supervisão e avaliação[382]. Os cursos, em regra, são ofertados por universidades, "instituições pluridisciplinares de formação dos quadros profissionais de nível superior, de pesquisa, de extensão e domínio e cultivo do saber humano"[383], constitucionalmente garantidas a sua autonomia didático-científica, administrativa e de gestão financeira/patrimonial, tendo a contrapartida da indissociabilidade entre ensino, pesquisa e extensão[384].

A graduação pode iniciar-se antes dos 18 (dezoito) anos de idade, bastando a satisfação concomitante de dois requisitos: (a) conclusão do ensino médio[385] e (b) classificação em processo seletivo[386]. Independentemente da idade, "os alunos que tenham extraordinário aproveitamento nos estudos, demonstrado por meio de provas e outros instrumentos de avaliação específicos, aplicados por banca examinadora especial, poderão

---

379. CF, art. 208, V.

380. LDB, art. 45.

381. LDB, art. 46.

382. V. Decreto n. 9.235, de 15 de dezembro de 2017.

383. LDB, art. 52.

384. CF, art. 207.

385. De acordo com o art. 36, § 9º, da LDB, as "instituições de ensino emitirão certificado com validade nacional, que habilitará o concluinte do ensino médio ao prosseguimento dos estudos em nível superior ou em outros cursos ou formações para os quais a conclusão do ensino médio seja etapa obrigatória".

386. LDB, art. 44, II.

ter abreviada a duração dos seus cursos, de acordo com as normas dos sistemas de ensino"[387]. A aprovação em universidade, principalmente pública e particular concorrida, induz à conclusão da capacitação necessária para o cursar do ensino superior, representando justa causa para a realização do exame supletivo do ensino médio, permitindo a superação do óbice do art. 38, II, da LDB[388] ante a expressa demonstração de conhecimento, obstáculo, aliás, prescrito em lei como referencial apenas para aqueles que não tiveram acesso ao ensino formal na idade própria[389].

De acordo com o art. 36, § 9º, da LDB, as "instituições de ensino emitirão certificado com validade nacional, que habilitará o concluinte do ensino médio ao prosseguimento dos estudos em nível superior ou em outros cursos ou formações para os quais a conclusão do ensino médio seja etapa obrigatória". Também o Exame Nacional do Ensino Médio, Enem[390], instituído no Brasil pela Portaria MEC n. 438, de 28 de maio de 1998, pode ser utilizado "como mecanismo de acesso à educação superior e aos programas governamentais de financiamento ou apoio ao estudante do ensino superior"[391].

O acesso às instituições federais de educação superior, assim como às de ensino técnico de nível médio, também fica condicionado à observância da Lei n. 12.711, de 29 de agosto de 2012, conhecida como Lei de Cotas. Quanto às instituições privadas, não participantes do sistema Enem, devem observar a normativa do MEC, garantindo lisura nos seus procedimentos seletivos, especialmente acesso igualitário e democrático

---

387. LDB, art. 47, § 2º.

388. LDB: "Art. 38. Os sistemas de ensino manterão cursos e exames supletivos, que compreenderão a base nacional comum do currículo, habilitando ao prosseguimento de estudos em caráter regular. [...] II — no nível de conclusão do ensino médio, para os maiores de dezoito anos".

389. O extraordinário aproveitamento escolar pode estar atrelado a condições pessoais determinantes de altas habilidades ou superdotação, dependentes de educação especial que pode ser ofertada por instituições próprias, nos termos das disposições residentes nos arts. 58 a 60 da LDB.

390. O Enem integra hoje a Política Nacional de Exames da Educação Básica, figurando ao lado do Sistema de Avaliação da Educação Básica (Saeb), e do Exame Nacional para Certificação de Competências de Jovens e Adultos (Encceja), nos termos do Decreto n. 9.432, de 29 de junho de 2018.

391. Decreto n. 9.432/2018, art. 7º, parágrafo único.

CURSO DE DIREITO DA CRIANÇA E DO ADOLESCENTE

a todos. A fraude, sob qualquer forma, como a venda de vagas, o favorecimento no vestibular, a cola, eletrônica ou não, e todas as outras formas ilícitas de violação do princípio constitucional que garante igualdade de acesso ao ensino superior aos mais capacitados[392] configuram improbidade administrativa, nos termos da Lei n. 8.429, de 2 de junho de 1992, com a redação dada pela Lei n. 14.230, de 25 de outubro de 2021, posto que afronta a licitude de certame público[393], sem prejuízo da configuração de crimes, como o estelionato.

80. Direito à educação da pessoa com deficiência

A pessoa com deficiência tem direito à educação inclusiva, em todos os níveis de ensino, considerada como um processo formativo especial compatível com as condições pessoais do educando e visando à sua plena igualdade e convivência social, de modo a propiciar seu desenvolvimento integral, preparo para o exercício autônomo da cidadania e qualificação para o trabalho, de acordo com seus saberes e habilidades peculiares[394].

Além da promessa constitucional de "atendimento educacional especializado aos portadores de deficiência, preferencialmente na rede regular de ensino"[395], a Convenção Internacional sobre os Direitos das Pessoas com Deficiência, CSDPD, o ECA, a LDB e a Lei Brasileira de Inclusão da Pessoa com Deficiência[396] tratam do assunto, na tentativa de materializar a

---

392. CF, art. 208, V.

393. Lei n. 8.429, de 2 de junho de 1992: "Art. 11. Constitui ato de improbidade administrativa que atenta contra os princípios da administração pública a ação ou omissão dolosa que viole os deveres de honestidade, de imparcialidade e de legalidade, caracterizada por uma das seguintes condutas: [...] V — frustrar, em ofensa à imparcialidade, o caráter concorrencial de concurso público [...]".

394. Sobre a normativa de proteção à pessoa com deficiência, vide as considerações gerais constantes do direito à saúde, insertas no § 69 desta obra.

395. CF, art. 208, III.

396. Lei n. 13.146, de 6 de julho de 2015.

prometida igualdade mediante providências materiais tendentes a efetivar a proteção especial.

A CSDPD, a partir da fixação do princípio de que à criança com deficiência deve ser assegurado "o pleno exercício de todos os direitos humanos e liberdades fundamentais, em igualdade de oportunidades com as demais crianças"[397], disciplinou a educação sob a concepção de que deve ser ofertada sem discriminação e com base na igualdade de oportunidades, mediante um sistema educacional inclusivo em todos os níveis[398]. Prescreveu três objetivos básicos desse sistema: (a) o pleno desenvolvimento do potencial humano e do senso de dignidade e autoestima, além do fortalecimento do respeito pelos direitos humanos, pelas liberdades fundamentais e pela diversidade humana; (b) o máximo desenvolvimento possível da personalidade e dos talentos e da criatividade das pessoas com deficiência, assim como de suas habilidades físicas e intelectuais; e (c) a participação efetiva das pessoas com deficiência em uma sociedade livre[399].

O ECA, de seu turno, e além de repetir o enunciado constitucional do art. 208, III[400], não distinguindo crianças e adolescentes em razão de qualquer deficiência, disciplinou direitos destinados a garantir a todos uma educação de qualidade.

Coube especialmente à LDB dispor sobre a educação especial, entendida como a modalidade de educação escolar ofertada "para educandos com deficiência, transtornos globais do desenvolvimento e altas habilidades ou superdotação"[401]. Deve ser ministrada preferencialmente na rede regular de ensino, que, quando necessário, deve se valer de serviços de apoio especializado "para atender às peculiaridades da clientela de educação especial"[402], ganhando com a Lei Brasileira de Inclusão da Pessoa com Deficiência maior

---

397. CSDPD, art. 7°, 1.
398. CSDPD, art. 24.
399. CSDPD, art. 24,1.
400. ECA, art. 54, III.
401. LDB, art. 58.
402. LDB, art. 58, § 1°.

eficácia protetiva, ante a consignação de que será ofertada aos alunos com deficiência por "profissionais de apoio escolar"[403].

É de destacar a Lei n. 14.254, de 30 de novembro de 2021, que dispôs sobre o acompanhamento integral para educandos com dislexia ou transtorno do déficit de atenção com hiperatividade (TDAH) ou outro transtorno de aprendizagem, cujo núcleo consistiu em obrigar o poder público a desenvolver e manter programa de atendimento integral a esses alunos. Deve também ser evidenciada a opção pelo atendimento em conjunto com a área de saúde, conforme previsão inserida no art. 4º da mencionada lei: "Necessidades específicas no desenvolvimento do educando serão atendidas pelos profissionais da rede de ensino em parceria com profissionais da rede de saúde".

Afirme-se, assim, a prevalência jurídica da educação inclusiva na rede regular de ensino, com professores auxiliares se necessário, porquanto a separação, segregacionista e cega à diversidade da pessoa humana e da própria humanidade, somente pode ser determinada em situações excepcionais, devidamente justificada, nos termos da lei[404].

Do conjunto das normas residentes no art. 28 da Lei Brasileira de Inclusão da Pessoa Deficiente[405] deflui expressa opção pela inclusão, forma

---

403. LBIPD, art. 28, XVII.

404. LDB: "Art. 58 [...] § 2º O atendimento educacional será feito em classes, escolas ou serviços especializados, sempre que, em função das condições específicas dos alunos, não for possível a sua integração nas classes comuns de ensino regular".

405. Lei n. 13.146, de 6 de julho de 2015: "Art. 28. Incumbe ao poder público assegurar, criar, desenvolver, implementar, incentivar, acompanhar e avaliar: I — sistema educacional inclusivo em todos os níveis e modalidades, bem como o aprendizado ao longo de toda a vida; II — aprimoramento dos sistemas educacionais, visando a garantir condições de acesso, permanência, participação e aprendizagem, por meio da oferta de serviços e de recursos de acessibilidade que eliminem as barreiras e promovam a inclusão plena; III — projeto pedagógico que institucionalize o atendimento educacional especializado, assim como os demais serviços e adaptações razoáveis, para atender às características dos estudantes com deficiência e garantir o seu pleno acesso ao currículo em condições de igualdade, promovendo a conquista e o exercício de sua autonomia; IV — oferta de educação bilíngue, em Libras como primeira língua e na modalidade escrita da língua portuguesa como segunda língua, em escolas e classes bilíngues e em escolas inclusivas; V — adoção de medidas individualizadas e coletivas em ambientes que maximizem o desenvolvimento acadêmico e social dos estudantes com deficiência, favorecendo o acesso, a permanência, a participação e

substancial de igualdade, que não raras vezes fica dependente de investimentos adicionais, como professores auxiliares na perspectiva de igualar as condições de aprendizagem, ou, não sendo possível, diminuir as diferenças. Não por outra razão, a LDB reclama "professores com especialização adequada em nível médio ou superior, para atendimento especializado, bem como professores do ensino regular capacitados para a integração desses educandos nas classes comuns"[406].

A falta de professores auxiliares não raras vezes gera exclusão, afrontando a garantia internacional de que os Estados partes da CSDPD cuidarão para que as pessoas com deficiência não sejam "excluídas do sistema educacional geral sob alegação de deficiência"[407], mascarada sob a alegação do baixo rendimento, da dificuldade de acompanhamento do conteúdo curricular ou mesmo de conduta prejudicial aos demais alunos. O sistema de ensino, ainda de acordo com a CSDPD, que, reitere-se, tem força equivalente à

---

a aprendizagem em instituições de ensino;VI — pesquisas voltadas para o desenvolvimento de novos métodos e técnicas pedagógicas, de materiais didáticos, de equipamentos e de recursos de tecnologia assistiva; VII — planejamento de estudo de caso, de elaboração de plano de atendimento educacional especializado, de organização de recursos e serviços de acessibilidade e de disponibilização e usabilidade pedagógica de recursos de tecnologia assistiva;VIII — participação dos estudantes com deficiência e de suas famílias nas diversas instâncias de atuação da comunidade escolar; IX — adoção de medidas de apoio que favoreçam o desenvolvimento dos aspectos linguísticos, culturais, vocacionais e profissionais, levando-se em conta o talento, a criatividade, as habilidades e os interesses do estudante com deficiência; X — adoção de práticas pedagógicas inclusivas pelos programas de formação inicial e continuada de professores e oferta de formação continuada para o atendimento educacional especializado; XI — formação e disponibilização de professores para o atendimento educacional especializado, de tradutores e intérpretes da Libras, de guias intérpretes e de profissionais de apoio; XII — oferta de ensino da Libras, do Sistema Braille e de uso de recursos de tecnologia assistiva, de forma a ampliar habilidades funcionais dos estudantes, promovendo sua autonomia e participação; XIII — acesso à educação superior e à educação profissional e tecnológica em igualdade de oportunidades e condições com as demais pessoas; XIV — inclusão em conteúdos curriculares, em cursos de nível superior e de educação profissional técnica e tecnológica, de temas relacionados à pessoa com deficiência nos respectivos campos de conhecimento; XV — acesso da pessoa com deficiência, em igualdade de condições, a jogos e a atividades recreativas, esportivas e de lazer, no sistema escolar; XVI — acessibilidade para todos os estudantes, trabalhadores da educação e demais integrantes da comunidade escolar às edificações, aos ambientes e às atividades concernentes a todas as modalidades, etapas e níveis de ensino; XVII — oferta de profissionais de apoio escolar; XVIII — articulação intersetorial na implementação de políticas públicas".

406. LDB, art. 58, III.

407. CSDPD, art. 24, 2, *a*.

CURSO DE DIREITO DA CRIANÇA E DO ADOLESCENTE

da Constituição Federal, deve providenciar as "adaptações razoáveis de acordo com as necessidades individuais"[408] e adotar medidas de apoio individualizadas e efetivas "em ambientes que maximizem o desenvolvimento acadêmico e social, de acordo com a meta de inclusão plena"[409].

Também excludente a falta de comunicação em Libras e Braille, pois a ausência da língua de sinais e de um sistema de escrita tátil impede a educação de deficientes auditivos e visuais, valendo lembrar que incumbe ao poder público assegurar "formação e disponibilização de professores para o atendimento educacional especializado, de tradutores e intérpretes da Libras, de guias intérpretes e de profissionais de apoio"[410], bem como ofertar "ensino da Libras, do Sistema Braille e de uso de recursos de tecnologia assistiva, de forma a ampliar habilidades funcionais dos estudantes, promovendo sua autonomia e participação"[411].

A Lei n. 7.853, de 24 de outubro de 1989, em seu art. 8º, na redação dada pela LBIPD, considera crime, punível com reclusão de 2 (dois) a 5 (cinco) anos, "recusar, cobrar valores adicionais, suspender, procrastinar, cancelar ou fazer cessar inscrição de aluno em estabelecimento de ensino de qualquer curso ou grau, público ou privado, em razão de sua deficiência", evidenciando o compromisso com a inclusão, imperativo de ordem constitucional que obriga a todos.

81. Direitos suplementares: material didático, uniforme, merenda, transporte escolar e saúde

Direitos suplementares à educação são aqueles destinados à efetivação do ensino obrigatório, instrumentos de viabilização do acesso e permanência

---

408. CSDPD, art. 24, 2, *c*.

409. CSDPD, art. 24, 2, *e*.

410. LBIPD, art. 28, XI.

411. LBIPD, art. 28, XII.

do estudante no sistema, prescritos na perspectiva de propiciar a todos igualdade de condições na fruição desse direito fundamental.

Tem assento constitucional no art. 208,VII, da Constituição Federal, que promete aos alunos, em todas as etapas da educação básica, programas suplementares de material didático escolar, transporte, alimentação e assistência à saúde. Assim, na educação básica, formada pela educação infantil, ensino fundamental e ensino médio[412], o educando tem esses direitos instrumentais que, na dicção da Convenção sobre os Direitos da Criança, expressam-se na obrigação do Estado de "adotar medidas para estimular a frequência regular às escolas e a redução do índice de evasão escolar"[413].

Tais direitos suprem deficiências familiares representativas de impedimentos a acesso e permanência na escola, estando presentes nas leis listas meramente exemplificativas, devendo outras necessidades serem verificadas em cada caso concreto[414].

O ECA repete, em seu art. 54,VII, a norma do art. 208,VIII, da Constituição Federal[415], o mesmo ocorrendo com a LDB[416], que considera a "aquisição de material didático-escolar e manutenção de programas de transporte escolar" como "despesas de manutenção e desenvolvimento do ensino"[417], não inclusas as relacionadas a "programas suplementares de alimentação, assistência médico-odontológica, farmacêutica e psicológica, e outras formas de assistência social"[418], o que não importa desoneração

---

412. LDB, art. 21.

413. CSDC, art. 28, I *e*.

414. No ensino médio, programa de renda representa a única forma de mantença do adolescente na escola, devendo ser aquilatada a sua adoção como instrumento de escolarização de faixa importante da população brasileira.

415. A menção apenas ao "ensino fundamental" no ECA não foi atualizada, ao contrário do art. 208, VIII, da Constituição Federal, que foi atualizada pela Emenda Constitucional n. 59, de 2009, que substituiu a locação restrita por "etapas da educação básica".

416. LDB, art. 4º,VIII.

417. LDB, art. 70,VIII.

418. LDB, art. 71, IV.

CURSO DE DIREITO DA CRIANÇA E DO ADOLESCENTE

do poder público, mas apenas distinção quanto à rubrica específica de alocação de encargos[419].

A recente Lei n. 14.819, de 16 de janeiro de 2024, instituiu a Política Nacional de Atenção Psicossocial nas Comunidades Escolares, criada para a "integração e a articulação permanente das áreas de educação, de assistência social e de saúde no desenvolvimento de ações de promoção, de prevenção e de atenção psicossocial no âmbito das escolas", de modo a promover especialmente a saúde mental da comunidade escolar, composta pelos alunos, professores, profissionais que atuam na escola e pais ou responsáveis pelos alunos matriculados na escola. Trata-se, portanto, de projeção de enorme avanço nas relações interpessoais desenvolvidas em razão da escola, buscando a saudabilidade de todos e, via de consequência, uma sociedade mais pacífica e fraterna.

82. Direito a uma educação de qualidade, plural e democrática

Sob o prisma do aluno, a criança ou o adolescente têm direito a uma educação de qualidade, plural e democrática. Isso porque o ensino deve ser ministrado com base nos seguintes princípios[420]: (a) igualdade de condições para o acesso e permanência na escola; (b) liberdade de aprender, ensinar, pesquisar e divulgar o pensamento, a arte e o saber; (c) pluralismo de ideias e de concepções pedagógicas; (d) coexistência de instituições públicas e privadas de ensino; (e) gratuidade do ensino público em estabelecimentos

---

419. A questão é importante na medida em que a "União aplicará, anualmente, nunca menos de dezoito, e os Estados, o Distrito Federal e os Municípios, vinte e cinco por cento, ou o que consta nas respectivas Constituições ou Leis Orgânicas, da receita resultante de impostos, compreendidas as transferências constitucionais, na manutenção e desenvolvimento do ensino público", consoante LDB, art. 69. Assim, a conceituação do que é despesa de "manutenção e desenvolvimento do ensino público" representa elemento primordial na verificação das contas. Vide também CF, art. 212.

420. CF. art. 206.

oficiais; (f) valorização dos profissionais da educação escolar, garantidos, na forma da lei, planos de carreira, com ingresso exclusivamente por concurso público de provas e títulos, aos das redes públicas; (g) gestão democrática do ensino público, na forma da lei; (h) garantia de padrão de qualidade; e (i) piso salarial profissional nacional para os profissionais da educação escolar pública, nos termos de lei federal[421].

A educação de qualidade decorre inicialmente da presença das mesmas condições de acesso ao sistema de ensino. Desiderato da igualdade substancial, onde todos, sem exceção e na relação da capacidade de cada um, podem inserir-se no sistema de ensino, especialmente o obrigatório. Cuidados adequados na primeira infância, domínio das competências pré--requisitadas, presença de garantias fundamentais de permanência e contato com profissionais de educação capacitados e sem desníveis significativos entre eles, especialmente o do sistema privado, constituem-se em fatores essenciais do direito educacional igualitário, prometido pela Constituição.

A criança ou o adolescente também têm direito à inserção em um sistema de ensino plural. Como a educação é um dever primordial do Estado, que deve propiciá-la a todos, seja diretamente através do sistema público, seja mediante o controle e a regulação da atividade empreendida pelo setor privado, o ensino tem por base a difusão de conhecimentos baseados em ideias e concepções pedagógicas diversificadas, variadas, múltiplas, imprescindíveis para a formação do pensamento crítico que, por sua vez, representa o caminho para a construção e o desenvolvimento dos trabalhos do cotidiano, para o avanço da ciência e da tecnologia.

Essa é a razão para a existência das garantias constitucionais da liberdade de aprender, de ensinar, pesquisar e divulgar o pensamento, a arte e o saber. Sem liberdade não há sistema de ensino plural, de modo que, além de variado, o sistema de ensino deve ser democrático, na medida em que a liberdade é da sua própria essência.

---

421. V. LDB, art. 3º.

CURSO DE DIREITO DA CRIANÇA E DO ADOLESCENTE 185

A liberdade de aprender importa acesso a diferentes conhecimentos sobre o mesmo tema, de modo que o aluno possa exercitar seu poder de escolha a respeito de idêntico assunto, baseando sua opção especialmente na lógica, mas também nos seus conceitos familiares, políticos e morais. Desde que seu ponto de vista seja justificado e arrimado em posições defendidas por profissionais e professores academicamente reconhecidos, a sua visão deve ser respeitada e não pode ser considerada determinante de menor nota ou reprovação.

A garantia, obviamente, não sustenta o voluntarismo pretensamente científico, baseado em convicções pessoais fundadas exclusivamente na vontade ou na crença sem fundamentos, porquanto o ensino, enquanto sistema de transmissão de conhecimentos, tem por base exclusiva a cientificidade[422], única capaz de formar o aluno para o "pleno desenvolvimento da pessoa, seu preparo para o exercício da cidadania e sua qualificação para o trabalho"[423].

A liberdade de ensinar, também conhecida como liberdade de cátedra, consiste no direito-dever do professor de transmitir seus conhecimentos sem reservas determinadas por terceiros, inclusive das instituições às quais pertença, tendo como limitações apenas o conhecimento científico consolidado e as exigências constitucionais[424]. Nesse campo também não há espaço para o voluntarismo pretensamente científico[425], pois na esfera do ensino enquanto sistema de transmissão de conhecimentos capaz de dotar o aluno

---

422. A defesa do modelo arcaico da terra plana, exemplificando, é rejeitada pela comunidade científica, de modo que sua defesa escolar não é garantida pela liberdade de aprendizado.

423. CF, art. 205.

424. No julgamento de liminar pleiteada no âmago da ADPF 548 MC/DF, a Ministra Cármen Lúcia afirmou: "Liberdade de pensamento não é concessão do Estado. É direito fundamental do indivíduo que a pode até mesmo contrapor ao Estado. Por isso não pode ser impedida, sob pena de substituir-se o indivíduo pelo ente estatal, o que se sabe bem onde vai dar. E onde vai dar não é o caminho do direito democrático, mas da ausência de direito e déficit democrático". Asseverou, também, "ser expressamente assegurado pela Constituição da República a liberdade de aprender e de ensinar e de divulgar livremente o pensamento, porque sem a manifestação garantida o pensamento é ideia engaiolada".

425. Nem para a defesa da ruptura constitucional.

de competências ou habilidades que o qualifiquem para o enfrentamento dos desafios da existência não há autorizações para experimentos, difusão de conceitos baseados em concepções não científicas e agressões ao Estado democrático de direito previsto na Constituição Federal[426].

Liberdade de aprender e ensinar, portanto, são facetas de uma mesma moeda, do sistema de ensino democrático. De um lado, o aluno e, de outro, o professor, ambos atuando com liberdade em um processo complementar de transmissão e incorporação de conhecimentos, exercitando e desenvolvendo a reflexão e a capacidade de crítica. Em um resumo legal, constante da LDB, mediante mais um princípio aplicável ao sistema de ensino: o do "respeito à liberdade e apreço à tolerância"[427]. Amplitude na difusão das ideias e concepções, livre pensar como instrumento de decisão e respeito mútuo, balizados somente pela civilidade e incondicional respeito aos postulados constitucionais da democracia brasileira.

Ainda nesse contexto, é necessário realçar dispositivos integrantes do ECA, residentes em seu art. 53. O primeiro[428] estabelece o direito da criança ou adolescente de ser "respeitado pelos seus educadores", o que significa, além de aspectos comportamentais, de aceitação da garantia do livre aprender e, em consequência, do expressar desse conhecimento, ainda que discorde com a concepção da cátedra. Isso não significa aniquilamento do direito dos professores de serem respeitados pelos educandos, que permanece íntegro enquanto princípio pedagógico e tem assento também em todo o sistema de preservação da licitude, limitado no extremo pelo Código Penal e pelo próprio ECA, ao prever medidas e sanções decorrentes da prática de atos infracionais. Igualmente presente no ECA, como corolário da liberdade de aprender, o "direito de contestar critérios avaliativos, podendo

---

426. No ensino superior, especialmente na pós-graduação e nas atividades de pesquisa, a liberdade é maior, de vez que a finalidade da construção do conhecimento é valor primordial, seguindo o pressuposto da formação básica já finalizada.

427. LDB, art. 3º, IV.

428. ECA, art. 53, II.

CURSO DE DIREITO DA CRIANÇA E DO ADOLESCENTE

recorrer às instâncias escolares superiores", evidenciando o aprendizado como decisão interior de aceitação, verdade ou plausibilidade, de modo que a contrariedade de cátedra não se constitui em postulado absoluto.

A escola democrática também vem contemplada pela regra instituidora do "direito de organização e participação em entidades estudantis"[429], derivação do direito amplo à liberdade, expresso nas garantias decorrentes dos direitos de vivência na vida política[430], comunitária[431] e da possibilidade de opinião e expressão[432]. A supressão desse direito importa discriminação atentatória aos direitos e garantias fundamentais[433], posto que a liberdade de associação é plena[434], contemplando também agremiações estudantis, inclusive de menores de 18 (dezoito) anos de idade, uma vez que o caput do art. 5º da Constituição Federal veda distinção de qualquer natureza.

Durante o regime militar, as associações estudantis sofreram tentativas importantes de sufocamento, destacando-se nesse cenário a Lei n. 4.464, de 9 de novembro de 1964[435], que pretendeu disciplinar os órgãos de representação dos estudantes de ensino superior, e o Decreto-lei n. 477, de 26 de fevereiro de 1969, que teve por escopo definir "infrações disciplinares praticadas por professores, alunos, funcionários ou empregados de estabelecimentos de ensino público ou particulares". Na lei citada vale destaque ao seu art. 14, que vedava "aos órgãos de representação estudantil qualquer ação, manifestação ou propaganda de caráter político-partidário, bem como incitar, promover ou apoiar ausências coletivas aos trabalhos escolares" e, em relação ao Decreto-lei n. 477/69, as definições de infrações disciplinares previstas em seu art. 1º:

---

429. ECA, art. 53, III.

430. ECA, art. 16, VI.

431. ECA, art. 16, V.

432. ECA, art. 18, II.

433. CF, art. 5º, XLI.

434. CF, art. 5º, XVII.

435. Conhecida como Lei Suplicy de Lacerda.

Comete infração disciplinar o professor, aluno, funcionário ou empregado de estabelecimento de ensino público ou particular que: I — Alicie ou incite à deflagração de movimento que tenha por finalidade a paralisação de atividade escolar ou participe nesse movimento; II — Atente contra pessoas ou bens tanto em prédio ou instalações, de qualquer natureza, dentro de estabelecimentos de ensino, como fora dele; III — Pratique atos destinados à organização de movimentos subversivos, passeatas, desfiles ou comícios não autorizados, ou dele participe; IV — Conduza ou realize, confeccione, imprima, tenha em depósito, distribua material subversivo de qualquer natureza; V — Sequestre ou mantenha em cárcere privado diretor, membro de corpo docente, funcionário ou empregado de estabelecimento de ensino, agente de autoridade ou aluno; VI — Use dependência ou recinto escolar para fins de subversão ou para praticar ato contrário à moral ou à ordem pública.

Em 28 de fevereiro de 1967, essa lei foi revogada expressamente pelo Decreto-lei n. 228, que ampliou as proibições, fazendo ainda constar, em seu art. 11, parágrafo único, que a inobservância às vedações "acarretará a suspensão ou a dissolução do D.A.[436] ou D.C.E"[437], restando ainda inserido em seu art. 15 o seguinte: "Serão suspensos ou dissolvidos pelas Congregações ou pelos Conselhos Universitários, conforme se trate de Diretório Acadêmico ou de Diretório Central de Estudantes, os órgãos de representação estudantil que não se organizarem ou não funcionarem em obediência ao prescrito neste decreto-lei e nos respectivos Regimentos ou Estatutos".

O Decreto-lei n. 228/67 e o Decreto-lei n. 477/79 foram revogados expressamente pela Lei n. 6.680, de 16 de agosto de 1969, durante o governo Figueiredo, que, por sua vez, foi revogada somente no governo Sarney, através da Lei n. 7.395, de 31 de outubro de 1985, ainda em vigor.

A escola plural e democrática também é garantida pelo "direito dos pais ou responsáveis ter ciência do processo pedagógico, bem como

---

436. Diretório Acadêmico.

437. Diretório Central de Estudantes.

CURSO DE DIREITO DA CRIANÇA E DO ADOLESCENTE

participar da definição das propostas educacionais"[438], regra geral aplicável tanto ao sistema público como ao privado. O art. 14 da LDB prevê não só a participação dos profissionais da educação na elaboração do projeto pedagógico da escola, como também a das comunidades escolar e local em conselhos escolares ou equivalentes, indicando uma coparticipação indispensável ao estabelecimento e à manutenção do ensino de qualidade. Anotem-se, mais uma vez, as limitações próprias do Estado democrático de direito e as consentâneas com as finalidades e princípios constitucionais do sistema de ensino, afastando-se ingerências desprovidas de substratos éticos, democráticos e científicos.

A liberdade de pesquisa importa duas vertentes: (a) a liberdade de produção de conhecimento; e (b) o livre acesso às fontes de informação. Quanto ao primeiro aspecto, a finalidade lícita representa a única barreira para a atividade de pesquisa, carecendo a Lei n. 10.973, de 2 de dezembro de 2004, e a Lei n. 13.242, de 11 de janeiro de 2016, que tratam de estímulos ao desenvolvimento científico, à pesquisa, à capacitação científica e tecnológica e à inovação, de melhor explicitação quanto à liberdade do pesquisador, de modo a reduzir o subjetivismo das interpretações casuísticas.

A regra é de que a pesquisa não encontra barreiras, salvo as decorrentes da essência da Constituição e de vedações expressas da lei, representando o princípio da dignidade da pessoa humana o mais importante referencial de análise em situações específicas, carecendo o Brasil de uma legislação disciplinadora da atividade de pesquisa que seja resultado de um amplo debate nacional. Enquanto isso e mesmo com a existência de umas poucas normas sobre o assunto, somente a jurisprudência fornece indicativos de comportamento aceitável[439].

---

438. ECA, art. 53, parágrafo único.

439. O STF decidiu que as pesquisas com células-tronco não violam o direito à vida nem a dignidade da pessoa humana, conforme ADI 3510, declarando a constitucionalidade do art. 5º da Lei n. 11.105, de 24 de março de 2005, conhecida como a Lei da Biossegurança, que permite, "para fins de pesquisa e terapia, a utilização de células-tronco embrionárias obtidas de embriões humanos produzidos por fertilização *in vitro* e não utilizados no respectivo procedimento".

O acesso às fontes de informação, de qualquer natureza e imprescindíveis ao trabalho do pesquisador, também é garantido pela liberdade de pesquisa. Sua limitação básica encontra-se na sua caracterização como documento, escrito, mídia ou qualquer outro objeto privado ou público. No primeiro caso, o domínio ou a posse sobre a coisa cedem à sua relevância social, à importância da fonte de informação para o público em geral ou para a construção do conhecimento, condição que, se não reconhecida pelo proprietário ou possuidor, pode ser suprida pela via judicial[440]. Já a fonte pública encontra limitação apenas na imprescindível proteção da sociedade e do Estado, bem como na preservação da intimidade, vida privada, honra e imagem da pessoa, conforme previsões contidas na Lei n. 12.527, de 18 de dezembro de 2011, conhecida como Lei de Acesso à Informação.

---

440. O art. 11 da Lei n. 8.159, de 8 de janeiro de 1981, que dispõe sobre a política nacional de arquivos públicos e privados, considera "arquivos privados os conjuntos de documentos produzidos ou recebidos por pessoas físicas ou jurídicas, em decorrência de suas atividades", podendo ser "identificados pelo Poder Público como de interesse público e social, desde que sejam considerados como conjuntos de fontes relevantes para a história e desenvolvimento científico nacional" (art. 12), podendo ser franqueados "mediante autorização de seu proprietário ou possuidor" (art. 150).

XII

Direito à assistência social

83. A assistência social como direito

Normativamente é necessário compreender a assistência social como parte indissociável da ordem social, estrutura capaz de permitir a aquisição e manutenção das condições imprescindíveis à felicidade pessoal e coletiva. Todos devem usufruir dos bens da vida para uma existência saudável, feliz, segura, verdadeira essência da dignidade da pessoa humana. Os interesses que, somados, materializam o objetivo da felicidade passaram a contar com proteção jurídica, nascendo os direitos sociais. Fundados no princípio da igualdade e caracterizados pela universalidade e indivisibilidade, importam prestações positivas, seguindo-se a máxima ainda irrefutável de que aos direitos correspondem obrigações.

O direito à assistência social tem caráter instrumental. Pressupõe a necessidade de auxílio, malgrado a presença dos direitos sociais básicos, às vezes insuficientes na garantia da dignidade da pessoa humana, colocada em risco até mesmo pela própria pessoa. Nesse sentido, a expressão "devida a quem dela necessitar"[441], cuja extensão transcende os limites meramente econômicos, coloca a assistência social no patamar das necessidades não supridas pela potencialidade dos direitos sociais, pouco importando a qualidade da oferta, regular ou irregular, ou a condição do lesado ou ameaçado de lesão. Basta que a dignidade da pessoa esteja ameaçada ou violada, gerando situação ou expectativa de vivência em um estado de risco, perigo ou degradação, para a visualização do direito à assistência social.

As prestações decorrentes do direito à assistência social visam à remoção das condicionantes da indignidade ou à superação dos fatores de risco, de modo que seu objeto finalístico se constitui na restauração da cidadania perdida, ameaçada, ou mesmo na emancipação social daqueles que sempre viveram excluídos.

Trata-se de um direito, nada se assemelhando à dádiva ou caridade. A condicionante — "devida a quem dela necessitar" — não retira sua força vinculante, sua emanação cogente, representando apenas o pressuposto sem o qual não nasce o direito à assistência social. A presença constante da indignidade faz brotar a necessidade de definição de política pública de assistência social, conjunto de ações destinadas à prevenção e superação das adversidades, convivendo com as demais políticas em situação de absoluta igualdade em razão da importância histórica revelada pelo imenso contingente de necessitados.

Nesse sentido norma disposta em lei especial: "A assistência social, direito do cidadão e dever do Estado, é Política de Seguridade Social não contributiva, que prevê os mínimos sociais, realizada através de um conjunto articulado de ações de iniciativa pública e da sociedade, para garantir o atendimento às necessidades básicas"[442].

Quem precisa dos mínimos sociais é porque vivencia ou está na iminência de experimentar situação de indignidade, reclamando atendimento imediato às necessidades básicas. Tem nítido caráter instrumental, posto que

---

441. CF, art. 203.

442. Lei n. 8.472, de 7 de dezembro de 1993, art. 1º.

CURSO DE DIREITO DA CRIANÇA E DO ADOLESCENTE 193

voltada à prevenção da exclusão e promoção da inclusão e emancipação social, numa vivência cidadã resumida na concretude dos direitos sociais. Não compensa direitos negados ou ameaçados de lesão: possibilita-os.

Também nesse sentido a norma residente no parágrafo único do art. 2º da lei citada: "Para o enfrentamento da pobreza, a assistência social realiza-se de forma integrada às políticas setoriais, garantindo mínimos sociais e provimento de condições para atender contingências sociais e promovendo a universalização dos direitos sociais".

84. Pertinência temática da assistência social

A Constituição da República, no citado art. 203, arrola os objetivos principais da assistência social: (1) a proteção à família, à maternidade, à infância, à adolescência e à velhice; (2) o amparo a crianças e adolescentes carentes; (3) a promoção da integração ao mercado de trabalho; (4) a habilitação e reabilitação das pessoas portadoras de deficiência e a promoção da sua integração à vida comunitária; (5) a garantia de um salário mínimo de benefício mensal à pessoa portadora de deficiência e ao idoso que comprovem não possuir meios de prover à própria manutenção ou tê-la provida por sua família, conforme dispuser a lei.

A abrangência dos dispositivos reforça a conclusão de que a assistência social é um direito ao qual corresponde o fornecimento dos mínimos sociais indispensáveis a uma existência digna, para a criança, o adolescente e sua família, assumindo, em um país de necessitados, função primordial no combate à desigualdade.

Todavia, nesse processo de reconhecimento social do interesse protegido, além da norma, é necessário: (1) afirmar culturalmente a assistência social como um direito; (2) consolidar sua solidez normativa, fazendo frente a tentativas de retrocessos; (3) combater a concepção de investimento a fundo perdido; (4) unificar as ações de assistência, corrigindo a crítica de ineficiência do serviço; e (5) revelar e mensurar seu caráter emancipatório. Tudo sob o influxo de uma visão principiológica dos direitos humanos, que coloca a pessoa humana, notadamente os excluídos, no patamar mais elevado dos valores da civilização.

85. A assistência social no contexto dos direitos da criança e do adolescente

A regra básica da assistência social no ECA encontra-se residente no art. 87, II, que considera como uma das linhas da política de atendimento[443] a criação e manutenção de "serviços, programas, projetos e benefícios de assistência social de garantia de proteção social e de prevenção e redução de violações de direitos, seus agravamentos ou reincidências", na redação dada pela Lei n. 13.257, de 8 de março de 2016.

De acordo com a Loas[444], os serviços, programas, projetos e benefícios de assistência social são de atendimento, assessoramento e de defesa e garantia[445], integrantes de redes públicas e privadas, organizadas sob a forma de um

---

443. V. § 226, Capítulo XXIX, deste livro.

444. Lei Orgânica da Assistência Social, Lei n. 8.492, de 7 de dezembro de 1993.

445. Loas: "Art. 3º Consideram-se entidades e organizações de assistência social aquelas sem fins lucrativos que, isolada ou cumulativamente, prestam atendimento e assessoramento aos beneficiários abrangidos por esta Lei, bem como as que atuam na defesa e garantia de direitos. § 1º São de atendimento aquelas entidades que, de forma continuada, permanente e planejada, prestam serviços, executam programas ou projetos e concedem benefícios de prestação social básica ou especial, dirigidos às famílias e indivíduos em situações de vulnerabilidade ou risco social e pessoal, nos termos desta Lei, e respeitadas as deliberações do Conselho Nacional de Assistência Social (CNAS), de que tratam os incisos I e II do art. 18. § 2º São de assessoramento aquelas que, de forma continuada, permanente e planejada, prestam serviços e executam programas ou projetos voltados prioritariamente para o fortalecimento dos movimentos sociais e das organizações de usuários, formação e capacitação de lideranças, dirigidos ao público da política de assistência social, nos termos desta Lei, e respeitadas as deliberações do CNAS, de que tratam os incisos I e II do art. 18. § 3º São de defesa e garantia de direitos aquelas que, de forma continuada, permanente e planejada, prestam serviços e executam programas e projetos voltados prioritariamente para a defesa e efetivação dos direitos socioas-sistenciais, construção de novos direitos, promoção da cidadania, enfrentamento das desigualdades sociais, articulação com órgãos públicos de defesa de direitos, dirigidos ao público da política de assistência social, nos termos desta Lei, e respeitadas as deliberações do CNAS, de que tratam os incisos I e II do art. 18".

Sistema Único de Assistência Social (Suas)[446], submetidos a deliberações de Conselhos Nacional, Estaduais, do Distrito Federal e dos Municípios[447]. No que tange à oferta das proteções sociais, a rede pública organiza-se através dos Centros de Referência de Assistência Social (Cras) e do Centro de Referência Especializado de Assistência Social (Creas)[448], enquanto na rede privada mediante entidades de atendimento, assessoramento e de defesa e garantia, a maioria de execução direta de medidas de proteção[449].

A assistência social desempenha papel de protagonista no trabalho de efetivação dos direitos da criança e do adolescente, constituindo-se em partícipe importantíssimo do atendimento em rede[450], valendo destacar, no ECA, sua atuação na atenção às vítimas da violência inseridas na primeira infância, inclusive com as visitas domiciliares[451], sua intervenção no enfrentamento de todas as formas de violência contra a criança ou o adolescente[452], seu trabalho em relação às gestantes e mães que manifestem o desejo de entregar seus filhos em adoção[453], encetando iniciativas tendentes à recomposição dos vínculos familiares[454], sua integração com os demais órgãos no atendimento inicial aos inseridos em acolhimento institucional

---

446. Loas, art. 6º.

447. Loas, art. 16.

448. Loas: "Art. 6º-C. As proteções sociais, básica e especial, serão ofertadas precipuamente no Centro de Referência de Assistência Social (Cras) e no Centro de Referência Especializado de Assistência Social (Creas), respectivamente, e pelas entidades sem fins lucrativos de assistência social de que trata o art. 3º desta Lei. § 1º O Cras é a unidade pública municipal, de base territorial, localizada em áreas com maiores índices de vulnerabilidade e risco social, destinada à articulação dos serviços socioassistenciais no seu território de abrangência e à prestação de serviços, programas e projetos socioassistenciais de proteção social básica às famílias. § 2º O Creas é a unidade pública de abrangência e gestão municipal, estadual ou regional, destinada à prestação de serviços a indivíduos e famílias que se encontram em situação de risco pessoal ou social, por violação de direitos ou contingência, que demandam intervenções especializadas da proteção social especial. § 3º Os Cras e os Creas são unidades públicas estatais instituídas no âmbito do Suas, que possuem interface com as demais políticas públicas e articulam, coordenam e ofertam os serviços, programas, projetos e benefícios da assistência social".

449. V. Capítulo XXIII deste livro.

450. V. § 209, Capítulo XXVII, deste livro.

451. ECA, art. 13, § 2º.

452. ECA, art. 70-A, III e VI.

453. ECA, art. 19-A, § 2º.

454. ECA, arts. 92, § 4º, e 101, § 12.

ou familiar[455] e aos apontados como autores de atos infracionais[456], sublinhando-se ainda sua relevância na execução das medidas socioeducativas[457], considerada indispensável a sua composição interdisciplinar de modo a garantir maior eficácia às suas intervenções[458].

Os entes de gestão política e as entidades da rede pública de assistência social relacionada aos direitos da criança e da adolescente, quando do não oferecimento ou de oferta irregular de serviços "de assistência social visando à proteção à família, à maternidade, à infância e à adolescência, bem como ao amparo às crianças e adolescentes que dele necessitem"[459], ficam sujeitos a ações coletivas[460]. Por outro lado, caso sejam verificadas irregularidades[461], as entidades não governamentais mantenedoras de programas de proteção ficam sujeitas a medidas sancionatórias, como advertência, suspensão total ou parcial de repasse de verbas públicas, interdição de unidades e suspensão dos programa e até mesmo dissolução, prevendo ainda a lei responsabilidade pelos danos causados às crianças e aos adolescentes[462].

---

455. ECA, art. 88, VI.

456. ECA, art. 88, V.

457. Lei n. 12.594, de 18 de janeiro de 2012, art. 8°.

458. Lei n. 12.594, de 18 de janeiro de 2012: "Art. 12. A composição da equipe técnica do programa de atendimento deverá ser interdisciplinar, compreendendo, no mínimo, profissionais das áreas de saúde, educação e assistência social, de acordo com as normas de referência".

459. ECA, art. 208, VI.

460. V. § 269, Capítulo XXXVII, deste livro.

461. V. § 241, Capítulo XXXII, deste livro.

462. ECA, art. 97, II, §§ 1° e 2°.

XIII

Direito à convivência familiar

86. Família

A Constituição de 1988 reconheceu expressamente três modalidades de família: (a) a constituída pelo matrimônio civil; (b) a derivada da união estável entre homem e mulher; e (c) a comunidade formada por qualquer dos pais e seus descendentes[463]. O legislador constituinte, notadamente no caso das duas últimas, utilizou-se da expressão "entidade familiar", deixando de utilizar o termo histórico, forte e mais significativo, família. Todavia, a essência e a realidade fenomenológica daquelas formas não deixam dúvidas de que o constituinte reconheceu, na ocasião, três modalidades de família, abrindo possibilidades para outras recognições.

Em 2011, o Supremo Tribunal Federal, no julgamento conjunto de uma ação declaratória de inconstitucionalidade e de uma ação de descumprimento de preceito fundamental[464], estendeu para as uniões homoafetivas

---

463. CF, art. 226, especialmente §§ 3º e 4º.
464. ADIn 4277 e ADPF 132.

o reconhecimento da sua configuração como entidades familiares, afirmando, em interpretação conforme à Constituição, que as uniões entre pessoas do mesmo sexo formam também uma família. Nessa marcha de mudanças sobreveio a Resolução n. 175 do Conselho Nacional de Justiça, de 14 de maio de 2013, que permitiu, através de vedação de recusa, a habilitação, a celebração de casamento civil e a conversão de união estável em casamento entre pessoas do mesmo sexo.

Assim, consideram-se presentes no nosso ordenamento jurídico constitucional 5 (cinco) modalidades de famílias ou de entidades familiares: (a) família derivada do matrimônio civil entre homem e mulher; (b) família procedente do matrimônio civil entre pessoas do mesmo sexo; (c) família resultante da união estável entre homem e mulher; (d) família decorrente da união estável entre pessoas do mesmo sexo; e (e) família proveniente da comunidade formada por qualquer dos pais e seus descendentes.

87. Direito à convivência familiar

O direito à convivência familiar é fluido, expressando o interesse juridicamente protegido a um espaço de criação, desenvolvimento e proteção. Basta que a criança ou o adolescente estejam em vida comum com um ou mais adultos e que esse ambiente garanta sua proteção integral, mantendo inter-relações permissivas de oportunidades e facilidades para o desenvolvimento físico, mental, moral, espiritual e social, em condições de liberdade e de dignidade, conforme se extrai das regras residentes nos arts. 19[465] e 3º[466], ambos do ECA.

---

465. ECA: "Art. 19. É direito da criança e do adolescente ser criado e educado no seio de sua família e, excepcionalmente, em família substituta, assegurada a convivência familiar e comunitária, em ambiente que garanta seu desenvolvimento integral".

466. ECA: "Art. 3º A criança e o adolescente gozam de todos os direitos fundamentais inerentes à pessoa humana, sem prejuízo da proteção integral de que trata esta Lei, assegurando-se-lhes, por lei ou por

CURSO DE DIREITO DA CRIANÇA E DO ADOLESCENTE 199

Dois são os referenciais de construção do conceito de convivência familiar: (a) existência de crianças ou adolescentes inseridos em núcleo com a presença de, pelo menos, um adulto, e (b) espaço de criação, proteção e desenvolvimento, ou seja, ambiente familiar adequado conforme dicção do art. 29 do ECA[467].

Direito à convivência familiar, portanto, é o direito da criança e do adolescente de estarem inseridos em espaço de convivência com adulto ou adultos, preferencialmente os pais, que promovam sua criação, proteção e desenvolvimento em condições de liberdade e dignidade.

Trata-se de conceito que releva o substancial, os vínculos qualitativos, transcendendo as concepções formais de família natural ou substituta, estabelecidos estritamente em razão da definição dos liames decorrentes das relações jurídicas estabelecidas entre seus integrantes.

88. As referências conceituais de família

Além do critério de inserção da família no sistema constitucional[468], bem como a conceituação de família levando-se em conta o critério da sua finalidade em relação a crianças e adolescentes nela inseridos[469], verificam-se no direito da criança e do adolescente referências a outras modalidades de família. Assim, família natural, família extensa e família substituta são comumente mencionadas, porquanto ligadas a conceitos estabelecidos em razão das vinculações entre os integrantes do núcleo familiar.

Se a criança ou o adolescente inserem-se na família por força do vínculo da filiação, está presente a família natural, definida no ECA como "a

---

outros meios, todas as oportunidades e facilidades, a fim de lhes facultar o desenvolvimento físico, mental, moral, espiritual e social, em condições de liberdade e de dignidade".

467. ECA: "Art. 29. Não se deferirá colocação em família substituta a pessoa que revele, por qualquer modo, incompatibilidade com a natureza da medida ou não ofereça ambiente familiar adequado".

468. V. § 86, Capítulo XIII, deste livro.

469. V. § 87, Capítulo XIII, deste livro.

comunidade formada pelos pais ou qualquer deles e seus descendentes"[470]. Se a presença da criança ou adolescente se dá mediante vínculo jurídico diverso da filiação biológica, previsto em lei e constituído, precária ou definitivamente, por ordem judicial, verifica-se a família substituta.

Família extensa ou ampliada, na definição do art. 25, parágrafo único, do ECA, incluído pela Lei n. 12.010, de 3 de agosto de 2009, é "aquela que se estende para além da unidade pais e filhos ou da unidade do casal, formada por parentes próximos com os quais a criança ou adolescente convive e mantém vínculos de afinidade e afetividade", de modo que, *a contrario sensu*, família restrita ou singular é a própria família natural ou substituta, ou seja, a comunidade formada pelos pais ou qualquer deles e seus descendentes.

89. Poder familiar

Os detentores do poder familiar são os pais, integrantes da família natural. Em caso de adoção, a família substituta é também investida do poder familiar, inexistindo, quanto ao conteúdo e à forma de exercício, qualquer distinção em relação à família natural, assegurando a Constituição absoluta igualdade e vedando discriminações[471], texto repetido no art. 20 do ECA[472].

O Código Civil estabelece que "os filhos estão sujeitos ao poder familiar, enquanto menores"[473], que compete a ambos os pais, ou, na falta de um, ao outro com exclusividade[474] e que se constitui em um conjunto de direitos e obrigações em relação às pessoas e aos bens dos filhos[475].

---

470. ECA, art. 25.

471. CF, art. 227, § 6°.

472. ECA: "Art. 20. Os filhos, havidos ou não da relação do casamento, ou por adoção, terão os mesmos direitos e qualificações, proibidas quaisquer designações discriminatórias relativas à filiação".

473. CC, art. 1.630.

474. CC, art. 1.631.

475. CC, arts. 1.583, § 1°, 1.634, 1.689 e 1.690.

CURSO DE DIREITO DA CRIANÇA E DO ADOLESCENTE

No direito da criança e do adolescente, corresponde à obrigação básica de criar, proteger e propiciar o desenvolvimento do filho, ainda que com dificuldades, mesmo porque o legislador expressamente consignou que a "falta ou a carência de recursos materiais não constitui motivo suficiente para a perda ou a suspensão do poder familiar"[476]. Nesse sentido, também deve ser interpretada a regra que define que aos "pais incumbe o dever de sustento, guarda e educação dos filhos menores"[477], síntese das obrigações inerentes ao poder familiar.

O exercício do poder familiar representa a contrapartida do direito à convivência familiar, do qual é detentor a criança ou o adolescente. É da essência do poder familiar o direito dos pais de terem os filhos sob sua companhia, exercendo a guarda em conjunto, de forma unilateral ou compartilhada. Assim, em sentido estrito, os filhos têm o direito de conviver com os pais e os pais o direito de conviver com os filhos.

Quando a família natural deixa de se constituir em ambiente adequado para a criação, proteção e desenvolvimento dos filhos, faz-se necessária a intervenção estatal. Primordialmente através de ações que vivifiquem os preceitos constitucionais que prometem à família "especial proteção do Estado"[478] e que reconhecem como direitos sociais a proteção à maternidade e à infância[479]. De forma secundária, depois de esgotados os meios de mantença da criança ou adolescente na família natural ou extensa[480], mediante a incidência das exceções da colocação em família substituta ou inserção em programas de acolhimento, institucional ou familiar. Somente quando impossível a preservação dos vínculos naturais de filiação ou evidenciada situação de risco à criança ou adolescente é que medidas intervenientes podem ser adotadas, como a inibição da guarda, suspensão ou perda do poder familiar.

---

476. ECA, art. 23.

477. ECA, art. 22.

478. CF, art. 226, caput.

479. CF, art. 6º.

480. ECA, art. 100, caput e § 1º, IX, X.

90. Inibição do direito de guarda

A guarda enquanto atributo do poder familiar representa o direito dos pais em conviver com os filhos e de reclamá-los de quem ilegalmente os detenha[481]. Para a efetivação de providências relacionadas a acolhimento familiar, acolhimento institucional e colocação em família substituta mediante guarda é necessária, no mínimo[482], decisão judicial inibitória da guarda dos pais enquanto atributo do poder familiar.

Não existe naturalmente guarda compartilhada entre os pais e terceiros, família ou instituição[483], de modo que é imprescindível o advento de decisão em processo contraditório em que os pais possam resistir à pretensão de inibição da guarda que lhes é natural. Isso decorre do pressuposto da ruptura do convívio entre pais e filhos nos casos de acolhimento familiar, institucional ou colocação em família substituta. Nesse sentido, a norma residente no art. 101, § 2º, do ECA: "o afastamento da criança ou adolescente do convívio familiar é de competência exclusiva da autoridade judiciária e importará na deflagração, a pedido do Ministério Público ou de quem tenha legítimo interesse, de procedimento judicial contencioso, no qual se garanta aos pais ou ao responsável legal o exercício do contraditório e da ampla defesa". Também pode ser providência relacionada a processos visando à revogação de guarda e tutela, em que o guardião ou tutor, responsável legal, tem contra si deduzida pretensão de desfazimento de concessão judicial anterior.

A inibição da guarda opera-se como resultado de processo judicial autônomo ou decorrente de liminar incidental concedida em processos de colocação em família substituta ou em outros em que a providência se faça necessária. Autônomo quando caracterizado por ação inibitória de guarda,

---

481. CC, art. 1.634, II e VIII.

482. Suspensão ou decreto de perda do poder familiar também autorizam o acolhimento familiar, o acolhimento institucional e colocação em família substituta mediante guarda.

483. Terceiros, outra família ou instituição não detêm originalmente nenhum direito de guarda sobre o filho de outrem, de modo que somente após concessão judicial podem opor-se aos pais.

CURSO DE DIREITO DA CRIANÇA E DO ADOLESCENTE

de caráter satisfativo. Como liminar incidental na forma de antecipação de tutela na própria ação de inibição ou de liminar em processos que pressupõem a modificação, provisória ou definitiva, da guarda, como nos processos caracterizados por pedidos de colocação em família substituta.

Materialmente, a inibição da guarda é possível quando as obrigações inerentes à convivência não estão sendo cumpridas. Destacando-se inicialmente a própria falta ou ausência dos pais, anotem-se situações relacionadas a maus-tratos, descumprimento dos deveres de proteção, educação e sustento.

A inibição da guarda não importa suspensão ou perda de outros direitos inerentes ao poder familiar, que permanecem íntegros, nem desonera os pais de outros deveres, como a obrigação de prestação de alimentos.

Assim, inibição da guarda é a sanção civil decorrente de afronta ao direito à convivência familiar saudável, consistente na subtração do direito dos pais de terem filho sob sua companhia, permanecendo íntegros os demais direitos e deveres inerentes ao poder familiar.

A concordância dos pais ou responsável para o acolhimento do filho ou pupilo não encontra previsão legal. Dispositivo análogo reside no art. 166 do ECA, que permite que os pais adiram ao pedido de colocação em família substituta, de modo que se a lei aceita a aquiescência dos pais para a situação mais grave, podendo importar extinção do poder familiar e adoção, também devem ser evitados processos de inibição de guarda, absolutamente desnecessários em razão da real inexistência de lide. É de exigir, ainda nessa construção analógica, alguns cuidados: (a) a concordância deve se manifestar em audiência judicial, na presença do Ministério Público[484]; (b) o consentimento deverá ser precedido de orientações e esclarecimentos prestados pela equipe técnica do juízo[485]; e (c) os pais devem ser colocados em programas oficiais ou comunitários de proteção, apoio e promoção da família[486].

---

484. ECA, art. 166, § 1º, I.

485. ECA, art. 166, § 2º.

486. ECA, art. 129, I.

91. Suspensão do poder familiar

A suspensão do poder familiar, imprescindível na concessão da tutela, também é suficiente para o deferimento da guarda como forma de colocação em família substituta. Baseia-se nos mesmos motivos relacionados à inibição da guarda, dispondo o Código Civil, além do descumprimento dos deveres básicos, a possibilidade de suspensão no caso de abuso de autoridade, administração ruinosa dos bens dos filhos[487], derivando também de sentença condenatória que exceda 2 (dois) anos de prisão, proferida contra pai ou mãe[488].

O ECA, por sua vez, prescreve em seu art. 24 que a "perda e a suspensão do poder familiar serão decretadas judicialmente, em procedimento contraditório, nos casos previstos na legislação civil, bem como na hipótese de descumprimento injustificado dos deveres e obrigações a que alude o art. 22".

Assim, a suspensão também pode ser determinada nos casos de descumprimento injustificado dos deveres de guarda, sustento e educação. Anote-se a impossibilidade de suspensão do poder familiar em razão da falta ou carência de recursos materiais[489], indicativo de que a sanção civil aos pais somente pode ser adotada quando era possível exigir, nas condições de vida dos pais, outro tipo de comportamento ao realizado, bem como verificada absoluta recalcitrância no que concerne aos estímulos de superação das adversidades, ofertados pelos programas de atendimento em que tenham sido inseridos.

92. Perda do poder familiar

A perda do poder familiar é sanção civil decorrente da prática de infração tipificada na lei, consistente na privação de direitos em relação à pessoa e aos bens de filhos menores.

---

487. CC, art. 1.637, caput.

488. CC, art. 1.637, parágrafo único.

489. ECA, art. 23.

O decreto de perda do poder familiar não importa aniquilamento dos deveres, como o de sustento dos filhos, que pode se materializar na obrigação de prestação de alimentos. Ao contrário da suspensão, medida precária em razão da sua própria natureza, a perda tem a potencialidade da definitividade, muito embora o poder familiar possa ser recobrado em ação distinta em que reste demonstrada a presença de condições para o exercício dos direitos e deveres que lhe são inerentes.

O ECA, depois de pontuar que o decreto de perda do poder familiar se submete às regras do Código Civil[490], permite também a incidência dessa grave sanção nos casos de descumprimento injustificado dos deveres de guarda, sustento e educação, previstos em seu art. 22. A conduta deve ser voluntária, de modo que, nas circunstâncias, era possível exigir dos pais outro tipo de comportamento. Daí a necessidade de observância do cuidado imposto pelo art. 23 do ECA, no sentido de que a falta ou carência de recursos materiais não constitui motivo suficiente para a perda do poder familiar.

O Código Civil, em seu art. 1.638, I, começa arrolando como hipótese de perda do poder familiar a submissão de criança ou adolescente a castigos imoderados. Se, no passado, o dispositivo permitia a ilação de que castigos moderados eram permitidos, entendidos como derivativos do direito de correção, com o advento da Lei n. 13.010, de 23 de junho de 2014, a situação mudou. Essa lei acrescentou dispositivo ao ECA[491], prescrevendo que a "criança e o adolescente têm o direito de ser educados e cuidados sem o uso de castigo físico ou de tratamento cruel ou degradante, como formas de correção, disciplina, educação ou qualquer outro pretexto, pelos pais, pelos integrantes da família ampliada, pelos responsáveis, pelos agentes públicos executores de medidas socioeducativas ou por qualquer pessoa encarregada de cuidar deles, tratá-los, educá-los ou protegê-los". Considerou castigo toda

---

490. ECA: "Art. 24. A perda e a suspensão do poder familiar serão decretadas judicialmente, em procedimento contraditório, nos casos previstos na legislação civil, bem como na hipótese de descumprimento injustificado dos deveres e obrigações a que alude o art. 22".

491. ECA, art. 18-A.

e qualquer ação de natureza disciplinar ou punitiva com o uso da força física sobre a criança ou o adolescente que resulte sofrimento físico ou lesão, bem como tratamento cruel ou degradante toda e qualquer conduta que humilhe, ameace gravemente ou ridicularize criança ou adolescente.

Dessa forma, a perda do poder familiar poderá ser decretada em razão da imposição de castigos físicos ou de tratamento cruel e degradante, sem prejuízo de outras providências, a cargo do Conselho Tutelar, especialmente previstas no art. 18-B do ECA[492], independentemente de eventuais providências na órbita criminal.

A segunda hipótese autorizadora do decreto de perda do poder familiar é o abandono, vocábulo designativo de várias situações em que os pais coarctam o direito dos filhos à convivência familiar ou suprimem outros direitos fundamentais que lhe são equiparados, derivando do nosso ordenamento jurídico várias hipóteses que podem ser aqui agrupadas.

A ausência dos pais, com a perda de contato direto ou indireto com os filhos, estabelecendo-se rompimento dos vínculos de relação pessoal e descumprimento de deveres do poder familiar, importa abandono relacional.

Com subsídio no Código Penal, especialmente nos arts. 244 a 247, extraem-se outras modalidades de abandono: abandono material, quando se verificam, por qualquer razão, inclusive a ausência, a privação dos meios de subsistência do filho; abandono intelectual, quando os pais não promovem a educação básica e obrigatória do filho; abandono moral, quando os pais permitem ao filho participação em situações potencialmente capazes de influir negativamente na sua formação valorativa.

---

492. "Os pais, os integrantes da família ampliada, os responsáveis, os agentes públicos executores de medidas socioeducativas ou qualquer pessoa encarregada de cuidar de crianças e de adolescentes, tratá-los, educá-los ou protegê-los que utilizarem castigo físico ou tratamento cruel ou degradante como formas de correção, disciplina, educação ou qualquer outro pretexto estarão sujeitos, sem prejuízo de outras sanções cabíveis, às seguintes medidas, que serão aplicadas de acordo com a gravidade do caso: I — encaminhamento a programa oficial ou comunitário de proteção à família; II — encaminhamento a tratamento psicológico ou psiquiátrico; III — encaminhamento a cursos ou programas de orientação; IV — obrigação de encaminhar a criança a tratamento especializado; V — advertência; VI — garantia de tratamento de saúde especializado à vítima."

CURSO DE DIREITO DA CRIANÇA E DO ADOLESCENTE

Em relação ao abandono intelectual, importante consignar que a obrigatoriedade do ensino fundamental vem determinada pelos arts. 229, I, da Constituição Federal, 1.634, I, do Código Civil, 6º da Lei n. 9.394/96 e 55 do ECA, de modo que o *homeschooling*, educação domiciliar, não tem previsão no ordenamento jurídico, decidindo o STF que a falta de lei que assegure avaliação do aprendizado e socialização impede sua adoção no Brasil[493]. A prática, ainda, pode configurar a prática do crime previsto no art. 246 do Código Penal[494].

Também é necessário lembrar a hipótese do abandono afetivo, em que, não obstante a existência de certo contato entre pais e filhos e o cumprimento de algumas das obrigações do poder familiar, como a prestação alimentícia, evidencia-se a ausência de participação no processo de criação e desenvolvimento do filho, impossibilitando a geração de relações afetivas.

O Código Civil[495] também contempla a hipótese da prática de atos contrários à moral e aos bons costumes como hipótese determinante da perda do poder familiar. Exprime um conceito jurídico indeterminado, de grande abertura semântica e contendo termos vagos e imprecisos, cabendo sua valoração em cada caso concreto. Assim, os influxos culturais presentes no momento histórico da aferição indicam a necessidade de contextualização da ação com a realidade contemporânea de convivência entre pais e filhos, especialmente no que diz respeito à educação pelo exemplo.

Dessa forma, além de um juízo crítico a respeito da conduta dos pais, exprime-se ou não um comportamento aceitável quando de sua realização, tomado o mundo adulto como reflexo de seu tempo, é de perquirir a influência da conduta dos adultos sobre o desenvolvimento da criança ou adolescente.

---

493. O STF, no julgamento do RE 888815-RS, fixou a tese relacionada ao tema 822, assim redigida: "Não existe direito público subjetivo do aluno ou de sua família ao ensino domiciliar, inexistente na legislação brasileira".

494. CP: "Art. 246. Deixar, sem justa causa, de prover à instrução primária de filho em idade escolar: Pena — detenção, de quinze dias a um mês, ou multa".

495. CC, art. 1.638.

E a influência do comportamento dos pais em relação ao desenvolvimento do filho deve levar em consideração as características pessoais da criança ou do adolescente, como faixa etária, grau de percepção das coisas e outros atributos ou dificuldades. Em suma, somente o comportamento com a eficácia de influir no desenvolvimento da criança ou adolescente deve ser considerado, afastando-se projeções derivadas de suposições ou entendimentos moralistas e/ou ideológicos. Se o filho desconhece o comportamento do pai ou mãe, se não experiencia sua realização, não há razão para a perda do poder familiar, porquanto a conduta dos adultos não interfere no desenvolvimento da criança ou adolescente.

Dispositivo introduzido no art. 23 do ECA[496] esclareceu que a "condenação criminal do pai ou da mãe não implicará a destituição do poder familiar, exceto na hipótese de condenação por crime doloso sujeito à pena de reclusão contra outrem igualmente titular do mesmo poder familiar ou contra filho, filha ou outro descendente", hipóteses introduzidas no Código Civil[497], impedindo interpretação extensiva que considerava a prática de qualquer crime como "ato contrário à moral e aos bons costumes", justificando equivocadamente a grave sanção civil da perda do poder familiar para todo autor de ilícito penal, especialmente as presidiárias.

Na forma dos arts. 1.637 e 1.638 do Código Civil, a reiteração no abuso de autoridade em práticas descumpridoras de deveres patrimoniais relacionados ao poder familiar também determina sua perda. É de observar que os pais são detentores do usufruto legal sobre os bens dos filhos menores e têm o direito-dever de administrar esses bens[498], de modo que os excessos perpetrados no exercício desses direitos, além de outras consequências legais, podem determinar também a perda do poder familiar.

A Lei n. 13.509, de 22 de novembro de 2017[499], incluiu um inciso V ao art. 1.638 do Código Civil, prescrevendo a perda do poder familiar do

---

496. ECA, art. 23, § 2º.

497. CC, art. 1.638, § 2º.

498. CC, art. 1.689.

499. Chamada de Lei da Adoção.

pai ou mãe que "entregar de forma irregular o filho a terceiros para fins de adoção". A ação de entrega sem obediência às formalidades legais, inclusive mediante paga ou recompensa, neste caso crime previsto no art. 238 do ECA[500], foi erigida como situação determinante da perda do poder familiar, pois quem pratica conduta dessa natureza demonstra inequívoca vontade de romper o vínculo de convivência com o filho. O legislador exige fim específico para a entrega irregular, adoção, indicando que o aniquilamento material do vínculo de parentesco tem o condão de justificar, por si só, o decreto de perda do poder familiar, abrindo caminho para uma adoção regular, observados os ditames legais, especialmente a ordem do cadastro de adotantes.

Outras hipóteses de perda do poder familiar foram trazidas pela Lei n. 13.715, de 24 de setembro de 2018, que fez incluir parágrafo único ao art. 1.638 do Código Civil, estabelecendo: "Perderá também por ato judicial o poder familiar aquele que: I — praticar contra outrem igualmente titular do mesmo poder familiar: a) homicídio, feminicídio ou lesão corporal de natureza grave ou seguida de morte, quando se tratar de crime doloso envolvendo violência doméstica e familiar ou menosprezo ou discriminação à condição de mulher; b) estupro ou outro crime contra a dignidade sexual sujeito à pena de reclusão; II — praticar contra filho, filha ou outro descendente: a) homicídio, feminicídio ou lesão corporal de natureza grave ou seguida de morte, quando se tratar de crime doloso envolvendo violência doméstica e familiar ou menosprezo ou discriminação à condição de mulher; b) estupro, estupro de vulnerável ou outro crime contra a dignidade sexual sujeito à pena de reclusão".

É de observar que tais hipóteses não são efeitos extrapenais da condenação criminal ou penas acessórias, reclamando processo judicial no juízo da infância e da juventude. Estão relacionadas, portanto, à violência doméstica, constituindo-se em outros instrumentos de sua coibição e tendo caráter

---

500. "Art. 238. Prometer ou efetivar a entrega de filho ou pupilo a terceiro, mediante paga ou recompensa: Pena — reclusão de um a quatro anos, e multa. Parágrafo único. Incide nas mesmas penas quem oferece ou efetiva a paga ou recompensa."

protetivo transverso, posto que previnem que atos praticados, especialmente contra a mãe, possam também se dirigir aos filhos.

93. Procedimento de suspensão e perda do poder familiar

O procedimento de suspensão e perda do poder familiar conta com regras procedimentais próprias, residentes nos arts. 155 a 163 do ECA, de modo que prevalecessem sobre as normas do procedimento comum previsto no Código de Processo Civil. Aliás, nesse sentido deve ser interpretado o disposto na parte final do art. 318 do CPC[501], de vez que as normas especiais têm primazia sobre as gerais. Omissões constantes da disciplina de procedimento especial são supridas pelas normas inseridas no procedimento comum, como esclarece o parágrafo único do mencionado art. 318 do CPC[502]. No mesmo sentido a determinação do parágrafo único do seu art. 693, ao mandar observar a legislação especial nas ações versando sobre interesse da criança ou do adolescente, ficando até mesmo as normas das ações de família em sistema de aplicação subsidiária[503].

Além do Ministério Público, poderá ingressar com a ação para a perda ou suspensão do poder familiar quem tenha legítimo interesse[504], ou seja, razão de direito material para estar em juízo, sendo titular de direito próprio que, para sua afirmação, proteção ou produção de efeitos reclame a

---

501. CPC: "Art. 318. Aplica-se a todas as causas o procedimento comum, salvo disposição em contrário deste Código ou de lei".

502. CPC: "Art. 318. [...] Parágrafo único. O procedimento comum aplica-se subsidiariamente aos demais procedimentos especiais e ao processo de execução".

503. CPC: "Art. 693. As normas deste Capítulo aplicam-se aos processos contenciosos de divórcio, separação, reconhecimento e extinção de união estável, guarda, visitação e filiação. Parágrafo único. A ação de alimentos e a que versar sobre interesse de criança ou de adolescente observarão o procedimento previsto em legislação específica, aplicando-se, no que couber, as disposições deste Capítulo".

504. V. ECA, art. 155.

intervenção do poder jurisdicional. Não se trata de legitimação processual; esta, de natureza extraordinária[505] ou derivada exclusivamente da vontade do legislador em legitimar alguém para a defesa de direito ou interesse em juízo, pertence exclusiva e institucionalmente ao Ministério Público.

Para a propositura da ação, no cumprimento desse encargo legal, o Ministério Público se vale de procedimento administrativo ou mesmo de inquérito civil[506], procedendo a investigações destinadas à formação da sua convicção quanto à necessidade de perda ou suspensão do poder familiar, mormente se levando em conta o princípio básico da prevalência da família[507].

Situação interessante advém do sistema de acolhimento. Verificada a impossibilidade de reintegração familiar do acolhido pela equipe técnica da entidade ou pelo órgão municipal responsável pela política de convivência familiar, será encaminhado relatório ao Ministério Público, com recomendação para a destituição do poder familiar, perda da tutela ou guarda[508]. "Recebido o relatório, o Ministério Público terá o prazo de 15 (quinze) dias[509] para o ingresso com a ação de destituição do poder familiar, salvo se entender necessária a realização de estudos complementares ou de outras providências indispensáveis ao ajuizamento da demanda."[510]

O problema surge quando o Ministério Público entende de forma diversa, ou seja, quando está convencido de que a destituição do poder familiar não é possível juridicamente. A primeira observação diz respeito ao fato de que as soluções contrapostas, reintegração familiar ou destituição do poder familiar, não são opções ideológicas ou atos de vontade pessoal. Repousam na presença de uma ou mais causas legais determinantes da

---

505. Substituição processual do direito da criança, autorizada pela lei.

506. No ECA, o inquérito civil, nos termos do art. 201, V, também serve para arrimar investigações sobre violações ou ameaças a direitos individuais.

507. V. § 141, Capítulo XIX, deste livro.

508. ECA, art. 101, § 9º.

509. O prazo anterior, instituído pela Lei n. 12.010, de 3 de agosto de 2019, era de 30 dias. Foi alterado para 15 dias pela Lei n. 13.509, de 22 de novembro de 2019.

510. ECA, art. 101, § 10.

perda do poder familiar, na ausência de qualquer exculpação e na absoluta impossibilidade de reatamento dos vínculos naturais. Tudo isso por vontade do legislador, que ocupa, em um regime democrático, posição de proeminência sobre qualquer interveniente do processo.

Persistindo a divergência, orientação aos juízes adveio no Provimento n. 32, do CNJ, que em seu art. 5°, parágrafo único, prescreveu: "Caso o entendimento do Ministério Público seja pela não propositura da ação de destituição do poder familiar dos pais biológicos e a manutenção do acolhimento, ante o risco da perpetuação da indefinição da situação, recomenda-se ao magistrado, diante da excepcionalidade e provisoriedade da medida protetiva de acolhimento, que encaminhe cópia dos autos ao Procurador-Geral de Justiça para eventual reexame, podendo, para tanto, se utilizar da analogia com o disposto no art. 28 do CPP"[511]. Resolvido pelo Chefe do Ministério Público o conflito, sua decisão vem com a força da definitividade, de modo que, se a solução for de propositura da ação, outro Promotor de Justiça deve ser designado, em respeito à independência funcional do anterior. Caso entenda necessárias novas ou outras providências visando à reintegração familiar, retornará os autos ao Promotor de origem para o continuar de seu trabalho, comunicando o Procurador-Geral de Justiça sua decisão à autoridade judiciária.

Tanto o procedimento de destituição como o de suspensão do poder familiar iniciam-se com a apresentação da petição inicial. Nos termos do ECA, deve conter os requisitos do art. 156[512], exigências relacionadas à

---

511. CPP: "Art. 28. Se o órgão do Ministério Público, ao invés de apresentar a denúncia, requerer o arquivamento do inquérito policial ou de quaisquer peças de informação, o juiz, no caso de considerar improcedentes as razões invocadas, fará remessa do inquérito ou peças de informação ao procurador-geral, e este oferecerá a denúncia, designará outro órgão do Ministério Público para oferecê-la, ou insistirá no pedido de arquivamento, ao qual só então estará o juiz obrigado a atender". Norma semelhante encontra residência no art. 181, § 2°, do ECA, ao tratar do arquivamento de peças relacionadas à prática de ato infracional.

512. "A petição inicial indicará: I — a autoridade judiciária a que for dirigida; II — o nome, o estado civil, a profissão e a residência do requerente e do requerido, dispensada a qualificação em se tratando de pedido formulado por representante do Ministério Público; III — a exposição sumária do fato e o pedido; IV — as provas que serão produzidas, oferecendo, desde logo, o rol de testemunhas e documentos."

CURSO DE DIREITO DA CRIANÇA E DO ADOLESCENTE

competência[513], qualificação das partes, exposição da causa de pedir, definição do pedido e requerimento de provas, inclusive com rol de testemunhas.

Considerando as regras do CPC, presentes no art. 319, verificam-se ausências de requisitos concernentes ao valor da causa[514] e à "opção do autor pela realização ou não de audiência de conciliação ou de mediação"[515]. Quanto ao valor da causa, anote-se que, de acordo com a regra do art. 291 do CPC, a "toda causa será atribuído valor certo, ainda que não tenha conteúdo econômico imediatamente aferível", havendo referência no CPC à causa "de valor inestimável"[516]. Quanto à segunda omissão, é de observar que, nas "ações de família, todos os esforços serão empreendidos para a solução consensual da controvérsia, devendo o juiz dispor do auxílio de profissionais de outras áreas de conhecimento para a mediação e conciliação"[517], de modo que se reafirmam a tradição e a essência do juízo da infância em buscar soluções que promovam a manutenção dos vínculos com a família natural, fazendo-os independentemente de requerimento constante da preambular.

Prescreve o art. 157 do ECA que, "havendo motivo grave, poderá a autoridade judiciária, ouvido o Ministério Público, decretar a suspensão do poder familiar, liminar ou incidentalmente, até o julgamento definitivo da causa, ficando a criança ou adolescente confiado a pessoa idônea, mediante termo de responsabilidade". A suspensão do poder familiar, portanto, pode se constituir em antecipação da tutela na hipótese de ação autônoma de suspensão do poder familiar ou se configurar em tutela provisória de urgência, antecipada ou incidental, em relação a um processo de destituição do poder familiar.

---

513. Em regra, juízo da infância e da juventude, ficando o de família reservado àquelas hipóteses em que a suspensão ou perda do poder familiar constituírem-se em medidas conexas a demandas já existentes entre os pais, sendo o pedido por um ou outro deduzido.

514. CPC, art. 319, V.

515. CPC, art. 319, VII.

516. CPC, art. 77, § 5°.

517. CPC, art. 694.

Não é possível a concessão de antecipação do provimento final nos procedimentos de perda do poder familiar, sendo a suspensão a medida adequada à eventual proteção de criança ou adolescente. Isso porque, ainda que excepcionalmente possível a recobrada do poder familiar, a destituição tem caráter de definitividade, de sorte que presente a regra estatuída no § 3°, do art. 300, do CPC: "A tutela de urgência de natureza antecipada não será concedida quando houver perigo de irreversibilidade dos efeitos da decisão". A destituição, por exemplo, abre as portas para a adoção, instituto que rompe todos os vínculos com a família natural, impondo o caráter de irreversibilidade, indesejado pelo legislador no âmago de tutelas antecipadas.

A Lei da Adoção[518] introduziu 2 (dois) parágrafos no art. 157 do ECA. O primeiro[519] trata da determinação de realização de estudo social ou perícia no nascedouro da ação de suspensão ou perda do poder familiar, com a finalidade de "comprovar a presença de uma das causas de suspensão ou destituição".

Estudo social, perícia interprofissional ou multidisciplinar não têm por finalidade comprovar causa de suspensão ou destituição do poder familiar; essa tarefa pertence ao processo judicial, assegurados o contraditório e a ampla defesa, circunscrevendo-se o trabalho técnico à verificação das condições de vida dos pais e dos filhos, e de seus determinantes sociais, propiciando conclusões que devem ser encaminhadas, mediante relatório, à autoridade judiciária.

Incursões sobre a presença ou não das causas legais conflitam também com o mencionado § 10 do art. 101 do ECA, pois o dispositivo em apreço pressupõe, na hipótese de criança em acolhimento familiar ou institucional,

---

518. Lei n. 13.509, de 22 de novembro de 2017.

519. ECA: "Art. 157. [...] § 1° Recebida a petição inicial, a autoridade judiciária determinará, concomitantemente ao despacho de citação e independentemente de requerimento do interessado, a realização de estudo social ou perícia por equipe interprofissional ou multidisciplinar para comprovar a presença de uma das causas de suspensão ou destituição do poder familiar, ressalvado o disposto no § 10 do art. 101 desta Lei, e observada a Lei n. 13.431, de 4 de abril de 2017".

CURSO DE DIREITO DA CRIANÇA E DO ADOLESCENTE

que o responsável pelo programa elabore um plano individual de atendimento[520], levando em conta os resultados da avaliação interdisciplinar. Dessa forma, cabe ao juiz aferir se os laudos juntados são suficientes, aguardando eventuais requerimentos de provas pela defesa, nessa fase processual ainda não partícipe da relação processual.

O segundo dispositivo introduzido no procedimento de destituição do poder familiar concerne à necessidade de intervenção, "junto à equipe interprofissional ou multidisciplinar referida no § 1º deste artigo, de representantes do órgão federal responsável pela política indigenista", com expressa remissão ao § 6º do art. 28 do ECA, que prescreve condicionantes à apreciação de pedidos dessa natureza, considerando aspectos culturais distintos das comunidades indígenas. A primeira observação processual é de que a intervenção deve ser no processo e não apenas junto aos responsáveis pelo estudo técnico ou perícia, de modo que a autoridade judiciária deve atentar para a regra do art. 63 da Lei n. 6.001, de 19 de dezembro de 1973[521]. O órgão de proteção ao indígena, de acordo com a Lei n. 5.371, de 5 de dezembro de 1967, é a Fundação Nacional do Índio (Funai, atualmente denominada Fundação Nacional dos Povos Indígenas), que deverá, portanto, ser citada como assistente. Importante salientar que a presença da Funai não desloca a competência para a Justiça Federal em razão da prevalência do juízo da infância e da juventude, posto que o principal interesse a ser resguardado, inclusive o de manutenção de vínculos, é o da criança e do adolescente, de modo que a especialização tem primazia sobre qualquer interesse da União em participar do feito. Nesse sentido, vale observar que a Funai pode declinar do seu interesse, sustentando, por exemplo, não concorrer a condição de indígena à criança ou aos seus pais, de modo que o juízo da infância e da juventude ostenta melhores condições de aferir o melhor interesse a prevalecer no caso concreto. Lembre-se, todavia, de

---

520. ECA, art. 101, § 6º, I.

521. Estatuto do Índio, art. 63: "Nenhuma medida judicial será concedida liminarmente em causas que envolvam interesse de silvícolas ou do Patrimônio Indígena, sem prévia audiência da União e do órgão de proteção ao índio".

que o juízo de falta de interesse de intervenção pertence originalmente à Funai, que deve ser citada tão logo a pretensão de destituição seja deduzida.

Os réus, pai ou mãe, ou ambos[522], serão citados para apresentação de contestação, resposta escrita com indicação de provas e rol de testemunhas, no prazo de 10 (dez) dias[523]. O prazo especial difere do estabelecido no CPC para o procedimento comum[524], de modo que sua desatenção determina a ocorrência do fenômeno da revelia, materializada apenas na desobrigação de comunicação dos atos processuais.

A citação é pessoal e devem ser esgotados todos os meios para efetivação pessoal do ato[525], sob pena de nulidade absoluta, defluída a conclusão das normas que tratam da citação dos pais nessas ações, bem como do valor da manutenção dos vínculos naturais expresso em inúmeras regras do ECA, destacando-se como um dos princípios que informam a aplicação de qualquer medida de proteção o da prevalência da família, de modo que crianças e adolescentes sejam mantidos em sua família natural ou extensa ou a ela reintegrados[526].

O privado de liberdade tem o direito de ser citado pessoalmente[527], admitindo-se em relação aos demais também a citação por hora certa[528] e a citação por edital, que se rege pelas normas gerais do CPC[529], definindo o ECA regras especiais relacionadas ao prazo, 10 dias, e publicação única[530].

Como forma de tutela complementar à manutenção dos vínculos, prescreve a lei que: "Se o requerido não tiver possibilidade de constituir

---

522. Na suspensão ou destituição do poder familiar, os réus sempre serão o pai ou mãe, ou ambos. Terceiro não exerce o poder familiar, muito embora possa exercitar direitos e deveres que o compõem, como o exercício da guarda e da tutela, e possa sofrer ações outras, como a de perda de guarda ou tutela.

523. ECA, art. 158.

524. CPC, art. 335: "O réu poderá oferecer contestação, por petição, no prazo de 15 (quinze) dias".

525. ECA, art. 158, § 1º.

526. ECA, art. 100, parágrafo único, X.

527. ECA, art. 158, § 2º.

528. ECA, art. 158, § 3º.

529. CPC, arts. 256 a 259.

530. ECA, art. 159, § 4º.

advogado, sem prejuízo do próprio sustento e de sua família, poderá requerer, em cartório, que lhe seja nomeado dativo, ao qual incumbirá a apresentação de resposta, contando-se o prazo a partir da intimação do despacho de nomeação"[531]. Hoje, por dativo entenda-se defensor público ou advogado nomeado pelo juiz, defluindo ainda do texto legal que o réu, considerando a magnitude do direito em lide, não precisa buscar por seus próprios meios a assistência judiciária, sendo obrigação do cartório buscar a materialização desse direito, devendo registrar não só o comparecimento do requerido, mas também todas as providências encetadas para sua efetivação.

Durante o transcorrer do processo, "É obrigatória a oitiva dos pais sempre que eles forem identificados e estiverem em local conhecido, ressalvados os casos de não comparecimento perante a Justiça quando devidamente citados"[532].

Anote-se também que, quando da citação do privado de liberdade, este deverá se manifestar se deseja que lhe seja nomeado defensor[533], sem prejuízo da nomeação de curador especial ao preso revel, nos termos do art. 72, II, do CPC. Além disso, na instrução deverá ser necessariamente ouvido, consoante prescreve o disposto no art. 161, § 5°, do ECA: "Se o pai ou a mãe estiverem privados de liberdade, a autoridade judicial requisitará sua apresentação para a oitiva". Todas essas normas estão em consonância com o princípio da "oitiva obrigatória e participação", definida no inciso XII do parágrafo único do art. 100 do ECA da seguinte forma: "a criança e o adolescente, em separado ou na companhia dos pais, de responsável ou de pessoa por si indicada, bem como os seus pais ou responsável, têm direito a ser ouvidos e a participar nos atos e na definição da medida de promoção dos direitos e de proteção, sendo sua opinião devidamente considerada pela autoridade judiciária competente".

---

531. ECA, art. 159.

532. ECA, art. 161, § 4°.

533. ECA, art. 159, parágrafo único.

Na ação de suspensão ou destituição do poder familiar, a revelia não produz o efeito da presunção de veracidade das alegações de fato formuladas pelo autor[534], porquanto o litígio versa sobre direitos indisponíveis[535]. Diz o ECA que, citado o réu e "não for contestado o pedido e tiver sido concluído o estudo social ou a perícia realizada por equipe interprofissional ou multidisciplinar, a autoridade judiciária dará vista dos autos ao Ministério Público, por 5 (cinco) dias, salvo quando este for o requerente, e decidirá em igual prazo"[536]. Em relação à prova, neste caso de revelia derivada da ausência de contestação e citação pessoal, contentou-se o legislador com o estudo social ou perícia, o que somente é suficiente quando a questão de fato se apresentar estreme de dúvidas.

Além da indisponibilidade que marca o direito em lide, nos casos de citação ficta, por edital ou hora certa, a contestação do curador especial, ainda que por negativa geral[537], torna controvertidos todos os fatos narrados na exordial, exigindo-se produção de provas. De toda sorte, é de observar a regra do art. 348 do CPC: "Se o réu não contestar a ação, o juiz, verificando a inocorrência do efeito da revelia previsto no art. 344, ordenará que o autor especifique as provas que pretenda produzir, se ainda não as tiver indicado". Nesse sentido a redação do § 1º do art. 161 do ECA, dada pela Lei n. 13.509, de 22 de novembro de 2017, que determina a oitiva obrigatória de "testemunhas que comprovem a presença de uma das causas de suspensão ou destituição do poder familiar"[538].

Sob o prisma da completude da relação processual, é de observar a desnecessidade de nomeação de curador especial à criança e ao adolescente cujos pais respondam aos termos de ação de suspensão ou destituição do

---

534. CPC, art. 344.

535. CPC, art. 345, II.

536. ECA, art. 161.

537. CPC, art. 341, parágrafo único.

538. ECA, art. 161, § 1º: "A autoridade judiciária, de ofício ou a requerimento das partes ou do Ministério Público, determinará a oitiva de testemunhas que comprovem a presença de uma das causas de suspensão ou destituição do poder familiar previstas nos arts. 1.637 e 1.638 da Lei n. 10.406, de 10 de janeiro de 2002 (Código Civil), ou no art. 24 desta Lei".

poder familiar, conforme já havia sido sinalizado pela jurisprudência, agora em razão de regra clara da Lei n. 13.509, de 22 de novembro de 2017, que introduziu o § 4º ao art. 162 do ECA: "Quando o procedimento de destituição de poder familiar for iniciado pelo Ministério Público, não haverá necessidade de nomeação de curador especial em favor da criança ou adolescente". Mesmo que a ação de suspensão ou de perda do poder familiar tenha outros no polo ativo da relação processual, não será necessária a nomeação de curador especial à criança ou adolescente, posto que o Ministério Público atuará obrigatoriamente no processo, intervenção definida em razão da presença de interesse de incapaz[539] e derivada da própria natureza da causa[540], constituindo-se, sempre nesses casos, como instituição defensora do direito à convivência familiar.

As ações de suspensão ou destituição do poder familiar podem tramitar estando os réus na guarda do filho. Como a guarda é da essência do poder familiar, a possibilidade de sua modificação como resultado da ação proposta impõe o cuidado da oitiva de criança ou adolescente, respeitado seu estágio de desenvolvimento e grau de compreensão sobre o conflito. É o que prescreve o § 3º do art. 161 do ECA, na esteira de que é detentor do magno direito à convivência familiar, devendo sua opinião ser devidamente considerada. Não se trata de um mero espectador da demanda entre as partes maiores e capazes, entre seus pais ou entre seus genitores e instituições, como o Ministério Público, mas do principal interessado em uma solução que contemple a realização de seus direitos, especialmente garantidor de um espaço de criação, desenvolvimento e proteção.

Deve-se ressaltar, considerando os fundamentos da demanda, a necessidade de observância das cautelas para a oitiva de crianças e adolescentes previstas na Lei n. 13.431, de 4 de abril de 2017, de modo a afastar qualquer forma de revitimização.

---

539. CPC, art. 178, II.
540. CPC, art. 178, I.

Contestado o pedido de suspensão ou perda do poder familiar, as partes, caso não tenham feito quando da apresentação da inicial e da contestação, deverão especificar outras provas que pretendam produzir, providência necessária porquanto a indisponibilidade do direito em lide prevalece sobre eventual preclusão decorrente de omissões naquelas peças, ouvindo-se também o Ministério Público quando este não for o autor da demanda[541].

Segue-se a designação de audiência, ato processual primordialmente estabelecido para a produção da prova oral[542], devendo ser seguida a ordem estabelecida no CPC. Assim, deverão ser ouvidos em primeiro lugar os responsáveis pelo relatório ou laudo pericial[543], seguindo-se os depoimentos pessoais, autor e em seguida o réu, oitiva das testemunhas arroladas pelo autor e depois as indicadas pelo réu, passando-se para os debates com as manifestações sucessivas do requerente, do requerido e do Ministério Público, pelo tempo de 20 (vinte) minutos cada um, prorrogável por mais 10 (dez)[544]. "A decisão será proferida na audiência, podendo a autoridade judiciária, excepcionalmente, designar data para sua leitura no prazo máximo de 5 (cinco) dias."[545]

A sentença que decretar a perda ou a suspensão do poder familiar será averbada à margem do registro de nascimento da criança ou do adolescente[546]. Trata-se de providência que reclama o trânsito em julgado, pois a averbação tem o condão de permitir a adoção da criança ou adolescente, de modo que esta prova, no processo específico, pode gerar consequência irreversível. Assim, como na averbação do divórcio como requisito permissivo de um novo casamento, o registro se faz por carta de sentença,

---

541. ECA, art. 162.

542. CPC, art. 361.

543. Na hipótese da ausência nos autos, ou se assim entender o magistrado, de ofício ou a requerimento de qualquer das partes ou do Ministério Público.

544. ECA, art. 162, § 2º.

545. ECA, art. 161, § 3º.

546. ECA, art. 163, parágrafo único.

CURSO DE DIREITO DA CRIANÇA E DO ADOLESCENTE

instruída, entre outras peças, com certidão de que a decisão não pode mais ser impugnada por qualquer meio recursal.

Do princípio da celeridade processual, consequência da própria efemeridade dos direitos da criança e do adolescente, decorre a regra que fixa em 120 (cento e vinte) dias o término dos processos de suspensão e perda do poder familiar[547]. Isso não significa, todavia, que o procedimento se contente com a cognição sumária, com a substituição do necessário juízo de certeza pela mera aferição de plausibilidade do direito invocado. O poder familiar representa um dos mais importantes direitos da cidadela civil do indivíduo, de modo que o seu coarctar somente é possível quando evidenciadas sérias razões factuais determinantes da grave providência, geradora do rompimento de vínculos decorrentes da própria natureza das coisas.

---

547. ECA: "Art. 163. O prazo máximo para conclusão do procedimento será de 120 (cento e vinte) dias, e caberá ao juiz, no caso de notória inviabilidade de manutenção do poder familiar, dirigir esforços para preparar a criança ou o adolescente com vistas à colocação em família substituta".

XIV

Direito à convivência comunitária

94. Conteúdo

O direito à convivência comunitária consiste no interesse juridicamente protegido da criança ou adolescente de se relacionar nos grupos sociais, em situação de respeito e segurança. É o direito de participar da vida pública, entendida como a possibilidade de interagir com pessoas ligadas por razões de identidade, estabelecendo discussões e atividades comuns.

Abrange o direito à inclusão, compreendida como a interação universal promovida por iniciativas tendentes à superação de limitações e desigualdades, físicas, culturais e econômicas, objetivando a construção e a manutenção de uma sociedade sem qualquer tipo de discriminação e acolhedora de todos, sem exceção. Seu antônimo é a exclusão, representada especialmente pela impossibilidade de apropriação dos bens da vida garantidos pelos direitos sociais ante impeditivos especialmente derivados da pobreza, principal causa das desigualdades[548].

---

548. Um dos instrumentos de medição da desigualdade é o Índice de Gini, equação matemática de estabelecimento do grau de concentração de renda em razão da diferença dos rendimentos dos mais ricos e dos mais pobres.

CURSO DE DIREITO DA CRIANÇA E DO ADOLESCENTE

No âmbito do direito da criança e do adolescente, o direito à convivência comunitária importa fundamentalmente socialização, aprendizado de ideias, comportamentos e de sua partilha, imprescindíveis ao desenvolvimento individual e à construção de uma identidade coletiva. Repudia ao direito o isolamento de criança ou adolescente, posto que a interação é imprescindível para o desenvolvimento integral na primeira infância, constituindo a convivência comunitária uma das suas áreas prioritárias, consoante a Lei n. 13.257, de 8 de março de 2016[549]. Não se trata de opção dos pais ou responsável, cujos interesses são secundários ante a importância do desenvolvimento saudável e sua repercussão em toda a vida do sujeito.

A convivência comunitária opera-se principalmente na escola nas fases da infância e adolescência, de modo que sua responsabilidade é imensa. Dessa forma, tem a obrigação de promover a inclusão e garantir a existência de ambiente de respeito e segurança, especialmente considerando a diversidade na composição da sociedade, que se reflete em todos os segmentos sociais. Permitir ou consentir na exclusão, no isolamento, é atrasar a caminhada em direção ao Estado democrático de direito, prometido pela Constituição da República, valendo lembrar que o direito à convivência familiar é de matriz constitucional, residente no art. 227, caput, da Constituição da República.

Todas as formas de agrupamento social, como clubes e equipamentos culturais, promovem a convivência comunitária, de modo que ficam sujeitos às regras disciplinadoras das relações humanas, particularmente se subordinando à ordem inserta no art. 70 do ECA: "É dever de todos prevenir a ocorrência de ameaça ou violação dos direitos da criança e do adolescente". Assim, têm a obrigação de promover a inclusão e garantir ambiente de respeito e segurança, defluindo responsabilidades que transcendem os limites da própria organização, pública ou privada, constituindo-se também

---

549. "Art. 5º Constituem áreas prioritárias para as políticas públicas para a primeira infância a saúde, a alimentação e a nutrição, a educação infantil, a convivência familiar e comunitária, a assistência social à família da criança, a cultura, o brincar e o lazer, o espaço e o meio ambiente, bem como a proteção contra toda forma de violência e de pressão consumista, a prevenção de acidentes e a adoção de medidas que evitem a exposição precoce à comunicação mercadológica."

em agências educacionais necessárias ao desenvolvimento da criança ou do adolescente[550].

Família e comunidade são espaços de convivência, de contatos frequentes, e representam valores importantes para o desenvolvimento e a segurança de crianças e adolescentes, tanto que o interesse de fazer parte desses núcleos básicos foi erigido à categoria de direito. Todavia, o ECA não reproduz concepção que sejam perfeitos e sempre adequados, uma vez que, não raras vezes, representam o perigo e a violência[551], de modo que o reconhecimento de sinais de abuso, para o encetar das medidas próprias, é providência imprescindível para a efetivação da proteção de crianças ou adolescentes. Permitir o isolamento ou impedir a convivência comunitária é retirar do espaço público a possiblidade de controle da violência, enfraquecendo o sistema de proteção aos mais vulneráveis.

95. Direito à preservação da individualidade

O direito à convivência comunitária, na expressão da liberdade de participação[552], não importa, sob o prisma jurídico, aniquilamento da individualidade. Nas suas interações sociais, a criança ou o adolescente conservam o direito à imagem, à identidade, à autonomia, a valores, ideias, crenças, espaços e objetos pessoais, aspectos inerentes ao direito ao respeito, conceituado no art. 17 do ECA[553]. No equilíbrio da convivência

---

550. A rua, o quarteirão, o bairro, o aglomerado urbano ou rural também são espaços comunitários geograficamente aderentes, indutores de convivência social. Verdadeiras agências de aprendizagem, resultados de sua cultura e história, podem, mediante projetos comunitários destinados à proteção à infância e juventude, contribuir na realização do direito à convivência comunitária.

551. A 14ª Edição do *Anuário Brasileiro de Segurança Pública*, publicação do Fórum Brasileiro da Segurança Pública, com dados do primeiro semestre de 2020, aponta que 84,7% dos casos de estupro são constituídos de autores que eram conhecidos das vítimas, familiares ou pessoas que mantinham contato com os ofendidos.

552. V. § 37, Capítulo VII, deste livro.

553. ECA: "Art. 17. O direito ao respeito consiste na inviolabilidade da integridade física, psíquica e moral da criança e do adolescente, abrangendo a preservação da imagem, da identidade, da autonomia, dos valores, ideias e crenças, dos espaços e objetos pessoais".

familiar[554], comunitária e no tempo próprio, exclusivamente pessoal, encontra-se o manancial para o desenvolvimento e a atualização das potencialidades, de sorte que o direito da criança e do adolescente rechaça o sufocamento. A indicação da importância da convivência comunitária, bem como de sua dicção como direito, não implica primazia sobre outras necessidades, igualmente importantes no desenvolvimento saudável.

Além disso, a relação familiar ou comunitária pode ser nociva ou tóxica, razão de o legislador garantir à criança ou ao adolescente a liberdade de buscar refúgio, auxílio e orientação[555], evidenciando o desiderato de proteção que se sobrepõe a preconceitos estabelecidos pelo mundo adulto em relação à intensidade da socialização. Nos extremos do isolacionismo e do coletivismo exclusivista, encontram-se ameaças de lesão a direitos fundamentais da criança e do adolescente, impedientes ao equilíbrio necessário para os progressos nos campos pessoal e social.

96. Intimidação sistemática (*bullying*) e convivência social

A Lei n. 13.185, de 6 de novembro de 2015, ao instituir o Programa de Combate à Intimidação Sistemática, trouxe o conceito, formas, caracterização e iniciativas tendentes ao combate do chamado *bullying*. Considera a intimidação sistemática "todo ato de violência física ou psicológica intencional e repetitiva que ocorra sem motivação evidente, praticado por indivíduo ou grupo, contra uma ou mais pessoas, com o objetivo de intimidá-la e agredi-la, causando dor e angústia à vítima, em uma relação de desiquilíbrio de poder entre as partes envolvidas"[556].

Intimidar é constranger e/ou causar sofrimento, caracterizando-se como *bullying* quando a prática é reiterada ou contumaz. Sistemática, no

---

554. V. Capítulo XIII deste livro.

555. ECA, art. 16, VII.

556. Lei n. 13.185/2015, art. 1º, § 1º.

sentido de constrangimento frequente, continuado ou repetido amiúde. É manifestada através de várias maneiras, nas ordens básicas de violência física ou psicológica, mas todas causam dor e angústia às vítimas. Podem atingir pessoas de qualquer idade, mas têm como destinatários costumeiros crianças e adolescentes, que, pela sua vulnerabilidade ou diminuída capacidade de reação, são vítimas preferenciais em razão do maior poder de seus algozes.

A violência física ou psicológica, de acordo com o art. 2º da Lei n. 13.185, de 6 de novembro de 2015, opera-se mediante atos de intimidação, humilhação ou discriminação, materializando-se, ainda de acordo com o dispositivo citado, em: (a) ataques físicos; (b) insultos pessoais; (c) comentários sistemáticos e apelidos pejorativos; (d) ameaças por quaisquer meios; (e) grafites depreciativos; (f) expressões preconceituosas; (g) isolamento social consciente e premeditado; e (h) pilhérias.

O legislador, na lei citada, trouxe ainda uma classificação das formas de intimidação[557], assim consideradas: (a) intimidação verbal: insultar, xingar e apelidar pejorativamente; (b) intimidação moral: difamar, caluniar, disseminar rumores; (c) intimidação sexual: assediar, induzir e/ou abusar; (d) intimidação social: ignorar, isolar e excluir; (e) intimidação psicológica: perseguir, amedrontar, aterrorizar, intimidar, dominar, manipular, chantagear e infernizar; (f) intimidação física: socar, chutar, bater; (g) intimidação material: furtar, roubar, destruir pertences de outrem; (h) intimidação virtual: depreciar, enviar mensagens intrusivas da intimidade, enviar ou adulterar fotos e dados pessoais que resultem em sofrimento ou com o intuito de criar meios de constrangimento psicológico e social.

A prática exige o dolo, a vontade livre e consciente de constranger ou lesionar a vítima repetidamente, perpetuando sua angústia e sofrimento. Juridicamente, pode-se manifestar pela realização de figuras típicas, ou seja, crimes e contravenções penais.

---

557. Lei n. 13.185/2015, art. 3º.

Quando o autor do *bullying* for criança ou adolescente, pode praticar ato infracional[558], ficando sujeito às medidas socioeducativas ou de proteção, conforme o caso. Considerando que a Lei n. 13.185, de 6 de novembro de 2015, tem como um dos eixos básicos de combate à intimidação sistemática também a educação, assistência e tratamento aos agressores, afiguram-se como tentativas necessárias para a solução cultural do problema as medidas de proteção de orientação e acompanhamento dos ofensores, na forma do art. 101, II, do ECA[559], aplicáveis em razão da própria conduta do autor, de acordo com o art. 98, III, do mesmo ECA[560].

A Lei n. 14.811, de 12 de janeiro de 2024, incluiu no Código Penal as figuras típicas dos crimes de "bullying" e de "cyberbullying", assim definidas:

"Intimidação sistemática (*bullying*)

Intimidar sistematicamente, individualmente ou em grupo, mediante violência física ou psicológica, uma ou mais pessoas, de modo intencional e repetitivo, sem motivação evidente, por meio de atos de intimidação, de humilhação ou de discriminação ou de ações verbais, morais, sexuais, sociais, psicológicas, físicas, materiais ou virtuais:

Pena - multa, se a conduta não constituir crime mais grave.

Intimidação sistemática virtual (*cyberbullying*)

Parágrafo único. Se a conduta é realizada por meio da rede de computadores, de rede social, de aplicativos, de jogos on-line ou por qualquer outro meio ou ambiente digital, ou transmitida em tempo real:

Pena - reclusão, de 2 (dois) anos a 4 (quatro) anos, e multa, se a conduta não constituir crime mais grave."

---

558. ECA, art. 103.

559. ECA: "Art. 101. Verificada qualquer das hipóteses previstas no art. 98, a autoridade competente poderá determinar, dentre outras, as seguintes medidas: [...] II — orientação, apoio e acompanhamento temporários".

560. "Art. 98. As medidas de proteção à criança e ao adolescente são aplicáveis sempre que os direitos reconhecidos nesta Lei forem ameaçados ou violados: [...] III — em razão de sua conduta."

97. Cyberbullying

Diz a lei que: "Há intimidação sistemática na rede mundial de computadores (*cyberbullying*), quando se usarem os instrumentos que lhe são próprios para depreciar, incitar a violência, adulterar fotos e dados pessoais com o intuito de criar meios de constrangimento psicossocial"[561]. O conceito vem completado pelo contido na Lei n. 12.965, de 23 de abril de 2014, que, ao estabelecer o chamado Marco Civil da Internet, prescreveu o direito do usuário à "inviolabilidade da intimidade e da vida privada, sua proteção e indenização pelo dano material ou moral decorrente de sua violação", bem como explicitou com um dos fundamentos do uso da internet no Brasil o respeito aos direitos humanos[562].

Dessa forma, a intimidação sistemática pela rede mundial de computadores também encontra vedação expressa, podendo levar à caracterização de ilícitos, como crimes, contravenções e atos infracionais, sujeitando seus autores às sanções previstas em lei para as condutas típicas, sem prejuízo da responsabilidade civil e da necessidade de intervenção, quando autores crianças e adolescentes, através da aplicação de medidas de orientação e assistência.

Os pais ou o responsável devem estar particularmente atentos aos sinais de que uma criança ou adolescente esteja sendo vítima do *cyberbullying*, especialmente o repentino desinteresse pelo mundo digital ou mudanças de hábitos em relação ao uso da internet. A utilização das próprias ferramentas digitais de denúncias dessas práticas, presentes em aplicativos conhecidos como o Facebook, Instagram, YouTube e Twitter, auxilia no combate dessas práticas ofensivas, podendo ser usadas sem prejuízo de comunicação às autoridades responsáveis, ante a caracterização de ilícitos que demandam a intervenção dos Conselhos Tutelares, órgãos da Segurança Pública, Ministério Público e Poder Judiciário.

---

561. Lei n. 13.185/2015, art. 2º, parágrafo único.
562. Lei n. 12.965, de 23 de abril de 2014, art. 2º, I.

98. *Bullying* e racismo

O *bullying*, tal como disciplinado em lei, pode ser compreendido como uma conduta individual, realizada pessoalmente ou em concurso com outros com identidade de propósito, reiterada e ofensiva a terceiro, determinada pelo objetivo de causar angústia ou sofrimento. Pressupõe uma relação interpessoal em que o agressor está em uma situação de poder, da qual se aproveita para sua prática intimidatória, em regra mediante o realce da fragilidade ou de um aspecto distintivo da vítima.

Já o racismo expressa conteúdo ideológico de dominação e/ou de mantença de privilégios derivados de uma ideia de superioridade racial, presentes na estrutura social como resultado de formação cultural e política. Individualmente, pode-se revelar através de ações discriminatórias e/ou de preconceito racial, conceituadas como crimes nos termos da lei[563], mas que têm sua gênese na visão de inferioridade racial, reclamando ações afirmativas destinadas à superação das desigualdades, contribuindo para um estado de oportunidades absolutamente idênticas.

A distinção é necessária porquanto o *bullying* desafia ações eminentemente educacionais, destinadas à modificação de comportamentos indevidos, prejudiciais até mesmo ao próprio agressor. Já o racismo impõe, além das reprimendas pessoais derivadas dos crimes e atos infracionais perpetrados com essa motivação, atividades de transformação das instituições e da própria estrutura social. A tolerância zero às manifestações racistas no âmbito da convivência comunitária alavanca a necessária transformação cultural, em busca da absoluta igualdade, materialmente proscrevendo qualquer forma de discriminação.

---

563. V. Lei n. 7.716, de 5 de janeiro de 1989, que define os crimes de preconceito de raça ou de cor. O Senado Federal, aos 18 de novembro de 2021, aprovou a inclusão no nosso ordenamento jurídico do crime de injúria racial, sendo o texto remetido à Câmara dos Deputados para apreciação.

XV

Direito à cultura, aos esportes e ao lazer

99. Direito à cultura

Na letra do art. 227, caput, da Constituição da República, a criança e o adolescente têm direito à cultura, obrigação do Estado, sociedade e família. Compreende fundamentalmente o acesso a bens e direitos culturais, os de natureza material e imaterial, tomados individualmente ou em conjunto, portadores de referências à identidade, à ação, à memória dos diferentes grupos formadores da sociedade brasileira[564].

Nos bens culturais, ainda de acordo com o art. 216 da Constituição da República, incluem-se: (a) as formas de expressão; (b) os modos de criar, fazer e viver; (c) as criações científicas, artísticas e tecnológicas; (d) as obras, objetos, documentos, edificações e demais espaços destinados às manifestações artístico-culturais; e (e) os conjuntos urbanos e sítios de valor histórico, paisagístico, artístico, arqueológico, paleontológico, ecológico e científico.

---

564. CF, art. 216, caput.

CURSO DE DIREITO DA CRIANÇA E DO ADOLESCENTE

Depreende-se ainda do texto constitucional que a cultura é compreendida como os bens característicos gerais ou segmentados da sociedade, elementos diversificados cujo conjunto define a identidade nacional, explica a formação e determina sua história, revelados em conhecimentos transmitidos de geração em geração através de expressões materiais e imateriais, defluindo direitos culturais, relacionados ao acesso às suas fontes e às suas manifestações[565].

A importância da cultura no desenvolvimento da criança e do adolescente restou realçada no ECA pela sua inserção no contexto do processo educacional, expressamente consignando que "no processo educacional respeitar-se-ão os valores culturais, artísticos e históricos próprios do contexto social da criança e do adolescente, garantindo-se a estes a liberdade da criação e o acesso às fontes de cultura"[566].

Dessa forma, exigem-se as seguintes práticas educativas: (a) respeito aos valores do contexto social da criança ou do adolescente; (b) garantia de liberdade de criação; e (c) fomento ao acesso às fontes de cultura. Como se trata de imposições legais, escolhas do legislador, o educador, enquanto um dos sujeitos principais das práticas do ensinar-aprender, deve atuar no sentido de concretizar as expectativas definidas, ante as intencionalidades declaradas normativamente como resultados de um desejo social. Como a lei projeta comportamentos, tendo uma imensa potencialidade transformadora, expressa necessidades condizentes com a preservação de valores culturais, imprescindíveis no contínuo processo de formação da sociedade brasileira, diversa por excelência.

---

565. CF: "Art. 215: O Estado garantirá a todos o pleno exercício dos direitos culturais e acesso às fontes da cultura nacional, e apoiará e incentivará a valorização e a difusão das manifestações culturais. § 1º O Estado protegerá as manifestações das culturas populares, indígenas e afro-brasileiras, e das de outros grupos participantes do processo civilizatório nacional. § 2º A lei disporá sobre a fixação de datas comemorativas de alta significação para os diferentes segmentos étnicos nacionais. § 3º A lei estabelecerá o Plano Nacional de Cultura, de duração plurianual, visando ao desenvolvimento cultural do País e à integração das ações do poder público que conduzem à: I — defesa e valorização do patrimônio cultural brasileiro; II — produção, promoção e difusão de bens culturais; III — formação de pessoal qualificado para a gestão da cultura em suas múltiplas dimensões; IV — democratização do acesso aos bens de cultura; V — valorização da diversidade étnica e regional".

566. ECA, art. 58.

Os valores artísticos e históricos integram o mesmo conjunto, não raras vezes nominados apenas de culturais. Em sentido estrito, bens de valor artístico são aqueles que pela construção e representação material constituem-se em objetos reais ou potenciais de apropriação em razão do despertar da vontade de fruição. Os bens artísticos materializam-se em obras intelectuais, "criações do espírito expressas por qualquer meio ou fixadas em qualquer suporte, tangível ou intangível, conhecido ou que se invente no futuro, tais como: I — os textos de obras literárias, artísticas ou científicas; II — as conferências, alocuções, sermões e outras obras da mesma natureza; III — as obras dramáticas e dramático-musicais; IV — as obras coreográficas e pantomímicas, cuja execução cênica se fixe por escrito ou por outra qualquer forma; V — as composições musicais, tenham ou não letra; VI — as obras audiovisuais, sonorizadas ou não, inclusive as cinematográficas; VII — as obras fotográficas e as produzidas por qualquer processo análogo ao da fotografia; VIII — as obras de desenho, pintura, gravura, escultura, litografia e arte cinética; IX — as ilustrações, cartas geográficas e outras obras da mesma natureza; X — os projetos, esboços e obras plásticas concernentes à geografia, engenharia, topografia, arquitetura, paisagismo, cenografia e ciência; XI — as adaptações, traduções e outras transformações de obras originais, apresentadas como criação intelectual nova; XII — os programas de computador; XIII — as coletâneas ou compilações, antologias, enciclopédias, dicionários, bases de dados e outras obras, que, por sua seleção, organização ou disposição de seu conteúdo, constituam uma criação intelectual"[567].

A União, Estados, Distrito Federal e Municípios têm o dever de proteger os documentos, as obras e outros bens de valor histórico, artístico e cultural, os monumentos, as paisagens naturais notáveis e os sítios arqueológicos, bem como o de impedir a evasão, a destruição e a descaracterização de obras de arte e de outros bens de valor histórico, artístico ou cultural[568].

---

567. Lei n. 9.610, de 19 de fevereiro de 1998, art. 7º.

568. Cf. art. 23, III, IV.

CURSO DE DIREITO DA CRIANÇA E DO ADOLESCENTE

A Constituição Federal ainda garante a liberdade de aprender, ensinar, pesquisar e divulgar a arte[569].

Já os bens históricos são os de valor etnográfico, arqueológico, os monumentos naturais, além de sítios e paisagens de valor notável pela natureza ou a partir de uma intervenção humana. O Decreto-lei n. 25, de 30 de novembro de 1937, que organiza a proteção do patrimônio histórico e artístico nacional, estabelece em seu art. 1º que constitui "o patrimônio histórico e artístico nacional o conjunto dos bens móveis e imóveis existentes no país e cuja conservação seja de interesse público, quer por sua vinculação a fatos memoráveis da história do Brasil, quer por seu excepcional valor arqueológico ou etnográfico, bibliográfico ou artístico", equiparando a eles os "monumentos naturais, bem como os sítios e paisagens que importe conservar e proteger pela feição notável com que tenham sido dotados pela natureza ou agenciados pela indústria humana".

Todos os bens, culturais, artísticos e históricos, na soma, representam elementos formativos da identidade pessoal e social, de modo que o respeito e acesso aos existentes, bem como a preservação da liberdade de criação, permitem a reverência e o continuar da história, constituindo-se em componentes indissociáveis do processo educativo de crianças e adolescentes.

100. Direito aos esportes

O direito desportivo corresponde à disciplina jurídica das práticas esportivas formais e informais, as primeiras destinadas à competição e as segundas relacionadas à participação da pessoa em atividades lúdicas, de lazer e de recreação[570]. De acordo com o art. 3º da Lei n. 9.615, de 24 de março

---

569. CF, art. 206, III.

570. As principais leis de regência do desporto brasileiro são a Lei Geral do Desporto, a Lei Pelé, Lei n. 9.615, de 24 de março de 1998, e o Estatuto do Torcedor, Lei n. 10.671, de 15 de março de 2003.

de 1998, chamada de Lei Pelé, são consideradas manifestações esportivas: (a) o desporto educacional, voltado para o desenvolvimento integral do indivíduo e sua formação para o exercício da cidadania e a prática de lazer; (b) o desporto de participação, voltado para o bem-estar pessoal, a saúde, o lazer e para a integração e inclusão sociais; (c) o desporto de rendimento, voltado para o resultado e o espetáculo, que pode ser praticado de modo profissional ou não; e (d) o desporto de formação, caracterizado pelo fomento e aquisição inicial dos conhecimentos desportivos que garantam competência técnica na intervenção desportiva, com o objetivo de promover o aperfeiçoamento qualitativo e quantitativo da prática desportiva em termos recreativos, competitivos ou de alta competição.

O desporto, como direito individual, nos termos do art. 2º da mencionada lei, tem como princípios: (a) a soberania[571]; (b) a autonomia organizacional[572]; (c) a democratização do acesso[573]; (d) a liberdade de prática[574]; (e) do direito social[575]; (f) da diferenciação[576]; (f) da identidade nacional[577]; (g) da educação[578]; (h) da qualidade[579]; (i) da descentralização[580]; (j) da segurança[581]; e (k) da eficiência[582].

---

571. Supremacia nacional na organização da prática desportiva.

572. Liberdade das pessoas físicas e jurídicas de se organizarem para a prática desportiva.

573. Garantia de condições de acesso às atividades desportivas, sem quaisquer distinções ou formas de discriminação.

574. Expressa pela livre prática do desporto, de acordo com a capacidade e o interesse de cada um, associando-se ou não à entidade do setor.

575. Caracterizado pelo dever do Estado em fomentar as práticas desportivas formais e não formais.

576. Consubstanciado no tratamento específico dado ao desporto profissional e não profissional.

577. Refletido na proteção e incentivo às manifestações desportivas de criação nacional.

578. Voltado para o desenvolvimento integral do homem como ser autônomo e participante, fomentado por meio da prioridade dos recursos públicos ao desporto educacional.

579. Assegurado pela valorização dos resultados desportivos, educativos e dos relacionados à cidadania e ao desenvolvimento físico e moral.

580. Consubstanciado na organização e no funcionamento harmônicos de sistemas desportivos diferenciados e autônomos para os níveis federal, estadual, distrital e municipal.

581. Propiciado ao praticante de qualquer modalidade desportiva, quanto a sua integridade física, mental ou sensorial.

582. Obtido por meio do estímulo à competência desportiva e administrativa.

As definições e indicações de princípios revelam o reconhecimento do valor intrínseco do esporte no contexto da dimensão da pessoa humana, nada mais do que adequada leitura do seu fundamento constitucional, materializado na norma residente no art. 214 da Magna Carta[583].

O direito desportivo revela-se em quatro dimensões distintas, das quais derivam consequências absolutamente diversas, inclusive relacionadas à competência judicial: (1) a primeira materializada em relações interpessoais regulatórias do desporto enquanto bem coletivo, de inegável relevância pública; (2) a segunda composta de relações trabalhistas entre atletas, clubes, associações e entidades; (3) a terceira derivada das relações comerciais entre entidades de administração desportiva, de práticas esportivas, clubes, associações, dirigentes desportivos, empresários de mídia, patrocinadores etc., de cunho essencialmente patrimonial; e (4) a última derivada das relações concernentes à organização, disciplina e a práticas das competições, de matriz estritamente esportiva. Assim, as relações jurídicas desportivas podem ser consideradas: a) de relevância social; b) trabalhistas; c) comerciais; e d) estritamente esportivas.

As lides decorrentes da organização, disciplina e realização das competições pertencem exclusivamente à justiça desportiva e apenas reflexamente interessam a outras esferas jurisdicionais[584]. As comerciais são de competência da Justiça Comum, salvo quando embutida relação de trabalho que se constitua no traço proeminente da lide posta em juízo. Neste caso, a Justiça do Trabalho, especial, prevalece sobre a Comum. As comerciais contemplam

---

583. CF: "Art. 214. É dever do Estado fomentar práticas desportivas formais e não formais, como direito de cada um, observados: I — a autonomia das entidades desportivas dirigentes e associações, quanto a sua organização e funcionamento; II — a destinação de recursos públicos para a promoção prioritária do desporto educacional e, em casos específicos, para a do desporto de alto rendimento; III — o tratamento diferenciado para o desporto profissional e o não profissional; IV — a proteção e o incentivo às manifestações desportivas de criação nacional".

584. De acordo com a Constituição da República, o "Poder Judiciário só admitirá ações relativas à disciplina e às competições desportivas após esgotarem-se as instâncias da justiça desportiva, regulada em lei" (art. 217, § 1º), constituindo-se em condição especial de procedibilidade cuja ausência leva à carência da ação em razão da impossibilidade jurídica do pedido. O prazo para a justiça desportiva proferir decisão final é de sessenta dias, contados da instauração do processo (art. 217, § 2º).

relações de direito privado, incidindo princípios como da autonomia da vontade e da disponibilidade dos direitos. Os conflitos trabalhistas, ou decorrentes do contrato de trabalho, ou da sua principalidade quando de avenças conexas, são julgados pela Justiça do Trabalho e encerram validação de direitos individuais, muitos deles marcados pelos traços indeléveis da indisponibilidade, como aqueles decorrentes do desrespeito à dignidade da pessoa humana no âmbito das relações laborais.

As demandas desportivas de relevância social, justificadoras de ações coletivas, são aquelas que: a) dizem respeito aos valores fundamentais do esporte enquanto patrimônio sociocultural de um povo ou de uma coletividade; b) estão relacionadas à moralidade e honestidade das competições enquanto produto de apropriação das massas, de modo que dependentes de medidas inibitórias e ressarcitórias de eventuais danos morais coletivos ou difusos; c) concernem a situações reveladoras de ganhos ilícitos, evasão de divisas, sonegação fiscal, lavagem de dinheiro, apropriação indébita contra a previdência social, fraude nas demonstrações contábeis e nos balanços patrimoniais, causa de descrédito ético das práticas esportivas de competição e de espetáculo; d) estão referenciadas ao controle social do dinheiro público; e) indicam situações de desconforto, perigo ou determinantes de danos causados aos frequentadores de estádios, praças e ginásios esportivos; e f) dizem respeito à transmissão de concepções incompatíveis com aquelas que informam o Estado brasileiro, especialmente relacionados à soberania, à cidadania, à dignidade da pessoa humana, aos valores sociais do trabalho e da livre-iniciativa e do pluralismo político.

Na esfera dos direitos da criança e do adolescente, considerando o disposto no art. 71 do ECA, as práticas desportivas, em qualquer das suas manifestações[585], devem levar em conta a imperiosa necessidade de respeito à condição peculiar de pessoa em processo de desenvolvimento[586]. A oferta

---

585. Educacional, de participação, de rendimento e de formação.

586. ECA: "Art. 71. A criança e o adolescente têm direito a informação, cultura, lazer, esportes, diversões, espetáculos e produtos e serviços que respeitem sua condição peculiar de pessoa em desenvolvimento".

de esportes, portanto, deve considerar o dever social de prevenção[587], que de forma específica se revela no princípio da segurança dos desportos, incidente em relação ao praticante de qualquer modalidade desportiva, quanto a sua integridade física, mental ou sensorial[588]. No desporto de formação[589], a questão deve ser especialmente considerada, inclusive com a realização de exames médicos necessários, de modo a evitar eventos comprometedores de doenças ainda não detectadas[590].

Outro aspecto atinente ao direito da criança e do adolescente diz respeito à oferta regular de esportes, nas suas manifestações educativa[591] e de participação[592]. Nas escolas e em outros espaços públicos, as práticas desportivas são imprescindíveis para o desenvolvimento integral da criança e do adolescente, proclamando o ECA que os "municípios, com apoio dos Estados e da União, estimularão e facilitarão a destinação de recursos e espaços para programações culturais, esportivas e de lazer voltadas para a infância e a juventude"[593].

101. Direito ao lazer

O direito ao lazer e às diversões, aspecto importante do direito à liberdade, revela-se especialmente, no plano individual, na garantia de tempo

---

587. V. § 147, Capítulo XX, deste livro.

588. Lei n. 9.615, de 24 de março de 1998, art. 2º, XI.

589. Lei n. 9.615, de 24 de março de 1998, art. 3º, IV.

590. Importante a verificação da Diretriz em Cardiologia do Esporte e do Exercício da Sociedade Brasileira de Cardiologia e da Sociedade Brasileira de Medicina do Esporte.

591. Lei n. 9.615, de 24 de marco de 1998, art. 3º, I: "[...] praticado nos sistemas de ensino e em formas assistemáticas de educação, evitando-se a seletividade, a hipercompetitividade de seus praticantes, com a finalidade de alcançar o desenvolvimento integral do indivíduo e a sua formação para o exercício da cidadania e a prática do lazer".

592. Lei n. 9.615, de 24 de marco de 1998, art. 3º, II: "[...] desporto de participação, de modo voluntário, compreendendo as modalidades desportivas praticadas com a finalidade de contribuir para a integração dos praticantes na plenitude da vida social, na promoção da saúde e educação e na preservação do meio ambiente".

593. ECA, art. 59.

para atividades lúdicas e de entretenimento, compreendendo o direito de brincar[594]. Coletivamente, expressa-se na obrigação do poder público de garantir espaços para essas práticas, consoante determinação constante do art. 59 do ECA, devendo fazer parte das prestações a que estão obrigados a família, a sociedade e o Estado, ante sua importância para o desenvolvimento saudável.

Na infância confunde-se com o direito de brincar, podendo até mesmo as expressões serem consideradas sinônimas, de modo que assume papel importante no desenvolvimento da criança e do adolescente. O extremo do impedimento absoluto, sem reserva de tempo para a prática de atividades lúdicas e de lazer, fazendo da vida cotidiana exclusivo espaço de aprendizado formal, sob o fundamento da preparação para o futuro, desconsidera as necessidades do presente e reduz a criança ou o adolescente a um projeto esquemático do tempo que há de vir, que pode não ocorrer, desprezando que o componente da felicidade atual é a condição mais importante para o equilíbrio na fase adulta, porquanto sedimenta experiências e delineia formas saudáveis de enfretamento dos desafios do cotidiano.

---

594. V. § 36, Capítulo VII, deste livro.

XVI

Direito à proteção especial no trabalho

102. O trabalho precoce

Crianças e adolescentes sempre trabalharam para a sobrevivência própria e de suas famílias, tirante as exceções dos poucos que não precisam. A história da civilização se confunde com a utilização e exploração da mão de obra infantojuvenil, sendo essa constatação atestada por uma lenta evolução de regras de proteção especial, inseridas no âmago de diplomas legais que trataram da relação capital-trabalho[595].

O desenvolvimento civilizatório, derivado principalmente do culturalismo reativo[596], foi produzindo regras protetivas, ainda que moldadas no reconhecimento da necessidade do trabalho precoce, permeadas pelo desejo mercadológico da profissionalização imediata e fundadas na equivocada mais-valia da ferramenta sobre o livro, pretenso antídoto à marginalização.

---

595. A Constituição Mexicana de 1917, primeira normativa de introdução expressa de direitos sociais, trouxe normas relacionadas ao trabalho de crianças e adolescentes, proibindo o trabalho para menores de 12 anos de idade, prescrevendo jornada máxima de 6 (seis) horas para aqueles entre 12 e 16 anos e vedando para eles o trabalho extraordinário, insalubre ou perigoso.

596. V. § 1º, Capítulo I, deste livro.

Historicamente, normas de proteção ao trabalho infantojuvenil apareceram antes das destinadas à universalização da educação, principalmente do ensino fundamental[597], revelando o despertar tardio da sua importância enquanto instrumento de progresso social. De certa forma, ainda vivemos a proeminência do trabalho sobre a educação, bastando a verificação dos índices de evasão e abandono escolar, notadamente no ensino médio[598], em grande parte motivados pela necessidade de trabalho com auferimento de renda.

Nesse contexto normativo, ainda atrasado em razão da permissão do trabalho de adolescentes, curvando-se a pretensa lógica àquilo que a realidade tem de mais perverso, visualizam-se atualmente no Brasil: (a) um balizamento constitucional; (b) a presença de normas de proteção derivadas da condição peculiar do adolescente como pessoa em desenvolvimento; e (c) normas disciplinadoras da relação de emprego do adolescente.

103. Balizamento constitucional

A Constituição Federal, em seu art. 7º, berço da disciplina fundamental dos direitos decorrentes das relações laborais, estabelece em seu inciso XXXIII a "proibição de trabalho noturno, perigoso ou insalubre a menores de dezoito e de qualquer trabalho a menores de dezesseis anos, salvo na condição de aprendiz, a partir de catorze anos"[599].

A extensão da norma constitucional, considerada sua finalidade protetiva e o valor do desenvolvimento saudável da infância e adolescência, particularmente prometido pelo gozo dos direitos fundamentais constantes

---

597. V. § 77, Capítulo XI, deste livro.

598. V. § 78, Capítulo XI, deste livro.

599. Com a Emenda Constitucional n. 20, de 15 de dezembro de 1998, houve a seguinte mudança: a idade mínima, de 14 anos, passou para 16 anos de idade.

do art. 227[600], impõe a conclusão de que a vedação abrange qualquer trabalho quanto à sua natureza e forma relacional. Assim, pouco importa se se trata de trabalho manual ou intelectual, no comércio ou na indústria, na zona urbana ou rural, e sob qual roupagem jurídica se amolda, de vez que, nessa esfera de proteção, o desiderato civilizatório prepondera sobre ajustes entre as partes, quaisquer que sejam suas motivações.

Menor de 16 (dezesseis) anos de idade não pode trabalhar, esbarrando eventuais interpretações extensivas nos valores democráticos enunciados pela Constituição da República, especialmente na defesa da integridade e no respeito ao devido tempo da criança ou do adolescente, inclusive na sua formação, valores ditados por razões individuais e sociais imprescindíveis à construção de uma sociedade justa e solidária[601].

Vale indicar que a Recomendação n. 146 da OIT[602], promulgada no Brasil através do Decreto n. 4.134, de 15 de fevereiro de 2002, consolidado posteriormente pelo Decreto n. 10.088, de 5 de novembro de 2019, prescreve em seu item 6 que a idade mínima deve ser igual para toda atividade econômica, compatível com a utilização da expressão "qualquer trabalho" pelo constituinte brasileiro.

Antes dos 16 (dezesseis) anos de idade somente na condição de aprendiz e a partir dos 14 (catorze) anos, conforme a Constituição Federal e nos exatos termos da CLT, especialmente com as alterações introduzidas pela Lei n. 10.097, de 19 de dezembro de 2000.

O trabalho antes dos 16 (dezesseis) e a aprendizagem aquém dos 14 (catorze) anos somente são admissíveis em situações excepcionalíssimas, na exata correspondência de uma exceção benéfica ao desenvolvimento

---

600. CF, art. 227: "É dever da família, da sociedade e do Estado assegurar à criança, ao adolescente e ao jovem, com absoluta prioridade, o direito à vida, à saúde, à alimentação, à educação, ao lazer, à profissionalização, à cultura, à dignidade, ao respeito, à liberdade e à convivência familiar e comunitária, além de colocá-los a salvo de toda forma de negligência, discriminação, exploração, violência, crueldade e opressão".

601. V. CF, art. 3°, I.

602. Organização Internacional do Trabalho.

da criança e do adolescente, projetando a oportunidade de um inusitado aprendizado, uma profissão altamente rentável ou de extrema relevância social.

A Convenção n. 138 da OIT, em seu art. 8°, itens 1 e 2, dispõe que: "a autoridade competente, após consulta às organizações de empregadores e de trabalhadores concernentes, se as houver, poderá, mediante licenças concedidas em casos individuais, permitir exceções para a proibição de emprego ou trabalho", exemplificando com o labor "para finalidades como a participação em representações artísticas", estabelecendo ainda condicionantes como a limitação do número de horas trabalhadas e outras necessárias à proteção da criança ou do adolescente.

O STF fixou a tese de que autorizações excepcionalíssimas relacionadas a atividades artísticas e desportivas, e suas questões conexas, em ações individuais ou coletivas, inserem-se no âmbito da competência da Justiça da Infância e da Juventude, afirmando a especialidade da proteção sobre aquela relacionada à regularidade das relações de emprego[603].

No mérito, o deslinde desses pedidos deve ser verificado considerando a casuística, na esteira das normas de proteção insertas no ECA, na Convenção OIT n. 138[604], especialmente o disposto no seu art. 8°[605], lembrando a necessidade de autorização de trabalho artístico mediante a expedição de alvará, nos termos do art. 149, II, do ECA[606], mormente porque a lei que regulamentou a profissão de artista e de técnico em espetáculos de diversões é omissa em relação ao tema[607].

---

603. STF, medida cautelar na ADI n. 5326.

604. Aprovada pelo Congresso Nacional e promulgada pelo Decreto n. 4.134, de 15 de fevereiro de 2002, posteriormente consolidada no Decreto n. 10.088, de 5 de novembro de 2019.

605. Resolução OIT n. 138: "Art. 8° 1. A autoridade competente, após consulta às organizações de empregadores e de trabalhadores concernentes, se as houver, poderá, mediante licenças concedidas em casos individuais, permitir exceções para a proibição de emprego ou trabalho provida no art. 2° desta Convenção, para finalidades como a participação em representações artísticas. 2. Licenças dessa natureza limitarão o número de horas de duração do emprego ou trabalho e estabelecerão as condições em que é permitido".

606. V. §§ 153 e 249, Capítulos XXI e XXXIV, deste livro.

607. Lei n. 6.533, de 24 de maio de 1978.

CURSO DE DIREITO DA CRIANÇA E DO ADOLESCENTE

A profissionalização nos esportes de adolescentes é timidamente regida pela Lei n. 9.615, de 24 de março de 1998[608], que dedicou apenas dois dispositivos a respeito do assunto. O primeiro, residente no art. 44, III, veda o profissionalismo para menores de 16 (dezesseis) anos completos[609] e o segundo, guardado no art. 29, § 4º, estabelece a possibilidade de concessão, por entidade formadora, de bolsa de aprendizagem, de sorte que essa questão se remete, necessariamente, aos arts. 62 do ECA[610] e 428 da CLT[611].

Ainda de acordo com a Constituição Federal[612], o menor de 18 anos, que pode iniciar o trabalho a partir dos 16 anos de idade, não pode laborar à noite ou exercer qualquer atividade perigosa ou insalubre. De acordo com a CLT, trabalho noturno é aquele realizado entre as 22 horas de um dia e 5 horas do dia seguinte[613]; trabalho perigoso é o impositivo de risco derivado da exposição do trabalhador a inflamáveis, explosivos e energia elétrica ou atividades de segurança pessoal ou patrimonial sujeitas a roubos ou outras espécies de violência física[614]; e trabalho insalubre o que, por sua natureza, condições ou métodos de trabalho, exponha o empregado a agentes nocivos à saúde, acima dos limites de tolerância fixados em razão da natureza e da intensidade do agente e do tempo de exposição aos seus efeitos[615]. O ECA, em seu art. 67, adotando a mesma regra de horário,

---

608. Lei Pelé.

609. O art. 29, caput, da Lei Pelé, permite a assinatura do primeiro contrato especial de trabalho desportivo a partir dos dezesseis anos de idade completos.

610. ECA: "Art. 62. Considera-se aprendizagem a formação técnico-profissional ministrada segundo as diretrizes e bases da legislação de educação em vigor".

611. CLT: "Art. 428. Contrato de aprendizagem é o contrato de trabalho especial, ajustado por escrito e por prazo determinado, em que o empregador se compromete a assegurar ao maior de 14 (catorze) e menor de 24 (vinte e quatro) anos inscrito em programa de aprendizagem formação técnico-profissional metódica, compatível com o seu desenvolvimento físico, moral e psicológico, e o aprendiz, a executar com zelo e diligência as tarefas necessárias a essa formação".

612. CF, art. 7º, XXXIII.

613. CLT, art. 73, § 2º.

614. CLT, art. 193.

615. CLT, art. 189.

também prescreveu as condições mínimas para quaisquer trabalhos realizados por adolescentes[616].

A Constituição Federal, além de prometer, no caput do art. 227, o direito à profissionalização, proclamou as garantias de direitos trabalhistas e previdenciários[617], bem como de acesso do trabalhador adolescente à escola[618], deixando claro que os direitos pronunciados em seu art. 7º também dizem respeito aos adolescentes trabalhadores. Assim, a menoridade não reduz direitos decorrentes da relação de emprego[619], valendo ainda lembrar o mandamento constitucional proibitivo de diferença de salários, exercício de funções e condições de admissão por critério de idade[620].

O balizamento constitucional representa o mínimo de garantias relacionadas ao trabalho de adolescentes, sendo completado por regras infraconstitucionais de proteção, tendo por resumo a proclamação do art. 69 do ECA: "O adolescente tem direito à profissionalização e à proteção no trabalho, observados os seguintes aspectos, entre outros: I — respeito à condição peculiar de pessoa em desenvolvimento; II — capacitação profissional adequada ao mercado de trabalho".

---

616. ECA: "Art. 67. Ao adolescente empregado, aprendiz, em regime familiar de trabalho, aluno de escola técnica, assistido em entidade governamental ou não governamental, é vedado trabalho: I — noturno, realizado entre as vinte e duas horas de um dia e as cinco horas do dia seguinte; II — perigoso, insalubre ou penoso; III — realizado em locais prejudiciais à sua formação e ao seu desenvolvimento físico, psíquico, moral e social; IV — realizado em horários e locais que não permitam a frequência à escola".

617. CF, art. 227, § 3º, II.

618. CF, art. 227, § 3º, III.

619. A Lei n. 185, de 14 de janeiro de 1936, primeiro diploma legal instituidor do salário mínimo, estabeleceu em seu art. 2º, que "para os menores aprendizes ou que desempenhem serviços especializados é permitido reduzir até de metade o salário mínimo e para os trabalhadores ocupados em serviços insalubres é permitido aumentá-lo na mesma proporção". Depois o Decreto-lei n. 2.162, de 1º de maio de 1940, prescreveu, em seu art. 3º, que: "Para os menores de 18 anos o salário mínimo, respeitada a proporcionalidade com o que vigorar para o trabalhador adulto local, será pago sobre a base uniforme de 50% e terá como extremos a quantidade de 120$000 por mês, dividido em 200 horas de trabalho útil, ou de 4$800 por dia de oito horas de trabalho, ou ainda, $600 por hora de trabalho, e a de 45$000 por mês, dividido em 200 horas de trabalho útil, ou de 1$800 por dia de oito horas de trabalho, ou ainda, $225 por hora de trabalho".

620. CF, art. 7º, XXX.

104. Proteção do trabalho no ECA

A condição peculiar de pessoa em processo de desenvolvimento[621] impõe trato diferenciado às questões que envolvem o trabalho infantojuvenil, lembrando que a criança está proibida de trabalhar, o adolescente com 14 (catorze) anos só pode fazê-lo na condição de aprendiz, e labor mesmo, com restrições, somente a partir de 16 (dezesseis) anos de idade.

Realçando a importância e a prioridade do desenvolvimento saudável nas fases iniciais da vida, coube ao ECA prescrever normas destinadas à preservação dos direitos fundamentais da criança e do adolescente quando, geralmente por questões sociais e excepcionalmente em razão de oportunidades ingentes, são obrigados a trabalhar.

As normas do ECA, residentes nos arts. 60 a 69, bem como as presentes na CLT[622], especialmente nos arts. 402 a 441, podem ser agrupadas em quatro conjuntos finalísticos de proteção, todos eles relacionados à garantia do desenvolvimento saudável: (a) normas de preservação da saúde do adolescente trabalhador; (b) normas de resguardo da escolaridade; (c) normas de salvaguarda do acesso à cultura, aos esportes e ao lazer; e (d) normas de proteção da regularidade da relação de emprego.

Essa classificação permite a consideração das tentativas legislativas de minimização dos prejuízos causados pelo trabalho regular durante parte da adolescência, de modo que representam paliativos ao nosso estágio civilizatório permissivo do labor antes da completude do desenvolvimento pessoal. Crianças e adolescentes deveriam estar na escola, os últimos podendo cursar disciplinas profissionalizantes no ensino médio, aliás como determina a LDB[623], especialmente em seu art. 36, V, ao prescrever base curricular com formação técnica e profissional, sem

---

621. V. § 15, Capítulo IV, deste livro.

622. Consolidação das Leis do Trabalho, aprovada pelo Decreto-lei n° 5.452, de 1° de maio de 1943, com as alterações posteriores, especialmente as determinadas pela Lei n. 10.097, de 19 de dezembro de 2000.

623. Lei n. 9.394, de 20 de dezembro de 1996.

prejuízo da educação trabalhista e tecnológica, disciplinada nos arts. 39 a 42 da mesma lei[624].

O ECA, em seu art. 67, considerou os regimes de trabalho do adolescente, hoje aceitáveis desde que preenchidas as condições legais. São eles: (a) adolescente empregado formal, entre 16 e 18 anos de idade; (b) adolescente aprendiz, entre 14 e 18 anos de idade; (c) adolescente em regime familiar de trabalho; (d) adolescente aluno de escola técnica; e (e) adolescente assistido em entidade governamental ou não governamental.

As condições mínimas foram estampadas no mesmo dispositivo, sob a roupagem de vedações, para toda e qualquer forma de regime de trabalho, de modo que proibido o trabalho: "I — noturno, realizado entre as vinte e duas horas de um dia e as cinco horas do dia seguinte; II — perigoso, insalubre ou penoso; III — realizado em locais prejudiciais à sua formação e ao seu desenvolvimento físico, psíquico, moral e social; IV — realizado em horários e locais que não permitam a frequência à escola".

O trabalho ilegal, fora das condições permitidas, especialmente antes da idade mínima, continua sendo uma das maiores mazelas da vida nacional, representando a erradicação do trabalho infantil tarefa devida pela cidadania responsável do país.

Nesse sentido, a Resolução OIT n. 182, Convenção sobre a Proibição das Piores Formas de Trabalho Infantil e Ações para sua Eliminação[625], considera, em seu art. 3º, que essas vergonhas da raça humana abrangem: "a) todas as formas de escravidão ou práticas análogas à escravidão, tais como a venda e tráfico de crianças, a servidão por dívidas e a condição de servo, e o trabalho forçado ou obrigatório, inclusive o recrutamento forçado ou obrigatório de crianças para serem utilizadas em conflitos armados; b) a utilização, o recrutamento ou a oferta de crianças para a prostituição, a produção de pornografia

---

624. O direito à profissionalização de adolescentes vem proclamado no caput do art. 227 da Constituição Federal.

625. Aprovada no Brasil pelo Decreto Legislativo n. 178, de 14 de dezembro de 1999, e promulgada pelo Decreto Presidencial n. 3.597, de 12 de setembro de 2000, depois condensado pelo Decreto n. 10.088, de 5 de novembro de 2019.

CURSO DE DIREITO DA CRIANÇA E DO ADOLESCENTE

ou atuações pornográficas; c) a utilização, recrutamento ou a oferta de crianças para a realização de atividades ilícitas, em particular a produção e o tráfico de entorpecentes, tais como definidos nos tratados internacionais pertinentes; e d) o trabalho que, por sua natureza ou pelas condições em que é realizado, é suscetível de prejudicar a saúde, a segurança ou a moral das crianças".

Nessa esteira, o Decreto n. 6.481, de 12 de junho de 2008, regulamentou o art. 3º, *d*, da Convenção OIT n. 182, listando as piores formas de trabalho infantil, classificando os trabalhos prejudiciais à saúde e segurança, bem como à moralidade, agrupando-os por atividades consideradas nocivas ao desenvolvimento saudável da criança e adolescente[626].

A Lei Orgânica da Assistência Social[627], em seu art. 24-C, introduzido pela Lei n. 12.435, de 6 de julho de 2011, instituiu o "Programa de Erradicação do Trabalho Infantil (Peti), de caráter intersetorial, integrante da Política Nacional de Assistência Social, que, no âmbito do Suas, compreende transferências de renda, trabalho social com famílias e oferta de serviços socioeducativos para crianças e adolescentes que se encontrem em situação de trabalho", tendo por objetivo "contribuir para a retirada de crianças e adolescentes com idade inferior a 16 (dezesseis) anos em situação de trabalho, ressalvada a condição de aprendiz, a partir de 14 (catorze) anos"[628].

105. Situações especiais

O ECA deixou claro, em seu art. 61, que a defesa do adolescente no trabalho continua regulada por lei especial, a CLT, de modo que as

---

626. Os serviços prejudiciais à saúde, segurança e moralidade foram agrupados nas seguintes atividades: (a) Agricultura, Pecuária, Silvicultura e Exploração Florestal; (b) Pesca; (c) Indústria Extrativa; (d) Indústria de Transformação; (e) Produção e Distribuição de Eletricidade, Gás e Água; (f) Construção; (g) Comércio (Reparação de Veículos Automotores, Objetos Pessoais e Domésticos); (h) Transporte e Armazenagem; (i) Saúde e Serviços Sociais; (j) Serviços Coletivos, Sociais, Pessoais e Outros; (k) Serviço Doméstico, e; (l) outras.

627. Lei n. 8.742, de 7 de dezembro de 1993.

628. Loas, art. 24-C, § 1º.

normas estatutárias são ditadas pelo desiderato da proteção integral e à luz do princípio do respeito à condição peculiar de pessoa em processo de desenvolvimento.

Quanto à aprendizagem[629], o ECA realçou que, como "formação técnico-profissional", será ministrada segundo as diretrizes e bases da legislação de educação em vigor[630], remetendo-se, portanto, à LDB[631], hoje Lei n. 9.394, de 20 de dezembro de 1996, que, todavia, acabou não disciplinando o assunto[632].

Assim, a aprendizagem no espaço de trabalho é moldada legalmente pelos dispositivos insertos no ECA e na CLT, especialmente nos artigos alterados pela Lei n. 10.097, de 19 de dezembro de 2000, apresentando as seguintes características básicas: (a) somente podem ser aprendizes adolescentes entre 14 e 18 anos de idade[633]; (b) contam as garantias de incidência de direitos trabalhistas e previdenciários[634]; (c) a formação técnico-profissional deve ser a resultante de "atividades teóricas e práticas, metodicamente organizadas em tarefas de complexidade progressiva desenvolvidas no ambiente de trabalho"[635]; (d) as atividades devem ser compatíveis com o desenvolvimento físico, psíquico, moral e social do adolescente[636]; e (e) garantia de acesso e frequência obrigatória ao ensino regular[637].

---

629. O art. 429 da CLT, com a redação dada pela Lei n. 10.097, de 19 de dezembro de 2000, fixou uma cota de aprendizagem, estabelecendo que "os estabelecimentos de qualquer natureza são obrigados a empregar e matricular nos cursos dos Serviços Nacionais de Aprendizagem número de aprendizes equivalente a cinco por cento, no mínimo, e quinze por cento, no máximo, dos trabalhadores existentes em cada estabelecimento, cujas funções demandem formação profissional".

630. ECA, art. 62.

631. Lei de Diretrizes e Bases da Educação Nacional.

632. Deflui do art. 42 da LDB a existência de cursos de formação inicial e continuada, oferecidos por instituições de educação profissional e tecnológica, abertos à comunidade e não atrelados ao nível de escolaridade.

633. CLT, art. 403.

634. ECA, art. 65.

635. CLT, art. 428, § 4º.

636. ECA, art. 63, II; CLT, art. 403, parágrafo único.

637. ECA, art. 63, I; CLT, art. 403, parágrafo único.

É de destacar que, de acordo com o art. 431 da CLT, inexistindo cursos ou vagas suficientes nos serviços nacionais de aprendizagem, a contratação de aprendizes poderá ser efetivada pelas empresas ou por entidades devidamente registradas nos Conselhos Municipais dos Direitos da Criança e do Adolescente[638].

A preocupação com o adolescente trabalhador com deficiência restou manifestada inicialmente na Constituição Federal. Determina o art. 227, § 1º, II, que o Poder Público promoverá programas visando à integração social de adolescentes com deficiência mediante treinamento para o trabalho, concorde com medidas pugnadas na CSDPD[639], especialmente a relacionada à promoção de "acesso efetivo a programas de orientação técnica e profissional e a serviços de colocação no trabalho e de treinamento profissional e continuado"[640], bem como de promoção de "aquisição de experiência de trabalho por pessoas com deficiência no mercado aberto de trabalho"[641].

O ECA, por sua vez, indica a necessidade de trabalho protegido[642], expressão designativa, nos termos da Convenção dos Direitos da Criança, de vedação de qualquer trabalho que represente exploração econômica ou que possa ser perigoso ou interferir na educação do adolescente, que seja nocivo à sua saúde ou para seu desenvolvimento físico, mental, espiritual, moral ou social[643], lembrando a importância do respeito às necessidades

---

638. O CNMP, através da Resolução n. 218, de 27 de outubro de 2020, dispôs sobre a contratação de aprendizes no âmbito dos Ministérios Públicos do União e dos Estados, bem como sobre a possibilidade de o Ministério Público ser entidade concedente de experiência prática do aprendiz, por meio da celebração de termo de parceria com empresa e entidade formadora. Já o CNJ, mediante a Recomendação n. 61, de 14 de fevereiro de 2020, estimula os tribunais brasileiros a implementar programas de aprendizagem voltados à formação técnico-profissional metódica de adolescentes e jovens, a partir dos 14 anos.

639. A Convenção sobre os Direitos das Pessoas com Deficiência, aprovada pelo Congresso Nacional mediante o Decreto Legislativo n. 186, de 9 de julho de 2009, e promulgada pelo Decreto Presidencial n. 6.949, de 25 de agosto de 2009, estabelece a necessidade de conscientização quanto ao "reconhecimento das habilidades, dos méritos e das capacidades das pessoas com deficiência e de sua contribuição ao local de trabalho e ao mercado laboral".

640. CSDPD, art. 27, 1, *d*.

641. CSDPD, art. 27, 1, *j*.

642. ECA, art. 66.

643. CDC, art. 32.

específicas das pessoas com deficiência, conforme realçado em vários dispositivos da CSDPD[644].

O regime familiar de trabalho é aquele que se instala no âmbito das relações familiares, não configurando vínculo empregatício e escapando da disciplina celetista, conforme disposto no art. 402, parágrafo único, da CLT[645]. Derivado de aspecto do poder familiar consistente no direito de os pais exigirem dos filhos que prestem "os serviços próprios de sua idade e condição"[646], conta com limitações previstas no ECA, estampadas em seu mencionado art. 67, materializadas em vedações de prática de trabalho noturno, perigoso, insalubre ou penoso, realizado em locais prejudiciais à sua formação e ao seu desenvolvimento físico, psíquico, moral e social ou realizado em horários e locais que não permitam a frequência à escola. O abuso dos pais ou do responsável importa suspensão ou perda do poder familiar, tutela ou guarda, ficando eles sujeitos às medidas elencadas no art. 129 do ECA[647].

Outra situação especial diz respeito ao adolescente assistido em entidade governamental ou não governamental, inserido em programa de trabalho educativo, definido legalmente como "a atividade laboral em que as exigências pedagógicas relativas ao desenvolvimento pessoal e social do educando prevalecem sobre o aspecto produtivo"[648]. A finalidade desenvolvimentista, portanto, é a principal razão da existência do trabalho, de modo que toda e qualquer aferição deve levar em conta o ganho pessoal do adolescente inserido em entidade, seja ela de acolhimento, seja de cumprimento de medida socioeducativa. Tem como objetivo declarado propiciar "condições de capacitação para o exercício de atividade regular remunerada"[649], de modo

---

644. CSDPD, arts. 4°, 1, *f*, 16, 4, 19, *c*, 24, 2, *c*, 26, 1, *a* e 28, 2, *a*.

645. CLT: "Art. 402. Parágrafo único. O trabalho do menor reger-se-á pelas disposições do presente Capítulo, exceto no serviço em oficinas em que trabalhem exclusivamente pessoas da família do menor e esteja este sob a direção do pai, mãe ou tutor".

646. CC, art. 1.634, IX.

647. V. Capítulo XLVI deste livro.

648. ECA, art. 68, § 1°.

649. ECA, art. 68, caput.

CURSO DE DIREITO DA CRIANÇA E DO ADOLESCENTE

que a existência de programas de egressos voltados à colocação profissional completa o trabalho educativo, assegurando continuidade à intervenção.

A obtenção de lucro ou renda durante a realização do trabalho educativo, nessa perspectiva, fica em plano secundário, pois a introjeção de valores relacionados ao labor em uma sociedade pacífica e justa apresenta-se com a dimensão pedagógica justificadora da atividade.

Isso não significa, todavia, que a ideia de remuneração pelo trabalho realizado seja desprezada; ao contrário, trata-se de dimensão necessária do aprendizado, na qual se inclui a visualização da importância da ação transformadora do trabalho na elaboração dos bens da vida, esclarecendo o ECA que a "remuneração que o adolescente recebe pelo trabalho efetuado ou a participação na venda dos produtos de seu trabalho não desfigura o caráter educativo"[650].

O que o legislador quis evitar foi a transformação do trabalho educativo em uma fábrica ou empresa prestadora de serviços, sem a perspectiva do desacolhimento ou desinternação e sem que o adolescente, na educação pelo trabalho, adquira maior preparo para o enfrentar emancipado dos desafios do cotidiano.

---

650. ECA, art. 68, § 2º.

XVII

Direitos fundados na universalidade

106. A universalidade como fonte dos direitos difusos e coletivos

Liberdade e igualdade fundamentam, respectivamente, direitos individuais e sociais. A universalidade, por sua vez, alicerça os direitos difusos e coletivos, compreendidos como os direitos de vários, de muitos ou de todos.

É universal o que é de todos. O direito, enquanto norma abstrata, teoricamente é geral. Mas, historicamente, seu exercício é individual, dependente da postura adotada pelo titular do direito, que deve encetar todas as iniciativas para reclamar sua eficácia, cobrando pessoalmente os resultados por ele projetados. Trata-se de uma lógica liberal, baseada exclusivamente na expressão declaratória da lei, na proclamação formal da proteção jurídica do interesse, sem compromisso com a realização dos seus efeitos no mundo fenomênico. Se o titular do direito promover ou não a realização do previsto pela lei, é questão que não interessa ao mundo do direito; da mesma forma, inexiste preocupação com sua abrangência, se contemplou com seus resultados a todos sobre os quais deveria incidir.

CURSO DE DIREITO DA CRIANÇA E DO ADOLESCENTE

O ECA surge com o signo do conhecimento dessa indiferença normativa, derivado principalmente da constatação da dificuldade de crianças e adolescentes reclamarem pessoalmente a observância aos seus direitos, bem como da visualização dramática da desigualdade no exercício de direitos fundamentais na infância e juventude. Assim, procurou contribuir para a universalização dos direitos sociais, entre os quais o do acesso à justiça, mediante a previsão de direitos coletivos e difusos e da ação civil pública para sua defesa judicial, inserindo-os em um amplo sistema de proteção aos direitos[651], do qual a proteção judicial é parte importantíssima[652].

Anote-se que o reconhecimento da existência de direitos coletivos e difusos e seu instrumento de cobrança, a ação civil pública, foram previstos originalmente pela Lei n. 7.347, de 24 de julho de 1985, de modo que se partiu de uma experiência jurídica já existente, em pleno desenvolvimento e consolidação, revitalizada com a Constituição de 1988.

Coube à cultura jurídica gestar as concepções de direito difuso ou coletivo, aquele titulado por uma generalidade que se distingue de cada um dos integrantes do conjunto, sejam eles determináveis ou não. E, inicialmente, por meio das técnicas processuais da legitimação extraordinária, da substituição processual, ou mesmo conferindo uma atribuição a órgãos públicos para a defesa desses interesses em juízo, arrimou o direito difuso ou coletivo através da possibilidade de defesa no seu conjunto. Ao invés de várias ações individuais, promovidas somente por quem ostenta condições pessoais de ascender à justiça, uma única, na defesa de todos os que se encontram na mesma situação de dependência da afirmação judicial do direito proclamado. E promovida por uma instituição pública ou associação, superando as dificuldades pessoais de acesso à justiça.

A universalidade também ganhou expressão no campo do direito material. O legislador, quando quis realçar que o direito é de todos, que

---

651. V. Capítulo XXVII deste livro.
652. V. Capítulo XXX deste livro.

o bem jurídico que a norma protege deve ser apropriado pela generalidade das pessoas, sem qualquer distinção ou exceção, expressamente veio anotando essa qualidade, na expectativa da sua apropriação por muitos ou por todos. O maior reconhecimento veio com a Constituição da República de 1988, que prescreveu o direito de todos ao sufrágio[653], vedando emendas constitucionais que possam abolir o voto universal[654], quando estabeleceu a universalidade da cobertura e do atendimento como meta da seguridade social[655], quando previu o acesso universal e igualitário às ações de saúde[656], quando determinou a progressiva universalização do ensino médio[657], instando a União, os Estados, o Distrito Federal e os Municípios à colaboração mútua de forma a assegurar a universalização do ensino obrigatório[658], quando estabeleceu como de inserção obrigatória no Plano Nacional de Educação a universalização do atendimento escolar[659] e quando indicou como princípio do Sistema Nacional de Cultura a universalização do acesso aos bens e serviços culturais[660].

A universalidade também restou presente na definição da ordem econômica, porquanto tem por finalidade assegurar existência digna a todos[661], quando proclamou que todos têm direito ao meio ambiente ecologicamente equilibrado[662] e, notadamente, quando estabeleceu como um dos objetivos da República Federativa do Brasil "promover o bem de todos, sem preconceitos de origem, raça, sexo, cor, idade e quaisquer outras formas de discriminação"[663].

---

653. CF, art. 14.

654. CF, art. 60, § 4º, II.

655. CF, art. 194, I.

656. CF, art. 196.

657. CF, art. 208, II.

658. CF, art. 211, § 4º.

659. CF, art. 214, II.

660. CF, art. 216-A, § 1º, II.

661. CF, art. 170.

662. CF, art. 225.

663. CF, art. 3º, IV.

CURSO DE DIREITO DA CRIANÇA E DO ADOLESCENTE

E, de forma umbilicalmente ligada ao processo coletivo, quando peremptoriamente legitimou o Ministério Público à promoção do patrimônio público e social, do meio ambiente e de outros interesses difusos e coletivos[664], sem prejuízo da legitimação de terceiros[665].

Todos os direitos materiais que contam com a garantia da universalidade e que encontram residência originária na Constituição da República estão impregnados de relevância social, de fundamental importância para a consolidação do Brasil como um Estado democrático de direito. Filosoficamente, a universalidade deriva do humanismo, da concepção de que todos somos iguais e de que devemos desfrutar dos mesmos bens que servem à felicidade geral. Também é fruto do culturalismo reativo[666], do caminhar em direção a um estado civilizatório em que as oportunidades sejam materialmente idênticas, de modo a garantir o desenvolvimento de todos, condição indispensável à superação da barbárie e à construção de uma sociedade justa, fraterna e plural.

Assim, os direitos difusos e coletivos podem ser vistos sob dois aspectos, sempre sob o influxo da universalidade: (a) na visão do interesse juridicamente protegido comum a todos em razão da sua magna relevância social; e (b) na perspectiva das ações coletivas, demandas que defendem interesses de grupos ou de pessoas indetermináveis ou de difícil determinação, com ênfase na garantia de todos ao acesso à justiça.

107. Direitos individuais homogêneos

Coube ao Código de Defesa do Consumidor, especialmente em seu art. 81, III, introduzir no direito brasileiro a categoria de direitos individuais

---

664. CF, art. 129, III.

665. CF, art. 129, § 1º.

666. V. § 1º, Capítulo I, deste livro.

homogêneos. Previu como uma das possibilidades de defesa de direitos de consumidores a título coletivo a relacionada a "interesses ou direitos individuais homogêneos, assim entendidos os decorrentes de origem comum".

Pretendeu o legislador reduzir o número de ações individuais, substituindo-as por uma única ação coletiva, quando o direito em lide e a situação de ofensa a esse interesse fossem comuns a todos os integrantes do grupo. Superou as dificuldades do litisconsórcio ativo, formado também em razão da comunhão de interesses[667], mas em que o princípio da autonomia dos litisconsortes[668] determina atividades isoladas[669], mediante a legitimação de órgãos públicos e associações para a defesa de interesses individuais somados, em demanda singular, mais rápida e menos complexa.

A relevância social da previsão da categoria dos direitos individuais homogêneos reside, portanto, na simplificação da tarefa jurisdicional, tendo ainda o mérito de potencializar a inexistência de decisões conflitantes sobre o mesmo assunto. E, como de suma importância, permitir o acesso à justiça a muitos, ligados pela origem comum dos conflitos.

Continua, todavia, representando a soma de direitos individuais, que podem ser disponíveis ou indisponíveis, podendo a ação coletiva ser promovida por um dos legitimados, desde que a defesa dos direitos em espécie lhe seja permitida.

Como todo direito da criança ou adolescente é socioindividual[670], naturalmente universal e indisponível, o legislador, ao editar o ECA, entendeu desnecessário prever a categoria de direitos individuais homogêneos

---

667. CPC: "Art. 113. Duas ou mais pessoas podem litigar, no mesmo processo, em conjunto, ativa ou passivamente, quando: I — entre elas houver comunhão de direitos ou de obrigações relativamente à lide; II — entre as causas houver conexão pelo pedido ou pela causa de pedir; III — ocorrer afinidade de questões por ponto comum de fato ou de direito".

668. CPC: "Art. 117. Os litisconsortes serão considerados, em suas relações com a parte adversa, como litigantes distintos, exceto no litisconsórcio unitário, caso em que os atos e as omissões de um não prejudicarão os outros, mas os poderão beneficiar".

669. CPC: "Art. 118. Cada litisconsorte tem o direito de promover o andamento do processo, e todos devem ser intimados dos respectivos atos".

670. V. § 21, Capítulo V, deste livro.

CURSO DE DIREITO DA CRIANÇA E DO ADOLESCENTE

que, como antes resumido, teve como desiderato atribuir legitimidade a quem pudesse defender interesses individuais somados. Nessa esteira, expressamente legitimou o Ministério Público para a defesa de qualquer direito, individual, coletivo ou difuso, expressamente prevendo a utilização do inquérito civil e da ação civil para qualquer modalidade de direito, consoante se verifica no art. 201, V, do ECA[671]. Dessa forma, superou a dificuldade da defesa de qualquer direito da criança e do adolescente em juízo, tendo em vista o valor intrínseco da relevância social de qualquer interesse protegido da infância e da juventude.

108. Direitos coletivos e difusos no ECA

Ainda de acordo com a inovação introduzida pelo Código de Defesa do Consumidor, direitos coletivos são "os transindividuais, de natureza indivisível, de que seja titular grupo, categoria ou classe de pessoas ligadas entre si ou com a parte contrária por uma relação jurídica base"[672]. Já os difusos são "os transindividuais, de natureza indivisível, de que sejam titulares pessoas indeterminadas e ligadas por circunstâncias de fato"[673].

As duas categorias apresentam identidades e uma dissonância. Ambas dizem respeito a direitos transindividuais, interesses que perpassam as pessoas isoladamente consideradas e que referenciam também bens sociais, ante sua importância e relevância para a sociedade e para o Estado. Esses objetos de interesses, protegidos pelas normas jurídicas, são indivisíveis na exata correspondência da impossibilidade de contraprestações limitadas ou parciais, como também indicam a impossibilidade de discriminação entre os

---

671. ECA: "Art. 201. Compete ao Ministério Público: [...] V — promover o inquérito civil e a ação civil pública para a proteção dos interesses individuais, difusos ou coletivos relativos à infância e à adolescência, inclusive os definidos no art. 220, § 3º, II, da Constituição Federal".

672. Código de Defesa do Consumidor, Lei n. 8.078, de 11 de setembro de 1990, art. 81, II.

673. Código de Defesa do Consumidor, Lei n. 8.078, de 11 de setembro de 1990, art. 81, I.

titulares do direito, destinatários da proteção jurídica comum. Todos devem ser beneficiados com os bens da vida protegidos pelas normas jurídicas, especialmente quando o legislador realça a característica da universalidade.

A dissonância refere-se à extensão do conjunto de pessoas detentoras dos direitos. Nos interesses coletivos, vislumbram-se um grupo, categoria ou classe de pessoas, enquanto nos difusos uma comunidade, formada por pessoas indeterminadas. Nos coletivos, a ligação entre os interessados ou entre os interessados e o obrigado à satisfação do direito opera-se por força de uma relação jurídica base, nada mais do que um vínculo interpessoal qualificado, regulado ou disciplinado pelo direito, em que se verifica a presença de interesses subordinantes e subordinados. Nos difusos, a formação da comunidade decorre de uma ligação derivada de circunstâncias de fato, particularidades ou conjunturas de um acontecimento ou situação.

A conceituação legal de direitos individuais homogêneos, coletivos e difusos, presente no Código de Defesa do Consumidor, veio posteriormente ao advento do ECA, muito embora fosse conhecida durante o processo legislativo que culminou com a promulgação desses dois diplomas legais. Aliás, a referência a direitos difusos constava do projeto original da Lei da Ação Civil Pública[674], tendo sido vetados os dispositivos que se utilizavam do termo, sob o argumento de eventual insegurança jurídica derivada "da amplíssima e imprecisa abrangência da expressão", somente sendo reincluídos por ordem do Código de Defesa do Consumidor, após referência aos direitos difusos e coletivos na Constituição da República[675].

O ECA, desprezando a categoria direitos individuais homogêneos por considerar sua previsão desnecessária no arrimo à defesa judicial de todo e qualquer interesse de criança ou adolescente, tratou expressamente dos direitos difusos e coletivos. E o fez ao lado dos direitos individuais, reforçando a ideia de direito socioindividual, inserindo no Livro II,

---

674. Lei n. 7.347, de 24 de julho de 1985.

675. CF, art. 129, III.

denominado "Parte Especial", dentro de Título que tratou do "Acesso à Justiça", um Capítulo denominado "Da proteção judicial dos interesses individuais, difusos e coletivos"[676], realçando a universalidade de inúmeros direitos materiais, como os relacionados a ensino obrigatório, atendimento especializado aos portadores de deficiência, atendimento em creche e pré-escola, ensino noturno regular, programas suplementares no âmbito didático-escolar, à assistência social, à saúde, à convivência familiar, proteção à violência e outros[677], prevendo a ação coletiva como instrumentos de proteção desses direitos[678].

---

676. ECA, arts. 208 a 224.

677. ECA, art. 208.

678. V. Capítulo XXXIV deste livro.

XVIII

Dever social de prevenção

109. Dever geral

Diz a lei que é "dever de todos prevenir a ocorrência de ameaça ou violação dos direitos da criança e do adolescente"[679]. Raro exemplo de obrigação social bem definida, incidindo sobre o conjunto das pessoas naturais e jurídicas, bastando às primeiras que tenham capacidade de contrair obrigações e às segundas o reconhecimento, ainda que incidental, da sua existência.

A universalidade obrigacional prevista em lei alcança conceitos existenciais, de modo que qualquer pessoa jurídica, ajuntamento, grupo, comunidade ou sociedade que possa interagir, mediante ações e omissões produtoras de alterações no ambiente e na vida de crianças e adolescentes, têm o dever social de prevenir ameaça ou violação de direito. Prevenir no sentido de atalhar, impedir ou evitar afronta ao bem jurídico preservado pela norma protetiva, mas também como indicativo promocional de condições asseguratórias para a realização do direito declarado.

---

679. ECA, art. 70.

CURSO DE DIREITO DA CRIANÇA E DO ADOLESCENTE

Prevenção ainda em caráter amplíssimo, abrangendo possibilidade de ameaça ou de violação, evidenciando o desiderato legislativo de iniciativas de precaução, contentando-se com a visualização da ofensa em distante horizonte. Basta o receio de redução ou de aniquilamento do bem da vida prometido pela lei à criança ou ao adolescente que já nasce a obrigação social de prevenção, decorrente do valor emprestado à proteção integral e ao desenvolvimento saudável.

110. O paradigma do respeito à condição peculiar de pessoa em desenvolvimento

A prevenção está intimamente ligada à matriz do estágio de desenvolvimento pessoal da criança ou do adolescente, reclamando o equilíbrio necessário no resguardo a valores fundamentais, como liberdade e autonomia[680]. O respeito à condição peculiar de pessoa em processo de desenvolvimento, como princípio informador do direito da criança e do adolescente[681], reclama constante ponderação dos direitos diante do dinamismo das modificações, de modo que o objetivo da precaução não tolha as vivências necessárias aos progressos pessoais e sociais próprios da infância e adolescência.

Prevenir não é impedir a vida de relações, adotando práticas exclusivamente repressivas, mas importa reconhecimento de prerrogativas e responsabilidades próprias da idade, condizentes com as respectivas faixas etárias[682]. Reclama providências impeditivas de afronta especialmente a direitos fundamentais, como à vida e à saúde, sem conspurcar outros direitos. Requer equiparação de critérios, de modo que o mesmo padrão usado para a responsabilização deve ser estabelecido na garantia da liberdade.

---

680. V. Capítulo VII deste livro.

681. V. § 15, Capítulo IV, deste livro.

682. V. § 31, Capítulo VII, deste livro.

111. Prevenção e responsabilidade social

A falta de observância do dever de prevenção importa responsabilidade da pessoa natural ou jurídica, conforme expressamente prescreve o art. 73 do ECA[683]. Assim, a omissão desse dever social acarreta, conforme o caso, responsabilidade penal[684], civil[685] e administrativa[686], abrangendo amplo espectro de sanções.

A responsabilização caminha em paralelo com a necessidade de implemento das medidas de proteção destinadas à criança ou ao adolescente, de forma individual e com o escopo de suplantar a situação de risco derivada da ameaça ou violação a direito[687], extraindo-se dessa díade complementar um sistema protetivo baseado na garantia de condições assecuratórias do desenvolvimento saudável.

O dever de prevenção não raras vezes se materializa na obrigação de comunicar, especialmente ao Conselho Tutelar, suspeitas ou confirmações de maus-tratos. Isso vem alinhado em vários dispositivos do ECA[688], reclamando treinamento para o reconhecimento de seus sintomas[689].

O ECA considera infração administrativa a conduta do médico, professor ou responsável por estabelecimento de atenção à saúde e de ensino fundamental, pré-escola ou creche que deixar de comunicar à autoridade competente os casos de que tenha conhecimento, envolvendo suspeita ou

---

683. ECA, art. 73: "A inobservância das normas de prevenção importará em responsabilidade da pessoa física ou jurídica, nos termos desta Lei".

684. Corrupção de menores, abandono de incapaz, imposição de vexame ou constrangimento a criança ou adolescente e outros.

685. Suspensão ou perda do poder familiar, indenização por danos morais, suspensão de comercialização de produtos nocivos etc.

686. Cancelamento de alvará, interdição de atividade, afastamento de dirigente de entidade de atendimento e outras medidas.

687. V. Capítulo XIX deste livro.

688. ECA, arts. 13, 56, I, 70-B e 94-A.

689. ECA, art. 136: "São atribuições do Conselho Tutelar: [...] XII — promover e incentivar, na comunidade e nos grupos profissionais, ações de divulgação e treinamento para o reconhecimento de sintomas de maus-tratos em crianças e adolescentes".

confirmação de maus-tratos contra criança ou adolescente, prevendo a incidência da sanção de 3 (três) a 20 (vinte) salários de referência[690].

Todavia, a Lei n. 14.344, de 24 de maio de 2022, conhecida como Lei Henry Borel, prescreveu um dever geral mais abrangente, estabelecendo:

> Qualquer pessoa que tenha conhecimento ou presencie ação ou omissão, praticada em local público ou privado, que constitua violência doméstica e familiar contra a criança e o adolescente tem o dever de comunicar o fato imediatamente ao serviço de recebimento e monitoramento de denúncias, ao Disque 100 da Ouvidoria Nacional de Direitos Humanos do Ministério da Mulher, da Família e dos Direitos Humanos, ao Conselho Tutelar ou à autoridade policial, os quais, por sua vez, tomarão as providências cabíveis.[691]

A mencionada lei estimula as denúncias mediante a previsão da possibilidade de fixação de alguma compensação ao denunciante[692] por meio de estabelecimento de programas da União, dos Estados, do Distrito Federal e dos Municípios[693], garantindo o direito à denúncia presencial[694] e o deferimento de medidas para assegurar a integridade física e psicológica do denunciante[695]. Foi ainda além, criando uma excludente de ilicitude para o denunciante, indicando que "ninguém será submetido a retaliação, a represália, a discriminação ou a punição pelo fato ou sob o fundamento de ter reportado ou denunciado" as condutas de violência doméstica ou familiar[696].

Em contrapartida, utilizando-se da força da lei penal para obrigar a denúncia, considerou como crime, apenado com detenção de 6 (seis) meses a 3 (três) anos, a conduta de quem: "Deixar de comunicar à autoridade

---

690. V. ECA, art. 245. V. também Capítulo XLVIIII deste livro.

691. Lei n. 14.344, de 24 de maio de 2022, art. 23.

692. Lei n. 14.344, de 24 de maio de 2022, art. 24, caput.

693. Lei n. 14.344, de 24 de maio de 2022, art. 24, § 1º.

694. Lei n. 14.344, de 24 de maio de 2022, art. 24, § 2º.

695. Lei n. 14.344, de 24 de maio de 2022, art. 24, § 3º.

696. Lei n. 14.344, de 24 de maio de 2022, art. 24, § 4º.

pública a prática de violência, de tratamento cruel ou degradante ou de formas violentas de educação, correção ou disciplina contra criança ou adolescente ou o abandono de incapaz"[697].

112. Prevenção e deveres ordinários

A prevenção compreende deveres ordinários e especiais. Entre os primeiros, os relacionados aos direitos fundamentais da criança ou do adolescente, abrangendo precaução a qualquer ofensa aos interesses protegidos arrolados na declaração do art. 227 da Constituição Federal, como os direitos "à vida, à saúde, à alimentação, à educação, ao lazer, à profissionalização, à cultura, à dignidade, ao respeito, à liberdade e à convivência familiar e comunitária". Qualquer possibilidade de afronta a esses bens fundamentais da vida impõe o dever geral de atalhar sua ofensa ou ameaça, revelando a intenção de preservação daquilo que é absolutamente indispensável à dignidade da criança ou do adolescente.

113. Políticas e ações de prevenção à violência

A criança ou o adolescente têm o direito de serem educados sem violência, proibido o uso de castigo físico ou de tratamento cruel ou degradante[698].

Na concepção de atuação sistêmica de atendimento aos direitos da criança e do adolescente, "A União, os Estados, o Distrito Federal e os Municípios deverão atuar de forma articulada na elaboração de políticas públicas e na execução de ações destinadas a coibir o uso de castigo físico ou de tratamento cruel ou degradante e difundir formas não violentas de educação

---

697. Lei n. 14.344, de 24 de maio de 2022, art. 26.

698. V. § 54, Capítulo VIII, deste livro.

CURSO DE DIREITO DA CRIANÇA E DO ADOLESCENTE

de crianças e de adolescentes"[699]. A regra veio na esteira do que dispôs a Constituição Federal em seu art. 226, § 8º, ao prometer que o Estado iria criar mecanismos para coibir a violência no âmbito das relações familiares.

Entre as ações necessárias, a promoção de campanhas educativas, a atuação integrada, a capacitação do pessoal, a prática das formas de resolução pacífica dos conflitos, a educação dos pais para a cultura da não violência, a afirmação dos direitos da criança desde o pré-natal e a promoção de espaços intersetoriais locais para a articulação de ações e planos focados nas famílias em situação de violência[700].

Considerando que, quanto maior a vulnerabilidade, maior a vitimização pela violência, prescreveu o legislador que "as famílias com crianças e adolescentes com deficiência terão prioridade de atendimento nas ações e políticas públicas de prevenção e proteção"[701], indicando a necessidade de atenção redobrada às situações extremas de fragilidade.

Anote-se também que a Lei n. 13.010, de 26 de junho de 2014, que introduziu no ECA as alterações mencionadas, também modificou a Lei de Diretrizes e Bases da Educação Nacional[702], incluindo nos currículos da educação infantil, do ensino fundamental e do ensino médio conteúdos relativos a direitos humanos e à prevenção de todas as formas de violência contra a criança ou o adolescente[703].

A Lei n. 14.344, de 24 de maio de 2022, por sua vez, procedeu à inclusão de 7 (sete) incisos no art. 70-A, do ECA, todos eles relacionados a políticas públicas voltadas à erradicação das violências familiar e doméstica, completando a disciplina preventiva inaugurada com a Lei n. 13.010, de 26 de junho de 2014[704].

---

699. ECA, art. 70-A, com a redação dada pela Lei n. 13.010, de 26 de junho de 2014.

700. ECA, art. 70-A, I a VI.

701. ECA, art. 71-A, parágrafo único.

702. Lei n. 9.394, de 20 de dezembro de 1996.

703. LDB, art. 26, § 9º.

704. ECA: "Art. 70-A. A União, os Estados, o Distrito Federal e os Municípios deverão atuar de forma articulada na elaboração de políticas públicas e na execução de ações destinadas a coibir o uso de castigo

Aliás, a chamada Lei Henry Borel trouxe conceitos de violência doméstica e familiar, na base da ocorrência de qualquer ação ou omissão que cause morte, lesão, sofrimento físico, sexual, psicológico ou dano patrimonial. A primeira quando verificada "no âmbito do domicílio ou da residência da criança e do adolescente, compreendida como o espaço de convívio permanente de pessoas, com ou sem vínculo familiar, inclusive as esporadicamente

---

físico ou de tratamento cruel ou degradante e difundir formas não violentas de educação de crianças e de adolescentes, tendo como principais ações: I — a promoção de campanhas educativas permanentes para a divulgação do direito da criança e do adolescente de serem educados e cuidados sem o uso de castigo físico ou de tratamento cruel ou degradante e dos instrumentos de proteção aos direitos humanos; II — a integração com os órgãos do Poder Judiciário, do Ministério Público e da Defensoria Pública, com o Conselho Tutelar, com os Conselhos de Direitos da Criança e do Adolescente e com as entidades não governamentais que atuam na promoção, proteção e defesa dos direitos da criança e do adolescente; III — a formação continuada e a capacitação dos profissionais de saúde, educação e assistência social e dos demais agentes que atuam na promoção, proteção e defesa dos direitos da criança e do adolescente para o desenvolvimento das competências necessárias à prevenção, à identificação de evidências, ao diagnóstico e ao enfrentamento de todas as formas de violência contra a criança e o adolescente; IV — o apoio e o incentivo às práticas de resolução pacífica de conflitos que envolvam violência contra a criança e o adolescente; V — a inclusão, nas políticas públicas, de ações que visem a garantir os direitos da criança e do adolescente, desde a atenção pré-natal, e de atividades junto aos pais e responsáveis com o objetivo de promover a informação, a reflexão, o debate e a orientação sobre alternativas ao uso de castigo físico ou de tratamento cruel ou degradante no processo educativo; VI — a promoção de espaços intersetoriais locais para a articulação de ações e a elaboração de planos de atuação conjunta focados nas famílias em situação de violência, com participação de profissionais de saúde, de assistência social e de educação e de órgãos de promoção, proteção e defesa dos direitos da criança e do adolescente; VII — a promoção de estudos e pesquisas, de estatísticas e de outras informações relevantes às consequências e à frequência das formas de violência contra a criança e o adolescente para a sistematização de dados nacionalmente unificados e a avaliação periódica dos resultados das medidas adotadas; VIII — o respeito aos valores da dignidade da pessoa humana, de forma a coibir a violência, o tratamento cruel ou degradante e as formas violentas de educação, correção ou disciplina; IX — a promoção e a realização de campanhas educativas direcionadas ao público escolar e à sociedade em geral e a difusão desta Lei e dos instrumentos de proteção aos direitos humanos das crianças e dos adolescentes, incluídos os canais de denúncia existentes; X — a celebração de convênios, de protocolos, de ajustes, de termos e de outros instrumentos de promoção de parceria entre órgãos governamentais ou entre estes e entidades não governamentais, com o objetivo de implementar programas de erradicação da violência, de tratamento cruel ou degradante e de formas violentas de educação, correção ou disciplina; XI — a capacitação permanente das Polícias Civil e Militar, da Guarda Municipal, do Corpo de Bombeiros, dos profissionais nas escolas, dos Conselhos Tutelares e dos profissionais pertencentes aos órgãos e às áreas referidos no inciso II deste caput, para que identifiquem situações em que crianças e adolescentes vivenciam violência e agressões no âmbito familiar ou institucional; XII — a promoção de programas educacionais que disseminem valores éticos de irrestrito respeito à dignidade da pessoa humana, bem como de programas de fortalecimento da parentalidade positiva, da educação sem castigos físicos e de ações de prevenção e enfrentamento da violência doméstica e familiar contra a criança e o adolescente; XIII — o destaque, nos currículos escolares de todos os níveis de ensino, dos conteúdos relativos à prevenção, à identificação e à resposta à violência doméstica e familiar. Parágrafo único. As famílias com crianças e adolescentes com deficiência terão prioridade de atendimento nas ações e políticas públicas de prevenção e proteção".

CURSO DE DIREITO DA CRIANÇA E DO ADOLESCENTE

agregadas", e a violência familiar quando perpetrada "no âmbito da família, compreendida como a comunidade formada por indivíduos que compõem a família natural, ampliada ou substituta, por laços naturais, por afinidade ou por vontade expressa". E, na amplitude das duas formas, quando decorrente de "qualquer relação doméstica e familiar na qual o agressor conviva ou tenha convivido com a vítima, independentemente de coabitação"[705].

Encontramos as definições de violência na Lei n. 13.431, de 4 de abril de 2017, especialmente em seu art. 4º, que considera suas formas: (a) violência física[706]; (b) violência psicológica[707]; (c) violência sexual[708]; (d) violência institucional[709]; e (e) violência patrimonial[710].

---

705. Lei n. 14.344, de 24 de maio de 2022, art. 2º, I, II, III.

706. Lei n. 13.431, de 4 de abril de 2017, art. 4º, I: "violência física, entendida como a ação infligida à criança ou ao adolescente que ofenda sua integridade ou saúde corporal ou que lhe cause sofrimento físico".

707. Lei n. 13.431, de 4 de abril de 2017, art. 4º, II: "violência psicológica: a) qualquer conduta de discriminação, depreciação ou desrespeito em relação à criança ou ao adolescente mediante ameaça, constrangimento, humilhação, manipulação, isolamento, agressão verbal e xingamento, ridicularização, indiferença, exploração ou intimidação sistemática (*bullying*) que possa comprometer seu desenvolvimento psíquico ou emocional; b) o ato de alienação parental, assim entendido como a interferência na formação psicológica da criança ou do adolescente, promovida ou induzida por um dos genitores, pelos avós ou por quem os tenha sob sua autoridade, guarda ou vigilância, que leve ao repúdio de genitor ou que cause prejuízo ao estabelecimento ou à manutenção de vínculo com este; c) qualquer conduta que exponha a criança ou o adolescente, direta ou indiretamente, a crime violento contra membro de sua família ou de sua rede de apoio, independentemente do ambiente em que cometido, particularmente quando isto a torna testemunha".

708. Lei n. 13.431, de 4 de abril de 2017, art. 4º, III: "violência sexual, entendida como qualquer conduta que constranja a criança ou o adolescente a praticar ou presenciar conjunção carnal ou qualquer outro ato libidinoso, inclusive exposição do corpo em foto ou vídeo por meio eletrônico ou não, que compreenda: a) abuso sexual, entendido como toda ação que se utiliza da criança ou do adolescente para fins sexuais, seja conjunção carnal ou outro ato libidinoso, realizado de modo presencial ou por meio eletrônico, para estimulação sexual do agente ou de terceiro; b) exploração sexual comercial, entendida como o uso da criança ou do adolescente em atividade sexual em troca de remuneração ou qualquer outra forma de compensação, de forma independente ou sob patrocínio, apoio ou incentivo de terceiro, seja de modo presencial ou por meio eletrônico; c) tráfico de pessoas, entendido como o recrutamento, o transporte, a transferência, o alojamento ou o acolhimento da criança ou do adolescente, dentro do território nacional ou para o estrangeiro, com o fim de exploração sexual, mediante ameaça, uso de força ou outra forma de coação, rapto, fraude, engano, abuso de autoridade, aproveitamento de situação de vulnerabilidade ou entrega ou aceitação de pagamento, entre os casos previstos na legislação".

709. Lei n. 13.431, de 4 de abril de 2017, art. 4º, IV: "violência institucional, entendida como a praticada por instituição pública ou conveniada, inclusive quando gerar revitimização".

710. Lei n. 13.431, de 4 de abril de 2017, art. 4º, V: "violência patrimonial, entendida como qualquer conduta que configure retenção, subtração, destruição parcial ou total de seus documentos pessoais, bens, valores e direitos ou recursos econômicos, incluídos os destinados a satisfazer suas necessidades, desde que a medida não se enquadre como educacional".

114. Prevenção e escuta protegida

A audição protegida, expressão designativa da oitiva de vítima ou testemunha de violência mediante escuta especializada ou depoimento especial, arrimada pela Lei n. 13.431, de 4 de abril de 2017, insere-se no contexto da prevenção, compreendida como a ação de prevenir a ocorrência de ameaça ou violação dos direitos da criança ou do adolescente[711]. São direitos específicos à condição de vítimas ou testemunhas da violência, que decorrem da condição peculiar de pessoas em processo de desenvolvimento, assim expressamente previsto em lei[712], interesses juridicamente reconhecidos em razão da toxicidade derivada das constantes exigências de relatos sobre os acontecimentos vivenciados de situações experenciadas.

Ressalta, à evidência meridiana, que a submissão da vítima ou testemunha de violência física, psicológica, sexual, institucional ou mesmo patrimonial a inúmeros relatos descritivos da tragédia pela qual passou ou que presenciou causa danos importantes. Reviver inúmeras vezes os eventos estressantes e suas lembranças aflitivas, as angústias decorrentes dos acontecimentos traumáticos, é manter e agravar os abalos e tensões inerentes à violência sofrida ou presenciada. Assim, incumbe ao sistema de proteção prevenir o aumento do sofrimento, diminuindo a necessidade de relatos sobre os episódios dolorosos e, quando possível, resumir a uma única vez, bem como adotar estratégias e técnicas para que a inquirição seja o menos invasiva e o mais amigável possível.

Assim, na esteira do art. 12, n. 2, da Convenção sobre os Direitos da Criança[713], a oitiva pressupõe pessoas e órgãos apropriados, isto é, preparados e adequados para a escuta da criança ou do adolescente nos assuntos a eles relacionados, reclamando extrema atenção para evitar ou minimizar

---

711. ECA, art. 70.

712. Lei n. 13.431, de 4 de abril de 2017, art. 2º.

713. V. Decreto n. 99.710, de 21 de novembro de 1990.

a revitimização, ou seja, a repetição ou o continuar dos sofrimentos decorrentes das lembranças aflitivas.

Escuta especializada e depoimento especial são coisas distintas. A Lei n. 13.431, de 4 de abril de 2017, conceitua a primeira como procedimento de entrevista afeta a órgão da rede de proteção[714] e o segundo como o de oitiva perante autoridade policial ou judiciária[715].

A escuta especializada é uma conversa restrita exclusivamente à finalidade do serviço do qual faz parte o entrevistador, na qual se colhem do entrevistado somente os informes necessários à atividade, vedada a incursão em assuntos ou circunstâncias que não interessam à intervenção específica.

O depoimento especial, por sua vez, consiste em meio de prova da violência sofrida ou presenciada, destinado à elucidação dos fatos investigados pela autoridade policial ou submetidos à instrução processual presidida pelo juiz.

A escuta especializada e o depoimento especial são as únicas formas para a oitiva de criança ou adolescente em situação de violência[716], como vítima ou testemunha, prescrevendo a Lei n. 13.431, de 4 de abril de 2017, a disciplina básica para a materialização desses direitos, exigindo local apropriado e acolhedor, com infraestrutura e espaço físico que garantam a privacidade[717], bem como prescrevendo garantias relacionadas à realização material desses procedimentos[718]. A criança ou o adolescente em situação

---

714. Lei n. 13.431, de 4 de abril de 2017: "Art. 7º Escuta especializada é o procedimento de entrevista sobre situação de violência com criança ou adolescente perante órgão da rede de proteção, limitado o relato estritamente ao necessário para o cumprimento de sua finalidade".

715. Lei n. 13.431, de 4 de abril de 2017: "Art. 8º Depoimento especial é o procedimento de oitiva de criança ou adolescente vítima ou testemunha de violência perante autoridade policial ou judiciária".

716. Lei n. 13.431, de 4 de abril de 2017, art. 4º, § 1º.

717. Lei n. 13.431, de 4 de abril de 2017, art. 10.

718. Lei n. 13.431, de 4 de abril de 2017: "Art. 5º A aplicação desta Lei, sem prejuízo dos princípios estabelecidos nas demais normas nacionais e internacionais de proteção dos direitos da criança e do adolescente, terá como base, entre outros, os direitos e garantias fundamentais da criança e do adolescente a: I — receber prioridade absoluta e ter considerada a condição peculiar de pessoa em desenvolvimento; II — receber tratamento digno e abrangente; III — ter a intimidade e as condições pessoais protegidas

de violência, como vítimas ou testemunhas, também são destinatários de medidas protetivas[719], previstas no ECA, na Lei Maria da Penha e na Lei Henry Borel.

Quanto ao procedimento de depoimento especial, a lei: (a) recomenda, para todos os casos, sua realização uma única vez, em sede de produção antecipada de prova; (b) exige a cautelar quando se tratar de criança com menos de sete anos de idade ou se tratar de violência sexual; (c) prescreve um procedimento rígido com requisitos essenciais, de observância obrigatória; e (d) marca o depoimento especial com o segredo de justiça[720].

No que diz respeito ao Poder Judiciário e sua tarefa de oitiva de crianças e adolescentes, especialmente considerando os termos da Lei n. 13.431, de 4 de abril de 2017, o CNJ[721] editou a Resolução n. 299, de 5 de novembro de 2019, dispondo sobre um sistema de garantia de direito da criança e do adolescente vítima ou testemunha de violência, com destaque para a obrigatoriedade de implantação de salas de depoimento pessoal

---

quando vítima ou testemunha de violência; IV — ser protegido contra qualquer tipo de discriminação, independentemente de classe, sexo, raça, etnia, renda, cultura, nível educacional, idade, religião, nacionalidade, procedência regional, regularidade migratória, deficiência ou qualquer outra condição sua, de seus pais ou de seus representantes legais; V — receber informação adequada à sua etapa de desenvolvimento sobre direitos, inclusive sociais, serviços disponíveis, representação jurídica, medidas de proteção, reparação de danos e qualquer procedimento a que seja submetido; VI — ser ouvido e expressar seus desejos e opiniões, assim como permanecer em silêncio; VII — receber assistência qualificada jurídica e psicossocial especializada, que facilite a sua participação e o resguarde contra comportamento inadequado adotado pelos demais órgãos atuantes no processo; VIII — ser resguardado e protegido de sofrimento, com direito a apoio, planejamento de sua participação, prioridade na tramitação do processo, celeridade processual, idoneidade do atendimento e limitação das intervenções; IX — ser ouvido em horário que lhe for mais adequado e conveniente, sempre que possível; X — ter segurança, com avaliação contínua sobre possibilidades de intimidação, ameaça e outras formas de violência; XI — ser assistido por profissional capacitado e conhecer os profissionais que participam dos procedimentos de escuta especializada e depoimento especial; XII — ser reparado quando seus direitos forem violados; XIII — conviver em família e em comunidade; XIV — ter as informações prestadas tratadas confidencialmente, sendo vedada a utilização ou o repasse a terceiro das declarações feitas pela criança e pelo adolescente vítima, salvo para os fins de assistência à saúde e de persecução penal; XV — prestar declarações em formato adaptado à criança e ao adolescente com deficiência ou em idioma diverso do português".

719. Lei n. 13.431, de 4 de abril de 2017, art. 6º.

720. Lei n. 13.431, de 4 de abril de 2017, arts. 11 e 12.

721. Conselho Nacional de Justiça.

CURSO DE DIREITO DA CRIANÇA E DO ADOLESCENTE

nas comarcas do território nacional, de modo que todas as crianças ou adolescentes possam "apresentar suas narrativas de forma segura, protegida e acolhedora"[722], consignando-se, ainda, a ênfase da resolução na formação de pessoal especializado e na capacitação de magistrados e profissionais.

115. Prevenção e informação, cultura, lazer, esportes, diversões e espetáculos

Além dos deveres ordinários, o legislador arrimou outros, especiais, considerando aspectos peculiares da prevenção a situações de risco ocorrentes na infância e adolescência. Informação, cultura, lazer, esportes, diversões e espetáculos adequados à faixa etária da criança ou adolescente, sempre na consideração da sua conformidade com a condição peculiar de pessoa em processo de desenvolvimento.

O legislador, no art. 71 do ECA, garante o acesso da criança ou do adolescente a esses bens da vida, de modo que afasta a ideia de repressão, própria de um passado em que a proibição era a única e pretensa ferramenta protetiva. Reclama, em modulação do direito, notadamente respeito às diferentes faixas etárias, ou seja, subordinação da garantia e condições de acesso ao estágio de desenvolvimento da criança ou adolescente[723], de modo que o fruir de informação, cultura, lazer, esportes, diversões e espetáculos intempestivos não prejudique seus movimentos ascendentes e gradativos em direção à maturidade.

A aferição dessa adequação reclama base científica, de modo a afastar o senso comum. A opinião técnica de profissionais especializados auxilia no processo de formação da conformidade exigida pela lei, de maneira a

---

722. Resolução CNJ n. 299/2019, art. 7º.

723. A faixa etária consiste no principal indicativo do desenvolvimento da criança e do adolescente, embora não seja o único, pois condições pessoais e sociais peculiares são determinantes do estágio de crescimento da pessoa humana.

realçar o difícil equilíbrio entre conteúdo e desenvolvimento[724]. Anote-se que o principal dever do fornecedor, produtor ou facilitador de acesso à informação, cultura, lazer, esportes, diversões e espetáculos é o de "prevenir a ocorrência de ameaça ou violação dos direitos da criança e do adolescente", devendo adotar sempre uma postura de precaução, compatível com a obrigação social de contribuir para o desenvolvimento saudável, devendo responder também pela desídia ou imprevidência.

É de observar que os operadores de informação, cultura, lazer, esportes, diversões, espetáculos e produtos e serviços destinados a crianças e adolescentes deverão contar com pessoas capacitadas a reconhecer e comunicar ao Conselho Tutelar suspeitas ou casos de crimes contra eles praticados[725], da mesma forma que as pessoas encarregadas, por razão de cargo, função, ofício, ministério, profissão ou ocupação, do cuidado, assistência ou guarda de crianças e adolescentes[726].

116. Prevenção e classificação indicativa

A Constituição da República estabeleceu que: "A manifestação do pensamento, a criação, a expressão e a informação, sob qualquer forma, processo ou veículo não sofrerão qualquer restrição", e vedou expressamente "toda e qualquer censura de natureza política, ideológica e artística"[727]. Tudo em decorrência da garantia de que "é livre a expressão da atividade intelectual, artística, científica e de comunicação, independentemente de censura ou licença"[728].

---

724. O Ministério da Justiça tem um Guia Prático de Classificação Indicativa no qual alinha uma série de parâmetros permissivos dessa adequação. V. também Portaria n. 1.189, de 3 de agosto de 2018, do Ministério da Justiça.

725. ECA, art. 70-B, na redação dada pela Lei n. 14.344, de 24 de maio de 2022.

726. ECA, art. 70-B, parágrafo único.

727. V. CF, art. 220, caput e seu § 2º.

728. CF, art. 5º, IX.

CURSO DE DIREITO DA CRIANÇA E DO ADOLESCENTE

Em consequência, substituiu a prática censória pela atividade do Poder Público em informar sobre a natureza das diversões e espetáculos públicos as faixas etárias a que não se recomendem, locais e horários em que sua apresentação se mostre inadequada[729].

Na sua tarefa disciplinar, o ECA, em seu art. 74, consignou que: "O poder público, através do órgão competente, regulará as diversões e espetáculos públicos, informando sobre a natureza deles, as faixas etárias a que não se recomendem, locais e horários em que sua apresentação se mostre inadequada".

Assim, ao contrário do Código de Menores, que apenas se referia à classificação[730], impondo sanções no caso de inobservância da limitação "fixada pelo Serviço Federal de Censura"[731], o ECA projetou modificação de essência nesse serviço[732], impondo, em decorrência da Constituição de 1988, o término da chamada "censura das diversões públicas", atribuição até então cominada à Polícia Federal[733].

Por obra da Constituição da República e da sua regulamentação pelo ECA, o Ministério da Justiça, através da sua Secretaria Nacional de Justiça, coordena as atividades de classificação indicativa, estando essa atividade regulada atualmente pela Portaria n. 1.189, de 3 de agosto de 2018. Em seu art. 2º enuncia uma série de conceitos, valendo a transcrição da definição

---

729. CF, art. 220, § 3º, I.

730. CM, art. 54: "Nenhum espetáculo será apresentado ou anunciado sem aviso de sua classificação, antes e durante sua transmissão, apresentação ou exibição".

731. CM, art. 66, parágrafo único.

732. O Serviço de Censura de Diversões Públicas foi criado pelo Decreto-lei n. 8.462, de 26 de dezembro de 1945, durante o governo José Linhares, integrando o Departamento Federal de Segurança Pública, antecedente histórico da Polícia Federal. Era vinculado diretamente ao Chefe de Polícia e integrado por "censores", tendo incorporado as funções de censura prévia outrora cominadas a órgãos do Departamento de Imprensa e Propaganda, instituído pelo Decreto n. 5.077, de 29 de dezembro de 1939, aprovado por Getúlio Vargas durante o Estado Novo. O Serviço de Censura de Diversões Públicas passa a ser denominado, com a edição do Decreto n. 70.665, de 2 de junho de 1972, de Divisão de Censura de Diversões Públicas, órgão central da Polícia Federal.

733. A atividade censória da Polícia Federal ainda permanece formalmente presente na Lei n. 4.483, de 16 de novembro de 1964, posto que seguramente não recepcionada pela nossa Lei Maior.

básica de classificação indicativa: "a informação fornecida aos pais e responsáveis acerca do conteúdo de obras e diversões não recomendáveis a determinadas faixas etárias, considerando-se três eixos temáticos: 'sexo e nudez', 'drogas' e 'violência'"[734]. Tais temas, diante do respeito à condição de pessoas em processo de desenvolvimento, devem ser avaliados à luz das faixas etárias, servindo o disposto no art. 76 do ECA[735] de indicativo referencial.

De acordo com seu art. 3º, estão sujeitos à classificação indicativa, mediante as formas que disciplina[736], pelo Ministério da Justiça: (a) obras audiovisuais destinadas à televisão e aos mercados de cinema e vídeo doméstico; (b) jogos eletrônicos e aplicativos; e (c) jogos de interpretação de personagens.

A classificação indicativa constitui um balizamento objetivo do dever de prevenção, cuja inobservância pode acarretar sanções diversas[737], especialmente considerando a natureza dos infratores. De um lado, pais ou responsável pelo acesso ou consumo do material impróprio ou inadequado, que no exercício do direito-dever de criação e educação têm certa margem de discricionariedade, aferível à luz da nocividade extraída das circunstâncias e peculiaridades dos sujeitos e objetos de consumo. De outro, fornecedores de produtos e serviços, que têm a obrigação legal de respeito à classificação indicativa, pois a oferta deixa de ser deliberação particular e se insere na esfera da proteção pública, materializada através da consideração de um órgão especializado, no caso o Departamento de Promoção de Políticas de Justiça, da Secretaria Nacional do Justiça, do Ministério da Justiça.

Essa prevalência da técnica, do conhecimento científico, importa tutela preventiva especialmente da liberdade, tanto que o ECA garante que "toda criança ou adolescente terá acesso às diversões e espetáculos públicos classificados como adequados à sua faixa etária"[738], norma que tem como

---

734. Portaria MJ n. 1.189/2018, art. 2º, I.

735. ECA, art. 76: "As emissoras de rádio e televisão somente exibirão, no horário recomendado para o público infantojuvenil, programas com finalidades educativas, artísticas, culturais e informativas".

736. Classificação indicativa matricial, derivada, autoclassificação e análise prévia.

737. V. § 141, Capítulo XIX, deste livro.

738. ECA, art. 75, caput.

CURSO DE DIREITO DA CRIANÇA E DO ADOLESCENTE

obrigados a família, a sociedade e o Estado, na clara dicção do art. 227 da Constituição da República[739].

Também importa limite para os infantes, na exata correspondência da necessidade de obediência a regras derivadas do Estado de direito, valendo lembrar que as "medidas de proteção à criança e ao adolescente são aplicáveis sempre que os direitos reconhecidos nesta Lei forem ameaçados ou violados" também "em razão de sua conduta"[740], claro indicativo de que não há, nem poderia haver, previsão de liberdade ilimitada. Verifique-se, nesse sentido, que, até mesmo como precaução à higidez física, "As crianças menores de dez anos somente poderão ingressar e permanecer nos locais de apresentação ou exibição quando acompanhadas dos pais ou responsável". A partir dessa idade, desacompanhados, desde que compatível com sua faixa etária, na forma da classificação indicativa, o que também pode ser extraído do disposto no art. 77 do ECA[741], que, ainda que trate da desusada venda ou locação de fitas de vídeos, impõe também a crianças e adolescentes o respeito ao considerado pelo órgão técnico.

A publicidade da classificação indicativa é dever complementar inerente à sua própria obtenção, exigindo ampla divulgação da informação ao público em geral, consoante se verifica especialmente dos parágrafos únicos dos arts. 74[742], 76[743] e 77[744] do ECA, matéria que conta com disci-

---

739. CF: "Art. 227. É dever da família, da sociedade e do Estado assegurar à criança, ao adolescente e ao jovem, com absoluta prioridade, o direito à vida, à saúde, à alimentação, à educação, ao lazer, à profissionalização, à cultura, à dignidade, ao respeito, à liberdade e à convivência familiar e comunitária, além de colocá-los a salvo de toda forma de negligência, discriminação, exploração, violência, crueldade e opressão".

740. ECA, art. 98, III.

741. ECA, art. 77: "Os proprietários, diretores, gerentes e funcionários de empresas que explorem a venda ou aluguel de fitas de programação em vídeo cuidarão para que não haja venda ou locação em desacordo com a classificação atribuída pelo órgão competente".

742. ECA, art. 74, parágrafo único: "Os responsáveis pelas diversões e espetáculos públicos deverão afixar, em lugar visível e de fácil acesso, à entrada do local de exibição, informação destacada sobre a natureza do espetáculo e a faixa etária especificada no certificado de classificação".

743. ECA, art. 76, parágrafo único: "Nenhum espetáculo será apresentado ou anunciado sem aviso de sua classificação, antes de sua transmissão, apresentação ou exibição".

744. ECA, art. 77, parágrafo único: "As fitas a que alude este artigo deverão exibir, no invólucro, informação sobre a natureza da obra e a faixa etária a que se destinam".

plina administrativa, com a previsão da utilização de elementos interativos, notadamente símbolos[745].

117. Prevenção especial e produtos e serviços

Produtos e serviços encontram no Código de Defesa do Consumidor[746] conceitos certos e determinados. "Produto é qualquer bem, móvel ou imóvel, material ou imaterial"[747], enquanto serviço é "qualquer atividade fornecida no mercado de consumo, mediante remuneração, inclusive as de natureza bancária, financeira, de crédito e securitária, salvo as decorrentes das relações de caráter trabalhista"[748].

Crianças e adolescentes são consumidores, no caso pessoas naturais adquirentes ou utilizadores de produtos e serviços como destinatários finais[749], exigindo a lei que coisas e ações a eles dirigidos respeitem sua condição peculiar de pessoas em processo de desenvolvimento[750].

A observância da faixa etária à qual é destinado o produto ou serviço é exigência legal cujo desrespeito pode levar à responsabilização do imprevidente, tratando-se de um cuidado a mais daquele, geral, previsto no art. 8º do CDC[751].

Eventuais riscos à saúde ou segurança dos consumidores mirins devem levar em consideração a idade dos seus destinatários, sendo prudente

---

745. V. Guia Prático da Classificação Indicativa do Ministério da Justiça.

746. Lei n. 8.078, de 11 de setembro de 1980.

747. CDC, art. 3º, § 1º.

748. CDC, art. 3º, § 2º.

749. CDC, art. 2º.

750. ECA, art. 71: "A criança e o adolescente têm direito a informação, cultura, lazer, esportes, diversões, espetáculos e produtos e serviços que respeitem sua condição peculiar de pessoa em desenvolvimento".

751. CDC, art. 8º: "Os produtos e serviços colocados no mercado de consumo não acarretarão riscos à saúde ou segurança dos consumidores, exceto os considerados normais e previsíveis em decorrência de sua natureza e fruição, obrigando-se os fornecedores, em qualquer hipótese, a dar as informações necessárias e adequadas a seu respeito".

CURSO DE DIREITO DA CRIANÇA E DO ADOLESCENTE

laudo técnico que ateste, antes da oferta no mercado, que não se trata de produto defeituoso[752] ou de serviço imperfeito ou nocivo[753].

É absolutamente previsível que o produto ou o serviço ofertados à criança ou ao adolescente sejam utilizados de maneira inadequada, notadamente em razão da faixa etária, de modo que não se considera eventual culpa exclusiva do consumidor. Em dois dispositivos o ECA expressamente prevê a possibilidade de utilização indevida[754], evidenciando que o dever social de prevenção impõe cautela redobrada quando da oferta de produto ou serviço ao público infantojuvenil.

É de observar que o "fabricante, o produtor, o construtor, nacional ou estrangeiro, e o importador respondem, independentemente da existência de culpa, pela reparação dos danos causados aos consumidores por defeitos decorrentes de projeto, fabricação, construção, montagem, fórmulas, manipulação, apresentação ou acondicionamento de seus produtos, bem como por informações insuficientes ou inadequadas sobre sua utilização e riscos"[755], impondo o ECA, em razão do dever social de prevenção, avaliação rigorosa dos riscos antes da oferta do produto ou serviço, sempre na perspectiva de que a criança ou o adolescente estão em processo de desenvolvimento, não raras vezes não tendo a capacidade plena de representar abstratamente resultados danosos antes da sua ocorrência.

Se a criança ou o adolescente são absoluta ou relativamente incapazes para os atos da vida civil, nos termos dos arts. 3° e 4° do Código Civil[756],

---

752. CDC: "Art. 12. [...] § 1° O produto é defeituoso quando não oferece a segurança que dele legitimamente se espera, levando-se em consideração as circunstâncias relevantes, entre as quais: I — sua apresentação; II — o uso e os riscos que razoavelmente dele se esperam; III — a época em que foi colocado em circulação".

753. De acordo com o art. 14, § 1°, do CDC, "O serviço é defeituoso quando não fornece a segurança que o consumidor dele pode esperar, levando-se em consideração as circunstâncias relevantes, entre as quais: I — o modo de seu fornecimento; II — o resultado e os riscos que razoavelmente dele se esperam; III — a época em que foi fornecido".

754. ECA, art. 81, II, III.

755. CDC, art. 12.

756. Lei n. 10.406, de 10 de janeiro de 2002: "Art. 3° São absolutamente incapazes de exercer pessoalmente os atos da vida civil os menores de 16 (dezesseis) anos. Art. 4° São incapazes, relativamente a certos atos ou à maneira de os exercer: I — os maiores de dezesseis e menores de dezoito anos".

devendo ser representados ou assistidos[757], a incapacidade presumida pela lei deve ser levada em conta quando da eventual aferição dos riscos, especialmente os decorrentes da utilização indevida, de modo a agravar as consequências derivadas da desídia, ante a manifesta possibilidade de previsibilidade, factual e jurídica.

118. Produtos e serviços proibidos

O legislador, sob o enfoque da nocividade de certos produtos e serviços, resolveu, em uma lista exaustiva, retirá-los do mercado destinado a crianças e adolescentes. Considerou prevalente, naquele momento histórico, o valor da integridade sobre o do acesso, optando por normas de proibição dirigidas àquele que, no seu ofício de comercializar, depara-se com crianças e adolescentes. Atribuiu-lhe o dever de não vender os produtos e serviços indicados para o menor de 18 (dezoito) anos de idade, não fazendo qualquer outro corte etário, utilizando-se de sanções criminais[758] e administrativas[759] na tentativa de obtenção de obediência, sem prejuízo da configuração de outros ilícitos em razão do encadeamento dos fatos.

Destaca-se, em primeiro lugar, a proibição de venda a criança ou adolescente de arma, munição ou explosivo[760], cuja inobservância configura crime apenado com reclusão de 3 (três) a 6 (seis) anos[761]. Anote-se também, nessa ótica de prevenção, que o Estatuto do Desarmamento[762] incrimina a chamada "omissão de cautela", apenando com detenção de 1 (um) a 2 (dois) anos, e multa, a conduta consistente em "deixar de observar as cautelas necessárias para impedir que menor de 18 (dezoito) anos ou pessoa

---

757. ECA, art. 142.
758. ECA, arts. 242, 243 e 244.
759. ECA, arts. 250, 258 e 258-C.
760. ECA, art. 81, I.
761. ECA, art. 242.
762. Lei n. 10.826, de 22 de dezembro de 2003.

portadora de deficiência mental se apodere de arma de fogo que esteja sob sua posse ou que seja de sua propriedade"[763]. Indique-se, ainda, que o citado Estatuto do Desarmamento veda ao menor de 25 (vinte e cinco) anos a aquisição de arma de fogo[764], ampliando a proteção preventiva, no escopo de arrimar a disseminação da cultura de paz[765].

Também restou proibida a venda a crianças e adolescentes de bebidas alcoólicas[766], hoje definida na sua forma mais simples como infração administrativa por força da introdução do art. 258-C no ECA, que prescreve ao estabelecimento infrator pena de multa de mil a três mil reais, além da interdição do ponto de venda até o pagamento da coima.

A mesma Lei n. 13.106, de 17 de março de 2015, criminalizou também o ato pessoal de vender, fornecer, servir ou entregar bebida alcoólica a criança ou adolescente, transformando antiga contravenção penal[767] em crime, modificando o art. 243 do ECA e apenando o infrator com a sanção de detenção, de 2 (dois) a 4 (quatro) anos, e multa, se o fato não constitui crime mais grave.

No inciso III do art. 81 do ECA, verifica-se a proibição de comercialização a crianças e adolescentes de "produtos cujos componentes possam causar dependência física ou psíquica ainda que por utilização indevida". Hoje, por força de alteração introduzida no art. 243 do ECA[768], incrimina-se quem vender, fornecer, servir, ministrar ou entregar, ainda que gratuitamente, de qualquer forma, à criança ou adolescente, sem justa causa, "outros produtos cujos componentes possam causar dependência física ou psíquica", exigindo-se do fabricante que informe ao vendedor a respeito da circunstância.

---

763. Estatuto do Desarmamento, art. 13.

764. Estatuto do Desarmamento, art. 28.

765. A lei anterior ao Estatuto do Desarmamento, Lei n. 9.437, de 20 de fevereiro de 1997, prescrevia em seu art. 18 a vedação à aquisição de arma de fogo ao menor de vinte e um anos de idade.

766. ECA, art. 81, II.

767. LCP, art. 63, I.

768. Lei n. 13.106, de 17 de março de 2015.

Também é proibida a venda à criança ou ao adolescente de "fogos de estampido e de artifício, exceto aqueles que pelo seu reduzido potencial sejam incapazes de provocar qualquer dano físico em caso de utilização indevida"[769]. Sob o influxo do dever legal de prevenção, o vendedor deve fazer uma avaliação da potencialidade lesiva do artefato, levando em conta a variável da utilização indevida, de modo a atalhar riscos à incolumidade física de criança ou adolescente.

O ECA, conforme se verifica no art. 82, V, também proibiu a comercialização para crianças ou adolescentes de revistas e publicações "contendo material impróprio ou inadequado"[770]. A locução, contida no art. 78 do ECA, deve ser interpretada à luz dos "valores éticos e sociais da pessoa e da família"[771], de sorte que o resultado da exegese colmate as brechas deixadas pelo legislador mediante a consideração dos influxos culturais próprios de determinado momento histórico, valorando a marcha civilizatória revelada pelos costumes.

A fundamentação, em uma ou outra direção, também deve estar atrelada umbilicalmente ao caso concreto, com exposição clara dos seus motivos[772], sob pena de a referência genérica a valores éticos e sociais configurar grave atentado à liberdade de expressão, podendo também importar discriminação em relação a segmentos sociais igualitariamente partícipes da sociedade brasileira.

Impõe também como medida preventiva que o material destinado a adultos não seja indevidamente manuseado, prescrevendo que: "As revistas e publicações contendo material impróprio ou inadequado a crianças e adolescentes deverão ser comercializadas em embalagem lacrada, com a advertência de seu conteúdo"[773]. E, como cuidado adicional, obriga as editoras a que protejam com embalagens opacas as capas das suas publicações que

---

769. ECA, art. 8°, IV.

770. ECA, art. 78.

771. ECA, art. 79.

772. CPC, art. 489, II.

773. ECA, art. 78.

CURSO DE DIREITO DA CRIANÇA E DO ADOLESCENTE

contenham mensagens pornográficas ou obscenas[774]. O descumprimento das obrigações básicas de comercialização em embalagem lacrada e, se for o caso, de invólucro opaco, sujeita o infrator à penalidade administrativa, inclusive com a possibilidade de apreensão da revista ou publicação[775].

Anote-se também que o ECA, em seu art. 79[776], prescreveu proibições absolutas que escapam à possibilidade interpretativa. São elas relacionadas a ilustrações, fotografias, legendas, crônicas ou anúncios de bebidas alcoólicas, tabaco, armas e munições. Nesses assuntos não existe margem de redução do alcance da regra de proibição, sob pena de desconsideração da vontade do legislador, expressa de maneira absolutamente regular e clara. Considerando o desiderato do desenvolvimento saudável, o legislador vedou expressamente publicação de material relacionado a bebidas alcoólicas, tabaco, armas e munições, de modo que somente a via parlamentar pode ser o caminho de eventual correção, para mais ou para menos.

O descumprimento do dever de proibição de comercialização de revistas e publicações "contendo material impróprio ou inadequado" leva à infração administrativa prevista no art. 257 do ECA, sancionando o infrator com multa, duplicado seu valor na reincidência e sem prejuízo da apreensão da revista ou publicação[777].

Também encontra proibição absoluta a venda de bilhetes lotéricos e seus equivalentes a crianças e adolescentes, conforme expressamente menciona o art. 82, VI, do ECA. Inexiste infração administrativa correspondente, de modo que a inobservância da regra de proibição somente pode acarretar sanção depois do recebimento formal de ordem, oriunda da autoridade judiciária ou do conselho tutelar, emanada em razão de

---

774. ECA, art. 78, parágrafo único.

775. ECA, art. 257: "Descumprir obrigação constante dos arts. 78 e 79 desta Lei: Pena — multa de três a vinte salários de referência, duplicando-se a pena em caso de reincidência, sem prejuízo de apreensão da revista ou publicação".

776. ECA, art. 79: "As revistas e publicações destinadas ao público infantojuvenil não poderão conter ilustrações, fotografias, legendas, crônicas ou anúncios de bebidas alcoólicas, tabaco, armas e munições, e deverão respeitar os valores éticos e sociais da pessoa e da família".

777. V. § 332, Capítulo XLVII, deste livro.

denúncia ou constatação de venda irregular, nos termos do art. 249 do ECA[778].

A oferta do serviço de hospedagem, à criança ou ao adolescente desacompanhados dos pais ou responsável, ou sem autorização deles, também está proibida pelo ECA[779]. O descumprimento, nos termos do art. 250 do ECA, com a redação dada pela Lei 12.038, de 1º de outubro de 2009, importa infração administrativa. A despeito de o preceito secundário dessa norma não ter fixado o valor da multa, é certo que contempla as gravíssimas sanções do fechamento provisório ou definitivo do estabelecimento em caso de reincidência, de modo que serve como desestímulo à desobediência, na exata correspondência da importância da prevenção no contexto da necessidade de preservação dos direitos fundamentais da criança ou do adolescente.

Também está proibida a oferta de entretenimento a crianças e adolescentes de serviços de bilhar, sinuca ou congêneres, conforme se extrai da regra do art. 80 do ECA, que sequer permite a entrada dos menores de 18 (dezoito) anos de idade nesses estabelecimentos, assim como nas casas de jogos e apostas[780].

119. Prevenção especial e autorização para viajar

O desaparecimento, temporário ou definitivo, de crianças e adolescentes sempre despertou preocupação legislativa, manifestada especialmente

---

778. ECA, art. 249: "Descumprir, dolosa ou culposamente, os deveres inerentes ao poder familiar ou decorrente de tutela ou guarda, bem assim determinação da autoridade judiciária ou Conselho Tutelar: Pena — multa de três a vinte salários de referência, aplicando-se o dobro em caso de reincidência".

779. "Art. 82. É proibida a hospedagem de criança ou adolescente em hotel, motel, pensão ou estabelecimento congênere, salvo se autorizado ou acompanhado pelos pais ou responsável."

780. ECA: "Art. 80. Os responsáveis por estabelecimentos que explorem comercialmente bilhar, sinuca ou congênere ou por casas de jogos, assim entendidas as que realizem apostas, ainda que eventualmente, cuidarão para que não seja permitida a entrada e a permanência de crianças e adolescentes no local, afixando aviso para orientação do público".

CURSO DE DIREITO DA CRIANÇA E DO ADOLESCENTE

283

através de regras proibitivas de deslocamentos desacompanhados dos pais ou responsáveis, ausências eventualmente supridas por autorizações expressas. O fenômeno determinou a inclusão no ECA de dispositivo estabelecendo como linha da política de atendimento a criação de serviço de localização de crianças e adolescentes desaparecidos[781], redundando na criação, através da Lei n. 12.127, de 17 de dezembro de 2009, de um Cadastro Nacional de Crianças e Adolescentes Desaparecidos.

O revogado Código de Menores[782] condicionava a viagem do menor de 18 (dezoito) anos de idade à autorização da autoridade judiciária[783], dispensando-a nas situações que explicitava[784]. A viagem sem aquiescência dos pais, e desprovida de autorização judicial, era considerada situação irregular, derivada de desvio de conduta ante o pressuposto da revelação de grave inadaptação familiar[785], sujeitando a criança ou adolescente às medidas indicadas na lei[786], com o propósito declarado de propiciar sua integração sociofamiliar[787].

Abandonando a estratégia da punição, focando exclusivamente na prevenção, o ECA prescreveu, em sua redação original, que nenhuma criança poderia viajar "para fora da comarca onde reside, desacompanhada

---

781. ECA, art. 87, IV.

782. Lei n. 6.697, de 10 de outubro de 1979.

783. CM, art. 62.

784. CM, art. 62: "O menor de dezoito anos dependerá de autorização da autoridade judiciária para viajar, desacompanhado dos pais ou responsável, para fora da Comarca onde reside. § 1º A autorização é dispensável: I — quando se tratar de Comarca contígua à de sua residência, se na mesma Unidade da Federação, ou incluída na mesma Região Metropolitana: II — quando se tratar de viagem ao exterior, se: a) o menor estiver acompanhado de ambos os genitores ou responsáveis; b) o pedido de passaporte for subscrito por ambos os genitores, responsável ou representante legal. § 2º A autoridade judiciária poderá, a pedido dos pais, conceder autorização permanente de viagem, pelo prazo máximo de dois anos, mediante verificação da conduta do menor e do exercício do pátrio poder".

785. CM, art. 2º, V.

786. CM: "Art. 14. São medidas aplicáveis ao menor pela autoridade judiciária: I — advertência; II — entrega aos pais ou responsável, ou a pessoa idônea, mediante termo de responsabilidade; III — colocação em lar substituto; IV — imposição do regime de liberdade assistida; V — colocação em casa de semiliberdade; VI — internação em estabelecimento educacional, ocupacional, psicopedagógico, hospitalar, psiquiátrico ou outro adequado".

787. CM, art. 13.

dos pais ou responsável, sem expressa autorização judicial"[788]. Assim, permitiu que adolescentes viajassem livremente, sem autorizações dos pais ou da autoridade judiciária, na simetria com a possibilidade de imposição de pena privativa de liberdade. Se podiam suportar, até fisicamente, as consequências de seus atos infracionais, condição aceita pela Constituição Federal ao disciplinar os princípios informadores da sanção[789], também deveriam ter a permissão para usufruir da liberdade de locomoção, atingida aos 12 anos de idade, assim como sua responsabilidade infracional.

Todavia, a Lei n. 13.812, de 16 de março de 2019, ao instituir a Política Nacional de Busca de Pessoas Desaparecidas, alterou o mencionado art. 83 do ECA, vedando viagens de adolescente menor de 16 (dezesseis) anos de idade, desacompanhado ou sem expressa autorização judicial, restringindo aspecto do seu direito à liberdade, de matriz constitucional e perfeitamente inserido em um sistema harmônico baseado no binômio liberdade/responsabilidade.

Também acabou por gerar grande demanda de autorizações judiciais, burocratizando o serviço sem garantir a necessária eficácia enquanto instrumento de combate ao desaparecimento. Se é certo que crianças e adolescentes desaparecem de seus lares, em razão de motivos variados[790], inexiste conclusão científica que atrele os desaparecimentos aos transportes públicos, únicos com possibilidade mais efetiva de fiscalização.

Coube ao CNJ[791], através da Resolução n. 295, de 19 de setembro de 2019, minimizar as consequências negativas do retrocesso, interpretando

---

788. ECA, art. 83.

789. CF, art. 227: "§ 3º O direito a proteção especial abrangerá os seguintes aspectos: [...] V — obediência aos princípios de brevidade, excepcionalidade e respeito à condição peculiar de pessoa em desenvolvimento, quando da aplicação de qualquer medida privativa da liberdade".

790. Fuga do lar e conflitos familiares, disputas de guarda com subtração de incapazes, rapto consensual (fuga com namorado[a]), perda por descuido/negligência/desorientação, situação de abandono (situações de rua), acidentes/intempéries/calamidades, tráfico para fins de exploração sexual, sequestro, transferência irregular de guarda (perda de contato), fuga de instituição, suspeita de homicídio e extermínio: razões de desaparecimento levadas em conta na elaboração das estatísticas do Cadastro Nacional de Pessoas Desaparecidas do Ministério da Justiça.

791. Conselho Nacional de Justiça.

normas presentes no ECA, considerando a previsão do art. 3º, VI, da Lei n. 13.726, de 8 de outubro de 2018[792], bem como inspirando-se na dicção das orientações presentes nos arts. 20[793] e 30[794] da Lei de Introdução às Normas do Direito Brasileiro[795].

Assim, ficou a questão modulada da seguinte forma: (a) criança ou adolescente menor de 16 (dezesseis) anos de idade não pode viajar desacompanhado ou sem autorização para comarcas não contíguas à da sua residência, considerada sua localização na mesma unidade federativa ou incluída em idêntica região metropolitana; (b) a autorização de viagens para comarcas não contíguas pode ser concedida por qualquer um dos genitores ou responsável legal, mediante escritura pública ou documento particular com firma reconhecida; e (c) adulto que estiver acompanhando criança ou adolescente menor de 16 (dezesseis) anos, que não seja comprovadamente ascendente ou colateral até o terceiro grau, deverá estar autorizado por qualquer um dos genitores ou responsável legal, mediante escritura pública ou documento particular com firma reconhecida. A autorização poderá ser concedida por prazo indeterminado ou pelo período indicado pelos pais ou responsável, valendo por 2 (dois) anos no caso de omissão.

Quando se tratar de viagem para o exterior, nos termos das normas presentes no ECA[796], a criança ou o adolescente deverão estar acompanhados de ambos os pais, ou do seu responsável legal. Se estiverem

---

792. O art. 3º, VI, da mencionada lei, que racionalizou atos e procedimentos administrativos, dispensou a "apresentação de autorização com firma reconhecida para viagem de menor se os pais estiverem presentes no embarque".

793. LINDB: "Art. 20. Nas esferas administrativa, controladora e judicial, não se decidirá com base em valores jurídicos abstratos sem que sejam consideradas as consequências práticas da decisão. Parágrafo único. A motivação demonstrará a necessidade e a adequação da medida imposta ou da invalidação de ato, contrato, ajuste, processo ou norma administrativa, inclusive em face das possíveis alternativas".

794. LINDB: "Art. 30. As autoridades públicas devem atuar para aumentar a segurança jurídica na aplicação das normas, inclusive por meio de regulamentos, súmulas administrativas e respostas a consultas. Parágrafo único. Os instrumentos previstos no caput deste artigo terão caráter vinculante em relação ao órgão ou entidade a que se destinam, até ulterior revisão".

795. Decreto-lei n. 4.657, de 4 de setembro de 1942.

796. ECA, art. 84.

acompanhados de apenas um dos genitores, o outro deverá ter autorizado a viagem mediante documento com firma reconhecida[797]. A companhia e anuências documentais são dispensáveis se constar do passaporte válido da criança ou do adolescente autorização expressa para que possam viajar desacompanhados para o exterior[798].

120. Prevenção e poder administrativo da autoridade judiciária

Inserida em regra de competência da autoridade judiciária apresenta-se norma de prevenção, destinada à compatibilização da presença de crianças e adolescentes, ou mesmo sua participação, em espetáculos ou atividades culturais ou esportivas.

Assim, o ECA, em seu art. 149[799], permitiu à autoridade judiciária editar verdadeiras normas de efeitos concretos, individuais ou relacionadas a uma atividade determinada, de modo a regular o ingresso de criança ou adolescentes em locais de esportes, diversão e cultura, bem como a participação dos infantes nesses espetáculos ou atividades.

Essa função preventiva atribuída à autoridade judiciária, mediante um legislar especial, constitui resquício de poder presente nos antigos Código

---

797. O *site* do CNJ contempla modelo de autorização.

798. Resolução CNJ n. 295/2019.

799. ECA, art. 149: "Compete à autoridade judiciária disciplinar, através de portaria, ou autorizar, mediante alvará: I — a entrada e permanência de criança ou adolescente, desacompanhado dos pais ou responsável, em: a) estádio, ginásio e campo desportivo; b) bailes ou promoções dançantes; c) boate ou congêneres; d) casa que explore comercialmente diversões eletrônicas; e) estúdios cinematográficos, de teatro, rádio e televisão. II — a participação de criança e adolescente em: a) espetáculos públicos e seus ensaios; b) certames de beleza. § 1º Para os fins do disposto neste artigo, a autoridade judiciária levará em conta, dentre outros fatores: a) os princípios desta Lei; b) as peculiaridades locais; c) a existência de instalações adequadas; d) o tipo de frequência habitual ao local; e) a adequação do ambiente à eventual participação ou frequência de crianças e adolescentes; f) a natureza do espetáculo. § 2º As medidas adotadas na conformidade deste artigo deverão ser fundamentadas, caso a caso, vedadas as determinações de caráter geral".

CURSO DE DIREITO DA CRIANÇA E DO ADOLESCENTE

Mello Mattos, de 1927[800], e no de Menores, de 1979[801]. Esse poder suplementar de legislar, no ECA, foi alvo de uma disciplina tendente a diminuir sua amplitude, restringir seu alcance e fixar situações de incidência, reservando portarias e alvarás às situações não regulamentadas pela lei.

Vedou o ECA a determinação de medidas de caráter geral, exigindo fundamentação caso a caso[802], limitando a tentação de transformar juiz em legislador. Assim, não pode regular o acesso de crianças e adolescentes desacompanhados em todas as praças desportivas de uma cidade, mas verificar o tipo de esporte em questão, quem participa, qual o interesse por faixa etária, as condições estruturais do local e outras peculiaridades. Não pode proibir, singelamente, a participação de crianças em atividades circenses, mas verificar a adequação de certa atividade a uma criança determinada, conforme o pedido formulado. Essa preocupação, de certo modo, já estava presente na legislação anterior, que realçava a possibilidade de a autoridade judiciária responder por abuso ou desvio de poder.

Rendeu-se o ECA à necessidade de adequação cultural a situações peculiares, própria dos diferentes ambientes de desenvolvimento, de modo a evitar que lei de dimensão continental pudesse interferir em admissíveis e arraigados costumes e tradições que permeiam os diversos rincões do Brasil. E, na visão de progressos pessoais, evitar que norma genérica pudesse impedir oportunidades ingentes na vida de criança e adolescente, especialmente nas áreas esportivas e cultural.

---

800. Estabelecia o art. 131 desse Código (Decreto n. 17.943-A, de 12 de outubro de 1927), que: "A autoridade protetora dos menores pode emitir para a proteção e assistência destes qualquer provimento, que ao seu prudente arbítrio parecer conveniente, ficando sujeita à responsabilidade pelos abusos de poder", norma sintonizada com a regra de competência do "juiz privativo dos menores abandonados e delinquentes", presente no art. 147, XIII, que prescrevia sua possibilidade de "praticar todos os atos de jurisdição voluntária tendentes à proteção e assistência aos menores de 18 anos, embora não sejam abandonados, ressalvada a competência, dos juízes de órfãos".

801. O Código de Menores, Lei n. 6.697, de 10 de outubro de 1979, prescrevia em seu art. 8º: "A autoridade judiciária, além das medidas especiais previstas nesta Lei, poderá, através de portaria ou provimento, determinar outras de ordem geral, que, ao seu prudente arbítrio, se demonstrarem necessárias à assistência, proteção e vigilância ao menor, respondendo por abuso ou desvio de poder".

802. ECA, art. 149, § 2º.

Materializa-se essa competência na expedição de portarias e alvarás, resultado de uma atividade de jurisdição voluntária, confiada à autoridade judiciária em razão da magna importância do desenvolvimento saudável da criança ou do adolescente. E, considerada como atividade integrante do sistema de validação de direitos, há a previsão de um mecanismo de freios e contrapesos mediante a possibilidade de manejo de recurso de apelação[803], destacando-se entre os legitimados o Ministério Público que, na forma do art. 202 do ECA[804], atua em todos os procedimentos relacionados aos direitos e interesses de crianças e adolescentes.

121. Alvarás judiciais

Alvará judicial de autorização de frequência ou de participação de criança ou adolescente em espetáculos públicos e seus ensaios é o documento através do qual o juiz da infância e da juventude permite a um menor de 18 (dezoito) anos de idade a entrada em apresentação cultural ou esportiva ou sua atuação em atividade da mesma natureza.

O pedido, formulado pela criança ou adolescente, representado ou assistido pelos seus pais ou responsável, deve ser endereçado à autoridade judiciária e instruído com os documentos suficientes à verificação da adequação do pleito ao seu necessário desenvolvimento saudável. O interesse personalíssimo da criança ou do adolescente não é substituído por terceiros, nem mesmo de seus representantes ou assistentes.

O produtor ou responsável pelo espetáculo deve fornecer os informes necessários à aferição da adequação, como roteiros, *scripts* ou textos

---

803. ECA, art. 199: "Contra as decisões proferidas com base no art. 149 caberá recurso de apelação".

804. "Nos processos e procedimentos em que não for parte, atuará obrigatoriamente o Ministério Público na defesa dos direitos e interesses de que cuida esta Lei, hipótese em que terá vista dos autos depois das partes, podendo juntar documentos e requerer diligências, usando os recursos cabíveis."

CURSO DE DIREITO DA CRIANÇA E DO ADOLESCENTE

instrutivos, mas não ostenta o direito de pedir o ingresso ou a participação de criança ou adolescente determinado, pois não é titular de nenhum direito material que possa ser validado em juízo; seu detentor é a criança ou o adolescente que buscam, nos esportes ou atividades culturais, entretenimento e/ou formação enquanto assistentes, ou iniciação como protagonistas em carreira artística ou esportiva, remunerada ou não.

O interesse exclusivo da família também não é passível de determinar a autorização, pois o valor da formação saudável se sobrepõe aos desejos e às necessidades de terceiros, ainda que presentes no caso concreto.

A proteção integral impõe a supremacia do interesse superior da criança e do adolescente, que ordinariamente se sobreleva a interesses do mundo adulto, salvo se de dimensão e importância idênticos.

Havendo possibilidade de limitações ou prejuízos ao "desenvolvimento físico, mental, moral, espiritual e social, em condições de liberdade e de dignidade"[805], a autorização deverá ser negada, mormente porque nenhuma criança ou adolescente deverão ser submetidos a qualquer forma de exploração[806].

Não é à toa que a observância aos princípios do ECA figura em primeiro lugar no elenco dos fatores a serem considerados na aferição do pedido de ingresso ou participação, revelando a necessidade de obediência aos ditames maiores da concepção de desenvolvimento saudável, valor emprestado à criança ou adolescente neste estágio civilizatório da humanidade.

Além disso, na esteira do que dispõe o art. 149, § 1º, do ECA, devem ser levadas em conta as peculiaridades locais, a existência de instalações adequadas, o tipo de frequência habitual ao local, a adequação do ambiente a eventual participação ou frequência de crianças e adolescentes e a natureza do espetáculo.

---

805. ECA, art. 3º.

806. ECA, art. 5º: "Nenhuma criança ou adolescente será objeto de qualquer forma de negligência, discriminação, exploração, violência, crueldade e opressão, punido na forma da lei qualquer atentado, por ação ou omissão, aos seus direitos fundamentais".

122. Portarias judiciais

Enquanto expressão do dever de prevenção, disciplina-se mediante portarias judiciais o ingresso de crianças e adolescentes indeterminados, caracterizados pela faixa etária e desacompanhados dos pais ou responsável, em estádio, ginásio e campo desportivo, bailes ou promoções dançantes, boate ou congêneres, casa que explore comercialmente diversões eletrônicas e estúdios cinematográficos, de teatro, rádio e televisão.

Trata-se de atividade administrativa do Juiz da Infância e da Juventude, vinculada ao ingresso em estabelecimentos específicos e condicionada à verificação de fatores intervenientes no desenvolvimento saudável da criança ou adolescente.

A expedição de portaria resulta de iniciativa de ofício da autoridade judiciária ou decorre de provocação de qualquer interessado, especialmente Ministério Público, Defensoria, Conselho Tutelar, Órgãos da Administração Municipal e entidades de atendimento.

A decisão quanto à conveniência e oportunidade de expedição de portaria, disciplinando o ingresso de crianças ou adolescentes desacompanhados dos pais ou responsável, deve levar em conta preponderantemente os fatores elencados no art. 149, § 1°, do ECA[807].

Observar os princípios da proteção integral prometida pelo legislador constituinte e infraconstitucional significa atenção aos valores básicos do desenvolvimento saudável e da integridade. Observância às peculiaridades locais importa consideração e respeito à identidade social e cultural dos destinatários das normas e de sua comunidade, seus costumes e tradições. Instalações adequadas são as condizentes com a faixa etária das crianças e adolescentes cuja frequência se pretende autorizar, especialmente as

---

807. ECA, art. 149, § 1°: "Para os fins do disposto neste artigo, a autoridade judiciária levará em conta, dentre outros fatores: a) os princípios desta Lei; b) as peculiaridades locais; c) a existência de instalações adequadas; d) o tipo de frequência habitual ao local; e) a adequação do ambiente a eventual participação ou frequência de crianças e adolescentes; f) a natureza do espetáculo".

relacionadas à segurança e regularidade sanitária, aferíveis mediante apresentação de plantas e projetos executados, vistorias do corpo de bombeiros ou da defesa civil, presença de acessos e rotas de fuga facilmente utilizáveis pelos infantes, verificações dos órgãos de saúde e outras constatações que se afigurarem necessárias à certeza da inexistência de risco à integridade dos frequentadores.

O tipo de frequência habitual ao local compreende avaliação das características dos frequentadores do local, de modo a identificar traços comportamentais dos quais se possam extrair riscos físicos e morais a crianças ou adolescentes, consideração importante no diagnóstico quanto à verificação da "adequação do ambiente a eventual participação ou frequência de crianças e adolescentes".

A convivência entre adultos e crianças e adolescentes, assim como o trato social durante o evento ou espetáculo, constitui-se em fator ambiental com a potencialidade de influenciar no desenvolvimento saudável, razão da necessidade da sua análise. Por fim, a natureza do espetáculo, seu caráter ou feitio devem ser aferidos como elementos individualizadores da autorização por faixa etária, pois um mesmo local pode servir de palco para eventos de natureza diversa, mais uma razão para a lei proibir "determinações de caráter geral"[808].

Inexiste um procedimento previsto em lei para a expedição de portaria, de modo que a autoridade judiciária aplica o art. 153 do ECA[809], investigando livremente os fatos e ao final disciplinando a questão ou, considerando especialmente a presença de lei reguladora, decidindo pela não expedição do ato. Da decisão cabe recurso de apelação, na forma do art. 199 do ECA[810].

---

808. ECA, art. 149, § 2º.

809. "Se a medida judicial a ser adotada não corresponder a procedimento previsto nesta ou em outra lei, a autoridade judiciária poderá investigar os fatos e ordenar de ofício as providências necessárias, ouvido o Ministério Público."

810. "Contra as decisões proferidas com base no art. 149 caberá recurso de apelação."

Anote-se que a entrada de criança ou adolescente acompanhados dos pais ou responsável em estádio, ginásio e campo desportivo, bailes ou promoções dançantes, boate ou congêneres, casa que explore comercialmente diversões eletrônicas e estúdios cinematográficos, de teatro, rádio e televisão, não reclama pedido e expedição de alvará[811], respondendo os pais ou o responsável por eventuais abusos ou negligência na educação e formação dos filhos ou pupilos. Se o abuso for manifesto, considerando especialmente a presença veemente de um dos fatores de risco indicados *a contrario* no citado art. 149, § 1°, do ECA, o responsável pelo acesso poderá impedi-lo momentaneamente, solicitando o concurso do Conselho Tutelar.

---

811. ECA, art. 149, I.

XIX

Situação de risco e medidas de proteção

123. Situação de risco

O art. 98 do ECA[812] prescreve medidas de proteção para crianças e adolescentes em duas situações: (a) cujos direitos estejam sob ameaça; e (b) que já tenham sido violados.

Assim, verifica-se risco potencial ou real ao desenvolvimento saudável, escopo da proteção integral[813]. No primeiro caso, há o fundado receio de que o progresso pessoal, em todos os campos[814], possa restar comprometido pelo agravo que se avizinha. No segundo, a ofensa já se consumou, de modo que mensuráveis os prejuízos.

O risco é à vida, à saúde, à alimentação, à educação, ao lazer, à profissionalização, à cultura, à dignidade, ao respeito, à liberdade, à convivência

---

812. ECA: "Art. 98. As medidas de proteção à criança e ao adolescente são aplicáveis sempre que os direitos reconhecidos nesta Lei forem ameaçados ou violados: I — por ação ou omissão da sociedade ou do Estado; II — por falta, omissão ou abuso dos pais ou responsável; III — em razão de sua conduta".

813. V. § 12, Capítulo IV, deste livro.

814. Físico, mental, moral, espiritual e social.

familiar e comunitária, na sua concretude[815], conforme lista dos direitos fundamentais do art. 227 da Constituição Federal[816].

Havendo risco aos bens da vida protegidos por direitos declarados da criança ou do adolescente, necessária a proteção à situação individual, sem prejuízo da solução coletiva[817].

O legislador, no mencionado art. 98 do ECA, vislumbrou três causas básicas para a ocorrência da situação de risco: (a) ação ou omissão da sociedade ou do Estado; (b) falta, omissão ou abuso dos pais ou responsável; e (c) conduta da própria criança ou adolescente.

Não raras vezes, verifica-se o fenômeno das concausas, sendo o risco determinado por um conjunto de ações e omissões, com múltiplos responsáveis. A identificação do ofensor, no plano das medidas de proteção, apresenta caráter secundário, pois o legislador confere primazia ao restauro ou salvaguarda das condições sociais necessárias ao desenvolvimento integral.

124. Ação ou omissão da sociedade ou do Estado

Estado, como nação organizada mediante poderes, instituições, empresas, agências e afins destinados a produzir bens e serviços de uso comum; sociedade como conjunto de pessoas naturais e jurídicas de direito privado. Todos, sem exceção, são detentores do dever de proteção, expresso no art. 70 do ECA: "É dever de todos prevenir a ocorrência de ameaça ou violação dos direitos da criança e do adolescente"[818].

---

815. O risco não é à norma jurídica, mas ao bem da vida por ela garantido.

816. CF: "Art. 227. É dever da família, da sociedade e do Estado assegurar à criança, ao adolescente e ao jovem, com absoluta prioridade, o direito à vida, à saúde, à alimentação, à educação, ao lazer, à profissionalização, à cultura, à dignidade, ao respeito, à liberdade e à convivência familiar e comunitária, além de colocá-los a salvo de toda forma de negligência, discriminação, exploração, violência, crueldade e opressão".

817. V. § 229, Capítulo XXX, deste livro.

818. V. Capítulo XVIII deste livro.

CURSO DE DIREITO DA CRIANÇA E DO ADOLESCENTE

Ação ou omissão do Estado e da sociedade não raras vezes são causas das situações de risco ao desenvolvimento de criança ou adolescente. O Estado, exemplificando, quando frustra o direito à educação, não garantindo escola ou transporte escolar, causa eficiente do não ingresso ou da evasão, gera situação de risco, impondo à criança ou adolescente estado de exclusão, determinando a vivência na condição da ignorância e do atraso, projetando um futuro de incapacidade ou capacidade diminuída para o enfrentamento civilizado dos desafios do cotidiano. A sociedade, de seu turno e continuando na exemplificação, quando através de uma pessoa jurídica de direito privado expõe criança ou adolescente a uma situação publicamente vexaminosa, causando danos materiais e morais.

125. Falta, omissão ou abuso dos pais ou responsável

Os pais são detentores do poder familiar e, assim, estão encarregados legalmente de uma série de obrigaçõcs em relação à pessoa e aos bens de seus filhos. A falta impede o cumprimento desses deveres, gerando situação de risco determinante da intervenção protetiva.

A ausência dos pais ou do responsável, na sua manifestação mais aguda, determina a presença de crianças e adolescentes nas ruas, único espaço de habitação e convivência. Pouco importa o motivo da falta, ficando a responsabilização em plano secundário; o importante é uma solução de proteção, que possa remover o gravame ou coarctar o risco, criando ou devolvendo a criança ou adolescente à realidade de uma existência digna.

A omissão, o deixar de fazer, de cumprir com as obrigações previstas em lei, também gera situação de risco. No resumo do art. 22 do ECA, "aos pais incumbe o dever de sustento, guarda e educação dos filhos menores", de modo que o descumprimento corresponde ao fato gerador da situação de risco.

Também o abuso dos pais ou do responsável gera violações a direitos que se refletem em quase todos os aspectos da existência saudável da criança ou do adolescente. A integridade física, psíquica e sexual da criança ou do adolescente é o bem da vida comumente afetado pelas violações ocorridas no âmbito das relações familiares[819], determinantes das medidas de proteção. A violência doméstica ou familiar é causa frequente de graves prejuízos ao desenvolvimento da criança ou do adolescente, de modo que as medidas de proteção, independentemente da responsabilização dos agressores, têm por foco primordial o restauro da integridade, ou, no caso da sua infeliz possibilidade, de minimização dos danos sofridos[820].

126. Situação de risco decorrente da conduta da própria criança ou adolescente

Os direitos fundamentais da criança ou do adolescente[821] podem restar comprometidos pela própria criança ou adolescente. Quando deixam sua família, passam a viver nas ruas, usam entorpecentes, evadem-se da escola, prostituem-se, agredindo a própria vida, saúde, integridade e desenvolvimento saudável, vivenciam uma situação de risco, tornando-se destinatários de medidas de proteção, na tentativa de resgate ou entrega de uma existência digna.

Importante assinalar que a medida de proteção não constitui uma consequência retributiva, e sim uma intromissão legal no processo educativo da criança ou do adolescente, com a perspectiva de despertar valores capazes de contribuir para um recomeço em que eles se reconheçam, essencialmente, como seres humanos dotados de potencialidades positivas, podendo assim compor um projeto de vida diferente daquele que determinou a intervenção.

---

819. A violência no âmbito das relações familiares assume contornos de uma tragédia, o que levou o legislador constituinte a prometer assistência a cada um dos integrantes da família e a criação de mecanismos destinados à sua coibição (CF, art. 226, § 8º).

820. V. § 113, Capítulo XVIII, deste livro.

821. Vida, saúde, alimentação, educação, lazer, profissionalização, cultura, dignidade, respeito, liberdade, convivência familiar e comunitária.

CURSO DE DIREITO DA CRIANÇA E DO ADOLESCENTE

127. Características das medidas de proteção

As medidas de proteção apresentam as seguintes características: (a) cumulatividade; (b) substitutividade; (c) suprimento de necessidades pedagógicas; e (d) escopo de fortalecimento de vínculos.

As medidas de proteção podem ser aplicadas isolada ou cumulativamente, sempre na perspectiva da eficácia enquanto instrumentos interventivos em situação de risco pessoal à criança ou ao adolescente. Também podem ser substituídas a qualquer tempo por outras que se afigurem potencialmente mais eficazes, respeitados traços específicos de medidas determinadas, muitas vezes impeditivas de mudanças singelas ou automáticas. Também, em regra, podem ser revogadas a qualquer momento, superado o risco que as determinou[822].

Quando da sua escolha, prefere o legislador as medidas de proteção que supram as necessidades pedagógicas, realçando seu inegável componente educacional. Complementam o objetivo básico de remoção do risco aos bens da vida protegidos pelos direitos fundamentais os desideratos do fortalecimento dos vínculos familiares e comunitários[823], evidenciando a necessidade de promoção à família e contribuição a um ambiente de convivência marcado pela possibilidade de incorporação de valores positivos.

128. Princípios informadores

A Lei n. 12.010, de 3 de agosto de 2009, alterando o Estatuto da Criança e do Adolescente, catalogou, no parágrafo único do seu art. 100, princípios informadores das medidas de proteção. Optando em alguns casos pela redundância, teve o mérito de reunir princípios que se encontram

---

822. ECA, art. 99.
823. ECA, art. 100.

esparsos no ECA e de consolidar interpretações que já se verificavam na jurisprudência, avançando na formulação mais explícita da doutrina da proteção integral. Trata-se de princípios do próprio direito da criança e do adolescente, informando a sua aplicação em áreas que transcendem a incidência de medidas de proteção. Vejamos cada um deles de forma separada.

129. Princípio da titularidade de direitos

A mudança de objeto para sujeito veio com a Constituição de 1988 ao subordinar interesses da família, da sociedade e do Estado aos da criança ou do adolescente. Saindo da era da indiferença, passando à etapa da repressão, depois à da patologia, chegaram crianças e adolescentes à era dos direitos, assumindo a titularidade de interesses subordinantes. Ao indicar a "condição da criança e do adolescente como sujeitos de direitos", explicitando que são titulares de direitos previstos na Constituição e nas leis[824], reafirmou-se a concepção genérica de que a incapacidade prevista no direito civil não se constitui em óbice para a proclamação de direitos e o estabelecimento de condições para sua eficácia, com a clara definição dos obrigados.

130. Princípio da proteção integral

Cerne do direito da criança e do adolescente, constante do ECA desde sua redação original conforme referência expressa[825], o princípio da proteção integral[826] pode ser conceituado como a garantia de efetivação completa de todos os direitos da criança e do adolescente, sem exclusão

---

824. ECA, art. 100, parágrafo único, I.

825. ECA: "Art. 1º Esta Lei dispõe sobre a proteção integral à criança e ao adolescente".

826. V. § 12, Capítulo IV, deste livro.

CURSO DE DIREITO DA CRIANÇA E DO ADOLESCENTE

e de forma complementar, abrangendo todos os bens da vida necessários a um desenvolvimento saudável, em condições de liberdade e dignidade. Extraído principalmente do art. 3º do ECA[827], ganha com a sua explicitação no inciso II do parágrafo único do art. 100[828], igualmente do ECA, a exortação ao intérprete e aplicador da lei que sempre levem em conta a necessidade da completude da proteção, imprescindível para o desenvolvimento pleno.

131. Princípio da proteção prioritária

A garantia da prioridade absoluta tem assento constitucional, estando residente no caput do art. 227 da Constituição da República. Trata-se de magno princípio informador do direito da criança e do adolescente[829], consistente, genericamente, na primazia de efetivação dos direitos da criança e do adolescente, considerando-se especialmente a efemeridade das fases da infância e adolescência na trajetória da existência humana.

132. Princípio da responsabilidade primária do poder público

De acordo com a Constituição Federal, "A organização político-administrativa da República Federativa do Brasil compreende a União, os Estados,

---

827. ECA: "Art. 3º A criança e o adolescente gozam de todos os direitos fundamentais inerentes à pessoa humana, sem prejuízo da proteção integral de que trata esta Lei, assegurando-se-lhes, por lei ou por outros meios, todas as oportunidades e facilidades, a fim de lhes facultar o desenvolvimento físico, mental, moral, espiritual e social, em condições de liberdade e de dignidade".

828. ECA: "Art. 100. [...] parágrafo único [...] II — proteção integral e prioritária: a interpretação e aplicação de toda e qualquer norma contida nesta Lei deve ser voltada à proteção integral e prioritária dos direitos de que crianças e adolescentes são titulares".

829. V. § 16, Capítulo IV, deste livro.

o Distrito Federal e os Municípios, todos autônomos"[830]. Através de seus poderes, instituições, órgãos, fundações, agências e empresas, exercem suas funções sob a denominação genérica de poder público que, adjetivado de federal, estadual, distrital e municipal, limita seu campo de atuação territorial.

O princípio da responsabilidade primária do poder público consiste na atribuição ordinária e direta a todas as esferas de governo das obrigações relacionadas à efetivação dos direitos da criança e do adolescente, materializadas nas chamadas medidas de proteção.

Sob o prisma organizacional, a responsabilidade primária do poder público se expressa mediante o estabelecimento e a manutenção de um conjunto articulado de ações, em todos os níveis de governo, formando um sistema ou uma política de atendimento[831].

Nos termos do enunciado legal[832], a organização dos entes públicos opera-se "sem prejuízo da municipalização do atendimento e da possibilidade da execução de programas por entidades não governamentais", indicando a necessidade de esforço comum e participação da sociedade, o que não importa aderência às noções de responsabilidade subsidiária ou secundária.

Importante consignar que a responsabilidade primária do poder público diz respeito aos direitos sociais, enfeixados sob o conteúdo das políticas públicas básicas, o que não minimiza os deveres dos pais em relação à pessoa de seus filhos. A responsabilidade parental[833] é de caráter particular, ainda que dependente de cooperação, estímulo e proteção do Estado, impondo uma série de obrigações parentais, somente desculpáveis quando o descumprimento for justificável, consoante se extrai do disposto no art. 24 do ECA[834].

---

830. CF, art. 18.

831. ECA, art. 86: "A política de atendimento dos direitos da criança e do adolescente far-se-á através de um conjunto articulado de ações governamentais e não governamentais, da União, dos Estados, do Distrito Federal e dos municípios".

832. ECA, art. 100, parágrafo único, III.

833. V. § 89, Capítulo XIII, deste livro.

834. ECA: "Art. 24. A perda e a suspensão do poder familiar serão decretadas judicialmente, em procedimento contraditório, nos casos previstos na legislação civil, bem como na hipótese de descumprimento injustificado dos deveres e obrigações a que alude o art. 22". O art. 22, por sua vez, prescreve que: "Aos

133. Princípio da responsabilidade solidária do poder público

Solidariedade passiva, sob o prisma jurídico, é a responsabilidade de um pela dívida por inteiro, ainda que ostente demais coobrigados pelo débito comum[835].

A responsabilidade solidária do poder público pelas medidas de proteção consiste na obrigação comum dos entes públicos, União, Estados, Distrito Federal e Municípios, coobrigados às prestações correspondentes aos direitos da criança ou do adolescente.

O credor pode exigir o fornecimento material do produto ou serviço de qualquer esfera de governo, ficando aquela que satisfizer a obrigação com o direito regressivo ou compensatório em relação aos demais coobrigados, nos termos das normas definidoras das competências dos entes públicos e na mesma razão estabelecida no sistema civil[836].

Forma, com a responsabilidade primária do poder público, conjunto instrumental para efetivação imediata das políticas públicas e das ações de proteção individual, na exata medida que relega as discussões relacionadas às atribuições e competências administrativas para seara diversa daquela em que se discute a concretização das providências no espaço de vida da criança ou do adolescente[837].

---

pais incumbe o dever de sustento, guarda e educação dos filhos menores, cabendo-lhes ainda, no interesse destes, a obrigação de cumprir e fazer cumprir as determinações judiciais".

835. CC: "Art. 275. O credor tem direito a exigir e receber de um ou de alguns dos devedores, parcial ou totalmente, a dívida comum; se o pagamento tiver sido parcial, todos os demais devedores continuam obrigados solidariamente pelo resto".

836. CC: "Art. 283. O devedor que satisfez a dívida por inteiro tem direito a exigir de cada um dos codevedores a sua quota, dividindo-se igualmente por todos a do insolvente, se o houver, presumindo-se iguais, no débito, as partes de todos os codevedores".

837. ECA: "Art. 100 [...] Parágrafo único [...] III — responsabilidade primária e solidária do poder público: a plena efetivação dos direitos assegurados a crianças e a adolescentes por esta Lei e pela Constituição Federal, salvo nos casos por esta expressamente ressalvados, é de responsabilidade primária e solidária das 3 (três) esferas de governo, sem prejuízo da municipalização do atendimento e da possibilidade da execução de programas por entidades não governamentais".

134. Princípio do superior interesse da criança

Diz o ECA, em seu art. 100, parágrafo único, IV, que, em razão do princípio do interesse superior da criança e do adolescente, a intervenção do mundo adulto deve atender, prioritariamente, aos direitos da infância e adolescência. Evidencia, desde logo, dois pontos: (a) a superioridade está relacionada à primazia de atendimento; e (b) a intervenção concerne a uma ingerência potencialmente capaz de efetivar direitos.

Na sequência, estabelece que essa interferência preferencial não deve olvidar outros interesses legítimos presentes no caso concreto, de modo que é necessário ponderação entre direitos eventualmente conflitantes, os da criança ou adolescente em relação aos interesses de adultos.

Inicialmente, essa norma principiológica não estava presente na redação do ECA. Sob a égide do Código de Menores[838], dispositivo revelador desse axioma tinha redação que deu margem a graves desvios, na liquidez derivada do caráter substitutivo da jurisdição. Assim, sob seu manto, muitos direitos, especialmente dos pais, foram coarctados sob o beneplácito de uma solução pretensamente de valor superior, como, por exemplo, viver em uma família sem pobreza. A norma em questão, então residente no art. 5º do revogado Código de Menores, era vazada nos seguintes termos: "Na aplicação desta Lei, a proteção aos interesses do menor sobrelevará qualquer outro bem ou interesse juridicamente tutelado", o que justificava qualquer decisão, inclusive as teratológicas.

Em nome de uma pretensa proteção elevada, direitos eram aniquilados sem muita cerimônia, sem respeito ao devido processo legal e à ampla possibilidade de defesa. Um exemplo era a presunção da inexistência de lide derivada da falta de reclamo dos pais em relação ao filho internado ou sob guarda de fato de terceiro há mais de 3 (três) anos, determinando medidas sem processo contraditório[839], cuja justificativa era, em regra, o superior interesse da criança.

---

838. Lei n. 6.697, de 10 de outubro de 1979.
839. CM, art. 96, II, III.

CURSO DE DIREITO DA CRIANÇA E DO ADOLESCENTE 303

Quando da promulgação do ECA, em 1990, o legislador optou por uma regra de hermenêutica, estabelecendo, em seu art. 6°, o seguinte: "Na interpretação desta Lei levar-se-ão em conta os fins sociais a que ela se dirige, as exigências do bem comum, os direitos e deveres individuais e coletivos, e a condição peculiar da criança e do adolescente como pessoas em desenvolvimento". Assim, sem prescrever qualquer hierarquia entre interesses conflitantes, ainda que todos tutelados pela lei, o ECA optou pela técnica da ponderação, pela consideração de princípios magnos do direito como instrumentos de revelação dos conteúdos mais justos.

Voltando com Lei n. 12.010, de 3 de agosto de 2009, levando-se em conta o sistema prescrito pelo ECA, o princípio em questão, ainda que aparentemente sedutor, deve sempre ser interpretado com respeito aos demais interesses juridicamente protegidos, porquanto o Estado de direito pressupõe uma ordem harmônica, em que os direitos dialogam e se completam, estabelecendo um Estado de justiça.

Em resumo, os valores da infância protegida e do desenvolvimento saudável devem conviver com os que determinam um mundo adulto justo, notadamente com os idosos, base de uma sociedade essencialmente fraterna e solidária.

135. Princípio da privacidade

Consoante o inciso V do parágrafo único do art. 100 do ECA, na introdução da Lei n. 12.010, de 3 de agosto de 2010, "a promoção dos direitos e proteção da criança e do adolescente deve ser efetuada no respeito pela intimidade, direito à imagem e reserva da sua vida privada". É o que o legislador denominou de princípio da privacidade.

Decorrência lógica do que veio originalmente expresso no art. 17 do ECA, ao indicar que o direito ao respeito, do qual são detentores crianças e adolescentes, consiste também na "preservação da imagem, da identidade, da autonomia, dos valores, ideias e crenças, dos espaços e objetos pessoais"[840].

O princípio da privacidade como norma básica de aplicação das medidas de proteção tem por fundamento a garantia residente no art. 5°, X, da Constituição Federal, que garante a todos, inclusive crianças e adolescentes, a inviolabilidade da intimidade, da vida privada, da honra e da imagem, sendo inconcebível discriminação derivada da faixa etária.

Trata-se também de uma das manifestações da tutela da personalidade, prevista no Código Civil, em seu art. 21[841], valendo lembrar que a indigência, a miséria, a vida nas ruas e outras situações de vulnerabilidade social não aniquilam o direito à intimidade, imagem e reserva da vida privada, de sorte que a ninguém é dado desconsiderar esse importante direito fundamental.

136. Princípio da intervenção precoce

Sempre reiterando que a infância e a adolescência representam as fases mais curtas da existência humana, a intervenção precoce importa iniciativa protetiva "logo que a situação de perigo seja conhecida"[842]. Se a ameaça ao direito não for removida, se o interesse não restar desde logo satisfeito, a persistência da situação de risco pode gerar consequências irreversíveis, prejudicando ou aniquilando projetos de vida viáveis e alvissareiros. Exemplos contundentes temos em relação aos direitos relacionados à primeira infância, como alimentação e estimulação, condições indispensáveis para o desenvolvimento saudável, cuja ausência gera, em regra, sequelas permanentes.

A pressa, todavia, não pode provocar o coarctar definitivo de direitos de terceiros, devendo ser observadas as regras básicas do devido processo

---

840. V. §§ 44 a 51, Capítulo VIII, deste livro.

841. CC:"Art. 21.A vida privada da pessoa natural é inviolável, e o juiz, a requerimento do interessado, adotará as providências necessárias para impedir ou fazer cessar ato contrário a esta norma".

842. ECA, art. 100, parágrafo único, VI.

CURSO DE DIREITO DA CRIANÇA E DO ADOLESCENTE

legal, com o contraditório e a amplitude de defesa, valendo lembrar o que já se disse em relação ao princípio do superior interesse da criança[843].

Há de se observar, sempre, o balanceamento de direitos, conjugando-se os interesses familiares e os de proteção à infância e adolescência. Na urgência, as medidas cautelares abrem espaços processuais e de promoção à família antes das decisões definitivas, de modo que as medidas de gravidade sejam derivadas da absoluta imprescindibilidade e do esgotamento das soluções alvitradas pelo legislador.

137. Princípio da intervenção mínima

Esse princípio vem assim definido no inciso VII do parágrafo único do art. 100 do ECA, com a introdução da Lei n. 12.010, de 3 de agosto de 2009: "a intervenção deve ser exercida exclusivamente pelas autoridades e instituições cuja ação seja indispensável à efetiva promoção dos direitos e à proteção da criança e do adolescente".

A ação indispensável constitui-se no núcleo do princípio, indicando que a intervenção deve se limitar ao absolutamente necessário, inevitável, de modo que sem ela o bem da vida continuará sendo ameaçado ou perecerá. Pretendeu o legislador evitar o arbítrio do Estado, restringindo sua intervenção ao patamar da necessidade absoluta, limitando a interferência na família e canalizando a força estatal para sua promoção.

Embora o Estado tenha responsabilidade primária na promoção dos direitos da criança e do adolescente, sua ação deve ser emancipadora, ou seja, possibilitar à família a assunção de suas obrigações em relação à prole, apropriando-se de seus destinos, evitando o Estado medidas que promovam o rompimento dos vínculos, importem distanciamentos ou determinem uma verdadeira cidadania assistida, sem perder de vista a urgência

---

843. V. § 134, Capítulo XIX, deste livro.

na proteção à criança ou ao adolescente, muitas vezes determinante das medidas intervencionistas.

Exercício exclusivo pelas autoridades e instituições compreende regra limitada autorizadora de intervenção, porquanto a interferência nos limites privados das famílias pressupõe obediência rigorosa ao princípio da legalidade. Ações protetivas urgentes podem ser adotadas, mas sempre com a imediata comunicação à autoridade, especialmente à judiciária, prevenindo abusos sobre as pessoas e famílias. É de observar que o Código Civil prescreve de forma peremptória que: "É defeso a qualquer pessoa, de direito público ou privado, interferir na comunhão de vida instituída pela família"[844].

138. Princípio da proporcionalidade

A exata correspondência entre os efeitos da medida e a situação de risco vivenciada pela criança ou pelo adolescente compõe o princípio da proporcionalidade. É proporcional, no direito da criança e do adolescente, o que é suficiente para equilibrar a intervenção mínima com a necessidade efetiva de proteção, apresentando-se com a razoabilidade necessária enquanto instrumento de promoção dos direitos de todos.

O legislador, ao se utilizar na definição do princípio das expressões "necessária" e "adequada"[845], referenciou ideias de indispensabilidade e compatibilidade da medida, considerando a situação concreta e as soluções alvitradas pelo legislador.

É de buscar o que tenha a potencialidade de afastar o risco, sem que o remédio utilizado seja mais intenso do que o necessário, provocando

---

844. CC, art. 1.513.

845. ECA: "Art. 100 [...] Parágrafo único [...] VIII — proporcionalidade e atualidade: a intervenção deve ser a necessária e adequada à situação de perigo em que a criança ou o adolescente se encontram no momento em que a decisão é tomada".

CURSO DE DIREITO DA CRIANÇA E DO ADOLESCENTE

sequelas outras na vida de relação da criança ou adolescente. Assim, em sentido estrito, imprescindível ponderar se a medida, tal como adotada em concreto, representará um ganho para a criança ou o adolescente ou se suas eventuais desvantagens a contraindiquem como solução para a situação de risco em análise.

A Lei n. 9.784, de 29 de janeiro de 1999, que regula o processo administrativo no âmbito do Administração Pública Federal, depois de, no caput de seu art. 2°, indicar obediência ao princípio da razoabilidade, dispôs como critério, em seu inciso VI, a "adequação entre meios e fins, vedada a imposição de obrigações, restrições e sanções em medida superior àquelas estritamente necessárias ao atendimento do interesse público", o que analogicamente deve ser considerado no direito da criança e do adolescente como vedação a medida de proteção mais drástica do que a necessária ao combate à situação de risco.

139. Princípio da atualidade

No mesmo dispositivo que tratou da proporcionalidade[846], o legislador insculpiu também o princípio da atualidade, indicativo da necessidade de observância da situação de risco no momento em que a decisão é tomada.

Isso significa que a fluidez das fases da infância e adolescência sugere contemporaneidade entre a medida e a situação determinante da intervenção, de modo que ela cumpra sua finalidade na correspondência da sua necessidade presente, como instrumento corrente para a remoção do perigo ou restabelecimento do bem da vida negado pela desobediência ao direito.

Assim, a demora na providência, inclusive a de natureza jurisdicional, impõe a necessidade de atualização das informações, coletando-se dados do presente, atuais, de modo que a solução seja adequada para a remoção

---

846. ECA, art. 100, parágrafo único, VIII.

dos riscos e perigos contemporâneos, permitindo até mesmo o abandono de qualquer iniciativa se o direito foi vivificado. A perda do objeto protetivo funciona como causa superveniente de extinção da ação, judicial ou assistencial, de vez que a adoção de medida tardia pode representar até mesmo agravo à situação da criança, do adolescente ou de sua família.

140. Princípio da responsabilidade parental

O princípio da responsabilidade parental há muito se encontra presente na legislação brasileira. O antigo pátrio poder, hoje poder familiar, sempre foi compreendido como um misto de direitos e obrigações dos pais em relação à pessoa dos filhos, sendo recorrente na doutrina e jurisprudência brasileira a utilização da expressão "poder-dever".

Na Constituição de 1988, o art. 229 consignou que "os pais têm o dever de assistir, criar e educar os filhos menores", e no § 7º de seu art. 226 indicou como princípio do planejamento familiar o da "paternidade responsável", projetando comportamento consciente e ajuizado de quem se mostra disposto à geração de filhos.

Em 2009, através da mencionada Lei n. 12.010, quis o legislador reforçar ainda mais essa ideia, indicando como conteúdo do princípio da responsabilidade parental a concepção de que "a intervenção deve ser efetuada de modo que os pais assumam os seus deveres para com a criança e o adolescente"[847], funcionando como lembrança permanente da necessidade de chamamento dos pais às suas responsabilidades, inclusive como forma de fomento à paternidade responsável.

Não é possível que crianças e adolescentes sejam colocados à responsabilidade exclusiva do Estado, como se os pais não tivessem qualquer obrigação em relação a seus filhos e que o poder público fosse encarregado

---

847. ECA, art. 100, parágrafo único, IX.

das suas obrigações. Estas persistem, ainda que o Estado as assuma, de modo que a procura de responsabilização, especialmente paterna, transcende os limites individuais e alcança a transformação cultural necessária para o estabelecimento de famílias desejadas e mantidas.

141. Princípio da prevalência da família

O núcleo familiar, na visão do legislador, é o melhor para a vivência da criança ou do adolescente, porquanto é o único que pode representar, na sua inteireza, um espaço de criação, desenvolvimento e proteção. Ainda que o ECA tenha abandonado a ideia maniqueísta de que tudo o que está na família constitua o bem e o que está fora, o mal, inclusive prevendo medidas sancionatórias impostas aos pais ou responsáveis[848] e até a possibilidade de busca de refúgio, auxílio e proteção fora da família[849], considerou, por outro lado, que ela ainda representa a melhor esperança para a criança ou o adolescente.

A solução fora da família biológica ou extensa representa ruptura com a natureza e desvio na cultura da paternidade responsável. Sem a projeção do direito fundamental à criação da sua própria prole como realidade cultural, permanece o país no subdesenvolvimento, no atraso e na indigência, pois nenhum desenvolvimento tecnológico pode ser maior do que o valor da convivência entre pais e filhos, característica inegável de uma sociedade livre, justa e igualitária[850].

Por outro lado, ambientes de internamento coletivo, de concentração de pessoas, de permanência conjunta, em regra, levam à impessoalidade, descaracterizando o principal traço da natureza humana, a personalidade

---

848. V. ECA, art. 129.

849. ECA: "Art. 16. O direito à liberdade compreende os seguintes aspectos: [...] VII — buscar refúgio, auxílio e proteção".

850. CF, art. 3º, I.

distinta. Isso sem falar que a massificação indiscriminada, o regramento muitas vezes opressivo, a falta de recursos e a banalização da violência como instrumentos de solução de conflitos compõem um ambiente nada propício à atualização das potencialidades humanas e à aquisição de valores da civilidade, necessários para o enfrentamento dos desafios do cotidiano em situação de pacifismo. Nesses ambientes, também é difícil o estabelecimento de inter-relações pessoais significativas, dificuldade muitas vezes agravada pelo corte de faixas etárias, que faz com que os acolhidos tenham de constantemente reiniciar seus processos de formação de vínculos.

Na esteira do desejável, do melhor possível, da indicação de uma ordem compreensiva da importância do ambiente para o desenvolvimento humano, o legislador acabou por criar uma disposição prioritária das coisas, tendo por critério a expectativa de desenvolvimento e felicidade. Assim: (1) família natural; (2) família extensa; (3) família substituta nacional; (4) família substituta estrangeira; (5) acolhimento familiar; e (6) acolhimento institucional.

O princípio sob comento restou assim redigido: "prevalência da família: na promoção de direitos e na proteção da criança e do adolescente deve ser dada prevalência às medidas que os mantenham ou reintegrem na sua família natural ou extensa ou, se isso não for possível, que promovam a sua integração em família adotiva". A manutenção na família natural, sem apartamentos entre pais e filhos, ocupa o topo valorativo na escala do legislador. Depois, a reintegração na família biológica, pressupondo uma indesejável separação. A seguir, a família extensa como modalidade de família substituta, sendo a tutela e a guarda, na medida em que mantêm os vínculos de parentesco com a família natural, as formas adequadas de colocação em família substituta. Não sendo possível, segue-se a tentativa de integração em família adotiva, primeiro a nacional e depois a estrangeira. As medidas de acolhimento, familiar e institucional, ostentam o penúltimo e último lugar no leque de opções desejáveis pelo legislador, depois de esgotadas todas as demais alternativas.

Essa ordem legislativa não pode ser substituída por critérios pessoais do intérprete e aplicador das normas, sob pena de agressão ao sistema

CURSO DE DIREITO DA CRIANÇA E DO ADOLESCENTE 311

legal, valendo lembrar que a discricionariedade somente é cabível quando a escolha é deixada para o profissional. Aqui, o legislador já estabeleceu claramente sua preferência, de sorte que o trilhar por caminho situado mais abaixo no rol de prioridades deve estar necessariamente documentado, especialmente nos autos, de modo que não pairem dúvidas quanto à obediência ao mandamento constitucional de proteção especial à família[851].

142. Princípio da obrigatoriedade da informação

Retira-se da Lei n. 12.527, de 18 de novembro de 2011[852], especialmente do inciso I, do art. 4º, o núcleo do direito à informação: conhecimento. Quem conhece seus direitos pode reclamá-los, bem como resistir aos abusos cometidos sob o pretexto da proteção.

Decorrência lógica da promessa constitucional residente no art. 5º, XXXIII[853], o direito à informação no campo das medidas protetivas foi alçado à condição de princípio sob a perspectiva da obrigatoriedade do conhecimento, além dos direitos, dos motivos que determinaram a medida e como esta vai se realizar[854].

A criança ou o adolescente não são um objeto de intervenção, representando pessoas que, ainda que incapazes do ponto de vista civil, têm o inegável direito de conhecer os porquês da intervenção e como ela vai afetar sua vida. Até para que possam opinar sobre sua conveniência e oportunidade, na medida em que, na proporção do seu estágio de desenvolvimento

---

851. CF, art. 226.

852. Lei de Acesso à Informação.

853. CF, art. 5º, XXXIII: "todos têm direito a receber dos órgãos públicos informações de seu interesse particular, ou de interesse coletivo ou geral, que serão prestadas no prazo da lei, sob pena de responsabilidade, ressalvadas aquelas cujo sigilo seja imprescindível à segurança da sociedade e do Estado".

854. ECA, art. 100, parágrafo único, XI: "obrigatoriedade da informação: a criança e o adolescente, respeitado seu estágio de desenvolvimento e capacidade de compreensão, seus pais ou responsável devem ser informados dos seus direitos, dos motivos que determinaram a intervenção e da forma como esta se processa".

e capacidade de compreensão da situação em que se encontram e das perspectivas aventadas, possam aderir ou resistir a ela.

São os principais interessados e, como tais, devem necessariamente conhecer todas as motivações e consequências da intervenção, assim como seus pais ou responsáveis, notadamente quando vão sofrer algum tipo de afetação pela medida, sendo recomendado que reste documentado nos autos a ciência a respeito da medida de proteção, antes de eventual oitiva, materializando a garantia de que o princípio da obrigatoriedade da informação foi plenamente observado.

143. Princípio da oitiva obrigatória e participação

Conhecer, ser ouvido e participar quando da aplicação de qualquer medida de proteção que, por óbvio, afeta a vida das famílias e especialmente a da criança ou do adolescente são direitos que encontram nos princípios da obrigatoriedade da informação, da oitiva e da participação[855] seus instrumentos de efetivação. No ECA, a medida de colocação em família substituta contou com preocupação especial do legislador, que exige consentimento do adolescente e manifestação da vontade, se puder exprimi-la, da criança.

Com o advento da Lei n. 12.010, de 3 de agosto de 2009, o direito de ser ouvido e de participar alcançou todas as medidas de proteção, tornando obrigatória a presença da criança e de seus pais ou responsável, conjunta ou separadamente, nos atos relacionados à intervenção, sendo imprescindível que a decisão se refira à opinião dos principais interessados na sua efetivação. Não cabem mais decisões desprovidas de consulta àqueles

---

855. ECA: "Art. 100. [...] Parágrafo único [...] XII — oitiva obrigatória e participação: a criança e o adolescente, em separado ou na companhia dos pais, de responsável ou de pessoa por si indicada, bem como os seus pais ou responsável, têm direito a ser ouvidos e a participar nos atos e na definição da medida de promoção dos direitos e de proteção, sendo sua opinião devidamente considerada pela autoridade judiciária competente, observado o disposto nos §§ 1º e 2º do art. 28 desta Lei".

que sofrerão as consequências das medidas, representando eticamente, no mínimo, respeito às pessoas envolvidas na situação de risco e que ficam dependentes da intervenção estatal.

Repousando a causa de pedir, direta ou indiretamente, em violência sofrida ou presenciada pela criança ou pelo adolescente, é de observar as cautelas obrigatórias previstas na Lei n. 13.431, de 4 de abril de 2017, de modo a evitar qualquer forma de revitimização[856].

---

856. V. § 114, Capítulo XVIII, deste livro.

XX

Espécies de medidas de proteção

144. Generalidades

As medidas em espécie encontram-se elencadas nos arts. 101 e 102 do ECA. São elas: (a) acertamento registral; (b) encaminhamento aos pais ou responsável, mediante termo de responsabilidade; (c) orientação, apoio e acompanhamento temporários; (d) matrícula e frequência obrigatórias em estabelecimento oficial de ensino fundamental; (e) inclusão em serviços e programas oficiais ou comunitários de proteção, apoio e promoção da família, da criança e do adolescente; (f) requisição de tratamento médico, psicológico ou psiquiátrico, em regime hospitalar ou ambulatorial; (g) inclusão em programa oficial ou comunitário de auxílio, orientação e tratamento a alcoólatras e toxicômanos; (h) acolhimento institucional; (i) acolhimento familiar; (j) apadrinhamento; e (k) colocação em família substituta.

Com exceção de algumas que contam com disciplina própria, a ausência da previsão legal de procedimentos específicos para a aplicação das medidas de proteção tem levado a dificuldades, notadamente em razão de necessidade de providências prévias, antes da incidência de uma ou outra deliberação.

No passado, na vigência do Código de Menores[857], tínhamos os procedimentos verificatórios[858] e, em razão de construção pretoriana, os chamados "pedidos de providências". A principal e procedente crítica a esses modelos reside na tomada de decisões judiciais que importavam no coarctar de direitos sem observância do devido processo legal, especialmente relacionados à ausência de contraditório e ampla defesa, derivando situações incompatíveis com o Estado democrático de direito.

Todavia, algumas providências ficaram sem um instrumento adequado de documentação, se bem que, na sua generalidade, contam com procedimentos próprios do Ministério Público, Defensoria, Conselho Tutelar e até mesmo das entidades de atendimento[859], de modo que os legitimados têm como instruir eventuais pedidos judiciais, inclusive cautelares, com documentação comprobatória dos indícios suficientes para arrimar suas pretensões.

Quando da edição do Provimento n. 32, da Corregedoria Nacional do Conselho Nacional de Justiça, restou publicada, em seu art. 4º, norma nos seguintes termos:

> O processo de "medida de proteção" ou similar, referente ao infante em situação de risco, acolhido ou não, deve preferencialmente ser autônomo em relação a eventual ação de destituição do poder familiar de seus genitores, bem como à ação de adoção ou quaisquer outros procedimentos onde se deva observar o contraditório, podendo ser arquivado ou desarquivado por decisão judicial sempre que a situação de risco subsistir, para preservar, num só feito, o histórico do infante e, ao mesmo tempo, manter o processo sempre acessível, enquanto as outras ações, com rito próprio, possam se encontrar em carga com quaisquer das partes ou vir a ser objeto de recurso para os tribunais.

---

857. Lei n. 6.697, de 10 de outubro de 1979.

858. Denominados, no Código de Menores, de procedimento verificatório simples e procedimento verificatório contraditório, dependentes da existência ou não de lide.

859. O Ministério Público, exemplificando, além dos inquéritos civis, dispõe de procedimento administrativo destinado, entre outras finalidades, a "apurar fato que enseje a tutela de interesses individuais indisponíveis", conforme previsão na Resolução n. 174, do Conselho Nacional do Ministério Público. No estado de São Paulo, o Ato Normativo n. 619/2009 — PGJ-CPJ-CGMP disciplina o Procedimento Administrativo de Natureza Individual, Pani.

Algumas conclusões, distintas do antigo pedido de providências, podem ser extraídas da norma do CNJ: (a) necessidade de procedimento autônomo; (b) incidência para todas as medidas de proteção em que se verifique intervenção do Judiciário, mas sem a tomada de decisão capaz de coarctar direitos; e (c) finalidades de mantença do histórico da criança ou adolescente e acessibilidade a consultas a qualquer momento.

A autonomia diz respeito a outros procedimentos contenciosos, com a presença de lide, marcados pela rigidez da sequência dos atos, cuja documentação é necessária, sobretudo em razão dos princípios da oficialidade e da transparência[860]. Misturar as coisas, aproveitando-se dos mesmos autos para a documentação de atos distintos, uns destinados à composição da lide e outros, inclusive anteriores, correspondentes a medidas de cunho administrativo, importa confusão procedimental, incompatível com a eficiência. Assim, reservar, em regra, dois procedimentos, um, especial, destinado a materializar os atos conducentes à composição da lide (inibição da guarda, suspensão ou destituição do poder familiar etc.), e outro, distinto, para o procedimento de jurisdição voluntária destinado à administração judicial da licitude de procedimentos administrativos relacionados a medidas de proteção sem a ocorrência de conflitos dependentes de composição judicial, parece ser a medida mais adequada, razão do zelo da recomendação da Corregedoria Nacional de Justiça. Isso sem falar no ganho relacionado à consulta dos autos da medida de proteção, que não fica sujeita ao tempo do processo contencioso, com incidentes e recursos, de modo que a documentação do dinamismo dos acontecimentos humanos, documentados nos autos do procedimento administrativo, permite a tomada de outras decisões compatíveis com o princípio da atualidade[861].

Essa disciplina está de acordo com a regra residente no art. 153, caput, do ECA, que prescreve: "Se a medida judicial a ser adotada não corresponder a procedimento previsto nesta ou em outra lei, a autoridade judiciária

---

860. Os autos do processo nada mais significam do que o fascículo em que se documentam os atos processuais.

861. V. § 139, Capítulo XIX, deste livro.

CURSO DE DIREITO DA CRIANÇA E DO ADOLESCENTE

poderá investigar os fatos e ordenar de ofício as providências necessárias, ouvido o Ministério Público", não servindo, consoante determinação expressa contida em seu parágrafo único, "para o fim de afastamento da criança ou adolescente de sua família de origem". Ressalte-se que assume a natureza de procedimento de jurisdição voluntária, caracterizado pela inexistência de lide e compreendendo apenas a administração pública de interesses privados que, pela sua relevância social, contam com o Judiciário como poder fiscalizador da licitude das providências adotadas.

145. Acertamento registral

A regularização do registro civil[862] é muito mais do que mera burocracia. Em primeiro lugar, o nome, expressão da personalidade[863] da pessoa natural, primeira das condições para a afirmação formal da existência humana. Deve-se lembrar que "toda pessoa tem direito ao nome, nele compreendidos o prenome e o sobrenome"[864].

Crianças abandonadas, notadamente logo após o parto, que não foram registradas e, assim, não têm nome devem ser destinatárias da primeira

---

862. ECA: "Art. 102. As medidas de proteção de que trata este Capítulo serão acompanhadas da regularização do registro civil. § 1º Verificada a inexistência de registro anterior, o assento de nascimento da criança ou adolescente será feito à vista dos elementos disponíveis, mediante requisição da autoridade judiciária. § 2º Os registros e certidões necessários à regularização de que trata este artigo são isentos de multas, custas e emolumentos, gozando de absoluta prioridade. § 3º Caso ainda não definida a paternidade, será deflagrado procedimento específico destinado à sua averiguação, conforme previsto pela Lei nº 8.560, de 29 de dezembro de 1992. § 4º Nas hipóteses previstas no § 3º deste artigo, é dispensável o ajuizamento de ação de investigação de paternidade pelo Ministério Público se, após o não comparecimento ou a recusa do suposto pai em assumir a paternidade a ele atribuída, a criança for encaminhada para adoção. § 5º Os registros e certidões necessários à inclusão, a qualquer tempo, do nome do pai no assento de nascimento são isentos de multas, custas e emolumentos, gozando de absoluta prioridade. § 6º São gratuitas, a qualquer tempo, a averbação requerida do reconhecimento de paternidade no assento de nascimento e a certidão correspondente".

863. CC: "Art. 2º A personalidade civil da pessoa começa do nascimento com vida; mas a lei põe a salvo, desde a concepção, os direitos do nascituro".

864. CC, art. 16.

providência protetiva consistente na feitura do assento de nascimento, mediante requisição da autoridade judiciária, com os dados constantes dos autos. Prenome e sobrenome são inventados, ficando sem registro os nomes dos pais, sendo a data de nascimento a estimada e, quando de realização de exame de verificação de idade, em regra se marca como data de nascimento a do laudo, retroagindo-se tanto tempo quanto o considerado na peça técnica. Em caso de adoção, esse registro é cancelado e um novo será confeccionado, com os dados dos adotantes.

Se a maternidade e a paternidade forem referidas, aplica-se à fase administrativa o previsto na Lei n. 8.560, de 29 de dezembro de 1992. Se os pais da criança forem conhecidos, ainda que não desejem criá-la e não tiverem providenciado o registro, é de observar o disposto no art. 1º, IV, da mencionada lei, colhendo-se as manifestações dos pais, pelo Juiz da Infância e da Juventude, que de ofício requisita a feitura do assento com os dados colhidos nessas oitivas.

Havendo apenas assunção da maternidade, com indicação pela mãe do nome do pai, o oficial de registro civil ou registrador deverá encaminhar ao juiz "certidão integral do registro e o nome e prenome, profissão, identidade e residência do suposto pai, a fim de ser averiguada oficiosamente a procedência da alegação"[865], que, então, procede à verificação mediante a oitiva do indicado, derivando dois resultados possíveis: (a) o genitor reconhece o filho e o juiz determina a averbação do nome do pai no registro de nascimento; ou (b) o suposto pai nega a paternidade ou não atende à notificação judicial, hipótese em que os autos são remetidos ao Ministério Público para que intente, como substituto processual legitimado extraordinariamente, ação de investigação de paternidade.

A Lei n. 12.010, de 3 de agosto de 2009, modificando o ECA e a Lei n. 8.560/92, dispensou o ajuizamento da ação de investigação de paternidade pelo Ministério Público se a criança for enviada para a adoção, na hipótese de não comparecimento ou recusa ao reconhecimento pelo

---

865. Lei n. 8.560, de 29 de dezembro de 1992, art. 2º.

CURSO DE DIREITO DA CRIANÇA E DO ADOLESCENTE

suposto pai. Nesse caso, é de observar que o envio da criança para a adoção é somente possível se a genitora, única presente na certidão de nascimento, aquiescer à adoção do filho, pois, caso contrário, imprescindível ação de destituição do poder familiar[866].

O acertamento registral, previsto no art. 102 do ECA, é uma medida de proteção, porquanto importa providência indispensável para o reconhecimento pleno da criança e adolescente como "sujeitos de direitos civis, humanos e sociais garantidos na Constituição e nas leis"[867], funcionando como elemento indissociável para a individualização segura de outras intervenções, que sempre devem se caracterizar pelo absoluto respeito à personalidade diversificada de cada ser humano.

Se a medida de acertamento registral não for adotada como incidente de um processo em curso ou de uma ação autônoma perante o juízo dos registros públicos, o Juiz da Infância e da Juventude pode se valer do procedimento administrativo referido pelo Conselho Nacional de Justiça[868]. Anote-se que sua competência deflui do art. 148, parágrafo único, h, combinado com a previsão do acertamento registral como medida de proteção no art. 102 do ECA, instrumento de tutela especial da criança ou do adolescente em situação de risco.

146. Encaminhamento aos pais ou responsável mediante termo de responsabilidade

Em primeiro lugar, é mister destacar que o vocábulo responsável utilizado na definição dessa medida de proteção[869] compreende somente o "responsável legal", ou seja, aquele que tem justo título para ter a criança

---

866. V. § 195, Capítulo XXVI, deste livro.

867. ECA, art. 15.

868. V. § 144, Capítulo XX, deste livro.

869. ECA, art. 101, I.

consigo[870], salvo se na própria decisão judicial a autoridade liminarmente definir a responsabilidade em favor de terceiro.

Se o encaminhamento for administrativo, do Conselho Tutelar ou de entidade de atendimento, a entrega pressupõe destinatário que tenha legitimidade para a convivência com a criança, em decorrência da lei, em regra os pais, ou de decisão judicial, como o guardião ou tutor nomeado pela autoridade judiciária. Se o destinatário não for detentor de justo título, deve-se buscar, notadamente em caráter liminar, ordem judicial de entrega, evidenciando certeza de que quem recebe a criança ou o adolescente tem o inegável direito de estar com eles.

A primeira e principal função do termo de responsabilidade é documentar a entrega de criança ou adolescente perdido, afastado voluntariamente de sua morada, acolhido em família ou instituição ou mesmo internado em razão da prática de ato infracional. Vencido o período de afastamento de seus pais ou responsável, sendo determinado o retorno à sua família, imprescindível atestar documentalmente a volta à situação de normalidade jurídica, materializada pela criança ou pelo adolescente com seus pais ou responsável, mediante a elaboração de termo de responsabilidade, que deve ser assinado no ato pelos recebedores da criança ou do adolescente.

A entrega aos pais ou responsável também pode ser cumulada com a atribuição, inclusive do Conselho Tutelar, de aconselhamento dos pais ou responsável[871], de modo que deve restar consignado no termo de responsabilidade o conteúdo desse auxílio ou orientação comportamental, que deve estar relacionado às obrigações ínsitas ao poder familiar ou aos contornos da fixação judicial da responsabilidade, decorrência indissociável do princípio da legalidade[872].

---

870. Guardião ou tutor.

871. ECA, art. 136, II.

872. CF: "Art. 5º [...] II — ninguém será obrigado a fazer ou deixar de fazer alguma coisa senão em virtude de lei".

CURSO DE DIREITO DA CRIANÇA E DO ADOLESCENTE

Quanto ao procedimento, anote-se que o "encaminhamento aos pais ou responsável mediante termo de responsabilidade" é providência que se encaixa na esfera de atribuições do Conselho Tutelar, conforme dispõe o art. 136, I, do ECA, representando atividade corriqueira e da essência do órgão, de modo que a documentação da ocorrência fica inteiramente a seu cargo. Todavia se, por qualquer motivo, a autoridade judiciária deparar-se com situação que baste a entrega da criança à família, em regra em razão de atendimento ao público pela equipe técnica do juízo, a documentação desses atos poderá ser feita através da utilização do procedimento normatizado pela Corregedoria Nacional[873].

147. Orientação, apoio e acompanhamento temporários

Representativas de programas de atendimento, roteiros de atividades ordenadas destinadas ao cumprimento de objetivos predeterminados, as medidas relacionadas à orientação, apoio e acompanhamento temporários são essencialmente protetivas, reservadas àquelas situações de risco de baixa complexidade, mas dependentes de intervenção do poder público ou de entidades não governamentais integrantes da rede de proteção. Reforço escolar, iniciação à profissionalização, introdução ao cooperativismo, inserção em atividades esportivas e culturais etc. representam programas que podem auxiliar na remoção das situações de risco, projetando um caminhar de construção da cidadania mediante apropriação de valores que auxiliem a criança ou o adolescente no fixar de objetivos permanentes de atualização das potencialidades e de convivência pacífica com os demais cidadãos.

Essas medidas de proteção, em regra, são derivadas de situações de risco definidas nos incisos II e III do art. 98 do ECA, decorrentes da falta,

---

873. V. § 144, Capítulo XX, deste livro.

omissão ou abuso dos pais ou responsável ou mesmo geradas pela própria conduta da criança ou adolescente, sendo que a omissão do Estado pode e deve ser combatida mediante iniciativas, judiciais e extrajudiciais, visando à criação e à manutenção desses programas.

148. Matrícula e frequência obrigatórias em estabelecimento oficial de ensino fundamental

É de observar que essa medida de proteção tem como destinatários a criança ou o adolescente, sem matrícula na escola ou infrequente, por razões outras que não a omissão do Estado, situação que encontra na ação civil pública o remédio destinado a obrigar o poder público a assegurar vaga e outros direitos suplementares garantidores da frequência, como transporte escolar[874].

Aqui a situação de risco deriva da omissão dos pais ou responsável e/ou da própria conduta da criança ou adolescente, de modo que a medida de proteção, através da intervenção de agentes da rede de proteção, Ministério Público ou mesmo o Judiciário, tem por finalidade a intervenção no processo de compreensão da criança ou adolescente e de sua família a respeito da importância e magnitude do estudo para a vida de toda e qualquer pessoa humana.

Matrícula e frequência podem passar a ser controladas por pessoas externas à família, integrantes da rede de proteção, de modo que a cobrança e os auxílios constantes sirvam de estímulos à regularização da situação, afastando o risco de que a criança ou o adolescente não tenham a mínima educação formal, capaz de contribuir como instrumental para o enfrentamento dos desafios do cotidiano.

---

874. V. ECA, art. 208, I, III, IV e V.

149. Inclusão em serviços e programas oficiais ou comunitários de proteção, apoio e promoção da família

A medida reforça a eficácia do direito ao acesso a serviços e programas assistenciais destinados à proteção, apoio e promoção da família, da criança e do adolescente, na esteira da proscrição de ideias e concepções de que essa atividade se inseria na facultativa atividade benemérita e caridosa, notadamente dos governos, que começou com a Constituição de 1988.

A proteção da maternidade e da infância e aos desamparados em geral é um direito social expressamente consignado no art. 6º da Constituição Federal, inserindo-se no campo amplo do direito à assistência social, que tem por objetivos, entre outros, a proteção à família, à maternidade, à infância, à adolescência e o amparo a crianças e adolescentes carentes, conforme o art. 203, I e II, da mencionada Magna Carta.

A existência de serviços e programas destinados à proteção, apoio e promoção da família, da criança e do adolescente inclui-se no contexto das obrigações relacionadas aos direitos fundamentais, imprescindíveis para a realização material dos propósitos fundamentais da República Federativa do Brasil[875], de modo que a ameaça ou violação aos direitos em razão de omissão do Estado, na forma do art. 98, I, do ECA, legitima ordens judiciais destinadas à criação desses recursos, sem que isso possa ser interpretado como ingerência indevida nos assuntos do Poder Executivo[876].

Havendo programas e serviços instalados, o Judiciário tem o poder de requisitar as devidas inclusões, porquanto se vale dos processos para aquilatar a necessidade imperiosa dos auxílios, prevenindo a indigência.

---

875. CF: "Art. 3º Constituem objetivos fundamentais da República Federativa do Brasil: I — construir uma sociedade livre, justa e solidária; II — garantir o desenvolvimento nacional; III — erradicar a pobreza e a marginalização e reduzir as desigualdades sociais e regionais; IV — promover o bem de todos, sem preconceitos de origem, raça, sexo, cor, idade e quaisquer outras formas de discriminação".

876. V. ECA, art. 208, VI.

Vale lembrar, como aspecto específico dessa necessidade, a exortação mandamental e coercitiva presente no art. 23, caput, e no seu parágrafo único, ambos do ECA, que impede o decreto de perda do poder familiar em razão da pobreza, e manda incluir as famílias carentes em programas de proteção, apoio e promoção.

A inclusão de criança em programas de orientação, apoio e acompanhamento temporários também é de competência ordinária do Conselho Tutelar[877], salvo quando dependente de requisição judicial de ingresso, ocasião em que a autoridade judiciária, salvo atuação em processo autônomo, procede como indicado pelo CNJ[878].

150. Requisição de tratamento médico, psicológico ou psiquiátrico

As ações visando à criação de vagas e fornecimento de atendimento especializado pelo Estado contam com a ação civil pública, especialmente na previsão do art. 208, VII, do ECA, como instrumento adequado para sua vivificação, de modo que a medida de proteção em comento tem por fundamento situação de risco derivada da ação ou omissão dos pais ou responsável ou derivada da própria conduta da criança ou do adolescente.

A medida de proteção assemelha-se à internação psiquiátrica involuntária ou compulsória, definidas no art. 6º, parágrafo único, II e III, da Lei n. 10.216, de 6 de abril de 2001, que se operam sem o consentimento da pessoa acometida de transtorno mental.

Dessa forma, analogicamente, a requisição de tratamento médico, psicológico ou psiquiátrico em regime hospitalar ou ambulatorial, necessária por força de situação de risco decorrente da ação ou omissão dos pais ou responsável ou tendo como causa eficiente a própria conduta da criança ou

---

877. ECA, art. 136, I.

878. V. § 144, Capítulo XX, deste livro.

CURSO DE DIREITO DA CRIANÇA E DO ADOLESCENTE

adolescente, realiza-se mediante suprimento de consentimento, reclamando procedimento próprio, cautelar ou satisfativo, caracterizado pela incidência do devido processo legal.

Além disso, o desatendimento à requisição gera consequências. Para os pais ou responsável, a possibilidade das medidas previstas no art. 129 do ECA, variando desde as coercitivas de caráter protetivo até as sanções, da branda advertência à suspensão e perda do poder familiar. Em relação à estas duas últimas hipóteses, conjuga-se o disposto nos arts. 22 e 24 do ECA, de modo que o descumprimento injustificável das determinações judiciais relacionadas ao tratamento médico, psicológico ou psiquiátrico dos filhos gera consequências das mais gravosas.

A situação da criança ou adolescente recalcitrante ao cumprimento da ordem judicial de submissão a tratamento médico, psicológico ou psiquiátrico é um pouco mais complexa. Em tese, o adolescente comete ato infracional equiparado à desobediência, na letra do art. 330 do Código Penal: "desobedecer a ordem legal de funcionário público". A criança, por sua vez, ficaria sujeita às mesmas medidas de proteção descumpridas, não se mostrando potencialmente eficaz nenhuma das soluções apresentadas. Assim, o convencimento, a intervenção educativa e o desenvolvimento de uma inter-relação pessoal significativa entre os agentes da rede de proteção com a criança ou o adolescente apresentam-se como soluções mais viáveis, ficando eventuais coerções como recursos utilizáveis somente em situações extremas, na tentativa de se evitar danos imediatos e de extrema gravidade.

151. Inclusão em programa oficial ou comunitário de auxílio, orientação e tratamento a alcoólatras e toxicômanos

Auxílio, orientação e tratamento são agrupados em serviços e programas destinados à superação da dependência em drogas e/ou de substâncias psicoativas, indicando a medida de proteção às situações de risco relacionadas aos alcoólatras e toxicômanos. Os primeiros, dependentes de bebidas alcoólicas, os segundos, usuários habituais de substâncias entorpecentes, quando crianças e adolescentes despertam ainda maiores preocupações em razão das possibilidades de sequelas ou prejuízos ao desenvolvimento integral.

Programas ou serviços oficiais, mantidos ou autorizados pelo Estado, ou comunitários, agrupados em entidades não governamentais, materializam medidas de proteção destinadas à superação da dependência, derivada da própria conduta da criança ou do adolescente, na forma do art. 98, III, do ECA.

A Lei n. 13.840, de 5 de junho de 2019, modificando a Lei n. 11.343, de 23 de agosto de 2006, ainda que tenha estabelecido prioridade para o tratamento ambulatorial de usuários ou dependentes de drogas, indicou a possibilidade de internação involuntária, definindo-a como "aquela que se dá, sem o consentimento do dependente, a pedido de familiar ou do responsável legal ou, na absoluta falta deste, de servidor público da área de saúde, da assistência social ou dos órgãos públicos integrantes do Sisnad[879], com exceção de servidores da área de segurança pública, que constate a existência de motivos que justifiquem a medida".

Por essa razão, anote-se que o tratamento em regime hospitalar ou em situação de limitação à liberdade sempre deve ser judicial, a cargo do juiz da infância e da juventude, na esteira de que qualquer medida que importe "afastamento da criança ou adolescente do convívio familiar é de competência exclusiva da autoridade judiciária"[880], investida do poder de, respeitado o devido processo legal, impor providências que coarctem direitos, ainda que em caráter precário e considerando sua necessidade em razão do objetivo protetivo.

A providência de informação obrigatória, "em, no máximo, 72 (setenta e duas) horas, ao Ministério Público, à Defensoria Pública e a outros órgãos

---

879. Sistema Nacional de Políticas Públicas sobre Drogas.

880. ECA, art. 101, § 2º.

CURSO DE DIREITO DA CRIANÇA E DO ADOLESCENTE

de fiscalização, por meio de sistema informatizado único"[881], não exclui a necessidade de ordem judicial, devendo a autoridade ser provocada imediatamente mediante o procedimento próprio, mesmo porque regra especial do ECA determina, ainda que se refira ao acolhimento institucional, que crianças e adolescentes somente poderão ser encaminhados às instituições por meio de uma guia de acolhimento, expedida pela autoridade judiciária[882].

A institucionalização da criança ou do adolescente para o fim de tratamento de álcool e drogas, nos casos recomendados por equipe técnica multidisciplinar, documentalmente é acompanhada pelo PIA, que deve atender às especificidades derivadas da área da infância e da juventude[883] e também as relacionadas ao Sistema Nacional de Políticas Públicas sobre Drogas[884].

---

881. Lei n. 11.343, de 23 de agosto de 2006, art. 23-A, § 7º.
882. ECA, art. 101, § 3º.
883. ECA, art. 101, §§ 5º-6º.
884. Lei n. 11.343, de 23 de agosto de 2006, art. 23-B.

XXI

Acolhimento institucional

152. Conceito e características

Acolhimento institucional é medida destinada ao suprimento provisório do direito à convivência familiar, consistente na assunção da criança ou adolescente por uma entidade de atendimento, encarregada da oferta de alojamento, alimentação, escolarização, educação de valores e proteção, servindo ainda como instrumento de promoção da família através de iniciativas visando ao restabelecimento dos vínculos originais.

O alojamento, o abrigo, a casa, é a sua finalidade mais antiga. O excluído da convivência familiar confunde-se com o sem moradia, com aquele que perdeu os pais e não tem teto. O órfão, o enjeitado, o exposto, o abandonado são tristes lembranças dos internatos e orfanatos do passado que, historicamente, representam os antecessores do acolhimento institucional. A função de alimentar as crianças e adolescentes também está na gênese do acolhimento institucional e, por óbvio, representa uma das suas expressões mais típicas. A promoção da escolarização durante o período de acolhimento institucional, especialmente fora dos seus muros, também se constitui em oferta obrigatória dos abrigos, devendo se adaptar à expectativa de curta permanência dos acolhidos e ao desenvolvimento de metodologia concorde com suas características e, na perspectiva de período prolongado, encetar iniciativas visando a sua inclusão na rede regular de ensino. Além disso, a educação de valores, compreendida como a discussão e apreensão de conteúdos éticos e morais, é absolutamente necessária para os acolhidos em instituições, porquanto o enfrentamento civilizado dos desafios do cotidiano, além da capacitação mediante incorporação de instrumentos para essa tarefa, reclama conteúdos que permitam a compreensão da cidadania como o conjunto de possibilidades de exercício pleno de direitos e de cumprimento inafastável das obrigações sociais. O acolhimento institucional, por fim, também deve se caracterizar como espaço de proteção, não só porque a incolumidade é condição indispensável para o desenvolvimento, mas também porque não raras vezes ele é derivado do coarctar do direito à convivência familiar em razão da violência, de modo que é primeiro passo na demonstração humanitária, civilizada e pedagógica de que as relações pessoais podem se estabelecer de forma respeitosa. Serve, por último, como instrumento de promoção da família natural ou extensa em razão do desiderato da reintegração familiar.

Trata-se de uma medida destinada a criança ou adolescente privados do direito à convivência familiar, compreendida a família como espaço de criação, proteção e desenvolvimento[885]. A privação pode decorrer da ausência da família, do abandono, da falta de condições para o cumprimento de suas funções, da violência e de outras causas que determinam a necessidade do acolhimento. Em outras palavras e agora tendo como referencial as finalidades do acolhimento, trata-se de uma medida destinada a criança ou adolescente sem teto, sem comida, sem educação formal, sem um espaço que lhes propicie o desenvolvimento de valores e sem proteção da sua higidez física e mental.

---

885. V. § 86, Capítulo XIII, deste livro.

A medida de proteção do acolhimento institucional é caracterizada pelos seguintes elementos[886]: (a) provisoriedade; (b) excepcionalidade; (c) finalidade preestabelecida; e (d) liberdade.

A provisoriedade do acolhimento institucional indica sua curta duração, vigência pelo tempo necessário para uma solução que importe possibilidade de convivência da criança ou adolescente com a família natural, extensa ou mesmo uma substituta. Os princípios da responsabilidade parental[887] e da prevalência da família[888] determinam essa precariedade na exata correspondência de que o acolhimento institucional, por melhor que seja, como estabelecimento de convívio coletivo e sem ligações afetivas duradouras, não substitui a família, instituição que carrega conteúdos representativos de uma história comum e projeções de futuro que interligam todos os seus membros em uma comunidade celular que ajuda no corpo, na feição e na conformação da sociedade. Deve, portanto, durar somente o tempo necessário para que outras iniciativas surtam efeitos, possibilitando a desinstitucionalização. Assim, o acolhimento institucional nasce com a perspectiva do término rápido.

A provisoriedade do acolhimento institucional determina sua reavaliação periódica, em período que não pode ser superior a 3 (três) meses, "devendo a autoridade judiciária competente, com base em relatório elaborado por equipe interprofissional ou multidisciplinar, decidir de forma fundamentada pela possibilidade de reintegração familiar ou pela colocação em família substituta"[889].

Embora seja questão tormentosa, a lei hoje estabelece que a "permanência da criança e do adolescente em programa de acolhimento institucional não se prolongará por mais de 18 (dezoito meses), salvo comprovada

---

886. ECA, art. 101, § 1º: "O acolhimento institucional e o acolhimento familiar são medidas provisórias e excepcionais, utilizáveis como forma de transição para reintegração familiar ou, não sendo esta possível, para colocação em família substituta, não implicando privação de liberdade".

887. V. § 140, Capítulo XIX, deste livro.

888. V. § 141, Capítulo XIX, deste livro.

889. ECA, art. 19, § 1º.

CURSO DE DIREITO DA CRIANÇA E DO ADOLESCENTE

necessidade que atenda ao seu superior interesse, devidamente fundamentada pela autoridade judiciária"[890], cujos elementos normativos reforçam que a temporalidade atípica deve ser plenamente justificada por decisão judicial.

A excepcionalidade do acolhimento institucional, por sua vez, diz respeito ao seu caráter restritivo, somente adotável quando inexistentes outras iniciativas que preservem os laços naturais com a família. Última razão de proteção da criança ou do adolescente, o acolhimento institucional pressupõe a ausência, ainda que momentânea, de outros caminhos ou seu esgotamento, de sorte que é possível afirmar a falta de outra solução. Sua excepcionalidade é tão marcante que é preterida até mesmo pelo acolhimento familiar, conforme estabelece o § 1°, do art. 34, do ECA[891], em evidência clara de que se trata de medida que somente deve ser utilizada como último recurso de proteção à criança ou ao adolescente.

Anote-se que a conclusão de inexistência de alternativa é o conteúdo mais importante da reavaliação periódica do acolhimento institucional, devendo o continuar da exceção, inserção nesse tipo de programa, ser justificado regularmente, no máximo a cada três (3) meses[892].

O acolhimento institucional tem finalidade preestabelecida em lei. Serve única e exclusivamente de "transição para reintegração familiar ou, não sendo esta possível, para colocação em família substituta"[893]. Qualquer inobservância é inadmissível, ilicitude que importa desvio de finalidade, substituição do objetivo definido em lei por outro de natureza diversa. O abrigo provisório não pode ser tomado como uma casa definitiva,

---

890. ECA, art. 19, § 2°.

891. ECA, art. 34, § 1°: "A inclusão da criança ou adolescente em programas de acolhimento familiar terá preferência a seu acolhimento institucional, observado, em qualquer caso, o caráter temporário e excepcional da medida, nos termos desta Lei".

892. ECA, art. 19, § 1°: "Toda criança ou adolescente que estiver inserido em programa de acolhimento familiar ou institucional terá sua situação reavaliada, no máximo, a cada 3 (três) meses, devendo a autoridade judiciária competente, com base em relatório elaborado por equipe interprofissional ou multidisciplinar, decidir de forma fundamentada pela possibilidade de reintegração familiar ou pela colocação em família substituta, em quaisquer das modalidades previstas no art. 28 desta Lei".

893. ECA, art. 101, § 1°.

porquanto nenhuma criança ou adolescente deve ter como projeção de lar um estabelecimento de convivência coletiva, onde os laços relacionais, em regra impessoais, são transitórios e sem o condão de estabelecer interações significativas, capazes de moldar comportamentos presentes e futuros.

A última característica do acolhimento institucional tem no direito à liberdade sua essência. A medida não importa privação de liberdade, de modo que o direito de ir, vir e permanecer não se encontra tolhido pela inserção da criança ou do adolescente no acolhimento institucional. O parâmetro deve ser igual ao de uma família, de modo que as restrições sejam adequadas à faixa etária e ao ambiente de situação do estabelecimento. Não se trata de regra de liberação absoluta, mas de garantia de que a instituição não vai prescrever normas equivalentes às da internação de infratores, transformando aquilo que deveria se aproximar de um lar no correlato ou equivalente a uma prisão.

Anote-se também que o "dirigente de entidade que desenvolve programa de acolhimento institucional é equiparado ao guardião, para todos os efeitos de direito"[894]. Isso significa, basicamente, a assunção do direito de ter a criança ou adolescente sob sua companhia e responsabilidade, gerando as obrigações de assistência material, moral e educacional, ou seja, assume os deveres de sustento[895], direção da formação valorativa e de educação formal.

O histórico de ingresso facilitado, de dificuldades de desligamento e esquecimento de crianças e adolescentes em internatos, orfanatos, abrigos e entidades de acolhimento levou à adoção de um sistema de controle, em que se destacam a criação de uma guia de entrada, o estabelecimento de um plano individual de atendimento, a obrigatoriedade de reavaliação periódica dos casos, a exigência de audiências concentradas de verificação da situação do acolhido e a manutenção de um cadastro nacional, com consulta pública.

---

894. ECA, art. 92, § 1º.

895. A obrigação de sustento do acolhimento institucional não elide o dever de alimentos que recai sobre os parentes, especialmente os detentores do poder familiar.

CURSO DE DIREITO DA CRIANÇA E DO ADOLESCENTE

153. Guia de acolhimento institucional

A guia de acolhimento institucional foi introduzida pela Lei n. 12.010, de 3 de agosto de 2009, estando sua disciplina residente no art. 101, § 3°, do ECA[896], restando implantado um modelo informatizado pelo Conselho Nacional de Justiça, através da sua Corregedoria Nacional[897].

O objetivo principal da lei foi garantir que a entrada de criança e adolescente em entidade de acolhimento somente seja feita mediante ordem judicial, proibindo o acolhimento direto, por decisão de seu dirigente ou prepostos. Importante salientar que a acolhida importa o coarctar do direito dos pais em terem o filho sob sua companhia, de forma que transcende os limites de um ato administrativo ou de uma conduta aparentemente solidária, atingindo a cidadela jurídica de terceiros, de modo que cercada das cautelas necessárias, especialmente com vista à possibilidade de resistência dos pais e parentes e da própria criança ou adolescente. A entidade de acolhimento não pode receber criança ou adolescente sem essa guia, garantia de que atua no campo da licitude.

Somente em casos excepcionais, de manifesta urgência, é que as entidades poderão acolher crianças e adolescentes sem ordem judicial, remanescendo obrigação indeclinável de, no prazo de 24 horas, fazer a devida comunicação à autoridade judiciária[898]. Essa comunicação deve ser instruída com todos os informes possíveis, de modo que o juiz possa aferir a excepcionalidade e a urgência determinantes da acolhida direta, especialmente como a criança ou adolescente chegou à entidade e em

---

896. ECA, art. 101, § 3°: "Crianças e adolescentes somente poderão ser encaminhados às instituições que executam programas de acolhimento institucional, governamentais ou não, por meio de uma Guia de Acolhimento, expedida pela autoridade judiciária, na qual obrigatoriamente constará, dentre outros: I — sua identificação e a qualificação completa de seus pais ou de seu responsável, se conhecidos; II — o endereço de residência dos pais ou do responsável, com pontos de referência; III — os nomes de parentes ou de terceiros interessados em tê-los sob sua guarda; IV — os motivos da retirada ou da não reintegração ao convívio familiar".

897. V. Instrução Normativa n. 3, de 3 de novembro de 2009.

898. ECA, art. 93.

quais circunstâncias, devendo ainda constar, por analogia, os mesmos dados relacionados à guia de acolhimento[899]. A falta de comunicação ou sua realização fora do prazo importam responsabilidade do dirigente da entidade que executa programa de acolhimento, valendo lembrar que o desatendimento às exigências legais poderá acarretar a perda de recursos ou subvenções públicas[900], bem como a destituição do dirigente, sem prejuízo da apuração de sua responsabilidade administrativa, civil e criminal[901].

Se a decisão judicial for de acolhimento institucional, ainda que na mesma instituição que acolheu a criança ou adolescente emergencialmente, é necessária a expedição da guia, especialmente para garantir a presença da criança ou do adolescente no cadastro de acolhidos[902], evitando a falta de controle e até mesmo seu esquecimento em uma instituição.

Estabelece o parágrafo único do art. 93 do ECA que: "Recebida a comunicação, a autoridade judiciária, ouvido o Ministério Público e se necessário com o apoio do Conselho Tutelar local, tomará as medidas necessárias para promover a imediata reintegração familiar da criança ou do adolescente ou, se por qualquer razão não for isso possível ou recomendável, para seu encaminhamento a programa de acolhimento familiar, institucional ou a família substituta, observado o disposto no § 2º do art. 101 desta Lei". Isso significa, basicamente, a incidência do princípio da prevalência da família, de modo que a reintegração familiar, se ocorrida, põe fim à intervenção, sem prejuízo de acompanhamento do caso pelo Conselho Tutelar e pelos órgãos municipais de assistência e promoção social.

Somente na hipótese de medida que importe separação dos pais ou responsáveis, em caráter liminar ou final, é que se aguarda iniciativa do Ministério Público visando à tutela jurisdicional permissiva da imediata

---

899. Esses dados são imprescindíveis para as medidas posteriores, como a reintegração familiar ou mesmo a inserção regular em entidade de acolhimento familiar ou institucional, ou mesmo a colocação em família substituta.

900. ECA, art. 92, § 5º.

901. ECA, art. 92, § 6º.

902. V. § 156, Capítulo XXI, deste livro.

CURSO DE DIREITO DA CRIANÇA E DO ADOLESCENTE

inserção da criança ou do adolescente em acolhimento familiar ou institucional, ou mesmo em família substituta mediante guarda provisória.

No acolhimento regular, determinado pela autoridade judiciária, os dados legais exigidos da guia inicial servem para que a entidade cumpra especialmente com a finalidade preestabelecida em lei, procurando, desde logo, pais e parentes para preservar os vínculos e encetar iniciativas tendentes à reintegração familiar. Não encontrando os pais ou responsáveis nos endereços constantes da guia, deve imediatamente informar a autoridade judiciária, sem prejuízo de diligenciar diretamente para seu encontro, obtendo, se possível, dados da própria criança ou adolescente. Além de informes de identificação, os nomes de parentes ou de terceiros dispostos a receber a criança ou adolescente em seus lares representam alternativa à institucionalização, de modo que a entidade de acolhimento possa contatá-los e oferecer subsídios à autoridade judiciária para, se for o caso, optar pela medida de colocação em família substituta.

O constar, na guia de acolhimento, dos motivos da retirada da criança ou do adolescente de sua família repousa na necessidade de conhecimento para a individualização da intervenção, podendo a entidade planejar suas iniciativas e formas de abordagem. Da mesma maneira a ciência dos motivos que determinaram a não reintegração familiar no momento do acolhimento, permissiva da busca de recursos emergenciais para a superação das dificuldades familiares ou até mesmo para o encontro de opções, considerando a gravidade das causas e a presença de situações irreversíveis.

154. Plano Individual de Atendimento — PIA

O Plano Individual de Atendimento (PIA) é o documento materializador de um projeto de vida para criança ou adolescente acolhidos, visando à superação das determinantes da medida, tendo como objetivo principal a reintegração familiar. É de responsabilidade da equipe técnica da entidade de atendimento e reclama, notadamente em razão do princípio da participação[903], o efetivo envolvimento da criança ou do adolescente, bem como dos pais ou parentes[904]. O abandono da finalidade legal da reintegração familiar exige ordem escrita e fundamentada da autoridade competente[905], que pode vir expressa na própria guia de acolhimento, hipótese em que a entidade indicará as iniciativas tendentes à colocação da criança ou adolescente em família substituta.

Misto de diagnóstico e prognóstico psicossocial, parte da perquirição e análise das condições familiares, das vivências e expectativas da criança ou do adolescente, das circunstâncias de vida social e do estado atual de inserção ou distanciamento da criança no núcleo de origem, alinhando as possibilidades interventivas para a superação ou minimização das determinantes do acolhimento. É no PIA que restam estampadas as promessas de materialização dos princípios informadores das medidas de proteção, que se expressam na indicação de ações e iniciativas que serão desenvolvidas, bem como na forma de sua realização. De acordo com o disposto no § 6º do art. 101 do ECA, o PIA deverá incluir: (a) os resultados da avaliação interdisciplinar; (b) os compromissos assumidos pelos pais ou responsável; e (c) a previsão das atividades a serem desenvolvidas com a criança ou com o adolescente acolhido e seus pais ou responsável.

Importante anotar que o PIA deve levar em conta o contexto de origem da criança e do adolescente e as peculiaridades da sua comunidade e cultura. Todavia, não se trata de um relatório de preponderâncias coletivas, mas de um estudo particularizado, de modo a realçar as circunstâncias do caso concreto, que determinam judicialmente uma decisão que serve apenas para uma pessoa determinada[906]. Assim, as condições pessoais da

---

903. V. § 143, Capítulo XIX, deste livro.

904. De acordo com o § 5º do art. 101 do ECA, na elaboração do PIA será levada em consideração a opinião da criança ou do adolescente e os pais ou responsável deverão ser ouvidos previamente.

905. ECA, art. 101, § 4º.

906. Mesmo que se trate de um grupo de irmãos, o PIA serve apenas para uma pessoa determinada, que deve ser considerada na sua individualidade.

CURSO DE DIREITO DA CRIANÇA E DO ADOLESCENTE

criança ou do adolescente devem se sobressair no estudo, de modo que as particularidades justifiquem os encaminhamentos sugeridos, facilitando a reintegração familiar.

Trata-se, portanto, de um instrumento que, somado a outros, como a discussão do caso nas audiências concentradas[907], ajuda a encontrar o melhor caminho para a materialização dos direitos da criança e do adolescente e de sua família, em regra situação complexa de vulnerabilidade provocada por inúmeros fatores, merecedores de enfrentamento em todos os espaços na constante busca por um estado de dignidade social.

155. Audiências concentradas

A Corregedoria Nacional de Justiça, do Conselho Nacional de Justiça, através do Provimento n. 32, editado em 24 de junho de 2013, estabeleceu que: "O Juiz da Infância e Juventude, sem prejuízo do andamento regular, permanente e prioritário dos processos sob sua condução, deverá realizar, em cada semestre, preferencialmente nos meses de abril e outubro, os eventos denominados 'Audiências Concentradas', a se realizarem, sempre que possível, nas dependências das entidades de acolhimento, com a presença dos atores do sistema de garantia dos direitos da criança e do adolescente, para reavaliação de cada uma das medidas protetivas de acolhimento, diante de seu caráter excepcional e provisório, com a subsequente confecção de atas individualizadas para juntada em cada um dos processos"[908].

A periodicidade semestral coincidia com a reavaliação obrigatória da situação do acolhido, determinada pela Lei n. 12.010, de 3 de agosto de 2010, mediante relatório elaborado por equipe interprofissional ou multidisciplinar a ser encaminhado à autoridade judiciária. A Lei n. 13.509,

---

907. V. § 155, Capítulo XXI, deste livro.

908. Provimento n. 32-CNJ, art. 1º, caput.

de 22 de novembro de 2017, alterou esse prazo para três (3) meses, permanecendo a realização das audiências concentradas fixadas em 6 (seis) meses pela Corregedoria Nacional de Justiça.

As audiências concentradas destinam-se à verificação da situação de todos os acolhidos, agrupados em uma ou diferentes entidades, constituindo-se em instrumento extralegal de controle dos abrigados, permitindo, através de periódicas avaliações coletivas de práticas relacionadas aos diferentes casos concretos, o abreviamento geral do tempo de acolhimento. Servem também para subsidiar os processos individualizados, juntando-se ata da sua realização nos autos específicos, de modo que a existência de prazos diversos não acarreta prejuízo. O que a lei exige são as avaliações periódicas, a cada três (3) meses pela autoridade judiciária, que pode determinar a realização de audiência específica, intimando aqueles que possam auxiliar nos casos concretos, sem a necessidade de realização de audiência concentrada para subsidiar o caso específico.

Devem participar da audiência concentrada todos aqueles que possam colaborar, tecnicamente, para encontrar os melhores caminhos de reintegração familiar ou, excepcionalmente, de colocação em família substituta. São intimados para a audiência o Ministério Público e a Defensoria Pública, mencionando o Provimento n. 32, em seu art. 1°, IV, a equipe interdisciplinar atuante perante a Vara da Infância e da Juventude, o Conselho Tutelar, a entidade de acolhimento e sua equipe interdisciplinar, a secretaria municipal de assistência social, a secretaria municipal de saúde, a secretaria municipal de educação, a secretaria municipal de trabalho/emprego, a secretaria municipal de habitação e o escrivão da própria vara.

O provimento também determina a intimação dos pais e parentes que mantenham vínculos de afetividade ou afinidade com o acolhido, mencionando inclusive a possibilidade de condução no dia do ato[909], que deve restar plenamente justificada, considerando a tutela constitucional

---

909. V. Provimento n. 32, art. 1°, VI.

CURSO DE DIREITO DA CRIANÇA E DO ADOLESCENTE

e legal do direito à liberdade. Anote-se que a presença da criança e do adolescente e de seus pais ou responsável nas audiências concentradas não pode expor a intimidade deles, incidindo o princípio da privacidade[910], resguardo necessário à imagem e reserva da vida privada.

156. Cadastro de acolhidos

O Cadastro Nacional de Crianças e Adolescentes Acolhidos foi implantado pela Resolução n. 93, do Conselho Nacional de Justiça, editada em 1º de dezembro de 2009, que, alterando a Resolução n. 54, de 29 de abril de 2009, declarou como sua finalidade a de consolidar dados de todas as comarcas das unidades da federação referentes a criança e adolescentes em regime de acolhimento institucional ou familiar no país.

Esse cadastro fica hospedado no Conselho Nacional de Justiça, tendo como objetivo substancial viabilizar a implementação de políticas públicas voltadas para a realização das características da provisoriedade e excepcionalidade do acolhimento, valendo destacar que norma residente no art. 4º da Resolução n. 54, com a redação dada pela Resolução n. 93, determina que: "As Corregedorias Gerais da Justiça e os juízes responsáveis pela alimentação diária do sistema encaminharão os dados por meio eletrônico ao Banco Nacional de Adoção e ao Cadastro Nacional de Crianças e Adolescentes Acolhidos".

O cadastro serve também de instrumento para a realização das audiências concentradas, dispondo o art. 1º, § 2º, I, do Provimento n. 32 da Corregedoria Nacional de Justiça que os dados cadastrais devem ser conferidos previamente, de modo a aperfeiçoar o sistema de controle dos acolhidos.

---

910. V. § 135, Capítulo XIX, deste livro.

157. Procedimento

Quanto ao acolhimento institucional, é possível vislumbrar os seguintes ritos: (a) procedimento de acolhimento direto, definido emergencialmente pela entidade de atendimento; (b) acolhimento reclamado por terceiros, Conselho Tutelar ou órgão de assistência ou defesa da criança ou adolescente; (c) acolhimento determinado liminarmente em ações de inibição ou perda da guarda ou tutela, suspensão ou destituição do poder familiar e pedidos de colocação em família substituta, em qualquer das suas modalidades.

Quando uma entidade de atendimento abrigar diretamente criança ou adolescente, seja porque chegaram sozinhos às suas portas, seja porque levados por terceiros, tem a obrigação de comunicar ao Juiz da Infância e da Juventude no prazo de até 24 (vinte e quatro) horas[911]. A regra, a partir daí, é a promoção da reintegração familiar ou, não sendo possível, o acolhimento. Na primeira hipótese, a ocorrência pode restar documentada em procedimento administrativo, de jurisdição voluntária, como recomendado pela Corregedoria Nacional de Justiça[912].

Havendo necessidade de manter o acolhimento emergencial, o procedimento pode resultar de: (a) ação de inibição de guarda, promovida pelo Ministério Público, com pedido liminar de acolhimento ou; (b) acolhimento provisório determinado justificadamente em procedimento administrativo, de jurisdição voluntária, na hipótese da não propositura da ação e inexistência de familiar que possa receber a criança ou o adolescente.

Quando o Conselho Tutelar, órgão de promoção dos direitos da criança ou adolescente ou mesmo terceiros solicitam o acolhimento diretamente ao Juiz da Infância e da Juventude, a autoridade judiciária, verificando a inexistência de procedimento anterior de acompanhamento, determina a autuação como procedimento administrativo e encaminha cópia da solicitação ao Ministério Público, mantendo os autos em arquivo para

---

911. ECA, art. 93.

912. V. § 144, Capítulo XX, deste livro.

CURSO DE DIREITO DA CRIANÇA E DO ADOLESCENTE

o controle das providências[913]. Promovida ação pelo Ministério Público, com pedido liminar de acolhimento, o procedimento administrativo resta definitivamente arquivado.

Se a solicitação for dirigida ao Ministério Público, o Promotor de Justiça da Infância e da Juventude instaura procedimento próprio, mediante portaria, procede às investigações necessárias e, ao final e de forma fundamentada, procede ao arquivamento ou, com base no apurado, ingressa com a ação pertinente e, se for o caso, com pedido de acolhimento.

Já o acolhimento derivado de liminares em ações de inibição ou perda da guarda ou tutela, suspensão ou destituição do poder familiar e pedidos de colocação em família substituta, em qualquer das suas modalidades, não importa maiores dificuldades, posto que segue as regras processuais das tutelas de urgência, cautelar e antecipada, devendo ser adotado como última razão, esgotada a possibilidade de reintegração familiar.

Segue-se a toda e qualquer decisão de acolhimento, adotada em qualquer dos procedimentos mencionados, a expedição de guia de acolhimento, meio de controle da permanência da criança ou do adolescente nos programas das entidades. Cópia da guia deverá iniciar procedimento administrativo de acompanhamento, considerando a necessidade de permanente controle judicial da execução da medida, sua precariedade e a necessidade de verificação do cumprimento de sua finalidade legal predeterminada, servindo ainda para a juntada das atas de audiências concentradas e a documentação das decisões posteriores.

158. Princípios

De acordo com o art. 92, caput, as entidades de acolhimento institucional devem obedecer a princípios básicos, destinados a garantir um

---

913. A falta de providências do Ministério Público pode redundar em provocação ao Procurador-Geral de Justiça, mediante aplicação analógica dos arts. 181, § 2º, do ECA, e 28 do CPP.

mínimo de qualidade e uniformidade aos programas. Somadas essas finalidades, projeta-se o acolhimento institucional como espaço provisório de recebimento de criança ou adolescente privados do direito à convivência familiar, destinatários de cuidados e hospitalidade necessários para início ou recobrada de uma vida digna.

159. Preservação dos vínculos familiares

O acolhimento institucional importa apenas separação precária da criança ou adolescente de sua família natural ou extensa. Seu ingresso no acolhimento institucional, ao invés do selo do rompimento definitivo com a família, representa o início do seu restabelecimento, que se opera, também, com a obrigação de manutenção dos vínculos.

Assim, o propiciar de contatos, mediante visitas recíprocas, atividades comuns no acolhimento e em outros espaços, públicos e comunitários, reforça as ligações da criança ou do adolescente com sua família natural ou extensa, fortalecendo ou desenvolvendo os liames entre os integrantes do núcleo familiar. A participação da criança ou do adolescente em práticas dos pais ou familiares, como cursos de relocação profissional, tratamentos e em ações culturais ou comunitárias, ajuda na construção da consciência de núcleo e permite a formação de boas expetativas, ajudando na construção ou reconstrução de projetos de futuro.

Anote-se que a previsão das atividades a serem desenvolvidas com a criança ou com o adolescente acolhido e seus pais ou responsável[914] deve necessariamente constar do PIA, o que reforça o cuidado do legislador com o cumprimento das obrigações que vivificam o princípio da preservação dos vínculos familiares. Em suma, as entidades que desenvolvam programas de acolhimento devem estimular o contato da criança ou adolescente com

---

914. ECA, art. 101, § 6º, III, e § 7º.

CURSO DE DIREITO DA CRIANÇA E DO ADOLESCENTE

seus pais e parentes[915], garantindo a preservação dos vínculos. Essa é razão principal para a determinação de que o acolhimento institucional deve ocorrer no local mais próximo da residência dos pais ou responsável[916].

Inaceitável a prática de dificultar esses contatos, representando grave violação das obrigações legais do acolhimento institucional. A proibição de visitas é medida excepcional e sempre dependente de autorização judicial, valendo lembrar que, mesmo no caso de internação de adolescentes apontados como autores de ato infracional, a suspensão de visitas somente ocorre se demonstrada a existência de motivos sérios e fundados na sua real prejudicialidade[917].

160. Promoção da reintegração familiar

O princípio da reintegração familiar consiste no encetar, pela entidade de acolhimento institucional, de iniciativas tendentes a propiciar o rápido retorno da criança ou adolescente abrigados ao seu núcleo de origem, auxiliando no estabelecimento de condições adequadas para que a família se constitua em espaço de criação, desenvolvimento e proteção das crianças e adolescentes que a integram.

Esse princípio impõe às entidades que desenvolvem programas de acolhimento institucional uma série de iniciativas com a família natural ou extensa, de modo que suas atividades não se limitem aos seus contornos físicos, não se restringindo aos cuidados com a criança ou o adolescente abrigado, característica dos antigos orfanatos. Necessariamente devem atingir toda entidade familiar, promovendo sua habilitação para a respectiva afirmação como núcleo social capaz de enfrentar as dificuldades da vida, materiais e relacionais.

---

915. ECA, art. 92, § 4º: "Salvo determinação em contrário da autoridade judiciária competente, as entidades que desenvolvem programas de acolhimento familiar ou institucional, se necessário com o auxílio do Conselho Tutelar e dos órgãos de assistência social, estimularão o contato da criança ou adolescente com seus pais e parentes, em cumprimento ao disposto nos incisos I e VIII do caput deste artigo".

916. ECA, art. 101, § 7º.

917. ECA, art. 124, § 2º.

A reintegração familiar é da essência do acolhimento institucional, constituindo-se no objetivo principal do Plano Individual de Atendimento (PIA), a ser elaborado pela entidade[918].

Isso não significa que deva desenvolver diretamente programas de apoio e auxílio às entidades familiares, mas que tem indeclinável responsabilidade pela inserção das famílias dos acolhidos nessas ações, de modo que adquiram ou readquiram condições de sustentação como elemento base da sociedade[919]. Assim, no conjunto de atividades do acolhimento institucional devem estar contempladas ações visando à promoção da família, que podem se constituir na intermediação com programas governamentais e não governamentais que desenvolvam esses programas, sob pena de descumprimento de um dos seus objetivos primordiais, a reintegração familiar.

É de observar que a inclusão das famílias "em programas oficiais de orientação, apoio e promoção social", nos termos da lei, faz "parte do processo de reintegração social"[920], de modo que se constitui em obrigação indeclinável das entidades que desenvolvam programas de acolhimento institucional.

As entidades que executam programas de acolhimento institucional, quando da renovação de suas autorizações de funcionamento, serão avaliadas levando-se em conta os índices de sucesso de reintegração familiar[921], evidenciando a importância conferida pelo legislador a esse magno princípio decorrente da mudança finalística experienciada pelas entidades de acolhimento: de instituições preocupadas principalmente com o teto e comida dos abrigados, no passado, para espaços provisórios de guarida de crianças e adolescentes e de contribuição para a convivência familiar.

---

918. ECA, art. 101, § 4º: "Imediatamente após o acolhimento da criança ou do adolescente, a entidade responsável pelo programa de acolhimento institucional ou familiar elaborará um plano individual de atendimento, visando à reintegração familiar, ressalvada a existência de ordem escrita e fundamentada em contrário de autoridade judiciária competente, caso em que também deverá contemplar sua colocação em família substituta, observadas as regras e princípios desta Lei".

919. V. CF, art. 226.

920. ECA, art. 101, § 7º.

921. ECA, art. 90, § 2º.

CURSO DE DIREITO DA CRIANÇA E DO ADOLESCENTE

161. Integração em família substituta

Verificada a impossibilidade de reintegração familiar, ante a verificação da inexistência, esgarçamento ou rompimento de laços com a família natural ou extensa, indicando situação duradoura ou irreversível, a solução da colocação em família substituta surge como forma de garantia do direito à convivência familiar. O cuidado do legislador foi tão grande que, mais uma vez, expressou que a colocação em família substituta somente é possível "quando esgotados os recursos de manutenção na família natural ou extensa"[922].

Sua modalidade (guarda, tutela ou adoção) depende das circunstâncias do caso concreto, aferíveis pela autoridade judiciária no âmago do procedimento próprio. Cabe ao dirigente da entidade de acolhimento institucional, convicto da necessidade de colocação em família substituta, o encaminhamento de relatório elaborado por equipe multidisciplinar[923], em que, além das necessárias referências ao PIA, indique as providências infrutíferas relacionadas à preservação dos vínculos familiares e de reintegração familiar, fornecendo subsídios para a decisão justificadora da exceção ou mesmo determinação de outras medidas tendentes ao cumprimento das finalidades legais. Trata-se, sob o prisma documental e do trabalho articulado com a rede de justiça, de uma das principais peças do processo da criança e do adolescente, detentor do direito de conhecer seu histórico de vida, principalmente na adoção[924], na exata medida em que a motivação mais frequente diz respeito às razões de sua separação com a família biológica.

Verificando que a colocação em família substituta reclama providências em relação aos pais biológicos, o dirigente do acolhimento institucional, sem prejuízo da comunicação referida no item anterior, deverá encaminhar "relatório fundamentado ao Ministério Público, no qual conste a descrição

---

922. ECA, art. 92, II.

923. ECA, art. 19, § 1º.

924. V. § 147, Capítulo XX, deste livro.

pormenorizada das providências tomadas e a expressa recomendação, subscrita pelos técnicos da entidade ou responsáveis pela execução da política municipal de garantia do direito à convivência familiar, para a destituição do poder familiar, ou destituição de tutela ou guarda"[925]. Ao que tudo indica, quis o legislador cercar-se de maiores garantias nessa decisão, exigindo a participação de técnicos responsáveis pelas políticas de inclusão da entidade familiar de origem da criança ou adolescente, na medida em que esse relatório deve ser produzido "após seu encaminhamento a programas oficiais ou comunitários de orientação, apoio e promoção social".

162. Atendimento personalizado e em pequenos grupos

A essência do princípio[926] reside no estabelecimento de inter-relações pessoais significativas entre os educadores e educandos conviventes do mesmo espaço institucional, condição imprescindível para o desenvolvimento de liames afetivos capazes de propiciar atualização das boas potencialidades humanas. Isso somente é possível quando um pequeno grupo de acolhidos possibilita o atendimento personalizado, individualizado, de modo que a consideração das particularidades permita abordagens mais eficazes.

Os grandes internatos, massificados, são inaceitáveis[927], de vez que descompromissados com os resultados da submissão da criança ou adolescente aos padrões da impessoalidade, fator preponderante da inexistência de respeito, consideração e afeto. Hoje, com novas normas e o aparecimento e desenvolvimento de sistemas de controle, há uma notável melhora no sistema de acolhimento, que, ainda que dependente de inúmeros aperfeiçoamentos, apresenta-se muito mais humanitário do que no passado.

---

925. ECA, art. 100, § 9º.

926. ECA, art. 92, III.

927. O CNJ, através do Cadastro Nacional de Crianças Acolhidas, informava, em julho de 2019, a presença de 47.688 acolhidos, distribuídos em 4.560 entidades de atendimento espalhadas pelo Brasil.

163. Atividades em regime de coeducação

Os estabelecimentos de acolhimento institucional, responsáveis pela escolarização formal e educação de valores, com as adaptações e peculiaridades que lhes são próprias, devem propiciar atividades que se desenvolvam sem que o sexo ou gênero seja o determinante do modelo definido institucionalmente, na exata medida em que as famílias contemporâneas se caracterizam pela diversidade.

O ECA, quando de sua edição em 1990, ao determinar, em seu art. 92, IV, como um dos princípios do acolhimento institucional o "desenvolvimento de atividades em regime de coeducação", permitiu o estabelecimento de diretrizes institucionais permissivas da convivência com a diversidade, absolutamente concorde com as ideias da igualdade e da ausência de discriminação. O ECA proclamou os desideratos de desenvolvimento pessoal em condições de liberdade e dignidade[928] e vedou quaisquer formas de discriminação[929], de sorte que a convivência com a diversidade, como prática comum, tem no regime da coeducação seu primeiro aprendizado e introjeção de conteúdo essencial a uma mudança cultural, em que seu termo seja a absoluta igualdade relacional.

164. Não desmembramento de grupos de irmãos

O art. 92, V, instituiu como princípio do acolhimento institucional "o não desmembramento de grupos de irmãos", na esteira do disposto no art. 28, § 4º: "Os grupos de irmãos serão colocados sob adoção, tutela ou guarda da mesma família substituta, ressalvada a comprovada existência de risco de abuso ou outra situação que justifique plenamente a

---

928. ECA, art. 3º.
929. ECA, art. 5º.

excepcionalidade de solução diversa, procurando-se, em qualquer caso, evitar o rompimento definitivo dos vínculos fraternais". Assim, considerando os dois dispositivos legais, o princípio do não desmembramento fraternal diz respeito às seguintes medidas de proteção: guarda, tutela, adoção, acolhimento familiar e acolhimento institucional.

Da redação ampla do princípio, ao tratar da família substituta, deflui, liminarmente, a conclusão de que a regra não é absoluta, comportando exceções justificáveis. A primeira concerne a abusos perpetrados dentro do próprio grupo, de modo que a separação se mostre necessária, notadamente para a preservação da incolumidade do mais frágil. A segunda regra tem natureza ampla, pois se utiliza de expressão aberta ("outra situação que justifique plenamente a excepcionalidade de solução diversa"), permissiva de várias conclusões integrativas. Assim, exige-se do aplicador da norma cuidado extremo, sob pena de aniquilamento do comando inerente ao princípio, zelo que se revela especialmente pelo estudo minucioso das relações fraternais e na consideração de sentimentos e expectativas de cada um dos integrantes do grupo de irmãos. O benefício a um pode importar prejuízo irreparável ao outro, de sorte que a avaliação pelo ângulo do singular, frequentemente do mais novo, pode levar a conclusões míopes e substancialmente injustas, acarretando sequelas que podem perdurar por toda a existência.

Por outro lado, a demora pode levar à situação de derrubada da alternativa de convívio familiar para um ou mais irmãos, de modo que é mister estabelecer um prazo, variável em cada caso concreto, para encontrar a solução coletiva. Nesta hipótese, é necessário encetar iniciativas para a mantença dos laços de afetividade, como a disciplina de visitas, buscando a preservação de contatos que minimizem os efeitos da separação, obedecendo-se ao comando da norma que manda "evitar o rompimento definitivo dos vínculos fraternais".

Para a entidade de acolhimento institucional, o recebimento de grupo de irmãos importa maiores desafios, posto que a definição interna de cortes

CURSO DE DIREITO DA CRIANÇA E DO ADOLESCENTE

etários e as dificuldades relacionadas ao desacolhimento ou à colocação em família substituta determinam elevado grau de complexidade. De toda sorte, o principal referencial é a consideração do grupo como uma unidade fraternal de convivência, derivação natural de uma entidade familiar, ainda que monoparental, representando sua preservação também um dos objetivos da proteção integral.

165. Transferência de abrigados

Os rígidos cortes etários dos antigos orfanatos levavam, além da impessoalidade derivada do gigantismo ou da superlotação, a constantes transferências dos abrigados, rompendo vínculos, afetando a sensação de segurança e determinando submissão ou revolta a novos modelos de comportamento coletivo. Daí a determinação para que os estabelecimentos de acolhimento evitem, "sempre que possível, a transferência para outras entidades de crianças e adolescentes abrigados"[930].

Anote-se que a transferência de acolhidos se faz somente por ordem judicial[931], com expedição de nova guia de acolhimento[932] e outra de desligamento[933], de modo que, verificada a necessidade imperiosa de mudança, o dirigente da entidade de acolhimento deverá solicitar da autoridade judiciária a providência, expondo os seus motivos. O juiz, ouvido o Ministério Público, decidirá de forma fundamentada, aplicando-se analogicamente o disposto no art. 101, § 8º, do ECA[934].

---

930. ECA, art. 92, VI.

931. ECA, arts. 93 e 101, § 2º.

932. ECA, art. 101, § 3º.

933. V. Instrução Normativa n. 03, de 3 de novembro de 2009, da Corregedoria Nacional de Justiça.

934. ECA: "Art. 101 [...] § 8º Verificada a possibilidade de reintegração familiar, o responsável pelo programa de acolhimento familiar ou institucional fará imediata comunicação à autoridade judiciária, que dará vista ao Ministério Público, pelo prazo de 5 (cinco) dias, decidindo em igual prazo".

166. Incompletude institucional

De dois princípios, insertos nos incisos VII e IX do art. 92 do ECA, extrai-se a ideia de incompletude institucional. O primeiro reclama a "participação na vida da comunidade local" e o segundo exige a presença de "pessoas da comunidade no processo educativo", o que está de acordo com a raiz da política de atendimento dos direitos da criança e do adolescente, que se faz "através de um conjunto articulado de ações governamentais e não governamentais"[935] em todas as esferas de governo.

A incompletude institucional é o avesso da concepção de instituição total, perfeita e acabada para atender a todas as necessidades dos internos e da sociedade[936], sem laços comunitários que permitam uma inter-relação dos confinados com os demais cidadãos e com os serviços colocados à disposição de todos. Foi e é mais consistente nas unidades destinadas à segregação de infratores, mas se revelou também presente nos antigos internatos, principalmente das grandes cidades, concebidos com os principais recursos internos necessários para garantir a segregação. Assim, dispunham de salas de aulas, de enfermagem, quadras poliesportivas, campos de futebol e outros equipamentos, tendo em seu quadro de pessoal os profissionais correspondentes, como professores, médicos e enfermeiros, formados em educação física e especialistas em práticas esportivas, de modo que todas as atividades se desenvolviam nos limites dos seus muros, trazendo a sensação de segurança social e, sob outro aspecto, escondendo da sociedade os problemas da miséria, do abandono e da exclusão.

O princípio da incompletude institucional, portanto, consiste na prática de utilização de serviços e recursos comunitários no processo educativo dos acolhidos, integrando os abrigados na vida da comunidade local. Dessa forma, indica a conveniência de os acolhidos serem incluídos na rede regular de ensino, frequentarem postos de saúde e hospitais que

---

935. ECA, art. 86.

936. A instituição total atende mais às necessidades do Estado, especialmente as de segurança.

CURSO DE DIREITO DA CRIANÇA E DO ADOLESCENTE

servem ordinariamente à comunidade, utilizarem-se dos clubes e espaços esportivos do bairro e da cidade, participando também das atividades recreativas, festivas e culturais disponíveis na localidade. Reclama, para sua concretude, inclusão da entidade de acolhimento no coletivo dos serviços comunitários, em atuação integrada que permita discussão e aparamento das arestas que fatalmente surgem em razão da complexidade dos relacionamentos pessoais, inclusive entre crianças e adolescentes.

A incompletude institucional importa discurso sobre o óbvio. A educação não se opera exclusivamente na sala de aula; exige acesso ao cinema, ao teatro, ao circo, à escola de futebol, ao show de rua, enfim, a todas as formas de manifestação do pensamento e mediante contato com os diversos atores sociais, inseridos em contextos diferentes e, assim, intérpretes distintos de uma realidade social de múltiplos aspectos. O confinamento em espaços considerados perfeitos e acabados para atender a todas as necessidades dos internos representa visão monolítica própria dos receituários fechados de desenvolvimento humano.

167. Preparação gradativa para o desligamento

Tendo o acolhimento institucional, entre suas características, a provisoriedade e o cumprimento da finalidade preestabelecida da reintegração familiar e supletivamente a colocação em família substituta, a preparação para o desligamento começa no momento de ingresso da criança ou do adolescente no abrigo.

Basta atentar para os fatos de que na guia de acolhimento devem constar, além dos dados que identifiquem a família, "os nomes de parentes ou de terceiros interessados em tê-los sob sua guarda"[937]. Necessariamente deve fazer parte do PIA "a previsão das atividades a serem desenvolvidas

---

937. ECA, art. 101, § 3º, II.

com a criança ou com o adolescente acolhido e seus pais ou responsável, com vista na reintegração familiar ou, caso seja esta vedada por expressa e fundamentada determinação judicial, as providências a serem tomadas para sua colocação em família substituta"[938].

O desligamento institucional, quando do acolhimento prolongado e verificado o advento da maioridade civil, é tarefa mais complexa. Não raras vezes o jovem atinge 18 (dezoito) anos de idade sem estar preparado para a vida fora dos lindes do acolhimento, em regra por falta de recursos individuais suficientes para o enfrentamento dos desafios do cotidiano. Muitos não contam com o auxílio das famílias, inexistentes ou sem condições de amparar o desacolhido, e a ausência de escolaridade e de qualificação profissional, permissivas da competitividade própria do mercado, constitui-se em obstáculo muitas vezes intransponível, tendo a potencialidade de gerar a exclusão para toda uma vida adulta.

Assim, a "preparação gradativa para o desligamento", exigida pelo disposto na norma residente no inciso VIII do art. 92 do ECA, importa a construção de mecanismos para o encarar dessa travessia em situação de mínima tranquilidade. Envolve o emocional, especialmente com o aparelhamento para a convivência e aceitação das perdas, minimização dos receios do desconhecido e presença de outros recursos internos imprescindíveis para uma vida autônoma. Reclama escolaridade e preparo para o mundo do trabalho, conhecimento de suas regras e desenvolvimento de meios para o relacionamento profissional. Envolve respaldo financeiro para o iniciar dessa trajetória, como o financiamento inicial de moradia, indumentária e o necessário para alimentação. Exige meios para a inserção social, como a documentação pessoal e o conhecimento de acesso a recursos comunitários de toda ordem. Enfim, a preparação gradativa para o desligamento pressupõe que, durante todo o período de acolhimento, a prática institucional esteja voltada para a ideia de independência e emancipação do acolhido, para a perspectiva de uma plena integração social.

---

938. ECA, art. 101, § 6º, III.

CURSO DE DIREITO DA CRIANÇA E DO ADOLESCENTE

Daí a importância das repúblicas de jovens que deixaram os acolhimentos, espaços possibilitadores de vivência com autonomia, de contribuição para a vida emancipada e independente. Ainda que não conte com previsão no ECA, o atendimento a esses jovens, maiores de 18 (dezoito) anos, insere-se nas finalidades da assistência social, porquanto desamparados na expressão da Constituição[939], a maioria dependente da prometida "promoção da integração ao mercado de trabalho"[940], encaixando-se como destinatários de programas de proteção ao indivíduo, porquanto em situação de ameaça e violação a direitos[941], sem mencionar a proteção devida em razão do Estatuto da Juventude[942]. Sair dos acolhimentos com destino para as ruas é a expressão mais veemente do fracasso da promessa de uma política de assistência social voltada a crianças e adolescentes[943], de modo que é necessário vivificar os dispositivos citados, especialmente através da criação e manutenção das repúblicas, até que condições pessoais permitam a esses jovens uma vida totalmente independente.

---

939. CF, art. 6º.

940. CF, art. 203, III.

941. Lei n. 8.742, de 7 de dezembro de 1993, art. 24-B.

942. Lei n. 12.852, de 5 de agosto de 2013.

943. CF, art. 203, I.

XXII

Acolhimento familiar e apadrinhamento

168. Acolhimento familiar

O acolhimento familiar, introduzido no ECA pela Lei n. 12.010, de 3 de agosto de 2009, veio na esteira da sua inserção como medida de proteção[944], destinada a criança ou adolescente em situação de risco, na forma de seu art. 98[945]. Medida provisória e excepcional, forma de transição para a reinserção familiar ou colocação em família substituta[946], importa colocação da criança ou adolescente sob guarda de pessoa ou casal, denominados de família acolhedora, responsável pelo cumprimento da medida.

Tem sua raiz na Constituição da República, em seu art. 227, § 3º, VI[947], representando alternativa à institucionalização, entendida como processo

---

944. ECA, art. 101, VIII.
945. ECA: "Art. 98. As medidas de proteção à criança e ao adolescente são aplicáveis sempre que os direitos reconhecidos nesta Lei forem ameaçados ou violados: I — por ação ou omissão da sociedade ou do Estado; II — por falta, omissão ou abuso dos pais ou responsável; III — em razão de sua conduta".
946. ECA, art. 101, § 1º.
947. CF: "Art. 227. [...] § 3º O direito à proteção especial abrangerá os seguintes aspectos: [...] VI — estímulo do Poder Público, através de assistência jurídica, incentivos fiscais e subsídios, nos termos da lei, ao acolhimento, sob a forma de guarda, de criança ou adolescente órfão ou abandonado".

de inserção de criança ou adolescente em ambiente de convívio coletivo, impeditivo ou pouco facilitador do desenvolvimento de inter-relações pessoais significativas, imprescindíveis para um desenvolvimento saudável.

É informado pelos mesmos princípios do acolhimento institucional, aplicando-se naquilo que couber, porquanto a vida em família, ainda que acolhedora, é totalmente diversa daquela em uma instituição[948], razão pela qual é preciso fazer as necessárias adaptações[949]. Assim, a família acolhedora tem, entre outras, as obrigações de encetar iniciativas para a preservação dos vínculos do acolhido com seus pais e parentes[950], promover a reintegração familiar, possibilitar, quando receba determinação judicial[951], a aproximação da criança ou do adolescente com pretendentes à inserção em sua família, enfim, assegurar à criança ou ao adolescente um ambiente que permita seu "desenvolvimento físico, mental, moral, espiritual e social, em condições de liberdade e de dignidade"[952] e contribuir para o atingimento da finalidade preestabelecida em lei, qual seja, a reintegração familiar.

O acolhimento familiar prefere ao acolhimento institucional, na forma do art. 34, § 1º, do ECA, mandando a lei, todavia, que se observe sempre seu caráter excepcional e temporário, ou seja, que seja adotado quando inexistir possibilidade de manutenção da criança na família natural ou extensa e que dure o menor tempo possível, até que se promova a reintegração familiar.

As famílias acolhedoras devem necessariamente estar vinculadas a um programa de uma entidade que, por sua vez, tem obrigações legais especialmente designadas. Em primeiro lugar, destaque a necessidade de

---

948. Na redação original do ECA, esses princípios diziam respeito exclusivamente ao abrigo. O legislador, quando da edição da Lei n. 12.010/2009, substituiu, nesse dispositivo, a locução abrigo por acolhimento institucional e acolhimento familiar.

949. V. princípios tratados nos §§ 158 a 167.

950. Família natural e extensa.

951. O art. 52, § 14, do ECA, veda "o contato direto de representantes de organismos de adoção, nacionais ou estrangeiros, com dirigentes de programas de acolhimento institucional ou familiar, assim como com crianças e adolescentes em condições de serem adotados, sem a devida autorização judicial".

952. ECA, art. 3º.

a pessoa ou casal se cadastrarem no programa de acolhimento familiar[953], inscrição condicionada à necessária capacitação[954]. Incumbe à entidade organizar e acompanhar a inserção de crianças e adolescentes na família acolhedora[955], tendo as obrigações básicas de, logo após o acolhimento, elaborar plano individual de atendimento[956] e de, a cada três (3) meses, elaborar relatório fundamentado de reavaliação do caso, encaminhando-o à autoridade judiciária[957].

O cadastro de pessoa ou casal importa reconhecimento da existência de condições pessoais permissivas da assunção da tarefa, especialmente emocionais. Devem, sobretudo, estar preparados para a transitoriedade da medida, tendo recursos necessários para enfrentar as prováveis separações, ínsitas à própria natureza do acolhimento familiar. Não podem, por essa razão, figurar no cadastro de adoção[958], sob pena de confusão de papéis e geração de descrédito em relação ao próprio instituto do acolhimento institucional.

A pessoa ou casal acolhedor, cadastrados no programa de uma entidade, assumem a criança ou adolescente mediante guarda, que se rege nos mesmos termos da sua disciplina básica[959], conforme expressamente determinou o § 1º do art. 34 do ECA. O recebimento da criança ou adolescente opera-se mediante termo de guarda a ser expedido pela autoridade judiciária, devendo dele constar eventuais concessões e limites do direito de representação e assistência legal.

A família acolhedora, pessoa ou casal, poderá receber recursos para o cumprimento de suas funções, repassados pelas entidades mantenedoras dos serviços[960], devendo a previsão estar presente na descrição do programa

---

953. ECA, art. 34, § 2º.

954. ECA, art. 34, § 3º.

955. ECA, art. 34, § 3º.

956. ECA, art. 94, § 4º.

957. ECA, art. 19, § 1º.

958. ECA, art. 34, § 3º.

959. V. Capítulo XXIV deste livro.

960. ECA, art. 34, § 4º.

aprovado pelo CMDCA[961], constar da decisão judicial de acolhimento e estar presente em documento firmado entre a família acolhedora e a entidade, garantindo-se, notadamente porque se trata de dinheiro público[962], obediência aos princípios residentes no art. 37 da Constituição da República[963].

Considerando que a pessoa ou o casal são detentores da guarda legal e que as entidades mantenedoras de programas de acolhimento familiar são possuidoras de várias obrigações, é de afirmar a existência de um regime de corresponsabilidade, respondendo família acolhedora e entidade por eventuais danos causados à pessoa da criança ou do adolescente, sem prejuízo da responsabilidade pessoal em razão de atos determinados, dissociados da parceria.

169. Apadrinhamento

Medida de proteção atópica, de natureza complementar e inserida pela Lei n. 13.509, de 22 de novembro de 2017, mediante o estabelecimento do art. 19-B, no capítulo que trata do direito à convivência familiar e comunitária, o apadrinhamento, nos termos em que foi estabelecido legalmente, comporta duas modalidades, ambas relacionadas a adolescentes submetidos à medida de acolhimento institucional ou familiar: (a) apadrinhamento afetivo; e (b) apadrinhamento corporativo.

O apadrinhamento afetivo consiste em convivência de criança ou adolescente institucionalizado ou inserido em acolhimento familiar, em períodos determinados e passíveis de renovação, com pessoas ou famílias que os recebem em feriados, finais de semanas, datas festivas ou em períodos

---

961. Conselho Municipal dos Direitos da Criança e do Adolescente.

962. Derivado do erário ou resultado de contribuições ou captações populares.

963. CF: "Art. 37. A administração pública direta e indireta de qualquer dos Poderes da União, dos Estados, do Distrito Federal e dos Municípios obedecerá aos princípios de legalidade, impessoalidade, moralidade, publicidade e eficiência".

de férias. Tem por objetivos primordiais o estabelecimento de vínculos externos de convivência familiar, na perspectiva de colaboração com o desenvolvimento social, moral, físico, cognitivo, educacional e financeiro da criança ou do adolescente.

Já o apadrinhamento corporativo extrai-se do disposto no § 3º do art. 19-B do ECA, que previu a possibilidade de pessoa jurídica "apadrinhar criança ou adolescente a fim de colaborar para o seu desenvolvimento". Não se trata de mero repasse de recursos a entidades ou pessoas detentoras da guarda de crianças e adolescentes, pois a medida, na forma da definição constante do § 1º do mencionado art. 19-B do ECA, tem como um de seus objetivos possibilitar convivência comunitária, no caso com o ambiente de trabalho, contribuindo para seu desencolhimento[964].

Assim, programa de apadrinhamento coorporativo é aquele que visa à inserção do adolescente no mundo da empresa ou possibilite seu conhecimento, permitindo opções educacionais derivadas desse contato, sem o prejuízo de auxílios diretos à criança e a sua família.

A Lei n. 13.509, de 22 de novembro de 2017, não contemplou o apadrinhamento financeiro, consistente em pagamentos periódicos a organizações e instituições para a mantença de crianças e adolescentes por eles atendidos. As contribuições que são destinadas a entidades sob esse nome de fantasia inserem-se em uma estratégia de captação de recursos, sem relação com programas de apadrinhamento em sentido legal e estrito. Quando, no final do estatuído pelo disposto no § 1º do art. 19-B do ECA, há referência de colaboração com o desenvolvimento financeiro da criança ou do adolescente, o tópico apresenta-se no bojo do apadrinhamento afetivo, representando contribuição pecuniária direta e determinada ao afilhado, como forma de cooperação pessoal.

---

964. Apadrinhar uma criança determinada que se encontra institucionalizada, mediante repasse de recurso financeiro, configura apenas doação. Ofertar valores periódicos e ter a prerrogativa de troca de mensagens, telefonemas e até visitas ao estabelecimento nem de longe cumprem com as finalidades do apadrinhamento previsto em lei, muitas vezes impregnado de assistencialismo e exploração da situação de vulnerabilidade alheia.

Outra forma de apadrinhamento financeiro, não prevista em lei, é o consistente em repasse de dinheiro, por empresas e particulares, diretamente a famílias necessitadas, que são apresentadas aos padrinhos por entidades, especialmente pelas mídias eletrônicas, com apelo à sua subvenção nas áreas de alimentação, vestuário, compra de material escolar etc. Também aqui o termo "apadrinhamento" relaciona-se a uma estratégia de captação de recursos populares, urgindo regulamentação legal, especialmente a definição de limite de percentual passível de retenção pelas organizações, contrapartidas ofertadas às famílias e necessárias prestações de contas.

"A criança e o adolescente em programa de acolhimento institucional ou familiar poderão participar de programa de apadrinhamento"[965], esclarecendo o legislador que "o perfil da criança ou do adolescente a ser apadrinhado será definido no âmbito de cada programa de apadrinhamento, com prioridade para crianças ou adolescentes com remota possibilidade de reinserção familiar ou colocação em família adotiva"[966]. É de observar que toda essa disciplina, como medida de proteção, insere-se no contexto da individualização da iniciativa, de modo que a convivência afetiva ou corporativa propiciada pelo apadrinhamento represente amenização à sua falta por outras vias.

Quanto ao perfil dos padrinhos, a lei prescreveu que "podem ser padrinhos ou madrinhas pessoas maiores de 18 (dezoito) anos não inscritas nos cadastros de adoção, desde que cumpram os requisitos exigidos pelo programa de apadrinhamento de que fazem parte"[967]. É de destacar, em primeiro lugar, a exigência legal da não inserção dos pretendentes no cadastro de adotantes, de vez que não se trata de um estágio adotivo ou forma de burla à ordem dos inscritos para a adoção. Preserva-se, assim, a integridade do sistema e previne-se eventual desvio de finalidade, admitindo-se padrinhos e madrinhas que entendam claramente suas funções e

---

965. ECA, art. 19-B, caput.
966. ECA, art. 19-B, § 4º.
967. ECA, art. 19-A, § 2º.

se motivem exclusivamente no desejo de colaborar com a minimização das dificuldades alheias, contribuindo para sua superação.

Anote-se também a liberdade das entidades de atendimento, governamentais e não governamentais[968], no estabelecimento de suas ações de treinamento, fixando seus critérios à luz das finalidades da medida e buscando parceiros, padrinhos e madrinhas, com recursos pessoais suficientes para o desenvolvimento de suas tarefas, especialmente emocionais e afetivos.

Quanto ao apadrinhamento corporativo, imprescindível que a pessoa jurídica seja idônea, que sua disposição de auxílio não seja uma forma de encobrimento de suas práticas irregulares, bem como necessária a indicação de responsável empresarial, sócio, diretor, gerente ou preposto, porquanto a ligação com o mundo do trabalho mediante uma inter-relação pessoal significativa é da essência da medida.

As duas modalidades de apadrinhamento, como medidas de proteção, submetem-se às suas regras gerais, devendo obediência aos seus princípios informadores, especialmente os da obrigatoriedade da informação e da oitiva e participação, de modo que crianças e adolescentes candidatos ao apadrinhamento devem conhecer os pormenores de sua execução, inclusive quanto aos padrinhos, garantindo-se a liberdade de opinião.

Por fim, de acordo com o § 6º do art. 19-B do ECA[969], a autoridade judiciária é destinatária da comunicação a respeito de qualquer violação das regras de apadrinhamento, ficando responsável pelas requisições necessárias em caso de crime ou de infrações administrativas, sem prejuízo de provocação ao CMDCA, visando, se for o caso, até mesmo à revogação da autorização de funcionamento do programa.

---

968. ECA, art. 19-A, § 5º.

969. ECA, art. 19-B, § 6º: "Se ocorrer violação das regras de apadrinhamento, os responsáveis pelo programa e pelos serviços de acolhimento deverão imediatamente notificar a autoridade judiciária competente".

XXIII

Colocação em família substituta

170. Generalidades

A criança ou o adolescente devem ser criados e mantidos no seio da família natural, núcleo biológico formado por seus pais ou qualquer um deles. Trata-se de espaço originário de criação, desenvolvimento e proteção, necessário para uma vida sadia e harmoniosa. Todavia, como nem sempre o natural se verifica no mundo fenomênico, por determinantes sociais e individuais, tornou-se necessário, como produto da cultura, propiciar à criança ou adolescente uma outra oportunidade depois de esgotadas as tentativas de promoção da família consanguínea. Pressupondo a adequação de uma nova família permanente, sobrepondo-se a formas precárias de acolhimento, nesta busca constante de definitividade, historicamente foram encontrados substitutivos à família natural, alguns merecendo reconhecimento formal pelos distintos ordenamentos jurídicos. Nesse contexto é que apareceram núcleos familiares de origem ficta, destinados a propiciar à criança ou ao adolescente o mesmo espaço de criação, desenvolvimento e proteção esperado da família biológica.

Nos termos do ECA, a colocação em família substituta é uma medida de proteção determinada em razão de ameaça ou violação do direito à convivência familiar, decorrente da falta, omissão ou abuso dos pais ou responsável[970]. Apresenta-se em três modalidades, guarda, tutela e adoção, institutos jurídicos subordinados a normas próprias, mas dependentes da submissão aos princípios informadores das medidas de proteção, especialmente os arrolados no art. 101, parágrafo único, do ECA, entre os quais os da responsabilidade parental[971] e da prevalência da família[972], prescritos em razão do caráter supletivo da colocação em família substituta, decorrência da trágica impossibilidade de assunção da criança ou adolescente pela família natural ou extensa.

171. Prevalência da família natural

A colocação em família substituta pressupõe observância anterior ao princípio da prevalência da família natural[973]. Explicita o ECA, em seu art. 100, parágrafo único, X, que "na promoção de direitos e na proteção da criança e do adolescente deve ser dada prevalência às medidas que os mantenham ou reintegrem na sua família natural ou extensa ou, se isso não for possível, que promovam a sua integração em família adotiva". Isso significa prioridade à família biológica ou consanguínea, inclusive extensa,

---

970. ECA, art. 101, IX, c/c art. 98, II.

971. ECA: "Art. 100. Na aplicação das medidas levar-se-ão em conta as necessidades pedagógicas, preferindo-se aquelas que visem ao fortalecimento dos vínculos familiares e comunitários. Parágrafo único. São também princípios que regem a aplicação das medidas: [...] IX — responsabilidade parental: a intervenção deve ser efetuada de modo que os pais assumam os seus deveres para com a criança e o adolescente".

972. ECA: "Art. 100. [...] Parágrafo único. [...] X — prevalência da família: na promoção de direitos e na proteção da criança e do adolescente deve ser dada prevalência às medidas que os mantenham ou reintegrem na sua família natural ou extensa ou, se isso não for possível, que promovam a sua integração em família adotiva".

973. V. § 141, Capítulo XIX, deste livro.

CURSO DE DIREITO DA CRIANÇA E DO ADOLESCENTE

que deve ser promovida para que possa manter a criança ou adolescente em seu núcleo de origem, restrito ou estendido.

A regra da prevalência da família natural vem reforçada no § 3º do art. 19 do ECA, que expressamente consigna que: "A manutenção ou a reintegração de criança ou adolescente à sua família terá preferência em relação a qualquer outra providência, caso em que será incluída em serviços e programas de proteção, apoio e promoção, nos termos do § 1º do art. 23, dos incisos I e IV do caput do art. 101 e dos incisos I a IV do caput do art. 129 desta Lei". O legislador garantiu até mesmo "a convivência da criança ou adolescente com a mãe ou o pai privado de liberdade, por meio de visitas periódicas promovidas pelo responsável ou, nas hipóteses de acolhimento institucional, pela entidade responsável, independentemente de autorização judicial"[974], estabelecendo também a garantia de convivência integral da criança com a mãe adolescente quando estiver em acolhimento institucional[975].

Ainda neste campo, mencione-se a preocupação do legislador com o ato de entrega do filho para adoção[976], demonstrando inegável preferência pela mantença dos vínculos biológicos. Aliás, tudo na tentativa de vivificação da promessa constitucional de proteção à família, conforme expresso no art. 226, caput, da Magna Carta.

Não sendo possível, a preferência secundária é pela colocação em família substituta na modalidade adoção, porquanto a inserção da criança ou adolescente em uma família estranha ocorre de forma ampla, com o estabelecimento de um novo vínculo de filiação. Em terceiro, as demais formas de colocação em família substituta, com certo grau de definitividade: guarda e tutela. Em quarto, a colocação em família substituta estrangeira, somente admissível na modalidade adoção, conforme expressamente prescreve a regra do art. 31 do ECA, constituindo-se, assim, na exceção das exceções.

---

974. ECA, art. 19, § 4º.
975. ECA, art. 19, § 5º.
976. ECA, art. 19-A.

172. Situação jurídica da criança ou do adolescente

O ECA, ao dizer que a colocação em família substituta se faz independentemente da situação jurídica da criança ou do adolescente[977], quis reforçar a determinação de que a proteção devida a crianças e adolescentes se dá exclusivamente por força da faixa etária, de modo que a cessação da incapacidade aos 18 (dezoito) anos, nos termos do Código Civil[978], não tem o condão de frustrar a tutela devida em razão da idade, muito embora possa interferir na qualidade da intervenção.

Ao que tudo indica, a regra se espraia além da colocação em família substituta, alcançando todas as medidas de proteção. Assim, exemplificando, se um emancipado viver em situação de risco, habitando as ruas, privado de muitos dos direitos substanciais que lhe foram prometidos pela Constituição e pelas leis, obviamente que deve ficar sujeito às intervenções capazes de superar as dificuldades enfrentadas, devidas por força da sua idade e não decorrentes de sua situação jurídica. Anote-se, voltando à colocação em família substituta, que a concessão de qualquer medida ao emancipado que importe exercício do todo ou de parte do poder familiar colide, em relação ao emancipado, com a regra do Código Civil que determina a cessação da incapacidade, de modo que somente subsiste se vier cumulada com revogação da emancipação. A adoção de emancipado, por sua vez, rege-se pelas mesmas regras do adulto, tendo o condão de estabelecer um novo vínculo de filiação que faz caducar a emancipação anterior, concessão de quem não mais exerce o poder familiar.

---

977. Art. 28.

978. CC: "Art. 5º A menoridade cessa aos dezoito anos completos, quando a pessoa fica habilitada à prática de todos os atos da vida civil. Parágrafo único. Cessará, para os menores, a incapacidade: I — pela concessão dos pais, ou de um deles na falta do outro, mediante instrumento público, independentemente de homologação judicial, ou por sentença do juiz, ouvido o tutor, se o menor tiver dezesseis anos completos; II — pelo casamento; III — pelo exercício de emprego público efetivo; IV — pela colação de grau em curso de ensino superior; V — pelo estabelecimento civil ou comercial, ou pela existência de relação de emprego, desde que, em função deles, o menor com dezesseis anos completos tenha economia própria".

CURSO DE DIREITO DA CRIANÇA E DO ADOLESCENTE

173. Protagonismo da criança e do adolescente

A colocação em família substituta pressupõe também o atendimento à concepção básica de que a criança ou adolescente é um sujeito de direitos e não mero objeto da intervenção do mundo adulto. Assim, é o principal interessado na realização do seu impostergável direito à convivência familiar, contando, no ECA, com dois dispositivos que o fazem ser o principal protagonista da colocação em família substituta. Residentes nos §§ 1º e 2º, ambos do art. 28[979], indicativos da necessária oitiva de criança e do adolescente pela equipe interprofissional e da obrigatoriedade de consentimento do adolescente perante a autoridade judiciária.

A escuta da criança fica condicionada ao seu estágio de desenvolvimento e ao grau de compreensão quanto à importância e as consequências da colocação em família substituta, aplicando-se também esse cuidado em relação ao adolescente com deficiência. O julgamento pessoal da criança ou do adolescente sobre a conveniência da medida deve ser considerado pela autoridade judiciária, porquanto é ele quem vai experienciar as profundas e ingentes mudanças de vida que marcarão sua existência. Em se tratando de colocação de adolescente, é necessário seu consentimento, ou seja, a colocação em família substituta depende da livre manifestação de vontade declarada em audiência na presença do juiz e, no mínimo, do promotor de justiça. Trata-se, neste caso, de condição essencial para a efetivação da medida, não podendo ser implementada sem essa anuência.

174. Família substituta e família extensa

Verificada a impossibilidade de assunção dos filhos pelos pais biológicos, regra primária da convivência familiar, a primeira tentativa de solução

---

979. "Art. 28. [...] § 1º Sempre que possível, a criança ou o adolescente será previamente ouvido por equipe interprofissional, respeitado seu estágio de desenvolvimento e grau de compreensão sobre as implicações da medida, e terá sua opinião devidamente considerada. § 2º Tratando-se de maior de 12 (doze) anos de idade, será necessário seu consentimento, colhido em audiência."

diz respeito à família extensa ou ampliada, em razão da opção legislativa definida no art. 100, parágrafo único, X, do ECA[980], berço do princípio da prevalência da família.

Família extensa, conforme definição do art. 25, parágrafo único, do ECA, é "aquela que se estende para além da unidade pais e filhos ou da unidade do casal, formada por parentes próximos com os quais a criança ou adolescente convive e mantém vínculos de afinidade e afetividade".

Entenda-se por parentes próximos da criança ou do adolescente parentes de qualquer linha e grau, na exata medida do desiderato legislativo da ampliação do conceito básico além do pai e da mãe. Envolve, portanto, irmãos, avós, tios e primos. A proximidade, aqui, diz respeito às ligações caracterizadas pela afinidade, utilizada pelo legislador como um substantivo comum, designativo de combinação de personalidades[981], e pela afetividade, situação marcada pela presença de sentimentos de carinho ou de bem--querer. No caso concreto, a autoridade judiciária deve sopesar "o grau de parentesco e a relação de afinidade ou de afetividade, a fim de evitar ou minorar as consequências decorrentes da medida", conforme determina o § 3º do art. 28 do ECA.

175. Família substituta e grupo de irmãos

A atenuação das consequências derivadas do rompimento dos vínculos biológicos também vem abrandada pela regra residente no § 4º do art. 28 do ECA, que determina, de forma peremptória, que "os grupos de irmãos

---

980. ECA, art. 100, parágrafo único, X: "prevalência da família: na promoção de direitos e na proteção da criança e do adolescente deve ser dada prevalência às medidas que os mantenham ou reintegrem na sua família natural ou extensa ou, se isso não for possível, que promovam a sua integração em família adotiva".

981. Não se trata da afinidade enquanto parentesco formado com a família do cônjuge, em razão do matrimônio civil.

CURSO DE DIREITO DA CRIANÇA E DO ADOLESCENTE

serão colocados sob adoção, tutela ou guarda da mesma família substituta", evidenciando que a separação dos irmãos também é absolutamente indesejável. As exceções devem estar plenamente justificadas, de modo que a colocação de irmãos em famílias substitutas diversas ou de apenas um deles, ficando outro ou outros em programas de acolhimento, derive de situações em que a triste escolha represente a alternativa possível, consideradas as variáveis do caso concreto. Fala a lei em exceções decorrentes de "comprovada existência de risco de abuso ou outra situação que justifique plenamente a excepcionalidade", evidenciando que a não separação de grupos de irmãos está em posição de proeminência na escala axiológica das soluções relacionadas à convivência familiar.

Por outro lado, a demora pode levar à situação de derrubada da alternativa de convívio familiar para um ou mais irmãos, de modo que mister estabelecer um prazo, variável em cada caso concreto, para encontrar a solução coletiva para o grupo de irmãos. Nesta hipótese, é preciso encetar iniciativas para a mantença dos laços de afetividade, como a disciplina de visitas, buscando a preservação de contatos que minimizem os efeitos da separação, obedecendo-se ao comando da norma que manda "evitar o rompimento definitivo dos vínculos fraternais".

Trata-se, portanto, de situação a exigir enorme reflexão e estudo, de modo que a solução da colocação em família substituta não se torne fonte de sofrimento para um ou para todos, ruptura dos vínculos que humanizam a existência, definem as lembranças e agregam seres humanos em núcleos originais de pertença. Não se mede a potencialidade positiva da colocação em família substituta em razão das condições propícias no novo lar, mas também pelas perdas derivadas da medida, distanciamentos provocados e sentimentos de acolhimento/sorte e de rejeição/azar que causam nos integrantes de um grupo de irmãos[982].

---

982. V. § 164, Capítulo XXI, deste livro.

176. Família substituta e etapa de preparação

Da importância e gravidade da colocação em família substituta deflui em primeiro lugar a necessidade de preparação gradativa, de todos, imprescindível diante da necessidade de adaptação ao novo contexto. Os sentimentos que perpassam a criação ou modificação de um núcleo familiar, podendo ter para a criança ou adolescente a dificuldade de lidar com perdas e separações, impõem um conjunto de intervenções de capacitação das partes envolvidas, de modo que compreendam a magnitude do ato, especialmente as dificuldades, elaborando expectativas condizentes com a realidade.

Sob o enfoque de que a colocação em família substituta deve se constituir, para os envolvidos, em um processo de aprendizagem, adaptação e desenvolvimento de relações saudáveis, a formalização jurídica do ato não esgota a necessidade de capacitação, que deve perdurar até que evidenciado o amadurecimento das partes. Assim, a preparação e o acompanhamento após a efetivação da colocação em família substituta exigem saber técnico especializado e atenção para as peculiaridades das partes e características relacionadas a cada um dos institutos jurídicos, razão da exigência de conhecimento interprofissional[983]. Lidar especialmente com as expectativas não atendidas, com as dificuldades inesperadas e com os conflitos próprios da educação de filhos e pupilos, muitas vezes grifados pela própria natureza da medida, exige constante aprendizado, afigurando-se importantíssimo o acompanhamento posterior para a saudabilidade da família.

177. Compatibilidade com a natureza da medida

Ao prescrever que: "Não se deferirá colocação em família substituta a pessoa que revele, por qualquer modo, incompatibilidade com a natureza da

---

983. ECA: "Art. 28. [...] § 5º A colocação da criança ou adolescente em família substituta será precedida de sua preparação gradativa e acompanhamento posterior, realizados pela equipe interprofissional a serviço da Justiça da Infância e da Juventude, preferencialmente com o apoio dos técnicos responsáveis pela execução da política municipal de garantia do direito à convivência familiar".

medida", o ECA, em seu art. 29, pretendeu garantir exata correspondência entre as finalidades e características das diversas modalidades de colocação em família substituta com o estabelecido na realidade através da concessão dessas medidas. Guarda, tutela e adoção importam ciência inequívoca de condições, limites e responsabilidades de cada um desses institutos, de modo que sua assunção represente decisão madura e sem esperar nada diverso do que decorre da natureza de cada uma das modalidades de colocação em família substituta.

A guarda[984] considera oferta de um espaço provisório de convivência semelhante ao de uma família, e a tutela[985] agrega, ainda e em regra, a necessidade de administração dos bens do tutelado. Em ambas as situações, os pretendentes devem considerar a alta probabilidade de finitude da medida e a inexistência de formação, legal e muitas vezes relacional, de qualquer vínculo de filiação. A criança ou o adolescente sob guarda ou tutela não passam a ser filhos dos guardiões ou tutores, bem como não há rompimento dos vínculos com a família natural e extensa, mesmo porque a sua precariedade está relacionada ao reatamento dos liames naturais, que devem ser estimulados pelos próprios detentores da guarda ou da tutela. Os que esperam obter a guarda ou tutela como se fosse uma adoção ou, fora das hipóteses em que são concedidas como medidas preparatórias, não incorporam sua natureza precária, podendo ser modificadas ou revogadas a qualquer tempo, certamente alimentam expectativas irreais, causas frequentes de conflitos que repercutem negativamente sobre todos, principalmente nas crianças e adolescentes.

Já a adoção[986] reclama decisão consciente de assunção de estranho como filho. Nem mais, nem menos. O adotado passa a ser filho dos adotantes do ponto de vista jurídico e espera-se que assim também na vida relacional. Qualquer outro desiderato determina desconformidade com a natureza da medida, levando a uma assimetria entre o projetado pelo

---

984. V. § 182, Capítulo XXIV, deste livro.

985. V. § 186, Capítulo XXV, deste livro.

986. V. § 192, Capítulo XXVI, deste livro.

legislador e o verificado no mundo real. Daí a importância do cadastro prévio, com o indeferimento de pretensões divorciadas da finalidade essencial da adoção, bem como da preparação adotiva que, nos casos possíveis, pode eliminar expectativas equivocadas e auxiliar no estabelecimento de razões concordes com episódios comuns e esperados que envolvem as relações de maternidade e paternidade.

178. Ambiente familiar adequado

O mencionado art. 29 do ECA também estabelece que não se deferirá colocação em família substituta a quem não ofereça ambiente familiar adequado, ou seja, guarda, tutela ou adoção somente podem ser deferidas a quem tenha a potencialidade de propiciar à criança ou ao adolescente espaço de criação, desenvolvimento e proteção.

Norma aberta, com conteúdo indeterminado, exige extremo cuidado do seu aplicador, de modo a evitar que conteúdos morais e ideológicos interfiram na apreciação da incidência do requisito. O antigo, mas ainda importante princípio do *homo medius*, com compreensão da cultura vigente ao tempo da decisão, não deixa de se constituir em elemento decisório importante, desde que não se percam a verificação das circunstâncias do caso concreto, o respeito às individualidades e a referência à aceitação dos costumes sob o prisma da diversidade social. Criar um padrão hipotético permeado pelas concepções pessoais, sem considerar o dinamismo do ordenamento jurídico vigente[987], com suas constantes transformações legais e jurisprudenciais, é o primeiro passo para a injustiça.

---

987. Quando da vigência do ECA, em 1990, a lei trazia que a convivência familiar deveria se dar "em ambiente livre da presença de pessoas dependentes de substâncias entorpecentes" (art. 19, caput), expressão que não estava presente no projeto original. A norma foi modificada pela Lei n. 13.257, de 8 de março de 2016, sendo a redação infeliz substituída pela frase "em ambiente que garanta seu desenvolvimento integral", indicando, no mínimo, maior compreensão do fenômeno da dependência química.

CURSO DE DIREITO DA CRIANÇA E DO ADOLESCENTE

Assim, no caso concreto, a análise deve sopesar legítimos interesses dos pretendentes com oferta de ambiente familiar condizente com a possibilidade de criação, desenvolvimento e proteção da criança ou adolescente. Anote-se que o princípio do "interesse superior da criança e do adolescente", inserto no parágrafo único do inciso IV do art. 100 do ECA, auxilia nessa verificação da existência ou não de ambiente familiar adequado. Quando diz que "a intervenção deve atender prioritariamente aos interesses e direitos da criança e do adolescente, sem prejuízo da consideração que for devida a outros interesses legítimos no âmbito da pluralidade dos interesses presentes no caso concreto", manda, exatamente, que o aplicador da lei opere com a técnica do sopesamento, contrabalançando interesses protegidos. Em resumo, nem a busca da família perfeita, mas também sem a condescendência a situações prováveis de perigo ao estado de convivência saudável.

De toda sorte, a recusa deve ser justificada e dada a conhecer ao pretendente, permitindo contraditório e discussão da matéria em outras instâncias. Na adoção, a oportunidade de aferição desse requisito apresenta-se quando do pedido de inscrição no cadastro de adotantes, pois a generalidade, antes da existência de criança determinada, permite aferição e discussão da matéria de forma mais aprofundada, sem a pressão do caso concreto.

179. Família substituta e obrigação de convivência

O traço comum das três modalidades de colocação em família substituta, guarda, tutela e adoção, é a convivência. A medida é concedida para que a criança conviva com pessoa ou pessoas, formando uma entidade familiar, ainda que de forma precária.

A importância, delicadeza e seriedade da providência fizeram com que se afetasse essa decisão à autoridade judiciária, juiz da infância e da juventude, garantia de que atende às determinações legais. Assim, quem recebe criança ou adolescente cumpre um encargo (guarda ou tutela) ou foi alçado judicialmente à condição de pai ou mãe (adoção), de modo que não pode abdicar da sua responsabilidade.

Por essa razão, o legislador prescreveu que: "A colocação em família substituta não admitirá transferência da criança ou do adolescente a terceiros ou a entidades governamentais ou não governamentais, sem autorização judicial"[988]. Se a entrega ou promessa de entrega for mediante paga ou recompensa, a pessoa comete crime[989], sendo maior a pena se o ato for destinado ao envio da criança ou adolescente ao exterior[990].

180. Família substituta, criança indígena e de outras comunidades tradicionais

Além da necessidade de intervenção processual da Funai no procedimento de suspensão ou perda do poder familiar de pais e filhos indígenas, materialmente devem ser observadas regras especiais presentes no ECA, derivadas do reconhecimento constitucional da organização social, costumes, línguas, crenças e tradições das comunidades indígenas e outras tradicionais.

Trata-se de condicionantes culturais que perpassam não só a ruptura dos vínculos originais como o estabelecimento de novos, razão do cuidado do legislador. Também se aplicam aos quilombolas, conforme regra presente no art. 28, § 6°, do ECA, evidenciando preocupação com a extensão das mudanças derivadas da colocação em família substituta de indígenas ou quilombolas em famílias que não pertençam às respectivas etnias ou comunidades tradicionais.

Se a colocação for precedida de acolhimento familiar ou institucional, o PIA[991] deve levar em conta o pertencimento originário à comunidade

---

988. ECA, art. 30.

989. ECA, art. 238.

990. ECA, art. 239.

991. V. § 154, Capítulo XXI, deste livro.

CURSO DE DIREITO DA CRIANÇA E DO ADOLESCENTE

tradicional[992], analisando as perspectivas de reintegração familiar à luz das culturas diferenciadas, evitando situações determinantes de rupturas com a família e com a organização social de origem.

Na colocação em família substituta, o ECA obriga "que sejam consideradas e respeitadas sua identidade social e cultural, os seus costumes e tradições, bem como suas instituições, desde que não sejam incompatíveis com os direitos fundamentais reconhecidos por esta Lei e pela Constituição Federal"[993].

A exceção da parte final desse dispositivo está de acordo com a universalidade dos direitos humanos, que suplantam culturas e tradições, de modo que valores como vida, saúde e integridade ocupam as mais altas posições na escala axiológica dos valores da humanidade, merecendo proteção em qualquer contexto e situação. Outros direitos, ainda que fundamentais, como educação, devem ser relativizados à luz das características diferenciadas de cada uma das comunidades tradicionais, sob pena de aniquilamento da organização social distinta, diversa daquela que culturalmente organizou um conjunto de normas agrupadas sob o título direito da criança e do adolescente.

Também prescreve "que a colocação familiar ocorra prioritariamente no seio de sua comunidade ou junto a membros da mesma etnia"[994], evidenciando a importância da preservação dos vínculos, conceito que extravasa os limites das culturas e alcança toda a diversidade da raça humana.

Além da intervenção processual, o ECA exige a participação de representantes do órgão federal responsável pela política indigenista[995], no caso de crianças e adolescentes indígenas, e de antropólogos, na hipótese de outras comunidades tradicionais, na equipe interprofissional de acompanhamento

---

992. O Decreto n. 6.040, de 7 de fevereiro de 2007, considerava povos e comunidades tradicionais os "grupos culturalmente diferenciados e que se reconhecem como tais, que possuem formas próprias de organização social, que ocupam e usam territórios e recursos naturais como condição para sua reprodução cultural, social, religiosa, ancestral e econômica, utilizando conhecimentos, inovações e práticas gerados e transmitidos pela tradição".

993. ECA, art. 28, § 6º, I.

994. ECA, art. 28, § 6º, II.

995. Hoje, a Funai, nos termos da Lei n. 5.371, de 5 de dezembro de 1967.

do caso[996], de modo que se relevem em todo transcorrer do processo as características culturais de crianças e adolescentes envolvidos, evitando julgamentos descompromissados com a identidade social diferenciada dos integrantes dessas comunidades tradicionais.

181. Procedimento

Na colocação em família substituta, a escolha do procedimento depende da resolução de duas questões prévias: (a) qual é a modalidade de colocação?; (b) estão presentes todos os requisitos em relação à família biológica?

No pedido de guarda, havendo concordância dos pais, manifestada de acordo com o disposto no art. 166, I, do ECA, o Juiz da Infância e da Juventude, à vista de pedido que atenda aos requisitos dos incisos I a V do art. 165, determina a realização de estudo social e, juntado o relatório, procede à oitiva da criança ou do adolescente e do Ministério Público, decidindo a seguir sobre o pedido, especialmente considerando a vontade da criança e verificando se presente a condição de procedibilidade da concordância do adolescente. Procede da mesma forma se os pais forem falecidos, hipótese de extinção do poder familiar, ou havendo prévia decisão de inibição do atributo da guarda, suspensão ou destituição do poder familiar.

Havendo negativa dos pais à colocação de seu filho em família substituta, desatenção em relação à intimação de comparecimento ou mesmo a presença em local incerto e não sabido, o pedido reclama, no mínimo, ação de inibição de guarda (a suspensão e a destituição do poder familiar também cumprem a mesma finalidade). Assim, o interessado na guarda ou o Ministério Público deverão ingressar com a ação própria, ficando o pedido de guarda suspenso até o julgamento do pedido relacionado ao antecedente necessário para o deferimento da medida, sem prejuízo da concessão de liminar ou antecipação do provimento final, conforme o caso.

---

996. ECA, art. 28, § 6°, III.

CURSO DE DIREITO DA CRIANÇA E DO ADOLESCENTE

O mesmo procedimento se aplica em relação à tutela, com a observação de que, quanto ao antecedente lógico do pedido, faz-se necessária ação de suspensão ou destituição do poder familiar, posto que a inibição da guarda não é suficiente para permitir a tutela.

Se se tratar de adoção e o pedido for formulado por pessoa ou casal de brasileiros, ou por estrangeiro residente e domiciliado no país, havendo concordância dos pais, a solicitação se processa nos mesmos termos da guarda e tutela, observados os trâmites já narrados, especialmente a elaboração de estudo social, audiência da criança e do adolescente e oitiva do Ministério Público, relevando-se sempre a opinião da criança e a concordância, ou não, do adolescente. Também se verifica se a pessoa ou casal figuram em primeiro lugar no cadastro de adotantes, condição para o deferimento do pleito. Procede-se da mesma forma se se tratar de adoção baseada em prévia destituição ou extinção do poder familiar (a suspensão não serve para o pedido). Inexistindo prévio preenchimento do requisito relacionado aos pais biológicos, o pedido de adoção poderá ser cumulado com o de destituição do poder familiar ou, se ajuizado mediante ação autônoma, suspende-se a ação de adoção até o julgamento da destituição, sem prejuízo da concessão liminar de guarda provisória aos adotantes.

O procedimento na adoção internacional[997] é o mesmo, com a observação de que a petição inicial, além dos requisitos referidos no art. 165 do ECA, deverá atender à prova de: (a) domicílio em país signatário da Convenção de Haia sobre Adoção, de 1993; (b) habilitação perante a autoridade central do país de acolhida, instruído com relatório circunstanciado de estudo psicossocial; (c) laudo de habilitação expedido pela autoridade central estadual brasileira, com validade de um ano, instruído com estudo de compatibilização das legislações nacional e estrangeira, de modo a permitir avaliação pela autoridade judiciária encarregada de avaliar o pedido específico; e (d) autorização de adoção de criança determinada, conforme documento expedido pela Autoridade Central Estadual.

---

997. V. § 207, Capítulo XXVI, deste livro.

XXIV

Guarda

182. Conceito

Guarda, como forma de colocação em família substituta, é um instituto de inserção de criança ou adolescente em núcleo formado por pessoas distintas dos pais biológicos, direcionada a uma pessoa ou casal, tendo por finalidade o estabelecimento de um espaço de criação, desenvolvimento e proteção para o menor de 18 (dezoito) anos de idade.

Difere da guarda como atributo do poder familiar, não só quanto à natureza formal[998], mas também em relação à sua essência: a guarda enquanto atributo do poder familiar constitui-se no direito de ter o filho sob sua companhia e de reclamá-lo de quem ilegalmente o detenha, essencialmente se configurando em direito de conviver, enquanto o instituto da guarda, além da convivência, "obriga a prestação de assistência material, moral e educacional à criança ou adolescente, conferindo a seu detentor o direito de opor-se a terceiros, inclusive aos pais"[999].

---

998. Um é instituto de direito da criança e do adolescente (modalidade de colocação em família substituta) e o outro é um dos atributos do poder familiar relacionado à pessoa dos filhos.

999. ECA, art. 33.

CURSO DE DIREITO DA CRIANÇA E DO ADOLESCENTE

Anote-se que o detentor do poder familiar tem outros deveres, como o de sustento e educação, obrigações independentes, que subsistem de maneira autônoma, dependendo da situação jurídica do filho em relação aos pais. Já a guarda como colocação em família substituta enfeixa um conjunto de deveres, ordinariamente indissociáveis.

A guarda tem estabilidade precária, porquanto o legislador determina como regra a reinserção na família natural[1000] e, não sendo possível, a concessão de tutela ou adoção, formas mais abrangentes de proteção. Assim, "destina-se a regularizar a posse de fato, podendo ser deferida, liminar ou incidentalmente, nos procedimentos de tutela e adoção"[1001]. Pode ser "revogada a qualquer tempo, mediante ato judicial fundamentado, ouvido o Ministério Público"[1002].

Todavia, atento ao fato de que nem sempre a adoção é possível e considerando que a tutela se reserva especialmente àqueles casos em que se verifica a necessidade de administração de bens da criança ou do adolescente, o legislador permite a concessão da guarda com a expectativa de permanente, "para atender a situações peculiares ou suprir a falta eventual dos pais ou responsável"[1003]. Nessa circunstância, o juiz pode conceder o direito de representação ou assistência legal, conforme o caso[1004], para a prática de atos determinados[1005], como, por exemplo, o necessário para as tratativas relacionadas à escolaridade da criança ou do adolescente e autorizações de viagem.

Processualmente, a guarda pode ser provisória ou definitiva. Materialmente, precária ou permanente. Guarda provisória é aquela que é deferida

---

1000. ECA: "Art. 19. [...] § 3º: A manutenção ou a reintegração de criança ou adolescente à sua família terá preferência em relação a qualquer outra providência, caso em que será esta incluída em serviços e programas de proteção, apoio e promoção, nos termos do § 1º do art. 23, dos incisos I e IV do caput do art. 101 e dos incisos I a IV do caput do art. 129 desta Lei".

1001. ECA, art. 33, § 1º.

1002. ECA, art. 35.

1003. ECA, art. 33, § 2º.

1004. Se menores de 16 anos de idade, representação (CC, art. 3º); se entre 16 e 18 anos, assistência (CC, art. 4º). Quando tratou do poder familiar, o legislador explicitou a diferença (CC, art. 1.634, VII).

1005. ECA, art. 33, § 2º, parte final.

liminarmente, incidental a um processo de outra natureza ou antecipadamente em um processo autônomo; definitiva é a guarda resolvida como assunto principal ou como um capítulo de uma sentença extintiva do feito. Guarda precária, por outro lado, é aquela que antecede o retorno à família natural ou à concessão de tutela ou adoção; guarda permanente, por sua vez, é aquela que é deferida, de forma processualmente definitiva, com a perspectiva de duração até o advento da maioridade da criança ou do adolescente.

183. Efeitos

A guarda determina a produção de efeitos restritos, considerando as outras modalidades de colocação em família substituta: adoção e tutela.

Em relação aos guardiões, produz o direito à convivência com a criança ou adolescente, sendo inclusive oponível aos pais, e, em contrapartida, gera as obrigações de assistência material, moral e educacional. Os guardiões, portanto, têm os deveres de sustento[1006], direção da formação valorativa e de educação formal. Mas é só. A representação e a assistência legal, para atos determinados, dependem de concessão excepcional da autoridade judiciária[1007]. Os guardiões não têm direito de administração dos bens, ao contrário dos tutores, nem são detentores do conjunto de direitos e obrigações, inclusive o feixe do poder familiar, que decorrem da relação de filiação.

A criança ou o adolescente não estão sob poder familiar dos guardiões. Devem-lhes obediência e respeito em decorrência dos deveres, daqueles, de prestação de assistência moral e educacional. A guarda, portanto, para a criança ou o adolescente gera os deveres de permanecer sob o mesmo teto dos guardiões e de prestar-lhes obediência e respeito.

1006. Esse dever de terceiro, a quem incumbe a guarda, não elide o dever de alimentos que recai sobre os parentes, especialmente os detentores do poder familiar.

1007. ECA, art. 33, § 2º.

A guarda "confere à criança ou adolescente a condição de dependente, para todos os fins e efeitos de direito, inclusive previdenciários"[1008]. A clareza da lei é manifesta: estando a criança ou adolescente sob guarda judicial de terceiro, concedida como forma de colocação em família substituta, passa a ser dependente do guardião segurado da previdência social, como se filho fosse, vinculando-se ao regime geral ou àqueles próprios de servidores públicos, federais, estaduais ou municipais. Mas, advirta-se: sem convivência inexistem direitos previdenciários, não pactuando o direito com fraudes. Com a modificação da redação do § 2º do art. 16 da Lei n. 8.213, de 24 de julho de 1991[1009], dada pela Lei n. 9.528, de 10 de dezembro de 1997, restou suprimida a menção ao "menor que, por determinação judicial, esteja sob sua guarda" (do segurado), o que levou a certa dúvida quanto à geração desse efeito, mas a manutenção, em sua inteireza, do disposto no art. 33, § 3º, do ECA restou afirmada pela jurisprudência, em homenagem ao princípio da proteção integral, acabando reconhecida, quando do julgamento do Pedido de Uniformização de Interpretação da Lei, PUIL n. 67-RS, pelos ministros da Primeira Seção do Superior Tribunal de Justiça, tendo por relator o Ministro Sérgio Kukina, a prevalência do direito conferido pelo ECA.

184. Requisitos

Em relação aos pais biológicos, a concordância com a assunção da guarda por terceiro, nos termos do art. 166 do ECA[1010], representa a forma mais comezinha de concessão dessa modalidade de colocação em família

---

1008. ECA, art. 33, § 3º.

1009. Dispôs sobre os planos de benefícios da previdência social.

1010. ECA: "Art. 166. Se os pais forem falecidos, tiverem sido destituídos ou suspensos do poder familiar, ou houverem aderido expressamente ao pedido de colocação em família substituta, este poderá ser formulado diretamente em cartório, em petição assinada pelos próprios requerentes, dispensada a assistência de advogado".

substituta. Não sendo o caso, a guarda pressupõe, no mínimo, o decreto de inibição do atributo inerente ao poder familiar[1011], obviamente se servindo também da suspensão, destituição ou extinção do poder familiar. De qualquer forma, o acertamento da situação jurídica dos pais biológicos em relação ao filho que será confiado a outrem é *conditio sine qua non* para o deferimento da medida, notadamente em razão do fato de que passa a ser oponível aos pais. Não se perca de vista que a guarda, como forma de colocação em família substituta, coarcta o direito fundamental dos pais em terem o filho sob sua companhia, de modo que deve vir cercada da cautela necessária.

Em resumo, a guarda convive com o poder familiar, mas exige minimamente decreto de inibição do atributo da convivência exercido pelos pais biológicos. Assim, o guardião exerce apenas o direito de estar permanentemente com a pessoa do filho de outrem, que permanece na titularidade dos demais direitos inerentes ao poder familiar, no que diz respeito à pessoa[1012] e aos bens da criança ou do adolescente. Nesse sentido, a regra constante do art. 33, § 4º, do ECA: o deferimento da guarda de criança ou adolescente a terceiros não impede o exercício do direito de visitas pelos pais, assim como o dever de prestar alimentos, que serão objeto de regulamentação específica, a pedido do interessado ou do Ministério Público.

É de lembrar, mais uma vez, que a guarda, como forma de colocação em família substituta, exige manifestação da vontade da criança ou do adolescente, sendo imprescindível o consentimento do maior de 12 (doze) anos de idade[1013].

Os pretendentes à guarda, assim como os interessados na tutela ou adoção, devem, basicamente, além de ostentar capacidade civil[1014] e, se casal, demonstrar a estabilidade da entidade familiar, comprovar a presença dos

---

1011. V. § 90, Capítulo XIII, deste livro.

1012. Autorização para casar, por exemplo.

1013. ECA, art. 28, § 2º.

1014. Em regra, os maiores de 18 anos de idade.

CURSO DE DIREITO DA CRIANÇA E DO ADOLESCENTE

requisitos da idoneidade moral e os ligados à pretensão legítima e oferta de um ambiente familiar adequado. Pretensão legítima está relacionada ao desiderato de garantir uma família que represente espaço de criação, desenvolvimento e proteção da criança e do adolescente. Ambiente familiar adequado, por sua vez, corresponde a um espaço saudável, capaz de propiciar a todos os seus partícipes um lugar de permanente atualização de potencialidades e desenvolvimento de valores sociais propícios à formação de uma sociedade justa, fraterna e igualitária.

185. Procedimento

A guarda, como forma de colocação em família substituta, processualmente pode se revelar em: (a) procedimento de jurisdição voluntária, havendo causa de extinção do poder familiar ou consentimento dos pais; (b) medida cumulada a um processo de inibição de guarda, suspensão ou destituição do poder familiar, devendo, se concedida em caráter liminar, ser confirmada ou revogada quando do provimento final; (c) medida contenciosa autônoma complementar a um pedido de revogação de guarda anterior ou destituição de tutela.

Como procedimento de jurisdição voluntária, segue o disposto nos arts. 165 a 170 do ECA. O pedido inicial deve vir instruído com prova da ocorrência da causa de extinção do poder familiar ou afirmação de que os pais biológicos concordam com a medida, estando dispostos a comparecer em audiência e manifestar aquiescência formal. Realizado estudo social e juntada perícia interprofissional, não havendo menção de oposição dos pais, o juiz designa audiência para coleta do consentimento. Obtido o consentimento nessa ocasião ou na hipótese de extinção do poder familiar, seguem-se manifestação do Ministério Público e decisão. Anote-se também que o mesmo procedimento deve ser utilizado quando da existência de prova judicial pré-constituída do consentimento, como na hipótese de sua obtenção em procedimento prévio, notadamente de acolhimento familiar ou institucional.

Como medida cumulativa a qualquer processo, notadamente inibição de guarda, suspensão ou destituição do poder familiar, a medida pode ser concedida como tutela antecipada, de urgência ou evidência, prevendo a lei seu deferimento liminar[1015], observando-se que, neste caso, traz ínsito o coarctar da guarda dos pais biológicos em razão do fato de ser a eles oponível. Ao final do processo cumulativo, somente subsiste a guarda se a decisão deferir também a medida cumulada[1016]. O procedimento, nessas hipóteses, é o especial do ECA, com os adminículos do CPC.

Como medida contenciosa autônoma, pressupõe sua veiculação mediante ação de modificação ou perda de guarda, ou destituição da tutela. Diz a lei que poderá ser decretada nos mesmos autos que a concederam[1017], obedecendo ao comando de sua precariedade[1018], valendo anotar que não se trata de imposição do legislador, mas apenas de medida de economia processual; se os autos estiveram arquivados ou modificada a competência territorial, a ação deverá ser distribuída livremente, sem prejuízo da utilização de provas obtidas no processo anterior.

1015. ECA, art. 167.

1016. Inibição de guarda, suspensão ou destituição do poder familiar.

1017. ECA, art. 169, parágrafo único.

1018. ECA, art. 35.

XXV

Tutela

186. Conceito

Tutela é uma modalidade de colocação em família substituta[1019], empregada como medida de proteção[1020] à pessoa de criança ou adolescente, inclusive ao seu patrimônio, em razão de ameaça ou violação ao direito à convivência familiar por falta, omissão ou abuso dos pais ou responsável[1021].

Vem prevista no ECA, submetida às razões de ordem pública que determinam a proteção à infância e juventude, implicando necessariamente o dever de guarda, ou seja, a obrigação de convivência entre tutores, ou tutor, e tutelado[1022]. Mesmo como forma de colocação em família substituta, seus contornos institucionais continuam estabelecidos pelo Código Civil[1023],

---

1019. ECA: "Art. 28. A colocação em família substituta far-se-á mediante guarda, tutela ou adoção, independentemente da situação jurídica da criança ou adolescente, nos termos desta Lei".
1020. ECA, art. 101, IX.
1021. ECA, art. 98, II.
1022. ECA, art. 36, parágrafo único.
1023. CC, arts. 1.728 a 1.766.

conforme determinação residente no art. 36 do ECA[1024], de modo que sua disciplina se completa com as normas dos dois diplomas legais.

Persiste uma modalidade de tutela regulada exclusivamente pelo Código Civil, quando destinada de modo exclusivo à administração patrimonial, desde que resolvida a proteção pessoal da criança ou adolescente mediante guarda a terceiro, forma de garantia de exercício do direito à convivência familiar[1025].

Nos termos da lei civil, criança ou adolescente é colocado sob tutela com o falecimento ou a ausência dos pais, assim como também no caso de destituição do poder familiar[1026]. Sempre nomeado pelo Juiz da Infância e Juventude, que fica adstrito à indicação do tutor-administrador em testamento, codicilo ou escritura pública[1027], hoje com a liberdade conferida pelo disposto no art. 37 do ECA: "O tutor nomeado por testamento ou qualquer documento autêntico, conforme previsto no parágrafo único do art. 1.729 da Lei n. 10.406, de 10 de janeiro de 2002, do Código Civil, deverá, no prazo de 30 (trinta) dias após a abertura da sucessão, ingressar com pedido destinado ao controle judicial do ato, observando o procedimento previsto nos arts. 165 a 170 desta Lei". E completa seu parágrafo único: "Na apreciação do pedido, serão observados os requisitos previstos nos arts. 28 e 29 desta Lei, somente sendo deferida a tutela à pessoa indicada na disposição de última vontade, se restar comprovado que a medida é vantajosa ao tutelando e que não existe outra pessoa em melhores condições de assumi-la".

À falta de tutor testamentário, a nomeação recai, quando do desiderato da escolha de um administrador, sobre um parente consanguíneo, seguindo-se ordem estabelecida em lei[1028]. Por fim, na mesma situação e

---

1024. ECA: "Art. 36. A tutela será deferida, nos termos da lei civil, a pessoa de até 18 (dezoito) anos incompletos".

1025. V. § 87, Capítulo XIII, deste livro.

1026. CC, art. 1.728.

1027. Tutela testamentária.

1028. Tutela legítima.

CURSO DE DIREITO DA CRIANÇA E DO ADOLESCENTE

385

à falta de tutor por testamento e de parente consanguíneo, a nomeação pode recair sobre terceiro idôneo residente no domicílio do tutelado[1029], capaz de realizar a função de tutor-administrador. Reitere-se que somente a nomeação de tutor-administrador fica sujeita às regras do Código Civil, em respeito básico à autonomia da vontade dos pais falecidos e desde que não prejudique direitos do tutelado, porquanto a guarda, enquanto forma de colocação em família substituta capaz de propiciar à criança ou ao adolescente espaço de criação, desenvolvimento e proteção, fica subordinada às normas de ordem pública insertas no ECA.

Como forma de colocação em família substituta, a tutela importa, além do dever de guarda, o de administração e o poder-dever de representação e assistência legal, devendo ficar, em regra, reservada àqueles casos em que a criança ou o adolescente têm patrimônio, sendo necessária fiscalização de despesas e julgamento de periódicas prestações de contas.

187. Efeitos

A tutela, como forma de colocação em família substituta, gera para o tutor o direito de conviver com o tutelado e o de dirigir sua criação e educação, bem como de administrar seus bens, se houver. Não há exercício ou transferência do poder familiar, mas uma assunção de direitos equivalentes, operando-se uma substituição da titularidade e de exercício de vários de seus atributos. O tutor, dessa forma, não invoca o exercício do poder familiar, mas o da própria tutela para arrimar suas iniciativas.

O tutelado, por sua vez, fica sob a autoridade do tutor, devendo prestar-lhe obediência e respeito. De acordo com o art. 16, § 2º, da Lei n. 8.213, de 24 de julho de 1991, o tutelado equipara-se a filho do tutor segurado da previdência social, mediante declaração e comprovação de

---

1029. Tutela dativa.

insuficiência econômica, de modo que, com a tutela, assume a condição de dependente previdenciário.

188. Requisitos

Quanto aos pais biológicos, afirme-se a incompatibilidade da tutela com o exercício do poder familiar, de modo que necessariamente deve estar presente causa de extinção[1030], decreto judicial de sua perda ou suspensão[1031]. Sem a presença de uma dessas ordens de decaimento do poder familiar, a tutela não é possível.

A tutela do ECA, como forma de colocação em família substituta, pode ser deferida a casais, porquanto a ideia de núcleo de convivência tem valor fundamental na proteção de crianças dependentes de lares, ao contrário da lei civil, em que a singularidade representa característica básica daquele instituto, de origem patrimonialista. Assim, a tutela do ECA pode ser deferida a casais ou somente a uma pessoa, maiores de idade, desde que atendam aos requisitos básicos exigidos para a colocação em família substituta.

Também é de exigir, conforme o caso, que o tutor tenha condições de bem gerir o patrimônio da criança e do adolescente, de modo a que não reste destruído ou dilapidado. O candidato a tutor também deve ser afastado quando revelar incompatibilidade com a natureza da medida ou não oferecer ambiente adequado[1032].

Aplica-se à tutela, no que concerne à criança ou ao adolescente, o disposto no art. 28, §§ 1º e 2º, do ECA, de sorte que a criança ou o adolescente devem ser ouvidos por equipe interprofissional e considerado seu ponto de vista em relação à tutela. Quando se tratar de adolescente, além disso, deve ser ouvido em audiência formal, presidida pelo Juiz e na presença do Ministério

---

1030. Em regra, o falecimento dos pais, tutela dos órfãos, origem histórica do instituto.

1031. ECA, art. 36, parágrafo único.

1032. ECA, art. 29.

CURSO DE DIREITO DA CRIANÇA E DO ADOLESCENTE

Público, ocasião em que poderá consentir ou negar consentimento para o ato, configurando a aceitação condição indispensável para a concessão da tutela.

No deferimento da tutela também prevalecem exigências de ordem pública, destinadas à garantia da proteção integral de criança ou adolescente. Assim, devem ser levados em conta o grau de parentesco e as relações de afetividade e afinidade[1033], observado o princípio da não separação de grupos de irmãos[1034] e cumprida a preparação gradativa para a inserção nessa modalidade de família substituta[1035].

189. Obrigações do tutor

Não distinguindo a modalidade de tutela, o legislador civil arrolou, em vários dispositivos, as atribuições do tutor, assim resumidas: (a) direção da educação do tutelado; (b) defesa de seus interesses; (c) prestação de alimentos; (d) representação e assistência legal; (e) administração patrimonial, em geral; e (f) obrigação de prestar contas[1036].

A direção da educação do tutelado compreende providências relacionadas à escolaridade formal e à passagem de valores de convivência para o tutelado, de modo que o tutor se desincumba adequadamente da sua missão de criar, possibilitando o desenvolvimento da criança ou do adolescente. Já a defesa dos interesses da criança e do adolescente, em juízo e fora dele, compreende as medidas destinadas à preservação dos direitos do tutelado, especialmente os patrimoniais. O tutor tem o dever de prestar alimentos, "conforme os seus haveres e condições"[1037], síntese

---

1033. ECA, art. 28, § 3º.

1034. ECA, art. 28, § 4º. O Código Civil, em seu art. 1.733, prescreve que: "Aos irmãos órfãos dar-se-á um só tutor", evidenciando a necessidade de uma administração única, de modo a não prejudicar, eventualmente, a herança deixada pelos *de cujus* em favor do grupo.

1035. ECA, art. 28, § 5º.

1036. V. CC, arts. 1.740, 1.741 e 1.747 e 1.748, 1.755 a 1.762.

1037. CC, art. 1.740, I.

antiga do dever de sustento, ínsito a qualquer modalidade de colocação em família substituta. O tutor, enquanto exerce o direito de representação e assistência legal do tutelado, supre, nas hipóteses permitidas pela lei, a vontade do menor de 16 (dezesseis) anos de idade e, conjuntamente com o adolescente entre 16 (dezesseis) e 18 (dezoito) anos, pratica em união os atos da vida civil necessários ao tutelado. O tutor tem várias obrigações relacionadas à administração dos bens do tutelado, especialmente indicadas nos arts. 1.747[1038] e 1.748[1039] do Código Civil. O dever de prestação de contas, por sua vez, vem regulado nos arts. 1.755 a 1.762 do Código Civil, com a periodicidade mínima de 2 (dois) anos, ou quando o juiz entender conveniente, podendo ser ouvidos os interessados e julgado por sentença.

190. Procedimento

A tutela, como forma de colocação em família substituta, segue o procedimento disciplinado nos arts. 165 a 170 do ECA, desde que conte previamente com decisão de perda ou suspensão do poder familiar no que concerne aos pais biológicos do tutelando ou, em relação a eles, verifique-se uma das causas de extinção, em regra a morte documentada pelas necessárias certidões de óbito. Também seguirá o mesmo procedimento se contar com a anuência dos pais, manifestada em audiência formal, com a presença do Ministério Público. Caso contrário, o pedido de tutela deve

---

1038. CC, art. 1747: "Compete mais ao tutor: I — representar o menor, até os dezesseis anos, nos atos da vida civil, e assisti-lo, após essa idade, nos atos em que for parte; II — receber as rendas e pensões do menor, e as quantias a ele devidas; III — fazer-lhe as despesas de subsistência e educação, bem como as de administração, conservação e melhoramentos de seus bens; IV — alienar os bens do menor destinados a venda; V — promover-lhe, mediante preço conveniente, o arrendamento de bens de raiz".

1039. CC, art. 1.748: "Compete também ao tutor, com autorização do juiz: I — pagar as dívidas do menor; II — aceitar por ele heranças, legados ou doações, ainda que com encargos; III — transigir; IV — vender-lhe os bens móveis, cuja conservação não convier, e os imóveis nos casos em que for permitido; V — propor em juízo as ações, ou nelas assistir o menor, e promover todas as diligências a bem deste, assim como defendê-lo nos pleitos contra ele movidos. Parágrafo único. No caso de falta de autorização, a eficácia de ato do tutor depende da aprovação ulterior do juiz".

CURSO DE DIREITO DA CRIANÇA E DO ADOLESCENTE

vir cumulado com o de perda ou suspensão do poder familiar, submetendo-se às regras do procedimento especial previsto no ECA e com aplicação subsidiária do CPC.

Como medida autônoma, preenchido previamente um dos requisitos mencionados anteriormente, o pedido poderá ser formulado diretamente em cartório, instruído com os documentos comprobatórios das exigências mencionadas no art. 165 do ECA[1040]. Aqui, na tutela, a informação sobre a existência de bens é fundamental para a avaliação do pedido, devendo o interessado juntar também, se for o caso, o testamento ou o documento público em que conste a sua nomeação, aduzindo a sua condição de parente próximo e preferência na ordem de chamamento à tutela dos órfãos. Seguem-se a elaboração de estudo social e perícia interprofissional, oitiva da criança e do adolescente, inclusive verificação de seu consentimento, manifestação das partes, do Ministério Público e a decisão.

É de observar que antes do deferimento da tutela, conforme o caso, o juiz deverá entregar os bens do tutelado ao tutor mediante termo[1041], determinar a prestação de caução[1042], fixar o valor destinado ao sustento do tutelado[1043], nomear protutor[1044], destinar remunerações e gratificações[1045], fixar o termo de exercício da tutela[1046] e a periodicidade de balanços[1047] e prestações de contas[1048].

1040. ECA: "Art. 165. São requisitos para a concessão de pedidos de colocação em família substituta: I — qualificação completa do requerente e de seu eventual cônjuge, ou companheiro, com expressa anuência deste; II — indicação de eventual parentesco do requerente e de seu cônjuge, ou companheiro, com a criança ou adolescente, especificando se tem ou não parente vivo; III — qualificação completa da criança ou adolescente e de seus pais, se conhecidos; IV — indicação do cartório onde foi inscrito nascimento, anexando, se possível, uma cópia da respectiva certidão; V — declaração sobre a existência de bens, direitos ou rendimentos relativos à criança ou ao adolescente".

1041. CC, art. 1.745.

1042. CC, art. 1.745, parágrafo único.

1043. CC, art. 1.746.

1044. CC, art. 1.742.

1045. CC, art. 1.752.

1046. CC, art. 1.764, I.

1047. CC, art. 1.756.

1048. CC, art. 1.757.

Nada obsta que o juiz nomeie um tutor exclusivamente para a administração dos bens, confiando a guarda da criança ou adolescente a outro, considerando as aptidões, especialidades e disponibilidades de cada um. A conciliação das funções, ainda que desejável, não representa algo indeclinável, sucumbindo ante duplo desiderato em situações dessa natureza: (a) garantir uma família substituta que forneça à criança ou ao adolescente espaço de criação, desenvolvimento e proteção; e (b) garantir que seus bens sejam administrados e conservados adequadamente.

191. Cessação da tutela

Diferentemente da adoção, que uma vez consumada mantém indefinidamente o vínculo de filiação, sendo irrevogável[1049], a tutela, substituição jurídica do poder familiar, perdura até a ocorrência de uma das seguintes causas: (a) maioridade; (b) emancipação; (c) assunção do poder familiar por outrem; e (d) decreto de perda da tutela.

Como a cessação da menoridade[1050] e a emancipação[1051] determinam a extinção do poder familiar, na forma dos incisos II e III do art. 1.635 do Código Civil, desaparece também a tutela, porquanto o tutelado fica habilitado, com a idade ou pela aquisição precoce da maioridade, para a prática de todos os atos da vida civil. Havendo administração de bens, o

---

1049. ECA, art. 39, § 1º.

1050. CC: "Art. 5º A menoridade cessa aos dezoito anos completos, quando a pessoa fica habilitada à prática de todos os atos da vida civil".

1051. CC: "Art. 5º [...] Parágrafo único. Cessará, para os menores, a incapacidade: I — pela concessão dos pais, ou de um deles na falta do outro, mediante instrumento público, independentemente de homologação judicial, ou por sentença do juiz, ouvido o tutor, se o menor tiver dezesseis anos completos; II — pelo casamento; III — pelo exercício de emprego público efetivo; IV — pela colação de grau em curso de ensino superior; V — pelo estabelecimento civil ou comercial, ou pela existência de relação de emprego, desde que, em função deles, o menor com dezesseis anos completos tenha economia própria".

CURSO DE DIREITO DA CRIANÇA E DO ADOLESCENTE 391

tutor deverá prestar contas[1052], que deverão ser aprovadas pelo juiz, subsistindo sua responsabilidade até esse ato judicial[1053].

A assunção do poder familiar por outrem também faz cessar a tutela. São hipóteses: (a) uma nova tutela; (b) a adoção do tutelado; e (c) o reconhecimento do tutelado como filho, por terceiro. Para uma nova tutela ou adoção do tutelado é necessário que o tutor concorde com o ato, mesmo porque diz peremptoriamente a lei que: "A colocação em família substituta não admitirá transferência da criança ou adolescente a terceiros ou a entidades governamentais ou não governamentais, sem autorização judicial"[1054]. Não havendo concordância do tutor, responsável legal no exercício pleno da tutela, haverá necessidade de uma ação de destituição da tutela. Já o reconhecimento de filho, acertando a filiação, traz consigo o poder familiar, que não pode ser exercitado conjuntamente com o tutor, devendo a autoridade judiciária, à luz dos superiores interesses da criança, resolver pela cessação da tutela ou mesmo pela destituição do poder familiar recém-adquirido.

Em razão da remissão expressa do art. 38 do ECA[1055], aplicam-se à destituição da tutela, com as adaptações necessárias, as normas residentes no art. 24[1056] da mesma lei. Assim, os mesmos motivos que servem para a destituição do poder familiar servem para a destituição da tutela[1057], servindo-se o pedido também do mesmo procedimento[1058]. Havendo destituição, cessam os direitos do tutor e a criança ou adolescentes ficam destinatários de outras medidas de proteção, sem prejuízo da prestação de contas e responsabilização do destituído, notadamente patrimonial.

1052. CC, art. 1.757.

1053. CC, art. 1.758.

1054. ECA, art. 30.

1055. ECA: "Art. 38. Aplica-se à destituição da tutela o disposto no art. 24".

1056. "Art. 24. A perda e a suspensão do poder familiar serão decretadas judicialmente, em procedimento contraditório, nos casos previstos na legislação civil, bem como na hipótese de descumprimento injustificado dos deveres e obrigações a que alude o art. 22."

1057. V. § 92, Capítulo XIII, deste livro.

1058. V. § 93, Capítulo XIII, deste livro.

XXVI

Adoção

192. Conceito

Adoção é o ato pelo qual se estabelece vínculo jurídico de pais e filhos, semelhante ao da filiação natural. Tratando-se de criança ou adolescente, é uma forma de colocação em família substituta[1059], medida de proteção[1060] derivada da ameaça ou lesão ao direito fundamental à convivência familiar[1061], decorrente da falta, omissão ou abuso dos pais ou responsável[1062].

Se se tratar de adotando maior de idade, é um instituto de estabelecimento ficto do vínculo de filiação, previsto no Código Civil[1063], formalizado com a aplicação subsidiária das normas previstas no Estatuto da Criança e do Adolescente[1064].

1059. ECA, art. 28.
1060. ECA, art. 101, IX.
1061. CF, art. 227, caput; ECA, art. 4°.
1062. ECA, art. 98, II.
1063. CC, art. 1.619, primeira parte.
1064. CC, art. 1.619, parte final.

193. Efeitos

Três classes de efeitos decorrem da adoção: (a) em relação à família biológica; (b) em relação aos adotantes; e (c) em relação ao adotado.

Em relação à família biológica, decorrem três efeitos básicos: (a) rompimento dos vínculos de parentesco; (b) extinção do poder familiar; e (c) irrevogabilidade da medida.

A adoção, diz a lei, rompe os vínculos com pais e parentes, salvo os impedimentos matrimoniais[1065]. Isso significa que as relações de parentesco que se estabeleceram naturalmente, com o nascimento, ficam desfeitas pela força da lei, desaparecendo todo e qualquer direito e obrigação. Subsistem apenas os impedimentos matrimoniais entre adotado e parentes derivados de sua família biológica e impostos pelo desiderato de se evitar casamentos consanguíneos, conforme impedimentos previstos nos incisos I e IV do art. 1.521 do Código Civil[1066]. O casamento do adotado e parentes por afinidade derivados de sua família biológica, ascendentes, descendentes e irmãos do cônjuge ou companheiro[1067], não resta proibido pela lei, pois o rompimento com a família natural fez desaparecer todos esses vínculos, e a razão da consanguinidade, baseada na possibilidade de patologias decorrentes da redução da diversidade genética, não se opera na hipótese. Também se anote, na adoção, a inexistência de regra semelhante à residente no art. 1.595, § 2º, do Código Civil, que prescreve que, na "linha reta, a afinidade não se extingue com a dissolução do casamento ou da união estável"; ao contrário, a lei peremptoriamente estabelece o rompimento dos vínculos com pais e parentes da linha biológica. E o rompimento é definitivo. Os pais biológicos deixam de manter com o filho o vínculo

---

1065. ECA, art. 41.

1066. CC, art. 1.521: "Não podem casar: I — os ascendentes com os descendentes, seja o parentesco natural ou civil; II — os afins em linha reta; [...] IV — os irmãos, unilaterais ou bilaterais, e demais colaterais, até o terceiro grau inclusive".

1067. CC, art. 1.595, § 1º.

civil da filiação e não podem recobrar esse estado. Excetuando as raras hipóteses de anulação ou rescisão da sentença constitutiva, não voltam mais à condição de pais, salvo se adotarem o filho biológico.

A adoção também faz operar a extinção do poder familiar dos pais biológicos, causa prevista no art. 1.635, IV, do Código Civil. Todavia, a adoção somente será possível se os pais concordarem com a adoção de seu filho ou se estiverem destituídos do poder familiar[1068]. O consentimento dos pais, com a formalidade essencial exigida pelo art. 166 do ECA, ou seja, mediante oitiva em audiência presidida pela autoridade judiciária, com a presença do Ministério Público, estando os genitores assistidos por advogado ou defensor público, única ocasião válida para a manifestação de concordância em relação à adoção do filho[1069]. Anote-se como requisito a oitiva antecedente pela equipe interprofissional para orientações e esclarecimentos, inclusive sobre a irrevogabilidade do ato, denotando a imprescindibilidade da emissão de um juízo de certeza quanto à grave decisão de dispor dos filhos.

Já a decisão de destituição do poder familiar reclama processo autônomo, conforme exposto anteriormente[1070]. Nem mesmo a morte dos adotantes faz com que os pais biológicos recobrem o poder familiar, como expressamente consignado no art. 49 do ECA, porquanto este é decorrente da filiação e esta já se encontra irrevogavelmente modificada.

Em relação aos adotantes, o único e magno efeito é o estabelecimento do vínculo de parentesco com o adotado, em linha reta e nas classes ascendente/descendente. O parentesco, de pais e filhos, resulta da filiação natural e da civil ou ficta constituída por sentença judicial[1071], que, inscrita no registro civil, comprova o liame jurídico[1072]. Desse vínculo é que decorre o poder familiar se o adotado for menor de dezoito anos, pois até essa

---

1068. ECA, art. 45.

1069. ECA, art. 166, I.

1070. V. § 92, Capítulo XIII, deste livro.

1071. Com o Código Civil de 2012, a adoção de maiores também depende de sentença, na forma do art. 1.619.

1072. CC, art. 1.603: "A filiação prova-se pela certidão do termo de nascimento registrada no Registro Civil".

idade os filhos ficam a ele submetidos[1073]. E a filiação ficta é definitiva, de modo que uma vez constituída pela sentença ou capítulo de sentença de um processo cumulativo[1074], somente poderá ser desfeita mediante um novo processo de adoção, nas mesmas hipóteses de desfazimento dos vínculos derivados da família natural. Tirante as hipóteses raras de anulação ou de rescisão da sentença, conforme a existência declarada de vício de direito material ou processual, a sentença, assim como a natureza, gera um estado irreversível, qual seja, o estado de filiação que, natural ou civil, somente permite alteração mediante uma adoção.

Em relação ao adotado, a adoção gera a vinculação jurídica de parentesco com os pais, decorrente da constituição judicial do estado de filiação. O adotado, se menor de idade, fica sujeito ao poder familiar dos adotantes, agora seus pais, sendo inserido na família em situação idêntica à dos filhos naturais por força da Constituição de 1988 que, ao introduzir a regra do § 6° do art. 227, depois repetida nos arts. 20 do ECA e 1.596 do Código Civil, proibiu qualquer tipo de distinção. Assim, ao prescrever que "Os filhos, havidos ou não da relação do casamento, ou por adoção, terão os mesmos direitos e qualificações, proibidas quaisquer designações discriminatórias relativas à filiação", de uma só vez acabou com as vetustas e discriminatórias diferenças que estabeleciam classes de filhos, como bastardos, ilegítimos, adulterinos etc. A adoção, consoante resumo inserto no art. 41 do ECA, "atribui a condição de filho ao adotado, com os mesmos direitos e deveres, inclusive sucessórios", restando esclarecido no § 2° do mesmo artigo que é "recíproco o direito sucessório entre o adotado, seus descendentes, o adotante, seus ascendentes, descendentes e colaterais até o 4° grau, observada a ordem de vocação hereditária". Por força do novo vínculo de parentesco, o adotado incorpora os apelidos da família substituta, sendo inscrito seu nascimento civil com "o nome dos adotantes como pais, bem como o nome de seus ascendentes"[1075].

1073. CC, art. 1.630. "Os filhos estão sujeitos ao poder familiar, enquanto menores".

1074. ECA, art. 47.

1075. ECA, art. 47, § 1°.

194. Prenome do adotado

Um efeito secundário pode derivar da adoção: a mudança do prenome do adotado, dependendo sempre de pedido dos interessados diretos[1076]. Sendo criança, deverá ser ouvido pela equipe interdisciplinar e ter sua opinião devidamente considerada; se adolescente, a mudança do prenome depende do seu consentimento expresso, colhido em audiência. Quando se tratar de criança de tenra idade, a providência deve ser deferida, porquanto o nome anterior, muitas vezes derivado de um assento de nascimento elaborado com os elementos constantes de autos, ainda não restou incorporado ao patrimônio da criança. Todavia, quando se tratar de criança cujo estágio de desenvolvimento e grau de compreensão lhe permitam opinar a respeito de tão grave mudança, a trilha de orientação é a da individualização da pessoa natural, da introjeção do prenome como elemento distintivo da personalidade, do valor do prenome na estima pessoal e social, de modo que a modificação somente deve ser deferida se não acarretar danos e, ao contrário, propiciar um recomeço para o adotado.

195. Requisitos em relação à família biológica

Tendo como referencial os pais biológicos, torna-se necessário observar a presença de um ou outro requisito para a adoção: (a) consentimento dos pais; (b) perda do poder familiar; ou (c) extinção do poder familiar. Se nenhum deles estiver presente, a adoção não se realiza em razão da falta de condição autorizadora do ato.

O consentimento dos pais deve ser livre, consciente e exarado na forma prescrita em lei, sob pena de invalidade que contamina todos os atos subsequentes. O valor emprestado pelo legislador à preservação dos vínculos biológicos, o respeito ao direito que deriva naturalmente da filiação

---

1076. Adotantes e adotando.

natural e a importância constitucional da família biológica no contexto social impõem extremo cuidado na coleta do consentimento potencialmente eficaz para a permissão de separação entre pais e filhos. O açodamento na coleta do consentimento, bem como a dispensa de formalidade, frustra o comando de várias normas, especialmente a residente no art. 39, § 1º, do ECA, que expressamente consigna que: "A adoção é medida excepcional e irrevogável, à qual se deve recorrer apenas quando esgotados os recursos de manutenção da criança ou adolescente na família natural ou extensa". O cuidado deve ser maior quando diante de pais fragilizados, principalmente pela pobreza ou outra situação de debilidade, pois não raras vezes optam pela entrega dos filhos como última razão para propiciarem a eles uma vida digna, na contramão de norma que impõe a inclusão da família em serviços e programas oficiais de proteção, apoio e promoção[1077].

Ao dizer que a "adoção depende do consentimento dos pais ou do representante legal do adotando"[1078], pontua o legislador a regra geral do consentimento dos pais naturais e submete o deferimento do pedido à concordância do representante legal, como o guardião e o tutor. Não seria crível que aquele que tem criança ou adolescente sob sua companhia em razão de uma medida de colocação em família substituta e que vem se desincumbindo adequadamente dos encargos relacionados à criação, desenvolvimento e proteção seja alijado do processo de adoção de seu pupilo. Se inexiste causa para eventual decreto de perda da guarda ou revogação da tutela, o que somente pode ser definido em processo autônomo com as garantias do contraditório e da ampla defesa, o consentimento é imprescindível, mesmo porque eventual adoção rompe também os vínculos entre os responsáveis e a criança ou adolescente.

A lei dispensa o consentimento dos pais desconhecidos[1079], prescindindo de eventual busca ativa dos supostos genitores que não figurem na certidão

---

1077. ECA, art. 23, § 1º.

1078. ECA, art. 45.

1079. ECA, art. 45, § 1º.

de nascimento da criança, desde que certificada a tomada das providências indicadas na Lei n. 8.560, de 29 de dezembro de 1992. Essa lei determina que, quando do registro de nascimento da criança somente pela mãe, esta deve ser indagada a respeito do suposto pai, remetendo o oficial os dados declamados para o juiz que, convocando o indicado, pode acertar a relação de filiação. Não comparecendo o intimado, as peças são encaminhadas ao Ministério Público para a propositura de ação de investigação de paternidade, salvo se a criança já tiver sido encaminhada para adoção, conforme regra prevista no § 5° do art. 2° da mencionada lei. Anote-se também que um dos efeitos da destituição do poder familiar é a perda do direito de consentir ou negar consentimento para a adoção do filho, de modo que desnecessário o chamamento dos pais.

A concordância com a adoção de filho ou pupilo se faz em audiência presidida pela autoridade judiciária, na presença do Ministério Público, estando os pais assistidos por advogado ou defensor. As declarações são tomadas por termo, garantindo a lei "a livre manifestação de vontade dos detentores do poder familiar e o direito ao sigilo das informações"[1080], sendo imprescindível que anteriormente os pais recebam todas as orientações e esclarecimentos da equipe interprofissional do juízo da infância e da juventude[1081]. Qualquer outra forma, ainda que aparentemente idônea, não serve para autorizar a adoção, nem mesmo uma declaração escrita, ficando ela dependente de sua confirmação na audiência referida[1082].

Vale consignar, ainda, que o consentimento dos pais somente fará incidir a regra de extinção do poder familiar residente no art. 166, II, do ECA se a criança ou adolescente for adotado, pois, se colocado em família substituta, mediante tutela ou guarda, ou mesmo inserido em programa de acolhimento institucional ou familiar, persistem os vínculos derivados do poder familiar, notadamente os deveres, inclusive o de alimentos, posto

---

1080. ECA, art. 166, § 3°.

1081. ECA, art. 166, § 2°.

1082. ECA, art. 166, § 4°.

CURSO DE DIREITO DA CRIANÇA E DO ADOLESCENTE

que a declaração de vontade de abdicar dos filhos não tem o condão de desonerar os pais de suas obrigações.

Interpretando o disposto no § 5º do art. 166 do ECA, com outras normas residentes no mesmo diploma legal, a retratação dos pais é possível até a data da prolação da sentença de adoção, quando se opera a constituição de um novo vínculo de filiação e o poder familiar da família natural é extinto pela própria adoção.

A destituição do poder familiar também autoriza a adoção, posto que os pais biológicos, ao perderem os direitos que o compõem[1083], perdem especialmente o direito de consentir ou negar consentimento para a adoção do filho. Desta forma, o pedido de adoção, instruído com a prova da destituição, se processa como um verdadeiro procedimento de jurisdição voluntária, incumbindo à autoridade judiciária a verificação da presença dos demais requisitos. Os pais biológicos, destituídos do poder familiar, não são chamados para o processo de adoção do filho, prevendo a lei que o pedido "poderá ser formulado diretamente em cartório, em petição assinada pelos próprios requerentes, dispensada a assistência de advogado"[1084], posto que inexiste lide.

A extinção do poder familiar também abre as portas da adoção, permitindo que o ato seja realizado sem o consentimento dos pais naturais.

A primeira causa retirada do art. 1.635 do Código Civil diz respeito à morte dos pais. O órfão pode ser adotado desde que concorram os outros requisitos, quanto aos adotantes, ao adotado e os relacionados à ordem pública. A segunda refere-se à emancipação, de modo que basta o consentimento do próprio adolescente, emancipado nos termos do art. 5º, parágrafo único, do Código Civil, para a realização do ato, uma vez que habilitado "à prática de todos os atos da vida civil"[1085]. A maioridade, operada aos 18 anos completos e causa natural de extinção do poder familiar, também

---

1083. Com o decreto de perda do poder familiar, os deveres a ele inerentes permanecem íntegros.

1084. ECA, art. 166, parte final.

1085. CC, art. 5º, caput.

permite a adoção sem o consentimento dos pais, conforme estabelece o art. 1.619 do Código Civil.

196. Requisitos em relação aos adotantes

Seis são os requisitos exigidos dos pretendentes à adoção: (a) maioridade; (b) diferença de dezesseis anos em relação ao adotado; (c) inexistência de óbice específico; (d) presença no cadastro de adotantes; (e) pessoalidade; e (f) motivação legítima.

Os maiores de 18 anos podem adotar, independentemente do estado civil, ou seja, se solteiros, casados, separados, divorciados ou viúvos[1086]. Devem guardar dezesseis anos, no mínimo, de diferença de idade com o adotado[1087], de modo que se projete uma relação de pais e filhos. O pedido é juridicamente impossível quando colidir com vedação legal expressa, caso de pedido formulado por ascendentes ou irmãos do adotado[1088], pelo tutor ou curador antes da prestação de contas e de saldar eventual alcance a ele atribuído[1089] e o formulado por duas pessoas que não sejam casadas civilmente ou mantenham união estável[1090]. A comprovação de que o adotante figura no cadastro de adoção também é imprescindível para a realização do ato, mormente porque a inscrição somente pode ser deferida se "precedida de um período de preparação psicossocial e jurídica"[1091]. Anote-se que a adoção por pessoa não integrante do cadastro tem natureza excepcionalíssima, somente admissível nas hipóteses taxativas da lei[1092].

1086. ECA, art. 42, caput.
1087. ECA, art. 42, § 3º.
1088. ECA, art. 42, § 1º.
1089. ECA, art. 44.
1090. ECA, art. 42, § 2º.
1091. ECA, art. 50, § 3º.
1092. ECA, art. 50, § 13.

CURSO DE DIREITO DA CRIANÇA E DO ADOLESCENTE

Ao vedar adoção por procuração[1093], resquício da época em que era possível a adoção por escritura pública, suprida a presença do adotante por instrumento de mandato, o legislador afirmou a pessoalidade do ato, notadamente porque determinou a necessidade de orientação da família substituta pela equipe interdisciplinar[1094], realização de estudos técnicos e submissão da apreciação do pleito a prévio estágio de convivência.

Por fim, o requisito da motivação legítima, verdadeira proibição do desvio de finalidade. A adoção tem como único propósito a assunção de terceiro como filho, estabelecendo uma relação de parentesco substitutiva da filiação biológica, capaz de propiciar à criança ou ao adolescente um espaço de criação, desenvolvimento e proteção. Outras motivações pessoais, quaisquer que sejam elas, frustram o desiderato legal, de modo que a pretensão deixa de ser legítima. A motivação para o ato constitui-se em objeto básico de estudo social e psicológico, cabendo à autoridade judiciária o juízo da legitimidade, ou seja, de adequação da pretensão às finalidades legais do instituto.

197. Requisitos em relação ao adotando

A manifestação de vontade é o único e principal requisito em relação ao adotando, condição imprescindível à validade do ato. Deflui de princípios básicos do direito da criança e do adolescente, prescritos em decorrência do culturalismo reativo que os retirou da posição secundária que ocupavam na escala de valores definida pelo mundo jurídico, quando foram erigidos à categoria de sujeitos de direitos diante da família, da sociedade e do Estado, avanço civilizatório reconhecido pela Constituição de 1988[1095].

1093. ECA, art. 39, § 2º.
1094. ECA, art. 166, § 7º.
1095. CF, art. 227.

Prioridade absoluta, proteção integral dos seus direitos e consideração de seus superiores interesses fomentaram uma série de normas destinadas a proscrever as práticas que colocavam crianças e adolescentes como meros objetos de intervenção do mundo adulto, inclusive jurídico.

Assim, nenhuma adoção tem validade sem a manifestação de vontade da criança ou adolescente, somente dispensada quando em razão de seu estágio de desenvolvimento não a possa exprimir. A faixa etária, portanto, constitui-se em referência fundamental para a verificação do preenchimento desse requisito indispensável, representando o corte legal de distinção entre criança e adolescente a régua básica de estabelecimento de exigências.

Criança que puder exprimir sua vontade deve ser ouvida pela equipe interprofissional. O escutar dos adultos não pode se constituir em mera formalidade, destinada exclusivamente ao cumprimento do requisito da lei para a abertura das portas da adoção; a oitiva deve ser orientada notadamente pelo recurso da empatia, de modo que traduza a compreensão de sentimentos e emoções da criança e possa, assim, resultar em subsídios para que a autoridade judiciária possa aquilatar a densidade da manifestação de vontade da criança em ser ou não adotada, levando em conta principalmente seu grau de compreensão quanto à importância e às consequências da medida. Se o querer da criança é relevante sob o aspecto jurídico, na exata proporção de que não é um mero objeto da intervenção do mundo adulto, ela deve ser questionada, com a técnica e o cuidado necessários, a respeito dos seus desejos e expectativas de vida no contexto de uma possível adoção, com o rompimento de seus vínculos familiares com a família natural.

Em se tratando de adolescente, o legislador exige consentimento, expressão da vontade de maneira solene e formal, requisito indispensável para a realização do ato. Por analogia à regra relacionada à coleta da adesão dos pais à adoção do filho[1096], o consentimento do adolescente deve

---

1096. ECA, art. 166, § 1°.

CURSO DE DIREITO DA CRIANÇA E DO ADOLESCENTE

ser manifestado em audiência presidida pela autoridade judiciária e na presença do Ministério Público. O consentimento deve ser livre e não admite supressão, porquanto se trata de expressão do direito à liberdade do adolescente, previsto na Constituição Federal[1097] e no ECA[1098], contando com regra específica[1099], cuja inobservância gera nulidade absoluta e eventualmente responsabilização do Estado e de seus agentes.

198. Exigências de ordem pública

A adoção pertence ao direito socioindividual, conjunto de normas marcadas pelos interesses pessoais (pais biológicos, adotantes e adotando) e desideratos sociais, destinados especialmente à proteção da família[1100], ao cumprimento do objetivo de combate à marginalização[1101], à proteção à maternidade e à infância[1102], gerando a presença de direitos indisponíveis e de deveres indeclináveis. Desta forma, serve-se também de um conjunto de regras cogentes destinadas à garantia de efetivação do desiderato básico de, em substituição à família natural, propiciar à criança ou ao adolescente um novo núcleo de convivência que se constitua em seu espaço de criação, desenvolvimento e proteção.

Assim, o primeiro requisito agrupado sob esta classificação é o de o ato propiciar reais vantagens para o adotando. Nem sempre a adoção, levados em conta caracteres e situações específicas, é a melhor solução para o caso concreto, perdendo em benefícios, materiais e emocionais, para outras modalidades de proteção especial à criança e ao adolescente.

1097. CF, art. 227.
1098. ECA, art. 17, II.
1099. ECA, art. 45, § 2º.
1100. CF, art. 226.
1101. CF, art. 3º, III.
1102. CF, art. 6º.

No caso do órfão, exemplificando, a ruptura com a família natural e o estabelecimento de um novo vínculo de parentesco podem não interessar ao adotando, não só em razão do desejo de manter íntegros os liames formais que manteve com a família consanguínea, preservando os dados de sua certidão de nascimento, até mesmo como forma de homenagem e respeito aos pais mortos, como também o recebimento de pensões e a permissão do herdar por representação dos avós biológicos.

Outras modalidades de colocação em família substituta não raras vezes se constituem em medidas protetivas muito mais adequadas do que a adoção, de modo que a perquirição é sempre necessária. Diga-se, ainda, que a falta desse requisito, por evidente razão pública, sobrepõe-se aos desejos individuais, seja da família biológica, dos adotantes e do próprio adotando, incumbindo à autoridade judiciária fazer a justificativa em cada caso concreto, à luz da proeminência das razões sociais sobre as de natureza individual.

O segundo requisito diz respeito ao obrigatório estágio de convivência, período de adaptação recíproca entre adotantes e adotando, possibilitando a aferição do cumprimento dos objetivos da medida, especialmente o estabelecimento de uma relação saudável entre pais e filhos.

Diz a lei que a "adoção será precedida de estágio de convivência com a criança ou adolescente, pelo prazo máximo de 90 (noventa) dias, observadas a idade da criança ou adolescente e as peculiaridades do caso"[1103]. Na redação inicial do ECA, o prazo seria fixado livremente pela autoridade judiciária, melhor do que a limitação definida pela lei modificadora[1104], em razão de condicionantes de cada caso concreto[1105]. Todavia, levando em conta a supremacia das razões de interesse social,

---

1103. ECA, art. 46.

1104. Lei n. 13.509, de 22 de novembro de 2017.

1105. A adaptação nos casos de adoção de adolescentes se presume com maiores dificuldades, de modo que as condições pessoais deveriam ser sopesadas na definição do prazo de estágio de convivência, inclusive permitindo eventual prorrogação.

CURSO DE DIREITO DA CRIANÇA E DO ADOLESCENTE

o estágio de convivência, ainda que fixado no tempo máximo, pode ser prorrogado pela autoridade judiciária quando o resultado da avaliação do primeiro período de prazo revelar dificuldades de adaptação que possam comprometer o resultado útil da adoção, mormente se levando em conta o efeito da irrevogabilidade[1106].

Ao mencionar que o "estágio de convivência poderá ser dispensado se o adotando já estiver sob a tutela ou guarda legal do adotante durante tempo suficiente para que seja possível avaliar a conveniência da constituição do vínculo"[1107], a lei explicita sua razão básica, qual seja, a de verificação do acerto da medida, pois se outras formas de colocação em família substituta comprovadamente já se mostraram exitosas, indicando relação entre pais e filhos, inexiste razão para o postergar da efetivação da medida. Essa é a razão do cuidado do legislador demonstrado pela norma do § 2º do art. 46 do ECA, pois, ao prescrever que a "simples guarda de fato não autoriza, por si só, a dispensa da realização do estágio de convivência", evidenciou que o motivo do estágio é o desenvolvimento das relações caracterizadoras do liame de filiação, notadamente afetivas, aferidas por estudos técnicos, inclusive visitas domiciliares, cujas conclusões devem ser estampadas em relatórios escritos, pois o juízo da constituição do vínculo deve ser de absoluta certeza e não de mera probabilidade.

Da análise das relações pessoais desenvolvidas entre adotante e adotando durante o estágio de convivência sobressai, além da adaptação de maneira geral, a constatação dos motivos legítimos e das vantagens da adoção para a criança ou adolescente. Relatado durante o estágio de convivência algum tipo de conflito é de lembrar que do confronto "entre direitos e interesses do adotando e de outras pessoas, inclusive seus pais biológicos, devem prevalecer os direitos e os interesses do adotando"[1108], evidenciando mais uma

---

1106. ECA: "Art. 46 [...] § 2º-A. O prazo máximo estabelecido no caput deste artigo pode ser prorrogado por até igual período, mediante decisão fundamentada da autoridade judiciária".

1107. ECA, art. 46, § 1º.

1108. ECA, art. 39, § 3º.

vez que a adoção, medida excepcional[1109], pode resolver primariamente o problema dos filhos sem pais, ficando em patamar secundário a solução da realidade de adultos sem filhos.

199. Adoção unilateral

Dá-se a adoção unilateral quando a substituição do vínculo de filiação opera-se apenas em relação a uma das linhas, paterna ou materna, permanecendo a outra absolutamente íntegra. É o caso de adoção do enteado ou enteada, valendo lembrar que, em relação ao pai ou mãe natural, em substituição, deverão ser observados os requisitos básicos, a saber: (a) consentimento; (b) perda do poder familiar; ou (c) extinção do poder familiar.

O consentimento daquele que não vai ser substituído na linha de filiação não é suficiente para autorizar o ato, pois o vínculo natural de pai ou mãe, ainda que ausente, não se desfaz pela falta de exercício, configurando direito indisponível. Desta forma, inexistindo autorização para o ato, a abertura das portas da adoção dar-se-á somente pela via da destituição judicial do poder familiar, sendo uma das hipóteses frequentes a de alegação de abandono, inclusive afetivo, já tratada anteriormente[1110].

Também devem ser observados os demais requisitos relacionados ao adotante, ao adotado e às exigências de ordem pública, pois a distinção se dá apenas em relação à substituição de uma das linhas do vínculo de filiação. Ainda que um dos pais naturais do adotando conviva há tempo com o adotante, a lei não dispensa o preenchimento dos demais requisitos, especialmente a relação factual de filiação, a fundamentação no motivo legítimo e as reais vantagens para a criança ou o adolescente, que, exemplificando, poderá perder os alimentos em razão do rompimento do vínculo

---

1109. ECA, art. 39, § 1º.

1110. V. § 92, Capítulo XIII, deste livro.

CURSO DE DIREITO DA CRIANÇA E DO ADOLESCENTE

de parentesco anterior. Vem regulada no art. 41, § 1º, do ECA: "Se um dos cônjuges ou concubinos adota o filho do outro, mantêm-se os vínculos de filiação entre o adotado e o cônjuge ou concubino do adotante e os respectivos parentes".

200. Adoção conjunta, com guarda isolada ou compartilhada

Duas pessoas podem adotar conjuntamente se casadas entre si ou se conviventes, aferida neste último caso a estabilidade da entidade familiar, conforme prescreve a regra do art. 42, § 2º, do ECA. Adoção conjunta, portanto, é a assunção por duas pessoas, cônjuges ou conviventes estáveis, de terceiro estranho como filho. O terceiro pode ser criança ou adolescente, ou mesmo adulto. Ambos os pretendentes devem atender a todos os requisitos legais, havendo julgados minimizando o requisito de diferença de idade de 16 (dezesseis) anos quando um dos adotantes preencha a exigência, porquanto tem natureza objetiva e aparentemente não vai comprometer a finalidade de estabelecimento de uma relação entre pais e filhos.

A adoção conjunta pode se consumar depois de dissolvida a sociedade conjugal ou de convivência, ficando sujeita aos seguintes requisitos especiais: (a) rompimento de vínculo depois do início do estágio de convivência com a criança e adolescente; (b) acordo sobre a guarda e direito de visitas; e (c) verificação de vínculos sólidos entre o adotando e ambos os cônjuges ou companheiros já separados. A lei permite acordo sob a modalidade de guarda compartilhada, nos mesmos termos da lei civil, implicitamente afirmando a inexistência de distinção entre filiação natural e adotiva[1111].

1111. ECA: "Art. 42. [...] § 4º Os divorciados, os judicialmente separados e os ex-companheiros podem adotar conjuntamente, contanto que acordem sobre a guarda e o regime de visitas e desde que o estágio de convivência tenha sido iniciado na constância do período de convivência e que seja comprovada a existência de vínculos de afinidade e afetividade com aquele não detentor da guarda, que justifiquem

201. Adoção póstuma

Adoção póstuma é aquela que se opera em relação ao adotante falecido, ficando sujeita, além dos gerais, aos seguintes requisitos especiais: (a) falecimento após inequívoca manifestação da vontade de adotar; e (b) morte no curso de procedimento já instaurado.

Trata-se de faculdade da autoridade judiciária, que deverá avaliar, de forma percuciente, especialmente se a medida apresenta reais vantagens para o adotando. Assim, se se tratar de adoção conjunta e um dos pretendentes falecer, havendo interesse do cônjuge ou convivente sobrevivente, a medida é menos problemática do que na adoção singular, em que apenas uma pessoa pretende a efetivação da adoção. Da mesma forma, deverá aquilatar as questões relativas à eventual herança e existência de patrimônio suficiente para bancar a criação e formação do adotando, bem como aferir se a medida não importa frustração de legítimos interesses de terceiros, que podem estar sendo vítimas de estratégias fraudulentas.

O requisito da inequívoca manifestação de vontade diz respeito ao mérito de adotar. O pretendente morto deve, em vida, ter tornado público o interesse de assumir o adotando como filho, revelando sua intenção a pessoas que possam isentamente confirmar seu desiderato. Se a manifestação for mediante documento escrito, gravado com a oficialidade, como a propositura de uma ação de adoção, subentende-se uma vontade clara e incontestável.

O segundo requisito diz respeito à forma: o procedimento de obtenção de consentimento dos pais biológicos, destituição do poder familiar, adoção, ou mesmo de qualquer outra modalidade de colocação em família substituta, já deve ter sido iniciado, de modo que presumível que uma medida destinada a permitir à criança ou ao adolescente um espaço de criação, desenvolvimento e proteção já estava em curso, o que reduz em muito as possibilidades de fraude.

---

a excepcionalidade da concessão. § 5º Nos casos do § 4º deste artigo, desde que demonstrado efetivo benefício ao adotando, será assegurada a guarda compartilhada".

CURSO DE DIREITO DA CRIANÇA E DO ADOLESCENTE

Exigir que seja um procedimento de adoção iniciado em vida pelo próprio interessado morto impede a conciliação dos dois requisitos, de modo que em relação ao segundo a interpretação deve ser mais elástica, sob pena do completo aniquilamento do primeiro, relacionado à inequívoca manifestação de vontade que pode ter se dado de forma extrajudicial. Assim, não é um procedimento de adoção, mas qualquer outro que tenha por finalidade a proteção da criança ou do adolescente que, alinhado à manifestação de vontade do interessado morto, deve permitir a adoção póstuma, não só como instrumento de proteção à criança e ao adolescente, mas também de respeito à vontade do falecido.

202. Adoção *intuitu personae*

Adoção *intuitu personae* não é a mesma coisa que adoção consentida. A adoção é consentida quando promovida com o antecedente da concordância dos pais, manifestada em audiência perante a autoridade judiciária, que manda posteriormente convocar pessoa ou casal interessado, inscrito no cadastro de adotantes e que ocupa a primeira posição na lista dos que manifestaram a intenção de adotar criança ou adolescente com aquelas características. Assim, a adoção *intuitu personae* não pode se arrimar no art. 166 do ECA, dispositivo que apenas disciplina uma forma permissiva de adoção, além daquelas que reclamam perda ou extinção do poder familiar.

Também não tem como sinônimo a expressão "adoção direta", o que dá a entender existir ato jurídico sem a necessidade de intermediação da autoridade judiciária. O vínculo de filiação decorrente da adoção sempre se constitui por sentença, inclusive a adoção de adulto[1112].

Doutrinariamente, adoção *intuitu personae* é a adoção dirigida a pessoa ou casal, escolhida ou aceita pelos pais do adotando. Pode estar inserida em

---

1112. CC, art. 1.619.

um sistema dependente ou não de intervenção judicial, sendo que neste último caso a lei deve regular forma, hipóteses e amplitude dos efeitos decorrentes da manifestação de vontade, o que não ocorre no Brasil.

A legislação brasileira não contempla a adoção *intuitu personae*, permitindo o deferimento de adoção em favor de candidato domiciliado no Brasil não inscrito no cadastro de adotantes, ou que a ordem de inscrições não seja observada, somente nas hipóteses expressamente consignadas nos incisos I, II e III do § 13 do art. 50 do ECA. Assim, a desconsideração do cadastro ou da ordem dos inscritos somente é possível nos casos de adoção unilateral ou quando se tratar de pedido formulado por um integrante da família extensa, guardião ou tutor da criança ou adolescente há mais de 3 (três) anos.

Terceiros conhecidos, ainda que aleguem mantença com a criança ou adolescente de relação interpessoal significativa, e longa, da qual defluam características de afinidade e afetividade, não têm qualquer primazia ou preferência legal na adoção, devendo se submeter aos mesmos trâmites dos demais interessados, aguardando a vez na chamada. As exceções foram expressamente consignadas na lei, não podendo ser aumentadas.

A indicação dos pais não subordina a decisão da autoridade judiciária, porquanto na adoção prevalecem normas de ordem pública, que se sobrepõem à autonomia da vontade. Deve o magistrado indeferir a indicação por falta de amparo legal, instando ao cumprimento da responsabilidade parental ou colocando a criança sob adoção de pessoa ou casal devidamente inscrito, registrando-se que o respeito ao cadastro democratiza o acesso de pretendentes, impede manipulações fundadas nos discursos de preferências ditadas por classes sociais e econômicas e sinaliza comportamento ético comprometido com o respeito a todos, sem qualquer forma de privilégio.

Além disso, havendo indícios de promessa ou paga de recompensa, a indicação deverá ser investigada ante a figura típica residente no art. 238 do ECA[1113],

---

1113. ECA: "Art. 238. Prometer ou efetivar a entrega de filho ou pupilo a terceiro, mediante paga ou recompensa: Pena — reclusão de um a quatro anos, e multa".

CURSO DE DIREITO DA CRIANÇA E DO ADOLESCENTE

crime de ação penal pública incondicionada estabelecido com o propósito de garantir a regularidade na colocação em família substituta[1114].

203. Consumação da adoção

A adoção consuma-se com a prolação da sentença constitutiva. Do ponto de vista jurídico, é um ato equiparável ao nascimento. O registro, inscrição no cartório civil, é apenas o ato que documenta um fato da natureza ou, no caso, o ato que registra um fato consumado em razão da vivificação judicial da vontade do legislador, razão da denominação, no passado, de filiação ficta ou meramente civil.

O ECA prescreve que a "adoção produz seus efeitos a partir do trânsito em julgado da sentença constitutiva"[1115], de modo que o principal efeito, a constituição do vínculo de filiação, estará definitivamente acertado com o advento de uma decisão "não mais sujeita a recurso"[1116]. É a partir do trânsito em julgado que se rompem os vínculos com a família natural e novos liames de parentesco são estabelecidos com a família substituta, sendo o registro apenas uma forma de documentação dessa nova situação ou estado jurídico.

Por força desse dispositivo, transitada em julgado, a sentença "será inscrita no registro civil mediante mandado do qual não se fornecerá certidão"[1117]. O não fornecimento de certidão está relacionado ao comando que emerge do disposto no art. 227, § 6º, da Constituição Federal, que proíbe "quaisquer designações discriminatórias relativas à filiação", inclusive adotiva, de modo que o sigilo, enquanto instrumento de preservação da intimidade, deve ser garantido em grau máximo. É de observar que se

---

1114. V. § 343, Capítulo XLVIII, deste livro.

1115. ECA, art. 47, § 7º.

1116. CPC, art. 502.

1117. ECA, art. 47.

trata de certidão do processo de adoção, da procedência do registro, pois as certidões do assento de nascimento são públicas, e no caso de adoção não devem conter nenhuma observação que se remeta ao processo e à sua origem, conforme o disposto no art. 47, § 4º, do ECA[1118].

A sentença constitutiva de adoção transitada em julgado também tem o condão de cancelar o registro original do adotado[1119], de modo que mandado também deverá ser expedido para o cartório de seu assento inicial. Isso se deve ao efeito de rompimento dos vínculos de parentesco com a família biológica, em caráter irrevogável.

A mesma lei[1120] que manteve quase íntegra a redação do original § 6º do art. 47 do ECA, transformando-o em § 7º do mesmo artigo, apenas com acréscimo, à locução "sentença", da expressão "constitutiva", mantendo seu cerne (exigência do trânsito em julgado para a produção de efeitos), fez incluir no ECA o art. 199-A, assim redigido: "A sentença que deferir a adoção produz efeito desde logo, embora sujeita a apelação, que será recebida exclusivamente no efeito devolutivo, salvo se se tratar de adoção internacional ou se houver perigo de dano irreparável ou de difícil reparação ao adotando".

Poder-se-ia, apressadamente, interpretar que, a partir da decisão de adoção, ainda sem trânsito em julgado, a sentença produziria o efeito básico de acertamento dos vínculos de filiação. Conciliando os dois dispositivos, alterados pela mesma lei, é de entender que, a partir da sentença, ainda sem trânsito em julgado, abrem-se as portas para decisões incidentais de execução ou prorrogação de outras medidas de proteção, como a concessão da guarda aos adotantes. Diga-se, também, que a Lei n. 12.509, de 22 de novembro de 2017, ao fazer incluir no ECA o § 5º do art. 197-E, mencionou expressamente o requisito de sentença de adoção transitada em julgado, reforçando o entendimento supra.

1118. ECA: "Art. 47. [...] § 4º Nenhuma observação sobre a origem do ato poderá constar nas certidões do registro".

1119. ECA, art. 47, § 2º.

1120. Lei n. 12.010, de 3 de agosto de 2009.

204. Procedimento

A adoção reclama procedimento autônomo, desde que satisfeito previamente um dos requisitos legais relacionados à família natural do adotando, podendo também se servir de processo cumulativo, contemplando, além dele próprio, o pedido de destituição do poder familiar em relação aos pais biológicos.

Quando se tratar de ação autônoma, sua configuração é de um procedimento de jurisdição voluntária, caracterizado pela inexistência de lide. Se, de um lado, temos uma criança ou um adolescente que desejam a adoção e, de outro, uma pessoa ou casal cadastrado que quer adotá-los, se os pais biológicos consentiram com o ato ou não mais podem fazê-lo porquanto o poder familiar se encontra extinto ou decaído, aplicam-se, no que couber, as normas procedimentais relacionadas ao procedimento geral de colocação em família substituta, disciplinado nos arts. 165 a 170 do ECA. Ao final do procedimento, juntados aos autos os estudos necessários, coletados os consentimentos devidos e considerado satisfatório o estágio de convivência, a autoridade judiciária declara satisfeitos os requisitos legais e concede a adoção mediante a prolação de uma sentença constitutiva. Nesta hipótese, "O prazo máximo para conclusão da ação de adoção será de 120 (cento e vinte) dias, prorrogável uma única vez por igual período, mediante decisão fundamentada da autoridade judiciária", conforme regra estabelecida no § 10 do art. 47 do ECA.

O pedido de adoção também pode vir cumulado com a ação de destituição do poder familiar[1121]. Pode ser iniciado pelos pretendentes à adoção, detentores de legítimo interesse na obtenção da sentença, na forma preconizada pela parte final do art. 155 do ECA, desde que assumam o risco da afirmação de uma das causas que justificam sua perda. Os pretendentes também podem aguardar o desfecho de ação movida pelo Ministério Público, sendo prudente orientação no sentido de que o resultado da

---

1121. V. § 93, Capítulo XIII, deste livro.

destituição pode ser incerto e outros podem ter primazia legal na adoção da criança pretendida.

Não há prazo fixado em lei para a conclusão do processo de adoção cumulado com destituição do poder familiar. Deve atender ao princípio constitucional da duração razoável do processo, insculpido na regra do art. 5°, LXXVIII, da Constituição da República, sem, contudo, coarctar direitos relacionados à segurança jurídica e ao devido processo legal, com todos os seus derivativos, como a ampla defesa e o respeito ao contraditório. A perda do poder familiar e a abertura da via da adoção importam denegação do direito natural à filiação consanguínea, rompendo vínculos estabelecidos pela natureza, de modo que se sujeita a um processo marcado pela absoluta lisura e regularidade, nem sempre conciliável com a pressa, de modo que sua marcha deve ser caracterizada pela velocidade razoável.

205. Direito do adotado à sua história

A Lei n. 12.010, de 3 de agosto de 2009, incluiu no ECA o direito à revelação da origem biológica ao adotado. Prescreve o art. 48: "O adotado tem direito de conhecer sua origem biológica, bem como de obter acesso irrestrito ao processo no qual a medida foi aplicada e seus eventuais incidentes, após completar 18 anos".

Duas regras defluem do dispositivo. A primeira no sentido de proclamar o direito da criança e do adolescente adotados de conhecer sua condição, de modo que legalmente não fica mais a critério da família substituta a decisão da revelação da sua origem.

O legislador fez uma escolha, considerando o conhecimento acumulado sobre o assunto, indicando a necessidade de que os adotantes contem a verdade para o adotado, assim que entendam adequado, considerando seu estágio de desenvolvimento e grau de compreensão a respeito dos episódios da existência. O acompanhamento pós-adotivo, notadamente por equipe interprofissional, serve para o encontrar desse momento propício, valendo lembrar que a obrigação correspondente a esse direito é dos pais adotivos.

A segunda regra concerne ao direito do adotado, completados 18 (dezoito) anos de idade, de consultar os autos do processo de adoção e seus incidentes, inclusive eventual ação de destituição do poder familiar promovida em face de seus pais biológicos. O conhecimento de fatos relacionados à sua própria vida, com todos os pormenores registrados, inclusive o acesso a dados que possibilitem a localização dos seus parentes naturais, constitui-se em direito inalienável relacionado à ciência da sua história, integrando hoje o leque de interesses que constituem o conjunto de bens que caracterizam a dignidade da pessoa humana.

Consoante o parágrafo único do mencionado art. 48 do ECA[1122], "O acesso ao processo de adoção poderá ser também deferido ao adotado menor de 18 anos, a seu pedido, assegurada orientação e assistência jurídica e psicológica", depreendendo-se excepcionalidade que deverá ser avaliada em cada caso concreto, à luz das necessidades pessoais, materiais e psicológicas, que recomendem, conforme parecer técnico, a antecipação do conhecimento de dados constantes de seus processos. Na maioridade, reitere-se, não há nenhum condicionante.

206. Cadastros

A necessidade de democratização de acesso, o desiderato da coibição de fraudes e a necessária impessoalidade na condução dos serviços públicos, inclusive o de justiça, fizeram com que o legislador determinasse a instituição de cadastros de "crianças e adolescentes em condições de serem adotados e outro de pessoas interessadas na adoção"[1123].

1122. ECA, art. 48.
1123. ECA, art. 50.

Deve ser organizado em cada comarca ou foro regional pelo Juízo da Infância e da Juventude, materialmente competente para a determinação de adoções de crianças e adolescentes[1124]. Devem ser incluídas no cadastro as crianças sob a jurisdição do juízo com competência territorial definida pelo domicílio dos pais biológicos[1125], ou subsidiariamente pelo do lugar onde se encontrem[1126], sem prejuízo da implementação de "cadastros estaduais e nacional de crianças e adolescentes em condições de serem adotados e de pessoas ou casais habilitados à adoção"[1127], de modo a possibilitar fluxos e intercâmbio de informações, contribuindo para a efetivação de adoções[1128].

Regulados no art. 50 e seus parágrafos do ECA, três aspectos devem ser destacados em relação aos cadastros: (a) inscrição de particulares; (b) alimentação; e c) consulta.

A inscrição opera-se em razão de pedido de pessoa ou casal interessado, deduzido junto ao Juízo da Infância e Juventude do domicílio, instruído com os dados e documentos indicados no art. 197-A do ECA[1129]. Diz a lei que a "autoridade judiciária, no prazo de 48 (quarenta e oito) horas, dará vista dos autos ao Ministério Público, que no prazo de 5 (cinco) dias poderá: I — apresentar quesitos a serem respondidos pela equipe interprofissional encarregada de elaborar o estudo técnico a que se refere o art. 197-C desta Lei; II — requerer a designação de audiência para oitiva dos postulantes em juízo e testemunhas; III — requerer a juntada de documentos complementares e a realização de outras diligências que entender necessárias"[1130].

1124. ECA, art. 148, III.

1125. ECA, art. 147, I.

1126. ECA, art. 147, II.

1127. ECA, art. 50, § 5º.

1128. O CNJ, em 2008, criou um banco de dados, único e nacional, denominado Cadastro Nacional de Adoção.

1129. O Cadastro Nacional de Adoção, do CNJ, dispõe de "passo a passo da adoção", que pode ser consultado no seguinte endereço eletrônico: https://www.cnj.jus.br/programas-e-acoes/cadastro-nacional-de-adocao-cna/passo-a-passo-da-adocao.

1130. ECA, art. 197-B.

CURSO DE DIREITO DA CRIANÇA E DO ADOLESCENTE

Cumpridas eventuais diligências, segue-se o período de preparação psicossocial e sobrevém a decisão, negando ou deferindo a inscrição, ouvidos o órgão técnico e o Ministério Público. Desta decisão cabe recurso de apelação. Deferido o pedido, a pessoa ou casal deverá ser inscrito, no prazo de 48 horas, nos cadastros local, estadual e nacional de adotantes. A habilitação deve ser renovada a cada três anos ou na hipótese de três recusas injustificadas aos chamamentos do juízo da infância, servindo para uma ou mais adoções.

O § 5º do art. 197-E do ECA prescreve: "A desistência do pretendente em relação à guarda para fins de adoção ou a devolução da criança ou do adolescente depois do trânsito em julgado da sentença de adoção importará na sua exclusão dos cadastros de adoção e na vedação de renovação da habilitação, salvo decisão judicial fundamentada, sem prejuízo das demais sanções previstas na legislação vigente".

Observe-se que somente a desistência em relação à guarda adotiva é possível, pois inexiste a possibilidade de "devolução" de criança adotada. Transitada em julgado a adoção, o vínculo de parentesco com a família adotiva já se encontra constituído, de modo que somente uma nova adoção possibilitará seu rompimento, perdurando todos os deveres decorrentes da relação de filiação.

A "devolução" somente pode ser interpretada como manifestação de consentimento para uma nova adoção ou mesmo decorrente do advento de uma sentença decretando a perda do poder familiar. Como o filho natural não pode ser devolvido para a natureza, também o filho adotivo não pode ser devolvido para a Justiça. De todo modo, a "devolução" acarretará a exclusão do cadastro e a vedação de nova habilitação.

A inscrição de crianças e adolescentes adotáveis no cadastro específico somente se opera quando não tiverem colocação na comarca de origem. Assim, atestada a inviabilidade de manutenção dos vínculos naturais, documentada a impossibilidade de manutenção da criança ou adolescente na família extensa, constatada a inexistência de interessados no cadastro local, a autoridade judiciária, no prazo de quarenta e oito horas, providenciará a inscrição da criança nos cadastros estadual e nacional, alargando as possiblidades de encontro de pessoas ou famílias interessadas na adoção.

Na tentativa de minimizar a espera por uma família, o legislador prescreveu que, "Enquanto não localizada pessoa ou casal interessado em sua adoção, a criança ou o adolescente, sempre que possível e recomendável, será colocado sob guarda de família cadastrada em programa de acolhimento familiar"[1131]. Diz ainda a lei que: "Compete à Autoridade Central Estadual zelar pela manutenção e correta alimentação dos cadastros, com posterior comunicação à Autoridade Central Federal Brasileira"[1132].

Havendo criança ou adolescente passível de adoção, a consulta aos cadastros, começando pelo da comarca de origem, é obrigatória. A lei é peremptória: "Deferida a habilitação, o postulante será inscrito nos cadastros referidos no art. 50 desta Lei, sendo a sua convocação para a adoção feita de acordo com ordem cronológica de habilitação e conforme a disponibilidade de crianças ou adolescentes adotáveis"[1133].

A ordem cronológica somente poderá ser inobservada quando[1134]: (a) se tratar de adoção unilateral; (b) em favor de pretendente integrante da família extensa; e (c) formulada por guardião ou tutor de criança maior de 3 anos de idade, comprovados laços de afinidade e afetividade e a inexistência de indícios de burla à ordem dos cadastros, como também da prática dos crimes definidos nos arts. 237[1135] e 238[1136] do ECA. Anote-se que convocação criteriosa dos postulantes deve ser fiscalizada pelo Ministério Público[1137], evidenciando a preocupação do legislador em

---

1131. ECA, art. 50, § 10.

1132. ECA, art. 50, § 9º.

1133. ECA, art. 197-E.

1134. ECA, art. 197-E, § 1º.

1135. ECA: "Art. 237. Subtrair criança ou adolescente ao poder de quem o tem sob sua guarda em virtude de lei ou ordem judicial, com o fim de colocação em lar substituto: Pena — reclusão de dois a seis anos, e multa".

1136. ECA: "Art. 238. Prometer ou efetivar a entrega de filho ou pupilo a terceiro, mediante paga ou recompensa: Pena — reclusão de um a quatro anos, e multa".

1137. ECA, art. 50, § 12.

CURSO DE DIREITO DA CRIANÇA E DO ADOLESCENTE

garantir acesso igualitário de todos os interessados às crianças passíveis de adoção, proscritas quaisquer formas de protecionismo ou pessoalidade na concessão de adoções.

207. Adoção internacional

Diz o ECA, em seu art. 51, que: "Considera-se adoção internacional aquela na qual o pretendente possui residência habitual em país-parte da Convenção de Haia, de 29 de maio de 1993, relativa à Proteção das Crianças e à Cooperação em Matéria de Adoção Internacional, promulgada pelo Decreto n. 3.087, de 21 junho de 1999, e deseja adotar criança em outro país-parte da Convenção".

Em resumo, adoção internacional é a adoção de criança ou adolescente nacional por adotante estrangeiro residente ou domiciliado fora do país. Essa definição generalista permite classificar a adoção internacional levando-se em conta: (a) a nacionalidade e domicílio dos adotantes; e (b) a nacionalidade do adotando.

Quanto aos adotantes estrangeiros residentes e domiciliados fora do país, impõe-se a observância das seguintes exigências específicas: (a) domicílio em país signatário da Convenção da Haia sobre Adoção, de 1993; (b) habilitação perante a autoridade central do país de acolhida, instruída com relatório circunstanciado de estudo psicossocial, contendo especialmente informações sobre a identidade, a capacidade jurídica e a adequação dos solicitantes para adotar, sua situação pessoal, familiar e médica, seu meio social, os motivos que os animam e sua aptidão para assumir uma adoção internacional, cópia da legislação do país de origem e comprovação de vigência, tudo devidamente traduzido para o português; (c) laudo de habilitação expedido pela autoridade central estadual brasileira, com validade de um ano, instruído com estudo de compatibilização das legislações nacional e estrangeira, de modo a permitir avaliação pela autoridade judiciária encarregada de avaliar o pedido específico; e (d) autorização de adoção de criança determinada, conforme documento expedido pela Autoridade Central Estadual.

Os adotantes poderão ter seu pedido intermediado por organismos nacionais e estrangeiros, previamente credenciados pela Autoridade Central Federal Brasileira, credenciamento válido por 2 (dois) anos desde que satisfeitos os requisitos legais e cumpridas as obrigações decorrentes da intermediação, conforme exaustivamente disciplinado no ECA[1138].

Da disciplina da adoção internacional dois requisitos especiais de ordem pública devem ser observados e criteriosamente sopesados, quer quando da habilitação dos estrangeiros perante a Autoridade Central Estadual, quer pela autoridade judiciária quando da análise do pedido específico de adoção: (a) a previsão de inscrição de nascimento do adotado brasileiro no cartório de registro civil ou equivalente do domicílio dos adotantes; e (b) a previsão de aquisição da cidadania relacionada ao país de acolhida[1139].

O adotado brasileiro não pode ser inserido juridicamente no país de acolhida como um cidadão de segunda classe, sem os mesmos direitos dos nativos, sob pena de frustração do instituto da adoção, tal como criado e desenvolvido pelo ordenamento jurídico nacional. Se o adotado passa a ser filho dos adotantes, como se natural fosse, desse estabelecimento de parentesco decorrem consequências indeclináveis, que não podem sucumbir em razão de regras protetivas de fronteiras e da história sanguínea das pessoas. Inexistindo garantias relacionadas à filiação e à nacionalidade, a habilitação deve ser indeferida e, caso o for, o pedido específico não pode ser aceito.

A Convenção de Haia, de 29 de maio de 1993[1140], exige para a habilitação que a criança adotada seja autorizada a entrar e residir

---

1138. Art. 52, §§ 1º ao 7º, 11 ao 15; art. 52-A.

1139. A comprovação do preenchimento desses requisitos no país de acolhida constitui-se em obrigação primordial dos organismos credenciados para a intermediação de adoções internacionais, conforme se verifica do disposto nos incisos V e VI do § 4º do art. 52 do ECA.

1140. V. Decreto n. 3.087, de 21 junho de 1999.

CURSO DE DIREITO DA CRIANÇA E DO ADOLESCENTE

permanentemente no Estado de acolhida[1141], bem como exige que o país dos adotantes reconheça o novo vínculo de filiação, rompa os anteriores e preveja a responsabilidade paterna dos adotantes[1142], de modo que o cuidado não é apenas um desiderato tupiniquim, mas também o resultado de um consenso de países.

A autorização para adoção, expressamente referida no inciso VIII do art. 52 do ECA[1143], nada mais é que o encaminhamento dos pretendentes para o Juízo da Infância e da Juventude em que se encontra o adotando, expedida com a observância rigorosa da excepcionalidade prevista em lei[1144], que se revela mediante comprovação de que a consulta obrigatória aos cadastros local, estadual e nacional restou negativa, ou seja, de que não existem interessados brasileiros e que a criança ou adolescente encontra-se em situação jurídica permissiva da adoção internacional[1145].

No § 1º do art. 51 do ECA exacerba-se o cuidado do legislador: "§ 1º A adoção internacional de criança ou adolescente brasileiro ou domiciliado no Brasil somente terá lugar quando restar comprovado: I — que a colocação em família adotiva é a solução adequada ao caso concreto; II — que foram esgotadas todas as possibilidades de colocação da criança ou adolescente em família adotiva brasileira, com a comprovação, certificada nos autos, da inexistência de adotantes habilitados residentes no Brasil com perfil compatível com a criança ou adolescente, após consulta aos cadastros mencionados nesta Lei; III — que, em se tratando de adoção de adolescente, este foi consultado, por meios adequados ao seu estágio de desenvolvimento, e que se encontra preparado para a medida, mediante parecer elaborado por equipe interprofissional, observado o disposto nos §§ 1º e 2º do art. 28 desta Lei".

1141. Art. 17, *d*.

1142. V. Convenção de Haia, art. 26.

1143. ECA: "Art. 52. [...] VIII — de posse do laudo de habilitação, o interessado será autorizado a formalizar pedido de adoção perante o Juízo da Infância e da Juventude do local em que se encontra a criança ou adolescente, conforme indicação efetuada pela Autoridade Central Estadual".

1144. ECA, art. 31.

1145. ECA, art. 50, §§ 6º e 10.

"Transitada em julgado a decisão, a autoridade judiciária determinará a expedição de alvará com autorização de viagem, bem como para obtenção de passaporte, constando, obrigatoriamente, as características da criança ou adolescente adotado, como idade, cor, sexo, eventuais sinais ou traços peculiares, assim como foto recente e a aposição da impressão digital do seu polegar direito, instruindo o documento com cópia autenticada da decisão e certidão de trânsito em julgado."[1146] É de observar o impedimento à saída de brasileiro adotado antes do trânsito em julgado da decisão[1147], sendo eventual burla considerada prática criminosa, nos termos do art. 239 do ECA[1148].

Em relação à adoção de nacional por brasileiro residente e domiciliado fora do país, verifica-se a presença das seguintes normas residentes no ECA:

Art. 52-B. A adoção por brasileiro residente no exterior em país ratificante da Convenção de Haia, cujo processo de adoção tenha sido processado em conformidade com a legislação vigente no país de residência e atendido o disposto na alínea *c* do art. 17 da referida Convenção[1149], será automaticamente recepcionada com o reingresso no Brasil. § 1° Caso não tenha sido atendido o disposto na alínea *c* do art. 17 da Convenção de Haia, deverá a sentença ser homologada pelo Superior Tribunal de Justiça. O pretendente brasileiro residente no exterior em país não ratificante da Convenção de Haia, uma vez reingressado no Brasil, deverá requerer a homologação da sentença estrangeira pelo Superior Tribunal de Justiça.

Pontue-se que os nacionais, no exterior, terão preferência aos estrangeiros, nos casos de adoção internacional de criança ou adolescente brasileiro[1150].

1146. ECA, art. 52, § 9°.

1147. ECA, art. 52, § 8°.

1148. ECA: "Art. 239. Promover ou auxiliar a efetivação de ato destinado ao envio de criança ou adolescente para o exterior com inobservância das formalidades legais ou com o fito de obter lucro: Pena — reclusão de quatro a seis anos, e multa".

1149. A alínea *c* do art. 17 da Convenção de Haia condiciona a concessão da adoção internacional no Estado de origem quando as Autoridades Centrais de ambos os Estados estiverem de acordo.

1150. ECA, art. 51, § 2°.

CURSO DE DIREITO DA CRIANÇA E DO ADOLESCENTE

Já a adoção de estrangeiro por brasileiro residente e domiciliado no Brasil importa produção dos mesmos efeitos da adoção de nacional, inclusive com a expedição de certificado de naturalização provisório, salvo se a Autoridade Central Estadual, ouvido o Ministério Público, reconhecer que a adoção no exterior é manifestamente contrária à ordem pública ou não atende ao interesse superior da criança ou do adolescente[1151], situação ensejadora de aplicação de medidas protetivas de resguardo aos interesses da criança ou adolescente[1152]. Havendo remissão da legislação estrangeira à normativa brasileira, país de acolhimento, no que diz respeito à adoção do seu nacional, ou mesmo porque o país de origem não tenha aderido à Convenção de Haia, aplicam-se as nossas regras substanciais e procedimentais sobre adoção[1153].

1151. ECA, art. 52-C, § 1º.
1152. ECA, art. 52-C, § 2º.
1153. ECA, art. 52-D.

XXVII

Sistemas de proteção aos direitos da criança e adolescente

208. Sistemas tradicionais

Os direitos declarados ou proclamados, especialmente mediante leis cujos projetos foram regularmente aprovados pelo Congresso Nacional e seu texto sancionado pela Presidência da República, na exata correspondência dos poderes constituídos em razão de processos eleitorais livres e escorreitos, compõem um acervo de legalidade democrática, integrado por preceitos dotados de potencialidade de transposição da letra para incorporação ao contexto social.

Contudo, a observância voluntária das obrigações que são ínsitas aos direitos é uma utopia. Aparentemente, a humanidade busca a aceitação plena dos direitos declarados desde suas organizações rudimentares, de vez que a desobediência é causa geradora de instabilidade.

De certa forma, os direitos não se realizam em razão da negativa da sua existência ou da recusa à sua eficácia. Na primeira hipótese, inexiste

CURSO DE DIREITO DA CRIANÇA E DO ADOLESCENTE

reconhecimento da sua presença no meio social e, na segunda, a admissão da sua realidade é insuficiente para levar ao cumprimento do dever, omissivo ou comissivo, dele derivado.

Reconhecer o direito e obter a sua realização, portanto, constituem-se em desideratos dos sistemas voltados à efetivação dos interesses protegidos, gestados na tentativa de buscar, pela força ou civilidade, uma possível pacificação social.

O sistema tradicional de proteção aos direitos, fruto de evolução que no mundo ocidental encontra no velho direito romano a história de sua criação, pressupõe um poder capaz de promover aqueles resultados. A necessidade de validar direitos irrealizados, portanto, deu origem ao Poder Judiciário, estrutura usual de solução dos conflitos.

Todavia, esse sistema não foi capaz de atender a todas as necessidades da infância e da juventude em busca de justiça. Alinham-se os seguintes fatores: (a) a carência maior de justiça social não encontrava no Judiciário, notadamente no passado, poder de fazer implementar políticas básicas e nem mesmo de fazer com que o Estado cumprisse as contraprestações individuais relacionadas aos direitos sociais; (b) a dificuldade de acesso direto de crianças e adolescentes a esse sistema formal de distribuição de justiça, dependente de provocação de pessoas no gozo pleno das suas capacidades civis, porquanto os menores de 18 (dezoito) anos de idade são reconhecidos legalmente como absoluta ou relativamente incapazes, necessitados de representação ou assistência legal; (c) a dificuldade no preenchimento do requisito da capacidade postulatória, conferida especialmente aos advogados, profissionais qualificados a defender interesses conflitantes em juízo; e (d) a promessa constitucional não cumprida de assistência judiciária aos necessitados, com a característica da universalidade.

Notadamente em razão das dificuldades de acesso formal à justiça, outro modelo de proteção aos direitos de crianças e adolescentes, absolutamente ineficaz e arbitrário, consiste na atribuição abrangente de competências aos órgãos administrativos do poder público, especialmente organismos policiais e entidades de atendimento.

São eles, no extremo, os responsáveis pelas averiguações das situações, imposição e execução das medidas aos menores de 18 (dezoito) anos de idade, utilizando-se de procedimentos simplistas em que predomina a vontade da Administração sobre garantias processuais dos envolvidos. O Judiciário somente exerce um controle a distância, ou indireto, da atividade administrativa.

Um sistema misto, judicial e administrativo, pode ser visualizado na história do direito da criança e do adolescente no Brasil. Reservam-se competências ao Judiciário, mas também se atribuem às autoridades administrativas iniciativas que interferem na esfera de direitos de pais, responsáveis, crianças e adolescentes.

Conforme se verifica do Decreto n. 5.083, de 1º de dezembro de 1926, o então Presidente da República, Washington Luís, mandou consolidar "leis de assistência e proteção aos menores", orientando à disciplina normativa das "medidas necessárias à guarda, tutela, vigilância, educação, preservação e reforma dos abandonados ou delinquentes", dando origem ao Código Mello Mattos, instituído pelo Decreto n. 17.943-A, de 12 de outubro de 1927. Este definiu como "objeto ou fim da lei" a disciplina jurídica das medidas destinadas ao "menor, de um ou outro sexo, abandonado ou delinquente"[1154] e consolidou, no então Distrito Federal, um "juízo privativo dos menores abandonados e delinquentes"[1155], reservando ao juiz de menores uma série de competências judiciais em sentido estrito[1156], inclusive a mantença da chefia de um abrigo de menores[1157].

O Código Mello Mattos permitia que toda autoridade judicial, policial ou administrativa, apreendesse ou detivesse menor que fosse encontrado abandonado[1158], permitindo à autoridade policial, mesmo não sendo caso de flagrante, que apreendesse o menor, sem ordem judicial, para encaminhamento ao juiz. Facultava, ainda, a adoção das "providências que forem

---

1154. CMM, art. 1º.

1155. CMM, art. 146.

1156. CMM, art. 147.

1157. CMM, art. 189.

1158. CMM, art. 157.

CURSO DE DIREITO DA CRIANÇA E DO ADOLESCENTE

necessárias" quando de "visitas a escolas, oficinas e qualquer outro lugar onde se achem menores"[1159], visitas essas que eram realizadas "por funcionários especiais sob a direção da autoridade competente"[1160].

O Código de Menores[1161] não inovou nessa concepção antiga, mantendo um sistema judicial-administrativo de solução dos conflitos envolvendo crianças e adolescentes. As categorias "abandonado" e "delinquente" foram incorporadas à rotulagem de "menor em situação irregular", prevendo um sistema de atividades jurisdicionais e administrativas, supostamente destinadas à proteção de crianças e adolescentes. Ainda que a maioria das medidas dependesse de atividades judiciais, esse Código acabou por suprimir dos processos garantias processuais destinadas a modular a intervenção do Estado, especialmente desconsiderando elementos integrantes do devido processo legal, como o contraditório e a ampla defesa, assemelhando pretensos processos judiciais a procedimentos administrativos inquisitoriais.

Outro sistema é o comunitário, no qual as soluções dos conflitos envolvendo crianças e adolescentes, provocados por eles ou que os tenham como vítimas, consistem em repassar às comunidades de origem o ônus de adotar os encaminhamentos necessários. Pode ser encontrado em sociedades antigas e mais modernamente em comunidades com cultura preservada, como tradicionais, as indígenas e outras, assim como em sociedades onde a solução do grupo social encontra-se no ápice de uma escala de valores que coloca a comunidade como fonte principal de emanação do poder de pacificação e de resolução dos conflitos sociais.

209. Sistema articulado e rede de atendimento

Pressupondo que somente através de um conjunto de ações e serviços de proteção aos direitos da infância e da juventude seria possível avançar

---

1159. CMM, art. 136.

1160. CMM, art. 136, § 3º.

1161. Lei n. 6.697, de 10 de outubro de 1979.

na realização concreta dos interesses juridicamente protegidos da criança e do adolescente, o ECA instituiu um sistema articulado mediante uma rede ampla de atendimento.

Expressamente dispôs, em seu art. 86, que a "política de atendimento dos direitos da criança e do adolescente far-se-á através de um conjunto articulado de ações governamentais e não governamentais, da União, dos Estados, do Distrito Federal e dos municípios"[1162].

Essa articulação sistêmica determina uma organização que se manifesta através de quatro traços individualizadores: (a) universalidade; (b) abrangência temática; (c) acessibilidade aos organismos de defesa dos direitos; e (d) cooperativismo ou atendimento em rede.

A universalidade do sistema se manifesta através da inclusão de todos, sem qualquer exceção. Definido o critério, no caso menores de 18 (dezoitos) anos de idade, crianças ou adolescentes, a proteção é devida a todos. Importante consignar que a proteção, ou repressão, era no passado seletiva. Somente alguns recebiam o benefício normativo ou sofriam as severidades da lei. O ECA igualou os destinatários das suas normas.

Os sistemas anteriores tinham como alvos, em um primeiro momento histórico-legislativo[1163], menores abandonados e delinquentes e, em um segundo[1164], menores em situação irregular[1165]. O sistema introduzido pelo ECA tem como destinatários crianças e adolescentes, não fazendo

---

1162. Concepção assemelhada está presente no SUS, previsto no art. 198 da Constituição Federal e disciplinado pela Lei n. 8.080, de 19 de setembro de 1990, indicando uma fase legislativa pós-Constituição de 1988 bastante arrimada em diretrizes comuns, assim como o ECA e o Código de Defesa do Consumidor, Lei n. 8.078, de 11 de setembro de 1990, no que tange aos direitos coletivos.

1163. Código Mello Mattos.

1164. Código de Menores.

1165. CM, art. 2º: "Para os efeitos deste Código, considera-se em situação irregular o menor: I — privado de condições essenciais à sua subsistência, saúde e instrução obrigatória, ainda que eventualmente, em razão de: a) falta, ação ou omissão dos pais ou responsável; b) manifesta impossibilidade dos pais ou responsável para provê-las; II — vítima de maus-tratos ou castigos imoderados impostos pelos pais ou responsável; III — em perigo moral, devido a: a) encontrar-se, de modo habitual, em ambiente contrário aos bons costumes; b) exploração em atividade contrária aos bons costumes; IV — privado de representação ou assistência legal, pela falta eventual dos pais ou responsável; V — com desvio de conduta, em virtude de grave inadaptação familiar ou comunitária; VI — autor de infração penal".

CURSO DE DIREITO DA CRIANÇA E DO ADOLESCENTE

qualquer distinção. Basta que se encaixem na classificação etária de criança ou adolescente[1166] para que se encontrem sob a esfera de proteção legal, conclusão retirada da inexistência de qualquer exclusão presente em seus dispositivos, desde o início de sua vigência, bem como da utilização da expressão "toda criança ou adolescente" em vários de seus dispositivos[1167].

A Lei n. 13.257, de 8 de março de 2016, que dispôs sobre as políticas da primeira infância, acabou por explicitar ainda mais a universalidade através da inclusão de um parágrafo único ao art. 3º do ECA, com a seguinte redação: "Os direitos enunciados nesta Lei aplicam-se a todas as crianças e adolescentes, sem discriminação de nascimento, situação familiar, idade, sexo, raça, etnia ou cor, religião ou crença, deficiência, condição pessoal de desenvolvimento e aprendizagem, condição econômica, ambiente social, região e local de moradia ou outra condição que diferencie as pessoas, as famílias ou a comunidade em que vivem".

A abrangência é temática. Nenhum direito, ou interesse juridicamente protegido, é excluído da proteção do sistema, na esteira do que dispõe o art. 3º, caput, do ECA: "Art. 3º A criança e o adolescente gozam de todos os direitos fundamentais inerentes à pessoa humana, sem prejuízo da proteção integral de que trata esta Lei, assegurando-se-lhes, por lei ou por outros meios, todas as oportunidades e facilidades, a fim de lhes facultar o desenvolvimento físico, mental, moral, espiritual e social, em condições de liberdade e de dignidade".

A acessibilidade aos organismos institucionais de defesa dos direitos se manifesta através do alcance facilitado ao Ministério Público, Defensoria e Conselho Tutelar, bem como ao próprio Poder Judiciário. Reza a norma residente no art. 141 do ECA que é "garantido o acesso de toda criança ou adolescente à Defensoria Pública, ao Ministério Público e ao Poder Judiciário, por qualquer de seus órgãos", bem como prescreve o art. 136, I, também do ECA, que o Conselho Tutelar deve atender as crianças e

---

1166. ECA, art. 2º: "Considera-se criança, para os efeitos desta Lei, a pessoa até doze anos de idade incompletos, e adolescente aquela entre doze e dezoito anos de idade".

1167. Cf. ECA, arts. 19, caput, redação original; 19, § 1º; 75, 141.

adolescentes em situação de risco[1168]. Quanto aos apontados como autores de atos infracionais, impende anotar as regras que determinam que: "Nenhum adolescente a quem se atribua a prática de ato infracional, ainda que ausente ou foragido, será processado sem defensor"[1169] e as que, em relação ao adolescente internado, garantem seu direito de "entrevistar-se pessoalmente com o representante do Ministério Público", de "peticionar diretamente a qualquer autoridade" e de "avistar-se reservadamente com seu defensor"[1170].

Devem ser realçadas a criação dos Conselhos Tutelares, órgãos com imensa capilaridade e atenção direta às comunidades[1171], e a prescrição de legitimação autônoma e ampla do Ministério Público para promover ações na defesa de interesses individuais[1172], alargando as possibilidades de defesa judicial dos direitos da criança ou do adolescente.

Por fim, o atendimento em rede, ou o cooperativismo, apresenta-se como articulação organizada entre poderes, instituições, órgãos e entidades governamentais e não governamentais, destinada a garantir atenção adequada e desenvolvimento saudável de criança ou adolescente determinado.

Surgiu no ECA como modelo de organização em relação aos adolescentes apontados como autores de atos infracionais, posto que o art. 88, V, prescreveu como diretriz da política de atendimento a "integração operacional de órgãos do Judiciário, Ministério Público, Defensoria, Segurança Pública e Assistência Social, preferencialmente em um mesmo local, para efeito de aplicação do atendimento inicial a adolescente a quem se atribua autoria de ato infracional". Posteriormente, com o advento da Lei n. 12.010, de 3 de agosto de 2009, restou incluído no mencionado art. 88 do ECA o inciso VI, determinando também a "integração operacional de órgãos do Judiciário, Ministério Público, Defensoria, Conselho Tutelar e encarregados da execução das políticas sociais básicas e de assistência social,

---

1168. V. § 217, Capítulo XXVIII, deste livro.

1169. ECA, art. 207.

1170. ECA, art. 124, I, II, III.

1171. V. § 216, Capítulo XXVIII, deste livro.

1172. ECA, art. 201, V.

CURSO DE DIREITO DA CRIANÇA E DO ADOLESCENTE

para efeito de agilização do atendimento de crianças e de adolescentes inseridos em programas de acolhimento familiar ou institucional, com vista na sua rápida reintegração à família de origem ou, se tal solução se mostrar comprovadamente inviável, sua colocação em família substituta, em quaisquer das modalidades previstas no art. 28 desta Lei".

Anote-se que, de acordo com a Lei n. 8.742, de 7 de dezembro de 1993[1173], a assistência social[1174], direito do cidadão e dever do Estado, é "realizada através de um conjunto integrado de ações de iniciativa pública e da sociedade, para garantir o atendimento às necessidades básicas"[1175], com a determinação de que sua gestão seja "organizada sob a forma de sistema descentralizado e participativo, denominado Sistema Único de Assistência Social (Suas)"[1176], de modo que as "proteções sociais básica e especial serão ofertadas pela rede socioassistencial, de forma integrada, diretamente pelos entes públicos e/ou pelas entidades e organizações de assistência social vinculadas ao Suas, respeitadas as especificidades de cada ação"[1177].

Sob o prisma administrativo, o atendimento em rede dos direitos da criança e do adolescente é uma exigência da racionalidade e eficiência do serviço público, na medida em que impede a superposição de ações e se direciona especificamente à necessidade da pessoa e de seu grupo familiar.

Trata-se de uma articulação, conexão entre órgãos destinados à garantia da proteção integral, pressupondo o conhecimento de papéis e atribuições, diálogo permanente, igualitário e respeitoso, estabelecimento de fluxos e procedimentos, revisão constante, capacitação e profissionalismo.

Inexiste na rede subordinação orgânica, sem prejuízo do respeito às competências próprias de cada integrante, e sua montagem está subordinada somente ao poder de união presente na prática cotidiana. Não é órgão da política, de modo que não substitui o Conselho Municipal do Direitos da

---

1173. Lei Orgânica da Assistência Social, Loas.
1174. V. Capítulo XII deste livro.
1175. Loas, art. 1º.
1176. Loas, art. 6º.
1177. Loas, art. 6º-B.

Criança e do Adolescente[1178], tratando-se apenas de importante estratégia de atendimento integrado.

A Corregedoria Nacional de Justiça, órgão do CNJ[1179], através do Provimento n. 32, de 24 de junho de 2013, determinou a realização semestral de audiências concentradas[1180] para reavaliação das medidas protetivas de acolhimento, com a presença do Ministério Público, da Defensoria Pública, equipe interdisciplinar atuante perante a Vara da Infância e Juventude, Conselho Tutelar, entidade de acolhimento e sua equipe interdisciplinar, Secretaria Municipal de Assistência Social, Secretaria Municipal de Saúde, Secretaria Municipal de Educação, Secretaria Municipal de Trabalho/Emprego, Secretaria Municipal de Habitação e o(a) Escrivão(ã) da própria Vara, indicando adoção desse modelo de atendimento integrado e em rede.

E também, através do Provimento n. 36, de 5 de maio de 2014, a Corregedoria Nacional de Justiça recomendou às equipes multidisciplinares do Poder Judiciário que "estabeleçam uma relação de proximidade e parceria com as equipes técnicas com atuação nos municípios, de modo a garantir a efetiva e imediata realização das intervenções protetivas que se fizerem necessárias junto às crianças, adolescentes e suas famílias, assim como a eventual realização, de forma espontânea e prioritária por parte do Poder Público, das avaliações, abordagens, atendimentos e acompanhamentos complementares enquanto se aguarda a decisão judicial".

210. Política de atendimento dos direitos

O sistema requer uma política, uma organização com objetivo, pressupostos e meios ou formas para atingi-lo. No ECA, a política foi definida

---

1178. V. § 215, Capítulo XXVIII, deste livro.

1179. Conselho Nacional de Justiça.

1180. V. § 155, Capítulo XXI, deste livro.

como de "atendimento dos direitos"[1181], revelando a opção prioritária do legislador de instituir, para crianças e adolescentes, uma realidade de cidadania, de situação em que todos, sem exceção de um, vários ou muitos, pudessem exercer na sua plenitude os direitos declarados e que permitem uma existência digna e feliz.

O ECA proscreveu os antigos modelos compensatório e assistencialista. No primeiro, o ponto de partida é a marginalidade e as deficiências pessoais dela decorrentes, sem qualquer ação crítica em relação às desigualdades produtoras da exclusão, de modo que se gestam iniciativas tendentes à minimização possível das dificuldades individuais, buscando resultados aceitáveis em um contexto de incontornáveis diferenças sociais. Já a política assistencialista, arraigada na concepção de caridade religiosa, repousa em ações de ajuda imediata, de favores específicos, especialmente transitórios e divorciados das causas de exclusão.

Os modelos compensatório e assistencialista em regra se fundem em um só, com a característica marcante da mantença da situação de desigualdade, às vezes minorada, mas sempre no âmago de uma concepção fatalista de estratificação social, cujas eventuais transposições se devem exclusivamente ao esforço e à sorte pessoais.

Ao referendar a política de atendimento aos direitos da criança ou do adolescente, o ECA, em seu art. 86, pressupõe "um conjunto articulado de ações governamentais e não governamentais" capaz de transformar as promessas constitucionais e legislativas em realidades objetivas, fomentando a transposição da marginalidade para a cidadania e fornecendo recursos para a emancipação social.

Resumindo, este é o objetivo do sistema: universalizar a fruição dos direitos, assegurando a crianças e adolescentes condições igualitárias de apropriação dos bens da vida indispensáveis ao desenvolvimento, dignidade e felicidade humanas.

1181. ECA: "Art. 86. A política de atendimento dos direitos da criança e do adolescente far-se-á através de um conjunto articulado de ações governamentais e não governamentais, da União, dos Estados, do Distrito Federal e dos municípios".

211. Linhas de ação da política de atendimento

O ECA não planeou um modelo de sociedade; baseado em pressupostos residentes na Constituição da República quando formatou o Brasil como um Estado democrático de direito[1182], o ECA apenas relevou os valores supremos da projetada "sociedade fraterna, pluralista e sem preconceitos, fundada na harmonia social"[1183], impondo ações e iniciativas tendentes à concretude em relação aos interesses juridicamente protegidos da criança e do adolescente.

As "linhas de ação" da política de atendimento aos direitos da criança e do adolescente são os caminhos predefinidos na Constituição da República que, se trilhados, permitem atingir o objetivo básico do sistema, qual seja, o de conferir cidadania plena aos menores de 18 (dezoito) anos de idade.

Esse objetivo pressupõe liminarmente a implementação de "políticas sociais básicas", nada mais que o conjunto de medidas destinadas à concretização dos direitos fundamentais definidos em vários dispositivos da Constituição da República, reprisados especialmente para crianças e adolescentes em seu art. 227.

Não é por acaso que a referência às "políticas sociais básicas" encontra residência no inciso I do art. 87 do ECA[1184], indicando que a superação da indigência e o estabelecimento de uma sociedade igualitária têm na singela receita da realização efetiva dos direitos sociais sua melhor aposta.

1182. CF, art. 1º.

1183. CF, preâmbulo.

1184. ECA: "Art. 87. São linhas de ação da política de atendimento: I — políticas sociais básicas; II — serviços, programas, projetos e benefícios de assistência social de garantia de proteção social e de prevenção e redução de violações de direitos, seus agravamentos ou reincidências; III — serviços especiais de prevenção e atendimento médico e psicossocial às vítimas de negligência, maus-tratos, exploração, abuso, crueldade e opressão; IV — serviço de identificação e localização de pais, responsável, crianças e adolescentes desaparecidos; V — proteção jurídico-social por entidades de defesa dos direitos da criança e do adolescente. VI — políticas e programas destinados a prevenir ou abreviar o período de afastamento do convívio familiar e a garantir o efetivo exercício do direito à convivência familiar de crianças e adolescentes; VII — campanhas de estímulo ao acolhimento sob forma de guarda de crianças e adolescentes afastados do convívio familiar e à adoção, especificamente inter-racial, de crianças maiores ou de adolescentes, com necessidades específicas de saúde ou com deficiências e de grupos de irmãos".

CURSO DE DIREITO DA CRIANÇA E DO ADOLESCENTE

A universalidade que caracteriza os direitos fundamentais, expressa na fórmula "direitos de todos e dever do Estado", impõe a realização de prestações efetivas conducentes a uma soma de benefícios permissivos da existência digna, de modo que através da efetivação das políticas sociais básicas instaura-se uma situação de cidadania. Educação, saúde, alimentação, trabalho, moradia, transporte, lazer, segurança, previdência social, proteção à maternidade e à infância e assistência aos desamparados, na forma como referidos como direitos sociais no art. 6º da Constituição Federal, exigem conjuntos específicos de políticas e ações setoriais ou temáticas, desenvolvidas com o desiderato da materialização dos bens da vida protegidos singularmente em cada uma das proclamações da Constituição da República.

Como a realização das políticas sociais básicas insere-se em contexto de contínua cobrança, derivado de razões estruturais que permeiam a vida nacional, trafegando pela falta de vontade política, alocação de recursos públicos em ações desprovidas de relevância, ineficiência e corrupção, entendeu o legislador explicitar caminhos de políticas setoriais[1185], indicando ações necessárias e passíveis de exigência[1186].

Desta forma, indicou os caminhos das ações relacionadas a serviços, programas, projetos e benefícios de assistência social[1187], outros concernentes à prevenção e ao atendimento às vítimas da violência de qualquer natureza[1188], de serviços de identificação e localização de desaparecidos[1189], de proteção jurídico-social[1190] e de promoção do direito à convivência familiar[1191]. Em resumo, pontuou o legislador as linhas de ação da política de atendimento aos direitos da criança e do adolescente, os trilhos da estação inicial da marginalidade para a final da cidadania.

1185. ECA, art. 87, II a VII.
1186. ECA, art. 208.
1187. ECA, art. 87, II.
1188. ECA, art. 87, III.
1189. ECA, art. 87, IV.
1190. ECA, art. 87, V.
1191. ECA, art. 87, VI, VII.

A promessa legal básica encontra-se no art. 7º do ECA: "A criança e o adolescente têm direito a proteção à vida e à saúde, mediante a efetivação de políticas sociais públicas que permitam o nascimento e o desenvolvimento sadio e harmonioso, em condições dignas de existência".

Da nascença à morte, nos espaços civilizados, espera-se uma situação de exercício de direitos humanos fundamentais, capaz de propiciar desenvolvimento pessoal atualizador de potencialidades, construção de autonomia e assentamento de condições objetivas de bem-estar e felicidade, de modo que as linhas de ação da política de atendimento aos direitos representam os seus fios condutores, na completude das políticas sociais básicas e na ênfase a políticas setoriais.

212. Diretrizes da política de atendimento

As linhas básicas são definidas pelas diretrizes, orientações ou procedimentos de percurso para que o objetivo seja alcançado. Representam um conjunto de indicações facilitadoras dos caminhos direcionados ao objetivo da cidadania plena, estando no art. 88 do ECA[1192], podendo ser classificadas

---

[1192]. "Art. 88. São diretrizes da política de atendimento: I — municipalização do atendimento; II — criação de conselhos municipais, estaduais e nacional dos direitos da criança e do adolescente, órgãos deliberativos e controladores das ações em todos os níveis, assegurada a participação popular paritária por meio de organizações representativas, segundo leis federal, estaduais e municipais; III — criação e manutenção de programas específicos, observada a descentralização político-administrativa; IV — manutenção de fundos nacional, estaduais e municipais vinculados aos respectivos conselhos dos direitos da criança e do adolescente; V — integração operacional de órgãos do Judiciário, Ministério Público, Defensoria, Segurança Pública e Assistência Social, preferencialmente em um mesmo local, para efeito de agilização do atendimento inicial a adolescente a quem se atribua autoria de ato infracional; VI — integração operacional de órgãos do Judiciário, Ministério Público, Defensoria, Conselho Tutelar e encarregados da execução das políticas sociais básicas e de assistência social, para efeito de agilização do atendimento de crianças e de adolescentes inseridos em programas de acolhimento familiar ou institucional, com vista na sua rápida reintegração à família de origem ou, se tal solução se mostrar comprovadamente inviável, sua colocação em família substituta, em quaisquer das modalidades previstas no art. 28 desta Lei; VII — mobilização da opinião pública para a indispensável participação dos diversos segmentos da sociedade; VIII — especialização e formação continuada dos profissionais que trabalham

CURSO DE DIREITO DA CRIANÇA E DO ADOLESCENTE

em quatro grandes vertentes: (a) corresponsabilidade dos entes públicos; (b) municipalização do atendimento; (c) participação da população; e (d) capacitação do pessoal.

Levando em conta que a República Federativa do Brasil se organiza política e administrativamente através da União, Estados, Distrito Federal e Municípios[1193] e ante nossas dimensões continentais compreensivas de várias regiões com peculiaridades diversas, previu o sistema integrado instituído pelo ECA a participação de todos esses entes na formulação das políticas de proteção aos direitos da criança e do adolescente, respeitadas suas específicas esferas de poder, extraídas especialmente do disposto nos arts. 20 a 30 da Constituição Federal.

Assim, criou Conselhos Nacional, Estaduais e Municipais do Direitos da Criança e do Adolescente para deliberarem e controlarem as ações nos seus distintos níveis[1194], prescrevendo ainda a necessidade de respeito à descentralização político-administrativa quando da criação e manutenção de programas específicos[1195], prevendo ações articuladas entre eles.

Estabeleceu, por outro lado, a municipalização como uma diretriz da política de atendimento[1196], destinada a garantir que a criança ou o adolescente encontrem validação do seu direito o mais próximo de onde vivam. A capilaridade do Judiciário e do Ministério Público, estruturados há muitos anos em comarcas, conjunto de municípios sujeitos à mesma organização, bem como a competência constitucional dos municípios para legislar "sobre interesses locais"[1197] e também para "prestar diretamente ou

---

nas diferentes áreas da atenção à primeira infância, incluindo os conhecimentos sobre direitos da criança e sobre desenvolvimento infantil; IX — formação profissional com abrangência dos diversos direitos da criança e do adolescente que favoreça a intersetorialidade no atendimento da criança e do adolescente e seu desenvolvimento integral; X — realização e divulgação de pesquisas sobre desenvolvimento infantil e sobre prevenção da violência".

1193. CF, art. 18.

1194. ECA, art. 88, II.

1195. ECA, art. 88, III.

1196. ECA, art. 88, I.

1197. CF, art. 30, I.

sob regime de permissão ou concessão, os serviços públicos de interesse local"[1198] indicaram esse caminho. Além disso, o ECA expressamente determinou a criação de Conselhos Municipais da Criança e do Adolescente, órgão deliberativo e controlador das ações no município[1199], bem como previu a instituição de Conselhos Tutelares em todos os municípios brasileiros[1200].

Partindo da ideia base de que o exercício da democracia se faz também através da participação do cidadão na gestão dos assuntos públicos, essência da democracia participativa, expressamente prevista no art. 1º, parágrafo único, da Constituição Federal[1201], o ECA criou dois organismos, um da política e outro de atendimento, com a presença da população.

Criou os Conselhos Nacional, Estaduais e Municipais dos Direitos da Criança e do Adolescente, assegurando "participação popular paritária por meio de organizações representativas, segundo leis federal, estaduais e municipais"[1202], bem como determinou a criação de conselhos tutelares em cada município brasileiro, "composto de 5 (cinco) membros, escolhidos pela população local para mandato de 4 (quatro) anos"[1203].

Assim, previu participação popular na área da infância e da juventude, prescrevendo atuação direta na definição e no controle das ações, assim como no atendimento direto aos direitos, instituindo necessária parceria com a população na concepção e no funcionamento desse sistema integrado. A participação popular não se exaure nos conselhos, posto que inovação introduzida no art. 88 do ECA através da Lei n. 12.010, de 10 de agosto de 2009, mandou incluir como diretriz da política de atendimento a "mobilização da opinião pública para a indispensável participação dos diversos

---

1198. CF, art. 30,V.

1199. ECA, art. 88, II.

1200. ECA, art. 132.

1201. CF: "Art. 1º [...] Parágrafo único. Todo o poder emana do povo, que o exerce por meio de representantes eleitos ou diretamente, nos termos desta Constituição".

1202. ECA, art. 88, II.

1203. ECA, art. 132.

CURSO DE DIREITO DA CRIANÇA E DO ADOLESCENTE

segmentos da sociedade"[1204], conclamando todos, titulares da obrigação social de "prevenir a ocorrência de ameaça ou violação dos direitos da criança e do adolescente"[1205], a tomarem parte na importante tarefa de garantir à infância e adolescência um desenvolvimento sadio e harmonioso, imprescindível na tarefa de realização dos objetivos da República Federativa do Brasil[1206].

Por fim, o ECA pressupõe que o atendimento aos direitos da criança e do adolescente seja baseado no profissionalismo, afastando a concepção de amadorismo, ainda que inspirada pelo espírito caridoso e benemérito. Assim, desde seu nascedouro, previu intervenção de equipes multidiscipli-nares, formadas por pessoal capacitado nas mais diversas áreas, de modo a garantir que as soluções encontradas fossem as preconizadas pela ciên-cia[1207]. Não raras vezes, exige a participação da equipe técnica, induzindo a necessidade de conhecimentos e procedimentos ligados a determinados ramos do estudo, evidenciando a necessidade de intervenção adequada, séria, responsável e baseada em preceitos resultantes de métodos científicos[1208].

A Lei n. 12.257, de 8 de março de 2016, que dispôs sobre as políticas públicas para a primeira infância, explicitou ainda mais a necessidade de intervenções científicas, reclamando especialização e formação continuada do pessoal da área, incluindo no ECA dois dispositivos expressos a esse respeito. O primeiro, residente no art. 88, VIII, prescreveu como diretriz da política de atendimento a obrigação de investimento na "especialização e formação continuada dos profissionais que trabalham nas diferentes áreas da atenção à primeira infância, incluindo os conhecimentos sobre direitos

---

1204. ECA, art. 88, VII.

1205. ECA, art. 70.

1206. CF: "Art. 3° Constituem objetivos fundamentais da República Federativa do Brasil: I — construir uma sociedade livre, justa e solidária; II — garantir o desenvolvimento nacional; III — erradicar a pobreza e a marginalização e reduzir as desigualdades sociais e regionais; IV — promover o bem de todos, sem preconceitos de origem, raça, sexo, cor, idade e quaisquer outras formas de discriminação".

1207. V. referência à equipe multidisciplinar e interdisciplinar nos arts. 19, § 1°, 19-A, § 1°, 19-A, § 8°, 18, § 6°, 28, §§ 1°, 5° e 6°, III, 46, § 4°, 51, III, 52, IV, 101, § 6°, I, 150, 151, 156, §§ 1° e 2°, 161, 166, §§ 2° e 7°, 167, 186, § 4°, 197-B, I, 197-C, § 3°, todos do ECA.

1208. V. referência à equipe técnica nos arts. 48, §§ 3° e 4°, 101, § 5°, 121, § 1°, 166, § 7°, 197-C, § 2°.

da criança e sobre desenvolvimento infantil". Além disso, no dispositivo subsequente[1209], estendeu essa necessidade para todas as áreas, exigindo "formação profissional com abrangência dos diversos direitos da criança e do adolescente que favoreça a intersetorialidade no atendimento da criança e do adolescente e seu desenvolvimento integral".

213. Financiamento do sistema

O sistema de atendimento aos direitos da criança e do adolescente é suportado financeiramente com recursos do tesouro, notadamente porque pressupõe a eficácia das políticas sociais básicas, que contam com orçamentos específicos. Os direitos fundamentais elencados no art. 227 da Constituição Federal e repetidos no caput do art. 4º do ECA[1210] são gravados com a garantia da prioridade absoluta[1211], que tem como um dos seus aspectos "a destinação privilegiada de recursos públicos nas áreas relacionadas com a proteção à infância e à juventude"[1212]. Assim, os orçamentos da saúde, educação e assistência social, em especial, devem comtemplar recursos privilegiados para a área da infância e juventude, por força do imperativo legal, decorrente de princípio constitucional. Os recursos do tesouro, nas políticas específicas, são complementados pelos relacionados aos Fundos Nacional, Distrital, Estaduais e Municipais dos Direitos da Criança e do Adolescente, destinados ao financiamento de programas específicos volta-dos à criança ou adolescente, cujas receitas são provenientes de multas e doações, inclusive as subsidiadas do imposto de renda.

1209. ECA, art. 88, IX.

1210. ECA: "Art. 4º É dever da família, da comunidade, da sociedade em geral e do poder público assegurar, com absoluta prioridade, a efetivação dos direitos referentes à vida, à saúde, à alimentação, à educação, ao esporte, ao lazer, à profissionalização, à cultura, à dignidade, ao respeito, à liberdade e à con-vivência familiar e comunitária".

1211. V. § 16, Capítulo IV, deste livro.

1212. ECA, art. 4º, parágrafo único, d.

XXVIII

Conselhos e democracia participativa

214. Democracia participativa

A Constituição de 1988 arrimou a democracia participativa ao estabelecer que: "Todo o poder emana do povo, que o exerce por meio de representantes eleitos ou diretamente, nos termos desta Constituição"[1213]. Assim, no Estado democrático de direito constituído pela Magna Carta[1214], o exercício direto do poder na condução dos assuntos públicos do cotidiano também é uma forma de exercício do poder popular, além da representação exercida pelo mandato eletivo, no Executivo e Legislativo.

Coube ao ECA, primeiro diploma legal com a feição de Código pós-Constituição de 1988, criar os primeiros instrumentos de exercício de democracia participativa, instituindo os Conselhos de Direitos e os Tutelares, prevendo a participação da população através de processos democráticos de escolhas, legitimando atuação popular voltada à política social e comunitária e à proteção individual dos direitos de crianças e adolescentes.

1213. CF, art. 1º, parágrafo único.
1214. CF, art. 1º, caput.

A participação no atendimento direto opera-se através das entidades não governamentais que atuam na área dos direitos de crianças e adolescentes e a atuação nos casos individuais mediante o engajamento singular do cidadão, de modo que os saberes do terceiro setor e o popular se somam aos do Estado, primeiro setor, na busca da preservação dos interesses da infância e juventude, necessários ao desenvolvimento saudável e à garantia da integridade.

Reserva-se a atuação política, na definição e controle das ações em todos os níveis de governo, para os Conselhos de Direitos, sem prejuízo da atividade de fazer influir desempenhada especialmente pelas entidades de defesa de direitos, organizadas para a cobrança e o controle das obrigações públicas.

A atuação individual institucional também se efetua mediante a participação do cidadão nos Conselhos Tutelares, investido através de escolha popular, de modo que é da essência da democracia participativa a parceria com a Administração Pública na promoção dos direitos fundamentais.

215. Conselhos de direitos

O art. 88, II, do ECA, estabeleceu como uma das diretrizes da política de atendimento a "criação de conselhos municipais, estaduais e nacional dos direitos da criança e do adolescente, órgãos deliberativos e controladores das ações em todos os níveis, assegurada a participação popular paritária por meio de organizações representativas, segundo leis federal, estaduais e municipais".

Sua base encontra-se no art. 227, caput, da Constituição Federal, que adota a teoria da proteção integral, e em seu § 7º, ao determinar que "no atendimento dos direitos da criança e do adolescente levar-se-á em consideração o disposto no art. 204", norma constitucional que, ao conceituar a assistência social, estabelece como suas diretrizes a "descentralização

CURSO DE DIREITO DA CRIANÇA E DO ADOLESCENTE 443

político-administrativa, cabendo a coordenação e as normas gerais à esfera federal e a coordenação e a execução dos respectivos programas às esferas estadual e municipal, bem como a entidades beneficentes e de assistência social" e a "participação da população, por meio de organizações representativas, na formulação das políticas e no controle das ações em todos os níveis".

Política como conjunto de estratégias e ações tendentes à consecução de um objetivo, geral ou específico. No caso, a geral diz respeito ao atendimento a todos os direitos da criança e do adolescente, enquanto as políticas específicas relacionadas à infância e juventude setorizam-se em razão de interesses jurídicos determinados ou espacialmente definidos. Assim, uma das diretrizes da política geral de atendimento aos direitos da criança ou do adolescente consistiu na criação dos conselhos, enquanto estes, na União, nos Estados, Distrito Federal e Municípios, nos seus limites e na conformidade das suas atribuições legais, estabelecem planos e atividades tendentes à realização de objetivos singulares, como o combate ao trabalho infantil, a erradicação da evasão escolar, a eliminação da exploração sexual etc.

Definir ou formular políticas significa prescrever, entre os possíveis, os objetivos prioritários e exequíveis, estabelecendo as ações necessárias e seus mecanismos de controle, em todos os seus aspectos, especialmente os de execução orçamentária e de consecução de metas. O comando, portanto, das políticas de atendimento a direitos concernentes à infância e adolescência, na sua integralidade, compreendendo concepções, definições de estratégias, estabelecimento de ações, delegação de atividades e alocação de recursos, pertence aos conselhos municipais, estaduais e nacional dos direitos da criança e do adolescente, de vez que instituídos, na forma da lei, como órgãos deliberativos e controladores das ações em todos os níveis.

A participação popular é assegurada por meio de organizações representativas, nos termos da Constituição[1215] e do ECA[1216], conforme leis

---

1215. Art. 204, II, c/c o art. 227, § 7º.
1216. Art. 88, II.

federal, estaduais e municipais. O Conselho Nacional dos Direitos da Criança e do Adolescente, Conanda, foi criado pela Lei n. 8.242, de 12 de outubro de 1991, com previsão de integração por "representantes de entidades não governamentais de âmbito nacional de atendimento dos direitos da criança e do adolescente"[1217].

A composição é paritária, ou seja, é numericamente igualitária entre os representantes do Poder Público e das entidades não governamentais, extravasando a concepção democrática para a forma de condução dos assuntos do Conselho, de modo a evitar prevalência da opinião do primeiro ou do terceiro setor, pressupondo a possiblidade de consensos favoráveis à melhor consecução do interesse social no atendimento aos direitos da criança e do adolescente.

De acordo com o art. 89 do ECA, a "função de membro do conselho nacional e dos conselhos estaduais e municipais dos direitos da criança e do adolescente é considerada de interesse público relevante e não será remunerada". Tem o mesmo patamar da função de jurado, também considerada de interesse público relevante[1218], assentando presunção de idoneidade moral.

Os Conselhos de Direitos baseiam-se também no princípio da autonomia dos entes federativos, estabelecido no art. 18 da Constituição da República[1219], de modo que União, Estados, Distrito Federal e Municípios têm capacidade de auto-organização das suas políticas e ações destinadas ao atendimento aos direitos das crianças e dos adolescentes, respeitadas suas esferas de competência executiva e legislativa.

1217. O STF concedeu liminar para suspender parte de Decreto Presidencial n. 10.003, de 4 de setembro de 2019, que restringia a participação democrática no Conanda. Na Arguição de Descumprimento de Preceito Constitucional n. 662, o relator, Ministro Luís Roberto Barroso, consignou que: "As novas regras que disciplinam o funcionamento do Conselho Nacional da Criança e do Adolescente — Conanda, a pretexto de regular, frustram a participação das entidades da sociedade civil na formulação de políticas públicas e no controle da sua execução, como exigido pela Constituição. Tais regras colocam em risco a proteção integral e prioritária da infância e da juventude (art. 227, caput e § 7º, e art. 204, II, CF)".

1218. CPP: "Art. 439. O exercício efetivo da função de jurado constituirá serviço público relevante e estabelecerá presunção de idoneidade moral".

1219. "Art. 18. A organização político-administrativa da República Federativa do Brasil compreende a União, os Estados, o Distrito Federal e os Municípios, todos autônomos, nos termos desta Constituição."

CURSO DE DIREITO DA CRIANÇA E DO ADOLESCENTE

Mantêm fundos destinados ao financiamento de programas e ações na área da infância e juventude[1220]. Do ponto de vista financeiro, são fundos especiais, amoldando-se à definição constante do art. 71 da Lei n. 4.320, de 17 de março de 1964[1221]: "Constitui fundo especial o produto de receitas especificadas que por lei se vinculam à realização de determinados objetivos ou serviços, facultada a adoção de normas peculiares de aplicação". Os fundos municipais têm como receitas vinculadas as multas estabelecidas em ações civis públicas[1222] e todos eles, nacional, distrital, estaduais e municipais, as derivadas de doações subsidiadas na esfera do imposto de renda, na forma do art. 260 do ECA[1223]. Também são destinatários de eventuais repasses de recursos provenientes de organismos estrangeiros encarregados de intermediar pedidos de adoção internacional, conforme disposição expressa do ECA, que veda repasses diretos às entidades[1224], como as mantenedoras de acolhimento institucional.

Os fundos são geridos pelos respectivos conselhos, com absoluta autonomia, dentro da concepção de que a alocação de recursos é a atividade primordial e inerente à função deliberativa, capaz de, na prática, estabelecer prioridades.

Se era possível extrair da redação originária do ECA a impossibilidade jurídica de doações com destinações específicas, prestigiando competência atribuída exclusivamente aos conselhos de direitos, a Lei n. 14.692, de 3 de outubro de 2023, acrescentou ao art. 260 do ECA o § 2º-A e o § 2º-B, o primeiro prescrevendo que: "O contribuinte poderá indicar o projeto que receberá a destinação de recursos, entre os projetos aprovados por conselho dos direitos da criança e do adolescente", e o segundo disciplinando

---

1220. ECA, art. 88: "São diretrizes da política de atendimento: [...] IV — manutenção de fundos nacional, estaduais e municipais vinculados aos respectivos conselhos dos direitos da criança e do adolescente".

1221. Estatui Normas Gerais de Direito Financeiro para elaboração e controle dos orçamentos e balanços da União, dos Estados, dos Municípios e do Distrito Federal.

1222. ECA, art. 214: "Os valores das multas reverterão ao fundo gerido pelo Conselho dos Direitos da Criança e do Adolescente do respectivo município".

1223. "Art. 260. Os contribuintes poderão efetuar doações aos Fundos dos Direitos da Criança e do Adolescente nacional, distrital, estaduais ou municipais, devidamente comprovadas, sendo essas integralmente deduzidas do imposto de renda."

1224. ECA, art. 52-A, parágrafo único.

a possibilidade dos colegiados chancelar projetos ou banco de projetos, estabelecendo suas regras básicas. Permanece em vigor a norma residente no art. 52-A, parágrafo único, do ECA, que disciplinando doações de entidades estrangeiras de adoção internacional expressamente definiu que qualquer repasse fica sujeito às deliberações dos respectivos conselhos[1225].

Anote-se também que os colegiados, gestores dos fundos, deverão fixar critérios de utilização das dotações subsidiadas e demais receitas, elaborando planos de aplicação dos recursos de seus fundos especiais[1226], de modo que aportes com destinação carimbada conspurcam a ideia central, prestigiada pela lei, de que a definição da política e o controle das ações se dão através de conselhos paritários, com a visão integral dos programas e das necessidades próprias para seus custeios.

Também é de destacar que os Conselhos gestores dos fundos, através dos órgãos responsáveis pela administração de contas, devem emitir recibos das doações[1227], bem como zelar pela legalidade estrita[1228], ficando sujeitos à responsabilização promovida pelo Ministério Público[1229].

Outra função relevantíssima dos Conselhos Municipais consiste na atividade de aprovação dos programas de atendimento desenvolvidos por

---

1225. ECA: "Art. 52-A. É vedado, sob pena de responsabilidade e descredenciamento, o repasse de recursos provenientes de organismos estrangeiros encarregados de intermediar pedidos de adoção internacional a organismos nacionais ou a pessoas físicas. Parágrafo único. Eventuais repasses somente poderão ser efetuados via Fundo dos Direitos da Criança e do Adolescente e estarão sujeitos às deliberações do respectivo Conselho de Direitos da Criança e do Adolescente".

1226. ECA, art. 260, § 2º.

1227. ECA: "Art. 260-D. Os órgãos responsáveis pela administração das contas dos Fundos dos Direitos da Criança e do Adolescente nacional, estaduais, distrital e municipais devem emitir recibo em favor do doador, assinado por pessoa competente e pelo presidente do Conselho correspondente, especificando: [...]".

1228. ECA: "Art. 260-G. Os órgãos responsáveis pela administração das contas dos Fundos dos Direitos da Criança e do Adolescente nacional, estaduais, distrital e municipais devem: I — manter conta bancária específica destinada exclusivamente a gerir os recursos do Fundo; II — manter controle das doações recebidas; e III — informar anualmente à Secretaria da Receita Federal do Brasil as doações recebidas mês a mês, identificando os seguintes dados por doador: a) nome, CNPJ ou CPF; b) valor doado, especificando se a doação foi em espécie ou em bens".

1229. ECA: "Art. 260-H. Em caso de descumprimento das obrigações previstas no art. 260-G, a Secretaria da Receita Federal do Brasil dará conhecimento do fato ao Ministério Público".

CURSO DE DIREITO DA CRIANÇA E DO ADOLESCENTE

entidades que querem funcionar na cidade. Esta função, prevista no art. 90, § 1°, do ECA[1230], tem por escopo a deliberação quanto aos programas necessários e que possam contribuir para o melhor atendimento aos direitos das crianças e dos adolescentes, evitando as superfetações e as lacunas na atenção integral, sempre na perspectiva de que devem interessar à coletividade local, ficando os desejos dos instituidores e eventuais mantenedores em segundo plano. Expedem verdadeiros alvarás ou autorizações de funcionamento, condição indispensável para a existência regular de programas de atendimento de entidades governamentais e não governamentais.

Na realização das suas funções, os Conselhos de Direitos devem zelar pela absoluta transparência, dando publicidade às suas deliberações e atividades, na perspectiva do controle social do exercício do poder. Principalmente enquanto gestores de dinheiro público destinado ao financiamento de ações que promovam a efetivação de direitos da criança e do adolescente, os Conselhos devem permanente satisfação do realizado, prescrevendo o ECA obrigações básicas[1231], ficando sob a fiscalização do Ministério Público[1232] e, em caso de improbidade, sujeitando os infratores às sanções previstas em lei[1233].

1230. ECA, art. 90, § 1°: "As entidades governamentais e não governamentais deverão proceder à inscrição de seus programas, especificando os regimes de atendimento, na forma definida neste artigo, no Conselho Municipal dos Direitos da Criança e do Adolescente, o qual manterá registro das inscrições e de suas alterações, do que fará comunicação ao Conselho Tutelar e à autoridade judiciária".

1231. ECA, art. 260, I: "Os Conselhos dos Direitos da Criança e do Adolescente nacional, estaduais, distrital e municipais divulgarão amplamente à comunidade: I — o calendário de suas reuniões; II — as ações prioritárias para aplicação das políticas de atendimento à criança e ao adolescente; III — os requisitos para a apresentação de projetos a serem beneficiados com recursos dos Fundos dos Direitos da Criança e do Adolescente nacional, estaduais, distrital ou municipais; IV — a relação dos projetos aprovados em cada ano-calendário e o valor dos recursos previstos para implementação das ações, por projeto; V — o total dos recursos recebidos e a respectiva destinação, por projeto atendido, inclusive com cadastramento na base de dados do Sistema de Informações sobre a Infância e a Adolescência; e VI — a avaliação dos resultados dos projetos beneficiados com recursos dos Fundos dos Direitos da Criança e do Adolescente nacional, estaduais, distrital e municipais".

1232. ECA, art. 260-J: "O Ministério Público determinará, em cada Comarca, a forma de fiscalização da aplicação dos incentivos fiscais referidos no art. 260 desta Lei".

1233. ECA, art. 260, I, parágrafo único: "O descumprimento do disposto nos arts. 260-G e 260-I sujeitará os infratores a responder por ação judicial proposta pelo Ministério Público, que poderá atuar de ofício, a requerimento ou representação de qualquer cidadão".

216. Conselho Tutelar

Inovação introduzida pelo ECA, na esteira do desiderato de disciplinar a democracia participativa, introduzida pela Constituição de 1988, o Conselho Tutelar surgiu como órgão integrante do sistema de proteção, sob o influxo da ideia de apropriação pela comunidade de parcela de solução dos conflitos relacionados à infância e à juventude, mediante encaminhamentos potencialmente capazes de tutelar os direitos da criança ou do adolescente.

O poder é extraído do núcleo básico de convivência, dos bairros, como forma de garantia de uma aproximação social facilitadora dos contatos e das compreensões das realidades locais, qualificando as decisões com a *expertise* popular e a pertinência com o modo de vida dos envolvidos. Criado por lei e limitado por ela, especialmente no respeito incondicional aos direitos fundamentais, o Conselho Tutelar tem na sua essência uma base cultural comunitária, compreendida pelo legislador como possível fonte de justiça e encaminhamentos sociais mais equânimes, contribuindo para a pacificação.

Sua norma de constituição reside no art. 131 do ECA: "O Conselho Tutelar é órgão permanente e autônomo, não jurisdicional, encarregado pela sociedade de zelar pelo cumprimento dos direitos da criança e do adolescente, definidos nesta Lei". Esse dispositivo fixa seus contornos básicos, componentes da sua essência, moldando sua feição existencial.

Em primeiro lugar, a concepção de órgão, definido no art. 132 do ECA como "integrante da administração pública local". Assim, na compreensão de parte de um todo e com a incumbência de desempenhar um conjunto de funções específicas voltadas ao zelo pelos direitos da criança e do adolescente.

Trata-se de um órgão não jurisdicional, ou seja, não detém o poder de gravar suas decisões com a imutabilidade e coagir diretamente os obrigados ao cumprimento das suas determinações, sendo sempre possível aos interessados o socorro às vias judiciais para a reforma das suas deliberações[1234].

1234. De acordo com o art. 137 do ECA, "As decisões do Conselho Tutelar somente poderão ser revistas pela autoridade judiciária a pedido de quem tenha legítimo interesse".

CURSO DE DIREITO DA CRIANÇA E DO ADOLESCENTE

Sua força coercitiva reside na possibilidade de buscar solução judicial quando não consiga adesão às suas decisões, através de representações dando conta do descumprimento injustificado[1235] ou mediante o encaminhamento dos casos à autoridade judiciária[1236], bem como provocando o Ministério Público para a propositura das ações judiciais adequadas[1237].

Permanente como insuscetível de modificação por atos locais, sendo sua criação fruto e obra do Congresso Nacional, de modo que sua existência e funcionamento não podem ser embaraçados por ações das autoridades da União, dos Estados, do Distrito Federal e dos Municípios, cabendo unicamente ao Parlamento Nacional a decisão sobre modificações em sua estrutura e funções, mediante a atualização de regular processo legislativo.

Sua autonomia importa liberdade de atuação e de encaminhamentos, tanto do colegiado quanto de seus integrantes, não estando subordinado às autoridades locais. Não é órgão do Executivo, do Judiciário nem do Ministério Público, de modo que fica adstrito somente ao cumprimento das funções expressamente previstas em lei, que não podem ser reduzidas ou ampliadas em razão de deliberações ditadas pela conveniência de outros poderes.

A atuação autônoma não significa exercício descompromissado com as suas finalidades legais e tampouco ausência de inserção à rede de atendimento, porquanto os Conselhos Tutelares fazem parte do conjunto cooperativo de atendimento aos direitos da criança e do adolescente. Anote-se que desvios de finalidade ou inação deliberada podem levar aos seus integrantes sanções destinadas ao restauro da credibilidade e importância do órgão junto à comunidade, somente alcançável quando cumpre com exação todos os seus deveres.

A finalidade indeclinável do Conselho Tutelar, nos termos da lei, é a de "zelar pelo cumprimento dos direitos da criança e do adolescente",

---

1235. V. ECA, art. 136, III, *b*.

1236. V. ECA, art. 136, V.

1237. V. ECA, art. 136, IV, X, XI e § 1º.

não podendo se desviar dela. Qualquer atuação diversa, motivada por interesses outros, ainda que lícitos, importa dispersão intolerável que deve ser coibida, inclusive com a perda de cargo, porquanto representa gravíssima ofensa ao objetivo fixado para o atendimento ao interesse público, deixando de concretizar, ante o desiderato estranho, o ordenamento jurídico. A atuação diversa constitui verdadeira traição à investidura enquanto legitimação política para a realização de atividade pública composta de finalidades específicas e consideradas necessárias pelo legislador, razão da necessidade de absoluta observância aos contornos previamente definidos para o exercício de poderes destinados para atingir objetivos determinados, exigidos pelo bem comum.

Sua fonte de força, declarada na lei, reside na sociedade. É ela que atribui ao Conselho Tutelar suas funções, na dicção de que todo poder emana do povo[1238] e na exigência de que os conselheiros tutelares sejam escolhidos pela comunidade local[1239]. É dessa legitimação popular que advém o poder/dever do Conselho Tutelar de buscar a realização dos direitos da criança e do adolescente, como mandatário da ordem recebida diretamente da sociedade, derivada da disciplina ordinária de mandamentos constitucionais.

O ECA determina que "em cada Município e em cada Região Administrativa do Distrito Federal haverá, no mínimo, 1 (um) Conselho Tutelar como órgão integrante da administração pública local, composto de 5 (cinco) membros, escolhidos pela população local para mandato de 4 (quatro) anos, permitida recondução por novos processos de escolha"[1240]. Recomendação constante da Resolução Conanda n. 170, de 10 de dezembro de 2014, estabelece a proporção mínima de um Conselho para cada 100.000 (cem mil) habitantes.

1238. CF: "Art. 1º [...] Parágrafo único. Todo o poder emana do povo, que o exerce por meio de representantes eleitos ou diretamente, nos termos desta Constituição".

1239. ECA, art. 132.

1240. ECA, art. 132, com a redação dada pela Lei n. 13.824, de 9 de maio de 2019.

CURSO DE DIREITO DA CRIANÇA E DO ADOLESCENTE

217. Atribuições do Conselho Tutelar

Como órgão de encaminhamentos individuais, o Conselho Tutelar, sob o balizamento da sua finalidade primordial de zelar pelos direitos da criança e do adolescente, tem a incumbência de proteger os estados e situações que compõem os núcleos dos direitos dos quais são titulares. Incumbe ao Conselho Tutelar, em resumo, defender a vida, a saúde, a alimentação, a educação, o lazer, a profissionalização, a cultura, a dignidade, o respeito, a liberdade e a convivência familiar e comunitária. Deve ainda, continuando na esteira do art. 227 da Constituição da República[1241], encetar as iniciativas tendentes a proteger qualquer criança ou adolescente de toda forma de negligência, discriminação, exploração, violência, crueldade e opressão.

As atribuições do Conselho Tutelar fixadas no ECA apenas expressam aspectos dessa proteção mais ampla, estando intimamente relacionadas com a necessidade de vivificação dos bens da vida que integram o dispositivo residente no art. 227 da Constituição da República. Esse norte magnético de atuação do Conselho Tutelar está presente, portanto, em todas as suas incumbências, sinalizando que qualquer atividade por ele desenvolvida deve se dirigir ao cumprimento das promessas constitucionais.

De pronto se anote a desconformidade de algumas novas atribuições, indicadas na Lei n. 13.344, de 24 de maio de 2022, através de incisos incluídos no art. 136 do ECA[1242], com a finalidade primordial da instituição dos Conselhos Tutelares.

O Conselho Tutelar não pode nem deve realizar atividades tendentes à responsabilização de agressor apontado como autor de violência doméstica ou familiar[1243], mormente porque o trabalho de investigação é atribuído

---

1241. CF, art. 227: "É dever da família, da sociedade e do Estado assegurar à criança, ao adolescente e ao jovem, com absoluta prioridade, o direito à vida, à saúde, à alimentação, à educação, ao lazer, à profissionalização, à cultura, à dignidade, ao respeito, à liberdade e à convivência familiar e comunitária, além de colocá-los a salvo de toda forma de negligência, discriminação, exploração, violência, crueldade e opressão".

1242. Incisos XIII a XX do art. 136 do ECA.

1243. ECA, art. 136, XIII.

constitucionalmente à polícia judiciária[1244] e o Conselho Tutelar não foi gestado como órgão policial de investigação.

Também é manifesta a inconveniência de atribuição de representar à autoridade policial ou ao Ministério Público visando ao afastamento do agressor da moradia comum[1245], atividade que deve ser reservada às autoridades públicas dotadas de garantias de atuação necessárias ao trabalho profissional com liberdade e independência. Deixar para o conselheiro tutelar, verdadeiro agente da comunidade e escolhido no próprio bairro, a perigosa tarefa de se indispor formalmente com o acusado da prática de violência é desconsiderar a origem popular do Conselho e seu próprio esteio de legitimidade.

Também é inadequada a prerrogativa de requerer diretamente ao Judiciário a concessão de medidas cautelares em benefício de noticiantes ou denunciantes de violência doméstica ou familiar[1246], chamando para o Conselho ou conselheiro, mais uma vez, a responsabilidade por medidas destinadas à garantia da eficácia de delações. Anote-se, ainda, a falta de capacidade postulatória, de modo que a lei deveria se contentar com as representações ao Ministério Público.

Adequadas à finalidade básica do Conselho Tutelar todas as introduções da Lei n. 13.344, de 24 de maio de 2022, que foram determinadas pelo escopo de proteção imediata à criança ou ao adolescente vítima de violência doméstica ou familiar, alargando o espectro da tutela, em que se verifique a ausência de qualquer desvio da sua destinação originária.

Assim, meritória a inclusão de dispositivo que manda o Conselho Tutelar "atender à criança e ao adolescente vítima ou testemunha de violência doméstica e familiar, ou submetido a tratamento cruel ou degradante ou a formas violentas de educação, correção ou disciplina, a seus familiares e a testemunhas, de forma a prover orientação e aconselhamento acerca de

---

1244. CF, art. 144.

1245. ECA, art. 136, XV.

1246. ECA, art. 136, XX.

CURSO DE DIREITO DA CRIANÇA E DO ADOLESCENTE 453

seus direitos e dos encaminhamentos necessários"[1247]. Também compatível com a finalidade do Conselho Tutelar a indicação de que deverá "tomar as providências cabíveis, na esfera de sua competência, ao receber comunicação da ocorrência de ação ou omissão, praticada em local público ou privado, que constitua violência doméstica e familiar contra a criança e o adolescente"[1248], bem como a que o manda "receber e encaminhar, quando for o caso, as informações reveladas por noticiantes ou denunciantes relativas à prática de violência, ao uso de tratamento cruel ou degradante ou de formas violentas de educação, correção ou disciplina contra a criança e o adolescente"[1249], duas regras que evidenciam a sua vocação principal de servir como ponte de ligação entre membros da comunidade e as autoridades, principalmente o Ministério Público.

A primeira das funções fixadas originalmente no ECA consiste no atendimento de crianças e adolescentes em situação de risco, vislumbrada qualquer ameaça ou violação a direito, adotando de pronto as medidas de proteção[1250] que não exijam determinação judicial.

As medidas que pelo sistema adotado pelo ECA são reservadas ao Poder Judiciário, depois de necessária provocação reclamada em razão do princípio da inércia da jurisdição, não fazem parte do leque de alternativas à disposição do Conselho Tutelar, de modo que deve se valer especialmente de representações ao Ministério Público, garantindo a regularidade de eventuais determinações judiciais.

1247. ECA, art. 136, XIV.

1248. ECA, art. 136, XVIII.

1249. ECA, art. 136, XIX.

1250. ECA: "Art. 101. Verificada qualquer das hipóteses previstas no art. 98, a autoridade competente poderá determinar, dentre outras, as seguintes medidas: I — encaminhamento aos pais ou responsável, mediante termo de responsabilidade; II — orientação, apoio e acompanhamento temporários; III — matrícula e frequência obrigatórias em estabelecimento oficial de ensino fundamental; IV — inclusão em serviços e programas oficiais ou comunitários de proteção, apoio e promoção da família, da criança e do adolescente; V — requisição de tratamento médico, psicológico ou psiquiátrico, em regime hospitalar ou ambulatorial; VI — inclusão em programa oficial ou comunitário de auxílio, orientação e tratamento a alcoólatras e toxicômanos; VII — acolhimento institucional; VIII — inclusão em programa de acolhimento familiar; IX — colocação em família substituta".

Isso decorre da necessidade imperiosa de observância do devido processo legal, especialmente quando a medida importar no coarctar de direitos da criança ou adolescente, da sua família ou até mesmo de terceiros. Assim, na forma da autorização contida no art. 136, § 1º, do ECA[1251], o Conselho Tutelar deverá se valer de medidas de proteção não invasivas da cidadela jurídica de quem quer que seja, encaminhando às autoridades competentes os casos de sua responsabilidade.

Quanto às medidas de proteção derivadas da prática de ato infracional por criança, conforme referência no art. 136, I, ao art. 105[1252], ambos do ECA, o Conselho Tutelar cuidará das medidas de proteção quando instado pela autoridade judiciária a fazê-lo. Isso porque a conduta descrita como crime ou contravenção penal configuradora do ato infracional[1253], considerando a possibilidade de consequências de inegável gravidade para terceiros, insere-se no sistema formal de coibição da criminalidade infantojuvenil[1254], de modo que, ainda que tenha sido praticado por criança, não prescinde de registros, exames e perícias, intervenção do Ministério Público e deliberações da autoridade judiciária[1255], mesmo porque podem ser carregadas de coerção, como a determinação de internação hospitalar compulsória.

O ECA, em seu art. 136, VI[1256], também atribui ao Conselho Tutelar a aplicação de medidas de proteção ao adolescente apontado como autor de ato infracional por força de decisão da autoridade judiciária. Devidamente processado, com ou sem remissão[1257], a autoridade judiciária poderá delegar

---

1251. "Art. 136. São atribuições do Conselho Tutelar: I — atender as crianças e adolescentes nas hipóteses previstas nos arts. 98 e 105, aplicando as medidas previstas no art. 101, I a VII."

1252. ECA: "Art. 105. Ao ato infracional praticado por criança corresponderão as medidas previstas no art. 101".

1253. ECA, art. 103.

1254. V. Capítulo XXXI deste livro.

1255. V. § 243, Capítulo XXXII, deste livro.

1256. ECA: "Art. 136. São atribuições do Conselho Tutelar: [...] VI — providenciar a medida estabelecida pela autoridade judiciária, dentre as previstas no art. 101, de I a VI, para o adolescente autor de ato infracional".

1257. V. Capítulo XXXIV deste livro.

ao Conselho Tutelar a execução da medida de proteção ao adolescente, desde que o Juiz entenda que o Conselho Tutelar, ante a proximidade da família e o conhecimento da realidade local, reúne melhores condições na busca pela eficácia da providência.

O atendimento aos pais ou responsáveis, conforme determinação do art. 136, II, do ECA[1258], segue na mesma esteira, ou seja, apenas pode encerrar medidas de aplicação direta quando não importarem supressão de direitos, competência reservada somente à autoridade judiciária como resultado de um devido processo legal. Assim, entre as medidas previstas no art. 129, I a VII, do ECA[1259], aquelas que importarem coerção dependem de aquiescência expressa dos pais ou responsável que, se negada, impõe representação ao Ministério Público para promoção da ação cabível na tentativa de obtenção de ordem judicial para a efetivação da medida que contemple algum grau de constrangimento. A adesão dos pais ou responsável, considerando a natureza comunitária do Conselho Tutelar, constitui-se no principal instrumento para o despertar da necessidade de atuação protetiva em relação a filhos e pupilos, primeiro passo em direção à compreensão da importância da família no atendimento aos direitos de crianças e adolescentes. Além disso, a lei se utiliza também do vocábulo "aconselhar", indicativo de que o Conselho Tutelar deve mostrar aos pais ou responsável a necessidade e importância de comportamentos adequados à educação de crianças e adolescentes, contributo no trabalho de evitar e superar a marginalidade.

Entre as relevantes funções do Conselho Tutelar está também a de direcionar à autoridade judiciária e ao Ministério Público os casos que

---

1258. ECA: "Art. 136. São atribuições do Conselho Tutelar: [...] II — atender e aconselhar os pais ou responsável, aplicando as medidas previstas no art. 129, I a VII".

1259. ECA: "Art. 129. São medidas aplicáveis aos pais ou responsável: I — encaminhamento a serviços e programas oficiais ou comunitários de proteção, apoio e promoção da família; II — inclusão em programa oficial ou comunitário de auxílio, orientação e tratamento a alcoólatras e toxicômanos; III — encaminhamento a tratamento psicológico ou psiquiátrico; IV — encaminhamento a cursos ou programas de orientação; V — obrigação de matricular o filho ou pupilo e acompanhar sua frequência e aproveitamento escolar; VI — obrigação de encaminhar a criança ou adolescente a tratamento especializado; VII — advertência [...]".

lhes afetam. Da sua presença na comunidade colhem-se informes passíveis de desencadear providências legais, necessárias à vivificação da proteção integral prometida à criança ou ao adolescente, de modo que, em linhas gerais, tem o Conselho Tutelar o poder/dever de deflagrar atividades do Judiciário e do Ministério Público.

Diz o ECA que o Conselho Tutelar deve "encaminhar à autoridade judiciária os casos de sua competência"[1260]. Como esta é firmada pela propositura da ação, nos termos do art. 43 do CPC[1261], depreendendo-se também do sistema adotado no art. 69 do CPP[1262], bem como levando em conta que o Juiz não age de ofício[1263], entende-se que o Conselho Tutelar deve encaminhar à autoridade judiciária os casos que já estejam sob o crivo jurisdicional. Em outras palavras: deve comunicar ao Juiz os assuntos relacionados a processos em andamento, dando a conhecer fatos correlatos ou assuntos relacionados, notadamente a adoção das providências eventualmente determinadas.

Em regra, o Conselho Tutelar, escapando a medida vislumbrada da sua possibilidade de aplicação direta, deve se valer de representações ao Ministério Público, conforme disposições residentes nos incisos IV, X, XI e parágrafo único, todos do art. 136 do ECA[1264]. Isso porque o Ministério

---

1260. ECA, art. 136, V.

1261. CPC, art. 43: "Determina-se a competência no momento do registro ou da distribuição da petição inicial, sendo irrelevantes as modificações do estado de fato ou de direito ocorridas posteriormente, salvo quando suprimirem órgão judiciário ou alterarem a competência absoluta".

1262. CPP, art. 69: "Determinará a competência jurisdicional: [...] IV — a distribuição".

1263. CPC: art. 2º: "O processo começa por iniciativa da parte e se desenvolve por impulso oficial, salvo as exceções previstas em lei".

1264. ECA: "Art. 136. São atribuições do Conselho Tutelar: [...] IV — encaminhar ao Ministério Público notícia de fato que constitua infração administrativa ou penal contra os direitos da criança ou adolescente; [...] X — representar, em nome da pessoa e da família, contra a violação dos direitos previstos no art. 220, § 3º, inciso II, da Constituição Federal; XI — representar ao Ministério Público para efeito das ações de perda ou suspensão do poder familiar, após esgotadas as possibilidades de manutenção da criança ou do adolescente junto à família natural; [...] Parágrafo único. Se, no exercício de suas atribuições, o Conselho Tutelar entender necessário o afastamento do convívio familiar, comunicará incontinenti o fato ao Ministério Público, prestando-lhe informações sobre os motivos de tal entendimento e as providências tomadas para a orientação, o apoio e a promoção social da família".

CURSO DE DIREITO DA CRIANÇA E DO ADOLESCENTE

Público, legitimado à propositura de ações visando à materialização de direito da criança e do adolescente, conforme previsão do art. 201 do ECA, especialmente a do seu inciso V[1265], pode provocar a instauração do devido processo legal, marcado pela dedução de uma pretensão, seu conhecimento, garantia de defesa e igualdade de oportunidades processuais, de modo que a medida carregada de coerção e/ou subtração de qualquer direito conte com o imprescindível crivo judicial.

As representações para o Ministério Público têm por conteúdo qualquer ameaça ou violação a direito da criança ou adolescente, dependente da sua intervenção. Basta que o Conselho Tutelar narre os fatos, pois capitulações jurídicas não são de sua responsabilidade. As atribuições específicas presentes no ECA compõem um rol meramente exemplificativo, realçada sua importância pelo legislador ante a gravidade que encerram eventuais violações ou ameaças aos bens jurídicos por elas protegidos. No entanto, não esgotam as possibilidades de provocação do Ministério Público, tendo como referência a proclamação dos direitos presentes no art. 227 da Constituição da República.

Assim, destacam-se em primeiro lugar representações de fatos relacionados a infrações administrativas ou penais contra direitos da criança ou do adolescente[1266]. As administrativas são aquelas constantes dos arts. 245 a 258-C do ECA[1267], de menor potencial ofensivo aos direitos da criança ou do adolescente e sancionadas especialmente com multas. Já os crimes, além dos definidos no próprio ECA[1268], estão presentes no Código Penal e na legislação extravagante, de modo que as representações do Conselho Tutelar visam reprimir todo e qualquer ilícito penal praticado contra menor de 18 (dezoito) anos de idade, sendo infelizmente recorrentes os

---

1265. ECA: "Art. 201. Compete ao Ministério Público: [...] — promover o inquérito civil e a ação civil pública para a proteção dos interesses individuais, difusos ou coletivos relativos à infância e à adolescência, inclusive os definidos no art. 220, § 3°, inciso II, da Constituição Federal".

1266. ECA, art. 136, IV.

1267. V. Capítulo XLVII deste livro.

1268. V. Capítulo XLVIII deste livro.

delitos contra a integridade física, como os maus-tratos[1269], e os contra a dignidade sexual, especialmente o estupro de vulnerável[1270]. Nesses casos, o Conselho Tutelar, mais próximo dos fatos e de seus sujeitos, é o principal protagonista no combate a essas formas de extremada violência, podendo se socorrer também de comunicação direta à autoridade policial.

Outro exemplo legal de representação ao Ministério Público concerne à comunicação de fatos relacionados à violação do direito da família e da pessoa de se defenderem de programas e programações de rádio e televisão que contrariem os princípios previstos no art. 221 da Constituição da República[1271], conforme estabelece o art. 136, X, do ECA. Ocorre que o art. 220, § 3º, II[1272], da Magna Carta, não foi ainda cumprido pelo Parlamento, inexistindo lei que discipline a matéria, de modo que, ante a ausência de estabelecimento dos contornos necessários a impedir que a invocação da defesa da pessoa ou família tolha a livre manifestação do pensamento, da criação, da expressão e da informação, não há experiência jurídica a respeito do assunto. Isso não impede o ajuizamento de ações visando à obtenção de danos morais individuais e coletivos, notadamente quando a criança ou o adolescente são expostos em programas que violem sua dignidade, interferindo na sua imagem, de modo que o Conselho Tutelar, tomando conhecimento de exposição ofensiva envolvendo pessoa residente no território de sua abrangência de proteção, deve representar ao Ministério Público.

1269. CP, art. 136.

1270. CP, art. 217-A.

1271. CF: "Art. 221. A produção e a programação das emissoras de rádio e televisão atenderão aos seguintes princípios: I — preferência a finalidades educativas, artísticas, culturais e informativas; II — promoção da cultura nacional e regional e estímulo à produção independente que objetive sua divulgação; III — regionalização da produção cultural, artística e jornalística, conforme percentuais estabelecidos em lei; IV — respeito aos valores éticos e sociais da pessoa e da família".

1272. CF: "Art. 220. A manifestação do pensamento, a criação, a expressão e a informação, sob qualquer forma, processo ou veículo não sofrerão qualquer restrição, observado o disposto nesta Constituição [...]. § 3º Compete à lei federal: [...] II — estabelecer os meios legais que garantam à pessoa e à família a possibilidade de se defenderem de programas ou programações de rádio e televisão que contrariem o disposto no art. 221, bem como da propaganda de produtos, práticas e serviços que possam ser nocivos à saúde e ao meio ambiente".

CURSO DE DIREITO DA CRIANÇA E DO ADOLESCENTE

Esgotadas as iniciativas de buscar a manutenção da criança ou do adolescente junto à família natural, verificada a impossibilidade de preservação de vínculos ou mesmo resistência a orientações e encaminhamentos sociais, o Conselho Tutelar, agora na forma do art. 136, XI, do ECA[1273], deve representar ao Ministério Público para que sejam avaliadas a conveniência e a oportunidade de ações de suspensão ou destituição do poder familiar. Na perspectiva da promoção da família e de preservação dos vínculos, o coarctar provisório ou definitivo do poder familiar deve ser a última alternativa, depois de encetadas todas as iniciativas visando à manutenção da unidade familiar, que devem ser registradas de alguma forma, de modo a documentar as providências adotadas.

Corroborando esse sentido, inclusive com previsão da possibilidade de cautelares ou antecipações de tutela, o disposto no parágrafo único do art. 136 do ECA: "Se, no exercício de suas atribuições, o Conselho Tutelar entender necessário o afastamento do convívio familiar, comunicará incontinenti o fato ao Ministério Público, prestando-lhe informações sobre os motivos de tal entendimento e as providências tomadas para a orientação, o apoio e a promoção social da família".

Em síntese, o Conselho Tutelar deve se ater à prioridade legal da família natural, observando a diretriz da sua prevalência, consoante explicita o art. 100, parágrafo único, X, do ECA: "na promoção de direitos e na proteção da criança e do adolescente deve ser dada prevalência às medidas que os mantenham ou reintegrem na sua família natural ou extensa ou, se isso não for possível, que promovam a sua integração em família adotiva".

Também integra as atribuições do Conselho Tutelar o dever de "promover e incentivar, na comunidade e nos grupos profissionais, ações de divulgação e treinamento para o reconhecimento de sintomas de maus-tratos em crianças e adolescentes"[1274]. Trata-se de dispositivo identificador

---

1273. "Art. 136. São atribuições do Conselho Tutelar: [...] XI — representar ao Ministério Público para efeito das ações de perda ou suspensão do poder familiar, após esgotadas as possibilidades de manutenção da criança ou do adolescente junto à família natural."

1274. ECA, art. 136, XII, incluído pela Lei n. 13.046, de 1º de dezembro de 2014.

da vocação do Conselho Tutelar de combater todas as formas de violência, especialmente pela proximidade com as vítimas e suas famílias, de modo que detentor de uma *expertise* que lhe permite reconhecer sintomas específicos e auxiliar os demais agentes comunitários na visualização dos sinais de maus-tratos. Sem comunicação da probabilidade de ocorrência de episódios de práticas abusivas não se desencadeiam medidas de proteção, de sorte que o Conselho Tutelar deve estar preparado para essa relevante função social, provocando especialmente o Conselho de Direitos, responsável pela política e detentor de recursos, para o desenvolvimento de projetos e programas de ações visando à identificação de violência contra crianças.

Nessa esteira, o Conselho Tutelar, destinatário da comunicação de fatos relacionados a castigo físico, tratamento cruel ou degradante ou maus-tratos contra criança ou adolescente[1275], atua como facilitador das providências relacionadas à proteção das vítimas, acionando órgãos de saúde, defesa social e segurança pública. Isso sem prejuízo de sua atuação direta, nos termos do parágrafo único do art. 18-B do ECA. Diz esse dispositivo que o Conselho Tutelar pode aplicar aos pais, integrantes da família ampliada, responsáveis, agentes públicos executores de medidas socioeducativas ou qualquer pessoa encarregada de cuidar de crianças e adolescentes medidas destinadas a reprimir práticas abusivas[1276], comunicando ao Ministério Público as situações de recalcitrância.

1275. ECA: "Art. 13. Os casos de suspeita ou confirmação de castigo físico, de tratamento cruel ou degradante e de maus-tratos contra criança ou adolescente serão obrigatoriamente comunicados ao Conselho Tutelar da respectiva localidade, sem prejuízo de outras providências legais".

1276. ECA: "Art. 18-B. Os pais, os integrantes da família ampliada, os responsáveis, os agentes públicos executores de medidas socioeducativas ou qualquer pessoa encarregada de cuidar de crianças e de adolescentes, tratá-los, educá-los ou protegê-los que utilizarem castigo físico ou tratamento cruel ou degradante como formas de correção, disciplina, educação ou qualquer outro pretexto estarão sujeitos, sem prejuízo de outras sanções cabíveis, às seguintes medidas, que serão aplicadas de acordo com a gravidade do caso: I — encaminhamento a programa oficial ou comunitário de proteção à família; II — encaminhamento a tratamento psicológico ou psiquiátrico; III — encaminhamento a cursos ou programas de orientação; IV — obrigação de encaminhar a criança a tratamento especializado; V — advertência. Parágrafo único. As medidas previstas neste artigo serão aplicadas pelo Conselho Tutelar, sem prejuízo de outras providências legais".

CURSO DE DIREITO DA CRIANÇA E DO ADOLESCENTE

Entre as atribuições do Conselho Tutelar também se destaca a de fiscalizar as entidades governamentais e não governamentais que executem programas de proteção e socioeducativos, atividade concorrente com o Judiciário e o Ministério Público, conforme determinação do art. 95 do ECA[1277]. Para a realização dessa função é de observar que o impedimento ou embaraço a sua função constitui-se em crime[1278], bem como que o Conselho Tutelar, constatando irregularidade, deverá representar para fins de instauração de procedimento administrativo[1279], devendo fazê-lo ao Ministério Público ante a possibilidade de manejo de cautelar de afastamento, conforme previsão no art. 191, parágrafo único, do ECA.

218. Poderes de instrução e de execução do Conselho Tutelar

Para o exercício de suas funções, o Conselho Tutelar dispõe de poderes de instrução e de execução, os primeiros destinados a esclarecer os fatos ensejadores de suas decisões e os segundos objetivando efetivar os seus encaminhamentos. São eles: (a) poder de notificação; (b) poder de requisição; e (c) poder de representação.

O poder de notificação do Conselho Tutelar consiste na sua prerrogativa de dar ciência formal de ato a seu cargo, avisando, informando ou advertindo da sua realização, bem como indicando eventuais consequências verificadas ou passíveis de ocorrência, dependendo do comportamento do interessado.

1277. ECA: "Art. 95. As entidades governamentais e não governamentais referidas no art. 90 serão fiscalizadas pelo Judiciário, pelo Ministério Público e pelos Conselhos Tutelares".

1278. ECA: "Art. 236. Impedir ou embaraçar a ação de autoridade judiciária, membro do Conselho Tutelar ou representante do Ministério Público no exercício de função prevista nesta Lei: Pena — detenção de seis meses a dois anos".

1279. ECA, art. 191: "O procedimento de apuração de irregularidades em entidade governamental e não governamental terá início mediante portaria da autoridade judiciária ou representação do Ministério Público ou do Conselho Tutelar, onde conste, necessariamente, resumo dos fatos".

O poder de requisição do Conselho Tutelar, de seu turno, compreende o direito de ordenar aos serviços públicos da área de saúde, educação, serviço social, previdência, trabalho e segurança[1280] providências específicas imprescindíveis ao resguardo de direitos de criança ou adolescente violados ou ameaçados de lesão.

Trata-se de prerrogativa a ser utilizada especialmente nos casos urgentes, em que a ordem se faça absolutamente imperiosa em razão da possibilidade de perecimento do interesse protegido[1281]. Também o Conselho Tutelar detém o poder de requisição de certidões de nascimento e óbito de criança ou adolescente[1282], valendo-se de representações à autoridade competente quando vislumbrar a falta de registro ou assentamentos errôneos ou incompletos. Em qualquer caso, havendo recusa ao cumprimento da ordem ou mesmo falta de resposta no prazo assinalado, o Conselho Tutelar deve representar ao Ministério Público para a promoção da responsabilidade do recalcitrante ou inadimplente.

O poder de representação, ao Judiciário ou ao Ministério Público, pela sua relevância, insere-se no âmago das suas atribuições, podendo ser utilizado como forma de garantia da instrução de seus procedimentos, como também para a execução de suas decisões. Nesse sentido, Judiciário e Ministério Público atuam como órgãos de retaguarda, emprestando ao Conselho Tutelar certo grau de coercitividade, imprescindível para o êxito de suas medidas. Assim, além dos encaminhamentos e representações funcionais, indicados no parágrafo anterior, o Conselho Tutelar deve se valer do Juiz da Infância e da Juventude e do Promotor de Justiça para arrimar o cumprimento de suas finalidades comunitárias, em benefício da infância e da juventude.

1280. ECA, art. 136, III, *a*.

1281. Nos casos não marcados pela urgência, deve se valer de representação ao Ministério Público para a verificação da possibilidade de solução judicial ou extrajudicial da controvérsia a respeito das contraprestações correspondentes aos direitos sociais violados ou ameaçados de lesão.

1282. ECA, art. 136, VIII.

219. Conselheiros tutelares: processo de escolha e regime jurídico

Como órgão encarregado pela sociedade de zelar pelo cumprimento dos direitos da criança e do adolescente[1283], o Conselho Tutelar é composto de membros escolhidos pela população local[1284], fonte de sua investidura e de sua legitimação popular. A manifestação da vontade opera-se mediante processo de escolha realizado sob a responsabilidade do Conselho Municipal dos Direitos da Criança e do Adolescente, obedecidas regras estabelecidas em lei municipal e com a fiscalização do Ministério Público[1285], determinada pela necessidade de garantir essa forma legal de exercício democrático, a livre expressão da vontade do eleitor e a igualdade de disputa entre os candidatos.

O ECA, em seu art. 133, estabelece os requisitos mínimos para a candidatura ao cargo de Conselheiro Tutelar, podendo ser ampliados pela normativa municipal. São eles: (a) reconhecida idoneidade moral; (b) idade superior a 21 (vinte e um) anos; e (c) residência no município. A idoneidade moral comprova-se mediante a apresentação dos documentos exigidos na legislação municipal e constantes do edital, especialmente certidões dos distribuidores criminais da comarca, declaração de testemunhas quanto à inexistência de qualquer fato que desabone o candidato e atestados de boa conduta fornecidos por agentes políticos e comunitários, ex-empregadores e qualquer pessoa com credibilidade social reconhecida da qual faça presumir veracidade da afirmação, defluindo, em seu conjunto, indicativos de honestidade e honradez. Quanto à idade de 21 (vinte e um) anos que, à época da promulgação do ECA, coincidia com a idade de responsabilidade civil, hoje fixada aos 18 (dezoito) anos em razão do advento do Novo Código Civil[1286], saliente-se que a alteração civilista não teve o condão de

---

1283. ECA, art. 131.
1284. ECA, art. 132.
1285. ECA, art. 139.
1286. Lei n. 10.406, de 10 de janeiro de 2002.

modificar a exigência da lei especial, que prevalece sobre a geral. Quanto à residência, indique-se a importância de fixação de prazo mínimo pela lei municipal, garantindo-se que o interessado seja detentor de conhecimento da realidade local e que tenha raiz na própria comunidade[1287].

Outros requisitos, desde que compatíveis com a natureza comunitária dos Conselhos Tutelares, podem constar da legislação municipal. O Conanda, através da Resolução n. 170, de 10 de dezembro de 2014, dispondo sobre parâmetros de criação e funcionamento dos Conselhos Tutelares[1288], menciona requisitos adicionais passíveis de incorporação na normativa local, como experiência na promoção, proteção e defesa dos direitos da criança e do adolescente, escolaridade mínima de ensino médio e possibilidade de aplicação de prova de conhecimentos sobre direito da criança e do adolescente. De toda sorte, importante anotar que os requisitos adicionais devem constar da lei municipal, não podendo casuisticamente surgir nos editais específicos, de modo que, no silêncio da normativa local, aplicam-se somente os gerais, previstos no ECA[1289].

O art. 139, § 1°, do ECA, acrescentado pela Lei n. 12.696, de 25 de julho de 2012, unificou o processo de escolha dos Conselhos Tutelares em todo o território nacional, marcando-o para o primeiro domingo do mês de outubro do ano subsequente à eleição presidencial. O ECA ainda fixou a posse dos Conselheiros para o dia 10 de janeiro do ano seguinte às eleições[1290]. A Resolução Conanda n. 170, de 10 de dezembro de 2014, subsidiando a legislação, estabeleceu que o edital do processo de escolha

---

1287. Consoante a Resolução Conanda, n. 170, em seu art. 7°, § 1°, *b*, o edital de convocação do processo de escolha dos Conselheiros Tutelares deverá conter disposição a respeito da "documentação a ser exigida dos candidatos, como forma de comprovar o preenchimento dos requisitos previstos no art. 133 da Lei n. 8.069, de 1990".

1288. A Resolução Conanda n. 170 revogou expressamente a Resolução Conanda n. 139, de 17 de março de 2010, que originalmente dispunha sobre ao assunto.

1289. A Resolução Conanda n. 170, em seu art. 7°, § 2°, prescreve que "o edital do processo de escolha para o Conselho Tutelar não poderá estabelecer outros requisitos além daqueles exigidos dos candidatos pela Lei n. 8.069, de 1990, e pela legislação local correlata".

1290. ECA, art. 139, § 2°.

CURSO DE DIREITO DA CRIANÇA E DO ADOLESCENTE

será publicado no mínimo 6 (seis) meses antes da realização do pleito, com observância das regras do ECA e da legislação local, indicando seus conteúdos mínimos[1291], prescrevendo normas de realização do certame, inclusive montagem de uma comissão especial do Conselho Municipal ou do Distrital Federal dos Direitos da Criança e do Adolescente, regras de inscrição e de impugnação de candidaturas, exigindo pleitos livres de abuso do poder político, econômico, religioso, institucional e dos meios de comunicação, dentre outros[1292].

Os Conselheiros Tutelares são agentes públicos temporários, na medida em que seus vínculos com a Administração se mantêm apenas durante o mandato, ainda que essa conceituação escape da previsão constitucional residente no art. 37, IX[1293], de vez que a necessidade de mantença do Conselho Tutelar é permanente. Também são servidores públicos especiais, na medida em que executam funções únicas e determinadas no ECA, não exercendo as atividades do funcionalismo em geral. São estatutários, na exata compreensão de que as regras de vinculação com a municipalidade devem constar da lei local, cujo conteúdo mínimo se extrai do art. 134 do ECA[1294].

1291. Resolução Conanda n. 170, art. 7º: "[...] § 1º O edital do processo de escolha deverá prever, entre outras disposições: a) o calendário com as datas e os prazos para registro de candidaturas, impugnações, recursos e outras fases do certame, de forma que o processo de escolha se inicie no mínimo 6 (seis) meses antes do dia estabelecido para o certame; b) a documentação a ser exigida dos candidatos, como forma de comprovar o preenchimento dos requisitos previstos no art. 133 da Lei n. 8.069, de 1990; c) as regras de divulgação do processo de escolha, contendo as condutas permitidas e vedadas aos candidatos, com as respectivas sanções previstas em Lei Municipal ou do Distrito Federal de criação dos Conselhos Tutelares; d) criação e composição de comissão especial encarregada de realizar o processo de escolha; e e) formação dos candidatos escolhidos como titulares e dos 5 (cinco) primeiros candidatos suplentes".

1292. Neste sentido, inspirado pelo disposto no § 3º do art. 139 do ECA, que prescreveu: "No processo de escolha dos membros do Conselho Tutelar, é vedado ao candidato doar, oferecer, prometer ou entregar ao eleitor bem ou vantagem pessoal de qualquer natureza, inclusive brindes de pequeno valor".

1293. CF: "Art. 37. [...] IX — a lei estabelecerá os casos de contratação por tempo determinado para atender à necessidade temporária de excepcional interesse público".

1294. "Lei municipal ou distrital disporá sobre o local, dia e horário de funcionamento do Conselho Tutelar, inclusive quanto à remuneração dos respectivos membros, aos quais é assegurado o direito a: I — cobertura previdenciária; II — gozo de férias anuais remuneradas, acrescidas de 1/3 (um terço) do valor da remuneração mensal; III — licença-maternidade; IV — licença-paternidade; V — gratificação natalina."

220. Perda da função e outras sanções aplicáveis aos conselheiros tutelares

O regime disciplinar dos conselheiros tutelares, enquanto estatutários temporários do município, deve estar disciplinado na lei local, de modo que as infrações e reprimendas estejam legalmente previstas, bem como o respectivo processo administrativo de imposição de sanções.

Aplicam-se também as normas gerais do funcionalismo[1295], bastando a verificação de afronta à moral administrativa e/ou o descumprimento dos deveres inerentes ao cargo, especialmente as condutas que conspurcam a essência da proteção devida a crianças e adolescentes.

A dedução da punição pode ser feita mediante a propositura de ação civil pública, processada nos termos da Lei n. 7.347, de 24 de julho de 1985, na defesa do interesse coletivo da população infantojuvenil em valer-se de conselheiros tutelares comprometidos com os trabalhos específicos para os quais foram eleitos.

Incidentes também as razões substanciais da Lei n. 8.429, de 1º de junho de 1992, que define os atos de improbidade administrativa, valendo lembrar que o agente público que exerce transitoriamente mandato eletivo fica sujeito às suas penalidades[1296], entre as quais a perda da função pública[1297].

Depreendem-se dos deveres do cargo, *contrario sensu*, as infrações correspondentes passíveis de punições. A Resolução Conanda n. 170 estabelece como obrigações básicas do conselheiro tutelar, sem prejuízo do disposto na legislação local, os seguintes comportamentos: (a) manter conduta pública e particular ilibada; (b) zelar pelo prestígio da instituição; (c) indicar

---

1295. V. Resolução Conanda, n. 170, art. 47, § 1º.

1296. Lei n. 8.429, de 2 de junho de 1992, com a redação dada pela Lei n. 14.230, de 25 de outubro de 2021: "Art. 2º: Para os efeitos desta Lei, consideram-se agente público o agente político, o servidor público e todo aquele que exerce, ainda que transitoriamente ou sem remuneração, por eleição, nomeação, designação, contratação ou qualquer outra forma de investidura ou vínculo, mandato, cargo, emprego ou função nas entidades referidas no art. 1º desta Lei".

1297. V. art. 12 da Lei n. 8.429, de 2 de junho de 1992.

os fundamentos de seus pronunciamentos administrativos, submetendo sua manifestação à deliberação do colegiado; (d) obedecer aos prazos regimentais para suas manifestações e exercício das demais atribuições; (e) comparecer às sessões deliberativas do Conselho Tutelar e do Conselho Municipal ou do Distrito Federal dos Direitos da Criança e do Adolescente, conforme dispuser o Regimento Interno; (f) desempenhar suas funções com zelo, presteza e dedicação: (g) declarar-se suspeito ou impedido, quando o caso; (h) adotar, nos limites de suas atribuições, as medidas cabíveis em face de irregularidade no atendimento a crianças, adolescentes e famílias; (i) tratar com urbanidade os interessados, testemunhas, funcionários e auxiliares do Conselho Tutelar e dos demais integrantes de órgãos de defesa dos direitos da criança e do adolescente; (j) residir no Município; (k) prestar as informações solicitadas pelas autoridades públicas e pelas pessoas que tenham legítimo interesse ou seus procuradores legalmente constituídos; (l) identificar-se em suas manifestações funcionais; e (m) atender aos interessados, a qualquer momento, nos casos urgentes[1298].

A Resolução Conanda n. 170, ainda, estabeleceu as vedações expressas aos conselhciros tutelares: (a) receber, a qualquer título e sob qualquer pretexto, vantagem pessoal de qualquer natureza; (b) exercer atividade no horário fixado na lei municipal ou do Distrito Federal para o funcionamento do Conselho Tutelar; (c) utilizar-se do Conselho Tutelar para o exercício de propaganda e atividade político-partidária; (d) ausentar-se da sede do Conselho Tutelar durante o expediente, salvo quando em diligências ou por necessidade do serviço; (e) opor resistência injustificada ao andamento do serviço; (f) delegar a pessoa que não seja membro do Conselho Tutelar o desempenho da atribuição que seja de sua responsabilidade; (g) valer-se da função para lograr proveito pessoal ou de outrem; (h) receber comissões, presentes ou vantagens de qualquer espécie, em razão de suas atribuições; (i) proceder de forma desidiosa; (j) exercer quaisquer atividades que sejam incompatíveis com o exercício da função e com o horário de

---

1298. V. Resolução Conanda n. 170, art. 40.

trabalho; (k) exceder-se no exercício da função, abusando de suas atribuições específicas, nos termos previstos na Lei n. 4.898, de 9 de dezembro de 1965[1299]; (l) deixar de submeter ao Colegiado as decisões individuais referentes à aplicação de medidas protetivas a crianças, adolescentes, pais ou responsáveis previstas nos arts. 101 e 129 da Lei n. 8.069, de 1990; e (m) descumprir os deveres funcionais mencionados no art. 38 desta Resolução e na legislação local relativa ao Conselho Tutelar.

No âmbito administrativo, a mencionada resolução prescreveu ainda como medidas decorrentes das infrações cometidas pelos conselheiros tutelares as seguintes sanções: (a) advertência; (b) suspensão do exercício da função; e (c) destituição do mandato[1300]. Indica as duas últimas sanções para os "casos de descumprimento de suas atribuições, prática de crimes que comprometam sua idoneidade moral ou conduta incompatível com a confiança outorgada pela comunidade"[1301], remetendo sua apuração a processo administrativo regulado pela lei local.

1299. Esta antiga Lei de Abuso de Autoridade foi substituída pela Lei n. 13.869, de 5 de setembro de 2019.

1300. V. Resolução Conanda n. 170, art. 44.

1301. V. Resolução Conanda n. 170, art. 46.

XXIX

Entidades e programas de atendimento

221. Generalidades

Entidades de atendimento no sistema dos direitos da criança e do adolescente são instituições destinadas à execução de medidas de proteção[1302] e socioeducativas[1303]. Espacialmente, podem se organizar em mais de um estabelecimento, denominado de unidade, e substancialmente podem manter regimes diferenciados de atendimento. Os regimes de um mesmo programa podem coexistir em uma única unidade ou reclamar estabelecimentos próprios, dependendo de suas características e limitações.

As entidades de atendimento podem ser públicas ou privadas, denominadas no ECA de governamentais e não governamentais[1304]. Os programas e regimes de entidades não governamentais devem ser inscritos nos Conselhos Municipais dos Direitos da Criança e do Adolescente[1305],

---

1302. V. Capítulos XIX, XX, XXI, XXII, XXIII, XXIV e XXV deste livro.
1303. V. Capítulo XXXVII deste livro.
1304. ECA, arts. 90, § 1º, 95.
1305. CMDCA.

assim como suas eventuais alterações[1306]. Além disso, as entidades privadas dependem de autorização de funcionamento, no caso dos Conselhos Municipais dos Direitos da Criança e do Adolescente, porquanto atividades regradas e essencialmente públicas ante a inserção em um sistema integrado de atendimento aos direitos[1307].

As entidades privadas, ou não governamentais, somente serão autorizadas a funcionar pelos CMDCA do local das suas sedes, desde que atendam às prescrições do art. 91, § 1º, do ECA. A primeira delas é a oferta de condições físicas adequadas de habitabilidade, higiene, salubridade e segurança, comprovada mediante apresentação de laudos das autoridades competentes, notadamente sanitárias[1308], e do Corpo de Bombeiros[1309]. Devem apresentar plano de trabalho compatível com os princípios presentes no ECA, aferível à luz do cotejo dos objetivos e meios declarados com as normas de proteção e socioeducativas que regem os diversos programas e regimes de atendimento. Em resumo e no conteúdo básico, as propostas apresentadas devem guardar exata correspondência com as regras residentes nos arts. 92 e 94, ambos do ECA, sem prejuízo da observância das normas relacionadas a medidas específicas de proteção e socioeducativas.

Outra exigência é a comprovação de constituição regular como associação, fundação ou organização religiosa[1310], mediante juntada de cópia dos estatutos e suas alterações posteriores, devidamente inscritos no Registro Civil das Pessoas Jurídicas. Ainda na concepção de constituição regular, devem ser juntados os comprovantes de inscrição junto à Receita Federal

---

1306. ECA, art. 90, § 1º.

1307. ECA, art. 91.

1308. De acordo com as especificações constantes da normativa sanitária local, sobretudo os Códigos Sanitários, levando em conta especialmente a natureza social do estabelecimento.

1309. Em São Paulo, a título de exemplificação, existem o Certificado de Licença do Corpo de Bombeiros (CLCB), para edificações com 750 m² e até 12 metros de altura, e o Auto de Vistoria do Corpo de Bombeiros (AVCB), para áreas e alturas superiores.

1310. CC, art. 44, I, III, IV.

CURSO DE DIREITO DA CRIANÇA E DO ADOLESCENTE

e do Alvará de Funcionamento expedido pela Prefeitura Municipal, do local de funcionamento do estabelecimento[1311].

Devem também apresentar atestados de antecederdes criminais dos dirigentes e responsáveis pelas entidades e programas, mínimo necessário para a comprovação da idoneidade moral, bem como declarar que estão cientes da normativa dos Conselhos de Direitos a respeito da disciplina dos programas e regimes de atendimento que pretendem implementar, nos termos do exigido no art. 91, § 1º, *d* e *e*, do ECA.

A autorização de funcionamento das entidades privadas ou não governamentais, representada pelo registro no CMDCA, é sempre precária, podendo ser reavaliada a qualquer tempo. Ordinariamente, a autorização tem validade de 4 (quatro) anos, podendo ser revista a qualquer tempo, de ofício ou em razão de provocação de qualquer interessado que imputar descumprimento das obrigações legais ou superveniência de desatendimento dos requisitos considerados para a aprovação inicial. Como espécie de processo administrativo, impõe que o CMDCA dê ciência do procedimento visando à cassação do registro, mandando ao responsável pela entidade cópia do documento inicial de instauração, do qual constem as motivações que, em tese, justificam a medida, marcando suficiente prazo para defesa, adotando-se deliberação em reunião do Colegiado. Havendo situação que determine a imediata suspensão das atividades ou interdição da unidade ou programa de regime específico, a medida deve ser postulada judicialmente, notadamente por intermédio do Ministério Público, provocado nos termos do art. 97, § 1º, do ECA.

Dois são os programas de atendimento: de proteção e socioeducativo. O primeiro destinado ao cumprimento das medidas necessárias ao enfrentamento de situações de risco[1312] e o segundo referenciado às consequências

---

1311. A qualificação de associações e fundações como OSCIPs (Organização da Sociedade Civil de Interesse Público), nos termos da Lei n. 9.790, de 23 de março de 1999, não é elemento de constituição, permitindo apenas o estabelecimento de termos de parceria com o poder público.

1312. V. § 123, Capítulo XIX, deste livro.

provisórias ou definitivas decorrentes da imputação ou do reconhecimento da prática de ato infracional[1313]. Cada um desses programas informa regimes específicos, atividades planejadas e roteirizadas relacionadas a conteúdos e objetivos certos e determinados na sua dimensão coletiva, com indicativos das ações e práticas necessárias à individualização do atendimento.

O ECA prescreve que as entidades de atendimento são responsáveis pela manutenção das próprias unidades, assim como pelo planejamento e execução de programas de proteção e socioeducativos destinados a crianças e adolescentes[1314]. Seus regimes, referenciados a cada programa, de proteção ou socioeducativo, organizam-se em objetivos ainda mais específicos[1315], destinados a: (a) orientação e apoio sociofamiliar; (b) colocação familiar; (c) acolhimento; (d) apoio socioeducativo em meio aberto; (e) prestação de serviços à comunidade; (f) liberdade assistida; (g) semiliberdade; e (h) internação. Os três primeiros estão relacionados aos programas de proteção e os cinco últimos aos de medidas socioeducativas.

Os programas de atendimento com regimes especificados, mantidos por estabelecimentos públicos ou privados, reclamam inscrição nos Conselhos de Direitos. Os de entidades privadas, no CMDCA da localidade onde se encontrem instalados[1316]. As entidades públicas, criadas e mantidas pela União, Distrito Federal, Estados e Municípios, não precisam ser registradas, mas seus programas de regimes específicos devem ser inscritos, sendo os municipais no CMDCA e os estaduais e distrital no respectivos Conselhos Estaduais e Distrital, conforme norma residente no art. 9º da Lei do Sinase. A inscrição dos programas de regimes específicos importa autorização para o exercício da atividade, também para

---

1313. V. § 262, Capítulo XXXVI, deste livro.

1314. ECA, art. 90, caput.

1315. ECA, art. 90, § 1º.

1316. ECA, art. 90, § 1º: "As entidades governamentais e não governamentais deverão proceder à inscrição de seus programas, especificando os regimes de atendimento, na forma definida neste artigo, no Conselho Municipal dos Direitos da Criança e do Adolescente, o qual manterá registro das inscrições e de suas alterações, do que fará comunicação ao Conselho Tutelar e à autoridade judiciária".

CURSO DE DIREITO DA CRIANÇA E DO ADOLESCENTE

as entidades públicas, conforme se dessume do art. 90, § 3º, parte final, do ECA, que, ao tratar da sua reavaliação, expressamente mencionou "autorização de funcionamento"[1317].

O pedido de inscrição de programas de instituições particulares pressupõe o registro da entidade no CMDCA e deverá ser instruído com o detalhamento do regime de atendimento específico, bem como com declaração dos seus responsáveis de que estão cientes das resoluções relativas à modalidade de atendimento expedidas pelos Conselhos de Direitos da Criança e do Adolescente, em todos os níveis[1318]. Quando se tratar de programa de entidade governamental, que não depende do registro inicial da entidade, o pedido de inscrição de programa de regime específico deverá ser instruído com os atos constitutivos, se houver[1319], e os de nomeação dos diretores e responsáveis pela unidade e execução do programa[1320].

A autorização de funcionamento do programa de atendimento em regime específico também é precária, tendo validade de 2 (dois) anos, ficando sujeita à reavaliação periódica[1321]. A nova autorização fica dependente da comprovação da adoção em concreto dos preceitos e normas presentes no ECA e nas resoluções dos Conselhos de Direitos[1322], notadamente aqueles que dizem respeito ao regime específico[1323], bem como à apresentação de atestados do Conselho Tutelar, do Ministério Público e da Vara da Infância e da Juventude, ou do Tribunal ou Procuradoria-Geral quando tiver expressão estadual, distrital ou regional, comprovando a qualidade e eficiência

---

1317. ECA, art. 90, § 3º: "Os programas em execução serão reavaliados pelo Conselho Municipal dos Direitos da Criança e do Adolescente, no máximo, a cada 2 (dois) anos, constituindo-se critérios para renovação da autorização de funcionamento: [...]".

1318. ECA, art. 90, § 3º, I.

1319. Como os das fundações criadas e mantidas pelo poder público. As entidades inseridas na administração direta, como órgãos da assistência social, apresentam apenas os atos de nomeação dos responsáveis.

1320. A Resolução Conanda n. 164, de 9 de abril de 2014, dispõe sobre o registro e a inscrição de programas, devendo ser consultadas as normativas locais dos CMDCA.

1321. ECA, art. 90, § 3º.

1322. Nacional, Estadual e Municipal.

1323. ECA. art. 90, § 3º, I.

do trabalho desenvolvido[1324], inclusive índices de sucesso na reintegração familiar e adaptação à família substituta, se se tratar de programas em regimes de acolhimento[1325].

222. Programas de proteção

Os programas de proteção, nos agrupamentos básicos definidos no art. 90, I, III e IV, do ECA[1326], desenvolvem-se em três regimes: (a) orientação e apoio sociofamiliar; (b) colocação familiar; (c) acolhimento. Regime como indicativo de um conjunto de normas e práticas referenciadas a um objetivo principal, constituindo-se em projetos específicos, dotados de particularidades, mas que guardam indissociável ligação com a finalidade fixada em lei.

O primeiro diz respeito às famílias, que são destinatárias da promessa constitucional de proteção[1327], que se materializa também em programas sociais que permitam especialmente aos pais manterem os filhos sob sua companhia. Podem se referir às medidas de proteção de "orientação, apoio e acompanhamento temporários"[1328], "inclusão em serviços e programas oficiais ou comunitários de proteção, apoio e promoção da família, da criança e do adolescente"[1329] e de "inclusão em programa oficial ou comunitário de auxílio, orientação e tratamento a alcoólatras e toxicômanos"[1330], bem como a outros projetos em que se vislumbre a meta de "orientação e apoio sociofamiliar".

1324. ECA, art. 90, § 3º, II.

1325. ECA, art. 90, § 3º, III.

1326. ECA: "Art. 90. As entidades de atendimento são responsáveis pela manutenção das próprias unidades, assim como pelo planejamento e execução de programas de proteção e socioeducativos destinados a crianças e adolescentes, em regime de: I — orientação e apoio sociofamiliar; [...] III — colocação familiar; IV — acolhimento institucional".

1327. CF, art. 226, caput.

1328. ECA, art. 101, I.

1329. ECA, art. 101, IV.

1330. ECA, art. 191, VI.

CURSO DE DIREITO DA CRIANÇA E DO ADOLESCENTE

Já o regime de colocação familiar diz respeito especialmente aos programas específicos voltados à localização, preparação, mediação de convivência e apoio posterior a interessados na formação de uma família substituta, protagonistas adultos e crianças e adolescentes. Referencia-se à medida de proteção prevista no art. 101, IX, do ECA, alcançando todas as suas formas: guarda[1331], tutela[1332] e adoção[1333].

O terceiro regime é o de acolhimento, abrangendo o institucional[1334] e o familiar[1335], muito embora o art. 90, IV, do ECA mencione apenas o primeiro. Contempla também o familiar, porque as famílias acolhedoras devem estar vinculadas a uma entidade que mantenha esse tipo de programa de atendimento, na forma do art. 34, § 2º, do ECA[1336]. Esses regimes devem estar inscritos no CMDCA e devem obedecer aos princípios especialmente previstos no art. 92 do ECA.

223. Programas socioeducativos

Os programas socioeducativos, nas referências dos incisos II, V, VI, VII e VIII do art. 90 do ECA[1337], desenvolvem-se em cinco regimes: (a) apoio socioeducativo em meio aberto; (b) prestação de serviços à comunidade; (c) liberdade assistida; (d) semiliberdade; e (e) internação. Esses programas

---

1331. V. Capítulo XXIV deste livro.

1332. V. Capítulo XXV deste livro.

1333. V. Capítulo XXVI deste livro.

1334. V, Capítulo XXI deste livro.

1335. V. Capítulo XXII deste livro.

1336. ECA, art. 37: "§ 2º Na hipótese do § 1º deste artigo a pessoa ou casal cadastrado no programa de acolhimento familiar poderá receber a criança ou adolescente mediante guarda, observado o disposto nos arts. 28 a 33 desta Lei".

1337. ECA: "Art. 90. As entidades de atendimento são responsáveis pela manutenção das próprias unidades, assim como pelo planejamento e execução de programas de proteção e socioeducativos destinados a crianças e adolescentes, em regime de: [...] II — apoio socioeducativo em meio aberto; [...] V — prestação de serviços à comunidade; VI — liberdade assistida; VII — semiliberdade; e VIII — internação".

de atendimento com regimes específicos devem obedecer, para inscrição, ao disposto especialmente nos arts. 11[1338] e 12[1339] da Lei do Sinase[1340].

Os projetos em regime de apoio socioeducativo em meio aberto não se esgotam na prestação de serviços à comunidade e na liberdade assistida. Não me parece, também, que a expressão "apoio socioeducativo em meio aberto", constante do art. 90, II, do ECA, e referenciado a um regime de atendimento, possa hoje ser utilizada em sentido impróprio, com o desiderato de referir a medidas comunitárias, sociais e educativas, além das famílias, instituições de acolhimento e de internação e de semiliberdade, compondo uma retaguarda desses projetos e auxiliando no processo de socialização[1341]. Não só porque seria uma espécie de programa híbrido,

---

1338. Lei n. 12.594, de 18 de janeiro de 2012: "Art. 11. Além da especificação do regime, são requisitos obrigatórios para a inscrição de programa de atendimento: I — a exposição das linhas gerais dos métodos e técnicas pedagógicas, com a especificação das atividades de natureza coletiva; II — a indicação da estrutura material, dos recursos humanos e das estratégias de segurança compatíveis com as necessidades da respectiva unidade; III — regimento interno que regule o funcionamento da entidade, no qual deverá constar, no mínimo: a) o detalhamento das atribuições e responsabilidades do dirigente, de seus prepostos, dos membros da equipe técnica e dos demais educadores; b) a previsão das condições do exercício da disciplina e concessão de benefícios e o respectivo procedimento de aplicação; e c) a previsão da concessão de benefícios extraordinários e enaltecimento, tendo em vista tornar público o reconhecimento ao adolescente pelo esforço realizado na consecução dos objetivos do plano individual; IV — a política de formação dos recursos humanos; V — a previsão das ações de acompanhamento do adolescente após o cumprimento de medida socioeducativa; VI — a indicação da equipe técnica, cuja quantidade e formação devem estar em conformidade com as normas de referência do sistema e dos conselhos profissionais e com o atendimento socioeducativo a ser realizado; e VII — a adesão ao Sistema de Informações sobre o Atendimento Socioeducativo, bem como sua operação efetiva. Parágrafo único. O não cumprimento do previsto neste artigo sujeita as entidades de atendimento, os órgãos gestores, seus dirigentes ou prepostos à aplicação das medidas previstas no art. 97 da Lei n. 8.069, de 13 de julho de 1990 (Estatuto da Criança e do Adolescente)".

1339. Lei n. 12.594, de 18 de janeiro de 2012: "Art. 12. A composição da equipe técnica do programa de atendimento deverá ser interdisciplinar, compreendendo, no mínimo, profissionais das áreas de saúde, educação e assistência social, de acordo com as normas de referência. § 1º Outros profissionais podem ser acrescentados às equipes para atender necessidades específicas do programa. § 2º Regimento interno deve discriminar as atribuições de cada profissional, sendo proibida a sobreposição dessas atribuições na entidade de atendimento. § 3º O não cumprimento do previsto neste artigo sujeita as entidades de atendimento, seus dirigentes ou prepostos à aplicação das medidas previstas no art. 97 da Lei n. 8.069, de 13 de julho de 1990 (Estatuto da Criança e do Adolescente)".

1340. Lei n. 12.594, de 18 de janeiro de 2012.

1341. V. posição adotada por Antonio Carlos Gomes da Costa: *Os regimes de atendimento no Estatuto da Criança e do Adolescente*, Brasília, Secretaria Especial de Direitos Humanos, 2006.

CURSO DE DIREITO DA CRIANÇA E DO ADOLESCENTE

atendendo às medidas de proteção e às medidas socioeducativas, impondo dificuldades estruturais e conceituais importantes, como também por desconsiderar que, no mundo jurídico, especialmente para atender à segurança dos administrados, a lei deve trazer palavras certas e determinadas, com conteúdo unívoco.

Ainda que seja testemunha, na comissão de redação do anteprojeto do ECA, da ocorrência do equívoco terminológico, é certo que em capítulo disciplinador dos planos de atendimento socioeducativos, na posterior Lei do Sinase[1342], a presença de uma sessão nominada "Dos programas em meio aberto"[1343] está a indicar que se trata de gênero, cujas espécies podem ser a prestação de serviços à comunidade e a liberdade assistida, além de outras. Por fim, no que tange aos programas de proteção, com esse viés de inserção no social e no educacional, como auxílio à desinstitucionalização ou instrumento especial de socialização, o previsto no art. 90, I, do ECA, no regime de apoio sociofamiliar, tem a abrangência necessária para agrupar todos os projetos, de modo que não se torna necessária uma interpretação extensiva e negacionista do termo socioeducativo, tal como utilizado no inciso I do mencionado art. 90 do ECA.

Assim, programas em regime de atendimento socioeducativo em meio aberto são todos aqueles que contemplam projetos destinados a adolescentes apontados ou reconhecidos como autores de atos infracionais e desenvolvidos livremente em sociedade, tendo por escopo básico os valores da educação, da convivência comunitária e do respeito à pessoa humana. Podem abranger cursos, reforço escolar, formação profissional e outras formas de contributos ao desenvolvimento pessoal, auxiliando na reversão do potencial criminógeno demonstrado com a prática do ato infracional.

São formas tradicionais e conhecidas, porquanto medidas socioeducativas específicas, a prestação de serviços à comunidade e a liberdade assistida, regimes de atendimento que se desenvolvem em meio aberto.

1342. Lei n. 12.594, de 18 de janeiro de 2012.

1343. Lei do Sinase, Título I, Capítulo IV, Sessão II.

De acordo com a Lei do Sinase, somente as entidades governamentais podem manter entidades com regimes de semiliberdade e internação. A Lei n. 12.594, de 18 de janeiro de 2012, prescreveu que compete aos Estados e ao Distrito Federal, neste último caso por força de regra de extensão[1344], "criar, desenvolver e manter programas para a execução das medidas socioeducativas de semiliberdade e internação"[1345]. Dessa forma, os regimes de semiliberdade e internação, desenvolvidos em unidades governamentais, são programas públicos em obediência ao monopólio estatal do uso da força, consequentemente da prerrogativa da utilização da privação da liberdade como resposta à criminalidade na adolescência. Ainda que públicos, os programas socioeducativos em regime de semiliberdade e internação devem ser inscritos nos Conselhos Estaduais ou Distrital dos Direitos da Criança e do Adolescente, conforme prescrição do art. 9º da Lei do Sinase[1346].

224. Fiscalização

As entidades governamentais e não governamentais ficam sujeitas à fiscalização do Poder Judiciário, do Ministério Público e do Conselho Tutelar[1347]. Também ficam sujeitas à fiscalização de gestão de contas pelos órgãos de controle dos Estados e dos Municípios, conforme a origem das dotações orçamentárias[1348].

1344. Lei do Sinase: "Art. 6º Ao Distrito Federal cabem, cumulativamente, as competências dos Estados e dos Municípios".

1345. Lei do Sinase, art. 4º, III.

1346. Lei do Sinase: "Art. 9º Os Estados e o Distrito Federal inscreverão seus programas de atendimento e alterações no Conselho Estadual ou Distrital dos Direitos da Criança e do Adolescente, conforme o caso".

1347. ECA: "Art. 95. As entidades governamentais e não governamentais referidas no art. 90 serão fiscalizadas pelo Judiciário, pelo Ministério Público e pelos Conselhos Tutelares".

1348. ECA: "Art. 96. Os planos de aplicação e as prestações de contas serão apresentados ao estado ou ao município, conforme a origem das dotações orçamentárias".

Poder, instituição e órgão apresentam peculiaridades conaturais que se refletem na atividade fiscalizatória, ainda que a finalidade seja a mesma: assegurar o respeito das entidades aos direitos da criança e do adolescente e buscar a maior eficiência no desiderato do desenvolvimento saudável.

O Poder Judiciário exerce a fiscalização através da inspeção direta da autoridade judiciária[1349] ou por intermédio de servidores designados, especialmente integrantes da equipe interprofissional. O Juiz da Infância e da Juventude, com base no relatório de visita: (a) orienta, diretamente ou por intermédio de designados, a entidade a se adequar aos padrões exigidos em lei e na normativa administrativa, mantendo registro da fiscalização realizada e das providências adotadas; ou (b) encaminha o relatório ao Ministério Público para eventuais providências, visando à responsabilização administrativa, civil ou mesmo criminal da entidade e de seus dirigentes.

O Ministério Público exerce diretamente seu poder fiscalizatório, tendo livre acesso a qualquer local onde se encontre a criança ou o adolescente[1350]. Em razão do princípio da oficialidade que orienta a atividade administrativa, o Ministério Público deve instaurar procedimento administrativo de visita[1351], registrando suas constatações e orientações, decidindo pelo arquivamento ou representação visando à apuração de irregularidades e à consequente imposição de medidas, sem prejuízo da adoção de outras providências relacionadas à responsabilidade civil e criminal[1352].

1349. A Resolução CNJ n. 77, de 16 de maio de 2009, dispõe sobre a fiscalização nas unidades de internação e semiliberdade.

1350. ECA: "Art. 201. [...] § 3º O representante do Ministério Público, no exercício de suas funções, terá livre acesso a todo local onde se encontre criança ou adolescente".

1351. A Resolução CNMP n. 174, de 4 de julho de 2017, disciplina a tramitação do procedimento administrativo, estabelecendo em seu art. 8º, II, que uma das suas destinações é a fiscalização das entidades.

1352. O CNMP, através da Resolução n. 67, de 16 de março de 2011, dispôs sobre a fiscalização do Ministério Público em unidades de cumprimento de medidas de semiliberdade e internação, mediante a Resolução n. 71, de 15 de junho de 2011, tratou da fiscalização das unidades relacionadas a acolhimento institucional e familiar e, por intermédio da Resolução n. 204, de 16 de dezembro de 2019, disciplinou a fiscalização junto aos programas municipais de atendimento para a execução das medidas socioeducativas em meio aberto.

O Conselho Tutelar, para o exercício da sua função de fiscalização das entidades, também tem livre acesso às entidades, configurando crime, previsto no ECA, proibir ou dificultar sua atuação[1353]. Também deve manter registro das suas constatações, podendo, como resultado, encaminhar relatório ao Ministério Público ou mesmo desencadear a instauração de procedimento judicial mediante oferta de representação.

O objeto da fiscalização repousa na verificação das condições materiais, assistenciais e educacionais do atendimento, na perspectiva de oferta de serviço com qualidade, capaz de cumprir com os objetivos de proteção e socioeducativos. O atendimento cooperativista ou em rede[1354] pressupõe uma atuação de fiscalização colaborativa, de modo a prestar auxílio para a remoção dos entraves, contribuindo para a solução dos problemas, mas sem qualquer tolerância com situação de ameaça ou violação dos direitos de crianças e adolescentes atendidos, razão da presença legal de um sistema baseado nos objetivos da integridade e do desenvolvimento saudável. Ultrapassados os limites da orientação, seja porque a situação constatada é de gravidade ou porque dirigentes ou funcionários se mostram renitentes à observância das diretrizes do ECA ou constantes da normativa dos Conselhos, as vias das providências formais de responsabilização são indeclináveis, atividades de ofício que não podem deixar de ser realizadas.

As unidades caracterizadas pela presença coletiva de internos, especialmente as de cumprimento da medida socioeducativa de internação, ficam sujeitas ao cumprimento das obrigações estampadas no art. 94 do ECA, aplicáveis também às unidades de semiliberdade[1355] e até mesmo às casas de cumprimento da medida de proteção de acolhimento institucional[1356], porquanto os deveres ali estampados representam o mínimo legal

---

1353. ECA: "Art. 236. Impedir ou embaraçar a ação de autoridade judiciária, membro do Conselho Tutelar ou representante do Ministério Público no exercício de função prevista nesta Lei: Pena — detenção de seis meses a dois anos".

1354. V. § 209, Capítulo XXVII, deste livro.

1355. ECA, art. 120, § 2°.

1356. ECA, art. 94, § 1°.

CURSO DE DIREITO DA CRIANÇA E DO ADOLESCENTE

de garantias às crianças e aos adolescentes que vivem em estabelecimentos de convivência coletiva.

225. Medidas aplicáveis

Em relação às medidas derivadas da apuração de irregularidades em entidades de atendimento, o legislador estabeleceu distinção básica entre entidades governamentais e não governamentais. Para as primeiras, considerando sua natureza pública, previu providências, ainda que graves, de preservação da atividade essencial, podendo chegar ao fechamento de unidade ou interdição de programa, limitando sua atuação às frações de entidade, ou seja, às unidades. Para as privadas, considerando que executam atividade dependente de autorização de funcionamento, as medidas vão até a cassação do registro, impeditivo à continuidade dos serviços.

As medidas sempre têm caráter secundário, pois a orientação as prefere, salvo em casos de grave irregularidade ou recalcitrância no atendimento às determinações. É o que se dessume do art. 193, § 3°, do ECA: "Antes de aplicar qualquer das medidas, a autoridade judiciária poderá fixar prazo para a remoção das irregularidades verificadas".

As entidades governamentais, de acordo com o art. 97, I, do ECA, ficam sujeitas às seguintes medidas: (a) advertência; (b) afastamento provisório de seus dirigentes; (c) afastamento definitivo; (d) fechamento da unidade ou interdição do programa.

A advertência consiste em admoestação formal ao dirigente da entidade ou programa de atendimento[1357] quanto à necessidade de remoção das irregularidades, com indicativos dos desvios constatados e dos prazos razoáveis para sua superação. Também tem o condão de documentar a orientação ministrada, forjando a aplicação futura de medidas gravosas.

1357. ECA, art. 193, § 4°.

Pressupõe a realidade das irregularidades, sua possibilidade de conserto e a responsabilidade do gestor, porquanto somente se repreende quem tenha errado. Se podia fazer diferente, se nas circunstâncias era exigível comportamento diverso, justifica-se a reprimenda.

A segunda medida é o afastamento provisório do dirigente da unidade ou do programa, sendo substituído por quem for determinado pela direção da entidade pública. Marca-se prazo para retorno do afastado, que será efetivado a critério do órgão público, titular da prerrogativa de nomear seus delegados. Já a terceira medida, afastamento definitivo, distingue-se apenas pela inexistência de prazo, de modo que a direção da entidade deve nomear um novo gestor para a unidade ou programa, substituindo o anterior. Equivale a uma declaração de inaptidão para o exercício de funções determinadas em relação à criança ou ao adolescente, sobrelevando-se o interesse público ao particular. Também não importa ordem de dispensa do servidor, muito embora a condenação judicial de afastamento constitua elemento importante na aferição da necessidade de demissão do funcionário a bem do serviço público, nos termos da lei de regência[1358]. O afastamento,

---

1358. A título de exemplificação, pois a demissão de servidor estadual, distrital ou municipal é regida pelos respectivos estatutos, anote-se que a Lei n. 8.027, de 12 de abril de 1990, que dispôs sobre normas de conduta dos servidores públicos da União, das Autarquias e das Fundações Públicas, estabelece, em seu art. 5º, o seguinte: "Art. 5º São faltas administrativas, puníveis com a pena de demissão, a bem do serviço público: I — valer-se, ou permitir dolosamente que terceiros tirem proveito de informação, prestígio ou influência, obtidos em função do cargo, para lograr, direta ou indiretamente, proveito pessoal ou de outrem, em detrimento da dignidade da função pública; II — exercer comércio ou participar de sociedade comercial, exceto como acionista, cotista ou comanditário; III — participar da gerência ou da administração de empresa privada e, nessa condição, transacionar com o Estado; IV — utilizar pessoal ou recursos materiais da repartição em serviços ou atividades particulares; V — exercer quaisquer atividades incompatíveis com o cargo ou a função pública, ou, ainda, com horário de trabalho; VI — abandonar o cargo, caracterizando-se o abandono pela ausência injustificada do servidor público ao serviço, por mais de trinta dias consecutivos; VII — apresentar inassiduidade habitual, assim entendida a falta ao serviço, por vinte dias, interpoladamente, sem causa justificada no período de seis meses; VIII — aceitar ou prometer aceitar propinas ou presentes, de qualquer tipo ou valor, bem como empréstimos pessoais ou vantagem de qualquer espécie em razão de suas atribuições. Parágrafo único. A penalidade de demissão também será aplicada nos seguintes casos: I — improbidade administrativa; II — insubordinação grave em serviço; III — ofensa física, em serviço, a servidor público ou a particular, salvo em legítima defesa própria ou de outrem; IV — procedimento desidioso, assim entendido a falta ao dever de diligência no cumprimento de suas atribuições; V — revelação de segredo de que teve conhecimento em função do cargo ou emprego".

CURSO DE DIREITO DA CRIANÇA E DO ADOLESCENTE

provisório ou definitivo importa ausência física da unidade ou programa, não se confundindo com exoneração de função, de modo que, enquanto durar a ordem, o servidor não poderá prestar serviços na unidade ou nas unidades atingidas pela determinação. O afastamento também poderá se dar mediante liminar concedida no procedimento de apuração de irregularidades[1359] e se executa da seguinte forma: (a) no caso de dirigente de entidade governamental mediante mandado ao superior hierárquico do afastado[1360]; e (b) no caso de dirigente de entidade não governamental mediante notificação de afastamento encaminhada ao próprio afastado.

O fechamento da unidade ou interdição do programa importa impedimento de realização de atividades, inclusive com determinação de transferência dos atendidos e adoção de qualquer providência que assegure o resultado prático da decisão, consistente na proibição da continuidade do atendimento.

As entidades não governamentais, pessoas jurídicas de direito privado, são destinatárias das seguintes medidas, previstas no inciso II do art. 97 do ECA: (a) advertência; (b) suspensão total ou parcial do repasse de verbas públicas; c) interdição de unidades ou suspensão de programa; d) cassação do registro.

A advertência às entidades não governamentais não destoa da que pode ser aplicada às entidades governamentais. Já a suspensão total ou parcial do repasse de verbas públicas constitui medida de preservação do erário, quando evidenciada malversação dos recursos recebidos, sem correspondência com a atividade-fim ou mesmo quando evidenciadas situações de desperdício, esbanjamento ou desgoverno administrativo. Também deve ser decretada cautelarmente, na iminência de transferência dos atendidos, de modo a estancar o gasto indevido de dinheiro público.

1359. ECA: "Art. 191. [...] Parágrafo único. Havendo motivo grave, poderá a autoridade judiciária, ouvido o Ministério Público, decretar liminarmente o afastamento provisório do dirigente da entidade, mediante decisão fundamentada".

1360. ECA: "Art. 193. [...] § 3º Em se tratando de afastamento provisório ou definitivo de dirigente de entidade governamental, a autoridade judiciária oficiará à autoridade administrativa imediatamente superior ao afastado, marcando prazo para a substituição".

PAULO AFONSO GARRIDO DE PAULA

A interdição de unidades ou a suspensão de programas incidem sobre frações de entidade particular e têm natureza precária, vigorando até a adoção de providências que removam as irregularidades constatadas. Se a decisão tiver por escopo o impedimento definitivo, considerando a impossibilidade de remoção das irregularidades, a medida adequada é a da cassação judicial do registro, já que se trata de autorização de funcionamento.

Como as entidades de atendimento, em regra, organizam-se sob a forma civil de associações, é possível também sua dissolução judicial quando se verifique desenvolvimento de atividades de fins ilícitos, nos termos do Decreto-lei n. 41, de 19 de novembro de 1966[1361], interpretado em conformidade com a norma residente no art. 5º, XVII, da Constituição da República[1362]. Em se tratando de fundações, a dissolução pode ser manejada com fulcro nos arts. 69 do Código Civil[1363] e 765 do Código de Processo Civil[1364]. Anote-se também que a previsão legal de dissolução de entidade de atendimento vem hoje contemplada no ECA, na norma residente no art. 97, § 1º, na redação dada pela Lei n. 12.010, de 3 de agosto de 2009:

1361. Decreto-lei n. 41, de 18 de novembro de 1966: "Art. 1º Toda sociedade civil de fins assistenciais que receba auxílio ou subvenção do Poder Público ou que se mantenha, no todo ou em parte, com contribuições periódicas de populares, fica sujeita à dissolução nos casos e forma previstos neste decreto-lei. Art. 2º A sociedade será dissolvida se: I — Deixar de desempenhar efetivamente as atividades assistenciais a que se destina; II — Aplicar as importâncias representadas pelos auxílios, subvenções ou contribuições populares em fins diversos dos previstos nos seus atos constitutivos ou nos estatutos sociais; III — Ficar sem efetiva administração, por abandono ou omissão continuada dos seus órgãos diretores. Art. 3º Verificada a ocorrência de alguma das hipóteses do artigo anterior, o Ministério Público, de ofício ou por provocação de qualquer interessado, requererá ao juízo competente a dissolução da sociedade. Parágrafo único. O processo da dissolução e da liquidação reger-se-á pelos arts. 655 e seguintes do Código de Processo Civil. Art. 4º A sanção prevista neste Decreto-lei não exclui a aplicação de quaisquer outras, porventura cabíveis, contra os responsáveis pelas irregularidades ocorridas".

1362. CF: "Art. 5º [...] XVII — é plena a liberdade de associação para fins lícitos, vedada a de caráter paramilitar".

1363. CC: "Art. 69. Tornando-se ilícita, impossível ou inútil a finalidade a que visa a fundação, ou vencido o prazo de sua existência, o órgão do Ministério Público, ou qualquer interessado, lhe promoverá a extinção, incorporando-se o seu patrimônio, salvo disposição em contrário no ato constitutivo, ou no estatuto, em outra fundação, designada pelo juiz, que se proponha a fim igual ou semelhante".

1364. CPC: "Art. 765. Qualquer interessado ou o Ministério Público promoverá em juízo a extinção da fundação quando: I — se tornar ilícito o seu objeto; II — for impossível a sua manutenção; III — vencer o prazo de sua existência".

CURSO DE DIREITO DA CRIANÇA E DO ADOLESCENTE

"Em caso de reiteradas infrações cometidas por entidades de atendimento, que coloquem em risco os direitos assegurados nesta Lei, deverá ser o fato comunicado ao Ministério Público ou representado perante autoridade judiciária competente para as providências cabíveis, inclusive suspensão das atividades ou dissolução da entidade". Assim, compreende-se o desvio de finalidade comprometedor da higidez dos direitos da criança ou do adolescente, garantidos constitucionalmente pela prioridade absoluta, como causa eficiente da dissolução de pessoas jurídicas de direito privado constituídas apenas formalmente para sua defesa, tendo em vista que a licitude da atividade ou sua nocividade se aferem em concreto, à luz dos fatos efetivamente verificados, garantidos o contraditório e a ampla defesa.

As sanções administrativas decorrentes da constatação de irregularidades em entidades de atendimento aplicam-se sem prejuízo da responsabilidade civil e criminal dos dirigentes ou prepostos da entidade de atendimento[1365], bem como não elidem a responsabilidade da pessoa jurídica por danos individuais ou coletivos, na forma do § 2º, do art. 97, do ECA: "As pessoas jurídicas de direito público e as organizações não governamentais responderão pelos danos que seus agentes causarem às crianças e aos adolescentes, caracterizado o descumprimento dos princípios norteadores das atividades de proteção específica".

226. Procedimento

O procedimento judicial de apuração de irregularidades em entidades de atendimento tem início mediante representação do Ministério Público ou do Conselho Tutelar. Embora expressamente prevista no art. 191, caput, do ECA, a possibilidade de instauração do procedimento através de portaria da autoridade judiciária contraria a natureza do Poder Judiciário,

---

1365. ECA, art. 97, caput.

permitindo atuação de ofício comprometedora da isenção ou imparcialidade com que se deve pautar a autoridade. Instaurar um procedimento, com atribuição de irregularidades e até mesmo com indicação de testemunhas, realizar instrução e depois decidir sobre a aplicação de medidas dotadas de carga sancionatória importam confusão de papéis acusatório e julgador, maculando todo um sistema de garantias estabelecido para preservar a independência da atividade decisória.

Quando iniciado mediante representação do Conselho Tutelar, segue-se preliminarmente a oitiva do Ministério Público que, salvo posição expressa em contrário derivada de inépcia insuperável da preambular, assume a titularidade ativa da demanda sancionatória ante a falta de capacidade postulatória do representante originário. Priorizou o legislador o resultado eficiente da atividade fiscalizatória do Conselho Tutelar, atribuindo-lhe legitimidade para a representação desencadeadora do procedimento, olvidando, todavia, a marcha procedimental, exigente de conhecimentos técnicos específicos e de capacidade processual. Assim, recomendável que o Conselho Tutelar, como resultado da fiscalização ensejadora da imposição de medidas às entidades de atendimento, encaminhe ao Ministério Público, na forma preconizada no art. 136, IV, do ECA, relatório ou notícia das irregularidades constatadas, ficando aquela instituição encarregada de, oficialmente, deliberar e encetar as iniciativas imprescindíveis à remoção dos desvios constatados.

A representação visando à instauração de procedimento judicial de apuração de irregularidades em entidades de atendimento deve analogicamente trazer os elementos exigidos de uma petição inicial[1366], no processo civil, ou denúncia, no criminal[1367], de modo que deve: (a) ser apresentada por escrito ao Juiz da Infância e da Juventude do local da situação da unidade que apresenta irregularidades; (b) conter o nome, endereço da entidade e qualificação dos dirigentes da unidade ou programa de atendimento; (c)

1366. CPC, art. 319.
1367. CPP, art. 41.

CURSO DE DIREITO DA CRIANÇA E DO ADOLESCENTE

narrar as irregularidades constatadas, mediante resumo dos fatos; (d) indicar as provas que pretende produzir; e (e) requerer a eventual juntada de documentos e a citação do dirigente responsável pela unidade.

Também poderá ser cumulado pedido de liminar consistente no afastamento provisório do dirigente da entidade, cautelar que reclama a presença de seus requisitos básicos, a plausibilidade do direito invocado e a possibilidade de ocorrência ou manutenção de um estado de lesão a direitos das crianças ou dos adolescentes atendidos, reclamando pronta e urgente intervenção preventiva.

Seguem-se juízo sumário de admissibilidade da representação e, se positivo, determinação de citação do dirigente da entidade para que oferte defesa escrita no prazo de dez (10) dias, momento oportuno também para a juntada de documentos e requerimento de provas a produzir[1368]. A ausência de resposta não importa presunção de veracidade dos fatos articulados na representação, não só em razão da falta de norma expressa conferindo esse efeito, mas também em virtude da gravidade de algumas das medidas passíveis de incidência, repercutindo diretamente na vida de crianças ou adolescentes atendidos, de sorte que se requer solução baseada em juízo de certeza. Também porque o legislador prescreveu a produção de provas condicionada apenas à necessidade, havendo ou não apresentação de resposta, conforme se observa do art. 193, caput, do ECA[1369].

A necessidade de produção de provas se afere à luz da sua utilidade para o julgamento do mérito da causa. A prova recai sobre fatos relevantes que compõem a lide e que influem na sua decisão, sendo instrumentalizada por testemunhos, depoimentos, documentos e perícias. A audiência de instrução e julgamento deve ser marcada quando necessária à coleta de prova oral e/ou esclarecimentos de peritos, no caso profissionais de múltiplos saberes que atuam na área da infância e juventude, especialmente no atendimento,

---

1368. ECA, art. 192.

1369. ECA: "Art. 193. Apresentada ou não a resposta, e sendo necessário, a autoridade judiciária designará audiência de instrução e julgamento, intimando as partes".

como assistentes sociais, psicólogos, pedagogos e outros. Serve a audiência também para os debates entre as partes e a prolação da sentença, salvo se o juiz conceder o prazo de 5 (cinco) dias para apresentação de alegações finais escritas[1370].

A sentença de procedência da representação importa imposição de uma ou mais medidas previstas em lei. Também pode limitar-se a impor prazo para a remoção das irregularidades verificadas, suspendendo o processo. Findo o lapso temporal estabelecido, o juiz, considerando a satisfação ou não das exigências, profere sentença definitiva ou terminativa, neste caso extinguindo o processo sem julgamento de mérito em razão da superação das irregularidades[1371]. A sentença, definitiva ou terminativa, fica sujeita à apelação, dentro do sistema recursal do CPC, adotado conforme o art. 198 do ECA[1372].

1370. ECA: "Art. 193. [...] § 1° Salvo manifestação em audiência, as partes e o Ministério Público terão cinco dias para oferecer alegações finais, decidindo a autoridade judiciária em igual prazo".

1371. ECA: "Art. 193. [...] § 3° Antes de aplicar qualquer das medidas, a autoridade judiciária poderá fixar prazo para a remoção das irregularidades verificadas. Satisfeitas as exigências, o processo será extinto, sem julgamento de mérito".

1372. V. § 232, Capítulo XXX, deste livro.

XXX

Da proteção judicial dos direitos da criança e do adolescente

227. Tutela jurisdicional diferenciada

O conjunto das normas de proteção à infância e juventude forma um microssistema. Os hoje existentes no nosso ordenamento jurídico resultaram da necessidade de garantir tutela jurisdicional concorde com as especificidades de certas categorias de interesses, recentemente erigidos à categoria de direitos, como os relacionados ao meio ambiente e ao consumidor.

Tais microssistemas possuem alguns traços em comum, entre os quais a ruptura, total ou parcial, com o sistema geral de resolução de conflitos. Reclamam uma tutela jurisdicional diferenciada[1373] que atenda às peculiaridades do direito material, no seu conteúdo e extensão, impondo atos de validação concordes com os princípios determinantes de sua formulação.

1373. A concepção foi trabalhada na obra *Direito da criança e do adolescente e tutela jurisdicional diferenciada*, São Paulo, Revista dos Tribunais, 2002.

A validação dos interesses protegidos da criança e do adolescente, direitos irrealizados em razão da negativa da sua existência ou de recusa quanto à sua eficácia, exige formas diversificadas de atuação, concordes com seus objetivos. As especificidades e a importância dos direitos da criança e do adolescente na construção de uma nação civilizada, especialmente igualitária e justa, impuseram estratégias legislativas inovadoras, que também se manifestaram no mundo processual.

As tutelas presentes no ECA, ou formas de proteção aos direitos categorizados, todas elas diferenciadas, são de 4 (quatro) ordens, considerando a natureza do direito material controvertido: (a) tutela socioindividual; (b) tutela coletiva; (c) tutela socioeducativa; e (d) tutela administrativa.

228. Tutela socioindividual

A tutela socioindividual é aquela destinada à validação de direitos pertencentes a uma pessoa determinada e constituídos de imensa carga social.

Os direitos pessoais da criança e do adolescente são sempre socioindividuais[1374], de modo que sua proteção judicial se opera por meio de processos de tutela jurisdicional diferenciada, com a observância das modificações introduzidas no ECA, muitas das quais incorporadas no atual CPC[1375].

A primeira modificação de interesse foi referenciar o inquérito civil também para os direitos socioindividuais da criança ou do adolescente. O inquérito civil surge na Lei da Ação Civil Pública[1376] como instrumento do Ministério Público para a investigação de ameaças ou lesões a direitos difusos e coletivos, podendo redundar ou não na propositura de uma ação civil pública, ganhando com o ECA a possibilidade de ser utilizado também

---

1374. V. § 20, Capítulo V, deste livro.

1375. Lei n. 13.105, de 16 de março de 2015.

1376. Lei n. 7.347, de 24 de julho de 1985.

CURSO DE DIREITO DA CRIANÇA E DO ADOLESCENTE

para resolução de conflitos envolvendo fatos relacionados a direitos próprios da criança ou do adolescente[1377], em razão da sua inegável importância para toda a sociedade.

Também importou, ao lado dos que ordinariamente podem ser sujeitos do processo, como a criança ou o adolescente representados ou assistidos, na legitimação do Ministério Público para estar em juízo na defesa de qualquer direito pertencente à infância e adolescência, propondo as necessárias ações na defesa dos direitos socioindividuais irrealizados[1378]. Trata-se de decorrência direta do caráter público do interesse socioindividual, concorde com a missão constitucional do Ministério Público de defesa dos interesses sociais e individuais indisponíveis, legitimação expressamente reconhecida através de normas integrantes do microssistema de proteção aos interesses da criança ou do adolescente. Tem legitimação para toda e qualquer ação versando direito socioindividual e deve intervir em toda e qualquer ação versando interesse da criança ou do adolescente em razão de normas específicas de incidência obrigatória, gerando sua falta nulidade absoluta, devendo ser declarada de ofício ou mediante provocação, porquanto presumido que o interesse social relevante pelo legislador não restou defendido adequadamente.

O objetivo da proteção integral[1379] e os princípios basilares da prioridade absoluta e do respeito à condição peculiar de pessoa em processo de desenvolvimento[1380] impuseram a incidência de características dessa tutela diferenciada, prescrevendo distintivos destinados à eficácia desse verdadeiro trato da diferença.

Respeitar a condição peculiar de pessoa em processo de desenvolvimento impende considerar sempre no ato decisório que a criança ou o adolescente

---

1377. ECA: "Art. 201. Compete ao Ministério Público: [...] V — promover o inquérito civil e a ação civil pública para a proteção dos interesses individuais, difusos ou coletivos relativos à infância e à adolescência, inclusive os definidos no art. 220, § 3º, inciso II, da Constituição Federal".

1378. ECA, art. 201, V.

1379. V. § 12, Capítulo IV, deste livro.

1380. V. § 14, Capítulo IV, deste livro.

encontram-se atravessando ingentes transformações que os fazem, no presente, sujeitos peculiares de relações jurídicas que mantêm com o mundo adulto. Aplicar a lei sob o pálio da garantia da prioridade absoluta importa tempestividade, de modo que a tutela jurisdicional sirva, no tempo certo, como alicerce do desenvolvimento saudável e como garantia da integridade.

A tutela jurisdicional devida a crianças e adolescentes sempre é de natureza preventiva e de urgência. Preventiva, porquanto visa atalhar dano irreparável ou de difícil reparação; de urgência, porque, se não concedida com rapidez, perde seu sentido ante a efemeridade dos interesses postos em juízo.

Como os direitos da infância e juventude são socioindividuais, pertencendo indistintamente à sociedade e à criança ou ao adolescente em virtude dos valores social e pessoal que integram o bem jurídico protegido, mesmo diante de um pedido de tutela aparentemente ressarcitória, como a reparação de um dano material ou moral em razão de ilícito, transparece com nitidez sua natureza preventiva.

Ao validar um direito da criança e do adolescente, a eficácia do ato decisório transcende os limites das partes do processo, alcançando a própria estrutura social, porquanto, além da entrega do bem da vida, garante condições acautelatórias da marginalidade ou fomenta sua própria transposição para a cidadania, inclusive levando à criança ou ao adolescente a certeza de que a justiça é para todos. Quando seus interesses protegidos são validados, aprende a confiar no sistema de proteção aos direitos, experienciando a forma pacífica de solução dos conflitos.

A urgência reside no fato de que a criança ou o adolescente têm pressa na efetivação de seus direitos. A tutela intempestiva importa desconsiderar a condição peculiar de pessoa em processo de desenvolvimento, acarretando, quando da proteção fora do tempo próprio, a inocuidade ou a redução da sua eficácia.

Além das características principais da prevenção e da urgência, ainda estão presentes em todas as modalidades de tutela previstas no Estatuto da Criança e do Adolescente os traços da gratuidade e autoexecutoriedade das decisões.

CURSO DE DIREITO DA CRIANÇA E DO ADOLESCENTE

A graciosidade do acesso à justiça revela-se pela garantia da assistência judiciária gratuita, pela isenção de custas e emolumentos e pela inexistência de condenação em honorários advocatícios.

Por outro lado, as decisões proferidas nos processos que versam direitos da criança e do adolescente são executáveis de plano, independentemente da consumação da preclusão ou da ocorrência do trânsito em julgado, hoje em consonância com regra expressa do CPC[1381].

Também é preciso ressaltar que todas as questões processuais e de mérito devem ser enfrentadas no processo de validação de direitos da criança e do adolescente, de modo que inseridos no contexto de uma cognição ampla quanto à sua extensão.

Todavia, no que concerne à sua profundidade, a cognição é sumária em razão da prioridade absoluta na incidência das normas de proteção à criança e ao adolescente, em seus múltiplos aspectos, de modo que se parte do pressuposto da existência dos direitos da criança ou do adolescente, ficando atribuído ao obrigado o encargo de rechaçar a incidência das normas que lhes dão base. A cognição sumária é determinante da inversão do ônus da prova, impondo o reconhecimento da posição de proeminência da criança e do adolescente na relação processual na qual participa com o obrigado a prestações materiais que concretizam a tutela especial.

Anote-se também que, considerando que a integridade forma, com o desenvolvimento saudável, o conteúdo dual da proteção integral, revelado pelo mandamento segundo o qual nenhuma criança ou adolescente será objeto de qualquer forma de negligência, discriminação, exploração, violência, crueldade e opressão[1382], constituindo-se dever geral prevenir a ocorrência de ameaça ou violação aos direitos da criança e do adolescente[1383], todos tendo a obrigação social de zelar pela sua dignidade, pondo-os a salvo de qualquer tratamento desumano, violento, aterrorizante, vexatório ou

---

1381. CPC: "Art. 995. Os recursos não impedem a eficácia da decisão, salvo disposição legal ou decisão judicial em sentido diverso".

1382. ECA, art. 5º.

1383. ECA, art. 70.

constrangedor[1384], extrai-se a possibilidade de concessões de liminares em todo e qualquer procedimento de validação dos direitos da criança ou do adolescente.

A promessa de inviolabilidade da integridade física, psíquica e moral, componente do direito ao respeito[1385], justifica a concessão de liminares, estando presente o requisito da urgência urgentíssima em razão da própria singularidade dos ofendidos, que não dispõem dos mesmos recursos do mundo adulto para se defenderem das agressões iminentes ou já verificadas.

Embora caracterizados pela cognição sumária, com inversão do ônus da prova e possibilidade de concessão de liminares em qualquer procedimento, o legislador não se descurou das garantias do contraditório e da ampla defesa no processo versando direitos da criança e do adolescente.

Tutelar seus magnos interesses não importa desprezar direitos fundamentais do mundo adulto, o que somente ocorre quando o aplicador do direito envereda-se pela vesguice de enxergar a criança ou o adolescente dissociados da sua família e do contexto social em que se encontram inseridos, fazendo da interpretação motivadora da decisão estuário de ideologia diversa daquela que orientou o Estatuto da Criança e do Adolescente, qual seja, a que vislumbra o Brasil como um Estado democrático de direito em que sejam observados os direitos de todos.

229. Tutela coletiva

A tutela coletiva dos direitos da criança e do adolescente faz parte de um sistema único de proteção brotado de uma mesma necessidade: o reconhecimento jurídico de interesses que transcendem o indivíduo, alcançando um grupo, uma parte ou todo o corpo social, excluído ordinariamente da tutela jurisdicional em razão do caráter restritivo do processo de validação dos direitos individuais.

1384. ECA, art. 18.
1385. ECA, art. 17.

CURSO DE DIREITO DA CRIANÇA E DO ADOLESCENTE

Esse sistema distingue-se do comum em razão da natureza peculiar dos interesses em lide, importando tutela jurisdicional diferenciada que se expressa notadamente em virtude de diferenças relacionadas ao exercício e à admissibilidade do direito de ação, forma de condução do processo e efeitos da coisa julgada.

Ainda no que concerne ao trato da diferença, importante anotar que o Estatuto da Criança e do Adolescente optou por considerar que a soma de interesses socioindividuais redunda sempre na existência de interesses coletivos ou difusos, distinção que serve apenas para identificar, no campo dos direitos da infância e da juventude, o aspecto quantitativo dos beneficiados pela tutela jurisdicional.

Em suma, os direitos gravados pela universalidade[1386] trazem no seu âmago relevância social evidente e absoluta, de modo que, além da tutela socioindividual, a coletiva se afigura como instrumento indispensável à proteção do direito de vários e de muitos, alcançando a extensão que caracteriza o próprio direito, como interesse de todos. Seus fundamentos residem na igualdade[1387] e na universalidade[1388], de vez que a concretude do direito social de uma criança ou adolescente impõe sua extensão para todos, fazendo da tutela coletiva principalmente um instrumento de busca de justiça social, na exata medida da existência de um direito titularizado por muitos, merecedor da proteção judicial.

230. Tutela socioeducativa

A tutela socioeducativa é a incidente sobre os atos infracionais, consubstanciada no processo e julgamento dos adolescentes aos quais se atribua a prática de conduta descrita como crime ou contravenção penal[1389].

1386. V. Capítulo XVII deste livro.

1387. V. § 58, Capítulo IX, deste livro.

1388. V. § 106, Capítulo XVII, deste livro.

1389. V. Capítulo XXXIX deste livro.

Apresenta as seguintes características: (a) natureza pública da persecução; (b) disponibilidade da ação socioeducativa; (c) apuração exclusivamente em juízo; (d) inserção em um sistema garantista; (e) duplo grau de jurisdição; e (f) execução judicial indireta.

A persecução, enquanto atividade de apuração de fatos caracterizadores de crime ou contravenção penal, encontra-se atribuída exclusivamente ao Estado, detentor do direito/dever de investigar e concluir sobre a autoria desses acontecimentos, impondo as consequências previstas em lei. O particular não é detentor de qualquer direito em relação à persecução, abolida a possibilidade de vingança privada, sob qualquer pretexto. Anote-se que o exercício da legítima defesa opera-se em contexto diverso, de afirmação de direito de igual ou maior importância que se encontrar na iminência de perecimento, não se encaixando como aspecto da atuação persecutória, substancialmente estatal.

Nessa esteira, sequer a possibilidade de ação privada de imputação de ato infracional existe no direito da criança e do adolescente, sendo a ação socioeducativa exclusivamente pública, de atribuição do Ministério Público, agente único da persecução. A pretensão de responsabilização, nos termos do ECA, pressupõe imparcialidade e conclusão sobre eventual adequação de medida, reclamando isenção no sopesamento entre as razões de defesa social e de intervenção educativa no processo de desenvolvimento do adolescente[1390].

Planteou o ECA um verdadeiro juizado de instrução[1391], dispensando a figura do inquérito policial ou procedimento semelhante, como sindicância ou congênere. A apuração, quando exigida[1392], faz-se exclusivamente em juízo, forma de evitar retrabalho e de agilizar a apuração, sem prejuízo das providências naturalmente a cargo da autoridade policial.

As fases de eventuais flagrantes, investigações preliminares e de apuração de atos infracionais são marcadas pela proclamação de direitos e garantias individuais, destinados à criação de um modelo arrimado na legalidade estrita. O

1390. V. § 284, Capítulo XXXIX, deste livro.

1391. V. § 289, Capítulo XL, deste livro.

1392. Dispensada quando do arquivamento das peças de informação ou concessão de remissão como forma de exclusão do processo.

CURSO DE DIREITO DA CRIANÇA E DO ADOLESCENTE

ECA, além da declaração de proteção aos aspectos fundamentais da liberdade, prescreveu crimes decorrentes da sua inobservância, adotando um sistema garantista, expressão resumidamente designativa de um complexo de normas impedientes das formas arbitrárias de exercício do poder, reclamando absoluta licitude na tarefa estatal de persecução. Absoluta legalidade nas apreensões, devido processo legal e princípio do contraditório expressam, dentro da mesma síntese, valores absolutos e representativos do Estado de direito democrático, caracterizado também pelo respeito incondicional aos direitos humanos.

A tutela socioeducativa também se caracteriza pela previsão do duplo grau de jurisdição, pela possibilidade de insurgências processuais contra deliberações proferidas em primeira instância nos procedimentos de apuração de ato infracional. Adota um sistema recursal possibilitador das revisões ordinárias dos provimentos jurisdicionais de caráter decisório, ampliando o acesso à justiça através da chegada à segunda instância.

Por fim, a tutela socioeducativa se caracteriza pela execução indireta judicial das medidas impostas como consequências da prática de atos infracionais. O juiz não termina sua função jurisdicional com a sentença nos processos de conhecimento; é o responsável jurídico pela execução das medidas, tendo o dever de fiscalizar seu exato cumprimento, de modo que nenhum direito que não tenha sido coarctado pela decisão sofra qualquer ameaça ou lesão quando da fase de cumprimento das medidas, a cargo de entidades mantedoras de programas de atendimento. Tem o dever de aferir, de forma individualizada, a eficácia e as condições de cumprimento da medida, notadamente aquelas a que o ECA impõe revisão periódica, como internação, semiliberdade e liberdade assistida.

231. Tutela administrativa

O Juízo da Infância e da Juventude também oferta uma tutela administrativa aos direitos conectados à infância e à juventude, que se revela em três ordens: (a) prevenção mediante a expedição de portarias e alvarás; (b) fiscalização e verificação de irregularidades em entidades de atendimento; e (c) aferição e julgamento de infrações administrativas.

Muito embora matéria tratada exclusivamente sob o prisma de competência do Juízo da Infância e da Juventude[1393], vislumbra-se também uma tutela administrativa caracterizada pela existência de deveres preventivos da autoridade judiciária[1394], competente para a concessão de alvarás[1395] e expedição de portarias[1396], destinadas a regular o ingresso de crianças ou adolescentes em locais de esportes, diversão e cultura, bem como a participação dos infantes nesses espetáculos ou atividades.

Não existe lide em sentido técnico, posto que nenhuma pretensão é deduzida em face de quem resiste à sua aceitação, de modo que não se verifica a presença de ação, inexistindo autor e réu, sendo que, na hipótese de portaria, o juiz pode agir de ofício, editando a que melhor atenda às necessidades e peculiaridades locais. No caso dos pedidos de alvarás, verifica-se a busca da regularização de direitos da criança, enquanto na portaria emergem interesses coletivos, sem determinação dos interessados, atingindo todo aquele que se encaixar objetivamente nas condições da norma jurídica.

A fiscalização das entidades, mantenedoras de programas de proteção e socioeducativos, opera-se por força da necessidade de buscar regularidade e eficácia ao atendimento devido a crianças e adolescentes. Embora esteja o juiz autorizado à fiscalização direta, convém sua realização por outros legitimados[1397], ficando a autoridade judiciária na função principal de julgar os procedimentos administrativos destinados à imposição de penalidades, de modo a prevenir alegações de nulidades capazes de comprometer o resultado útil e necessário das iniciativas.

Por fim, o julgamento das representações e autos de infração relacionados à imposição de penalidades administrativas, impostas em razão de

---

1393. V. § 237, Capítulo XXXI, deste livro.
1394. V. § 120, Capítulo XVIII, deste livro.
1395. V. § 121, Capítulo XVIII, deste livro.
1396. V. § 122, Capítulo XVIII, deste livro.
1397. V. § 224, Capítulo XXIX, deste livro.

CURSO DE DIREITO DA CRIANÇA E DO ADOLESCENTE

violações específicas ao dever de prevenção, constantes de tipos previstos nos arts. 245 a 258-C do ECA[1398].

232. Recursos

As quatro espécies de tutela verificáveis no direito da infância e da juventude, socioindividual, socioeducativa, administrativa e coletiva, submetem-se ao mesmo sistema recursal, o do CPC. As três primeiras, em razão de disposições presentes no art. 198 do ECA, com as adaptações que foram feitas, e a última, coletiva, por força de normas integrantes do microssistema de validação judicial de direitos individuais homogêneos, coletivos e difusos.

Ainda que o art. 198 do ECA não tenha sido objeto de atualização quanto à referência ao diploma processual revogado, Lei n. 5.869, de 11 de janeiro de 1973, o entendimento de que se refere também ao atual CPC é de rigor, porquanto interpretação em sentido diverso levaria a um vácuo, fazendo desaparecer o próprio sistema recursal com fulcro em análise meramente numérico-remissiva, acabando com a garantia do duplo grau de jurisdição.

Depreende-se do conjunto do ECA que trata dos recursos, aplicáveis às tutelas socioindividual, socioeducativa e administrativa, nítida e deliberada determinação em estabelecer um sistema único, capaz de simplificar o acesso à segunda instância, notadamente mediante o aproveitamento da doutrina e jurisprudência consolidadas no campo processual.

Partindo do pressuposto de que a norma especial prevalece sobre a geral, o sistema recursal do CPC aplica-se a todos os processos derivados do ECA, salvo se presente norma modificativa. Essa foi a lógica do ECA ao adaptar o sistema recursal às peculiaridades do direito da criança e do adolescente, impondo duas modificações derivadas da celeridade que deve marcar as lides envolvendo direitos de criança ou adolescente.

1398. V. Capítulo XLVII deste livro.

A primeira diz respeito ao prazo recursal. "Em todos os recursos, salvo nos embargos de declaração, o prazo para o Ministério Público e para a defesa será sempre de 10 (dez) dias."[1399] No CPC vigente, Lei n. 13.105, de 16 de março de 2015, "Excetuados os embargos de declaração, o prazo para interpor os recursos e para responder-lhes é de 15 (quinze) dias"[1400], sendo que na insurgência excepcionada o prazo é de 5 (cinco) dias[1401], sendo também esse o prazo para resposta, se o caso[1402].

Desta forma, o prazo para recorrer das decisões proferidas em todas as hipóteses de tutela socioindividual e socioeducativa é de 10 dias, bem como para responder, salvo no recurso de embargos de declaração, cujo prazo é de 5 (cinco) dias, desde o início de vigência do ECA excepcionado em razão das peculiaridades dessa modalidade recursal.

A contagem de prazo no ECA também se apresenta com regra especial. De acordo com a norma do art. 152, § 2º, "Os prazos estabelecidos nesta Lei e aplicáveis aos seus procedimentos são contados em dias corridos, excluído o dia do começo e incluído o dia do vencimento, vedado o prazo em dobro para a Fazenda Pública e o Ministério Público". Trata-se de norma incluída no ECA pela Lei n. 13.509, de 22 de novembro de 2017, de modo que, qualquer que seja o critério, cronológico ou da especialidade, excepciona os dispositivos residentes nos arts. 180[1403], 183[1404] e 219[1405] da

---

1399. ECA, art. 198, II.

1400. CPC, art. 1.003, § 5º.

1401. CPC: "Art. 1.023. Os embargos serão opostos, no prazo de 5 (cinco) dias, em petição dirigida ao juiz, com indicação do erro, obscuridade, contradição ou omissão, e não se sujeitam a preparo".

1402. CPC, art. 1.023, § 2º: "O juiz intimará o embargado para, querendo, manifestar-se, no prazo de 5 (cinco) dias, sobre os embargos opostos, caso seu eventual acolhimento implique a modificação da decisão embargada".

1403. CPC: "Art. 180. O Ministério Público gozará de prazo em dobro para manifestar-se nos autos, que terá início a partir de sua intimação pessoal, nos termos do art. 183, § 1º".

1404. CPC: "Art. 183. A União, os Estados, o Distrito Federal, os Municípios e suas respectivas autarquias e fundações de direito público gozarão de prazo em dobro para todas as suas manifestações processuais, cuja contagem terá início a partir da intimação pessoal".

1405. CPC: "Art. 219. Na contagem de prazo em dias, estabelecido por lei ou pelo juiz, computar-se-ão somente os dias úteis".

Lei n. 13.105, de 16 de março de 2015, que estabelecem prazo em dobro e determinam contagem somente em dias úteis.

Em resumo, nas tutelas socioindividual e socioeducativa inexistem dúvidas quanto aos prazos recursais: 10 (dez) dias para recorrer e responder, salvo o recurso de embargos de declaração, de 5 (cinco) dias, contados em dias corridos, sem qualquer benefício de dobra, seja para o Ministério Público, seja para a Fazenda Pública.

A Defensoria Pública, considerando sua exclusão da limitação inserta no art. 152, § 2º, do ECA, conta com o benefício do prazo dobrado. A inexistência de regra limitadora impõe a incidência do benefício geral do CPC, posto que sua retirada exige norma expressa[1406]. Todavia, anote-se que mesmo para a Defensoria Pública os prazos são contados em dias corridos, de vez que a determinação contida na primeira parte do § 2º do art. 152 do ECA tem caráter geral, tendo sido contemplada apenas no que diz respeito à mantença de prazo dobrado, inexistindo norma especial indicativa de contagem diferente.

Os recursos são interpostos independentemente de preparo[1407], decorrência da isenção de custas determinada pelo disposto no art. 141, § 1º, do ECA[1408], matéria disciplinada sob o título do "Acesso à justiça", transparecendo o desiderato legislativo de facilitar a validação de direitos irrealizados pertencentes a crianças e adolescentes[1409].

Atendendo à celeridade que deve marcar as resoluções quanto aos direitos de crianças e adolescentes controvertidos no processo, fixou o legislador, quando do advento do ECA, a regra de que esses "recursos terão preferência de julgamento e dispensarão revisor"[1410]. A figura do revisor,

---

1406. CPC: "Art. 183: [...] § 2º Não se aplica o benefício da contagem em dobro quando a lei estabelecer, de forma expressa, prazo próprio para o ente público".

1407. ECA, art. 198, I.

1408. ECA: "Art. 198. [...] § 2º As ações judiciais da competência da Justiça da Infância e da Juventude são isentas de custas e emolumentos, ressalvada a hipótese de litigância de má-fé".

1409. Na tutela coletiva, a isenção de custas decorre de dispositivos residentes nos arts. 18 da LACP, 219 do ECA e 87 do CDC.

1410. ECA, art. 198, III.

no novo CPC, não existe mais, de modo que o sistema hoje vigente está concorde com a determinação então estabelecida no ECA.

Continua valendo a determinação de primazia de julgamento dos processos relativos a direitos de crianças e adolescentes, constituindo-se em preferência legal, nos termos do disposto no art. 12, § 2º, VII, do CPC[1411], que excepciona a sequência da ordem cronológica. Trata-se de derivação do princípio constitucional da prioridade absoluta que, nos dizeres do ECA, manifesta-se também na "precedência de atendimento nos serviços públicos ou de relevância pública"[1412].

O legislador, ainda e para os casos especiais de destituição do poder familiar e de adoção, reforça o estabelecimento da prioridade legal, conforme se verifica do art. 199-C do ECA[1413], exigindo, ainda, a colocação em mesa para julgamento no prazo de 60 (sessenta) dias, permitindo, ante a necessidade de agilidade temporal, que o Ministério Público apresente apenas sustentação oral[1414], reclamando procedimento de apuração de responsabilidade nos casos de inobservância dessas regras[1415].

Outra adaptação inserida pelo ECA consiste na previsão de juízo de retratação, no recurso de apelação[1416], possibilitando ao próprio julgador de

---

1411. CPC: "Art. 12: Os juízes e os tribunais atenderão, preferencialmente, à ordem cronológica de conclusão para proferir sentença ou acórdão. [...] § 2º Estão excluídos da regra do caput: [...] VII — as preferências legais e as metas estabelecidas pelo Conselho Nacional de Justiça".

1412. ECA, art. 4º, parágrafo único, *b*.

1413. ECA: "Art. 199-C. Os recursos nos procedimentos de adoção e de destituição de poder familiar, em face da relevância das questões, serão processados com prioridade absoluta, devendo ser imediatamente distribuídos, ficando vedado que aguardem, em qualquer situação, oportuna distribuição, e serão colocados em mesa para julgamento sem revisão e com parecer urgente do Ministério Público".

1414. ECA: "Art. 199-D. O relator deverá colocar o processo em mesa para julgamento no prazo máximo de 60 (sessenta) dias, contado da sua conclusão. Parágrafo único. O Ministério Público será intimado da data do julgamento e poderá na sessão, se entender necessário, apresentar oralmente seu parecer."

1415. ECA: "Art. 199-E. O Ministério Público poderá requerer a instauração de procedimento para apuração de responsabilidades se constatar o descumprimento das providências e do prazo previstos nos artigos anteriores".

1416. ECA, art. 198, VII: "antes de determinar a remessa dos autos à superior instância, no caso de apelação, ou do instrumento, no caso de agravo, a autoridade judiciária proferirá despacho fundamentado, mantendo ou reformando a decisão, no prazo de cinco dias".

CURSO DE DIREITO DA CRIANÇA E DO ADOLESCENTE

primeiro grau de jurisdição reformar a sua sentença, abreviando eventual modificação. No sistema geral, a hipótese restringe-se ao indeferimento da petição inicial[1417] e, quanto ao agravo de instrumento, não há mais previsão do trâmite da retratação, muito embora possível a teor do disposto no art. 1.018, § 1º, do CPC[1418]. Desta forma, uma vez que prevista no agravo a análise da decisão pelo Relator, no Tribunal, ocasião em que poderá conceder efeito suspensivo ao recurso ou deferir, total ou parcialmente, a pretensão recursal em antecipação de tutela[1419], tornou-se despicienda a emanação de juízo revisor. Assim, nas apelações de decisões proferidas no âmbito das tutelas socioindividual e socioeducativa é ainda obrigatório o juízo de retratação; mantida a decisão, os autos são encaminhados ao tribunal e, no caso de reforma, a remessa depende de "pedido expresso da parte interessada ou do Ministério Público, no prazo de cinco dias, contados da intimação"[1420].

A Lei n. 12.010, de 3 de agosto de 2009, que ao dispor sobre adoção modificou inúmeros dispositivos do ECA, alterou o sistema recursal em relação a duas ações específicas: destituição do poder familiar e adoção, introduzindo no ECA os arts. 199, A, B, C, D e E.

Quanto à ação de perda do poder familiar, estabeleceu o legislador regra hoje com o mesmo sentido do art. 995 do CPC, prescrevendo que "a

---

1417. CPC: "Art. 331. Indeferida a petição inicial, o autor poderá apelar, facultado ao juiz, no prazo de 5 (cinco) dias, retratar-se".

1418. CPC: "Art. 1.018. O agravante poderá requerer a juntada, aos autos do processo, de cópia da petição do agravo de instrumento, do comprovante de sua interposição e da relação dos documentos que instruíram o recurso. § 1º Se o juiz comunicar que reformou inteiramente a decisão, o relator considerará prejudicado o agravo de instrumento. § 2º Não sendo eletrônicos os autos, o agravante tomará a providência prevista no caput, no prazo de 3 (três) dias a contar da interposição do agravo de instrumento. § 3º O descumprimento da exigência de que trata o § 2º, desde que arguido e provado pelo agravado, importa inadmissibilidade do agravo de instrumento".

1419. CPC: "Art. 1.019. Recebido o agravo de instrumento no tribunal e distribuído imediatamente, se não for o caso de aplicação do art. 932, incisos III e IV, o relator, no prazo de 5 (cinco) dias: I – poderá atribuir efeito suspensivo ao recurso ou deferir, em antecipação de tutela, total ou parcialmente, a pretensão recursal, comunicando ao juiz sua decisão".

1420. ECA, art. 198, VIII: "mantida a decisão apelada ou agravada, o escrivão remeterá os autos ou o instrumento à superior instância dentro de vinte e quatro horas, independentemente de novo pedido do recorrente; se a reformar, a remessa dos autos dependerá de pedido expresso da parte interessada ou do Ministério Público, no prazo de cinco dias, contados da intimação".

sentença que destituir ambos ou qualquer dos genitores do poder familiar fica sujeita a apelação, que deverá ser recebida apenas no efeito devolutivo"[1421].

No que concerne aos pedidos de adoção, prescreveu a produção dos efeitos da sentença desde logo, prevendo apelação somente com efeito suspensivo[1422], o que hoje também está concorde com o citado art. 995 do vigente CPC. Mantém-se no dispositivo do ECA a determinação de obrigatoriedade de efeito suspensivo às apelações relacionadas à adoção internacional, mesmo porque somente produz seus efeitos a partir do trânsito em julgado da sentença constitutiva[1423], valendo lembrar que, "sem prévia e expressa autorização judicial, nenhuma criança ou adolescente nascido em território nacional poderá sair do país em companhia de estrangeiro residente ou domiciliado no exterior"[1424], constituindo crime, apenado com reclusão de quatro a seis anos, e multa, o ato de promover ou auxiliar a efetivação do envio de criança ou adolescente ao exterior sem a observância das formalidades legais[1425].

A tutela administrativa também restou submetida ao sistema recursal do CPC, com as modificações constantes do ECA. Estabeleceu o legislador que: "Contra as decisões proferidas com base no art. 149 caberá recurso de apelação"[1426], de modo que cabível essa modalidade recursal para impugnação do decidido em alvarás ou contido em portarias, oriundos da atividade de prevenção a cargo da autoridade judiciária. Como se trata de recursos insertos em procedimentos existentes apenas na justiça especializada, dotados de exclusiva singularidade, aplica-se o determinado no caput do art. 199, que manda adotar, com as modificações que estabeleceu, o sistema recursal do CPC.

1421. ECA, art. 199-B.

1422. ECA: "Art. 199-A. A sentença que deferir a adoção produz efeito desde logo, embora sujeita a apelação, que será recebida exclusivamente no efeito devolutivo, salvo se se tratar de adoção internacional ou se houver perigo de dano irreparável ou de difícil reparação ao adotando".

1423. ECA, art. 47, § 7°.

1424. ECA, art. 85.

1425. ECA, art. 232.

1426. ECA, art. 199.

CURSO DE DIREITO DA CRIANÇA E DO ADOLESCENTE 505

Quanto à tutela coletiva, imprescindível analisar o sistema recursal sob a égide do microssistema integrativo do qual o ECA faz parte. Esse sistema é dotado de especialidade processual na correspondência da sua instrumentalidade na veiculação de lides coletivas, cujos direitos individuais homogêneos, coletivos e difusos versados nas respectivas ações são distinguidos por particularidades que lhes são próprias, refletidas na legitimidade, produção de prova, efeitos da coisa julgada e forma de execução.

No que tange aos recursos nas ações civis públicas, o legislador, notadamente nessa base originária de reconhecimento da ação coletiva[1427], fez remissão ao sistema do Código de Processo Civil, com pouquíssimas modificações. Na LACP, há apenas uma única referência, residente em seu art. 14, relacionada à possibilidade de concessão de efeito suspensivo aos recursos, induzindo ao entendimento de que seriam recebidos apenas no seu efeito devolutivo, introduzindo modificação no sistema do CPC, notadamente na apelação, em que, por força do art. 520 do antigo CPC, era recebida no duplo efeito. No CDC não há referência ao sistema recursal, enquanto no ECA, na parte que trata de maneira específica do processo coletivo, arts. 208 a 224, estabeleceu-se apenas a possibilidade de concessão de efeito suspensivo aos recursos[1428], havendo, no mais, remissão à LACP[1429].

Como hoje, na vigência do CPC de 2015, a regra é a da eficácia imediata da decisão, salvo deliberação em sentido contrário[1430], conclui-se que as adaptações outrora definidas na LACP e no ECA foram incorporadas pelo sistema processual geral. Desta forma, aplica-se às ações coletivas integralmente o sistema recursal do Código de Processo Civil,

---

1427. Lei da Ação Civil Pública, Estatuto da Criança e do Adolescente e Código de Defesa do Consumidor.

1428. ECA: "Art. 215. O juiz poderá conferir efeito suspensivo aos recursos, para evitar dano irreparável à parte".

1429. ECA: "Art. 224. Aplicam-se subsidiariamente, no que couber, as disposições da Lei n. 7.347, de 24 de julho de 1985".

1430. CPC: "Art. 995. Os recursos não impedem a eficácia da decisão, salvo disposição legal ou decisão judicial em sentido diverso. Parágrafo único. A eficácia da decisão recorrida poderá ser suspensa por decisão do relator, se da imediata produção de seus efeitos houver risco de dano grave, de difícil ou impossível reparação, e ficar demonstrada a probabilidade de provimento do recurso".

notadamente porque o art. 212, § 1º, do ECA, inserto no capítulo que trata das ações coletivas, manda aplicar o CPC, incidindo todas as suas normas gerais, inclusive as relacionadas à contagem e benefício de prazo, ante desiderato defluído do microssistema integrado de defesa de direitos individuais coletivos, coletivos e difusos, aplicando-se as adaptações insertas nos arts. 198 e 199 do ECA somente às tutelas socioindividual, socioeducativa e administrativa.

XXXI

Poder Judiciário

233. O Juízo da Infância e da Juventude

O Juízo da Infância e da Juventude, enquanto órgão do Poder Judiciário, tem a marca histórica da especialidade, decorrência das peculiaridades dos objetos em lide e dos titulares dos direitos em conflito. O Código Mello Mattos, consolidação promulgada no Brasil pelo Decreto n. 17.943-A, de 12 de outubro de 1927, instituidor do nosso primeiro Código de Menores, criou, conforme seu art. 146, o primeiro juízo de menores no então Distrito Federal, destinado à assistência, proteção, defesa, processo e julgamento dos abandonados e delinquentes, com menos de 18 (dezoito) anos de idade.

O órgão, enquanto fração do Poder Judiciário, surge com funções além da típica de julgar, assumindo também as de assistência, proteção e defesa, origem do "Juizado de Menores", emblemática especialidade de atividades múltiplas e distintas intervenções. Caminha assim durante décadas, distanciando-se cada vez mais da função judicante e tornando o processo desnecessário, não tendo o Código de Menores, Lei n. 6.697, de 10 de outubro de 1979, a eficácia de promover alteração significativa nessa forma de atuação. Afirmando, em seu art. 85, que: "A jurisdição de menores será exercida através do processo de conhecimento, cautelar e de execução imprópria, cabendo a execução própria às entidades a que se refere o art. 9º desta Lei", uma leitura apressada e distinta da prática que perdurou após a edição desse Código poderia levar à falsa conclusão de que as funções anteriores de assistência, proteção e defesa teriam sido subtraídas do Juizado de Menores. Todavia, o artigo subsequente prescreveu que: "As medidas previstas neste Código serão aplicadas mediante procedimento administrativo ou contraditório, de iniciativa oficial ou provocados pelo Ministério Público ou por quem tenha legítimo interesse", indicando o continuar da discricionariedade da atuação com multiplicidade de iniciativas, assim resumidas: (a) larga aplicação de procedimento administrativo; (b) imposição de qualquer medida, assistencial ou não; e (c) atuação de ofício.

A ruptura se estabeleceu somente com o ECA, que tomou como pressuposto do sistema de validação de direitos irrealizados uma justiça voltada exclusivamente aos julgamentos, à composição das lides e à aplicação da lei, resgatando a importância do Judiciário, arranhada ao longo do exercício de atividades atípicas[1431], que careciam de qualificações técnicas, exigiam complexa gestão administrativa e, ante os problemas apresentados, sempre eram fontes de críticas ao próprio poder.

Com o ECA, o Judiciário se solidifica na sua função natural e própria na divisão dos poderes da República, mesmo porque a previsão da possibilidade de cobrança judicial de direitos sociais, individuais e coletivos, bem como a exigência de contraditório e ampla defesa no processo de apuração de ato infracional atribuído a adolescentes, acarretou nova e grande demanda ao juízo da infância e da juventude.

1431. O Poder Judiciário chegou até mesmo a administrar estabelecimentos de internação coletiva de crianças e adolescentes, prática referendada com o Código Mello Mattos que, em seu art. 189, estabeleceu que "subordinado ao Juiz de Menores haverá um Abrigo, destinado a receber provisoriamente, até que tenham destino definitivo, os menores abandonados e delinquentes". Quando o Código de Menores, em seu art. 85, fez a ressalva de que cabia ao Judiciário apenas a execução imprópria das medidas, deixando a execução própria a cargo das entidades, começou a retirada dessa função atípica.

O ECA também extirpou do sistema de validação dos direitos irrealizados as possibilidades de atuações informais, desprovidas da utilização do processo, seja ele tomado como instrumento da jurisdição, de composição da lide ou como a própria relação processual na sua concretude.

O devido processo legal passou a ser exigido, de forma que a sentença como resultado de uma sequência de atos previamente estabelecidos e fielmente observados, especialmente o pleno e formal conhecimento da imputação inicial, igualdade na relação processual e defesa técnica por profissional habilitado[1432], acabou presente em todos os procedimentos, ainda que posteriormente à adoção de medidas urgentes, no caso de contraditório diferido.

A perda das iniciativas de assistência, proteção e defesa não fez da judicatura dos direitos da criança e do adolescente uma atividade estéril. Ao contrário, a formatação de um sistema em rede[1433], o trabalho de inúmeros atores, a potencialidade de resultados exitosos, os compromissos com a inclusão, no presente e no futuro, colmataram um Juízo da Infância e da Juventude extremamente participativo e de elevado valor comunitário.

A atuação na validação dos direitos da criança e do adolescente importa consideração da integralidade da criança ou do adolescente, cujo conhecimento se revela no sopesamento de todos os seus interesses e necessidades. A lide não se apresenta como um mero conflito, mas em regra como uma encruzilhada da existência, cujos caminhos tendem a levar à superação ou ao agravamento das adversidades, podendo ser o diferencial da qualidade do existir durante toda a vida. A demanda não raras vezes se caracteriza como uma oportunidade de intervenção na vida de uma criança ou adolescente, de modo que a forma de condução do processo e o provimento jurisdicional transcendem os limites da objetividade e, como verdadeiras brechas da inclusão, podem se configurar nos acontecimentos mais ingentes de toda uma existência.

1432. Elementos do princípio do contraditório, na dicção do art. 227, § 3º, IV, do ECA.

1433. V. § 209, Capítulo XXVII, deste livro.

A prestação jurisdicional migra da singularidade dos direitos em conflito para a integralidade da criança ou do adolescente, impondo ao julgador um olhar além da lide em sentido estrito, desvendando outras necessidades que, se supridas, podem fazer a diferença entre a inclusão e a marginalidade. Exemplo marcante é a possibilidade da aplicação, cumulada ou isoladamente, de medidas de proteção ao adolescente considerado culpado da prática de ato infracional[1434].

A audiência concentrada instituída pelo CNJ para as crianças e adolescentes submetidos à medida de acolhimento institucional[1435] é outro exemplo de prospectar de necessidades e do realce de potencialidades, indicando uma atividade especializada, própria de uma tutela jurisdicional diferenciada[1436]. O juízo especializado, portanto, decorre do relevo da *expertise* sobre a criança e o adolescente, da ciência e compreensão das fases do seu desenvolvimento, das implicações do meio quanto aos seus projetos de vida, notadamente as oportunidades que podem ou não ser fomentadas ao longo do caminho, mas, sobretudo, de um olhar acolhedor, abrangente e não preconceituoso da autoridade judiciária.

234. Competência do juízo

A competência como espaço jurisdicional dentro do qual o juiz pode e deve decidir as causas que lhe são apresentadas deriva de regras expressas, constitucionais e infraconstitucionais. Suas balizas são limitadores normativos de atuação, de sorte que não se submetem à vontade do julgador. Eventuais prorrogações ou assunções de competência, originariamente definidas para outros, são decorrências expressas da lei. Preenchidos os requisitos previamente estabelecidos, a competência pode se estender para

---

1434. V. medidas socioeducativas impróprias, tratadas no § 278 deste livro.

1435. V. § 155, Capítulo XXI, deste livro.

1436. V. § 227, Capítulo XXX, deste livro.

CURSO DE DIREITO DA CRIANÇA E DO ADOLESCENTE

outras fronteiras, sempre por permissão do legislador. Em sentido inverso, a competência prescrita não pode ser ilegalmente negada ou transferida, subtração caracterizada como ofensa ao princípio do juiz natural, de modo que seu declínio também reclama expressa conformação legal.

O Juiz da Infância e da Juventude é o magistrado da Justiça Estadual a cujo cargo foram atribuídas as funções de validação dos direitos da criança ou do adolescente, na forma da lei de organização judiciária local[1437]. Trata-se de competência absoluta, inderrogável, ditada pela especialidade, de modo que se sobrepõe a qualquer outra, mormente porque suas matérias não se encaixam em quaisquer das exceções do art. 109 da Constituição da República[1438].

Ainda que a consideração isolada de fatos, em tese justificadores da competência da Justiça Federal, possa estar presente, como um ato infracional cometido contra bens da União ou caracterizador de uma conduta

---

[1437]. ECA, art. 146.

[1438]. CF: "Art. 109. Aos juízes federais compete processar e julgar: I — as causas em que a União, entidade autárquica ou empresa pública federal forem interessadas na condição de autoras, rés, assistentes ou oponentes, exceto as de falência, as de acidentes de trabalho e as sujeitas à Justiça Eleitoral e à Justiça do Trabalho; II — as causas entre Estado estrangeiro ou organismo internacional e Município ou pessoa domiciliada ou residente no País; III — as causas fundadas em tratado ou contrato da União com Estado estrangeiro ou organismo internacional; IV — os crimes políticos e as infrações penais praticadas em detrimento de bens, serviços ou interesse da União ou de suas entidades autárquicas ou empresas públicas, excluídas as contravenções e ressalvada a competência da Justiça Militar e da Justiça Eleitoral; V — os crimes previstos em tratado ou convenção internacional, quando, iniciada a execução no País, o resultado tenha ou devesse ter ocorrido no estrangeiro, ou reciprocamente; V — A as causas relativas a direitos humanos a que se refere o § 5º deste artigo; VI — os crimes contra a organização do trabalho e, nos casos determinados por lei, contra o sistema financeiro e a ordem econômico-financeira; VII — os *habeas corpus*, em matéria criminal de sua competência ou quando o constrangimento provier de autoridade cujos atos não estejam diretamente sujeitos a outra jurisdição; VIII — os mandados de segurança e os *habeas data* contra ato de autoridade federal, exceutados os casos de competência dos tribunais federais; IX — os crimes cometidos a bordo de navios ou aeronaves, ressalvada a competência da Justiça Militar; X — os crimes de ingresso ou permanência irregular de estrangeiro, a execução de carta rogatória, após o *exequatur*, e de sentença estrangeira, após a homologação, as causas referentes à nacionalidade, inclusive a respectiva opção, e à naturalização; XI — a disputa sobre direitos indígenas, [...] § 5º Nas hipóteses de grave violação de direitos humanos, o Procurador-Geral da República, com a finalidade de assegurar o cumprimento de obrigações decorrentes de tratados internacionais de direitos humanos dos quais o Brasil seja parte, poderá suscitar, perante o Superior Tribunal de Justiça, em qualquer fase do inquérito ou processo, incidente de deslocamento de competência para a Justiça Federal".

descrita como crime eleitoral, não retiram a competência da Justiça da Infância e da Juventude, pois sua especialização diz respeito à incidência do provimento jurisdicional sobre a vida de uma criança ou adolescente, tendo a aptidão para definir seu presente e futuro.

Basta verificar que o pedido de adoção de uma criança indígena processa-se perante o juízo especializado da justiça estadual, ainda que exija a presença de representante do órgão federal de proteção, conforme dispõem os arts. 28, § 6º[1439], e 156, § 2º[1440], ambos do ECA, evidenciando que a especialidade, decorrente de pessoa na condição peculiar em situação de desenvolvimento, sobreleva qualquer outra razão racional de repartição da competência ou mesmo qualquer distinção em razão da matéria.

Também prefere à justiça especializada em Fazenda Pública notadamente por duas razões básicas: (a) a opção pela Justiça da Infância resulta de lei e não de norma local de organização judiciária; (b) a especialização valora direitos da criança ou adolescente, como vida, saúde, educação, segurança e outros, fundamentais para seu desenvolvimento, de modo que o conhecimento das peculiaridades fazendárias não se sobrepõe às razões da proteção integral. Neste sentido, os dispositivos residentes nos arts. 148, IV, e 209, ambos do ECA, devem ser considerados.

1439. ECA: "Art. 28. A colocação em família substituta far-se-á mediante guarda, tutela ou adoção, independentemente da situação jurídica da criança ou adolescente, nos termos desta Lei. [...] § 6º Em se tratando de criança ou adolescente indígena ou proveniente de comunidade remanescente de quilombo, é ainda obrigatório: I — que sejam consideradas e respeitadas sua identidade social e cultural, os seus costumes e tradições, bem como suas instituições, desde que não sejam incompatíveis com os direitos fundamentais reconhecidos por esta Lei e pela Constituição Federal; II — que a colocação familiar ocorra prioritariamente no seio de sua comunidade ou junto a membros da mesma etnia; III — a intervenção e oitiva de representantes do órgão federal responsável pela política indigenista, no caso de crianças e adolescentes indígenas, e de antropólogos, perante a equipe interprofissional ou multidisciplinar que irá acompanhar o caso".

1440. ECA: "Art. 157. Havendo motivo grave, poderá a autoridade judiciária, ouvido o Ministério Público, decretar a suspensão do poder familiar, liminar ou incidentalmente, até o julgamento definitivo da causa, ficando a criança ou adolescente confiado a pessoa idônea, mediante termo de responsabilidade. [...] § 2º Em sendo os pais oriundos de comunidades indígenas, é ainda obrigatória a intervenção, junto à equipe interprofissional ou multidisciplinar referida no § 1º deste artigo, de representantes do órgão federal responsável pela política indigenista, observado o disposto no § 6º do art. 28 desta Lei".

CURSO DE DIREITO DA CRIANÇA E DO ADOLESCENTE

O primeiro, de amplitude inegável, prescreve que a Justiça da Infância e da Juventude é competente para "conhecer de ações civis fundadas em interesses individuais, difusos ou coletivos afetos à criança e ao adolescente, observado o disposto no art. 209".

Qualquer que seja o interesse individual em lide, ainda que expresso em pecúnia, sendo aparentemente de natureza exclusivamente patrimonial, tem na especialidade da Justiça da Infância e da Juventude seu estuário de competência, de vez que a causa de pedir encontra-se residente na negativa de existência ou da eficácia de direito integrante do conjunto de direitos dos quais a criança ou adolescente é titular. Um dos sujeitos da lide conta com a garantia da prioridade absoluta, de modo que as repercussões do processo e especialmente da sentença sobre a sua cidadela jurídica determinam a atuação de uma justiça que compreenda suas peculiaridades e entenda a primazia de seus interesses no contexto do progresso social.

Também porque eventuais recomposições ou indenizações transcendem os limites do econômico e fazem a diferença na vida e formação da criança ou do adolescente, na busca por condições que possibilitem a remoção das dificuldades e o fomento à atualização das potencialidades que lhes permitam o exercício pleno da cidadania; a competência da justiça especializada, derivada da condição de um dos sujeitos da lide, revela-se como um desiderato do legislador e imposição da promessa de prioridade absoluta.

Ainda que seja criança ou adolescente rico, detentor de patrimônio significativo, a defesa de seus bens e valores não se limita ao desiderato patrimonial, posto que, como pessoa civilmente absoluta ou relativamente incapaz, o mundo jurídico tradicionalmente impõe uma tutela que releve sua condição peculiar de pessoa em processo de desenvolvimento, complementando a defesa de seus direitos[1441], em nítida condição de desigualdade

---

1441. Basta verificar que a venda de bens de menores de 18 (dezoito) anos de idade depende de autorização judicial, e se os pais, enquanto administradores dos bens dos filhos menores, não ostentam disponibilidade patrimonial (CC, art. 1681), os tutores ficam obrigados à prestação de contas (CC, art. 1.775) e uma das hipóteses de suspensão/destituição do poder familiar reside na administração ruinosa de seus bens

com o mundo adulto, notadamente no que concerne à compreensão de seus direitos e do reflexo das decisões sobre eles no seu futuro.

O segundo dispositivo básico de entendimento da competência do juízo, presente no art. 209 do ECA, reza que as ações civis públicas deverão ser propostas no "foro do local onde ocorreu ou deva ocorrer a ação ou omissão, cujo juízo terá competência absoluta para processar a causa, ressalvadas a competência da Justiça Federal e a competência originária dos tribunais superiores". É de observar, neste tópico, que a única exceção diz respeito à competência da Justiça Federal, de modo que, levando em conta o afirmado no mencionado art. 148, IV, do ECA, segundo o qual a Justiça da Infância e da Juventude é competente para apreciar e julgar os processos relacionados a lides versando direitos coletivos e difusos de crianças e adolescentes, afigura-se inderrogável a especialidade para direitos individuais, coletivos ou difusos.

A apuração de ato infracional cometido por adolescente também se submete exclusivamente ao Juízo da Infância e da Juventude, conforme expressamente consigna o art. 148, I, do ECA[1442], ficando a aplicação de medidas de proteção referendada pela prática de atos infracionais por criança a cargo do Conselho Tutelar, na forma do art. 136, I, do ECA[1443].

Assim, tanto na esfera cível como na infracional, a competência do Juízo da Infância e da Juventude é determinada pela titularidade do direito em lide, bastando que o interesse juridicamente protegido pertença à criança ou ao adolescente. Excepcionalmente, considerando a aplicação do ECA a pessoas entre 18 (dezoito) e 21 (vinte e um) anos de idade[1444],

---

(CC, art. 1.637). Além disso, relembre-se de que, em toda e qualquer ação judicial envolvendo interesse de incapazes, obviamente nos quais se incluem os dos menores de 18 (dezoito) anos de idade, a intervenção do Ministério Público é, há muitos anos, obrigatória (CPC, art. 178, II).

1442. ECA: "Art. 148. A Justiça da Infância e da Juventude é competente para: I — conhecer de representações promovidas pelo Ministério Público, para apuração de ato infracional atribuído a adolescente, aplicando as medidas cabíveis".

1443. ECA: "Art. 136. São atribuições do Conselho Tutelar: I — atender as crianças e adolescentes nas hipóteses previstas nos arts. 98 e 105, aplicando as medidas previstas no art. 101, I a VII".

1444. ECA, art. 2°, parágrafo único.

CURSO DE DIREITO DA CRIANÇA E DO ADOLESCENTE

prorroga-se a competência da Justiça da Infância e da Juventude na hipótese de aplicação de medidas socioeducativas após os 18 (dezoito) anos em razão de atos infracionais perpetrados durante a menoridade.

O critério da titularidade do direito em lide, portanto, é o referencial primário da definição da competência, sendo sua baliza principal. Trata-se do parâmetro imprescindível e indeclinável da medida da jurisdição, revelado na condição de criança ou adolescente, considerada pelo legislador em função da faixa etária previamente definida.

As matérias consignadas como determinantes da competência do Juízo da Infância e da Juventude partem do pressuposto etário, constituindo-se em meras reiterações da regra geral de definição do espaço jurisdicional em razão do critério da titularidade do direito em lide, explicáveis pela necessidade histórica de afirmação de juízo especializado que, até então, pouco julgava. Os dois dispositivos citados, incisos I e IV do art. 148 do ECA[1445], seriam suficientes para a definição da competência especial do Juízo da Infância e da Juventude, tendo a abrangência necessária para envolver todos os assuntos relacionados à infância e juventude. A opção do legislador, todavia, foi pela exemplificação, mormente considerando a concorrência do Juízo de Família, tradicionalmente competente para conhecer de lides

---

[1445]. "Art. 148. A Justiça da Infância e da Juventude é competente para: I — conhecer de representações promovidas pelo Ministério Público, para apuração de ato infracional atribuído a adolescente, aplicando as medidas cabíveis; II — conceder a remissão, como forma de suspensão ou extinção do processo; III — conhecer de pedidos de adoção e seus incidentes; IV — conhecer de ações civis fundadas em interesses individuais, difusos ou coletivos afetos à criança e ao adolescente, observado o disposto no art. 209; V — conhecer de ações decorrentes de irregularidades em entidades de atendimento, aplicando as medidas cabíveis; VI — aplicar penalidades administrativas nos casos de infrações contra norma de proteção à criança ou adolescente; VII — conhecer de casos encaminhados pelo Conselho Tutelar, aplicando as medidas cabíveis. Parágrafo único. Quando se tratar de criança ou adolescente nas hipóteses do art. 98, é também competente a Justiça da Infância e da Juventude para o fim de: a) conhecer de pedidos de guarda e tutela; b) conhecer de ações de destituição do poder familiar, perda ou modificação da tutela ou guarda; c) suprir a capacidade ou o consentimento para o casamento; d) conhecer de pedidos baseados em discordância paterna ou materna, em relação ao exercício do poder familiar; e) conceder a emancipação, nos termos da lei civil, quando faltarem os pais; f) designar curador especial em casos de apresentação de queixa ou representação, ou de outros procedimentos judiciais ou extrajudiciais em que haja interesses de criança ou adolescente; g) conhecer de ações de alimentos; h) determinar o cancelamento, a retificação e o suprimento dos registros de nascimento e óbito."

ocorrentes no âmbito familiar[1446], cujas hipóteses encontram-se elencadas no art. 148, parágrafo único, do ECA.

235. Competência exclusiva

Todas as matérias elencadas no art. 148, caput, do ECA são exclusivas do Juízo da Infância e da Juventude, porquanto não excepcionadas em seu parágrafo único mediante previsão de competência concorrente com o Juízo de Família ou Cível, conforme normas de organização judiciária. Nenhum outro juízo, por mais especializado que seja, sobrepõe-se ao da Infância e da Juventude nessas matérias, de modo que se trata de competência absoluta, inderrogável. As exceções ficam por conta das expressas previsões constitucionais, de modo que a chamada competência exclusiva concerne a frações da Justiça Estadual.

As previsões de competência exclusiva encerram hipóteses tão abrangentes que eventual consideração da presença de rol taxativo é desprovida de significado, posto que não tem a eficácia de deslocar a lide do campo da Justiça da Infância e da Juventude. Não é possível excluir da justiça especializada a apreciação e o julgamento de direito socioindividual, difuso ou coletivo pertencente à criança ou ao adolescente e em lide, bem como a apuração de qualquer ato infracional, de modo que as hipóteses exemplificativas residentes no art. 148, caput, do ECA representam recursos afirmativos da competência da Justiça da Infância e da Juventude, necessários em razão das inovações trazidas pelo ECA.

A primeira hipótese de competência exclusiva da Justiça da Infância da Juventude diz respeito ao conhecimento "de representações promovidas pelo Ministério Público, para apuração de ato infracional atribuído a

---

1446. Durante a tramitação da CF e do ECA, não obteve êxito proposta que visava unificar os juízos de família e da infância e juventude.

adolescente, aplicando as medidas cabíveis"[1447]. A ação socioeducativa pública[1448] processa-se exclusivamente perante a justiça especializada, mesmo que o ato infracional tenha ofendido bens, serviços ou interesses da União, bem como na hipótese de ter sido perpetrado no exterior, porquanto ato infracional não é matéria indicada no art. 109 da Constituição Federal, em nenhum dos seus incisos. É de anotar que o mencionado dispositivo constitucional se refere a crimes[1449], somente passíveis de serem praticados por adultos, não se referindo em nenhum momento a atos infracionais, de modo que interpretação extensiva acabaria com a especialidade estabelecida pelo legislador. Aliás, "ato infracional" tem matriz constitucional, com remissão à disciplina na legislação tutelar específica[1450], de modo que as regras de competência do ECA seguem essa determinação.

Nessa esteira, a Justiça da Infância e da Juventude também é competente para "conceder a remissão, como forma de suspensão ou extinção do processo"[1451], instituto próprio do sistema de coibição de atos infracionais[1452]. O dispositivo prevê um processo em andamento, instaurado com o recebimento da representação inicial ofertada pelo Ministério Público, podendo ser concedida "em qualquer fase do procedimento, antes da sentença"[1453].

Também é da competência exclusiva da Justiça da Infância e da Juventude "conhecer de pedidos de adoção e seus incidentes"[1454]. Antes do advento do ECA, havia entendimento permissivo da tramitação de procedimentos de adoção de crianças e adolescentes perante a Justiça de Família, bem como sua realização pela via extrajudicial, tudo em razão de dispositivos vigentes do Código de Menores e do Código Civil de 1916.

1447. ECA, art. 148, I.

1448. V. § 284, Capítulo XXXIX, deste livro.

1449. Art. 109, IV, V, VI, IX e X.

1450. CF, art. 227, § 3º, IV

1451. ECA, art. 148, II.

1452. V. § 274, Capítulo XXXVII, deste livro.

1453. ECA, art. 188.

1454. ECA, art. 148, III.

Revogadas essas normas pelo ECA, estabelecida uma nova disciplina da adoção, que acabou com as modalidades denominadas de "adoção simples" e "adoção por escritura pública", a adoção de menores de 18 anos de idade passou a requerer, em todos os casos, intervenção judicial, processando-se exclusivamente perante a justiça especializada[1455].

Outra previsão abrangente de competência da justiça especializada, contemplando todas as situações na chamada esfera cível da infância e da juventude, diz respeito à sua medida jurisdicional para "conhecer de ações civis fundadas em interesses individuais, difusos ou coletivos afetos à criança e ao adolescente, observado o disposto no art. 209", indicativo da própria prevalência do critério etário como determinante primário da competência.

Todas as ações civis socioindividuais que tenham como sujeitos da lide criança ou adolescente são da competência da Justiça da Infância e Juventude, qualquer que seja a matéria, porquanto a competência é definida prioritariamente em razão da pessoa. Somente quando se tratar das matérias alinhadas no parágrafo único é que a competência da Justiça da Infância e da Juventude concorre com a da Justiça de Família.

Já nas ações civis públicas, baseadas em direitos coletivos e difusos, incide a regra do art. 209 do ECA, que ressalva a competência da Justiça Federal e dos tribunais superiores, neste último caso em razão das ações originárias, especialmente os mandados de segurança e/ou ações mandamentais, com apontamento de autoridades coatoras ou réus com foro privilegiado. Desta forma, salvo as hipóteses constitucionais residentes nos arts. 102, 105 e 109 da Magna Carta, todas as demais ações civis públicas, de qualquer natureza, processam-se e devem ser julgadas na Justiça da Infância e da Juventude.

Somente a Justiça da Infância e da Juventude pode conhecer e julgar "ações decorrentes de irregularidades em entidades de atendimento, aplicando as medidas cabíveis"[1456]. As entidades de atendimento são aquelas que executam programas de proteção ou socioeducativos elencados no

---

1455. V. Capítulo XXVI deste livro.

1456. ECA, art. 148, V.

CURSO DE DIREITO DA CRIANÇA E DO ADOLESCENTE

art. 90[1457], ficando sujeitas às sanções prescritas no art. 97[1458], resultado do devido processo legal previsto nos arts. 191, 192 e 193, todos do ECA[1459].

Nos arts. 245 a 258-C, o ECA prevê infrações administrativas[1460], destinadas a sancionar pessoas naturais e jurídicas que descumprirem regras de proteção a crianças e adolescentes. Prevendo apuração a cargo da autoridade judiciária, o legislador prescreveu competência exclusiva à Justiça da Infância e da Juventude para "aplicar penalidades administrativas nos casos de infrações contra norma de proteção à criança ou adolescente"[1461], estabelecendo suas regras procedimentais nos arts. 194 a 197 do ECA.

Por fim, o último exemplo de competência exclusiva da Justiça da Infância e da Juventude relaciona-se aos "casos encaminhados pelo Conselho Tutelar, aplicando as medidas cabíveis"[1462]. Em regra, situações de recalcitrância ao cumprimento de medidas de proteção aplicadas às crianças autoras de atos infracionais, bem como aos pais ou responsável em razão de condutas ameaçadoras ou violadoras de direitos dos filhos ou pupilos.

236. Competência concorrente

O art. 148, parágrafo único, do ECA estabelece que "quando se tratar de criança ou adolescente nas hipóteses do art. 98, é também competente

---

1457. ECA: "Art. 90. As entidades de atendimento são responsáveis pela manutenção das próprias unidades, assim como pelo planejamento e execução de programas de proteção e socioeducativos destinados a crianças e adolescentes, em regime de: I — orientação e apoio sociofamiliar; II — apoio socioeducativo em meio aberto; III — colocação familiar; IV — acolhimento institucional; V — prestação de serviços à comunidade; VI — liberdade assistida; VII — semiliberdade; VIII — internação".

1458. ECA: "Art. 97. São medidas aplicáveis às entidades de atendimento que descumprirem obrigação constante do art. 94, sem prejuízo da responsabilidade civil e criminal de seus dirigentes ou prepostos: I — às entidades governamentais: a) advertência; b) afastamento provisório de seus dirigentes; c) afastamento definitivo de seus dirigentes; d) fechamento de unidade ou interdição de programa. II — às entidades não governamentais: a) advertência; b) suspensão total ou parcial do repasse de verbas públicas; c) interdição de unidades ou suspensão de programa; d) cassação do registro".

1459. V. Capítulo XXIX deste livro.

1460. V. Capítulo XLVII deste livro.

1461. ECA, art. 148, VI.

1462. ECA, art. 148, VII.

a Justiça da Infância e da Juventude" nas hipóteses que especifica. Refere-se a crianças e adolescentes em situação de risco[1463], dependentes de medidas de proteção[1464], utilizando-se do advérbio "também" para acrescer às competências previstas no caput outras ainda não contempladas. Ao condicionar à existência de situação de risco, excluiu os casos em que essa situação não se verifica, mas cujas providências indicadas eram necessárias, porém tradicionalmente ficavam sob a apreciação da Justiça de Família.

O primeiro caso diz respeito aos pedidos de guarda ou tutela. Se se tratar de criança ou adolescente nas hipóteses do art. 98 do ECA, a competência é da Justiça da Infância e da Juventude; ou contrário, se a criança ou adolescente não se encontrarem em situação de risco, com direitos fundamentais lesados ou ameaçados de lesão, a competência é do juízo especializado em família, havendo. Em regra, os pedidos de guarda, exclusiva ou compartilhada, formulados por um dos pais em face do outro tramitam no Juízo de Família, assim como os casos de tutela testamentária, enquanto os pedidos de guarda ou tutela encaixados como medidas de colocação em família substituta, em que a pretensão é deduzida por terceiros, devem tramitar na Justiça da Infância e da Juventude.

Da mesma forma as ações de destituição do poder familiar[1465], perda ou modificação de guarda[1466] ou tutela[1467], que tanto podem tramitar perante a Justiça de Família como da Infância e da Juventude, ambas dotadas das especializações necessárias que as qualificam para essa difícil tarefa. Em regra, na Justiça de Família verificam-se ações promovidas por um dos pais em face do outro, enquanto no Juízo da Infância e da Juventude tramitam ações em que evidenciadas situações de risco aos direitos fundamentais da criança ou do adolescente.

1463. V. § 123, Capítulo XIX, deste livro.

1464. V. Capítulo XIX deste livro.

1465. V. § 92, Capítulo XIII, deste livro.

1466. V. § 90, Capítulo XIII, deste livro.

1467. V. § 191, Capítulo XXV, deste livro.

Outra hipótese de competência concorrente concerne ao suprimento de consentimento para o matrimônio civil, exigível para as pessoas entre 16 (dezesseis) e 18 (dezoito) anos de idade, dependentes da autorização de pais ou de seus representantes legais, na forma do art. 1.517 do Código Civil[1468]. Inexistindo situação de risco, a avaliação do suprimento, derivado de recusa injustificável de um dos pais, ou ambos, ou do responsável legal, fica a cargo do Juiz de Família. Todavia, encontrando-se o adolescente em situação de risco, inclusive na hipótese frequente de ausência de representação jurídica permanente, a competência é da Justiça da Infância e da Juventude.

Parte do dispositivo residente no art. 148, parágrafo único, *c*, do ECA encontra-se derrogado em razão de modificação introduzida no art. 1.520 do Código Civil. Antes dessa alteração, esse Código permitia suprimento da idade núbil, excepcionalmente e para evitar a imposição de pena criminal, em caso de gravidez, vindo em boa hora a Lei n. 13.811, de 12 de março de 2019[1469], que peremptoriamente estabeleceu que: "Não será permitido, em qualquer caso, o casamento de quem não atingiu a idade núbil". Assim, não é mais possível o suprimento de capacidade, de idade núbil, de modo que a referência ainda presente no art. 148, parágrafo único, *c*, do ECA não tem mais eficácia.

Os "pedidos baseados em discordância paterna ou materna, em relação ao exercício do poder familiar", concessão de emancipação quando faltarem os pais, designação de curador especial "em casos de apresentação de queixa ou representação, ou de outros procedimentos judiciais ou extrajudiciais em que haja interesses de criança ou adolescente" seguem a mesma regra geral, ou seja, é necessária avaliação da ocorrência ou não de situação de risco, a demandar outras providências, como medidas específicas de

---

1468. CC: "Art. 1.517. O homem e a mulher com dezesseis anos podem casar, exigindo-se autorização de ambos os pais, ou de seus representantes legais, enquanto não atingida a maioridade civil".

1469. Tratou-se de importante passo em direção à vedação do chamado "casamento infantil", uniões em que um dos integrantes do núcleo tenha menos de 18 anos de idade.

proteção[1470], que não se esgotam no pedido determinado ante a promessa de proteção integral.

As ações de alimentos em regra tramitam na Justiça de Família, procedendo de conflitos entre os pais e parentes da criança ou do adolescente. Todavia, podem derivar de situações especiais, como da colocação da criança ou adolescente em situação de risco sob guarda de terceiro, conforme prescrição do art. 33, § 4º, do ECA[1471], bem como em razão do afastamento de agressor da moradia comum, tomada como medida cautelar[1472].

Sem prejuízo da competência dos órgãos fracionários do Poder Judiciário aos quais for atribuída competência em matéria de registros públicos, sempre que se tratar de criança ou adolescente em situação de risco, "o cancelamento, a retificação e o suprimento dos registros de nascimento e óbito" são da competência do Juízo da Infância e da Juventude. Aliás, as medidas de proteção devem ser precedidas de acertamento registral[1473], de modo a estabelecer a perfeita individuação da criança ou do adolescente, garantindo aspecto primordial do direito à personalidade.

237. Competência administrativa

Resquício das funções atípicas que inauguraram o antigo Juizado de Menores, o legislador atribuiu ao Juiz da Infância e da Juventude competências administrativas, destinadas à proteção e defesa de crianças e adolescentes.

1470. V. Capítulo XIX deste livro.

1471. ECA: "Art. 33. [...] § 4º Salvo expressa e fundamentada determinação em contrário, da autoridade judiciária competente, ou quando a medida for aplicada em preparação para adoção, o deferimento da guarda de criança ou adolescente a terceiros não impede o exercício do direito de visitas pelos pais, assim como o dever de prestar alimentos, que serão objeto de regulamentação específica, a pedido do interessado ou do Ministério Público".

1472. ECA: "Art. 130. Verificada a hipótese de maus-tratos, opressão ou abuso sexual impostos pelos pais ou responsável, a autoridade judiciária poderá determinar, como medida cautelar, o afastamento do agressor da moradia comum. Parágrafo único. Da medida cautelar constará, ainda, a fixação provisória dos alimentos de que necessitem a criança ou o adolescente dependentes do agressor".

1473. V. § 145, Capítulo XX, deste livro.

CURSO DE DIREITO DA CRIANÇA E DO ADOLESCENTE

Inserem-se no contexto da prevenção, dever de todos de atalhar ameaça ou lesão aos direitos infantojuvenis[1474], compondo um verdadeiro poder normativo da autoridade judiciária[1475], expresso na expedição de portarias[1476] e concessão de alvarás[1477], as primeiras contendo medidas de caráter geral e os segundos autorizações específicas, no primeiro caso podendo ser resultado de iniciativas de ofício.

As competências administrativas estão previstas no art. 149 do ECA[1478], ficando as decisões, materializadas na própria portaria ou expressas em sentenças concessivas ou denegatórias dos pedidos de alvarás, sujeitas à revisão do segundo grau de jurisdição mediante o manejo de recurso de apelação[1479]. Além das competências administrativas indicadas no art. 149 do ECA, anote-se a expedição de autorizações de viagem[1480], prevista no art. 83 do mesmo diploma legal[1481].

238. Equipe interprofissional

Partindo da recobrada da função de julgar como atividade primordial da Justiça de Infância e da Juventude, com o abandono das de assistência,

---

1474. V. Capítulo XVIII deste livro.

1475. V. § 120, Capítulo XVIII, deste livro.

1476. V. § 121, Capítulo XVIII, deste livro.

1477. V. § 122, Capítulo XVIII, deste livro.

1478. ECA: "Art. 149. Compete à autoridade judiciária disciplinar, através de portaria, ou autorizar, mediante alvará: I — a entrada e permanência de criança ou adolescente, desacompanhado dos pais ou responsável, em: a) estádio, ginásio e campo desportivo; b) bailes ou promoções dançantes; c) boate ou congêneres; d) casa que explore comercialmente diversões eletrônicas; e) estúdios cinematográficos, de teatro, rádio e televisão. II — a participação de criança e adolescente em: a) espetáculos públicos e seus ensaios; b) certames de beleza. § 1º Para os fins do disposto neste artigo, a autoridade judiciária levará em conta, dentre outros fatores: a) os princípios desta Lei; b) as peculiaridades locais; c) a existência de instalações adequadas; d) o tipo de frequência habitual ao local; e) a adequação do ambiente a eventual participação ou frequência de crianças e adolescentes; f) a natureza do espetáculo. § 2º As medidas adotadas na conformidade deste artigo deverão ser fundamentadas, caso a caso, vedadas as determinações de caráter geral".

1479. ECA: "Art. 199. Contra as decisões proferidas com base no art. 149 caberá recurso de apelação".

1480. V. § 119, Capítulo XVIII, deste livro.

1481. ECA, art. 83.

proteção e defesa, típicas de outros poderes, instituições e órgãos, a Justiça da Infância e da Juventude, no ECA, tratou das suas equipes multidisciplinares em seção intitulada "Dos serviços auxiliares", integrante do capítulo "Da Justiça da Infância e da Juventude", presente no título "Do acesso à justiça".

Desta forma, as equipes interprofissionais auxiliam a Justiça da Infância e da Juventude no trabalho de distribuição da justiça para crianças e adolescentes, expressamente destinadas à sua assessoria, conforme disposto no art. 150 do ECA[1482].

Característica básica da multidisciplinaridade prevista no ECA é a comunhão de saberes em trabalho conjunto, desenvolvido em equipe, de modo não fragmentado. Nos dois dispositivos que tratam do assunto[1483], o ECA se utiliza da expressão "equipe", indicativo de grupo de pessoas com diferentes especialidades com o desiderato de busca comum do mesmo objetivo, ou seja, a proteção integral da criança ou do adolescente.

Não existe indicação das formações necessárias na composição das equipes multidisciplinares na Justiça da Infância e da Juventude, embora tradicionalmente assistentes sociais e psicólogos façam parte desses grupos. Isso depende dos quadros próprios dos respectivos Tribunais de Justiça, definidos de acordo com a autonomia que lhes é própria, determinando o CNJ, através do Provimento n. 36, de 24 de abril de 2014, que sejam compostas também por pedagogos.

As peculiares locais, como a presença de comunidades indígenas, de quilombolas e outras tradicionais, indicam também a necessidade de antropólogos, de modo que seus conhecimentos especializados se somem a outros e auxiliem na construção de decisões que respeitem a identidade social e cultural, os costumes, as tradições e as instituições próprias desses povos.

O número de profissionais está condicionado à demanda e às possibilidades de investimento e manutenção, com a lembrança de que as ações

---

1482. ECA: "Art. 150. Cabe ao Poder Judiciário, na elaboração de sua proposta orçamentária, prever recursos para manutenção de equipe interprofissional, destinada a assessorar a Justiça da Infância e da Juventude".

1483. ECA, arts. 150 e 151.

CURSO DE DIREITO DA CRIANÇA E DO ADOLESCENTE

relacionadas ao resguardo aos direitos de criança ou adolescente contam com a garantia constitucional da prioridade absoluta, considerada no ECA também através da "destinação privilegiada de recursos públicos nas áreas relacionadas com a proteção à infância e à juventude"[1484], ordem legislativa da qual também não pode se afastar o Poder Judiciário.

Diga-se, neste aspecto e voltando ao teor do Provimento n. 36/2014, do CNJ, a existência de determinação da presença de varas exclusivas no atendimento aos direitos da criança e do adolescente em comarcas ou foros distritais com mais de 100.000 habitantes, com a prescrição de que todas essas varas de competência exclusiva tenham em suas estruturas as equipes interdisciplinares.

Compreende-se a função básica de assessoramento das equipes interdisciplinares como suporte técnico às decisões judiciais sobre direitos da infância e da juventude, esteio da visão integral das necessidades e potencialidades da criança ou do adolescente. Expressamente indicada no art. 150 do ECA, vem esmiuçada em seu art. 151: "Compete à equipe interprofissional, dentre outras atribuições que lhe forem reservadas pela legislação local, fornecer subsídios por escrito, mediante laudos, ou verbalmente, na audiência, e bem assim desenvolver trabalhos de aconselhamento, orientação, encaminhamento, prevenção e outros, tudo sob a imediata subordinação à autoridade judiciária, assegurada a livre manifestação do ponto de vista técnico".

A equipe interprofissional encontra-se funcionalmente subordinada à autoridade judiciária. Isso significa que é o Juiz da Infância e da Juventude quem define prioridades de atuação, organiza racionalmente os trabalhos e estabelece o planejamento estratégico das atividades.

A subordinação funcional está relacionada apenas aos aspectos organizacionais das atribuições da equipe interprofissional, posto que a própria lei assegura a livre manifestação da opinião técnica, de modo que a apresentação do conteúdo de estudos e conclusões encontra-se assegurada pelo

---

1484. ECA, art. 4º, parágrafo único, *d*.

direito à liberdade de expressão do pensamento científico, garantida pelo art. 5°, IX, da Constituição da República[1485].

Essa liberdade somente encontra limitação na bioética e no biodireito, de modo que a atividade técnica deve se conformar com os direitos fundamentais, especialmente com a dignidade da pessoa humana e a promessa de proteção integral a crianças e adolescentes.

No parágrafo único do art. 151 do ECA estabeleceu-se, por força de inclusão derivada da Lei n. 13.509, de 22 de novembro de 2017, que: "Na ausência ou insuficiência de servidores públicos integrantes do Poder Judiciário responsáveis pela realização dos estudos psicossociais ou de quaisquer outras espécies de avaliações técnicas exigidas por esta Lei ou por determinação judicial, a autoridade judiciária poderá proceder à nomeação de perito, nos termos do art. 156 da Lei n. 13.105, de 16 de março de 2015 (Código de Processo Civil)"[1486].

Justifica-se temporariamente a medida em razão de que a determinação de obrigatoriedade de equipe interprofissional está relacionada a comarcas e foros regionais com varas exclusivas em virtude de contarem com mais de 100.000 (cem mil) habitantes, de modo que a nomeação de

---

1485. CF: "Art. 5° [...] IX — é livre a expressão da atividade intelectual, artística, científica e de comunicação, independentemente de censura ou licença".

1486. CPC: "Art. 156. O juiz será assistido por perito quando a prova do fato depender de conhecimento técnico ou científico. § 1° Os peritos serão nomeados entre os profissionais legalmente habilitados e os órgãos técnicos ou científicos devidamente inscritos em cadastro mantido pelo tribunal ao qual o juiz está vinculado. § 2° Para formação do cadastro, os tribunais devem realizar consulta pública, por meio de divulgação na rede mundial de computadores ou em jornais de grande circulação, além de consulta direta a universidades, a conselhos de classe, ao Ministério Público, à Defensoria Pública e à Ordem dos Advogados do Brasil, para a indicação de profissionais ou de órgãos técnicos interessados. § 3° Os tribunais realizarão avaliações e reavaliações periódicas para manutenção do cadastro, considerando a formação profissional, a atualização do conhecimento e a experiência dos peritos interessados. § 4° Para verificação de eventual impedimento ou motivo de suspeição, nos termos dos arts. 148 e 467, o órgão técnico ou científico nomeado para realização da perícia informará ao juiz os nomes e os dados de qualificação dos profissionais que participarão da atividade. § 5° Na localidade onde não houver inscrito no cadastro disponibilizado pelo tribunal, a nomeação do perito é de livre escolha pelo juiz e deverá recair sobre profissional ou órgão técnico ou científico comprovadamente detentor do conhecimento necessário à realização da perícia".

CURSO DE DIREITO DA CRIANÇA E DO ADOLESCENTE

perito autônomo, nos casos requeridos, afigura-se como solução possível ao atendimento da necessidade de, pelo menos, uma opinião técnica.

239. O CNJ como formulador das políticas judiciárias na esfera da infância e da juventude

A Emenda Constitucional n. 45, de 30 de dezembro de 2004, criou o Conselho Nacional de Justiça, incumbindo-lhe "o controle da atuação administrativa e financeira do Poder Judiciário e do cumprimento dos deveres funcionais dos juízes"[1487]. Desde o seu nascedouro, preocupou-se com a área da infância e da juventude, expedindo, em abril de 2006, recomendação aos Tribunais de Justiça da implantação de equipes interprofissionais[1488], seguindo-se outras, bem como de portarias, instruções normativas, provimentos e resoluções tratando de aspectos relacionados à Justiça da Infância e Juventude.

Com o inegável mérito de unificar práticas e procedimentos, bem como de fomentar o cumprimento da lei, especialmente do ECA, o CNJ desempenha importantíssimo papel na definição de políticas judiciárias de atendimento aos direitos da criança e do adolescente.

Ao determinar a criação de varas exclusivas e exigir a presença de equipes interprofissionais, estimular campanhas visando à regularização dos registros civis, criar cadastros e instrumentos de controle das adoções, de internados, acolhidos institucionalmente e em regime familiar, o CNJ colaborou decididamente para o progresso do sistema de atendimento aos direitos da criança e do adolescente.

Além disso, determinou, no âmbito dos Tribunais de Justiça, a criação de Coordenadorias da Infância e da Juventude[1489], órgãos permanentes

---

1487. CF, art. 103-B, § 4º.

1488. Recomendação n. 2, de 25 de abril de 2006.

1489. CNJ, Resolução n. 94, de 27 de outubro de 2009.

de assessoria dos Presidentes e destinadas, entre outras funções, a elaborar sugestões para o aprimoramento da estrutura do Judiciário na área da infância e da juventude, promover articulações com outros órgãos, colaborar na formação inicial, continuada e especializada de magistrados e servidores, dar suporte, inclusive para as equipes multiprofissionais.

O CNJ colabora para uma organização estadual mais eficaz, pautando no Judiciário as questões da infância e da juventude, que, no passado e em muitos casos, estavam em varas que se constituíam em meros apêndices de outras, a cargo exclusivo de funcionários e com pouco ou quase nenhum controle da autoridade judiciária.

Também instituiu o Fórum Nacional da Infância e da Juventude, "com a atribuição de elaborar estudos e propor medidas para a coordenação, elaboração e execução de políticas públicas, no âmbito do Poder Judiciário, concentrando especialmente as iniciativas nacionais de aprimoramento da prestação jurisdicional na área da Infância e da Juventude"[1490], estabelecendo uma coordenação nacional capaz de unificar boas práticas e reduzir as desigualdades na prestação jurisdicional derivada das diferenças regionais.

Merecem destaque, ainda, a edição do Provimento n. 32, de 24 de junho de 2013, da Corregedoria Nacional de Justiça, que introduziu as audiências concentradas para reavaliação das medidas protetivas de acolhimento, a Recomendação n. 49, de 1º de abril de 2014, que mandou os magistrados brasileiros observarem as Regras do Protocolo de Istambul, documento internacional a respeito da elucidação do crime de tortura, que, como é cediço, tem crianças e adolescentes como vítimas frequentes[1491], o Provimento n. 36, de 5 de maio de 2014, também da Corregedoria Nacional de Justiça, que dispôs sobre a estrutura e os procedimentos nas

---

1490. CNJ, Resolução n. 231, de 28 de junho de 2016.

1491. O ECA foi o primeiro diploma legal no Brasil a incriminar o delito de tortura, prevendo-o como tipo específico, antes mera qualificadora do delito de homicídio. O crime de tortura contra criança ou adolescente estava previsto no art. 233, revogado posteriormente pela Lei n. 9.455, de 7 de abril de 1977, que definiu essa modalidade de crime.

Varas da Infância da Juventude, a Resolução n. 225, de 31 de maio de 2016, que, ao estabelecer a Política Nacional de Justiça Restaurativa, deu ênfase aos conflitos relacionados a adolescentes apontados como autores de atos infracionais, tendo ainda papel importantíssimo na unificação dos procedimentos nos tempos de pandemia, conforme se pode observar pela Resolução n. 330, de 16 de agosto de 2020.

Em suma, o CNJ exerce o bom papel de formulador das políticas judiciárias na esfera da infância e da juventude em todo o território nacional, contribuindo para a vivificação da proteção integral, para a universalização dos direitos humanos e para a construção de uma sociedade mais justa e solidária.

XXXII

Ministério Público

240. Natureza

O Ministério Público vem definido no art. 127 da Constituição da República como uma "instituição permanente, essencial à função jurisdicional do Estado, incumbindo-lhe a defesa da ordem jurídica, do regime democrático e dos interesses sociais e individuais indisponíveis".

Trata-se de uma estrutura organizada para arrimar, junto aos demais poderes e instituições, os objetivos fundamentais da República Federativa do Brasil[1492]. É perene ao Estado de direito democrático[1493], de modo que permanecerá enquanto perdurar o modelo pactuado pelo constituinte de 1988.

Sua atuação é indispensável à função jurisdicional do Estado, ao poder-dever de validar direitos irrealizados, especialmente aqueles de relevância social. Incumbe-lhe a defesa da ordem jurídica enquanto construção

---

1492. CF: "Art. 3º Constituem objetivos fundamentais da República Federativa do Brasil: I — construir uma sociedade livre, justa e solidária; II — garantir o desenvolvimento nacional; III — erradicar a pobreza e a marginalização e reduzir as desigualdades sociais e regionais; IV — promover o bem de todos, sem preconceitos de origem, raça, sexo, cor, idade e quaisquer outras formas de discriminação".

1493. CF: "Art. 1º A República Federativa do Brasil, formada pela união indissolúvel dos Estados e Municípios e do Distrito Federal, constitui-se em Estado democrático de direito [...]".

destinada a regular as relações entre as pessoas naturais e jurídicas, nas suas múltiplas e variadas conexões, ordem destinada a dispor os comportamentos de modo a garantir paz e desenvolvimento para todos.

Tem a grave incumbência de defender o regime democrático, notadamente a vivificação das normas que garantem a prevalência dos direitos humanos, da soberania popular, da alternância do poder e da unidade nacional.

O Ministério Público também deve defender os interesses individuais indisponíveis, aqueles pertencentes à sociedade e à pessoa, importando a ambos e carregados de uma essencialidade que não permite qualquer ato de disposição ou descumprimento das obrigações que lhe são ínsitas.

Por fim, o dever de promover os direitos sociais, aqueles fundados na igualdade e reconhecidos como indispensáveis à existência digna. E relembre-se de que são direitos sociais, nos termos do art. 6º da Constituição da República, "a educação, a saúde, a alimentação, o trabalho, a moradia, o transporte, o lazer, a segurança, a previdência social, a proteção à maternidade e à infância, a assistência aos desamparados, na forma desta Constituição".

O Ministério Público, portanto, como defensor da igualdade substancial, aquele que se insere no cotidiano como instituição fomentadora da equivalência entre as pessoas, da equidade como órgão de promoção das oportunidades na visualização das distinções históricas determinantes das diminuições indevidas, que favorece a isonomia como concretização de uma realidade de vida sem privilégios e que procura a justiça como expressão máxima de uma situação da integridade e dignidade de todos, sem qualquer exceção.

241. Criança e adolescente e o Ministério Público

Como o ECA foi o primeiro diploma legal que, no contexto pós--constituinte de remoção do "entulho autoritário", regulamentou de forma extensa conteúdo constitucional, casou de forma indelével o perfil do Ministério Público com a proteção integral. Não se concebe a instituição sem a defesa dos direitos da criança e do adolescente nem se visualiza um sistema de proteção eficaz sem a atuação do Ministério Público.

Como instituição essencial à função jurisdicional do Estado, o Ministério Público intervém em todos os feitos relacionados à infância e juventude[1494]. Como defensor da ordem jurídica, tem o dever de promover a eficácia das normas de proteção à infância e juventude, especialmente as residentes no ECA. Cultor do regime democrático, deve primordialmente escorar os Conselhos de Direitos e os Tutelares, garantindo seu livre exercício como emanação da democracia participativa.

Como todos os direitos da criança e do adolescente são indisponíveis[1495], sua inconteste legitimação como parte ou fiscal da ordem jurídica[1496] tem sua matriz constitucional presente no art. 127 da Constituição da República. E a defesa dos direitos sociais, por excelência, como saúde e educação, insere-se no âmago das atividades do Ministério Público, nas expressões individuais e coletivas, como persecução do ideal da construção de uma sociedade livre, justa e solidária.

A atividade em defesa da criança e do adolescente perpassa os lindes estreitos da divisão interna de funções institucionais, competindo a todo o Ministério Público. É o que deflui da recente Resolução CNMP n. 287, de 12 de março de 2024, prescritora de diretrizes para uma atuação integrada, articulada a partir do conhecimento de situação reveladora de qualquer forma de violência contra criança ou adolescente, direta ou indireta.

1494. ECA: "Art. 202. Nos processos e procedimentos em que não for parte, atuará obrigatoriamente o Ministério Público na defesa dos direitos e interesses de que cuida esta Lei, hipótese em que terá vista dos autos depois das partes, podendo juntar documentos e requerer diligências, usando os recursos cabíveis".

1495. V. § 20, Capítulo V, deste livro.

1496. V. CPC, art. 178.

242. Promotoria da Infância e da Juventude

O Ministério Público Estadual tem atribuições ordinárias, considerando a organização constitucional da instituição. Extrai-se do art. 128 da Constituição da República que, tirante as atribuições especializadas do Ministério Público Federal, que atua perante a Justiça Federal, cuja competência estrita vem definida no art. 109 da CF, do Ministério Público do Trabalho e do Ministério Público Militar, incumbe ao Ministério Público dos Estados e do Distrito Federal exercer as atribuições na esfera da infância e juventude, junto ao juízo especializado em direito da criança e do adolescente.

De acordo com a Lei Orgânica Nacional do Ministério Público, cada Ministério Público organiza suas atribuições no âmbito de cada Estado e do Distrito Federal[1497], determinando o ECA que as funções relacionadas aos direitos da criança e do adolescente serão exercidas nos termos das respectivas leis[1498]. Em regra, os Estados federados denominam de Promotorias de Justiça da Infância e da Juventude os órgãos formados com pelo menos um cargo de Promotor de Justiça e serviços auxiliares necessários ao desempenho dessas funções, na correspondência com os termos usados pelo ECA na determinação da Justiça, Juízos e Varas da Infância e da Juventude[1499].

243. Atribuições

Como todos os direitos da criança ou do adolescente são individuais indisponíveis, ou seja, pertencem à pessoa e à sociedade, ante a relevância

---

1497. Lei n. 8.625, de 12 de fevereiro de 1993, art. 2º: "Lei complementar, denominada Lei Orgânica do Ministério Público, cuja iniciativa é facultada aos Procuradores-Gerais de Justiça dos Estados, estabelecerá, no âmbito de cada uma dessas unidades federativas, normas específicas de organização, atribuições e estatuto do respectivo Ministério Público. Parágrafo único. A organização, atribuições e estatuto do Ministério Público do Distrito Federal e Territórios serão objeto da Lei Orgânica do Ministério Público da União".

1498. ECA, art. 200.

1499. ECA, Título VI, Capítulo II.

social da proteção integral e do desiderato do desenvolvimento saudável, a legitimação do Ministério Público para a defesa de qualquer interesse juridicamente protegido advém da Constituição da República, especialmente do art. 127 da Lei Maior.

O art. 201 do ECA arrola as atribuições do Ministério Público na área da infância e da juventude, não esgotando a relação por força da legitimação constitucional e também da regra de extensão presente no § 2º do citado dispositivo: "As atribuições constantes deste artigo não excluem outras, desde que compatíveis com a finalidade do Ministério Público".

Desta forma, o rol do art. 201 do ECA serviu apenas para solidificar a legitimação prevista no art. 127 da Constituição Federal, alijando resistências próprias do sistema anterior e projetando iniciativas até então não usuais do Ministério Público.

Assim se encontra redigido o art. 201:

Compete ao Ministério Público: I — conceder a remissão como forma de exclusão do processo; II — promover e acompanhar os procedimentos relativos às infrações atribuídas a adolescentes; III — promover e acompanhar as ações de alimentos e os procedimentos de suspensão e destituição do poder familiar, nomeação e remoção de tutores, curadores e guardiães, bem como oficiar em todos os demais procedimentos da competência da Justiça da Infância e da Juventude; IV — promover, de ofício ou por solicitação dos interessados, a especialização e a inscrição de hipoteca legal e a prestação de contas dos tutores, curadores e quaisquer administradores de bens de crianças e adolescentes nas hipóteses do art. 98; V — promover o inquérito civil e a ação civil pública para a proteção dos interesses individuais, difusos ou coletivos relativos à infância e à adolescência, inclusive os definidos no art. 220, § 3º, II, da Constituição Federal; VI — instaurar procedimentos administrativos e, para instruí-los: a) expedir notificações para colher depoimentos ou esclarecimentos e, em caso de não comparecimento injustificado, requisitar condução coercitiva, inclusive pela polícia civil ou militar; b) requisitar informações, exames, perícias e documentos de autoridades municipais, estaduais e federais, da administração direta ou indireta, bem como promover inspeções e diligências investigatórias; c) requisitar informações e documentos a particulares e instituições privadas; VII — instaurar sindicâncias,

CURSO DE DIREITO DA CRIANÇA E DO ADOLESCENTE

requisitar diligências investigatórias e determinar a instauração de inquérito policial, para apuração de ilícitos ou infrações às normas de proteção à infância e à juventude; VIII — zelar pelo efetivo respeito aos direitos e garantias legais assegurados às crianças e adolescentes, promovendo as medidas judiciais e extrajudiciais cabíveis; IX — impetrar mandado de segurança, de injunção e *habeas corpus*, em qualquer juízo, instância ou tribunal, na defesa dos interesses sociais e individuais indisponíveis afetos à criança e ao adolescente; X — representar ao juízo visando à aplicação de penalidade por infrações cometidas contra as normas de proteção à infância e à juventude, sem prejuízo da promoção da responsabilidade civil e penal do infrator, quando cabível; XI — inspecionar as entidades públicas e particulares de atendimento e os programas de que trata esta Lei, adotando de pronto as medidas administrativas ou judiciais necessárias à remoção de irregularidades porventura verificadas; XII — requisitar força policial, bem como a colaboração dos serviços médicos, hospitalares, educacionais e de assistência social, públicos ou privados, para o desempenho de suas atribuições.

Para o exercício de suas funções possui o Ministério Público poderes instrutórios, sendo relevante indicar que é o único legitimado à instauração de inquérito civil para apuração de ofensa ou ameaça de lesão a direito individual, coletivo ou difuso próprio da infância e da juventude, exatamente em razão dos poderes coercitivos de que dispõe.

Deve contar com serviços auxiliares, especialmente técnicos, de modo a embasar suas iniciativas e posicionamentos na ciência, especialmente os saberes relacionados ao desenvolvimento e ao comportamento próprio da vida de relações.

244. O CNMP como formulador das políticas do Ministério Público na defesa da criança e do adolescente

A Emenda Constitucional n. 45, de 30 de dezembro de 2004, criou o Conselho Nacional do Ministério Público, incumbindo-lhe "o controle da atuação administrativa e financeira do Ministério Público e do cumprimento dos deveres funcionais de seus membros"[1500]. Mantém na sua estrutura uma Comissão da Infância, Juventude e Educação, tendo por objeto o aperfeiçoamento da atuação do Ministério Público na defesa dos direitos das crianças e adolescentes. Segundo seu sítio eletrônico[1501], suas atividades fomentam a atuação do Ministério Público Nacional sob a orientação de quatro estratégias: a) defesa da convivência familiar e comunitária; b) enfrentamento da violência sexual; c) aperfeiçoamento do sistema socioeducativo; e d) erradicação do trabalho infantil.

A formulação de políticas ministeriais de atuação na proteção de direitos da criança e do adolescente tem sido feita especialmente mediante estudos e publicações de resultados, com a divulgação de guias e orientações específicas[1502], projetando atividade uníssona e consequente em todo o território nacional.

Todavia, falta uma normativa capaz de vivificar a promessa constitucional de prioridade absoluta aos direitos da criança e do adolescente no âmbito do Ministério Público, mediante a expedição de resoluções ou equivalentes que realcem a posição de proeminência da defesa da infância e da juventude, bem como estabeleçam mecanismos de exigência das suas determinações. Exemplo é a Recomendação n. 33, de 5 de abril de 2016, que dispõe sobre as diretrizes para a implantação e estruturação das Promotorias de Justiça da Infância e da Juventude no âmbito dos Ministérios Públicos dos Estados e do Distrito Federal e Territórios, cuja potencialidade transformadora pode arrimar melhora sensível na defesa dos direitos da criança e do adolescente no Brasil.

1500. Cf, art. 130-A, § 2º.

1501. Disponível em: https://www.cnmp.mp.br.

1502. V. no sítio eletrônico as seguintes publicações: *Guia prático para implementação da política de atendimento de crianças e adolescentes vítimas ou testemunhas de violência; Guia de atuação do Ministério Público para promoção do acesso de jovens e adolescentes em condições de vulnerabilidade a programas de aprendizagem; Guia de atuação para promotores de justiça da criança e do adolescente; Panorama de Execução dos Programas Socioeducativos de Internação e Semiliberdade; Orientações sobre fundos dos direitos da criança e do adolescente.*

CURSO DE DIREITO DA CRIANÇA E DO ADOLESCENTE

Partindo de um diagnóstico realista[1503], a Recomendação n. 33-CNMP prevê promotorias exclusivas em infância e juventude a partir de 100.000 (cem mil) habitantes, com outra adicional quando atingir 300.000 (trezentos mil) habitantes, mantença de equipes multidisciplinares e outros serviços auxiliares, investimentos na permanente qualificação e atualização funcional de membros e servidores, realização de mutirões quando do excesso de acolhimentos.

Recomenda às Corregedorias que coloquem nas suas pautas aspectos específicos da atuação na esfera da infância e da juventude e, em relação à execução das atividades-fim, indica aos Promotores da Infância e da Juventude que atuem em rede, priorizem a atividade extrajudicial de solução dos conflitos, imprimam celeridade aos procedimentos da infância, zelem pelo perfeito funcionamento dos Conselhos, acompanhem os processos de elaboração orçamentária, fiscalizem os fundos e que tenham absoluto controle sobre os casos pendentes de solução relacionados a crianças e adolescentes.

As Resoluções n. 67, de 16 de março de 2011[1504], e n. 71, de 15 de junho de 2011[1505], com suas alterações posteriores, desempenharam e desempenham papel importante na prescrição da periodicidade de fiscalização *in loco* dos estabelecimentos de acolhimento institucional, familiar[1506]

1503. Seus considerandos constituem-se em um diagnóstico realista quanto às dificuldades para o atendimento dos direitos de crianças e adolescentes, inclusive dentro das estruturas de Ministério Público, ao qual cabe "dar o exemplo quanto ao cumprimento das normas e princípios legais e constitucionais, o que além de qualificar o trabalho desenvolvido pelas Promotorias e Procuradorias de Justiça com atribuições em matéria de infância e juventude facilitará a interlocução com os órgãos e agentes públicos encarregados do atendimento direto de crianças, adolescentes e famílias, em benefício direto deste e de toda sociedade brasileira".

1504. "Dispõe sobre a uniformização das fiscalizações em unidades para cumprimento de medidas socioeducativas de internação e de semiliberdade pelos membros do Ministério Público e sobre a situação dos adolescentes que se encontrem privados de liberdade em cadeias públicas."

1505. "Dispõe sobre a atuação dos membros do Ministério Público na defesa do direito fundamental à convivência familiar e comunitária de crianças e adolescentes em acolhimento e dá outras providências."

1506. Resolução n. 71 do CNMP: "Art. 1º [...] § 1º Ressalvada a necessidade de comparecimento do membro do Ministério Público ao serviço ou programa de acolhimento em período inferior, a periodicidade da inspeção será semestral, adotando-se os meses de março e setembro de cada ano para as visitas, independentemente do índice populacional oficial divulgado pelo IBGE. § 2º A inspeção a ser realizada no mês de março, denominada 'inspeção anual', observará critérios de maior extensão na avaliação dos serviços de acolhimento institucional e programas de acolhimento familiar".

e de internação[1507], promovendo não só o zelo pelas condições materiais de funcionamento, mas também possibilitando a realidade da brevidade dessas medidas.

Também devem ser consultadas as Recomendações do CNMP n. 26, de 28 de janeiro de 2015[1508], n. 32, de 5 de abril de 2016[1509], n. 44, de 27 de setembro de 2016[1510], n. 61, de 25 de julho de 2017[1511], n. 67, de 13 de novembro de 2018[1512], e n. 70, de 11 de junho de 2019[1513], todas destinadas ao aprimoramento e à eficácia da atuação do Ministério Público na defesa dos direitos da criança e do adolescente.

1507. Resolução n. 67 do CNMP: "Art. 1º Os membros do Ministério Público com atribuição para acompanhar a execução de medidas socioeducativas devem inspecionar, com a periodicidade mínima bimestral, as unidades de semiliberdade e de internação sob sua responsabilidade, ressalvada a necessidade de comparecimento em período inferior, registrando a sua presença em livro próprio".

1508. "Dispõe sobre a uniformização da atuação do Ministério Público no processo de elaboração e implementação dos Sistemas Estaduais e Municipais de Atendimento Socioeducativo, conforme disposto nas Leis Federais n. 8.069/1990 e 12.594/2012."

1509. "Dispõe sobre a uniformização e atuação do Ministério Público Brasileiro, através de políticas e diretrizes administrativas que fomentem o combate à síndrome de Alienação Parental que compromete o direito à convivência familiar da criança, adolescente, pessoas com deficiência e incapazes de exprimir a sua vontade."

1510. "Dispõe sobre a atuação do Ministério Público no controle do dever de gasto mínimo em educação."

1511. "Recomenda às unidades e aos ramos do Ministério Público brasileiro a realização de encontros com os movimentos sociais."

1512. "Dispõe sobre a necessidade de conferir prioridade para ações de prevenção e combate da obesidade infantil e promoção da alimentação saudável e do aleitamento materno."

1513. "Dispõe acerca da atuação conjunta entre o Ministério Público do Trabalho e os Ministérios Públicos dos Estados e do Distrito Federal e Territórios visando ao enfrentamento do trabalho infantil e à profissionalização de adolescentes e jovens."

XXXIII

Defensoria Pública

245. A defesa dos necessitados

O "Estado prestará assistência jurídica integral e gratuita aos que comprovarem insuficiência de recursos", prescreve a Constituição da República em seu art. 5º, LXXIV, garantia da igualdade substancial no acesso à ordem jurídica justa, assertiva concorde com a declaração de direitos inclusa no caput do artigo citado.

A igualdade de todos, perante a lei e na proteção das magnas condições de expressão da existência, exige idênticas oportunidades de validação dos direitos, em juízo e fora dele, de modo que todos, sem exceção, possam obter os bens da vida garantidos pelas normas jurídicas.

Aqueles sem recursos necessários à promoção de seus interesses juridicamente protegidos têm o direito à assistência jurídica integral, revelada em informes, consultoria, auxílio técnico na aquisição de direitos e obrigações, mediação, propositura e defesa em ações judiciais, de modo que possam vivificar os conteúdos presentes no mundo do direito. Evolução da "assistência judiciária gratuita", restrita aos processos, bastando declaração, feita pelo próprio interessado, de insuficiência de recursos para pagar as custas, as despesas processuais e os honorários advocatícios.

De acordo com o art. 134 da Constituição da República, "A Defensoria Pública é instituição essencial à função jurisdicional do Estado, incumbindo-lhe a orientação jurídica e a defesa, em todos os graus, dos necessitados, na forma do art. 5°, LXXIV". Assim, além de o dispositivo indicar as duas ordens da assistência jurídica integral, orientação e defesa dos direitos, a República Federativa do Brasil compete a uma das suas instituições estatais, a Defensoria Pública, a obrigação de materializar o acesso dos necessitados à ordem jurídica justa.

A vocação primordial da Defensoria Pública, finalidade administrativa expressamente consignada na Constituição da República, é a da assistência jurídica aos necessitados, pessoas determinadas a quem a Magna Carta garante a possibilidade de validação concreta de seus direitos, forma inconteste de efetivação da igualdade e da democracia social.

O acesso à justiça constitui-se em direito fundamental, expressão da dignidade da pessoa humana na exata correspondência do dever do Estado em garantir efetividade ao direito que ele próprio criou, elemento de uma sociedade justa e pacificada, de modo que a atuação da Defensoria, na defesa do direito individual, é dotada de inequívoca relevância social.

Isso não significa que o direito defendido no caso concreto pela Defensoria Pública seja sempre socioindividual; em regra é um direito individual em sentido estrito, pertencendo somente ao indivíduo, divisível por natureza e essencialmente disponível. O patrocínio da defesa desse direito é que apresenta a natureza difusa ou coletiva, de modo que a oferta irregular da assistência judiciária integral justifica a tutela coletiva.

A destinação constitucional primária da Defensoria Pública é fonte básica da compreensão da sua legitimação, inclusive com o distintivo necessário a evitar a superfetação de funções de organizações estatais, custeadas pelo povo.

A tutela do direito à assistência jurídica integral está relacionada à efetivação da promessa constitucional de fornecimento desse instrumento técnico de superação das desigualdades na luta pelo direito. A busca desse mínimo, em caráter coletivo, compreende a responsabilização da União, Estados, Distrito Federal e Municípios pela oferta do serviço, bem como a aferição da adequação finalista dos serviços existentes às demandas populares[1514].

É de destacar que, quanto ao aspecto específico da assistência judiciária, o art. 1º da Lei n. 1.060, de 5 de fevereiro de 1950, com a redação dada pela Lei n. 7.510, de 4 de julho de 1986, ainda em vigor porquanto não alcançado pela revogação ditada pelo art. 1.072, III, do CPC[1515], prescreve que: "Os poderes públicos federal e estadual, independente da colaboração que possam receber dos municípios e da Ordem dos Advogados do Brasil — OAB, concederão assistência judiciária aos necessitados nos termos da presente Lei", de modo que somente os serviços de consultoria e orientação seriam exigíveis dos municípios e do Distrito Federal.

Anote-se também que, de acordo com o art. 23, X, da Constituição da República, "É competência comum da União, dos Estados, do Distrito Federal e dos Municípios combater as causas da pobreza e os fatores de marginalização, promovendo a integração social dos setores desfavorecidos", de modo que, ainda que reduzida, não há de se afastar a obrigação.

Constitucionalmente, como ao direito do cidadão à assistência jurídica integral e gratuita corresponde a obrigação do poder público em prestá-la, o legislador infraconstitucional não só se encontra autorizado a definir as responsabilidades de cada um dos entes da federação, à falta de norma específica e dentro de uma visão principiológica que impõe a prevalência dos direitos fundamentais sobre as formas de organização da Administração, mas também a considerar a existência de um dever solidário, exigindo-se de cada um, ou de todos, em conjunto ou isoladamente, a criação e manutenção do serviço.

1514. O CPC, em seus arts. 98 a 102, disciplina a matéria sob o título "Da gratuidade da justiça".

1515. Os arts. 1º, 5º, 8º, 9º, 10, 13, 14, 15, 16 e 18 da Lei n. 1.060, de 5 de fevereiro de 1950, não foram alcançados pela revogação ditada pelo art. 1.072, III, do CPC.

246. Defensoria Pública e advocacia da infância e da juventude

A Defensoria Pública, no contexto da Justiça da Infância e Juventude, ocupa seu papel tradicional, inexistindo norma de legitimação extraordinária ou para a condução autônoma de processos versando direitos da criança ou do adolescente.

Não tem o encargo de defensor dos direitos da criança e do adolescente, função reservada, na Constituição Federal e especialmente no ECA, ao Ministério Público, instituição incumbida da defesa dos direitos sociais e dos direitos individuais indisponíveis, entre os quais os socioindividuais.

No campo dos direitos individuais, das ações singulares, exerce seu papel relacionado à assistência judiciária integral aos necessitados, na dicção do já mencionado art. 134 da Constituição Federal.

Sua atividade, portanto, é supletiva, no sentido de suprimento à falta de advogado particular para qualquer dos interessados no processo. A ideia vem estampada no art. 206, e seu parágrafo único, do ECA:

> A criança ou o adolescente, seus pais ou responsável, e qualquer pessoa que tenha legítimo interesse na solução da lide poderão intervir nos procedimentos de que trata esta Lei, através de advogado, o qual será intimado para todos os atos, pessoalmente ou por publicação oficial, respeitado o segredo de justiça. Parágrafo único. Será prestada assistência judiciária integral e gratuita àqueles que dela necessitarem.

A atuação do advogado, ou defensor público, na esfera dos direitos individuais da criança ou do adolescente opera-se em relação às tutelas socioindividual e socioeducativa.

Na primeira, como titular do direito à postulação técnica, como representante da parte ou interessado, observado que o menor de 18 anos de idade, absoluta ou relativamente incapaz, será representado ou assistido na outorga, conforme o caso e por quem de direito. O interesse protegido

CURSO DE DIREITO DA CRIANÇA E DO ADOLESCENTE

em lide referenciado à criança ou adolescente deve ser aferido *in concreto*, nas suas circunstâncias e repercussões objetivas, não se confundindo com a defesa dos direitos socioindividuais atribuída ao Ministério Público nem com a figura de curador especial, de natureza eminentemente processual e destinado a equilibrar as partes nas relações desenvolvidas por força e ocasião do processo, em razão de expressa previsão legal.

Em suma, a criança e o adolescente podem ser sujeitos do processo, mediante representação e assistência legal, na defesa de direitos determinados, fazendo-o mediante advogado ou defensor público, detentor de capacidade postulatória.

Sob a ótica de que o advogado é indispensável à administração da justiça[1516], considerando a importância e gravidade das ações de destituição do poder familiar, o ECA teve uma grande preocupação com o assunto, exigindo a participação de advogado em todas as situações.

Consoante se pode verificar do art. 159[1517] do ECA, o suprimento da falta de advogado é requisito indispensável para a validade do processo, de modo que a defesa dos direitos dos pais de criança ou adolescente, na iminência de perda ou suspensão do poder familiar, foi tomada como de enorme importância, sempre com a lembrança de que o princípio do interesse superior opera-se "sem prejuízo da consideração que for devida a outros interesses legítimos no âmbito da pluralidade dos interesses presentes no caso concreto"[1518].

Nos processos afetos à tutela socioeducativa, a regra principal é a residente no art. 207 do ECA, que prescreve: "Nenhum adolescente a quem

---

1516. CF: "Art. 133. O advogado é indispensável à administração da justiça, sendo inviolável por seus atos e manifestações no exercício da profissão, nos limites da lei".

1517. ECA: "Art. 159. Se o requerido não tiver possibilidade de constituir advogado, sem prejuízo do próprio sustento e de sua família, poderá requerer, em cartório, que lhe seja nomeado dativo, ao qual incumbirá a apresentação de resposta, contando-se o prazo a partir da intimação do despacho de nomeação. Parágrafo único. Na hipótese de requerido privado de liberdade, o oficial de justiça deverá perguntar, no momento da citação pessoal, se deseja que lhe seja nomeado defensor".

1518. ECA, art. 100, parágrafo único, IV.

se atribua a prática de ato infracional, ainda que ausente ou foragido, será processado sem defensor".

Decorrência do princípio constitucional expresso para os processos de apuração de ato infracional através do inciso IV do § 3º do art. 227 da Constituição Federal[1519], a norma do ECA materializou a promessa de defesa técnica por profissional habilitado, tendo como fonte de inspiração formal o art. 261 do Código de Processo Penal[1520], em que o defensor, público ou dativo, já era uma realidade há décadas, sendo, contudo, novidade introduzida pelo ECA. Nessa esteira, o § 1º do art. 207 do ECA estabeleceu a necessidade de nomeação, pelo juiz, de defensor ao adolescente apontado como autor de ato infracional que não tiver defensor constituído[1521], assumindo, especialmente a Defensoria Pública, esse importantíssimo papel no sistema de coibição da criminalidade juvenil, tendo legitimidade para atuação em todas as fases do processo.

É de destacar que o ECA chamou a Defensoria Pública também para uma atuação extraprocessual, reclamando sua presença no trabalho em rede e de forma articulada, conforme exemplifica o art. 88, VI, do ECA[1522], reclamando o legislador o protagonismo necessário à efetivação dos direitos da criança e do adolescente.

Quanto à tutela coletiva dos direitos da criança e do adolescente, o advogado exerce o papel indispensável da representação processual das

---

1519. CF: "Art. 227. [...] § 3º O direito a proteção especial abrangerá os seguintes aspectos: [...] IV — garantia de pleno e formal conhecimento da atribuição de ato infracional, igualdade na relação processual e defesa técnica por profissional habilitado, segundo dispuser a legislação tutelar específica".

1520. CPP: "Art. 261. Nenhum acusado, ainda que ausente ou foragido, será processado ou julgado sem defensor".

1521. ECA: "Art. 207. [...] § 1º Se o adolescente não tiver defensor, ser-lhe-á nomeado pelo juiz, ressalvado o direito de, a todo tempo, constituir outro de sua preferência".

1522. ECA: "Art. 88. São diretrizes da política de atendimento: [...] VI — integração operacional de órgãos do Judiciário, Ministério Público, Defensoria, Conselho Tutelar e encarregados da execução das políticas sociais básicas e de assistência social, para efeito de agilização do atendimento de crianças e de adolescentes inseridos em programas de acolhimento familiar ou institucional, com vista na sua rápida reintegração à família de origem ou, se tal solução se mostrar comprovadamente inviável, sua colocação em família substituta, em quaisquer das modalidades previstas no art. 28 desta Lei".

CURSO DE DIREITO DA CRIANÇA E DO ADOLESCENTE

associações legitimadas, nos termos do que dispõe o art. 4º, V, da Lei n. 7.347, de 24 de julho de 1985[1523].

A Defensoria Pública, por sua vez, encontra-se legitimada para a propositura de ações civis públicas, por força do disposto no art. 5º, II, da Lei n. 7.347, de 24 de julho de 1985, na redação dada pela Lei n. 11.448, de 15 de janeiro de 2007. Sua legitimidade é balizada pelos seus objetivos institucionais, confortada "quando o resultado da demanda puder beneficiar grupo de hipossuficientes"[1524]. Está legitimada à defesa dos direitos de crianças e adolescentes como grupo social vulnerável[1525].

Como a universalização dos direitos sociais ainda é uma utopia, longe da realidade de crianças, adolescentes e famílias das classes populares, a legitimação concorrente, Ministério Público e Defensoria Pública, para as ações civis em defesa desses grupos de vulneráveis, ainda que não tenha o condão de garantir vida digna a todos, assume papel importante na divisão das tarefas na busca pela cidadania plena. Anote-se ainda a possibilidade de formação de litisconsórcio institucional[1526], nos termos do disposto no art. 113 do Código de Processo Civil, ainda que a repartição de energias processuais represente a forma mais eficiente no combate das desigualdades. Na esfera da infância e da juventude, a exigência do trabalho em rede, em cooperativismo[1527], pode ajudar na definição das iniciativas singulares necessárias, racionalizando recursos humanos de qualidade na defesa dos mais excluídos.

1523. LACP: "Art. 5º Têm legitimidade para propor a ação principal e a ação cautelar: [...] — a associação que, concomitantemente: a) esteja constituída há pelo menos 1 (um) ano nos termos da lei civil; b) inclua, entre suas finalidades institucionais, a proteção ao patrimônio público e social, ao meio ambiente, ao consumidor, à ordem econômica, à livre concorrência, aos direitos de grupos raciais, étnicos ou religiosos ou ao patrimônio artístico, estético, histórico, turístico e paisagístico".

1524. Lei Complementar n. 80, de 12 de janeiro de 1994, art. 4º, VII, com a redação dada pela Lei Complementar n. 132, de 7 de outubro de 2009.

1525. Lei Complementar n. 80, de 12 de janeiro de 1994, art. 4º, XI, com a redação dada pela Lei Complementar n. 132, de 7 de outubro de 2009.

1526. O litisconsórcio institucional reclama justificativa da necessidade de sua formação em razão da complexidade da causa e da conveniência de divisão dos trabalhos processuais, sob pena de retardar a marcha do processo e pouco agregar ao debate da demanda.

1527. V. § 209, Capítulo XXVII, deste livro.

XXXIV

O inquérito civil e a ação coletiva no ECA

247. Microssistema e complementariedade

Especialmente sob o prisma processual, na esfera dos direitos coletivos e difusos, vislumbra-se a presença de microssistemas inter-relacionados, indicando a necessidade de visualização de um todo derivado de remissões recíprocas, sendo que a Lei n. 8.069/90 manda aplicar, no que couber, a Lei n. 7.347/85, que, por sua vez, determina a incidência da Lei n. 8.078/90, que volta a precisar a regência subsidiária da Lei n. 7.347/85.

A tutela coletiva dos direitos da criança e do adolescente, considerada uma expressão judicial da proteção aos direitos[1528], expressa-se harmonicamente em disposições insertas nesses três diplomas legais, de modo que processualmente reclama aplicação integrada de regras topograficamente distintas, resultando uma especialidade decorrente dessa interação e compondo um conjunto de instrumentos de validação de direitos fundamentais marcados pela interdependência e complementariedade.

1528. V. § 229, Capítulo XXX, deste livro.

248. Inquérito civil

O inquérito civil na esfera dos direitos da infância e da juventude é um instrumento administrativo exclusivo do Ministério Público para a validação de direitos socioindividuais, coletivos e difusos da criança e do adolescente.

Subsidiariamente, serve como base comprobatória de elementos para a propositura de ação civil pública, desde que não tenha tido a resolutividade dele esperada como apetrecho de solução de conflitos. Sua finalidade primária é a entrega do bem da vida protegido pela norma jurídica à pessoa, grupo ou coletividade, e a secundária é colher indícios e provas suficientes para o ajuizamento de demanda necessária ante a permanência da situação de violação ou ameaça à norma jurídica.

Resolver o conflito que encerra ameaça ou lesão a direito fundamental de criança ou adolescente é o escopo básico da atividade do Ministério Público, de modo que a propositura de ação civil pública representa a última razão no cumprimento do dever funcional de buscar a efetivação dos direitos sociais e individuais indisponíveis.

Evolução do conceito, a preponderância da ideia de resolução do conflito ainda na fase administrativa, suplantando a concepção de mero instrumento de busca de elementos para o ajuizamento da demanda, é concorde com a rapidez na efetivação dos interesses protegidos da infância e juventude, decorrência natural da efemeridade dessas fases da vida. Nota-se que, de acordo com o art. 201, V, do ECA, o inquérito civil presta-se à proteção de interesses, sendo secundária a eventual propositura de ação para a validação de direitos irrealizados, evidenciando sua concepção resolutiva.

Até em razão dessa compreensão finalística como meio de resolução de conflitos e efetivação de direitos contrariados, o ECA referenciou o inquérito civil também em relação aos direitos individuais, conforme se verifica expressamente pela letra do mencionado art. 201, V, do ECA[1529]. Não importa que

---

1529. ECA: "Art. 201. Compete ao Ministério Público: [...] V — promover o inquérito civil e a ação civil pública para a proteção dos interesses individuais, difusos ou coletivos relativos à infância e à adolescência, inclusive os definidos no art. 220, § 3º, inciso II, da Constituição Federal".

a lesão ou ameaça de lesão diga respeito aos direitos de um, de muitos ou de todos; verificando que os interesses protegidos não se realizam pela negativa da sua existência ou recusa da sua eficácia, o inquérito civil surge como apetrecho institucional de fomento à vivificação material dos direitos declarados.

O inquérito civil apresenta as seguintes características: (a) legitimidade exclusiva; (b) caráter inquisitorial; (c) oficialidade; (d) coercibilidade; (e) controle institucional da sua legalidade e do seu resultado.

Somente o Ministério Público pode instaurar inquérito civil. Isso decorre do seu caráter inquisitorial e dos poderes coercitivos do seu presidente, de modo que presente a concepção de autoridade responsável, regularmente investida para a realização de atividade estatal, nos termos da lei. Submete-se a regramento próprio, desde sua previsão constitucional[1530], da sua inserção no microssistema de proteção a direitos especiais, notadamente difusos e coletivos[1531], passando por normas residentes na Lei Orgânica Nacional do Ministério Público[1532], pelas Constituições e Leis Orgânicas Estaduais, bem como normas administrativas editadas pelo CNMP[1533] e instituições locais. É dessa legitimação política como agente do Estado que decorre a exclusividade, mormente pela necessidade de controle do exercício do poder em um Estado de direito democrático.

O inquérito civil tem feição inquisitorial, decorrência da sua finalidade investigativa, condição até mesmo para a busca posterior de uma solução resolutiva do conflito. A coleta de elementos e provas deriva do exercício unilateral da presidência do inquérito, ficando ao alvedrio da autoridade a realização das diligências solicitadas por qualquer interessado.

Do seu feitio inquisitorial decorrem duas consequências: (a) publicidade mitigada; e (b) contraditório diferido.

1530. CF: "Art. 129. São funções institucionais do Ministério Público: [...] III — promover o inquérito civil e a ação civil pública, para a proteção do patrimônio público e social, do meio ambiente e de outros interesses difusos e coletivos".

1531. LACP, arts. 5º, 8 e 9; ECA, arts. 211 e 223; CDC, art. 90.

1532. Lei n. 8.625, de 12 de fevereiro de 1993, especialmente arts. 25, 26 e 27.

1533. V. Resoluções n. 23/2007, n. 164/2017, n. 174/2017 e n. 189/2018.

Não havendo prejuízo ao interesse público, os atos devem ser públicos, inclusive sua instauração, que deve ser comunicada ao investigado, facultado ao seu presidente, por meio de despacho fundamentado, arrimar eventuais exceções mediante a indicação das razões do sigilo, que pode ser geral ou parcial, atingindo todos os atos do procedimento ou apenas alguns deles.

Os atos administrativos praticados no inquérito civil, quanto à deliberação da sua realização e conteúdo revelado, não ficam sujeitos ao contraditório inicial, garantindo-se conhecimento e impugnações posteriores quando de eventual arquivamento, proposta de termo de ajustamento de conduta ou a própria propositura de ação civil com a juntada integral dos autos, ocasiões em que o processado terá ciência dos elementos colhidos, podendo contraditá-los e produzir contraprovas.

Ainda que inquisitorial, o inquérito civil também se caracteriza pela oficialidade, compreendida não só pela condução exclusiva da autoridade, no caso o Ministério Público, mas também pelo registro das atividades desenvolvidas, pela documentação de todos os atos e termos do procedimento. O representante do Ministério Público não pode ocultar ou se desfazer de provas produzidas, bem como deve determinar suas motivações com registro nos autos, proferindo despachos justificados.

A coercibilidade, representada pelo uso da força, como no caso da condução coercitiva de recalcitrantes, bem como pelas consequências derivadas da desobediência, como nas hipóteses das requisições descumpridas, é traço do inquérito civil derivado da sua natureza pública, da sua finalidade primordial de resolução do conflito, afastando e/ou reparando a ameaça ou lesão, afirmando o primado da lei. Essa é a razão principal da exclusividade da sua presidência, que não pode ficar a cargo do particular, especialmente como forma de busca da vingança privada, mormente porque o monopólio da correção pertence ao Estado.

A última característica reside no controle institucional da sua legalidade e de seu resultado, atribuída aos Conselhos Superiores ou Câmaras de Coordenação e Revisão, evidenciando a previsão de um sistema destinado à fiscalização da regularidade na condução do inquérito civil, bem como o exame da resolutividade, na perspectiva de validação do direito contrariado, o qual o Ministério Público tem a obrigação de defender.

A submissão do arquivamento do inquérito civil à revisão colegiada, presente em todas as legislações institucionais como decorrência da Lei n. 7.347, de 24 de julho de 1995, e a possibilidade de recursos contra o indeferimento de representação ou da própria decisão de instauração do procedimento, residentes em leis orgânicas específicas, completam esse sistema de controle administrativo, determinado pela necessidade de mantença da legalidade e persecução das suas finalidades institucionais.

O representante do Ministério Público a quem naturalmente é atribuída a presidência do inquérito civil é detentor dos seguintes poderes instrutórios: (a) expedição de notificações para colher declarações e depoimentos; (b) requisição de força policial para condução coercitiva de recalcitrantes; (c) requisição de documentos; (d) requisição de perícias; (e) promoção de inspeções e diligências investigatórias[1534]; e (f) promoção de audiências públicas[1535].

1534. LONMP: "Art. 26. No exercício de suas funções, o Ministério Público poderá: I — instaurar inquéritos civis e outras medidas e procedimentos administrativos pertinentes e, para instruí-los: a) expedir notificações para colher depoimento ou esclarecimentos e, em caso de não comparecimento injustificado, requisitar condução coercitiva, inclusive pela Polícia Civil ou Militar, ressalvadas as prerrogativas previstas em lei; b) requisitar informações, exames periciais e documentos de autoridades federais, estaduais e municipais, bem como dos órgãos e entidades da administração direta, indireta ou fundacional, de qualquer dos Poderes da União, dos Estados, do Distrito Federal e dos Municípios; c) promover inspeções e diligências investigatórias junto às autoridades, órgãos e entidades a que se refere a alínea anterior; II — requisitar informações e documentos a entidades privadas, para instruir procedimentos ou processo em que oficie; III — requisitar à autoridade competente a instauração de sindicância ou procedimento administrativo cabível; IV — requisitar diligências investigatórias e a instauração de inquérito policial e de inquérito policial militar, observado o disposto no art. 129, inciso VIII, da Constituição Federal, podendo acompanhá-los; V — praticar atos administrativos executórios, de caráter preparatório; VI — dar publicidade dos procedimentos administrativos não disciplinares que instaurar e das medidas adotadas; VII — sugerir ao Poder competente a edição de normas e a alteração da legislação em vigor, bem como a adoção de medidas propostas, destinadas à prevenção e controle da criminalidade; VIII — manifestar-se em qualquer fase dos processos, acolhendo solicitação do juiz, da parte ou por sua iniciativa, quando entender existente interesse em causa que justifique a intervenção. § 1º As notificações e requisições previstas neste artigo, quando tiverem como destinatários o Governador do Estado, os membros do Poder Legislativo e os desembargadores, serão encaminhadas pelo Procurador-Geral de Justiça. § 2º O membro do Ministério

CURSO DE DIREITO DA CRIANÇA E DO ADOLESCENTE

Também é detentor de poderes complementares, destinados a impulsionar as autoridades a providências de seus ofícios. São eles: (a) requisição de inquérito policial[1536]; (b) requisição de sindicâncias e providências administrativas, de caráter correcional[1537]; e (c) expedição de recomendações[1538].

Na esfera dos direitos da infância e da juventude, o inquérito civil e sua revisão vêm disciplinados no art. 223 do ECA[1539], integrando o sistema complementar de disciplina de instrumentos de defesa dos interesses coletivos e difusos, sendo imperioso sempre lembrar que, por opção legislativa, o inquérito civil serve, na esfera dos direitos da infância e da juventude, também para a validação judicial ou extrajudicial de direitos individuais, ante a sua imensa carga de relevância social.

Público será responsável pelo uso indevido das informações e documentos que requisitar, inclusive nas hipóteses legais de sigilo. § 3º Serão cumpridas gratuitamente as requisições feitas pelo Ministério Público às autoridades, órgãos e entidades da Administração Pública direta, indireta ou fundacional, de qualquer dos Poderes da União, dos Estados, do Distrito Federal e dos Municípios. § 4º A falta ao trabalho, em virtude de atendimento à notificação ou requisição, na forma do inciso I deste artigo, não autoriza desconto de vencimentos ou salário, considerando-se de efetivo exercício, para todos os efeitos, mediante comprovação escrita do membro do Ministério Público. § 5º Toda representação ou petição formulada ao Ministério Público será distribuída entre os membros da instituição que tenham atribuições para apreciá-la, observados os critérios fixados pelo Colégio de Procuradores".

1535. V. Resolução CNMP n. 82, de 29 de fevereiro de 2012.

1536. LONMP, art. 26, IV.

1537. LONMP, art. 26, III.

1538. LONMP, arts. 26, VIII, 27, IV. V. Resolução CNMP n. 164, de 28 de março de 2017.

1539. ECA: "Art. 223. O Ministério Público poderá instaurar, sob sua presidência, inquérito civil, ou requisitar, de qualquer pessoa, organismo público ou particular, certidões, informações, exames ou perícias, no prazo que assinalar, o qual não poderá ser inferior a dez dias úteis. § 1º Se o órgão do Ministério Público, esgotadas todas as diligências, se convencer da inexistência de fundamento para a propositura da ação cível, promoverá o arquivamento dos autos do inquérito civil ou das peças informativas, fazendo-o fundamentadamente. § 2º Os autos do inquérito civil ou as peças de informação arquivados serão remetidos, sob pena de se incorrer em falta grave, no prazo de três dias, ao Conselho Superior do Ministério Público. § 3º Até que seja homologada ou rejeitada a promoção de arquivamento, em sessão do Conselho Superior do Ministério Público, poderão as associações legitimadas apresentar razões escritas ou documentos, que serão juntados aos autos do inquérito ou anexados às peças de informação. § 4º A promoção de arquivamento será submetida a exame e deliberação do Conselho Superior do Ministério Público, conforme dispuser o seu regimento. § 5º Deixando o Conselho Superior de homologar a promoção de arquivamento, designará, desde logo, outro órgão do Ministério Público para o ajuizamento da ação".

249. Compromisso de ajustamento de conduta

No intermédio do arquivamento e da propositura da ação judicial, trouxe o ECA a figura do compromisso de ajustamento de conduta. Em seu art. 211, prescreveu que: "Os órgãos públicos legitimados poderão tomar dos interessados compromisso de ajustamento de sua conduta às exigências legais, o qual terá eficácia de título executivo extrajudicial".

O Código de Defesa do Consumidor[1540], CDC, por sua vez, mandou introduzir na Lei da Ação Civil Pública[1541], LACP, o § 6º em seu art. 5º, estabelecendo norma semelhante: "Os órgãos públicos legitimados poderão tomar dos interessados compromisso de ajustamento de sua conduta às exigências legais, mediante cominações, que terá eficácia de título executivo extrajudicial", não deixando dúvida de que se tratava de providência que poderia ser adotada para a resolução de qualquer conflito envolvendo direitos individuais homogêneos[1542], coletivos e difusos[1543].

Os órgãos públicos legitimados a firmar compromisso de ajustamento de conduta são aqueles que também podem ingressar ordinariamente com ações civis públicas, na forma do art. 5º, da LACP, a saber: (a) Ministério Público; (b) Defensoria Pública; e (c) a União, os Estados, o Distrito Federal e os Municípios. Autarquias, empresas públicas, fundações ou sociedades de economia mista, quando no exercício exclusivo de atividade de poder público, podem também ajustar as condutas dos obrigados às exigências legais. Esta também é a conformação da sua legitimidade para a ação civil pública, posto que conflitos decorrentes do exercício de atividades econômicas, próprias de mercado, demandam ações judiciais comuns, de modo que a igualdade que se reflete também na fase extrajudicial impede a tomada de termo de ajustamento de conduta.

1540. Lei n. 8.078, de 11 de setembro de 1990.

1541. Lei n. 7.347, de 24 de julho de 1985.

1542. V. § 107, Capítulo XVII, deste livro.

1543. V. § 108, Capítulo XVII, deste livro.

É de destacar que o ECA, originalmente, não legitimava as autarquias, empresas públicas, fundações e sociedades de economia mista, ingressando na LACP somente com a Lei n. 11.448, de 15 de janeiro de 2007, cujo mote principal era a inclusão da Defensoria Pública no rol da Lei n. 7.347, de 24 de julho de 1995.

Na origem, especialmente no ECA, a tomada de compromisso de ajustamento de conduta pressupunha uma situação de proeminência do poder público, da possibilidade de obtenção de medidas, especialmente cautelares, que coarctassem direitos e até mesmo impedissem ou determinassem atividades. Dessa forma, o compromisso, ou seja, a aceitação do dever de conformar a atuação de acordo com o exigido pelas normas jurídicas, modificando a forma de agir, compreendia especialmente concordância com a assunção de obrigações de fazer, pondo fim a divergência, principalmente em apuração em inquérito civil conduzido pelo Ministério Público, de modo que tinha como subproduto o término de constrangimentos derivados dos poderes instrutórios. Visava ao cumprimento dos deveres que se afiguravam claros ou mesmo resultados equivalentes. Paulatinamente, o compromisso de ajustamento de conduta foi assumindo a concepção de acordo, ajuste, avença, de caráter ilimitado, abrangendo hoje até mesmo matéria de improbidade administrativa, consoante o art. 17-B, da Lei n. 8.429, de 2 de junho de 1992, na redação dada pela Lei n. 14.230, de 25 de outubro de 2021, neste caso dependente de homologação judicial.

Desde o seu nascedouro, com o ECA, o compromisso de ajustamento de conduta foi conceituado como título executivo extrajudicial, dispensando ação de conhecimento e permitindo, desde logo, atos executórios[1544]. Hoje, no sistema do CPC, o art. 211 do ECA tem reforçada sua eficácia executiva pela disposição contida no art. 784, XII, do Estatuto Processual,

---

1544. O CDC teve dispositivo semelhante vetado no seu corpo, mas introduziu na LACP o § 6º de seu art. 5º, assim redigido: "os órgãos públicos legitimados poderão tomar dos interessados compromisso de ajustamento de sua conduta às exigências legais, mediante cominações, que terá eficácia de título executivo extrajudicial".

que reconhece como executivos extrajudiciais "todos os demais títulos aos quais, por disposição expressa, a lei atribuir força executiva".

Anote-se também a possibilidade de o título derivar de acordo, nos termos do art. 784, IV, do CPC, que considera título executivo extrajudicial "o instrumento de transação referendado pelo Ministério Público, pela Defensoria Pública, pela Advocacia Pública, pelos advogados dos transatores ou por conciliador ou mediador credenciado por tribunal", evidenciando alternativas ao processo de conhecimento.

Uma vez firmado de forma regular, com o preenchimento dos requisitos legais, o compromisso ou termo de ajustamento de conduta, como título executivo extrajudicial, assume a natureza de ato jurídico perfeito e acabado, obrigando ao seu adimplemento integral e, em caso de descumprimento, autorizando sua completa exação, com a prática dos atos necessários à satisfação compulsória de todas as obrigações assumidas.

250. Ação coletiva

A ação coletiva tem por escopo a proteção jurisdicional de direitos individuais homogêneos, coletivos ou difusos. O vocábulo é costumeiramente utilizado como sinônimo de ação civil pública, muito embora possa ser estabelecida a seguinte distinção: a ação coletiva é a manejada por qualquer legitimado na defesa de interesses individuais homogêneos, coletivos ou difusos, enquanto a ação civil pública, díade da ação penal pública, é aquela que somente pode ser utilizada pelo Ministério Público, no cumprimento de função constitucional específica[1545].

Usando didaticamente o termo mais amplo, ação coletiva, anote-se liminarmente que reclama justa causa, ou seja, a presença de indícios suficientes de ameaça ou violação a direito determinante da indispensabilidade

---

1545. CF, art. 129, III.

da sua validação judicial. Assim, expressa-se na existência de interesse processual, na modalidade necessidade de intervenção, aferível à luz de sinais de que o interesse protegido restou ignorado ou não teve a aptidão para provocar o resultado por ele projetado, reclamando o empréstimo da força do Judiciário para fazê-lo vivo na sociedade.

Esses indícios são coletados, em regra, no inquérito civil, de modo que materialmente as ações promovidas pelo Ministério Público têm nesse procedimento administrativo a base de demonstração da sua justa causa. Peças de informação e quaisquer outros documentos, públicos e particulares, fatos tidos como notórios ou admitidos como verdadeiros, bem como qualquer outro indício, também servem para a propositura da ação coletiva, mesmo porque outros legitimados não dispõem da prerrogativa de instauração de inquérito civil, muito embora possam requerer certidões e informações das autoridades competentes[1546], estando em vigor normas federais[1547] e estaduais que garantem poder de requisição também à Defensoria Pública, reconhecida sua constitucionalidade pelo Supremo Tribunal Federal em julgamento ocorrido em 21 de fevereiro de 2022[1548].

A legitimação do Ministério Público para a defesa, em juízo, de direitos coletivos e difusos "não impede a de terceiros, nas mesmas hipóteses, segundo o disposto nesta Constituição e na lei"[1549]. Assim, considerando o microssistema integrado, a legitimação para a propositura de ação civil pública repousa nas permissões do art. 5º da Lei n. 7.347, de 24 de julho

---

1546. LACP: "Art. 8º Para instruir a inicial, o interessado poderá requerer às autoridades competentes as certidões e informações que julgar necessárias, a serem fornecidas no prazo de 15 (quinze) dias".

1547. Lei Complementar n. 80, de 12 de janeiro de 1994: "Art. 44. São prerrogativas dos membros da Defensoria Pública da União: [...] X — requisitar de autoridade pública e de seus agentes exames, certidões, perícias, vistorias, diligências, processos, documentos, informações, esclarecimentos e providências necessárias ao exercício de suas atribuições".

1548. STF, ADIn 6852.

1549. CF: "Art. 129. São funções institucionais do Ministério Público: [...] III — promover o inquérito civil e a ação civil pública, para a proteção do patrimônio público e social, do meio ambiente e de outros interesses difusos e coletivos. [...] § 1º — A legitimação do Ministério Público para as ações civis previstas neste artigo não impede a de terceiros, nas mesmas hipóteses, segundo o disposto nesta Constituição e na lei".

de 1985[1550]. No ECA, seu dispositivo análogo, que não sofreu modificações desde sua vigência[1551], encontra-se superado pelo rol de legitimados da Lei n. 7.347/85, cronologicamente mais recente em razão da modificação introduzida pela Lei n. 11.448, de 15 de janeiro de 2007.

Nada obsta a formação de litisconsórcio entre os legitimados, bastando a concorrência de uma das autorizações contidas no art. 113 do CPC[1552]. O ECA trouxe dispositivo permitindo o litisconsórcio entre os Ministérios Públicos da União e dos Estados[1553], cuja norma semelhante inserta no CDC foi vetada quando de sua promulgação[1554], mas inserida pelo própria Lei n. 8.078, de 11 de setembro de 1990, na LACP[1555], questão absorvida pela permissão genérica do CPC. O litisconsórcio institucional, todavia, reclama justificativa da necessidade de sua formação em razão da complexidade da causa e da conveniência de divisão dos trabalhos processuais, sob pena de retardar a marcha do processo e pouco agregar ao debate da demanda[1556].

1550. LACP: "Art. 5º Têm legitimidade para propor a ação principal e a ação cautelar: I — o Ministério Público; II — a Defensoria Pública; III — a União, os Estados, o Distrito Federal e os Municípios; IV — a autarquia, empresa pública, fundação ou sociedade de economia mista; V — a associação que, concomitantemente: a) esteja constituída há pelo menos 1 (um) ano nos termos da lei civil; b) inclua, entre suas finalidades institucionais, a proteção ao meio ambiente, ao consumidor, à ordem econômica, à livre concorrência ou ao patrimônio artístico, estético, histórico, turístico e paisagístico".

1551. ECA: "Art. 210. Para as ações cíveis fundadas em interesses coletivos ou difusos, consideram-se legitimados concorrentemente: I — o Ministério Público; II — a União, os estados, os municípios, o Distrito Federal e os territórios; III — as associações legalmente constituídas há pelo menos um ano e que incluam entre seus fins institucionais a defesa dos interesses e direitos protegidos por esta Lei, dispensada a autorização da assembleia, se houver prévia autorização estatutária".

1552. CPC: "Art. 113. Duas ou mais pessoas podem litigar, no mesmo processo, em conjunto, ativa ou passivamente, quando: I — entre elas houver comunhão de direitos ou de obrigações relativamente à lide; II — entre as causas houver conexão pelo pedido ou pela causa de pedir; III — ocorrer afinidade de questões por ponto comum de fato ou de direito".

1553. ECA, art. 210, § 1º: "Admitir-se-á litisconsórcio facultativo entre os Ministérios Públicos da União e dos estados na defesa dos interesses e direitos de que cuida esta Lei".

1554. Restou vetado o então § 2º do art. 82 do CDC, que estabelecia: "Admitir-se-á o litisconsórcio facultativo entre os Ministérios Públicos da União, do Distrito Federal e dos Estados, na defesa dos interesses e direitos de que cuida este Código".

1555. CDC, art. 110.

1556. V. § 246, Capítulo XXXIII, deste livro.

CURSO DE DIREITO DA CRIANÇA E DO ADOLESCENTE

Como decorrência natural do direito abstrato de ação, não conectado a qualquer interesse juridicamente protegido, mas servindo de garantia a todo aquele que exista ou venha a existir[1557], prescreveu redundantemente o legislador que, "para defesa dos direitos e interesses protegidos por esta Lei, são admissíveis todas as espécies de ações pertinentes"[1558]. O reforço derivou da novidade que era a ação coletiva, notadamente na defesa de direitos sociais, pertencentes a vários, muitos e a todos, clarificando a possibilidade de busca de proteção judicial, com determinações aos obrigados, notadamente o Estado[1559]. A inovação constante do ECA e relacionada à possibilidade de tutela antecipada[1560] restou superada com a nova disciplina da tutela provisória, cautelar ou precedente, adotada no sistema comum do CPC[1561].

Assim, havendo direitos da criança e do adolescente em lide, titularizados por vários, muitos ou todos, ameaçados ou lesionados por condutas comissivas ou omissivas, especialmente da sociedade e do Estado, cabe qualquer espécie de ação[1562].

Outra novidade foi o ECA introduzir a figura da ação mandamental, fazendo-o da seguinte forma: "contra atos ilegais ou abusivos de autoridade

---

1557. CF: "Art. 5º Todos são iguais perante a lei, sem distinção de qualquer natureza, garantindo-se aos brasileiros e aos estrangeiros residentes no País a inviolabilidade do direito à vida, à liberdade, à igualdade, à segurança e à propriedade, nos termos seguintes: [...] XXXV — a lei não excluirá da apreciação do Poder Judiciário lesão ou ameaça a direito".

1558. ECA, art. 212.

1559. No CDC a regra é a do art. 83: "Para a defesa dos direitos e interesses protegidos por este código são admissíveis todas as espécies de ações capazes de propiciar sua adequada e efetiva tutela".

1560. ECA, art. 213, § 1º: "Sendo relevante o fundamento da demanda e havendo justificado receio de ineficácia do provimento final, é lícito ao juiz conceder a tutela liminarmente ou após justificação prévia, citando o réu".

1561. CPC, arts. 294 a 311.

1562. É de anotar que, quando a Medida Provisória n. 2.180-35, de 24 de agosto de 2001, estabeleceu, no parágrafo único do art. 1º da Lei n. 7.347, de 24 de julho de 1985, que "não será cabível ação civil pública para veicular pretensões que envolvam tributos, contribuições previdenciárias, o Fundo de Garantia do Tempo de Serviço — FGTS ou outros fundos de natureza institucional cujos beneficiários podem ser individualmente determinados", o fez em razão da natureza dos direitos veiculados, não alcançando os interesses fundamentais da criança ou adolescente protegidos pela CF e pelo ECA.

pública ou agente de pessoa jurídica no exercício de atribuições do poder público, que lesem direito líquido e certo previsto nesta Lei, caberá ação mandamental, que se regerá pelas normas da lei do mandado de segurança"[1563]. Dispositivo semelhante no corpo do CDC foi vetado[1564], permanecendo a regra apenas no ECA.

Além de arrimar, à época, a possibilidade de mandado de segurança especialmente na tentativa de validação de direitos sociais[1565], necessário reconhecer a existência de uma ação sumária, visando à obtenção de ordem de fazer ou não fazer em razão de ato ilegal ou abusivo, permitindo dilação probatória, não admitida na via estreita do mandado de segurança, ampliando a possibilidade de tutela coletiva[1566] e execução do julgado mediante determinação específica, cuja inobservância, hoje, leva expressamente ao crime de desobediência[1567].

A ação de cumprimento de obrigação de fazer e não fazer contou com preocupação especial do legislador nesse microssistema integrado. Primeiro, a LACP, ao prescrever que a "ação civil poderá ter por objeto a condenação em dinheiro ou o cumprimento de obrigação de fazer ou não fazer"[1568]. Depois, o ECA, ao estabelecer que, na "ação que tenha por objeto o cumprimento de obrigação de fazer ou não fazer, o juiz concederá a tutela específica da obrigação ou determinará providências que assegurem

---

1563. ECA, art. 212, § 2º.

1564. Restou vetado o então art. 85 do CDC: "Contra atos ilegais ou abusivos de pessoas físicas ou jurídicas que lesem direito líquido e certo, individual, coletivo ou difuso, previsto neste Código, caberá ação mandamental, que se regerá pelas normas da lei do mandado de segurança".

1565. A CF, por exemplo, naturalizou o acesso ao ensino obrigatório e gratuito como direito público subjetivo, exercitável, portanto, contra o Estado (art. 208, § 1º).

1566. Hoje, nos termos do CPC, a realidade de ações de conhecimento veiculando pretensões de fazer ou não fazer, bem como a maior flexibilidade na definição dos contornos da instrução, com maior amplitude do julgamento antecipado da lide.

1567. Lei n. 12.016, de 7 de agosto de 2009, art. 26: "Constitui crime de desobediência, nos termos do art. 330 do Decreto-lei n. 2.848, de 7 de dezembro de 1940, o não cumprimento das decisões proferidas em mandado de segurança, sem prejuízo das sanções administrativas e da aplicação da Lei n. 1.079, de 10 de abril de 1950, quando cabíveis".

1568. LACP, art. 3º.

CURSO DE DIREITO DA CRIANÇA E DO ADOLESCENTE

o resultado prático equivalente ao do adimplemento"[1569]. Finalmente, o CDC, ao insculpir regra idêntica em seu art. 84, explicitou seu conteúdo através de normas disciplinadoras, constantes de seus parágrafos[1570].

Dessa integração normativa complementar verifica-se o seguinte em relação às obrigações de fazer e não fazer: (a) têm por objetivo primordial a tutela específica da obrigação; (b) secundariamente podem ser substituídas por providências assecuratórias do mesmo resultado; e (c) na impossibilidade de tutela específica ou substitutiva com o mesmo resultado, convertem-se em perdas e danos.

A tutela específica é a correspondente ao exato cumprimento da obrigação, com a entrega integral do bem da vida resguardado pela norma jurídica. Nada mais, nada menos. O obrigado faz ou deixa de fazer exatamente aquilo que a lei manda, ainda que compulsoriamente.

Não sendo possível o exato fazer ou não fazer, sua substituição por outra atividade comissiva ou omissiva capaz de produzir o mesmo resultado é admitida, de modo que a mudança se verifica na conduta, não nas suas consequências. Para tanto, "poderá o juiz determinar as medidas necessárias, tais como busca e apreensão, remoção de coisas e pessoas, desfazimento de obra, impedimento de atividade nociva, além de requisição de força policial"[1571].

1569. ECA, art. 213.

1570. CDC: "Art. 84. Na ação que tenha por objeto o cumprimento da obrigação de fazer ou não fazer, o juiz concederá a tutela específica da obrigação ou determinará providências que assegurem o resultado prático equivalente ao do adimplemento. § 1º A conversão da obrigação em perdas e danos somente será admissível se por elas optar o autor ou se impossível a tutela específica ou a obtenção do resultado prático correspondente. § 2º A indenização por perdas e danos se fará sem prejuízo da multa (art. 287, do Código de Processo Civil). § 3º Sendo relevante o fundamento da demanda e havendo justificado receio de ineficácia do provimento final, é lícito ao juiz conceder a tutela liminarmente ou após justificação prévia, citado o réu. § 4º O juiz poderá, na hipótese do § 3º ou na sentença, impor multa diária ao réu, independentemente de pedido do autor, se for suficiente ou compatível com a obrigação, fixando prazo razoável para o cumprimento do preceito. § 5º Para a tutela específica ou para a obtenção do resultado prático equivalente, poderá o juiz determinar as medidas necessárias, tais como busca e apreensão, remoção de coisas e pessoas, desfazimento de obra, impedimento de atividade nociva, além de requisição de força policial".

1571. CDC, art. 84, § 5º.

A conversão em indenização por perdas e danos opera-se sem prejuízo de multa sancionatória derivada do inadimplemento da obrigação, reparando danos patrimoniais e extrapatrimoniais, tendo por pressuposto a impossibilidade de obtenção do resultado projetado pela norma jurídica. Desta forma, o pedido nessa modalidade de ação coletiva é sempre do fazer ou não fazer exigido pela lei, de modo a realizar o resultado programado.

Nas ações visando ao cumprimento das obrigações de fazer ou de fazer, as astreintes, multas processuais destinadas a coagir o obrigado ao cumprimento dos deveres fixados em decisões provisórias ou definitivas, desempenham papel importantíssimo.

Surgiram no sistema das ações coletivas com a LACP, através da norma residente em seu art. 11: "Na ação que tenha por objeto o cumprimento de obrigação de fazer ou não fazer, o juiz determinará o cumprimento da prestação da atividade devida ou a cessação da atividade nociva, sob pena de execução específica, ou de cominação de multa diária, se esta for suficiente ou compatível, independentemente de requerimento do autor". Depois, em razão de norma inserido no ECA[1572] e no CDC[1573], as astreintes consolidaram-se no sistema das ações coletivas.

Hoje, no processo comum, as astreintes encontram sua disciplina básica no art. 537 do CPC, cujo caput peremptoriamente complementa: "A multa independe de requerimento da parte e poderá ser aplicada na fase de conhecimento, em tutela provisória ou na sentença, ou na fase de execução, desde que seja suficiente e compatível com a obrigação e que se determine prazo razoável para cumprimento do preceito".

Sobressai seu caráter coercitivo, ação impregnada de força estatal, capaz de impulsionar o devedor ao cumprimento da obrigação, nos exatos termos

---

1572. ECA: "Art. 213: [...] § 2º O juiz poderá, na hipótese do parágrafo anterior ou na sentença, impor multa diária ao réu, independentemente de pedido do autor, se for suficiente ou compatível com a obrigação, fixando prazo razoável para o cumprimento do preceito".

1573. CDC: "Art. 84. [...] § 4º O juiz poderá, na hipótese do § 3º ou na sentença, impor multa diária ao réu, independentemente de pedido do autor, se for suficiente ou compatível com a obrigação, fixando prazo razoável para o cumprimento do preceito".

da sua fixação na decisão interlocutória ou na sentença. A sua brandura ou as sucessivas diminuições da força constritora que lhes é ínsita vêm retirando sua importância no contexto da realização das obrigações de fazer e não fazer, mantendo a situação de inadimplência em prejuízo dos que, reconhecidamente, têm razão.

Não raras vezes, sob o argumento do excesso, normatizado no art. 814, parágrafo único, do CPC[1574], retira-se a força do título extrajudicial, bem como se altera significativamente a sentença transitada em julgado, muitas vezes decorrente de julgado de Tribunal Superior, advindo depois de anos de busca do provimento jurisdicional, aqui com espeque no § 1º do mencionado art. 537 do CPC[1575].

Até mesmo a redução de multas vencidas, vedada pelo art. 537, § 1º, do CPC, vem se verificando na prática judiciária, notadamente nas condenações incidentes sobre o poder público, desestimulando o cumprimento das obrigações e priorizando as razões fazendárias em detrimento de direitos fundamentais. A rasteira invocação à razoabilidade, como se as astreintes tivessem valor intrínseco e independente, não conectado ao desiderato de realização fática do determinado na decisão ou sentença, não pode ter a eficácia de levar ao descrédito as multas processuais visando ao cumprimento dos preceitos regularmente estabelecidos, cujo resultado pecuniário serve necessariamente ao interesse público.

Na dicção originária da LACP, em seu art. 18, não haverá "adiantamento de custas, emolumentos, honorários periciais e quaisquer outras despesas", sendo substituída por redação mais abrangente, introduzida pela CDC: "Art. 18. Nas ações de que trata esta lei, não haverá adiantamento

---

1574. CPC: "Art. 814. Na execução de obrigação de fazer ou de não fazer fundada em título extrajudicial, ao despachar a inicial, o juiz fixará multa por período de atraso no cumprimento da obrigação e a data a partir da qual será devida. Parágrafo único. Se o valor da multa estiver previsto no título e for excessivo, o juiz poderá reduzi-lo".

1575. CPC: "Art. 537. [...] § 1º O juiz poderá, de ofício ou a requerimento, modificar o valor ou a periodicidade da multa vincenda ou excluí-la, caso verifique que: I — se tornou insuficiente ou excessiva; II — o obrigado demonstrou cumprimento parcial superveniente da obrigação ou justa causa para o descumprimento".

de custas, emolumentos, honorários periciais e quaisquer outras despesas, nem condenação da associação autora, salvo comprovada má-fé, em honorários de advogado, custas e despesas processuais". O ECA, um pouco antes, seguiu na esteira original da LACP, prescrevendo, em seu art. 219, que nas ações coletivas não haveria "adiantamento de custas, emolumentos, honorários periciais e quaisquer outras despesas".

A isenção, na forma ampla do art. 18 da LACP, prevalece sobre as normas gerais do art. 91 do CPC[1576], realçada a especialidade da legislação de regência da ação civil pública. Na esfera dos direitos da infância e da juventude, ante a relevância social dos interesses em lide, sobressai a exoneração das despesas que, além do argumento objetivo da especialidade, encontra justificativa na imperiosa necessidade de facilitar o acesso à justiça a crianças e adolescentes, valendo lembrar que todas "as ações judiciais da competência da Justiça da Infância e da Juventude são isentas de custas e emolumentos, ressalvada a hipótese de litigância de má-fé"[1577].

O juízo competente para o conhecimento das ações coletivas versando direitos da criança e do adolescente é sempre o da Infância e da Juventude. O ECA, em seu art. 148, IV, prescreveu que a Justiça da Infância e da Juventude é competente para "conhecer de ações civis fundadas em interesses individuais, difusos ou coletivos afetos à criança e ao adolescente, observado o disposto no art. 209". O juízo especializado, portanto, prefere sempre a qualquer outro, sendo exclusivo em razão da priorização da *expertise* na validação de direitos da criança e do adolescente[1578].

1576. CPC: "Art. 91. As despesas dos atos processuais praticados a requerimento da Fazenda Pública, do Ministério Público ou da Defensoria Pública serão pagas ao final pelo vencido. § 1º As perícias requeridas pela Fazenda Pública, pelo Ministério Público ou pela Defensoria Pública poderão ser realizadas por entidade pública ou, havendo previsão orçamentária, ter os valores adiantados por aquele que requerer a prova. § 2º Não havendo previsão orçamentária no exercício financeiro para adiantamento dos honorários periciais, eles serão pagos no exercício seguinte ou ao final, pelo vencido, caso o processo se encerre antes do adiantamento a ser feito pelo ente público".

1577. ECA, art. 141, § 2º.

1578. V. §§ 235-236, Capítulo XXXI, deste livro.

CURSO DE DIREITO DA CRIANÇA E DO ADOLESCENTE 563

Territorialmente, o Juízo da Infância e da Juventude competente é o do "foro do local onde ocorreu ou deva ocorrer a ação ou omissão"[1579], distinguindo-se da LACP, que prescreve como critério da competência territorial o do "foro do local onde ocorrer o dano"[1580], seguido pelo art. 93 do CDC, que, além do local do dano, prescreveu como competentes os foros das capitais dos Estados e do Distrito Federal, nas hipóteses de danos regionais ou nacional[1581]. O critério do ECA, território onde ocorreu ou deva ocorrer a ação ou omissão, independe da ocorrência do resultado, na esteira de que a ameaça de lesão, ainda que a direito coletivo ou difuso, autoriza proteção judicial em razão da prestação jurisdicional eminentemente preventiva da justiça especializada.

251. Direitos materiais e ações coletivas no ECA

Considerando que os onze incisos do art. 208 do ECA dizem respeito a direitos sociais, aos quais correspondem prestações materiais efetivas tendentes à sua realização, a menção, no seu caput, a "ações de responsabilidade por ofensa aos direitos assegurados à criança e ao adolescente" indica claramente o desiderato do legislador em colocar o poder público no banco dos réus. Historicamente, é de realçar que a prática não era corriqueira à época do ECA, de modo que a possibilidade de busca de validação de direitos sociais surgia como novidade revolucionária, notadamente em razão dos dogmas das normas programáticas e da separação dos poderes como impedientes ao controle judicial das políticas públicas. O ECA arrimou a busca da validação dos direitos sociais, dentro da lógica de que qualquer

---

1579. ECA, art. 209.

1580. LACP, art. 2º.

1581. CDC: "Art. 93. Ressalvada a competência da Justiça Federal, é competente para a causa a justiça local: I — no foro do lugar onde ocorreu ou deva ocorrer o dano, quando de âmbito local; II — no foro da Capital do Estado ou no do Distrito Federal, para os danos de âmbito nacional ou regional, aplicando-se as regras do Código de Processo Civil aos casos de competência concorrente".

direito, inclusive coletivo ou difuso exercitável contra o Estado, conta com a garantia constitucional da ação judicial, do acesso à justiça, da busca pela realização do direito proclamado.

No plano da especialidade, sob o manto da prioridade absoluta, de matriz constitucional[1582], ao referenciar os direitos da criança e do adolescente como agrupados em conjunto protegido pela preferência na formulação e execução das políticas públicas[1583], o ECA arrolou hipóteses de cabimento de ações coletivas de cobrança de direitos sociais, indicando situações de ofensa a esses direitos. Utilizou-se, no caput do art. 208[1584], das locuções "não oferecimento" e "oferta irregular", abrangendo o negacionismo aos direitos nos aspectos qualitativo e quantitativo.

O "não oferecimento" consiste na falta da contraprestação correspondente ao direito. A igualdade buscada na sua proclamação encontra-se frustrada pela conduta do Estado, que não atua de modo a propiciar o bem da vida prometido pela Constituição e pelas leis, negando vigência ou eficácia ao determinado de forma solene. A promessa parece vazia, desprovida de conteúdo, inócua, levando à descrença da solidariedade como valor universal e democrático, de modo que a reparação judicial da ofensa exsurge como razão última de confiança da humanidade. O "não oferecimento" pode ser total ou parcial, conforme não atenda à demanda ou dê conta apenas de parte dela, de modo que, havendo excluídos, todos, muitos ou alguns, experimentando o vácuo da ausência, encontra-se presente a motivação legal para a propositura da ação coletiva.

Já a "oferta irregular" diz respeito ao aspecto qualitativo da prestação correspondente ao direito social, que se apresenta em desconformidade

---

1582. ECA, art. 227.

1583. ECA: "Art. 4º É dever da família, da comunidade, da sociedade em geral e do poder público assegurar, com absoluta prioridade, a efetivação dos direitos referentes à vida, à saúde, à alimentação, à educação, ao esporte, ao lazer, à profissionalização, à cultura, à dignidade, ao respeito, à liberdade e à convivência familiar e comunitária. Parágrafo único. A garantia de prioridade compreende: [...] c) preferência na formulação e na execução das políticas sociais públicas".

1584. ECA: "Art. 208. Regem-se pelas disposições desta Lei as ações de responsabilidade por ofensa aos direitos assegurados à criança e ao adolescente, referentes ao não oferecimento ou oferta irregular".

CURSO DE DIREITO DA CRIANÇA E DO ADOLESCENTE

com as exigências normativas ou com as justas expectativas decorrentes da sua enunciação ou das suas próprias finalidades. A prestação, manifestada mediante a entrega de um produto ou serviço, não tem qualidade, é deficiente ou lhe faltam propriedades que caracterizam sua própria essência, acarretando uma desvalia de resultado, reduzindo a força cogente da proclamação do direito social, reclamando a atividade jurisdicional de restauração da força, dos efeitos e da importância da promessa do legislador.

O ECA, nos incisos do art. 208, exemplificou, quando da sua promulgação e sob a perspectiva de espancar qualquer dúvida quanto ao cabimento de demandas contra o Estado, três ordens de ações coletivas relacionadas à: (a) educação; (b) saúde; e (c) assistência social.

Posteriormente, com o advento das Leis n. 12.594, de 18 de janeiro de 2012, e n. 13.431, de 4 de abril de 2017, exemplificou também com ações coletivas relacionadas a medidas socioeducativas e concernentes a medidas de proteção.

Quanto à educação, mencionou os direitos sociais ao ensino obrigatório[1585], atendimento educacional especializado aos deficientes[1586], de atendimento em creche e pré-escola[1587], de ensino noturno regular[1588], de programas de material didático-escolar, transporte e saúde do educando do ensino fundamental, assistência à saúde do educando do ensino fundamental[1589] e de escolarização e profissionalização dos adolescentes privados de liberdade[1590].

Na área da saúde, indicou a formulação genérica concernente às demandas visando à cobrança judicial em razão de ofensa à garantia de acesso a ações e serviços de saúde[1591]. E exemplificou também com ações

---

1585. ECA, art. 208, I.
1586. ECA, art. 208, II.
1587. ECA, art. 208, III.
1588. ECA, art. 208, IV.
1589. ECA, art. 208, V.
1590. ECA, art. 208, VIII.
1591. ECA, art. 208, VII.

coletivas referenciadas aos serviços de assistência social à família, à maternidade e à criança ou adolescente[1592], reforçando, com a Lei n. 12.010, de 3 de agosto de 2010, ações destinadas à garantia do direito de pais e filhos à convivência familiar[1593].

A quarta ordem refere-se às ações coletivas destinadas à responsabilidade por ofensa aos direitos derivados do cumprimento das medidas socioeducativas[1594], expressas em situações de falta ou oferta irregular de programas de atendimento específicos, destinados à execução direta de medidas impostas em razão de atos infracionais[1595].

Por fim, com quinta ordem de exemplificação de ações coletivas, o legislador referiu-se às demandas relacionadas aos programas correspondentes às medidas de proteção[1596], inclusive aqueles destinados às vítimas e testemunhas da violência[1597].

Em resumo, o legislador originário e o reformista alinharam cinco ordens de ações coletivas referenciadas à educação, saúde, assistência social, medidas de proteção e medidas socioeducativas, exemplificando de forma abrangente as possibilidades de demandas de cobrança às prestações positivas relacionadas a direitos fundamentais da criança e do adolescente.

252. A regra de extensão

Deixando claro que o rol do art. 208 do ECA tem natureza eminentemente exemplificativa, seu atual § 1º prescreve que: "As hipóteses previstas neste artigo não excluem da proteção judicial outros interesses

---

1592. ECA, art. 208, VI.

1593. ECA, art. 209, IX.

1594. Introduzia pela Lei do Sinase, Lei n. 12.594, de 18 de janeiro de 2012.

1595. ECA, art. 208, X.

1596. ECA, art. 208, X.

1597. ECA, art. 208, XI.

individuais, difusos ou coletivos, próprios da infância e da adolescência, protegidos pela Constituição e pela Lei".

A norma, concorde com o direito abstrato de ação, indica a possibilidade de proteção judicial para qualquer direito da criança ou do adolescente, bem como em relação a qualquer obrigado, família, sociedade e Estado, não distinguindo também a natureza do interesse: individual, coletivo ou difuso. Basta que seja um interesse juridicamente protegido, que conte com a proteção da Constituição e das leis, para que mereça do Judiciário a validação necessária e produza as modificações por elas projetadas.

No Estado democrático de direito, a lei nasce com a vocação do cumprimento, com a potencialidade do resultado, com o desiderato da transformação, de modo que a negativa da sua existência ou da sua eficácia reclama uma firme e comprometida atuação do Poder Judiciário na validação das promessas legais descumpridas, última morada da esperança.

XXXV

Sistemas de coibição da criminalidade infantojuvenil

253. A infração penal na infância e adolescência

Crimes e contravenções penais praticados na infância e adolescência são comportamentos antissociais, determinados por distintas motivações relacionadas à solução pessoal dos conflitos do cotidiano.

Juridicamente, representam condutas previamente tipificadas como ilícitas e derivadas da livre compreensão e vontade humana, contrárias ao direito e em situações em que seriam naturalmente exigíveis comportamentos diversos daqueles que foram realizados.

Na infância e adolescência, são condutas ligadas ao desenvolvimento do autocontrole enquanto construção da maturidade, sopesamento das ações e consequências com o refrear dos impulsos e governo dos próprios comportamentos.

Também estão referenciadas ao suprimento das necessidades de toda ordem, reações às desigualdades e imposições comportamentais do meio. Excepcionalmente, são derivadas de patologias, doenças mentais ou graves perturbações da saúde mental, conforme expressões contidas na nossa legislação penal[1598].

Como encerram desvalor social, importando aniquilamento ou diminuição de bens da vida de outrem ou da coletividade, determinam o estabelecimento de um sistema jurídico de proteção aos valores materiais e imateriais próprios da existência pessoal e comunitária.

A fórmula clássica do direito é imputar responsabilidade, atribuir consequências ou determinar punições àquele que descumpre as regras do comportamento esperado na vida social, na esperança de que isso funcione como instrumento inibitório.

254. Responsabilidade penal

Responsabilidade penal é uma das condições para a imposição da pena criminal. Pode ter como referência a idade ou a consciência do ilícito, pressupondo sempre a vontade livre como determinante da ação ou omissão criminosa. Ao contrário, irresponsabilidade penal significa exclusão das consequências de natureza penal.

No mundo adulto, a exclusão das consequências penais ou a isenção de penas têm origem na falta de compreensão do caráter ilícito dos fatos ou na impossibilidade de comportamento conforme a esse mesmo entendimento. Quem tem comprometidas suas capacidades intelectiva e/ou volitiva a respeito de comportamento objetivamente criminoso, em razão de doença mental ou de grave perturbação da saúde mental, não merece

---

1598. CP: "Art. 26. É isento de pena o agente que, por doença mental ou desenvolvimento mental incompleto ou retardado, era, ao tempo da ação ou da omissão, inteiramente incapaz de entender o caráter ilícito do fato ou de determinar-se de acordo com esse entendimento. Parágrafo único. A pena pode ser reduzida de um a dois terços, se o agente, em virtude de perturbação de saúde mental ou por desenvolvimento mental incompleto ou retardado, não era inteiramente capaz de entender o caráter ilícito do fato ou de determinar-se de acordo com esse entendimento".

pena ou deve tê-la diminuída. Da mesma forma, legalmente, quem comete crime em razão de embriaguez fortuita[1599].

Essa forma de exclusão vem arrimada em um método denominado misto ou biopsicológico: uma causa biológica (doença mental, grave perturbação da saúde mental ou embriaguez fortuita ou derivada de força maior) determinando consequências psíquicas relacionadas à compreensão do fato (consciência do ilícito) ou mesmo quanto à vontade de sua prática (conduta livre e consciente).

O principal fundamento invocado para a exclusão de menores de determinada idade da responsabilidade penal continua sendo a imaturidade, o desenvolvimento mental incompleto, na linguagem do Código Penal[1600].

Todavia, esse conceito de imaturidade tem sido alargado, desbordando dos limites estreitos da capacidade de discernimento, da possibilidade de distinção entre o certo e o errado, entre o lícito e o ilícito, entre o permitido e o proibido. Abrange o domínio de outros conhecimentos, habilidades e aptidões, especialmente emocionais, permissivas do livre-arbítrio, da faculdade pessoal de autocontrole, da mestria da resiliência ante as adversidades e da qualidade de enfrentamento dos desafios do cotidiano concorde com os parâmetros da civilidade.

A condição peculiar de pessoa em processo de desenvolvimento compreende exatamente esse plexo dinâmico de capacidades e competências que somente vai se estabilizando na fase adulta, de modo que sua consideração em razão de fatos determinados, ilícitos por convenção do legislador, encontra-se no âmago da consciência, enquanto fenômeno transcendente

---

1599. CP: "Art. 28. [...] § 1° — É isento de pena o agente que, por embriaguez completa, proveniente de caso fortuito ou força maior, era, ao tempo da ação ou da omissão, inteiramente incapaz de entender o caráter ilícito do fato ou de determinar-se de acordo com esse entendimento".

1600. CP: "Art. 26. É isento de pena o agente que, por doença mental ou desenvolvimento mental incompleto ou retardado, era, ao tempo da ação ou da omissão, inteiramente incapaz de entender o caráter ilícito do fato ou de determinar-se de acordo com esse entendimento. Parágrafo único. A pena pode ser reduzida de um a dois terços, se o agente, em virtude de perturbação de saúde mental ou por desenvolvimento mental incompleto ou retardado, não era inteiramente capaz de entender o caráter ilícito do fato ou de determinar-se de acordo com esse entendimento".

ao discernimento, e da liberdade, enquanto condição determinante da conduta refletida e sopesada.

A passagem para a fase adulta, além de condição personalíssima, especialmente sujeita à cultura e às influências do meio, não conta com um marco objetivo de visualização, de modo que tradicionalmente cabe à legislação estabelecer um termo etário médio de transposição de etapas, ainda que para efeitos exclusivamente penais, de submissão ao sistema de adultos ou a outro, diferenciado em razão da condição peculiar de pessoa em processo de desenvolvimento.

255. Responsabilidade penal no Brasil

No Brasil, a responsabilidade penal é fixada constitucionalmente aos 18 (dezoito) anos de idade[1601], parâmetro normativo que submete a pessoa ao sistema penal, sem prejuízo da isenção ou diminuição de pena em razão de doença mental, grave perturbação da saúde mental ou embriaguez decorrente de caso fortuito ou força maior.

A inimputabilidade penal configura garantia individual dos menores de 18 (dezoito) anos de idade, ou seja, de que não poderão ser submetidos ao sistema penal dos adultos, opção do constituinte originário ao prescrever a norma do art. 228 da Constituição da República, rompendo tradição de essa matéria ser disciplinada apenas no âmago da legislação infraconstitucional[1602]. Desta forma, constitui-se em cláusula pétrea, não sujeita ao poder constituinte derivado, blindada pela regra do art. 60, § 4º, da Constituição da República, ao estabelecer que não será objeto de deliberação a proposta de emenda constitucional tendente a abolir os direitos e as garantias individuais.

1601. CF: "Art. 228. São penalmente inimputáveis os menores de dezoito anos, sujeitos às normas da legislação especial".

1602. CP: "Art. 27. Os menores de 18 (dezoito) anos são penalmente inimputáveis, ficando sujeitos às normas estabelecidas na legislação especial".

Garantia individual porquanto promessa de manutenção de um sistema próprio de responsabilização de menores de 18 (dezoito) anos de idade, especial, pois somente a eles destinado em razão do realce às peculiaridades do processo de maturação.

Mandou o constituinte observar o trato da diferença, a condição peculiar de pessoa em processo de desenvolvimento, garantindo aos menores de 18 (dezoito) anos de idade a não incidência do sistema penal, próprio dos adultos.

Por outro lado, o sistema destinado aos menores de 18 (dezoito) anos de idade deve contar com regras especiais, distintas das que caracterizam o sistema de adultos, exatamente por força dos estados diversos de maturidade e seus reflexos nos campos da abordagem, do processo e das medidas eventualmente incidentes sobre os autores de atos infracionais.

Não teria sentido a migração da regra da inimputabilidade decorrente da menoridade do Código Penal para a Constituição da República se não fosse em razão do desiderato de prescrever garantia individual permanente, opção da sociedade brasileira no enfrentamento da criminalidade infantojuvenil.

256. Responsabilidade socioeducativa

Quando a Constituição da República prescreveu, em seu art. 228, que os menores de 18 (dezoito) anos de idade são inimputáveis, somente os excluiu das consequências jurídicas de natureza penal, posto que determinou que ficassem sujeitos às normas da legislação especial. Assim, arrimou uma espécie diferente de responsabilidade, resposta à criminalidade infantojuvenil marcada pela especialidade, pelas distinções de conteúdo e forma na comparação com os traços da responsabilidade do mundo adulto. Projetando essa responsabilidade diferenciada, o legislador constituinte mandou observar especialmente a condição peculiar de pessoa em processo de desenvolvimento.

CURSO DE DIREITO DA CRIANÇA E DO ADOLESCENTE

O constituinte também prescreveu dois parâmetros mínimos tendentes a evitar supressão de garantias tradicionalmente conferidas ao mundo adulto, bem como indicar conteúdos de observância obrigatória em caso de privação de liberdade.

O primeiro, de ordem processual, foi prescrever a necessidade de observância do contraditório e da ampla defesa, indicando a exigência de "garantia de pleno e formal conhecimento da atribuição de ato infracional, igualdade na relação processual e defesa técnica por profissional habilitado"[1603].

O segundo, ao tempo em que se considerava possível a privação da liberdade como resposta ao ato infracional praticado, foi subordiná-la aos "princípios de brevidade, excepcionalidade e respeito à condição peculiar de pessoa em desenvolvimento"[1604].

Nesse contorno constitucional restou disciplinada, pelo ECA, a responsabilidade socioeducativa, submetendo menores de 18 (dezoito) anos de idade a um sistema diverso do penal, orientado por concepções, princípios e objetivos próprios.

257. Responsabilidade socioeducativa progressiva

A responsabilidade socioeducativa, no sistema do ECA, veio delimitada apenas por duas faixas, abrangendo todo o período existencial de 0 (zero) a 18 (dezoito) anos de idade. A primeira fração abrange a infância, de 0 (zero) a (12) doze anos de idade incompletos, e a segunda de 12 (doze) a 18 (dezoito) anos de idade, considerando-se a pessoa criança ou adolescente, conforme o caso[1605].

1603. CF, art. 227, § 3°, IV.

1604. CF, art. 227, § 3°, V.

1605. ECA: "Art. 2° Considera-se criança, para os efeitos desta Lei, a pessoa até doze anos de idade incompletos, e adolescente aquela entre doze e dezoito anos de idade".

Na primeira fase de desenvolvimento existencial, infância, o ECA considerou absolutamente perceptível a falta de consciência e/ou vontade no cometimento do ilícito, eximindo crianças de qualquer medida de caráter repressivo. Todavia, possibilitou a aplicação de medidas de proteção[1606], buscando intervenção no processo de desenvolvimento da criança apontada como autora de ato infracional, mediante providência potencialmente capaz de propiciar saudabilidade, como, exemplificando, o tratamento médico, psicológico ou psiquiátrico[1607].

A segunda faixa, dos adolescentes, caracteriza-se pela aplicação das medidas socioeducativas propriamente ditas, imperativas e dotadas de menor ou maior conteúdo de defesa social. Dos 12 (doze) aos 18 (dezoito) anos de idade incompletos, todos ficam sujeitos às mesmas medidas, devendo ser individualizadas à luz das condições dos autores e das circunstâncias e consequências da infração.

Atinge-se a idade de responsabilidade penal abruptamente. De uma situação de exclusão das consequências penais e submissão a um sistema diferenciado, atingida a idade fixada em lei, a pessoa migra imediatamente para o sistema de adultos.

A imaturidade dos 12 (doze) aos 18 (dezoito) anos de idade é vista como um fenômeno estanque, contrariando a concepção de aquisição gradativa da maturidade. Evidente que, quanto mais próximo da infância, menor deve ser a reprovabilidade normativa da conduta; ao contrário, quanto mais próximo da idade adulta, maior deve ser a censura à conduta praticada, de vez que mais completo o desenvolvimento. Dessa forma, afigura-se mais técnico o estabelecimento de níveis de responsabilidade socioeducativa, prescritos por faixas etárias, aproximando-se gradativamente da responsabilidade penal, de acordo com a aquisição da maturidade e, via de consequência, do desenvolvimento da consciência do ilícito e do pleno domínio da vontade.

1606. V. § 278, Capítulo XXXVII, deste livro.

1607. ECA, art. 101, V.

258. Os sistemas de imputação

Os sistemas de imputação dos que se encontram aquém da idade de responsabilidade penal podem ser classificados de acordo com os seguintes critérios: a) quanto aos responsáveis pela sua incidência; b) quanto à natureza da intervenção estatal; e c) quanto ao procedimento de imposição das medidas.

Tomando como parâmetro a origem da autoridade que determina as consequências derivadas do crime durante a menoridade, o sistema pode ser administrativo ou judicial.

Administrativo, quando o infrator fica sujeito a uma autoridade do executivo ou proveniente da própria comunidade, investida no poder de definir a consequência. Judicial, quando a intervenção reclama a presença de uma autoridade investida na função jurisdicional, tendo o poder-dever de julgar e de impor os resultados previstos para a prática do ilícito.

A intervenção estatal pode ser de natureza penal, tutelar ou socioeducativa. Penal, quando as consequências derivadas do crime cometido durante a menoridade são as mesmas dos adultos, ainda que contemple penas de menor duração e cuja imposição reclame os mesmos elementos configuradores previstos na legislação criminal. Em regra, é meramente retributivo, baseado na punição em razão do mal cometido ou da afronta à norma de comportamento.

Tutelar, quando o sistema é aberto, discricionário, pretensamente protetivo ao infrator, permitindo atuação livre especialmente no que concerne à imposição das consequências, muitas delas com inegável caráter aflitivo, como a internação. Baseia-se no desenvolvimento da acomodação social através do estabelecimento ou aprimoramento do autocontrole, conquistado principalmente através da convivência com as adversidades.

Socioeducativo, quando razões de defesa social e de intervenção no processo de desenvolvimento do infrator se fundem em um desiderato comum, informados por direitos e garantias individuais destinados a evitar os arbítrios do Estado, compondo um sistema diferenciado. Ao lado da necessidade de preservar os direitos de outrem e da comunidade, pressupõe interferência educacional capaz de propiciar melhorias nas condições de vida e oferta de mecanismos capazes de propiciar o enfrentamento dos desafios do cotidiano sem os recursos da violência.

Os sistemas de imputação desenvolvem-se dentro de uma visão inquisitorial ou garantista. Inquisitorial, quando prescinde de regras procedimentais relacionadas à imputação formal, citação, apuração e imposição das medidas. É caracterizado pela informalidade e discricionariedade dos executores do sistema, passando ao largo de um sistema acusatório marcado pela igualdade das partes e garantia de defesa técnica.

Garantista, quando estruturado em um conjunto de regras tendentes a impedir os abusos do Estado cometidos a pretexto de refrear a criminalidade infantojuvenil, compreendendo direitos e garantias individuais, materiais e processuais, agrupadas nas ideias de estrita legalidade na persecução e do devido processo legal.

259. O sistema adotado no Brasil

O sistema de coibição da criminalidade infantojuvenil adotado no Brasil é judicial, socioeducativo e garantista.

Judicial, porque a autoridade encarregada de fazer valer o sistema, afirmando a prática de ato infracional e impondo as consequências, é a autoridade judiciária[1608], juiz de direito investido da função de juiz da infância e da juventude[1609].

1608. ECA: "Art. 148. A Justiça da Infância e da Juventude é competente para: I — conhecer de representações promovidas pelo Ministério Público, para apuração de ato infracional atribuído a adolescente, aplicando as medidas cabíveis".

1609. ECA: "Art. 146. A autoridade a que se refere esta Lei é o Juiz da Infância e da Juventude, ou o juiz que exerce essa função, na forma da lei de organização judiciária local".

CURSO DE DIREITO DA CRIANÇA E DO ADOLESCENTE

É socioeducativo porquanto o sistema é fundado na consideração da diferença do sujeito, pessoa em processo de desenvolvimento que não atingiu a plena maturidade, em seus múltiplos aspectos, determinando a existência de um conjunto de regras materiais, processuais e de execução de medidas de conteúdo diferenciado, adequado às razões de defesa social e às perspectivas educacionais.

Garantista, na medida em que presentes mecanismos de coibição do arbítrio na persecução socioeducativa, materializados em direitos individuais e em vedações peremptórias a determinadas práticas estatais, garantias e direitos individuais estabelecidos em respeito à liberdade.

260. Justiça restaurativa

Justiça restaurativa, na definição do CNJ, é o "conjunto ordenado e sistêmico de princípios, métodos, técnicas e atividades próprias, que visa à conscientização sobre os fatores relacionais, institucionais e sociais motivadores de conflitos e violência, e por meio do qual os conflitos que geram dano, concreto ou abstrato, são solucionados de modo estruturado"[1610].

No âmbito do Ministério Público, insere-se no contexto dos meios autocompositivos de resolução de conflitos, na forma do parágrafo único do art. 1º da Resolução CNMP n. 118, de 1º de dezembro de 2014, que estabelece: "Ao Ministério Público brasileiro incumbe implementar e adotar mecanismos de autocomposição, como a negociação, a mediação, a conciliação, o processo restaurativo e as convenções processuais, bem assim prestar atendimento e orientação ao cidadão sobre tais mecanismos".

Na esfera própria da infância e juventude, a Lei do Sinase prevê que, na execução das medidas socioeducativas, além do favorecimento da autocomposição dos conflitos[1611], incide o princípio da "prioridade a

---

1610. Resolução CNJ n. 225, de 31 de maio de 2016.

1611. V. Lei n. 12.594, de 18 de janeiro de 2012, art. 35, II.

práticas ou medidas que sejam restaurativas e, sempre que possível, atendam às necessidades das vítimas"[1612], evidenciando desiderato legislativo da sua inserção ordinária no sistema.

À falta de lei disciplinando casos e formas de efetivação da justiça restaurativa, resolve-se a omissão integrando-a ao sistema socioeducativo previsto no ECA, no âmago da remissão, em qualquer das suas modalidades, ou seja, exclusão, suspensão ou extinção do processo[1613].

Assim, como forma de evitar a judicialização do ato infracional, considerando que a ação socioeducativa pública é disponível, o Ministério Público pode adotar técnicas e práticas restaurativas, propondo, ao final, e considerando o resultado da iniciativa, a exclusão do processo, utilizando-se da remissão, decisão que fica sujeita à homologação ou à sua recusa judicial, com base no art. 181, § 2º, do ECA.

Iniciado o procedimento, com o recebimento da representação, a solução do conflito pode advir do exercício da justiça restaurativa, cabendo à autoridade judiciária, ao final, suspender ou extinguir o processo. É de anotar que o início do procedimento restaurativo pressupõe a concordância das partes processuais e de todos os envolvidos, especialmente da vítima e de seus familiares, contando com profissional capacitado para a condução adequada dessa abordagem.

261. Direito penal juvenil

Não existe nem deve existir um direito penal juvenil. Se o direito socioeducativo incorpora princípios, direitos e garantias que se solidificaram no direito penal, isso não o transforma em direito penal juvenil, mormente porque são conquistas da evolução histórica dos direitos humanos, baseados

---

1612. Lei n. 12.594, de 18 de janeiro de 2012, art. 35, III.
1613. V. §§ 285, 286 e 287.

nas lutas civilizatórias tendentes a refrear os abusos do Estado e impor respeito absoluto à liberdade.

Os direitos e garantias individuais devem estar presentes em todos os ramos do direito, notadamente naqueles em que os valores fundamentais do Estado democrático se afigurem como inarredáveis, não representando monopólio do direito penal.

O direito socioeducativo não se esgota na temática de garantias e direitos individuais, apresentando-se como um conjunto de princípios e regras próprias, destinado especialmente à preservação do desenvolvimento saudável e da manutenção da integridade, componentes indissociáveis desse sistema peculiar de coibição da criminalidade infantojuvenil.

O direito penal, ainda que receba influxos humanitários, continua sendo um sistema retributivo, baseado primordialmente na defesa social. A pena, por sua vez, objetiva e normativamente ainda cumpre a função de castigo, notadamente no Brasil.

O direito penal continua muito longe da visão socioeducativa que orienta o sistema da coibição da criminalidade infantojuvenil, em que, resumidamente, tem mais valor a potencialidade positiva do infrator do que a execução da reprimenda.

Não há nenhum ganho, doutrinário ou cultural, na defesa do direito penal juvenil. Ao contrário, macula a autonomia do direito socioeducativo, nivela situações diferenciadas e atrasa o desenvolvimento de uma forma mais civilizada de enfrentamento da criminalidade.

Nem ao menos tem o condão de se contrapor, semanticamente, ao direito tutelar, pois a pretensa ideia de que encerra conteúdo antagônico à discricionariedade e ao arbítrio é desdita pelos termos "direito penal do autor" e pelo novo, e não menos nefasto, "direito penal do inimigo", indicando que o adjetivo "penal" adquiriu significado sinonímico muito mais próximo do castigo e da retribuição do que a garantia de observância de direitos humanos.

XXXVI

Ato infracional

262. Conceito

Ato infracional é a conduta descrita como crime ou contravenção penal[1614]. O conceito tem conteúdo certo e determinado, extraído da lei penal[1615], diploma que descreve comportamentos considerados ilícitos e estabelece, para os adultos, as sanções correspondentes.

A referência, no nosso sistema de coibição da criminalidade infanto-juvenil, é apenas para o chamado preceito primário da norma incriminadora, aquele que descreve a infração, visto que as penas, objeto do preceito secundário, são substituídas por medidas socioeducativas[1616] ou mesmo medidas de proteção[1617], todas previstas no ECA.

1614. ECA, art. 103.
1615. A Lei de Introdução do Código Penal, Decreto-lei n. 3.914, de 9 de dezembro de 1941, considerou "crime a infração penal a que a lei comina pena de reclusão ou de detenção, quer isoladamente, quer alternativa ou cumulativamente com a pena de multa; contravenção, a infração penal a que a lei comina, isoladamente, pena de prisão simples ou de multa, ou ambas, alternativa ou cumulativamente".
1616. ECA: "Art. 112. Verificada a prática de ato infracional, a autoridade competente poderá aplicar ao adolescente as seguintes medidas:".
1617. ECA: "Art. 105. Ao ato infracional praticado por criança corresponderão as medidas previstas no art. 101".

CURSO DE DIREITO DA CRIANÇA E DO ADOLESCENTE

O sistema socioeducativo somente entra em operação quando satisfeito o requisito da tipicidade, componente analítico do conceito de crime. A garantia constitucional de que "não há crime sem lei anterior que o defina"[1618] impõe, também no direito da criança e do adolescente, a necessidade de realização de todos os elementos contidos na norma descritiva, que, através da técnica da tipologia, enuncia como criminosos certos comportamentos.

O ato infracional reclama a exata correspondência do fático com o hipotético presente na norma definidora do crime, sendo a razão para o legislador prescrever essa importante remissão de conteúdo. Sem o vislumbre inicial dessa subsunção, desse amoldamento do realizado factualmente com o descrito na lei, não há ato infracional passível de determinar, com justa causa, o acionar do sistema de responsabilização.

263. Configuração do ato infracional

Além da correspondência do fato ao tipo, o ato infracional somente se configura desde que presentes outros elementos indicativos da reprovabilidade da conduta. Didaticamente, colhendo do conceito analítico de crime desenvolvido pela doutrina clássica sua fundamentação, afirme-se que para a configuração do ato infracional devem estar presentes, além da tipicidade, dois outros requisitos, a antijuridicidade e a culpabilidade.

Essa visão tripartida, ainda que sujeita a inúmeras e abalizadas críticas na teoria do delito, afigura-se logicamente mais adequada para a compreensão da reprovabilidade da conduta dos inimputáveis.

264. Tipicidade infracional objetiva

A tipicidade infracional objetiva corresponde à mesma descrição da conduta criminosa ou contravencional dos adultos, nos termos da lei

---

1618. CF, art. 5°, XXXIX.

penal. Pressupõe o autor do comportamento, criança ou adolescente, uma conduta omissiva ou comissiva, a produção de um resultado ilícito e o nexo de causalidade.

A autoria, rasteiramente, diz respeito à contribuição material para a realização do ato infracional[1619], considerando especialmente que "o ajuste, a determinação ou instigação e o auxílio, salvo disposição expressa em contrário, não são puníveis, se o crime não chega, pelo menos, a ser tentado"[1620].

O tipo penal vale-se da descrição de uma ação ou omissão, um fazer, na primeira hipótese, ou um não fazer, na segunda, restrita a omissão ao seu conteúdo normativo[1621].

A ocorrência do resultado, consequência da ação ou omissão, consiste na realização do evento ilícito, indesejado pelo legislador.

O nexo ou relação de causalidade é o liame entre a conduta e seu produto, independentemente da vontade da sua realização, na perspectiva de uma visualização objetiva.

265. Antijuridicidade

O ato infracional também deve ser objetivamente contrário ao direito, ou seja, deve ser praticado sem que se verifique qualquer causa de exclusão da sua ilicitude, nas formas definidas em normas penais não incriminadoras.

Dessa maneira, não há ato infracional se o adolescente o praticar em estado de necessidade, em legítima defesa própria ou de terceiro

---

1619. CP: "Art. 29. Quem, de qualquer modo, concorre para o crime incide nas penas a este cominadas, na medida de sua culpabilidade".

1620. CP, art. 31.

1621. CP: "Art. 13. [...] § 2º A omissão é penalmente relevante quando o omitente devia e podia agir para evitar o resultado. O dever de agir incumbe a quem: a) tenha por lei obrigação de cuidado, proteção ou vigilância; b) de outra forma, assumiu a responsabilidade de impedir o resultado; c) com seu comportamento anterior, criou o risco da ocorrência do resultado".

CURSO DE DIREITO DA CRIANÇA E DO ADOLESCENTE

ou até mesmo na hipótese excepcional de estrito cumprimento do dever legal[1622].

Em suma, as causas de exclusão da antijuridicidade prescritas no Código Penal[1623] obrigatoriamente devem ser consideradas quando do trabalho de verificação da ocorrência do ato infracional[1624].

266. Culpabilidade normativa

Também é necessário o exame da culpabilidade que, sob o aspecto normativo, representa juízo sobre a possibilidade de comportamento diverso daquele verificado no cometimento da infração.

Sendo exigível, nas circunstâncias, comportamento diferente do adolescente, sua conduta normativamente é reprovável, passível de censura nos termos previstos pela lei.

A culpabilidade normativa, no direito da criança e do adolescente, deve ser sopesada à luz do princípio do respeito à condição peculiar de pessoa em processo de desenvolvimento, atentando-se notadamente às distintas faixas etárias. Quanto mais velho for o adolescente, mais próximo dos 18 (dezoito) anos, mais presumidamente reprovável é a sua conduta em razão do maior tempo para a progressão do discernimento, do autocontrole, da resiliência e do domínio de mecanismos de enfrentamento das dificuldades. Por outro lado, quanto menor, menos maduro, mais se aproximando da infância, normativamente fixada até os 12 (doze) anos de

---

1622. Uma das hipóteses é de coautoria com alguém investido na função pública de agir, ocasião em que a circunstância se comunica a todos que participaram da ação.

1623. CP: "Art. 23. Não há crime quando o agente pratica o fato: I — em estado de necessidade; II — em legítima defesa; III — em estrito cumprimento de dever legal ou no exercício regular de direito".

1624. Quando evidentes, determinam o arquivamento do flagrante, boletim de ocorrência ou peças de informação ou mesmo a rejeição liminar da representação. Havendo dúvidas, elas devem ser esclarecidas durante o procedimento de apuração e, comprovada a existência de uma ou outra causa, fundamentar decreto absolutório.

idade, o juízo de reprovação deve ser mais brando, proporcional ao seu estágio de desenvolvimento.

267. Imputabilidade socioeducativa. Ato infracional praticado por criança

O destaque à imputabilidade, enquanto elemento da culpabilidade, também se faz estritamente por razões didáticas. O comportamento está ligado às condições pessoais do agente, de modo que a aferição da possibilidade de conduta diversa da que caracterizou a infração penal se encontra informada pelas qualificações individuais do autor da infração no momento da ação ou omissão criminosa.

Tomando imputabilidade como a condição de fazer o sujeito responder pela infração, pois detentor das condições permissivas do comportamento diverso, verifica-se, até mesmo por imperativo de justiça, que as mesmas razões de imputabilidade absoluta ou relativa estão presentes no sistema socioeducativo.

Não seria justo, sob o prisma da igualdade de tratamento prometida pelo legislador constituinte, inclusive em razão da idade, ignorar condições pessoais de menores de 18 (dezoito) anos de idade determinantes e/ou influenciadoras da conduta infracional. É de observar que a Lei do Sinase prescreve, como um dos princípios das medidas socioeducativas, o da "legalidade, não podendo o adolescente receber tratamento mais gravoso do que o conferido ao adulto"[1625].

Desta forma, há de considerar necessariamente, para fins de imputabilidade socioeducativa, se o autor ao tempo do ato infracional: (a) era criança ou adolescente; (b) apresentava doença mental ou grave perturbação da saúde mental; e (c) estava em estado de embriaguez derivada de caso fortuito ou de força maior.

1625. Lei n. 12.594, de 18 de janeiro de 2012, art. 35, I.

CURSO DE DIREITO DA CRIANÇA E DO ADOLESCENTE

Se ao tempo do ato infracional seu autor era criança, pessoa até 12 (doze) anos de idade incompletos[1626], fica isento de medidas socioeducativas. Dentro da concepção de responsabilidade socioeducativa progressiva[1627], o ECA considerou que o desenvolvimento incompleto deve excluir crianças de medidas que tenham qualquer conteúdo repressivo, em maior ou menor intensidade[1628], sujeitando-as, todavia, a medidas de proteção destinadas a auxiliar o infante e sua família a superar as adversidades que possam ter contribuído para a ocorrência do ato infracional. É uma inimputabilidade socioeducativa absoluta, sem qualquer margem de superação.

Já a doença mental ou grave perturbação da saúde mental na adolescência[1629] podem gerar inimputabilidade socioeducativa absoluta ou relativa, com supedâneo também no Código Penal.

Não tem sentido atribuir medida socioeducativa a um adolescente que cometa ato infracional ao tempo de enfermidade que comprometa totalmente suas capacidades intelectiva e volitiva, razão de o ECA indicar a aplicação das medidas de proteção previstas no art. 101, I a VI[1630]. Estão deliberadamente excluídas as medidas de acolhimento institucional, familiar e de colocação em família substituta, providências permitidas por força de outras circunstâncias pessoais e sociais, que não se confundem com a prática de ato infracional.

1626. ECA, art. 2°.

1627. V. § 257, Capítulo XXXV, deste livro.

1628. V. § 255, Capítulo XXXV, deste livro.

1629. Quando ocorrente na infância, apresenta-se destituída de relevância, ante a exclusão da responsabilidade socioeducativa em razão da idade, ficando a criança sujeita às medidas de proteção relacionadas à saúde que possam propiciar cura, reabilitação ou minimização dos agravos.

1630. ECA: "Art. 101. Verificada qualquer das hipóteses previstas no art. 98, a autoridade competente poderá determinar, dentre outras, as seguintes medidas: I — encaminhamento aos pais ou responsável, mediante termo de responsabilidade; II — orientação, apoio e acompanhamento temporários; III — matrícula e frequência obrigatórias em estabelecimento oficial de ensino fundamental; IV — inclusão em serviços e programas oficiais ou comunitários de proteção, apoio e promoção da família, da criança e do adolescente; V — requisição de tratamento médico, psicológico ou psiquiátrico, em regime hospitalar ou ambulatorial; VI — inclusão em programa oficial ou comunitário de auxílio, orientação e tratamento a alcoólatras e toxicômanos".

Havendo comprometimento parcial das capacidades intelectiva e/ou volitiva, caso no direito penal de semi-imputabilidade, resolvida com a medida de redução de pena[1631], solução analógica é o autor adolescente receber medida socioeducativa não privativa de liberdade, sem prejuízo de tratamento médico especializado, amoldado à hipótese do art. 101, V, do ECA, aplicável por força da remissão expressa do art. 112, VII, do mesmo diploma legal. É de observar que a doença mental ou a grave perturbação da saúde mental devem ser consideradas como elementos indissociáveis para o encontrar da medida adequada[1632], porquanto interferem na capacidade do adolescente em cumpri-la[1633], e que os "adolescentes portadores de doença ou deficiência mental receberão tratamento individual e especializado, em local adequado às suas condições"[1634].

As mesmas soluções aplicam-se na hipótese de ato infracional praticado em estado de embriaguez derivada de caso fortuito ou de força maior. A inimputabilidade socioeducativa poderá ser absoluta ou relativa, conforme o caso, impondo soluções diferenciadas em razão da ocorrência de impeditivo ocasional, total ou parcial, à consciência do ilícito e à determinação da conduta como resultado da vontade livre.

Outra causa de isenção de medida socioeducativa por força de interferências na vontade livre de realizar condutas, especialmente relevantes na fase de maturação da pessoa humana, diz respeito à coação moral irresistível.

Diz o Código Penal que, se "o fato é cometido sob coação irresistível ou em estrita obediência a ordem, não manifestamente ilegal, de superior hierárquico, só é punível o autor da coação ou da ordem"[1635].

1631. CP: "Art. 26. [...] Parágrafo único. A pena pode ser reduzida de um a dois terços, se o agente, em virtude de perturbação de saúde mental ou por desenvolvimento mental incompleto ou retardado não era inteiramente capaz de entender o caráter ilícito do fato ou de determinar-se de acordo com esse entendimento".

1632. V. § 266, Capítulo XXXVI, deste livro.

1633. ECA, art. 112, § 1º.

1634. ECA, art. 112, § 3º.

1635. CP, art. 22.

Não pode responder pelo ato infracional o adolescente que não age de forma voluntária, porquanto não lhe era exigível, nas circunstâncias, comportamento diverso. Ninguém, especialmente um adolescente, coagido física ou moralmente para a realização do ato infracional, pode ficar sujeito à providência socioeducativa, na medida em que sua ação restou derivada da força do coator ou porque vítima de uma grave ameaça, na perspectiva da ocorrência de sério prejuízo para si ou para outrem. Da mesma forma a obediência hierárquica, em que o temor do superior incide de tal maneira sobre a reflexão do adolescente que sua conduta não é informada pela sua livre deliberação, salvo situações de ordens manifestamente ilegais, absolutamente perceptíveis no seu estágio de desenvolvimento.

XXXVII

Medidas socioeducativas

268. Natureza jurídica

As medidas socioeducativas, ao lado das penas, das sanções e das determinações de fazer ou não fazer, constituem-se em respostas do Estado à violação do direito. Não se confundem com nenhuma delas, porquanto são constituídas de elementos diversos e apresentam finalidades distintas, impondo o reconhecimento das suas especificidades.

Sob o aspecto formal, é a consequência jurídica decorrente de ato infracional praticado por adolescente. Substancialmente, é a providência mesclada por razões de defesa social e de intervenção no processo educativo do adolescente, visando à reversão do potencial criminógeno demonstrado com a prática da infração.

O prefixo "sócio", significante de social e, portanto, relativo à sociedade, une-se a outro adjetivo, "educativa", situação ou coisa referendada à educação, dando origem à palavra "socioeducativa", que, agregada ao substantivo "medida", indica providência de dupla natureza. Surge com o ECA, dando origem a uma ciência, ramo ou segmento ainda em construção, conhecido como "socioeducação", designativo do conjunto de razões, princípios e formas de abordagem de adolescentes aos quais se atribui a

CURSO DE DIREITO DA CRIANÇA E DO ADOLESCENTE

prática de atos infracionais. Sua especificidade é manifesta, abrangendo vários aspectos distintos de outros ramos do direito, especialmente o penal.

As medidas socioeducativas são temperadas pelos seus componentes essenciais, defesa social e intervenção educativa, de modo que estão presentes em todas as medidas previstas em lei[1636], com maior ou menor preponderância.

Na advertência, o valor maior é o educativo, pois a admoestação ao autor de ato infracional constitui-se em instrumento de intervenção no processo educacional do adolescente, de modo a reforçar valores positivos de comportamento. Todavia, ainda que em grau muito menor, o componente defesa social também está presente, pois se espera que a repreensão verbal tenha a eficácia de prevenir novos ilícitos.

Na internação, ao reverso, a defesa social é a razão de maior peso, pois seria insensatez privar de liberdade adolescente que não oferecesse qualquer perigo social ou que não pudesse ser contido de outra forma, de vez que o ECA não tem finalidade retributiva, de castigo em relação ao mal causado. Mas também se interna, ainda que em razão menor, para que o adolescente possa ser submetido a um processo pedagógico permissivo de introjeção de valores positivos e de reconstrução de projetos de vida mediante o desenvolvimento de novas habilidades e condicionantes comportamentais.

Quanto mais grave é a medida socioeducativa, maior é sua carga de defesa social e, ao contrário, quanto mais branda, maior o desiderato da intervenção educacional.

Em resumo, a medida socioeducativa serve como instrumento de defesa social ao mesmo tempo que consubstancia meio de intervenção no desenvolvimento do adolescente, com a potencialidade de reversão do potencial infracional demonstrado com a realização do ilícito, propiciando competências, recursos e habilidades que permitam o enfrentar dos desafios do cotidiano em condições de civilidade.

1636. ECA, art. 112.

269. Medida socioeducativa adequada

Medida socioeducativa adequada é aquela cuja instrumentalidade resultou evidenciada pela simbiose entre seus dois elementos constitutivos, ou seja, entre o interesse juridicamente protegido de defesa da sociedade de atos infracionais e o não menos subordinante interesse em interferir no desenvolvimento do adolescente.

No sopesamento das razões de defesa social e de intervenção educativa utiliza-se o peso individualizado de cada uma delas, à luz das variáveis previstas abstratamente na lei. No ECA, como matriz, as considerações devem levar em conta a gravidade da infração, suas circunstâncias e a capacidade do adolescente em cumprir a medida socioeducativa em questionamento[1637].

Infração grave, em resumo e de forma objetiva, é aquela apenada com reclusão no Código Penal[1638]. Substancialmente, é aquela cujo resultado, além da ofensa material ao bem jurídico protegido, gera consequências pessoais e comunitárias trágicas, dolorosas e profundas, provocando danos e sofrimentos importantes. As circunstâncias do ato infracional, tudo que está no contexto da ação ou omissão, como motivações, meios empregados e comportamentos secundários à realização da conduta, compõem um cenário único de prática antissocial.

Já a capacidade de cumprimento da medida importa valoração das condições pessoais do adolescente, sob a ótica do prognóstico da eficácia, da sua aptidão para a produção do resultado socioeducativo. A oitiva de profissional qualificado[1639] ou a realização de estudo do caso pela equipe interprofissional[1640] têm por escopo auxiliar na identificação da medida adequada.

1637. ECA: "Art. 112. [...] § 1° A medida aplicada ao adolescente levará em conta a sua capacidade de cumpri-la, as circunstâncias e a gravidade da infração".

1638. O Código Penal, na sua estrutura lógica, apena com reclusão as condutas graves, com detenção as médias e com prisão simples as leves.

1639. ECA, art. 186, caput.

1640. ECA, art. 186, § 4°.

CURSO DE DIREITO DA CRIANÇA E DO ADOLESCENTE

Não se trata de um mero levantamento de dados, como estrutura familiar, escolaridade, inserção comunitária, domínio de certas habilidades e relatos da compreensão do adolescente a respeito da sua própria conduta, mas de uma anamnese sociopsicológica voltada à compreensão das condicionantes do ato infracional perpetrado e ao estabelecimento das melhores estratégias de superação das suas causas.

Destaque-se, ainda, que, na aplicação das medidas, inclusive nas socioeducativas por força da remissão constante no art. 113 do ECA, "levar-se-ão em conta as necessidades pedagógicas, preferindo-se aquelas que visem ao fortalecimento dos vínculos familiares e comunitários"[1641], evidenciando o realce maior às potencialidades positivas do adolescente.

A preocupação com a adequação da medida transcende sua aplicação por sentença, impondo uma contínua reavaliação, de modo a aproximar-se cada vez mais do seu desiderato socioeducativo. Permite a lei a substituição da medida a qualquer tempo[1642], sempre na busca da adequação da medida, evoluindo da mais grave à mais branda. Além disso, a reavaliação periódica da internação[1643], da semiliberdade[1644] e da liberdade assistida[1645], bem como a exigência de elaboração do PIA, Plano Individual de Atendimento, inclusive para a prestação de serviços à comunidade, exigência prescrita no art. 52 da Lei n. 12.594, de 18 de janeiro de 2012[1646], reforça a necessidade de permanente preocupação com a medida socioeducativa adequada, sempre na perspectiva do componente educativo, potencialmente com maior eficácia para uma vida sem os recursos da violência do que a efemeridade da garantia da defesa social.

A medida socioeducativa adequada também é a razão de o ECA prescrever a inexistência de prazo determinado para as medidas de internação[1647]

1641. ECA, art. 100.

1642. ECA, art. 113, c/c o art. 99.

1643. ECA, art. 121, § 2º.

1644. ECA, art. 120, § 2º.

1645. ECA, art. 118, § 2º.

1646. Lei do Sinase.

1647. ECA: "Art. 121. [...] § 2º A medida não comporta prazo determinado, devendo sua manutenção ser reavaliada, mediante decisão fundamentada, no máximo a cada seis meses".

e de semiliberdade[1648], bem como estabelecer apenas limite mínimo para a liberdade assistida[1649] e máximo para a prestação de serviços à comunidade[1650]. Se fosse fixado tempo de cumprimento de medida, especialmente nas de privação de liberdade, a resposta estatal assumiria a feição apenas de reprimenda, como no direito penal, tanto que coube ao direito de execução penal a minoração desse caráter retributivo absoluto, mediante a previsão de direitos subjetivos capazes de diminuir a incidência temporal das penas. Ao limitar a possibilidade de privação de liberdade em 3 (três) anos, qualquer que seja a infração grave, cometida mediante violência ou grave ameaça a pessoa ou em reiteração a outra já praticada, com a determinação de reavaliações periódicas a cada seis meses, o legislador destacou ainda mais a distinção entre penas e medidas socioeducativas, optando pela intervenção potencialmente capaz de reverter o potencial infracional. Se for possível um prognóstico favorável, entendido como projeção de comportamento futuro em condições de civilidade e respeito às pessoas e à própria comunidade, a medida socioeducativa deve ser o mais curta possível, sem prejuízo dos auxílios e apoios necessários para que o adolescente possa superar as adversidades que contribuíram para a prática infracional.

270. Espécies de medidas socioeducativas

Duas ordens de medidas socioeducativas estão presentes no ECA, como respostas à violação do direito: as medidas socioeducativas próprias e as impróprias. As primeiras são aquelas previstas somente em razão da prática de

---

1648. ECA: "Art. 120. [...] § 2º A medida não comporta prazo determinado aplicando-se, no que couber, as disposições relativas à internação".

1649. ECA: "Art. 118. [...] § 2º A liberdade assistida será fixada pelo prazo mínimo de seis meses, podendo a qualquer tempo ser prorrogada, revogada ou substituída por outra medida, ouvido o orientador, o Ministério Público e o defensor".

1650. ECA: "Art. 117. A prestação de serviços comunitários consiste na realização de tarefas gratuitas de interesse geral, por período não excedente a seis meses, junto a entidades assistenciais, hospitais, escolas e outros estabelecimentos congêneres, bem como em programas comunitários ou governamentais".

CURSO DE DIREITO DA CRIANÇA E DO ADOLESCENTE

ato infracional, destinadas exclusivamente aos adolescentes. As segundas, previstas originariamente em razão de situação de risco[1651], são aquelas aplicáveis em decorrência de atos infracionais cometidos por crianças e adolescentes, tratando-se, neste último caso, de medidas incidentes subsidiariamente.

As medidas socioeducativas próprias são as elencadas no art. 112, I a VI, do ECA, a saber: (a) advertência; (b) obrigação de reparar o dano; (c) prestação de serviços à comunidade; (d) liberdade assistida; (e) semiliberdade; e (f) internação.

As impróprias, permitidas pelo art. 112, VII, do ECA, são aquelas arroladas no art. 101, I a VI, do mesmo diploma legal, assim nominadas: (a) encaminhamento aos pais ou responsável, mediante termo de responsabilidade[1652]; (b) orientação, apoio e acompanhamento temporários[1653]; (c) matrícula e frequência obrigatórias em estabelecimento oficial de ensino fundamental[1654]; (d) inclusão em serviços e programas oficiais ou comunitários de proteção, apoio e promoção da família, da criança e do adolescente[1655]; (e) requisição de tratamento médico, psicológico ou psiquiátrico, em regime hospitalar ou ambulatorial[1656]; e (f) inclusão em programa oficial ou comunitário de auxílio, orientação e tratamento a alcoólatras e toxicômanos[1657].

No programa socioeducativo, cada uma das medidas tem suas características peculiares, derivadas especialmente de seus regimes de execução. Têm em comum o desiderato da socioeducação, fundamento do sistema de coibição da criminalidade infantojuvenil, representando verdadeiro trato da diferença, da consideração absoluta de condições peculiares do sujeito que o qualificam, em todos os aspectos do desenvolvimento, como criança

---

1651. V. § 123, Capítulo XIX, deste livro.
1652. V. § 146, Capítulo XX, deste livro.
1653. V. § 147, Capítulo XX, deste livro.
1654. V. § 148, Capítulo XX, deste livro.
1655. V. § 149, Capítulo XX, deste livro.
1656. V. § 150, Capítulo XX, deste livro.
1657. V. § 151, Capítulo XX, deste livro.

ou adolescente. A diferença entre crianças e adolescentes autores de atos infracionais, especialmente graves, está no fato de que as medidas previstas para as crianças não contêm nenhuma carga de defesa social, de modo que eventual necessidade de contenção, em preservação da integridade própria ou de terceiros, opera-se exclusivamente na esfera educativa, com reforço, se necessário, da saúde.

271. Aplicação isolada, cumulativa, substituição e extinção das medidas socioeducativas

O art. 99 do ECA, aplicável às medidas socioeducativas por força da remissão constante do art. 113 do mesmo diploma legal, prescreve que: "As medidas previstas neste Capítulo poderão ser aplicadas isolada ou cumulativamente, bem como substituídas a qualquer tempo".

A norma em questão dirige-se exclusivamente à medida socioeducativa aplicada por sentença, de vez que a resultante de remissão, por decorrer de avença, não pode ser alterada unilateralmente, estando sua revisão disciplinada por regra própria[1658].

Tanto a aplicação isolada como a cumulativa e a derivada de substituição estão sujeitas à verificação da sua possibilidade jurídica. Se o ato infracional praticado não autorizar a privação de liberdade[1659] ou a medida originária advir de remissão[1660], não é possível que a medida substituta encerre internação ou colocação em casa de semiliberdade.

A aplicação cumulativa pressupõe, além da possibilidade jurídica, compatibilidade. Devem poder coexistir, se juntarem em conjunto que permita

---

1658. ECA: "Art. 128. A medida aplicada por força da remissão poderá ser revista judicialmente, a qualquer tempo, mediante pedido expresso do adolescente ou de seu representante legal, ou do Ministério Público".

1659. ECA, arts. 122 e 120, § 2º.

1660. ECA, art. 127.

potencializar um resultado satisfatório, o que se visualiza principalmente na reunião de medidas socioeducativas próprias e impróprias. Somar a medida socioeducativa de liberdade assistida, exemplificando, com a medida de proteção de apoio à família pode representar o aumento das perspectivas de superação das adversidades facilitadoras da infração.

A substituição de medidas importa regressão ou progressão. A regressão é o passo da mais branda para a mais gravosa, subordinada à sua possibilidade jurídica. De acordo com a Súmula 265 do STJ[1661], deverá ser precedida da oitiva do adolescente, bem como reclama incidente em separado ao processo de execução, nos termos dos arts. 42 e 43 da Lei do Sinase[1662].

Já a progressão, passagem da mais grave à mais branda, pode ser determinada nos próprios autos do processo de execução, principalmente à luz das conclusões do Plano Individual de Atendimento, PIA. A progressão da internação para a semiliberdade foi prevista expressamente, prescrevendo a lei que o "regime de semiliberdade pode ser determinado desde o início, ou como forma de transição para o meio aberto"[1663].

Regressão de medida socioeducativa não se confunde com a internação-sanção, que não substitui a medida anteriormente imposta nem causa a extinção da originária, representando apenas um instrumento de coerção ao cumprimento das obrigações inerentes à medida aplicada. A substituição, por outro lado, inaugura uma nova fase de cumprimento da medida, sujeita às caraterísticas da nova medida aplicada.

A extinção das medidas socioeducativas vem disciplinada pelo art. 16 da Lei do Sinase[1664], que arrola suas hipóteses: (a) morte do adolescente; (b) realização de sua finalidade; (c) aplicação de pena privativa de liberdade, a ser cumprida em regime fechado ou semiaberto, em execução provisória

---

1661. STJ, Súmula 265: "É necessária a oitiva do menor infrator antes de decretar-se a regressão da medida socioeducativa".

1662. Lei n. 12.594, de 18 de janeiro de 2012.

1663. ECA, art. 120, caput.

1664. Lei n. 12.594, de 18 de janeiro de 2012.

ou definitiva; (d) pela condição de doença grave, que torne o adolescente incapaz de se submeter ao cumprimento da medida; e (e) outras hipóteses previstas em lei.

No cotejo com o art. 66, II, da Lei de Execuções Penais[1665], do qual se extrai a extinção da punibilidade pelo cumprimento da pena, bem como das causas de extinção da punibilidade afetas ao Juiz Criminal do processo de conhecimento, na forma do art. 107 do Código Penal[1666], verifica-se que a base das normas atinentes à extinção das medidas socioeducativas, previstas no ECA, difere das penais, ante a priorização do atingimento da finalidade socioeducativa na Lei do Sinase.

Importa mais a consecução do objetivo da pacificação e da apropriação de mecanismos adequados ao enfrentamento civilizado dos desafios do convívio social do que razões formais, como o cumprimento da pena e outras razões jurídicas de extinção da punibilidade, evidenciando o enfoque eminentemente retributivo ainda presente na legislação penal. Ao contrário, pretende o ECA a inserção do adolescente no mundo da civilidade mediante o exercício de direitos propícios ao "desenvolvimento físico, mental, moral, espiritual e social, em condições de liberdade e de dignidade"[1667].

272. Advertência

Advertência é medida socioeducativa consistente em admoestação verbal ao autor de ato infracional. Importa repreensão, censura, verbalização

---

1665. LEP: "Art. 66. Compete ao Juiz da execução: [...] II — declarar extinta a punibilidade".

1666. CP: "Art. 107. Extingue-se a punibilidade: I — pela morte do agente; II — pela anistia, graça ou indulto; III — pela retroatividade de lei que não mais considera o fato como criminoso; IV — pela prescrição, decadência ou perempção; V — pela renúncia do direito de queixa ou pelo perdão aceito, nos crimes de ação privada; VI — pela retratação do agente, nos casos em que a lei a admite; VII — revogado; VIII — revogado; IX — pelo perdão judicial, nos casos previstos em lei".

1667. ECA, art. 3º.

CURSO DE DIREITO DA CRIANÇA E DO ADOLESCENTE

do "não" ao ato cometido, levando ao seu autor a clara ideia de reprovação. Isso não significa achincalhe, menosprezo, ridicularização, não só porque o adolescente, ainda que apontado como autor de ato infracional, tem direito ao respeito[1668], mas também porque a autoridade tem o dever de urbanidade para com todos[1669], valendo lembrar que o extremo da imposição de vexame ou constrangimento importa crime previsto no ECA[1670].

Reclama audiência admonitória, sob pena de se transformar em ato burocrático, desprovido de significado. O contato do adolescente com o Juiz de Direito reveste-se de simbolismo, representando, não raras vezes, a visualização da autoridade e a preocupação com a sua vida, presente e futura, manifestação de interesse que pode potencializar reações positivas. Também se insere no contexto de acesso à justiça[1671], sinalizando a universalidade do atendimento judicial.

O ato formal de advertência será reduzido a termo, expressão escrita de conteúdo, que será assinado pelos presentes na audiência admonitória[1672], emprestando solenidade ao ato, o que realça seu caráter pedagógico. A admoestação verbal é a medida socioeducativa mais carregada do componente da intervenção no processo de amadurecimento do adolescente, ainda que sirva como instrumento de defesa social, na perspectiva de alerta ao adolescente das consequências comunitárias e pessoais dos seus atos, inclusive para ele próprio.

1668. ECA: "Art. 17. O direito ao respeito consiste na inviolabilidade da integridade física, psíquica e moral da criança e do adolescente, abrangendo a preservação da imagem, da identidade, da autonomia, dos valores, ideias e crenças, dos espaços e objetos pessoais".

1669. Lei Complementar n. 35, de 14 de março de 1979: "Art. 35. São deveres do magistrado: [...] IV — tratar com urbanidade as partes, os membros do Ministério Público, os advogados, as testemunhas, os funcionários e auxiliares da Justiça, e atender aos que o procurarem, a qualquer momento, quando se trate de providência que reclame e possibilite solução de urgência".

1670. ECA: "Art. 232. Submeter criança ou adolescente sob sua autoridade, guarda ou vigilância a vexame ou a constrangimento: Pena — detenção de seis meses a dois anos".

1671. ECA: "Art. 141. É garantido o acesso de toda criança ou adolescente à Defensoria Pública, ao Ministério Público e ao Poder Judiciário, por qualquer de seus órgãos".

1672. ECA, art. 115.

273. Obrigação de reparar os danos

A reparação dos danos, na essência, visa ao retorno das coisas ao estado anterior à violação do direito. Nem sempre isso é possível, pois às vezes o cometimento do ilícito encerra alterações objetivas irreversíveis, de modo que formalmente são adotadas providências que equivalem, material ou formalmente, à composição dos prejuízos. A reparação, portanto, está relacionada às consequências da infração, reflexos morais e/ou patrimoniais, na sua extensão e gravidade.

Nesse contexto lógico, a medida socioeducativa de reparação dos danos consiste na obrigação de recomposição, material ou formal, das coisas ao estado anterior à prática do ilícito, removendo ou minimizando as suas consequências negativas. Compreende, nos termos da lei[1673], restituição da coisa, ressarcimento do dano ou compensação do prejuízo.

A restituição da coisa está relacionada àquelas infrações em que a apreensão indevida de objeto alheio, como o roubo, o furto, a apropriação indébita, o peculato etc., constitui-se em elemento normativo do tipo penal correspondente ao ato infracional. Resgata a cultura popular da devolução da coisa indevidamente apropriada pela criança ou pelo adolescente, tendo o componente pedagógico da imoralidade representada pela tomada de objeto não pertencente ao seu dono. A ninguém é dado assumir a posse de coisa que não lhe pertence, postulado ético que pode fazer parte do arcabouço moral da pessoa e funcionar como impediente à prática da infração, de modo que a medida socioeducativa pode funcionar como mecanismo de introjeção de valor positivo.

O ressarcimento do dano consiste na indenização dos prejuízos causados, no reembolso das perdas experimentadas pela vítima em razão do desaparecimento, destruição ou quebra do objeto, deixando-o inservível

---

1673. ECA: "Art. 116. Em se tratando de ato infracional com reflexos patrimoniais, a autoridade poderá determinar, se for o caso, que o adolescente restitua a coisa, promova o ressarcimento do dano, ou, por outra forma, compense o prejuízo da vítima".

ou depreciado em seu valor. Tem por fito, quando possível, a restauração da coisa, deixando-a como estava antes do ilícito.

A compensação do prejuízo, por sua vez, visa neutralizar, contrabalançar ou anular a perda, corrigindo a diminuição patrimonial ou moral experimentada pela vítima, equilibrando sua vida alterada pela infração. Também pode ser utilizada na reparação de danos morais, de vez que dor, sofrimento e angústia não podem ser totalmente corrigidos, somente formalmente compensados.

A reparação dos danos não é uma medida que possa ser aplicável aos pais ou responsável, sob pena de perda de seu conteúdo pedagógico. Não se confunde com a obrigação de reparação de danos prevista no Código Civil[1674], dependente de ação própria na esfera cível, de modo que deve incidir sobre o próprio adolescente ante o significado da responsabilização.

Se o adolescente causa danos com seu ato ilícito, deve repará-los a suas expensas, inclusive com o sacrifício de seus bens pessoais, de modo a perceber a gravidade da sua conduta. Mas, advirta-se, essa utilização de bens próprios não importa expropriação pelo Juiz da Infância e da Juventude, na medida em que ninguém poderá ser privado de seus bens sem o devido processo legal[1675], reclamando ajuste pedagógico com a família e o adolescente, na perspectiva do convencimento de que o desfazimento de coisas pessoais para a reparação dos danos causados a outrem representa ação educativa.

Não existe no ECA norma semelhante à prevista no art. 91, I, do Código Penal, que considera efeito da condenação "tornar certa a obrigação de indenizar o dano causado pelo crime", completada pelas normas residentes nos arts. 63 do CPP e 515, VI, do CPC, que consideram a sentença penal condenatória transitada em julgado como título executivo

---

1674. Código Civil: "Art. 932. São também responsáveis pela reparação civil: I — os pais, pelos filhos menores que estiverem sob sua autoridade e em sua companhia; II — o tutor e o curador, pelos pupilos e curatelados, que se acharem nas mesmas condições".

1675. CF, art. 5º, LIV.

judicial dependente apenas de liquidação, de modo que a hipótese de ato infracional exige ação de conhecimento na esfera cível contra os pais ou o responsável, ou mesmo contra o próprio adolescente, na hipótese do art. 928 do Código Civil[1676].

No caso de impraticabilidade da providência, seja material ou porque o adolescente não adere à medida socioeducativa de reparação de danos, o ECA se antecipa ao eventual descumprimento e prescreve que, "havendo manifesta impossibilidade, a medida poderá ser substituída por outra adequada"[1677], sem prejuízo da promoção da responsabilidade civil na esfera apropriada. A impossibilidade material deve ser inegável, óbvia, indiscutível, indicando que, na dúvida ou na falta de elementos, o Juiz deve perquirir da sua oportunidade, somente abandonando a reparação de danos nos atos infracionais com reflexos patrimoniais quando manifesta a sua inviabilidade.

274. Prestação de serviços comunitários

A prestação de serviços comunitários, conhecida como PSC, prevista como medida socioeducativa no art. 112, III, do ECA, conta com definição expressa. Consiste, diz a lei[1678], "na realização de tarefas gratuitas de interesse geral, por período não excedente a seis meses, junto a entidades assistenciais, hospitais, escolas e outros estabelecimentos congêneres, bem como em programas comunitários ou governamentais".

A Lei n. 12.594, de 18 de janeiro de 2012, que instituiu o Sistema Nacional de Atendimento Socioeducativo (Sinase), introduziu mudanças na prestação de serviços à comunidade, medida originariamente apenas

---

1676. CC: "Art. 928. O incapaz responde pelos prejuízos que causar, se as pessoas por ele responsáveis não tiverem obrigação de fazê-lo ou não dispuserem de meios suficientes. Parágrafo único. A indenização prevista neste artigo, que deverá ser equitativa, não terá lugar se privar do necessário o incapaz ou as pessoas que dele dependem".

1677. ECA, art. 116, parágrafo único.

1678. ECA, art. 117.

CURSO DE DIREITO DA CRIANÇA E DO ADOLESCENTE

disciplinada no ECA. Considerou expressamente a PSC como um programa socioeducativo desenvolvido em regime próprio, expressamente a incluindo no rol constante do art. 90 do ECA[1679], fixando a PSC como de responsabilidade de entidades de atendimento[1680].

Considerada medida socioeducativa em meio aberto[1681], a PSC pressupõe programa municipal de oferta do serviço[1682], exigindo, além de procedimento específico para cada pessoa submetida ao regime[1683], a feitura de Plano Individual de Atendimento, "instrumento de previsão, registro e gestão das atividades a serem desenvolvidas com o adolescente"[1684], bem como estabeleceu as principais obrigações dos dirigentes do programa[1685].

Entre as inovações, destaca-se a figura do orientador de PSC que, por indicação remissiva do art. 24 da Lei n. 12.594, de 18 de janeiro de 2012, ao art. 119 do ECA, tem, entre outras, as funções de: "promover socialmente o adolescente e sua família, fornecendo-lhes orientação e inserindo-os, se necessário, em programa oficial ou comunitário de auxílio e assistência social; II — supervisionar a frequência e o aproveitamento escolar do adolescente, promovendo, inclusive, sua matrícula; III — diligenciar no sentido da profissionalização do adolescente e de sua inserção no mercado de trabalho; IV — apresentar relatório do caso".

1679. Lei n. 12.594, de 18 de janeiro de 2012, art. 86.

1680. V. § 223, Capítulo XXIX, deste livro.

1681. Lei n. 12.594, de 18 de janeiro de 2012, art. 13.

1682. Lei n. 12.594, de 18 de janeiro de 2012, art. 5º, III.

1683. Lei n. 12.594, de 18 de janeiro de 2012: "Art. 39. Para aplicação das medidas socioeducativas de prestação de serviços à comunidade, liberdade assistida, semiliberdade ou internação, será constituído processo de execução para cada adolescente, respeitado o disposto nos arts. 143 e 144 da Lei n. 8.069, de 13 de julho de 1990 (Estatuto da Criança e do Adolescente), e com autuação das seguintes peças: I — documentos de caráter pessoal do adolescente existentes no processo de conhecimento, especialmente os que comprovem sua idade; e II — as indicadas pela autoridade judiciária, sempre que houver necessidade e, obrigatoriamente: a) cópia da representação; b) cópia da certidão de antecedentes; c) cópia da sentença ou acórdão; e d) cópia de estudos técnicos realizados durante a fase de conhecimento. Parágrafo único. Procedimento idêntico será observado na hipótese de medida aplicada em sede de remissão, como forma de suspensão do processo".

1684. Lei n. 12.594, de 18 de janeiro de 2012, art. 52.

1685. Lei n. 12.594, de 18 de janeiro de 2012, art. 13.

O mais importante é que o orientador de PSC, acompanhando as tarefas comunitárias realizadas pelo adolescente, dentro do respectivo programa, discuta o valor e a importância dos trabalhos para a comunidade, especialmente ante o reconhecimento da relevância social dos afazeres efetuados em prol de todos. Isso tem a potencialidade de repercutir na autoestima do jovem e de indicar um caminho de inserção positiva em grupos sociais em que primados da civilidade têm maior destaque dos que os representados pela criminalidade.

O conceito legal de PSC não esgota seu conteúdo básico, posto que o ECA, quando tratou genericamente das medidas socioeducativas, prescreveu que, "em hipótese alguma e sob pretexto algum, será admitida a prestação de trabalho forçado"[1686], evidenciando desde logo o respeito à garantia fundamental expressa no art. 5º, XLVII, c, da Constituição da República, que proíbe penas de trabalhos forçados[1687]. É de destacar sua imperatividade, revelada pelo uso das expressões "em hipótese alguma" e "sob pretexto algum", não deixando margem a qualquer outra interpretação a não ser da negativa a trabalho forçado, de sorte que a medida reclama aquiescência do adolescente.

Ainda que possa, não cabe ao juiz obter o consentimento do adolescente à PSC como condicionante da sentença. A autoridade judiciária fixa a medida na sua decisão e encaminha o adolescente ao programa, ocasião em que o jovem manifesta ou não seu consentimento ao orientador, à luz das circunstâncias concretas. Se concorde, apenas se faz a juntada da adesão ao procedimento de execução; havendo negativa, o fato será comunicado ao juiz para adoção de outra medida, visto que a PSC não se mostrou adequada ao caso concreto.

1686. ECA, art. 112, § 2º.

1687. CF: "Art. 5º Todos são iguais perante a lei, sem distinção de qualquer natureza, garantindo-se aos brasileiros e aos estrangeiros residentes no País a inviolabilidade do direito à vida, à liberdade, à igualdade, à segurança e à propriedade, nos termos seguintes: [...] XLVII — não haverá penas: a) de morte, salvo em caso de guerra declarada, nos termos do art. 84, XIX; b) de caráter perpétuo; c) de trabalhos forçados; d) de banimento; e) cruéis".

CURSO DE DIREITO DA CRIANÇA E DO ADOLESCENTE 603

Neste sentido, ainda que reserva mental possa ocorrer quando da aceitação da prestação de serviços à comunidade, é certo que é o primeiro ato positivo e objetivo de abertura valorativa quanto aos diferentes projetos de vida, de modo que, de aparente empecilho, é, na verdade, o inicial passo de eventual transformação comportamental.

O trabalho, na PSC, não pode ser tomado como castigo, mas empréstimo de atividade transformadora para a obtenção de resultado socialmente útil. Diz a lei que as tarefas são de interesse geral, aquelas que pela sua relevância importam à comunidade e lhe determinam reconhecimento. Sem essa perspectiva, ausente a finalidade pública, a medida perde sua essência e não tem a potencialidade pedagógica necessária à reflexão comportamental. A própria escolha legal dos locais das tarefas — entidades assistenciais, hospitais, escolas, programas comunitários ou governamentais — carrega a ideia de espaços de visualização do significativo valor desses equipamentos para as pessoas da comunidade.

Ao se considerar as aptidões do adolescente para a definição das tarefas[1688], apostou o legislador no desenvolvimento dos talentos e/ou habilidades preexistentes, de modo a utilizar a medida socioeducativa como fomento à atualização e desenvolvimento das potencialidades, reorientando seu caráter sancionatório para uma oportunidade, talvez derradeira no contexto infracional, de exercício de uma atividade prazerosa como elemento de superação dos apelos à criminalidade.

No mesmo dispositivo anteriormente citado[1689], o legislador proibiu carga horária superior a 8 (oito) horas semanais, indicando que a medida não deve acarretar prejuízo à frequência escolar ou à jornada normal de trabalho, certamente atento ao valor da educação formal e do trabalho no processo integral de desenvolvimento do adolescente, sempre de acordo com as peculiaridades do caso concreto.

1688. ECA: "Art. 117. [...] Parágrafo único. As tarefas serão atribuídas conforme as aptidões do adolescente, devendo ser cumpridas durante jornada máxima de oito horas semanais, aos sábados, domingos e feriados ou em dias úteis, de modo a não prejudicar a frequência à escola ou à jornada normal de trabalho".

1689. ECA, art. 117, parágrafo único.

A PSC não importa pena restritiva de direito, na dicção introduzida no Código Penal com a edição de uma nova Parte Geral[1690], que a considerou desta forma, na letra original de seu art. 43, I, hoje residente em seu inciso III, por força da redação dada pela Lei n. 9.714, de 25 de novembro de 1998. Além da distinção entre medida socioeducativa e pena[1691], na restrição de direito verifica-se o desiderato básico da substituição da pena privativa de liberdade, enquanto no ECA o objetivo principal é essencialmente educativo. Além disso, na forma do art. 44 do Código Penal, a pena restritiva, como substitutiva da prisão, importa direito subjetivo do condenado, desde que preencha os requisitos[1692], ao passo que a PSC do ECA é adotada como instrumento de intervenção no processo educativo do adolescente, podendo ser resultado de progressão ou ser aplicada desde logo, bastando que tenha a potencialidade para reverter o potencial criminógeno demonstrado com a prática da infração. Anote-se também que, no ECA, a PSC não está condicionada à gravidade do ato infracional, sendo adotada no CP somente nas hipóteses de crimes apenados até 4 (quatro) anos de prisão e sem violência ou grave ameaça à pessoa, ou, qualquer que seja o crime, se cometido na modalidade culposa.

1690. Lei n. 7.209, de 11 de julho de 1984.

1691. V. § 268, Capítulo XXXVII, deste livro.

1692. CP: "Art. 44. As penas restritivas de direitos são autônomas e substituem as privativas de liberdade, quando: I — aplicada pena privativa de liberdade não superior a quatro anos e o crime não for cometido com violência ou grave ameaça à pessoa ou, qualquer que seja a pena aplicada, se o crime for culposo; II — o réu não for reincidente em crime doloso; III — a culpabilidade, os antecedentes, a conduta social e a personalidade do condenado, bem como os motivos e as circunstâncias indicarem que essa substituição seja suficiente. [...] § 2º Na condenação igual ou inferior a um ano, a substituição pode ser feita por multa ou por uma pena restritiva de direitos; se superior a um ano, a pena privativa de liberdade pode ser substituída por uma pena restritiva de direitos e multa ou por duas restritivas de direitos. § 3º Se o condenado for reincidente, o juiz poderá aplicar a substituição, desde que, em face de condenação anterior, a medida seja socialmente recomendável e a reincidência não se tenha operado em virtude da prática do mesmo crime. § 4º A pena restritiva de direitos converte-se em privativa de liberdade quando ocorrer o descumprimento injustificado da restrição imposta. No cálculo da pena privativa de liberdade a executar será deduzido o tempo cumprido da pena restritiva de direitos, respeitado o saldo mínimo de trinta dias de detenção ou reclusão. § 5º Sobrevindo condenação a pena privativa de liberdade, por outro crime, o juiz da execução penal decidirá sobre a conversão, podendo deixar de aplicá-la se for possível ao condenado cumprir a pena substitutiva anterior".

CURSO DE DIREITO DA CRIANÇA E DO ADOLESCENTE

275. Liberdade assistida

Uma das mais tradicionais medidas da área da infância e da juventude, a liberdade assistida representa evolução do livramento condicional para menores com 16 (dezesseis) anos de idade completos e cumpridores de metade do tempo de internação, conforme previsão na Lei n. 4.242, de 6 de janeiro de 1921, da liberdade vigiada que veio com o Código Mello Mattos[1693] e da sua antecessora no Código de Menores[1694], já com a denominação atual.

A medida socioeducativa de liberdade assistida, no ECA, consiste no acompanhamento do adolescente em meio aberto, mediante a presença de um orientador que, junto ao assistido, o auxilia a superar suas adversidades, promovendo-o socialmente e à sua família, supervisionando e acompanhando seu desenvolvimento escolar e colaborando para sua formação profissional e colocação no mercado de trabalho. É o que se extrai das regras dos arts. 118 e 119 do ECA[1695].

Passou de forma de abreviação da internação mediante livramento condicional, da liberdade vigiada destinada exclusivamente ao controle social[1696], da forma prevista no Código de Menores "para o fim de vigiar,

---

1693. Decreto n. 17.943-A, de 12 de outubro de 1927.

1694. Lei n. 6.697, de 10 de outubro de 1979.

1695. ECA:"Art. 118. A liberdade assistida será adotada sempre que se afigurar a medida mais adequada para o fim de acompanhar, auxiliar e orientar o adolescente. § 1º A autoridade designará pessoa capacitada para acompanhar o caso, a qual poderá ser recomendada por entidade ou programa de atendimento. § 2º A liberdade assistida será fixada pelo prazo mínimo de seis meses, podendo a qualquer tempo ser prorrogada, revogada ou substituída por outra medida, ouvido o orientador, o Ministério Público e o defensor. Art. 119. Incumbe ao orientador, com o apoio e a supervisão da autoridade competente, a realização dos seguintes encargos, entre outros: I — promover socialmente o adolescente e sua família, fornecendo-lhes orientação e inserindo-os, se necessário, em programa oficial ou comunitário de auxílio e assistência social; II — supervisionar a frequência e o aproveitamento escolar do adolescente, promovendo, inclusive, sua matrícula; III — diligenciar no sentido da profissionalização do adolescente e de sua inserção no mercado de trabalho; IV — apresentar relatório do caso".

1696. Interessante, neste aspecto, anotar que o Código Mello Mattos previa que o Juiz de Menores ou o Tribunal poderia sujeitar o menor "absolvido" à liberdade vigiada, conforme o art. 73, *d*.

auxiliar, tratar e orientar o menor"[1697], para uma medida de apoio ao desenvolvimento educacional e social do adolescente, em meio aberto.

O ECA fala em "acompanhar, auxiliar e orientar o adolescente", expurgando as ideias de vigilância e tratamento, a primeira expressão indicativa do exercício descompromissado da fiscalização e a segunda pressupondo uma patologia capaz de ser curada mediante remédios controladores da liberdade. A ideia básica do ECA é a da colaboração, da parceria, do interesse pelo adolescente, capaz de fomentar condições positivas para o enfrentamento dos desafios do cotidiano sem o recurso da ilicitude.

Sob esse enfoque é que o juiz deve estabelecer condições da liberdade assistida, não mais sob o enfoque da vigilância e tratamento, mas na concepção de providências que auxiliem o adolescente no seu próprio ambiente de vivência, premissas positivas imprescindíveis ao seu desenvolvimento, que serão objeto de materialização com o apoio do orientador de liberdade assistida.

Seu cumprimento adequado depende do Plano Individual de Atendimento, PIA, consoante o art. 52 da Lei do Sinase[1698], que deverá ser elaborado no prazo máximo de 15 (quinze) dias do ingresso do adolescente no programa[1699].

No cotejo das normas residentes no § 1º do art. 128 do ECA[1700] e no art. 13 da Lei do Sinase[1701], é possível vislumbrar duas formas de mate-

---

1697. CM, art. 38.

1698. Lei n. 12.594, de 18 de janeiro de 2012, art. 52.

1699. Lei n. 12.594, de 18 de janeiro de 2012, art. 56.

1700. ECA: "Art. 118. [...] § 1º A autoridade designará pessoa capacitada para acompanhar o caso, a qual poderá ser recomendada por entidade ou programa de atendimento".

1701. Lei n. 12.594, de 18 de janeiro de 2012: "Art. 13. Compete à direção do programa de prestação de serviços à comunidade ou de liberdade assistida: I — selecionar e credenciar orientadores, designando-os, caso a caso, para acompanhar e avaliar o cumprimento da medida; II — receber o adolescente e seus pais ou responsável e orientá-los sobre a finalidade da medida e a organização e funcionamento do programa; III — encaminhar o adolescente para o orientador credenciado; IV — supervisionar o desenvolvimento da medida; e V — avaliar, com o orientador, a evolução do cumprimento da medida e, se necessário, propor à autoridade judiciária sua substituição, suspensão ou extinção. Parágrafo único. O rol de orientadores credenciados deverá ser comunicado, semestralmente, à autoridade judiciária e ao Ministério Público".

CURSO DE DIREITO DA CRIANÇA E DO ADOLESCENTE

rialização da liberdade assistida: (a) pelo juiz, em audiência; e (b) mediante o concurso de programa municipal de liberdade assistida.

Na primeira hipótese, em audiência de instrução e julgamento ou mesmo de leitura de sentença ou admonitória, o juiz informa o adolescente da imposição da medida, indica as condições mínimas e faz a apresentação do orientador de liberdade assistida, que a partir daquele momento fica encarregado da supervisão da providência em meio aberto. Em 15 (quinze) dias, o orientador encaminha seu relatório, nos termos do Plano Individual de Atendimento, PIA, ocasião em que o Juiz poderá rever as condições iniciais, fixando novas, suprimindo antigas e/ou referendando as inicialmente indicadas. Essa forma de liberdade assistida, com fundamento no § 1º do art. 128 do ECA, pode ser adotada em municípios pequenos, com baixo índice de atos infracionais a ponto de não justificar a presença de um programa permanente[1702], dependente apenas da mobilização da comunidade local, que, enquanto forma de liberdade assistida comunitária, pode propiciar voluntários para a execução da medida.

A liberdade assistida inserida em programa de atendimento, de responsabilidade municipal adequada à demanda, pressupõe a seguinte sequência: (a) aplicação da medida pela autoridade judiciária, homologando/concedendo remissão ou impondo-a por sentença; (b) comunicação da medida ao dirigente do programa municipal; (c) designação pelo programa de ato receptivo, para diálogo inicial com o adolescente e sua família, com a participação do orientador designado; (d) apresentação à autoridade judiciária, no prazo de 15 (quinze) dias, do PIA; e (e) acompanhamento do caso, mediante relatórios, até a substituição ou extinção da medida, precedida, se for o caso, de audiência designada pela autoridade judiciária[1703].

1702. De acordo com o art. 5º, III, da Lei do Sinase, Lei n. 12.594, de 18 de janeiro de 2012, compete aos municípios "criar e manter programas de atendimento para a execução das medidas socioeducativas em meio aberto".

1703. Lei n. 12.594, de 18 de janeiro de 2012: "Art. 42. As medidas socioeducativas de liberdade assistida, de semiliberdade e de internação deverão ser reavaliadas no máximo a cada 6 (seis) meses, podendo a autoridade judiciária, se necessário, designar audiência, no prazo máximo de 10 (dez) dias, cientificando o defensor, o Ministério Público, a direção do programa de atendimento, o adolescente e seus pais ou responsável".

Ao contrário da internação e da semiliberdade, impostas por prazo indeterminado, a liberdade assistida exige a fixação de prazo mínimo na decisão. De acordo com o § 2º do art. 118 do ECA, a "liberdade assistida será fixada pelo prazo mínimo de seis meses, podendo a qualquer tempo ser prorrogada, revogada ou substituída por outra medida, ouvido o orientador, o Ministério Público e o defensor". Como o enfoque básico é o do acompanhamento, o desenvolvimento de atividades em meio aberto, notadamente de escolarização e profissionalização, o legislador fixou prazo mínimo de vigência dessa forma de assistência intensa pelo orientador, de modo que eventual mudança, seja prorrogação, substituição ou extinção da medida, está condicionada à sua necessidade e utilidade do auxílio em meio aberto.

276. Colocação em casa de semiliberdade

A colocação em casa de semiliberdade é uma medida socioeducativa restritiva do direito de ir, vir e permanecer, consistente na convivência de períodos de permanência obrigatória do adolescente no estabelecimento educacional e outros de convivência externa, fora dos limites da instituição.

Nos regimes fechado e aberto, os extremos estão representados pelo confinamento interno e a liberdade externa. O confinamento interno não importa isolamento pessoal do internado, de caráter excepcional, na forma do art. 48, § 2º, da Lei do Sinase[1704], bem como a liberdade do submetido à medida cumprida em meio aberto pode ter como uma de suas condições o recolhimento noturno à sua residência.

A colocação em casa de semiliberdade é uma medida intermediária, podendo ser determinada desde o início ou como forma de transição

---

1704. Lei n. 12.594, de 18 de janeiro de 2012: "Art. 48. [...] § 2º É vedada a aplicação de sanção disciplinar de isolamento a adolescente interno, exceto seja essa imprescindível para garantia da segurança de outros internos ou do próprio adolescente a quem seja imposta a sanção, sendo necessária ainda comunicação ao defensor, ao Ministério Público e à autoridade judiciária em até 24 (vinte e quatro) horas".

para o meio aberto, em que o confinamento interno, noturno, é equilibrado pela possibilidade real de realização de atividades externas[1705]. Essa convivência comunitária é previamente autorizada pela lei, de modo que independe de autorização judicial; a autoridade administrativa, o dirigente da entidade ou programa de atendimento, tem a prerrogativa de indicar as atividades, os locais e períodos da sua realização, não podendo suprimi-las, sob pena de sua desnaturação como semiliberdade. Ultrapassado o período inicial de inserção do jovem na casa de semiliberdade, as indicações das melhores atividades em concreto deverão fazer parte do Plano Individual de Atendimento, PIA[1706].

O ECA considera obrigatórias as atividades de escolarização e profissionalização, sempre que possível mediante os recursos da comunidade[1707]. Não há discricionariedade quanto à oferta dessas atividades, de modo que pelo menos uma delas deve ser oferecida ao adolescente em medida socioeducativa de semiliberdade.

A menção aos recursos da comunidade indica a rejeição à instituição total, perfeita e acabada para atender a todas as necessidades do interno, optando pelas escolas e espaços profissionalizantes abertos ao público em geral, de modo a contribuir no processo de reversão do potencial infracional, demonstrado pelo adolescente com a prática do ato, mediante reforço da socialização positiva. Se nos estabelecimentos fechados a incompletude institucional[1708] representa excepcionalidade, no meio semiaberto a realização de atividades externas é da sua essência.

A medida de colocação em casa de semiliberdade "não comporta prazo determinado, aplicando-se, no que couber, as disposições relativas à

1705. ECA: "Art. 120. O regime de semiliberdade pode ser determinado desde o início, ou como forma de transição para o meio aberto, possibilitada a realização de atividades externas, independentemente de autorização judicial".

1706. Lei n. 12.594, de 18 de janeiro de 2012: "Art. 54. Constarão do plano individual, no mínimo: [...] II — a previsão de suas atividades de integração social e/ou capacitação profissional; IV — atividades de integração e apoio à família".

1707. ECA, art. 120.

1708. V. § 166, Capítulo XXI, deste livro.

internação"[1709]. Assim, tem limite temporal de 3 (três) anos, qualquer que seja a infração[1710], bem como deverá ser reavaliada periodicamente, no máximo a cada 6 (seis) meses, em decorrência do princípio constitucional da brevidade da privação de liberdade.

277. Internação. Conceito, condicionantes e espécies

A internação é medida socioeducativa privativa de liberdade imposta ao adolescente autor de ato infracional.

Com o maior carregamento do componente da defesa social, é a mais grave das medidas socioeducativas, tendo inegável conteúdo aflitivo, incidindo sobre o corpo da pessoa, impossibilitada de ir, vir e permanecer onde queira. Tem assento constitucional[1711], de modo que reconhecida pela Magna Carta como resposta possível à prática de ato infracional.

Fica sujeita a três princípios básicos: brevidade, excepcionalidade e respeito à condição peculiar de pessoa em desenvolvimento, conforme art. 227, § 3º, V, da Constituição da República, repetido no ECA em seu art., 121, caput.

A brevidade vem garantida no ECA pela limitação temporal de 3 (três) anos, qualquer que seja a infração[1712], bem como pela sua reavaliação periódica, no máximo a cada 6 (seis) meses. A opção legislativa infraconstitucional decorreu da concepção do tempo suficiente para a intervenção no processo socioeducativo do adolescente em regime fechado, não fazendo qualquer distinção quanto à modalidade do ato infracional, sua gravidade ou às condições pessoais de seu autor.

1709. ECA, art. 120.

1710. ECA: "Art. 121. [...] § 3º Em nenhuma hipótese o período máximo de internação excederá a três anos".

1711. CF, art. 227, § 3º, V.

1712. ECA: "Art. 121. [...] § 3º Em nenhuma hipótese o período máximo de internação excederá a três anos".

CURSO DE DIREITO DA CRIANÇA E DO ADOLESCENTE

O prazo é peremptório, improrrogável, fatal. Nenhuma justificativa pode servir de pretexto à manutenção da internação, sob pena de ofensa à garantia individual temporalmente delimitada no ECA.

A fixação da internação é por prazo indeterminado[1713], exigindo-se, para a materialização da brevidade, que a necessidade de sua mantença seja reavaliada, no máximo, a cada 6 (seis) meses. Dessa forma, ainda que no prazo categórico de 3 (três) anos, indica o legislador a necessidade de sua menor duração possível, atrelada sempre ao cumprimento da finalidade socioeducativa, de modo que a revisão está relacionada à necessidade da sua permanência.

Na reavaliação da medida, o juiz poderá designar audiência, com a participação do Ministério Público, do defensor, do adolescente, de seus pais ou responsável, dos responsáveis pelo programa de atendimento e de outros técnicos, na forma do art. 42 da Lei do Sinase[1714], colhendo todos os elementos imprescindíveis a uma decisão que permita o sopesamento de todas as razões relacionadas à grave medida da privação da liberdade.

Atingido o limite de 3 (três) anos ou como resultado de reavaliação periódica, o adolescente deverá ser liberado, colocado em regime de semiliberdade ou de liberdade assistida[1715]. Dessa forma, sua vinculação ao sistema não se encontra limitada a 3 (três) anos; em tese, o adolescente poderá permanecer sequencialmente mais 3 (três) anos em semiliberdade e outros 3 (três) anos em liberdade assistida, como decorrência de um mesmo ato infracional.

Outra limitação do tempo de internação é a idade. Aos 21 (vinte e um) anos de idade deverá ser liberado[1716] e, neste caso, não poderá ingressar

---

1713. ECA: "Art. 121. [...] § 2º A medida não comporta prazo determinado, devendo sua manutenção ser reavaliada, mediante decisão fundamentada, no máximo a cada seis meses".

1714. Lei n. 12.594, de 18 de janeiro de 2012.

1715. ECA: "Art. 121. [...] § 4º Atingido o limite estabelecido no parágrafo anterior, o adolescente deverá ser liberado, colocado em regime de semiliberdade ou de liberdade assistida".

1716. ECA: "Art. 121. [...] § 5º A liberação será compulsória aos vinte e um anos de idade".

em qualquer outro regime, de semiliberdade ou de liberdade assistida. Isso ocorre por força da prescrição[1717], cujo referencial é o critério etário absoluto.

O segundo princípio é o da excepcionalidade. A internação é o último dos recursos socioeducativos tendentes à reversão do potencial criminógeno demonstrado pela prática do ato infracional. A internação deve ser reservada àquelas situações em que a defesa social se afigure como absolutamente necessária, imprescindível à preservação da vida em situação de não violência. Seu conteúdo aflitivo indissociável deve ser considerado na definição da medida, elemento imprescindível à aferição da sua excepcionalidade.

A internação deve ficar reservada às situações em que a privação da liberdade, em um primeiro momento, funcione como tempo mínimo para a intervenção no processo de desenvolvimento do adolescente. Esse é o desiderato constitucional, muitas vezes atravessado pela concepção retributiva e pela escalada de violência com recrutamento de adolescentes pelas organizações criminosas, dos mais variados matizes, a exigir um revisitar legislativo capaz de propiciar maior eficácia ao sistema[1718].

A feição concreta da excepcionalidade vem estampada no art. 122, § 2º, do ECA, ao proclamar que: "Em nenhuma hipótese será aplicada a internação, havendo outra medida adequada". Considera-se legalmente que a internação é a menos adequada das medidas socioeducativas, ante o paradoxo da educação para a liberdade através da prisão.

O estágio civilizatório abomina eufemismos e disfarces, de modo que o sistema reconhece o diminuto potencial educativo da internação. Todavia, também há o reconhecimento da sua necessidade como instrumento de defesa social, naqueles casos em que a transitória privação de liberdade possa servir como instrumento de ruptura com a escalada infracional. Não se trata de um benefício ao autor de ato infracional, mas de uma providência

---

1717. V. Capítulo XLV deste livro.

1718. Venho defendendo, *de lege ferenda*, a adoção de um sistema para atos infracionais de extremada gravidade, assim definidos em lei, com prazos de internação escalonados de acordo com a faixa etária, maiores quando se aproxima da responsabilidade penal, complementado por severas penas aos adultos recrutadores de adolescentes para atividades criminosas.

CURSO DE DIREITO DA CRIANÇA E DO ADOLESCENTE

momentânea, especialmente propiciadora da feitura do PIA, recurso para identificação das estratégias que possam ser utilizadas no caso concreto para a reversão do potencial criminógeno.

Na perspectiva da superação das razões lógicas determinantes do afastamento ordinário da internação, facilmente desconsiderada em concreto, especialmente sob os influxos ideológicos e sentimentos despertados pela crueldade, violência e insegurança, pouco presentes no espectro infracional, o ECA optou pela objetivação normativa da excepcionalidade.

Prescreveu as situações possíveis de internação, aquelas em que a autoridade judiciária pode internar, não que deva. Tais hipóteses encontram-se arroladas no art. 122 do ECA[1719], não sendo extensíveis. São limites objetivos ao poder de internar, derivados do preceito constitucional instituidor do princípio da excepcionalidade da privação da liberdade.

Em primeiro lugar, diz o ECA que o juiz só pode internar quando se tratar de ato infracional cometido mediante grave ameaça ou violência a pessoa[1720]. O dispositivo contempla elementos que devem estar presentes no tipo penal e que tenham sido realizados materialmente. Se para a configuração do ato infracional não se verificou a ocorrência de grave ameaça ou violência a pessoa, como no furto ou estelionato, figuras típicas que se materializam sem esses elementos, a internação não pode ser determinada.

A rebeldia aos comandos legislativos claros e imperativos permitiu interpretações *contra legem*, como a que enxerga no ato infracional correspondente ao crime de tráfico de entorpecentes, especialmente de grande quantidade, a presença do elemento "violência social", o que permitiria a internação de adolescente primário. A edição da Súmula 492, no STJ ("O ato infracional análogo ao tráfico de drogas, por si só, não conduz obrigatoriamente à imposição de medida socioeducativa de internação do

---

1719. ECA: "Art. 122. A medida de internação só poderá ser aplicada quando: I — tratar-se de ato infracional cometido mediante grave ameaça ou violência a pessoa; II — por reiteração no cometimento de outras infrações graves; III — por descumprimento reiterado e injustificável da medida anteriormente imposta".

1720. ECA, art. 122, I.

adolescente"), não conseguiu refrear as decisões juridicamente descabidas, sendo encontrados acórdãos que ainda hoje justificam a privação de liberdade exclusivamente na gravidade da conduta, ainda que lhe faltem os elementos normativos "grave ameaça ou violência a pessoa", justificadores da medida sem o requisito da reiteração em infrações graves. As equivocadas decisões colidem com a correta interpretação de que a medida de internação somente pode ser aplicada nos exatos termos da permissão contida no art. 122 do ECA, vedada qualquer ampliação repressiva, aliás como já decidiu há muito tempo o STF[1721].

O juiz também pode internar quando se tratar de reiteração no cometimento de outras infrações graves[1722]. Duas questões se apresentam: (a) o conceito de infração grave; e (b) o entendimento de reiteração.

Infração grave é aquela que no sistema penal recebe a cominação de reclusão, pois o legislador a reserva para as condutas de intensa gravidade, deixando a detenção para as médias e a prisão simples para as leves. Assim, deve haver uma perquirição quanto à natureza das infrações e sua cominação penal, verificando os atos infracionais na sua equiparação com os tipos penais, servindo a analogia como instrumento de identificação objetiva da gravidade.

O sistema socioeducativo, assim como o penal, não se compraz com interpretações extensivas permissivas da privação de liberdade, pois a segurança jurídica impõe a obediência a conceitos precisos, especialmente na tutela de direitos e na observância estrita das garantias fundamentais.

O conceito de reiteração, dentro dessa mesma ideia de descabimento de interpretação extensiva quando se tratar de norma permissiva de privação de liberdade, deve ser buscado com supedâneo na lei penal. Dessa forma, considerando que o art. 63 do Código Penal prescreve que: "Verifica-se a reincidência quando o agente comete novo crime, depois de transitar em julgado a sentença que, no País ou no estrangeiro, o tenha condenado por

---

1721. HC 126.754-SP, j. 17-5-2016.

1722. ECA, art. 122, II.

CURSO DE DIREITO DA CRIANÇA E DO ADOLESCENTE

crime anterior", a reiteração de ato infracional ocorre quando o adolescente comete novo ato infracional, depois de transitar em julgado a decisão anterior impositiva de medida socioeducativa. E os dois atos infracionais cotejados para justificar a internação, o antigo e o atual, devem ser graves, correspondentes a crimes apenados com reclusão.

Não exige a lei duas sentenças anteriores transitadas em julgado. Basta uma, pois o ECA, ao mencionar "reiteração no cometimento de outras infrações graves", pretendeu estabelecer que somente serve para justificar a internação o cotejo entre atos infracionais de peso, não autorizando a privação de liberdade o confronto comparativo em que um dos elementos esteja representado por uma infração de média ou leve gravidade. Se a intenção do legislador fosse uma inovação, permitindo a internação apenas em um terceiro ato, desbordando da tradição da reincidência, teria explicitado essa condição ou, ao menos, a trataria em separado. Não relacionou o pronome indefinido feminino plural "outras" às infrações, mas às infrações graves, de modo que não há de se exigir uma segunda imposição de medida socioeducativa para que, na terceira, seja possível a internação.

Embora o ECA não tenha estabelecido um número mínimo de atos infracionais graves anteriores, exige a ocorrência da reiteração, com a mesma garantia do trânsito em julgado, sob pena de exclusão dos adolescentes da garantia derivada do princípio da presunção da inocência[1723]. Além disso, importaria tratamento mais gravoso para o adolescente em relação ao adolescente, vedado expressamente pela Lei do Sinase[1724]. A análise das peculiaridades de cada caso e as condições específicas do adolescente não permitem conclusão que desconsidere a garantia constitucional da presunção da inocência e interprete elasticamente a exigência de reiteração, conten-

---

1723. CF: "Art. 5° Todos são iguais perante a lei, sem distinção de qualquer natureza, garantindo-se aos brasileiros e aos estrangeiros residentes no País a inviolabilidade do direito à vida, à liberdade, à igualdade, à segurança e à propriedade, nos termos seguintes: [...] LVII — ninguém será considerado culpado até o trânsito em julgado de sentença penal condenatória".

1724. Lei n. 12.594, de 18 de janeiro de 2012: "Art. 35. A execução das medidas socioeducativas reger-se-á pelos seguintes princípios: [...] I — legalidade, não podendo o adolescente receber tratamento mais gravoso do que o conferido ao adulto".

tando-se com informes diversos da ocorrência de trânsito em julgado de decisão impositiva de medida socioeducativa em razão do reconhecimento de infração grave.

A terceira hipótese de internação, conhecida como "internação-sanção", é a derivada do descumprimento reiterado e injustificável de medida anteriormente imposta.

Não tem como fato gerador o ato infracional cometido e não se conecta à forma de imposição da medida socioeducativa descumprida, pouco importando que tenha sido aplicada por sentença ou resultante de remissão. É um instrumento de coerção ao adimplemento das obrigações ínsitas à medida imposta, meio de constrangimento ao cumprimento dos deveres que compõem a providência legal, garantindo eficácia e seriedade ao sistema. Ao lhe ser determinada a medida não privativa de liberdade, o adolescente deve ter a ciência inequívoca da obrigatoriedade do seu cumprimento, porquanto a socioeducação representa importante bem jurídico da sociedade, interessada em coibir infrações, ainda que praticadas por adolescentes.

O dispositivo permissivo da internação-sanção contempla dois elementos normativos de ilicitude, representados pelos adjetivos "reiterado" e "injustificado" que qualificam o "descumprimento", substantivo designativo do não cumprir. Dessa forma, para a internação-sanção é necessário que o adolescente não tenha cumprido a medida socioeducativa que lhe foi aplicada, depois de ter sido advertido da sua necessidade, verificado que a inadimplência não tem justificativa aceitável.

A constatação dessas condições importa observância do devido processo legal, nos termos dos arts. 110[1725] e 111[1726] do ECA, porquanto

---

1725. ECA: "Art. 110. Nenhum adolescente será privado de sua liberdade sem o devido processo legal".

1726. ECA: "Art. 111. São asseguradas ao adolescente, entre outras, as seguintes garantias: I — pleno e formal conhecimento da atribuição de ato infracional, mediante citação ou meio equivalente; II — igualdade na relação processual, podendo confrontar-se com vítimas e testemunhas e produzir todas as provas necessárias à sua defesa; III — defesa técnica por advogado; IV — assistência judiciária gratuita e integral aos necessitados, na forma da lei; V — direito de ser ouvido pessoalmente pela autoridade competente; VI — direito de solicitar a presença de seus pais ou responsável em qualquer fase do procedimento".

CURSO DE DIREITO DA CRIANÇA E DO ADOLESCENTE

pode resultar em privação de liberdade. Com a nova redação do § 1º do art. 122 do ECA, dada pela Lei do Sinase[1727], qualquer dúvida anterior foi removida, de vez que esse dispositivo prescreve que a internação-sanção deve "ser decretada judicialmente após o devido processo legal", indicando claramente que não se trata de uma conversão automática nem regressão de medida, quando possível.

Noticiado o descumprimento, o juiz deve instaurar um incidente, ouvindo o adolescente e advertindo-o da necessidade de cumprimento da medida, renovando-o em caso de recalcitrância e, após oitiva do defensor e do Ministério Público, poderá decretar a internação. A Lei do Sinase determina a necessidade de realização dessa audiência[1728] e a Resolução CNJ n. 165 expressa a obrigatoriedade da oitiva do adolescente[1729].

A medida de internação-sanção também não comporta prazo determinado, mas não poderá se estender por mais de 3 (três) meses. Extrai-se a indeterminação temporal da regra genérica que prescreve que a internação não comporta prazo determinado[1730], de modo que deverá perdurar, dentro do limite legal[1731], até reavaliação que indique o esgotamento da sua finalidade, qual seja, a de influir no ânimo do adolescente de modo a instá-lo ao cumprimento da medida. Não se trata de castigo pela rebeldia, mas de instrumento destinado a forçar o cumprimento da medida, tendo em si o conteúdo pedagógico da responsabilidade pelo cumprimento do dever.

O terceiro e último princípio incidente sobre a internação do adolescente consiste no respeito à condição peculiar de pessoa em desenvolvimento. Relaciona-se à medida socioeducativa adequada, especialmente com o requisito da capacidade de cumprimento da medida[1732], de modo que a

---

1727. Lei n. 12.594, de 18 de janeiro de 2012.
1728. Lei n. 12.594, de 18 de janeiro de 2012, art. 43, § 4º, II.
1729. CNJ, Resolução n. 165, de 16 de novembro de 2012, art. 15, § 1º.
1730. ECA, art. 121, § 2º.
1731. ECA, art. 122, § 1º.
1732. ECA, art. 112, § 1º.

consideração da faixa etária do adolescente e a ciência das condições do estabelecimento onde a medida será cumprida afiguram-se imprescindíveis.

De acordo com o art. 123 do ECA, a "internação deverá ser cumprida em entidade exclusiva para adolescentes, em local distinto daquele destinado ao abrigo, obedecida rigorosa separação por critérios de idade, compleição física e gravidade da infração", indicando o aspecto material do respeito à condição peculiar de pessoa em desenvolvimento.

Ainda que a defesa social seja a razão determinante da internação, a privação de liberdade impõe domínio das consequências da medida, de modo a projetar sua influência no desenvolvimento do adolescente, ponderando-se ganhos e perdas, sob todos os aspectos, coletivo e individual. A determinação de internação não se encaixa em uma atividade burocrática de solução processual de uma controvérsia judicial, mas se insere, por força do ditame constitucional, no contexto de uma apreciação que releve sua necessidade imperiosa e a potencialidade como instrumento de reversão do potencial infracional. De acordo com o art. 35,VI, da Lei do Sinase[1733], na individualização da medida é de observar "a idade, capacidades e circunstâncias pessoais do adolescente", decidindo o juiz à luz de pareceres técnicos[1734], evidenciando que o respeito à condição peculiar de pessoa em processo de desenvolvimento é muito mais do que mera afirmação retórica, constituindo-se em condição constitucional necessária de justificativa da privação de liberdade.

278. Medidas socioeducativas impróprias

As medidas socioeducativas impróprias, originariamente previstas como medidas de proteção, são aplicáveis em duas situações: (a) porque o

---

1733. Lei n. 12.594, de 18 de janeiro de 2012.
1734. ECA, art. 186.

CURSO DE DIREITO DA CRIANÇA E DO ADOLESCENTE

autor do ato infracional é criança; e (b) porque o adolescente autor de ato infracional apresenta condição de vida indicativa de violação ou ameaça de lesão a direito fundamental, afigurando-se a promoção pessoal e social como melhor caminho para conter eventual escalada infracional.

Quando se tratar de criança, a aplicação da medida socioeducativa imprópria fica a cargo do Conselho Tutelar, na forma do art. 105, combinado com o art. 136, I, ambos do ECA. Age concorrentemente com a autoridade judiciária, principalmente naqueles atos infracionais graves e que deixam vestígios, bem como em razão da necessidade de registros oficiais para a comprovação dos fatos, com repercussões importantes em outras áreas do direito, especialmente cíveis. A regra de competência do Conselho Tutelar restou estabelecida no ECA em razão da projeção de uma *expertise* para buscar encaminhamentos sociais adequados, mas não proíbe a concepção de competência concorrente com o Judiciário, porquanto, à luz do parágrafo único do art. 148 do ECA, detém competência para as situações de risco, sendo uma delas a decorrente da própria conduta da criança[1735], sem falar que, no papel primordial de aplicador da lei, a validação dos direitos sociais tem papel de enorme destaque na construção do Estado democrático de direito. Anote-se também que a autoridade judiciária tem entre suas hipóteses de competência "conhecer de casos encaminhados pelo Conselho Tutelar, aplicando as medidas cabíveis"[1736], de modo que o atendimento a crianças autoras de atos infracionais afigura-se como providência passível de ser adotada judicialmente.

Já a aplicação das medidas socioeducativas impróprias aplicadas aos adolescentes contou com uma disciplina mais clara. As medidas de proteção, previstas nos incisos I a VI do art. 101 do ECA, destinadas aos adolescentes autores de atos infracionais, encontram-se arroladas como socioeducativas, conforme se verifica no art. 112, VII, também do ECA, incluindo-se na competência ordinária do Juiz da Infância e da Juventude,

---

1735. ECA, art. 98, III.
1736. ECA, art. 148, VII.

a quem incumbe "conhecer de representações promovidas pelo Ministério Público, para apuração de ato infracional atribuído a adolescente, aplicando as medidas cabíveis"[1737]. Dessa forma, isolada ou cumulativamente, com supedâneo no art. 99 do ECA[1738], aplicável por força da remissão do art. 113, do mesmo diploma legal[1739], as medidas de proteção podem ser aplicadas como resultado de decisões proferidas pela autoridade judiciária nos procedimentos de apuração de ato infracional, podendo a execução ser delegada ao Conselho Tutelar, ao qual foi atribuído "providenciar a medida estabelecida pela autoridade judiciária, dentre as previstas no art. 101, de I a VI, para o adolescente autor de ato infracional"[1740].

1737. ECA, art. 148, I.

1738. ECA: "Art. 99. As medidas previstas neste Capítulo poderão ser aplicadas isolada ou cumulativamente, bem como substituídas a qualquer tempo".

1739. ECA: "Art. 113. Aplica-se a este Capítulo o disposto nos arts. 99 e 100".

1740. ECA, art. 136, VI.

XXXVIII

Direitos individuais e garantias processuais

279. Socioeducação e garantismo

A socioeducação, sob o prisma da ação do Estado incidente coercitivamente sobre o adolescente em razão de ato infracional, impõe a consideração da necessidade de disciplina do seu poder de intervenção, de sorte a evitar arbítrios e proteger a pessoa de injustiças e perseguições. Na construção histórica dos direitos humanos, a necessidade de evitar os desmandos estatais deu origem ao reconhecimento de direitos e garantias exercitáveis perante o poder público, constituindo-se na primeira leva de mecanismos de proteção.

As normas de proteção insertas nos textos constitucionais e nas leis não contemplavam, todavia, os menores de idade. Sob o pretexto de que as medidas especiais, presentes em códigos próprios, os beneficiavam, ainda que encerrassem privação ou restrição da liberdade, o direito não limitou os poderes do Estado ante as crianças e os adolescentes.

No Brasil, foram as últimas categorias a ingressarem no mundo civilizado da tutela dos direitos humanos, pois até o advento da Constituição de

1988 encontravam-se inseridos em um contexto jurídico de negacionismo de direitos. Não eram presos, mas internados, não eram processados, mas sindicados, eufemismos de disfarces das intervenções repressivas, de modo que material e processualmente se justificava a exclusão de crianças e adolescentes de um sistema que os protegesse do próprio Estado.

Com base nos dois códigos anteriores ao ECA, o Código Mello Mattos[1741] e o Código de Menores[1742], fica fácil perceber a concepção do pretenso infrator como objeto inanimado de repressão do Estado. No primeiro, o absolvido da prática de crime ou contravenção penal, portanto judicialmente reconhecido como não sendo seu autor ou porque não culpável, ficava sujeito à medida de liberdade vigiada[1743]. No segundo, uma das hipóteses de situação irregular e, portanto, forma de abertura das portas para as medidas aplicáveis a crianças e adolescentes era o desvio de conduta, revelado por grave inadaptação familiar ou comunitária[1744], norma de conteúdo aberto possibilitador de qualquer interpretação. São apenas exemplificações, pois as duas legislações estão repletas de previsões normativas de outras situações indicativas da ausência de direitos e garantias individuais tendentes à proteção da pessoa contra os arbítrios do Estado.

Quatro normas constitucionais arrimaram o garantismo na esfera dos direitos da criança e do adolescente no Brasil, trazendo seus destinatários para o campo da civilidade jurídica.

A primeira, quando do elencar dos objetivos fundamentais da República Federativa do Brasil, ao proscrever qualquer discriminação em relação à idade[1745], impedindo distinções excludentes da cidadela intangível dos direitos fundamentais, tão corriqueiras nas fases anteriores à Constituição da República. Assim, os direitos e garantias fundamentais inseridos

---

1741. Decreto n. 17.943-A, de 12 de outubro de 1927.

1742. Lei n. 6.697, de 10 de outubro de 1979.

1743. Decreto n. 17.943-A, de 12 de outubro de 1927, art. 73, *d*.

1744. CM, art. 2º, III, V.

1745. CF, art. 3º, IV.

CURSO DE DIREITO DA CRIANÇA E DO ADOLESCENTE

especialmente no art. 5º da Magna Carta, definidos em relação à pessoa humana, não comportam exclusão derivada de faixa etária, de modo que afirmada a sua aplicabilidade em relação a crianças e adolescentes.

A segunda, residente no caput do art. 227 da Constituição da República, quando da proclamação para crianças e adolescentes do direito à liberdade, impedindo restrição ou privação baseadas em critérios subjetivos e discricionários, sem previsão clara da sua incidência, com limites e formas de defesa.

A terceira norma constitucional, ao exigir, de forma direta e inequívoca, a "garantia de pleno e formal conhecimento da atribuição de ato infracional, igualdade na relação processual e defesa técnica por profissional habilitado"[1746], evidenciou direitos processuais indeclináveis, destinados a sustentar um processo marcado pela legalidade e pelo respeito à possibilidade concreta de resistência à persecução do Estado.

Por fim, o constituinte, ao condicionar a privação da liberdade aos princípios da brevidade, excepcionalidade e respeito à condição peculiar de pessoa em desenvolvimento[1747], evidenciou sua possibilidade como resposta ao ato infracional, acabando com mascaramentos e disfarces quanto à sua aplicação, levando, em contrapartida, à necessidade democrática de condicioná-la a um sistema de garantias impeditivas da sua adoção de forma indevida e/ou despropositada.

Além da exigência do não fazer estatal como garantia da liberdade, o garantismo socioeducativo tem esteio também na proclamação dos direitos sociais[1748], exigentes de prestações positivas, de modo a arrimar o pleno exercício democrático da cidadania.

A melhor fórmula de combate à criminalidade infantojuvenil reside na oferta a todos, sem distinção, da possibilidade de apropriação de bens da

---

1746. CF, art. 227, § 3º, IV.

1747. CF, art. 227, § 3º, V.

1748. CF: "Art. 6º São direitos sociais a educação, a saúde, a alimentação, o trabalho, a moradia, o transporte, o lazer, a segurança, a previdência social, a proteção à maternidade e à infância, a assistência aos desamparados, na forma desta Constituição".

vida suficientes para a vida digna, imunizante quase absoluto aos apelos da ilicitude. Há muito que, no Brasil, os motivos principais dos atos infracionais residem no desiderato de obtenção de bens materiais, representando os delitos contra o patrimônio o maior percentual no conjunto das infrações perpetradas por adolescentes. Anote-se também a exclusão educacional, cultural e profissionalizante como fatores concorrentes da ilicitude, de modo que a efetivação dos direitos sociais tem o maior potencial de eficácia na coibição da criminalidade infantojuvenil.

Coube ao ECA, à luz dos determinantes constitucionais, criar um sistema garantista da liberdade individual e, mesmo diante da prática do ilícito, estimular a concretude dos direitos sociais, manifestados essencialmente através dos dois componentes das medidas socioeducativas, quais sejam, a defesa social e a intervenção educativa[1749], estabelecida primordialmente com a finalidade de propiciar ao adolescente a aquisição de mecanismos, competências e habilidades suficientes para o enfrentamento dos desafios do cotidiano.

Também, ao possibilitar a reunião de medidas socioeducativas com medidas de proteção[1750], o ECA indicou claramente a necessidade de garantia de direitos sociais como condicionante da pacificação e da resposta individual civilizada às adversidades, dentro da ótica abrangente da proteção integral.

A dignidade da pessoa humana, não aniquilada pela prática da infração, está no centro do sistema de coibição da criminalidade infantojuvenil delineada pela Constituição Federal e disciplinada pelo ECA, determinando construções legislativas democráticas e civilizadas, impondo absoluto respeito a essas regras aos poderes executivo, legislativo e judiciário.

Nesse contexto de dignidade, aferível à luz das circunstâncias objetivas da vida presente da pessoa, exsurgem os princípios da prioridade absoluta e do respeito à condição peculiar de pessoa em processo de

---

1749. V. § 268, Capítulo XXXVII, deste livro.

1750. V. § 271, Capítulo XXXVII, deste livro.

CURSO DE DIREITO DA CRIANÇA E DO ADOLESCENTE

desenvolvimento, fechando um sistema orientado à pacificação e inclusão de todos na situação real de apropriação dos bens da existência, imprescindíveis à saudabilidade social.

Garantismo socioeducativo, portanto, é o designativo de um sistema normativo de coibição da criminalidade infantojuvenil baseado na dignidade da pessoa humana, no relevo à condição do adolescente como pessoa em processo de desenvolvimento, no respeito aos direitos e garantias individuais e na promoção concomitante dos direitos sociais, instrumentos concebidos como imprescindíveis na construção de uma sociedade livre, justa e solidária[1751].

Anote-se que o garantismo socioeducativo não antagoniza com a necessidade de proteção da sociedade nem com a imprescindível reprovação ao ato infracional. Não só em razão da própria natureza das medidas socioeducativas, que carregam o componente da defesa social, mas também por força da culpabilidade normativa como elemento de análise na configuração do ato infracional[1752]. Não seria razoável desconsiderar os prejuízos pessoais, sociais e econômicos derivados do crime, ainda que praticado por criança ou adolescente, nem constituiria ação pedagógica deixar o ato infracional sem resposta do Estado, fomentando soluções informais e contribuindo para o Estado de vingança e defesa privada.

Tampouco há abstração dos direitos das vítimas, valendo lembrar a medida de obrigação de reparação dos danos causados pelo ato infracional e a importância dessa medida socioeducativa como instrumento de introjeção de valores sociais positivos[1753].

Se não há ênfase momentânea nesses aspectos é porque o garantismo socioeducativo tem como foco a figura daquele que é submetido ao sistema de justiça em razão da prática de ato infracional, tendo o direito democrático de resistência às pretensões do Estado, e este, abandonando a

---

1751. CF, art. 3º, I.
1752. V. § 266, Capítulo XXVI, deste livro.
1753. V. § 273, Capítulo XXXVII, deste livro.

visão penal retributiva, deve encetar iniciativas mais eficazes na defesa da paz e dignidade de todos.

280. Direitos e garantias

Na expressão direitos e garantias compreendemos, na primeira categoria, declarações de interesses juridicamente protegidos e, na segunda, enunciados de instrumentos destinados à sua salvaguarda.

Constituem-se em direitos e garantias fundamentais quando relacionados a valores essenciais da existência humana, nas suas dimensões pessoal e social, permissivas da vida em condições de liberdade e dignidade. O ECA, logo após referenciar os atos infracionais aos tipos penais, afirmar-se como legislação especial destinada à coibição da criminalidade infantojuvenil e estabelecer como parâmetro básico da imputabilidade a distinção entre crianças e adolescentes, tratou em capítulos distintos dos direitos individuais e das garantias processuais, classificação mantida para fins didáticos.

Dos enunciados nos arts. 106 a 111 do ECA, verificam-se garantias tendentes à preservação da liberdade, ameaçada pela ação do Estado, que age em razão da persecução socioeducativa, inaugurada com a prática do ato infracional. Não há proclamação de direito novo, mas explicitação de garantias relacionadas ao direito à liberdade, arrimado constitucionalmente pela declaração residente no art. 227 da Magna Carta, notadamente ante o negacionismo de salvaguardas à liberdade presente na legislação anterior.

Assim, ao lado das garantias constitucionais expressas incidentes na proteção de crianças e adolescentes apontados como autores de atos infracionais, relacionadas ao devido processo legal, contraditório e ampla defesa[1754], bem como associadas às condicionantes da privação da liberdade[1755], também

---

1754. CF, art. 227, § 3°, IV.

1755. CF, art. 227, § 3°, V.

CURSO DE DIREITO DA CRIANÇA E DO ADOLESCENTE

caracterizam o garantismo socioeducativo, entre outros, os princípios constitucionais da reserva legal[1756], da presunção da inocência[1757], da irretroatividade das leis mais gravosas[1758], do juiz natural[1759], da responsabilidade pessoal[1760], da individualização da medida[1761], da privação da liberdade em ambientes adequados[1762] e do respeito à integridade física e moral durante eventual custódia[1763].

É preciso realçar também os tratados e convenções internacionais relacionados a direitos humanos, como o Pacto Internacional de Direitos Civis e Políticos, aprovado pelo Congresso Nacional mediante o Decreto Legislativo n. 226, de 12 de dezembro de 1991 e promulgado pelo Decreto Presidencial n. 592, de 6 de julho de 1992, bem como a Convenção Interamericana de Direitos Humanos, de 23 de novembro de 1969, aprovada pelo Congresso Nacional mediante o Decreto Legislativo n. 27, de 26 de maio de 1992, e promulgada pelo Decreto Presidencial n. 678, de 6 de novembro de 1992, assim como toda a normativa internacional específica a respeito de crianças e adolescentes, inclusive a relacionada à criminalidade infantojuvenil[1764].

Completam o garantismo socioeducativo direitos e garantias que se encontram residentes em outros dispositivos do ECA, especialmente nos arts. 124 e 125, que tratam dos direitos dos adolescentes em regime

---

1756. CF: "Art. 5° [...] XXXIX — não há crime sem lei anterior que o defina, nem pena sem prévia cominação legal".

1757. CF: "Art. 5° [...] LVII — ninguém será considerado culpado até o trânsito em julgado de sentença penal condenatória".

1758. CF: "Art. 5° [...] XL — a lei penal não retroagirá, salvo para beneficiar o réu".

1759. CF: "Art. 5° [...] LIII — ninguém será processado nem sentenciado senão pela autoridade competente".

1760. CF: "Art. 5° [...] XLV — nenhuma pena passará da pessoa do condenado, podendo a obrigação de reparar o dano e a decretação do perdimento de bens ser, nos termos da lei, estendidas aos sucessores e contra eles executadas, até o limite do valor do patrimônio transferido".

1761. CF: "Art. 5° [...] XLVI — a lei regulará a individualização da pena [...]".

1762. CF: "Art. 5° [...] XLVIII — a pena será cumprida em estabelecimentos distintos, de acordo com a natureza do delito, a idade e o sexo do apenado".

1763. CF: "Art. 5° [...] XLIX — é assegurado aos presos o respeito à integridade física e moral".

1764. V. Capítulo II deste livro.

de internação e de semiliberdade, e nos arts. 171 a 190, agrupados sob a disciplina da apuração do ato infracional. Além disso, é de destacar o direito das mães adolescentes privadas de liberdade em amamentar seus filhos[1765], bem como os direitos e garantias previstas na Lei do Sinase[1766], especialmente em seu art. 49[1767], compondo um quadro normativo essencialmente garantista.

281. Direitos e garantias individuais

As garantias agrupadas sob este título, no ECA, dizem respeito especialmente à fase pré-processual da apuração de ato infracional.

Começa o ECA, em seu art. 106, caput, enunciando que: "Nenhum adolescente será privado de sua liberdade senão em flagrante de ato infracional ou por ordem escrita e fundamentada da autoridade judiciária competente". Sua base reside no art. 5º, LXI, da Constituição da

---

1765. ECA, art. 9º.

1766. Lei n. 12.594, de 18 de janeiro de 2012.

1767. Lei do Sinase, art. 49: "São direitos do adolescente submetido ao cumprimento de medida socioeducativa, sem prejuízo de outros previstos em lei: I — ser acompanhado por seus pais ou responsável e por seu defensor, em qualquer fase do procedimento administrativo ou judicial; II — ser incluído em programa de meio aberto quando inexistir vaga para o cumprimento de medida de privação da liberdade, exceto nos casos de ato infracional cometido mediante grave ameaça ou violência à pessoa, quando o adolescente deverá ser internado em Unidade mais próxima de seu local de residência; III — ser respeitado em sua personalidade, intimidade, liberdade de pensamento e religião e em todos os direitos não expressamente limitados na sentença; IV — peticionar, por escrito ou verbalmente, diretamente a qualquer autoridade ou órgão público, devendo, obrigatoriamente, ser respondido em até 15 (quinze) dias; V — ser informado, inclusive por escrito, das normas de organização e funcionamento do programa de atendimento e também das previsões de natureza disciplinar; VI — receber, sempre que solicitar, informações sobre a evolução de seu plano individual, participando, obrigatoriamente, de sua elaboração e, se for o caso, reavaliação; VII — receber assistência integral à sua saúde, conforme o disposto no art. 60 desta Lei; e VIII — ter atendimento garantido em creche e pré-escola aos filhos de 0 (zero) a 5 (cinco) anos. § 1º As garantias processuais destinadas a adolescente autor de ato infracional previstas na Lei n. 8.069, de 13 de julho de 1990 (Estatuto da Criança e do Adolescente), aplicam-se integralmente na execução das medidas socioeducativas, inclusive no âmbito administrativo".

CURSO DE DIREITO DA CRIANÇA E DO ADOLESCENTE

República[1768], e tem por escopo a proteção à liberdade, sujeitando sua privação à legalidade estrita.

A primeira consideração diz respeito ao fato de que o legislador permite privação da liberdade somente na hipótese de adolescente. Criança, ainda que em flagrante de ato infracional, deve ser encaminhada ao Conselho Tutelar, na forma determinada pela regra residente no art. 136, I, do ECA[1769], que se remete ao art. 105 do mesmo diploma legal[1770]. Isso não significa desnecessidade de registro policial da ocorrência, bem como de imediata comunicação ao Ministério Público e Juiz da Infância e da Juventude nos casos de extremada gravidade.

Como o ato infracional corresponde à conduta descrita como crime ou contravenção penal[1771], é de buscar no art. 302 do CPP o conceito de flagrância, de modo que nessa situação encontra-se o adolescente que: (a) está cometendo a infração; (b) acaba de cometê-la; (c) é perseguido, logo após, pela autoridade, pelo ofendido ou por qualquer pessoa, em situação que o faça presumir o autor do ato infracional; e (d) é encontrado, logo depois, com instrumentos, armas, objetos ou papéis que façam presumir ser ele o autor do ato infracional.

É de se ater, analogicamente, às teses dos flagrantes preparado, esperado, retardado ou derivado de ação controlada, da absorção das suas razões pelo decreto de internação provisória, equivalente da prisão preventiva, e toda a jurisprudência e doutrina consolidada sobre o assunto, pois não seria aceitável que especialmente interpretações benéficas, para o mundo adulto, não pudessem também ser levadas em consideração quando do exame de flagrante de ato infracional.

1768. CF: "Art. 5º [...] LXI — ninguém será preso senão em flagrante delito ou por ordem escrita e fundamentada de autoridade judiciária competente, salvo nos casos de transgressão militar ou crime propriamente militar, definidos em lei".

1769. ECA: "Art. 136. São atribuições do Conselho Tutelar: I — atender as crianças e adolescentes nas hipóteses previstas nos arts. 98 e 105, aplicando as medidas previstas no art. 101, I a VII".

1770. ECA: "Art. 105. Ao ato infracional praticado por criança corresponderão as medidas previstas no art. 101".

1771. ECA, art. 103.

Além do flagrante, a privação da liberdade do adolescente pode derivar de "ordem escrita e fundamentada da autoridade judiciária competente", na esteira do determinado no mencionado inciso LXI do art. 5º da Constituição da República. Destacam-se do enunciado algumas garantias fundamentais, assim resumidas: (a) o poder exclusivo da autoridade judiciária em decretar a privação de liberdade, salvo a hipótese de flagrante; (b) o respeito ao princípio do juiz natural[1772], expresso na exigência de juiz competente, no caso o Juiz da Infância e da Juventude[1773]; (c) a oficialidade da medida, documentada pela forma escrita; e (d) a necessidade de fundamentação, corolário da obrigação prevista no art. 93, IX, da Constituição da República[1774].

A inobservância dessas regras peremptórias, apreensão em flagrante ou mediante ordem escrita da autoridade competente, sujeita a autoridade à infração penal prevista no ECA. É crime, previsto com a pena de detenção de 6 (seis) meses a 2 (dois) anos, a conduta de "privar a criança ou o adolescente de sua liberdade, procedendo à sua apreensão sem estar em flagrante de ato infracional ou inexistindo ordem escrita da autoridade judiciária competente".

Sempre na perspectiva da defesa de liberdade, o legislador, no parágrafo único do art. 106 do ECA[1775], indicou outras duas garantias: (a) identificação dos responsáveis pela apreensão do adolescente; e (b) informação acerca dos direitos do apreendido.

1772. CF: "Art. 5º [...] LIII — ninguém será processado nem sentenciado senão pela autoridade competente".

1773. ECA: "Art. 146. A autoridade a que se refere esta Lei é o Juiz da Infância e da Juventude, ou o juiz que exerce essa função, na forma da lei de organização judiciária local".

1774. CF: "Art. 93. Lei complementar, de iniciativa do Supremo Tribunal Federal, disporá sobre o Estatuto da Magistratura, observados os seguintes princípios: [...] IX — todos os julgamentos dos órgãos do Poder Judiciário serão públicos, e fundamentadas todas as decisões, sob pena de nulidade, podendo a lei limitar a presença, em determinados atos, às próprias partes e a seus advogados, ou somente a estes, em casos nos quais a preservação do direito à intimidade do interessado no sigilo não prejudique o interesse público à informação".

1775. ECA: "Art. 106. [...] Parágrafo único. O adolescente tem direito à identificação dos responsáveis pela sua apreensão, devendo ser informado acerca de seus direitos". CF: "Art. 5º [...] LXIV — o preso tem direito à identificação dos responsáveis por sua prisão ou por seu interrogatório policial".

CURSO DE DIREITO DA CRIANÇA E DO ADOLESCENTE

A primeira garantia tem residência constitucional no art. 5º, LXIV, da Magna Carta, representando providência imprescindível para eventual responsabilização em razão de abuso de poder. A identificação dos agentes do Estado que privam alguém de liberdade é requisito indispensável para o controle do exercício da força em nome do Estado, de modo que se constitui em indagação obrigatória quando, para os adultos, da audiência de custódia[1776] e, para os adolescentes, da oitiva informal do Ministério Público[1777] e da audiência de apresentação[1778], arrimando as providências necessárias para a incorporação da providência no cotidiano da atividade policial.

A segunda garantia, na mesma esteira, advém da promessa constitucional de informação de direitos quando da prisão[1779], valendo igualmente para a apreensão, seja em razão de flagrante, seja em virtude de ordem do Juiz da Infância e Juventude. O adolescente deve ser informado, quando da apreensão, que tem os direitos de permanecer calado e de informar o nome e contato de pessoa ou parente que deva ser comunicado. No ato, também deve ser informado dos motivos da sua apreensão e sobre o local para onde será levado ou recolhido, decorrências naturais da dignidade da pessoa humana e da legalidade e publicidade dos atos da Administração, especialmente quando relacionados à privação de direito fundamental.

Na sequência lógica de preservação de direitos quando da privação da liberdade, por força de flagrante ou cumprimento de ordem do Juiz da Infância e da Juventude, prescreve o ECA, em seu art. 107, caput, que a "apreensão de qualquer adolescente e o local onde se encontra recolhido serão incontinenti comunicados à autoridade judiciária competente e à família do apreendido ou à pessoa por ele indicada", adaptação derivada do art. 5º, LXII, da Constituição da República[1780].

1776. CPP, art. 310.

1777. ECA, art. 179.

1778. ECA, art. 184.

1779. CF: "Art. 5º [...] LXIII — o preso será informado de seus direitos, entre os quais o de permanecer calado, sendo-lhe assegurada a assistência da família e de advogado".

1780. CF: "Art. 5º [...] LXII — a prisão de qualquer pessoa e o local onde se encontre serão comunicados imediatamente ao juiz competente e à família do preso ou à pessoa por ele indicada".

O auto de apreensão em flagrante de ato infracional ou o registro do cumprimento da ordem judicial devem conter a indicação do familiar ou da pessoa que deve ser contatada, com os meios possíveis, como telefone, e-mail e endereços conhecidos. Sem a materialização da indicação do familiar ou expressando conteúdo inverídico, bem como a ausência de comunicação à autoridade judiciária, restam presentes elementos configuradores da conduta típica descrita no art. 231 do ECA[1781], crime próprio de ação penal pública incondicionada[1782].

Anote-se também que o "adolescente civilmente identificado não será submetido a identificação compulsória pelos órgãos policiais, de proteção e judiciais, salvo para efeito de confrontação, havendo dúvida fundada"[1783]. Derivação do direito residente no art. 5º, LVIII, da Constituição da República[1784], a matéria encontra hoje disciplina na Lei n. 12.037, de 1º de outubro de 2009. Partindo da regra geral de que o civilmente identificado não será submetido à identificação criminal, a mencionada lei, no que diz respeito à confrontação, estabelece que, embora apresentado documento civil, a identificação criminal poderá ocorrer, na forma de seu art. 3º, quando: "I — o documento apresentar rasura ou tiver indício de falsificação; II — o documento apresentado for insuficiente para identificar cabalmente o indiciado; III — o indiciado portar documentos de identidade distintos, com informações conflitantes entre si; IV — a identificação criminal for essencial às investigações policiais, segundo despacho da autoridade judiciária competente, que decidirá de ofício ou mediante representação da autoridade policial, do Ministério Público ou da defesa; V — constar de registros policiais o uso de outros nomes ou diferentes qualificações;

1781. ECA: "Art. 231. Deixar a autoridade policial responsável pela apreensão de criança ou adolescente de fazer imediata comunicação à autoridade judiciária competente e à família do apreendido ou à pessoa por ele indicada: Pena — detenção de seis meses a dois anos".

1782. ECA: "Art. 227. Os crimes definidos nesta Lei são de ação pública incondicionada".

1783. ECA, art. 109.

1784. CF: "Art. 5º [...] LVIII — o civilmente identificado não será submetido a identificação criminal, salvo nas hipóteses previstas em lei".

CURSO DE DIREITO DA CRIANÇA E DO ADOLESCENTE

VI — o estado de conservação ou a distância temporal ou da localidade da expedição do documento apresentado impossibilite a completa identificação dos caracteres essenciais".

Nesta esteira, é de observar que a autoridade pode incidir na figura típica residente no parágrafo único do art. 230 do ECA, que incrimina, também com a pena de detenção de 2 (dois) a 6 (seis) meses, a conduta de quem procede à apreensão de adolescente sem observância das demais formalidades legais, quais sejam, a falta de informação dos direitos do apreendido, a ausência de identificação dos responsáveis pela apreensão e a indevida submissão do adolescente civilmente identificado à identificação nos moldes criminais.

Entre as garantias, destaca-se também a consistente na obrigação de qualquer autoridade de verificar, desde logo, a possibilidade de liberação do adolescente apreendido em flagrante[1785]. Conduzido o adolescente à presença da autoridade policial, esta deve verificar se é caso de liberação imediata do adolescente, seja porque não é caso de mantença da apreensão ou em razão da aferição da falta de situação de flagrância, ou mesmo ausência da própria configuração de ato infracional. Da mesma forma devem proceder o Promotor de Justiça, quando da realização da oitiva informal[1786], e o Juiz da Infância e da Juventude, quando da audiência de apresentação[1787], acrescida da necessidade de reavaliação da sua própria ordem de apreensão.

Por fim, anote-se a garantia material do apreendido de não ser custodiado, ainda que precariamente, em dependência policial destinada a maiores[1788]. A Lei de Abuso de Autoridade, Lei n. 13.869, de 5 de setembro de 2019, no mesmo tipo penal que incrimina a conduta de quem mantém presos adultos de ambos os sexos na mesma cela ou no mesmo espaço de

---

1785. ECA: "Art. 107. [...] Parágrafo único. Examinar-se-á, desde logo e sob pena de responsabilidade, a possibilidade de liberação imediata".

1786. V. § 297, Capítulo XLII, deste livro.

1787. V. § 302, Capítulo XLIII, deste livro.

1788. ECA, art. 175, § 2°.

confinamento, também penaliza quem mantém juntos no mesmo ambiente criança ou adolescente com maior de idade, ou mesmo em local inadequado, claramente garantindo o mínimo necessário à dignidade, mesmo no caso de apreensão[1789].

282. Direitos e garantias processuais

Por força e ocasião do processo de apuração de ato infracional, considerando a natureza instrumental da persecução socioeducativa[1790], instituíram-se direitos e garantias tendentes a evitar o arbítrio estatal. Necessidade de iter disciplinado legalmente[1791], tempo de duração[1792], conhecimento da imputação[1793], singularidade e justificativa substancial da antecipação de providências coercitivas[1794], possibilidade concreta de defesa, inclusive técnica[1795], oitiva pessoal pelas autoridades[1796] e acompanhamento pelos pais ou responsáveis[1797] representam interesses juridicamente protegidos a um

---

1789. Lei n. 13.869, de 5 de setembro de 2019: "Art. 21. Manter presos de ambos os sexos na mesma cela ou espaço de confinamento: Pena — detenção, de 1 (um) a 4 (quatro) anos, e multa. Parágrafo único. Incorre na mesma pena quem mantém, na mesma cela, criança ou adolescente na companhia de maior de idade ou em ambiente inadequado, observado o disposto na Lei n. 8.069, de 13 de julho de 1990 (Estatuto da Criança e do Adolescente)".

1790. V. § 283, Capítulo XXXIX, deste livro.

1791. ECA: "Art. 110. Nenhum adolescente será privado de sua liberdade sem o devido processo legal".

1792. ECA: "Art. 108. A internação, antes da sentença, pode ser determinada pelo prazo máximo de quarenta e cinco dias".

1793. ECA: "Art. 111. São asseguradas ao adolescente, entre outras, as seguintes garantias: I — pleno e formal conhecimento da atribuição de ato infracional, mediante citação ou meio equivalente".

1794. A decisão de internação provisória, antes da sentença, deverá ser fundamentada e basear-se em indícios suficientes de autoria e materialidade, demonstrada a necessidade imperiosa da medida. ECA, art. 108, parágrafo único.

1795. ECA: "Art. 111. São asseguradas ao adolescente, entre outras, as seguintes garantias: [...] III — defesa técnica por advogado; IV — assistência judiciária gratuita e integral aos necessitados, na forma da lei".

1796. ECA: "Art. 111. São asseguradas ao adolescente, entre outras, as seguintes garantias: [...] V — direito de ser ouvido pessoalmente pela autoridade competente".

1797. ECA: "Art. 111. São asseguradas ao adolescente, entre outras, as seguintes garantias: [...] VI — direito de solicitar a presença de seus pais ou responsável em qualquer fase do procedimento".

CURSO DE DIREITO DA CRIANÇA E DO ADOLESCENTE

processo marcado pela legalidade estrita e com mecanismos de proteção aos talantes de autoridades.

Os direitos e garantias processuais compõem um acervo de proteção à possibilidade de resistência às pretensões repressivas do Estado, projetando um processo, aqui no seu sentido instrumental, dotado de salvaguardas ao arbítrio que, na área da infância e da juventude, muitas vezes é a tônica da intervenção, ainda que disfarçada de tutela e/ou benemerência. A cidadela jurídica do indivíduo, ainda que menor de idade, é a casamata mais segura contra as invasões da prepotência e da fluidez no respeito ao direito de outrem.

XXXIX

Ação socioeducativa pública

283. Persecução socioeducativa

Do desvalor social que é ínsito ao ato infracional nasce para o Estado o direito/dever de intervir na vida do adolescente, promovendo medidas que visem arrimar seu processo de desenvolvimento e até mesmo proteger a sociedade de novas condutas ilícitas, ainda que momentaneamente. O abalo à ordem projetada pelo Estado democrático de direito justifica a intervenção estatal, possibilitando a adoção de medidas invasivas que recaiam sobre a esfera de disponibilidade do adolescente, relevando o valor coletivo sobre o individual.

Ainda que se possa vislumbrar benefício pessoal derivado de eventual medida socioeducativa, é certo que sua incidência coercitiva, indesejada pelo adolescente, impõe o estabelecimento de um caminho regrado e indeclinável, de modo a afastar qualquer possibilidade de arbítrio. Esse percurso começa a ser traçado no momento da prática do ato infracional, ocasião em que se justifica a adoção de medidas destinadas a impedir ou minimizar a ofensa imediata ao bem jurídico protegido e reunir provas necessárias à indicação segura da autoria e materialidade da infração, ainda que em caráter sumário. Posteriormente, segue-se a trilha das atividades

CURSO DE DIREITO DA CRIANÇA E DO ADOLESCENTE 637

próprias do Ministério Público, detentor do direito de processar ou não, desembocando em uma fase judicial de fiscalização, apuração e julgamento do ato infracional atribuído a adolescente.

A persecução socioeducativa, dessa forma, consiste na soma de atividades policiais, ministeriais e judiciais decorrentes da prática de ato infracional, representando atividades do Estado destinadas ao acertamento individual da responsabilidade socioeducativa e, eventualmente, a garantir a incidência da medida dentro dos padrões de legalidade expressamente estabelecidos.

As atividades oficiais, de qualquer dos poderes ou órgãos estatais, são informadas basicamente pelos princípios da competência e da oficialidade.

A autoridade, policial, ministerial e judicial, somente age por previsão expressa, de modo que seu atuar exige norma de autorização, notadamente porque a pretensão socioeducativa encerra constrangimento ou restrição à liberdade, devendo fundar-se na legalidade estrita quanto às possibilidades e limites de atuação do agente público.

Anote-se também que a atividade dos órgãos persecutórios, além de derivada de norma de competência, requer oficialidade, não só como designativo de atividades realizadas por impulso público, mas também sob a concepção da necessidade de formas mínimas capazes de atestar a submissão da autoridade aos comandos da lei.

Autoridades policiais, ministeriais e judiciais compõem os sujeitos principais da persecução. Atuam em caráter secundário outros profissionais, especialmente peritos, cujas intervenções têm por fito colaborar na busca da verdade sobre os fatos, bem como traçar o perfil social e psicológico do adolescente, subsidiando a escolha da medida socioeducativa adequada. Também são sujeitos da persecução, dentro da concepção ampla de atingimento dos objetivos socioeducativos, os técnicos e funcionários das entidades e programas de atendimento, responsáveis pela efetivação das medidas e aferição de seu aproveitamento.

A persecução como conjunto de atividades tendentes a fazer incidir medidas socioeducativas decorrentes da prática de ato infracional desenvolve-se até o exaurimento da decisão, entendido como esgotamento ou realização concreta dos conteúdos que encerra. A obtenção da decisão e do seu trânsito em julgado representa apenas a consecução formal do objetivo socioeducativo, produtor de benefícios somente quando da produção material de seus efeitos.

A pretensão executória, ao lado da exigência de incidência da resposta estatal previamente prevista na lei, integra a persecução socioeducativa como etapa ou fase de efetivação dos conteúdos socioeducativos potencialmente capazes de reverter o potencial criminógeno demonstrado com a prática do ato infracional. Em sentido formal, a persecução socioeducativa abrange os procedimentos de apuração de ato infracional e o de sua execução.

284. Ação socioeducativa pública

A ação socioeducativa, enquanto direito público de buscar a incidência coercitiva da resposta estatal ao ato infracional, consiste na formal provocação da atividade jurisdicional visando à atuação concreta do direito.

O ECA adotou o chamado sistema acusatório puro, exigindo a presença de um órgão imparcial, o Ministério Público, na dedução, perante o Judiciário, da pretensão socioeducativa.

Ainda que se extraia do verbo "acusar" a ideia de censura ou rotulação prévia e malsinada, a acusação formal e profissional constitui-se em garantia da pessoa de que a imputação criminosa é imparcial e se apresenta com a clareza necessária a ponto de levar ao acusado o pleno conhecimento da imputação, daquilo que se atribui e que, em tese, reveste-se de justa causa para o desencadear da atividade persecutória.

O agente do Estado, integrante do Ministério Público, exerce funções de um cargo caracterizado pela presença de atributos que lhe conferem independência e imparcialidade, de modo que a increpação tem o necessário

CURSO DE DIREITO DA CRIANÇA E DO ADOLESCENTE

para o alicerce exclusivo na técnica, no direito e na necessidade do processo[1798], abstraída qualquer motivação que não tenha raiz no profissionalismo.

Conhecendo a atribuição de fatos que, em tese, compõem a realização de um tipo penal, o adolescente e seus pais ou responsável[1799] adquirem a primeira condição para o propiciar da defesa, que é a ciência da imputação. Necessidade, intensidade e qualidade da defesa marcam reflexão em momento subsequente à citação, ainda que para a quase totalidade dos acusados adolescentes, integrantes das classes populares, a atividade de resistência efetiva à pretensão estatal dependa sempre do serviço público de advocacia.

De toda sorte, o ECA avançou muito quando baniu a acusação subentendida, presumida ou implícita ao registro policial de uma ocorrência, como no revogado Código de Menores. A Lei n. 6.697, de 10 de outubro de 1979, nos arts. 99 e seguintes, estabelecia o início da fase judicial com a realização da audiência, delimitada à luz de relatório de investigações[1800], sem a previsão de qualquer peça descritiva da infração penal que era imputada ao menor de 18 (dezoito) anos. Teoricamente, o crime ou a contravenção penal somente restavam explicitados quando o juiz declarava existente uma situação irregular em razão da prática de infração penal[1801], ocasião em que proferia uma decisão, com ou sem aplicação de advertência, liberdade assistida, semiliberdade ou internação[1802]. Era um processo kafkiano, na medida em que era desconhecida a razão do processo, mudança somente arrimada pela Constituição de 1988[1803].

Não existe ação socioeducativa privada ou dependente de representação do ofendido, porquanto o legislador valorou, em grau máximo, a

---

1798. V. § 299, Capítulo XLII, deste livro.

1799. ECA, art. 184, § 1º.

1800. CM, arts. 99, § 5º, 100, I.

1801. CM, art. 2º, VI.

1802. CM, art. 14.

1803. CF. "Art. 227. [...] § 3º O direito a proteção especial abrangerá os seguintes aspectos: [...] IV — garantia de pleno e formal conhecimento da atribuição de ato infracional, igualdade na relação processual e defesa técnica por profissional habilitado, segundo dispuser a legislação tutelar específica".

necessidade de intervenção pública no processo de desenvolvimento do adolescente, levando em conta os prejuízos individuais e coletivos derivados do ato infracional.

A transgressão à norma penal editada democraticamente sempre gera consequências indesejadas, maiores ou menores, de modo que, quando episódios infracionais se verificam durante a adolescência, o Estado, através do Ministério Público, tem o dever de agir, ainda que seja para documentar a inexistência de razão para a aplicação coercitiva de medida socioeducativa. Presente a ideia de que é possível uma intervenção exitosa, quaisquer que sejam o ato infracional e a situação psicossocial do adolescente, notadamente em razão da condição peculiar de pessoa em processo de desenvolvimento, permeável às intervenções baseadas nas ofertas de prestações materiais tendentes à efetivação dos direitos sociais.

A ação pública e incondicionada serve-se do devido processo legal para civilizar a persecução socioeducativa, retirando-a do estado primitivo em que a intervenção na esfera da disponibilidade e liberdade do indivíduo opera-se de maneira arbitrária, sem respeito aos comezinhos direitos humanos nascidos nos primórdios da sua construção histórica. Ao desencadear a fase judicial, a propositura da ação socioeducativa pública delimita o trajeto da legalidade estrita como o único possível para fazer incidir medidas de forma coercitiva, devendo ser anotado que a colocação em casa de semiliberdade e a internação exigem a ultimação do devido processo legal, cumpridas todas as suas fases até o advento da sentença.

A propositura da ação socioeducativa pública se materializa mediante uma representação, dando início ao processo judicial de apuração de ato infracional. Seus requisitos de forma e de essência são estabelecidos de modo a garantir a acusação técnica e imparcial, motivada somente pelo interesse de atuação concreta da vontade da lei. Assim, presente o primeiro elemento para o desenvolvimento de uma relação processual válida, culmina com uma sentença prolatada por um juiz competente e imparcial. E, atendendo ao princípio do duplo grau de jurisdição, a ação socioeducativa pública, mediante recurso, migra para os tribunais, onde seu desenvolvimento regular fica ainda submetido ao crivo da aferição judicial.

Substancialmente, portanto, a ação socioeducativa pública é uma garantia destinada à civilização da persecução, submetendo a pretensão estatal às atividades próprias de autoridades devidamente investidas, a um devido processo legal regrado, sequenciado e caracterizado pela amplitude do direito de defesa, bem como a uma prestação jurisdicional de validação do direito democraticamente estabelecido.

285. Disponibilidade, paralisação e ultimação abreviada da ação socioeducativa pública. O instituto da remissão

No passado, a persecução penal dos adultos, iniciada em razão da prática de crime ou contravenção penal, era ultimada somente com o arquivamento do inquérito policial ou a prolação de sentença de mérito, agindo a Polícia e o Ministério Público de ofício, fundamento da obrigação persecutória, salvo nos casos de ações penais privadas ou condicionadas.

Essa era a situação quando da elaboração do ECA, sendo o princípio da obrigatoriedade da ação penal mitigado aos poucos, considerando especialmente a possibilidade de o Ministério Público celebrar acordo com o acusado nos crimes apenados com até 2 (dois) anos de prisão e de propor suspensão dos processos quando de crimes com penas não superiores a 1 (um) ano, nos termos dos arts. 61, 76 e 89 da Lei n. 9.099, de 26 de setembro de 1995. Também em razão da colaboração premiada, prevista na Lei n. 12.850, de 2 de agosto de 2013, e do novel acordo de não persecução penal, previsto na Lei n. 13.964, de 24 de dezembro de 2019, introduzindo o art. 28-A do CPP, contemplando avença passível de celebração quando não for o caso de arquivamento do inquérito policial, existir confissão formal e substancial e o crime, sem violência ou grave ameaça a pessoa, tiver pena inferior a 4 (quatro anos).

O ECA, por sua vez e naquele estágio de compreensão do princípio da obrigatoriedade da ação penal, acabou adotando inovação substancial, prevendo como regra a disponibilidade plena da ação socioeducativa pública para qualquer ato infracional e independentemente de sua gravidade, balizada apenas pelo princípio da razoabilidade.

Também possibilitou a paralisação da ação já iniciada, condicionada ao aproveitamento de medida socioeducativa nela incluída, dormindo o processo na gaveta até que fosse acordado ou extinto, conforme o comportamento negativo ou positivo do adolescente. Permitiu, ainda, a antecipação da extinção do processo, abreviando seu término mediante concessão de perdão ou cumprimento imediato de medida socioeducativa não privativa de liberdade, exaurida em ato único, como a advertência.

As autorizações legislativas para a exclusão, suspensão ou extinção do processo valem-se do instituto da remissão como instrumento de sua efetivação, de modo que relacionadas a regras gerais e especiais que lhes condicionam a incidência. Entre as gerais, anotem-se as que definem sua natureza, conteúdo, forma, exigem controle judicial e impõem a desoneração da culpa.

O vocábulo remissão foi empregado no ECA com o sentido de remir ou livrar o adolescente do processo e da eventual consequência da privação da liberdade, representando na essência um instrumento de liberação. Apresenta como conteúdo o aniquilamento ou a mitigação da responsabilidade socioeducativa, fazendo-a desaparecer ou incidir de forma branda. Pressupõe, em qualquer caso, um acordo ou ajuste entre o Ministério Público e o adolescente, este com a assistência dos pais ou responsável e de advogado ou defensor. Depende de homologação judicial, expressão de juízo de legalidade e de razoabilidade da avença.

A aceitação da remissão pelo adolescente não importa reconhecimento ou comprovação da responsabilidade[1804], de modo que não pode ser utilizada

---

1804. ECA: "Art. 127. A remissão não implica necessariamente o reconhecimento ou comprovação da responsabilidade, nem prevalece para efeito de antecedentes, podendo incluir eventualmente a aplicação de qualquer das medidas previstas em lei, exceto a colocação em regime de semiliberdade e a internação".

CURSO DE DIREITO DA CRIANÇA E DO ADOLESCENTE

como prova em ação de ressarcimento de danos ou em qualquer outra situação que dependa de prova da autoria do ato infracional. Não importa antecedente negativo nem forja a reincidência, elementos normativos constantes da norma do art. 127 do ECA como facilitadores do acordo, que não podem ser desacreditados pela sua utilização em outros processos.

Contempla, tendo como critério o momento da persecução socioeducativa, 3 (três) modalidades: (a) remissão como forma de exclusão do processo; (b) remissão como forma de suspensão do processo; e (c) remissão como forma de extinção do processo.

A remissão deriva de um ajuste, de uma avença, de um acordo entre as partes e do julgamento de seus termos pela autoridade judiciária que, instaurada a relação processual, tem competência para propô-la como forma de suspensão ou extinção do processo. Dessa forma, o juiz, ao alvitrar remissão, atua como um conciliador qualificado, antevendo o futuro do processo e propondo solução que, pela sua rapidez, economicidade e prevalência do conteúdo educacional sobre o de defesa social, atenda melhor às necessidades de justiça no caso concreto.

Todavia, se as partes não aceitarem a proposta de remissão formulada pela autoridade judiciária, o processo prossegue até a sentença, direito do Ministério Público na persecução socioeducativa e do adolescente em comprovar sua inocência.

Compreendendo perdão puro e simples ou mitigação das consequências derivadas do ato infracional, a remissão depende sempre da aceitação do adolescente, assistido pelos pais ou responsável e por advogado ou defensor.

Nos termos da Súmula 108 do STJ, o Promotor de Justiça não aplica medida socioeducativa, pois esta é de "competência exclusiva do juiz"[1805], de modo que a proposta de remissão do Promotor de Justiça como forma de exclusão do processo, verdadeira barganha, ganha, com a homologação judicial, juízo de valor quanto à voluntariedade das partes e adequação

---

1805. A Súmula mencionada adveio de prática da concessão de remissão com inclusão de medida socioeducativa sem aquiescência do adolescente.

da medida, a força coercitiva necessária para a produção dos efeitos que lhe são ínsitos.

Da mesma forma, o juiz não pode conceder a remissão de maneira unilateral, pois as partes têm direito a uma sentença de mérito, representando a abreviação do resultado do processo mediante remissão verdadeira transação, materializado o controle jurisdicional pelo ato homologatório.

Quando a remissão abarcar medida socioeducativa, excluídas estão a incidência das providências da colocação em casa de semiliberdade e a internação. Não se transaciona com a liberdade, devendo eventual privação, em casos determinados e excepcionais, inclusive por força de dispositivo constitucional[1806], contar com processo resolvido por sentença definitiva, de modo que a lide, o pedido, o mérito da pretensão sejam resolvidos após cognição permissiva de um juízo de certeza quanto à autoria, materialidade e adequação formal e substancial da medida.

286. Remissão como forma de exclusão do processo

A remissão como forma de exclusão do processo consiste em instrumento de disponibilidade da ação socioeducativa pública, antes de oferecida a representação.

O Ministério Público oferta o não processar pela aceitação de perdão puro e simples ou cumprimento de medida socioeducativa não privativa de liberdade, de modo que, estando as partes em acordo, celebra-se ajuste que deve ser submetido à homologação pela autoridade judiciária.

Como forma de exclusão do processo, a remissão é de atribuição exclusiva do Ministério Público, que dela se utiliza para dispor da ação socioeducativa pública. Deixa de processar quando o custo social da atividade não se justifica, oferecendo perdão puro e simples, que pode ser

---

1806. CF, art. 227, § 3º, V.

CURSO DE DIREITO DA CRIANÇA E DO ADOLESCENTE

aceito ou não, pois o adolescente tem direito a uma sentença, ou quando entende que a submissão voluntária e imediata do adolescente a uma medida socioeducativa não privativa de liberdade tem mais potencialidade do que a eventualmente aplicada ao final do processo, ainda que mais grave.

Razão lógica e congruente deve motivar a disponibilidade da ação socioeducativa pública, evidenciando conexão com os objetivos da socioeducação. A disposição da ação socioeducativa não coincidente com seus desideratos básicos, incoerente, caprichosa ou inconsequente conta com um sistema de freios e contrapesos, porquanto a decisão do Promotor de Justiça de dispor da ação socioeducativa pública fica sujeita à homologação judicial que, recusada, desloca a atribuição para o Procurador-Geral de Justiça[1807]. Em resumo, a disponibilidade da ação deriva do equilíbrio entre a finalidade socioeducativa e o motivo concreto do não processar, repelidas quaisquer atividades infundadas ou dissonantes da socioeducação e, portanto, desarrazoadas.

O ECA, ao mencionar que "o representante do Ministério Público poderá conceder a remissão"[1808], incluindo "eventualmente a aplicação de qualquer das medidas previstas em lei, exceto a colocação em regime de semiliberdade e a internação"[1809], indica somente a faculdade de disposição da ação mediante a incorporação no acordo de uma contraprestação do adolescente, avença dependente de homologação judicial. Como o ECA foi o primeiro diploma legal que tratou desse acordo de não persecução, utilizou-se do instituto da remissão como instrumento viabilizador dessa avença, acordo hoje permitido pelo Código de Processo Penal[1810], ainda que de forma

---

1807. ECA: "Art. 181. Promovido o arquivamento dos autos ou concedida a remissão pelo representante do Ministério Público, mediante termo fundamentado, que conterá o resumo dos fatos, os autos serão conclusos à autoridade judiciária para homologação. [...] § 2º Discordando, a autoridade judiciária fará remessa dos autos ao Procurador-Geral de Justiça, mediante despacho fundamentado, e este oferecerá representação, designará outro membro do Ministério Público para apresentá-la, ou ratificará o arquivamento ou a remissão, que só então estará a autoridade judiciária obrigada a homologar".

1808. ECA, art. 126.

1809. ECA, art. 127.

1810. CPP, art. 28-A.

restrita. Indicar que a remissão como medida reclama sempre a propositura de ação judicial hoje equivaleria a submeter o adolescente à situação mais gravosa do que o adulto, situação vedada pelo art. 35, I, da Lei do Sinase[1811].

A assistência pelos pais ou responsável, bem como por advogado ou defensor, é da essência da medida como transação. Embora a lei faça recair na pessoa do adolescente os atos constritivos inerentes às medidas socioe-ducativas, pressupondo a capacidade pessoal do adolescente em suportar as consequências do ilícito, acordo, qualquer que seja ele, pressupõe aptidão plena para a antecipação de resultados e valoração das suas conveniências.

A Convenção sobre os Direitos da Criança, aprovada no Brasil pelo Decreto Legislativo n. 28, de 14 de setembro de 1990, e promulgada pelo Decreto n. 99.710, de 21 de novembro de 1990, proclama em seu art. 40, item 2, *b*, II, que toda e qualquer criança[1812] "de quem se alegue ter infringido as leis penais ou a quem se acuse de ter infringido essas leis" é detentora da garantia da informação da acusação, inclusive aos pais, e da assistência jurídica para o exercício de sua defesa, de modo que a transação de que tenha como causa eficiente o ato infracional e que possa redundar em consequências jurídicas conte com a presença de seus pais ou responsável e com a assistência técnica de advogado ou defensor.

287. Remissão como extinção ou suspensão do processo

Na fase judicial[1813], iniciada com a prolação do juízo de admissibilidade da representação, a remissão assume a feição de instrumento de extinção ou

---

1811. Lei n. 12.594, de 18 de janeiro de 2012: "Art. 35. A execução das medidas socioeducativas reger-se-á pelos seguintes princípios: I — legalidade, não podendo o adolescente receber tratamento mais gravoso do que o conferido ao adulto".

1812. A CSDC, em seu art. 1º, considera criança "todo ser humano com menos de dezoito anos de idade".

1813. V. Capítulo XLIII deste livro.

suspensão do processo de apuração de ato infracional atribuído a adolescente. A iniciativa parte da autoridade judiciária[1814] que, antevendo a possibilidade de abreviação do término da relação processual própria do processo de conhecimento[1815], ou mesmo de sua paralisação momentânea, propõe às partes, Ministério Público e adolescente[1816], a concessão de remissão.

Atua o Juiz da Infância e da Juventude como um conciliador qualificado, na medida em que, antevendo os prováveis caminhos da relação processual, incentiva a solução negociada, apresentando às partes proposta de extinção ou suspensão do processo.

A remissão judicial, em qualquer das suas formas, não constitui um ato de império, na medida em que as partes têm direito ao processo e à sentença de mérito. Não pode a autoridade judiciária suprimir o direito de ação ou de defesa, ainda que a sua solução pareça a mais justa e mais econômica. Faz uma proposta e atua no sentido de convencer as partes, mas não pode se sobrepor a elas, fazendo tábula rasa da autonomia da vontade.

É a sentença de mérito que substitui as pretensões das partes em conflito e revela o direito regente do caso concreto, característica primordial do poder jurisdicional enquanto emanação da soberania estatal. Mas não pode o juiz dispor do processo, direito das partes inserido na garantia do acesso à justiça, pilar do Estado de direito democrático. É o juiz que concede a remissão, em qualquer caso, mas sempre depende da aquiescência das partes.

A remissão provoca a extinção do processo em 3 (três) hipóteses: (a) concessão como perdão puro e simples; (b) quando inclusa a medida de advertência; e (c) quando compreendida reparação de danos, saldada totalmente e de imediato.

1814. ECA: "Art. 126. [...] Parágrafo único. Iniciado o procedimento, a concessão da remissão pela autoridade judiciária importará na suspensão ou extinção do processo".

1815. A remissão como medida cuja execução é protraída no tempo antecipa a fase de cumprimento da decisão.

1816. Devidamente assistido pelos pais ou responsável e contando com a intervenção de advogado ou defensor.

Se a remissão não englobar medida, considerando que sua inclusão é facultativa[1817], importará perdão puro e simples, que poderá ser aceito ou não. A remissão "não implica necessariamente o reconhecimento ou comprovação da responsabilidade"[1818], mas a forma negativa e adverbial utilizada no dispositivo indica possibilidade de culpa, de modo que a aceitação é da essência do ato, sob pena de supressão do exercício do direito à prova da inocência.

Quando inclusa advertência, a regra é sua execução na mesma oportunidade, na audiência de apresentação ou de instrução e julgamento, depois de consultadas as partes. Admoestado o adolescente pelo juiz, concitado a um comportamento aceitável, o processo é extinto de imediato, arquivando-se os autos. Também na hipótese de reparação de danos em que a prestação reparatória seja efetivada de imediato, de modo que documentada a providência, os autos devem ser arquivados.

A remissão judicial importa suspensão do processo quando venha acompanhada também de três medidas: (a) reparação de danos com execução protraída no tempo; (b) prestação de serviços à comunidade; e (c) liberdade assistida. A paralisação do processo encontra-se condicionada ao cumprimento da medida, acarretando a inadimplência a retomada da marcha processual, do momento em que se encontrava. Assim, exemplificando, se a remissão foi concedida na audiência de instrução e julgamento, esta é retomada com a oitiva das testemunhas faltantes ou com a determinação de apresentação de alegações finais, seguindo-se a sentença.

O tempo de duração da suspensão do processo depende do cumprimento da medida inserida na remissão. O destino do processo encontra-se vinculado ao cumprimento da medida, à realização das prestações que lhe são ínsitas. Se satisfeitas as obrigações, a medida é declarada cumprida e o processo extinto; não sendo adimplidas, o processo é retomado, prosseguindo-se sua marcha natural.

1817. ECA: "Art. 127. A remissão não implica necessariamente o reconhecimento ou comprovação da responsabilidade, nem prevalece para efeito de antecedentes, podendo incluir eventualmente a aplicação de qualquer das medidas previstas em lei, exceto a colocação em regime de semiliberdade e a internação".

1818. ECA, art. 127.

XL

Procedimento de apuração de ato infracional

288. Considerações gerais

Procedimento de apuração de ato infracional é o conjunto de atos destinados ao acertamento da responsabilidade socioeducativa, iniciado com a prática descrita como crime ou contravenção penal e ultimado por sentença.

Compreende atos sequenciais coordenados entre si, autorizados pela lei e vinculados estritamente à sua finalidade, expressando a face concreta do devido processo legal. Assenta-se em postulados constitucionais e legais que compõem a concepção da socioeducação, construída sob a perspectiva do garantismo[1819], evidenciada em uma atividade de persecução[1820] rigidamente balizada, de modo a evitar os arbítrios do Estado, cometidos sob qualquer pretexto.

A discricionariedade permitida é somente aquela autorizada pelo legislador, como no caso da remissão, de modo que o procedimento de

---

1819. V. § 279, Capítulo XXXVIII, deste livro.
1820. V. § 283, Capítulo XXXIX, deste livro.

apuração de ato infracional deve ser compreendido como o caminho regrado de verificação da prática de ato infracional e de materialização do desiderato socioeducativo que se manifesta, inclusive, no decreto absolutório[1821].

O procedimento de apuração de ato infracional vale-se subsidiariamente das normas do processo penal, com exceção do sistema recursal, ao qual se aplicam as normas do processo civil[1822]. Inexistindo regra do ECA disciplinadora de atividade processual, capaz de encaminhar com segurança a marcha procedimental, secundariamente incidem os dispositivos do Código de Processo Penal[1823], entre os quais aqueles que tratam da prova[1824]. Anote-se que os prazos procedimentais ordinários no procedimento de apuração de ato infracional são contados em dias corridos, sem benefício para o Ministério Público, exceção feita à Defensoria Pública em razão da sua exclusão na letra do art. 152, § 1°, do ECA[1825].

289. Juizado de instrução socioeducativo

O procedimento de apuração de ato infracional atribuído a adolescente, assim denominado no título da seção que agrupa os arts. 171 a 190 do ECA, revela-se como um juizado de instrução, expressão designativa de um sistema baseado em 4 (quatro) aspectos básicos: (a) inexistência de inquérito ou sindicância policial; (b) aferição imediata da

---

1821. A absolvição, como declaração de inocência, tem enorme conteúdo pedagógico, contribuindo para a confiança nas instituições e na introjeção do valor da justiça na construção do caráter pessoal.

1822. ECA: "Art. 198. Nos procedimentos afetos à Justiça da Infância e da Juventude, inclusive os relativos à execução das medidas socioeducativas, adotar-se-á o sistema recursal da Lei n. 5.869, de 11 de janeiro de 1973 (Código de Processo Civil)".

1823. ECA: "Art. 152. Aos procedimentos regulados nesta Lei aplicam-se subsidiariamente as normas gerais previstas na legislação processual pertinente".

1824. CPP, arts. 155 a 250.

1825. ECA: "Art. 152. [...] § 2° Os prazos estabelecidos nesta Lei e aplicáveis aos seus procedimentos são contados em dias corridos, excluído o dia do começo e incluído o dia do vencimento, vedado o prazo em dobro para a Fazenda Pública e o Ministério Público".

CURSO DE DIREITO DA CRIANÇA E DO ADOLESCENTE

necessidade de mantença da apreensão; (c) coleta das provas em juízo; e (d) celeridade procedimental.

Optou o legislador pela inexistência de inquérito policial ou de sindicância com o mesmo objetivo, distinção que, no passado, situava-se preponderantemente apenas na pessoa do investigado: se adulto, inquérito, se menor de 18 (dezoito) anos, sindicância.

O ECA circunscreveu a atividade policial ao impedimento imediato da prática do crime ou da contravenção penal, qualquer que seja seu autor, inclusive menor de 18 (dezoito) anos de idade, inserida no complexo de atribuições constitucionais de polícia ostensiva e de preservação da ordem pública, especialmente conferidas às polícias militares[1826].

Reservou às polícias civis, às quais foram cominadas as funções constitucionais de polícia judiciária e apuração das infrações penais, as providências preliminares relacionadas à perpetuação dos vestígios deixados pelo ato infracional e de primeiro julgador da legalidade e da necessidade da apreensão de adolescente apontado como autor de ato infracional.

Outra característica do juizado de instrução socioeducativo reside na presença de regras impositivas da verificação permanente da necessidade da apreensão. Como um juizado de instrução constituído primordialmente como fiador das garantias básicas e controlador da legalidade da prova, a apreensão é avaliada desde o seu nascedouro, como forma de tutela da liberdade. Autoridade policial e Ministério Público têm o dever indeclinável de aferir a legalidade e a necessidade da custódia provisória advinda do flagrante na primeira intervenção procedimental, cumprindo funções ligadas à materialização da garantia constitucional da excepcionalidade da privação da liberdade de adolescente a quem se atribua ato infracional. Derivada a apreensão de ordem judicial, o Promotor de Justiça tem à sua disposição o caminho do pedido de liberação em razão da prévia judicialização da questão.

1826. CF, art. 144, § 5º.

A terceira característica do juizado de instrução socioeducativo consiste na produção judicial da prova. Prioriza-se a especialidade do Juiz da Infância e da Juventude[1827], autoridade integrante de um sistema assentado no primado do conhecimento das peculiaridades que marcam a adolescência e que singularizam a tutela jurisdicional como diferenciada[1828].

Se o processo não restar ultimado via remissão, dependente de instrução como alicerce da sentença de mérito, a comprovação dos fatos integrantes do ato infracional, especialmente conduta, resultado e nexo causal, opera-se exclusivamente em juízo, ante a inexistência de coleta inicial de prova via inquérito policial. É por essa razão que a representação[1829], peça semelhante à denúncia, não reclama prova pré-constituída de autoria e materialidade, conforme expressa peremptoriamente o art. 182, § 2º, do ECA. Se a instrução é essencialmente judicial, bastam apenas indícios da ocorrência do ato infracional, mesmo porque a elucidação da autoria constitui-se matéria de prova plena. Assim, a justa causa para a instauração do procedimento de apuração de ato infracional resume-se à presença de indícios relacionados à existência da conduta descrita como crime ou contravenção penal, condição indispensável para se evitar persecução socioeducativa desnecessária ou maldosa, desencadeada em evidente desvio de finalidade[1830].

A rapidez na definição da situação jurídica do adolescente apontado como autor de ato infracional, adotada inicialmente pela supressão da figura do inquérito policial, evidencia-se pela presença de um procedimento concentrado, ainda que dependente, no mérito, de cognição plena e exauriente. Trata-se de decorrência do princípio constitucional da prioridade absoluta[1831], sendo uma das suas facetas legais a "precedência de

---

1827. V. § 233, Capítulo XXXI, deste livro.

1828. V. § 227, Capítulo XXX, deste livro.

1829. V. § 299, Capítulo XLII, deste livro.

1830. A Lei n. 13.868, de 5 de setembro de 2019, que dispõe sobre abuso de autoridade, em seu art. 27, considera crime a requisição de procedimento investigatório de infração penal à falta de qualquer indício da prática de crime.

1831. CF, art. 227.

CURSO DE DIREITO DA CRIANÇA E DO ADOLESCENTE

atendimento nos serviços públicos ou de relevância pública"[1832], revelado também por norma específica e peremptória que assegura, sob pena de responsabilidade, primazia na tramitação dos processos e procedimentos, bem como nos atos judiciais a eles relacionados[1833].

Também são indicativos do objetivo da celeridade as regras da entrega do adolescente aos pais ou responsável logo após o ato infracional, da sua apresentação imediata no caso de custódia provisória, da designação de audiência de apresentação assim que recebida a representação e da fixação legal de prazo para conclusão do procedimento estando o adolescente internado.

290. Fases do procedimento

Dentro dos termos inicial da prática da conduta supostamente ilícita e do final, representado pela sentença de mérito, o procedimento de apuração de ato infracional atribuído a adolescente compreende três fases: (a) policial; (b) ministerial; e (c) judicial.

Cada uma delas é definida pela proeminência das atividades das autoridades envolvidas na persecução socioeducativa e vem marcada pelas características que lhe são próprias, sendo a classificação adotada para fins meramente didáticos, mesmo porque os atos se entrelaçam e muitas vezes reclamam a intervenção contemporânea de todos os agentes do Estado. O trato segmentado tem a facilidade da visualização das funções à luz dos direitos e garantias conferidos aos adolescentes apontados como autores de atos infracionais, permitindo a visualização das atividades no contexto da inter-relação legal entre o Estado e o acusado.

1832. ECA, art. 4º, parágrafo único, *b*.

1833. ECA: "Art. 152. [...] § 1º É assegurada, sob pena de responsabilidade, prioridade absoluta na tramitação dos processos e procedimentos previstos nesta Lei, assim como na execução dos atos e diligências judiciais a eles referentes".

XLI
Fase policial do procedimento de apuração de ato infracional

291. Apreensão de adolescente

O adolescente pode ser aprendido em duas hipóteses: (a) ordem escrita e fundamentada da autoridade judiciária; e (b) flagrante de ato infracional[1834].

Na primeira hipótese, o Juiz da Infância e da Juventude manda expedir um mandado de apreensão que, à falta de disciplina no ECA, deve observar as regras do CPP[1835], devendo ser destacado o motivo legal da apreensão, condição indispensável para o exercício do direito de defesa, mesmo porque a ordem deve ser escrita e fundamentada[1836]. Assim, também

---

1834. V. § 281, Capítulo XXXVIII, deste livro.

1835. CPP: "Art. 285. A autoridade que ordenar a prisão fará expedir o respectivo mandado. Parágrafo único. O mandado de prisão: a) será lavrado pelo escrivão e assinado pela autoridade; b) designará a pessoa, que tiver de ser presa, por seu nome, alcunha ou sinais característicos; c) mencionará a infração penal que motivar a prisão; d) declarará o valor da fiança arbitrada, quando afiançável a infração; e) será dirigido a quem tiver qualidade para dar-lhe execução".

1836. ECA, art. 106.

CURSO DE DIREITO DA CRIANÇA E DO ADOLESCENTE

dentro da aplicação subsidiária do CPP[1837], é necessária a entrega de cópia do mandado de apreensão ao adolescente e a seus pais ou responsável, de modo que o conhecimento pleno e formal da atribuição de ato infracional, garantia constitucional, possibilite, notadamente no caso de excepcional privação de liberdade[1838], a defesa técnica garantida constitucionalmente[1839]. É de observar que: "O mandado de busca e apreensão do adolescente terá vigência máxima de 6 (seis) meses, a contar da data da expedição, podendo, se necessário, ser renovado, fundamentadamente"[1840].

O cumprimento do mandado de busca e apreensão, em regra, fica afeto à Polícia Judiciária, principal atribuição da Polícia Civil[1841], neste caso em razão da norma constante do art. 13 do CPP[1842], de vez que o ECA, ao estabelecer o juizado de instrução socioeducativo, não atribuiu à autoridade policial a função de apuração de ato infracional, estando a autoria elucidada[1843]. O apreendido deverá ser prontamente encaminhado ao Juiz da Infância e da Juventude prolator da ordem[1844], ao qual incumbe verificar se a sua determinação foi cumprida adequadamente, ou seja, se a apreensão foi executada com legalidade e regularidade, adotando as providências para a manutenção da custódia ou liberação do adolescente.

1837. ECA: "Art. 152. Aos procedimentos regulados nesta Lei aplicam-se subsidiariamente as normas gerais previstas na legislação processual pertinente".

1838. CF, art. 227, § 3º, V.

1839. CF, art. 227, § 3º, IV.

1840. Lei n. 12.594, de 18 de janeiro de 2012, art. 47.

1841. CF: "Art. 144. [...] § 4º Às polícias civis, dirigidas por delegados de polícia de carreira, incumbem, ressalvada a competência da União, as funções de polícia judiciária e a apuração de infrações penais, exceto as militares".

1842. CPP: "Art. 13. Incumbirá ainda à autoridade policial: I — fornecer às autoridades judiciárias as informações necessárias à instrução e julgamento dos processos; II — realizar as diligências requisitadas pelo juiz ou pelo Ministério Público; III — cumprir os mandados de prisão expedidos pelas autoridades judiciárias; IV — representar acerca da prisão preventiva".

1843. Toda notícia da prática de crime ou contravenção penal enseja atividades de investigação, de modo a identificar a autoria e materialidade da infração. Indicada sua prática por adolescente, a autoridade policial deverá proceder nos termos do ECA.

1844. ECA: "Art. 171. O adolescente apreendido por força de ordem judicial será, desde logo, encaminhado à autoridade judiciária".

Já a apreensão em flagrante de ato infracional, ainda que qualquer pessoa do povo possa fazê-la[1845], em regra ocorre em razão do policiamento ostensivo e de seu acionamento por força de chamadas de populares, quando vislumbram o desenvolver de atividades ilícitas. Os policiais militares[1846], portanto, são os primeiros encarregados da avaliação da ocorrência de uma das hipóteses autorizadoras do flagrante[1847], e, evidenciadas, devem proceder à apreensão e condução do adolescente, representando obrigação do agente público investido na função de manutenção da paz e segurança de todos.

Tanto na hipótese de cumprimento de ordem judicial como de apreensão em flagrante, os agentes policiais que efetivam a apreensão, ao fazerem a detenção física do adolescente, somente podem se utilizar da força no caso de resistência ou tentativa de fuga[1848], na estrita necessidade de defesa ou de superação ao obstáculo criado à mantença da ordem pública[1849], observando, ainda, a condição peculiar de pessoa em processo de desenvolvimento.

Na mesma condição o uso de algemas, servindo de guia a Súmula Vinculante n. 11, do Supremo Tribunal Federal: "Só é lícito o uso de algemas em casos de resistência e de fundado receio de fuga ou de perigo

---

1845. CPP: "Art. 301. Qualquer do povo poderá e as autoridades policiais e seus agentes deverão prender quem quer que seja encontrado em flagrante delito".

1846. CF: "Art. 144. [...] § 5º Às polícias militares cabem a polícia ostensiva e a preservação da ordem pública; aos corpos de bombeiros militares, além das atribuições definidas em lei, incumbe a execução de atividades de defesa civil".

1847. CPP: "Art. 302. Considera-se em flagrante delito quem: I — está cometendo a infração penal; II — acaba de cometê-la; III — é perseguido, logo após, pela autoridade, pelo ofendido ou por qualquer pessoa, em situação que faça presumir ser autor da infração; IV — é encontrado, logo depois, com instrumentos, armas, objetos ou papéis que façam presumir ser ele autor da infração".

1848. CPP: "Art. 284. Não será permitido o emprego de força, salvo a indispensável no caso de resistência ou de tentativa de fuga do preso".

1849. CPP: "Art. 292. Se houver, ainda que por parte de terceiros, resistência à prisão em flagrante ou à determinada por autoridade competente, o executor e as pessoas que o auxiliarem poderão usar dos meios necessários para defender-se ou para vencer a resistência, do que tudo se lavrará auto subscrito também por duas testemunhas".

CURSO DE DIREITO DA CRIANÇA E DO ADOLESCENTE

à integridade física própria ou alheia, por parte do preso ou de terceiros, justificada a excepcionalidade por escrito, sob pena de responsabilidade disciplinar, civil e penal do agente ou da autoridade e de nulidade da prisão ou do ato processual a que se refere, sem prejuízo da responsabilidade civil do Estado". Frise-se, ainda, que, de acordo com o art. 178 do ECA, "O adolescente a quem se atribua autoria de ato infracional não poderá ser conduzido ou transportado em compartimento fechado de veículo policial, em condições atentatórias à sua dignidade, ou que impliquem risco à sua integridade física ou mental, sob pena de responsabilidade".

O apreendido em flagrante deve ser apresentado desde logo à autoridade policial competente[1850], definida nos termos do regramento local de segurança pública, costumeiramente a do local da infração, salvo a existência de delegacia especializada ou outra repartição designada administrativamente. A autoridade competente é a com funções de polícia judiciária, à qual incumbem as providências preliminares no procedimento de apuração de ato infracional atribuído a adolescente, não podendo ser substituída por outra em razão das funções peculiares reservadas pelas regras do devido processo legal prescrito no ECA.

Considerando o princípio da prioridade absoluta e a rapidez que marca o procedimento de apuração de ato infracional, o legislador determinou que, "Havendo repartição policial especializada para atendimento de adolescente e em se tratando de ato infracional praticado em coautoria com maior, prevalecerá a atribuição da repartição especializada, que, após as providências necessárias e conforme o caso, encaminhará o adulto à repartição policial própria"[1851]. A precedência de atendimento policial é a dos atos relacionados ao adolescente, reduzindo sua permanência nos estabelecimentos policiais e acelerando as providências necessárias à definição da sua situação jurídica, com a liberação ou custódia provisória.

1850. ECA: "Art. 172. O adolescente apreendido em flagrante de ato infracional será, desde logo, encaminhado à autoridade policial competente".

1851. ECA, art. 172, parágrafo único.

292. Providências preliminares

Conduzido o apreendido em flagrante, a autoridade policial deverá liminarmente, atenta aos elementos integrantes do tipo penal correspondente ao ato infracional, lavrar auto de apreensão ou mandar confeccionar boletim de ocorrência circunstanciado. Se se tratar de ato infracional cometido mediante violência ou grave ameaça à pessoa, necessariamente deverá elaborar auto de apreensão; ao contrário, não apresentando o ato infracional essa conformação, tem a faculdade de determinar apenas a feitura de boletim de ocorrência circunstanciado, peça com histórico detalhado que permita a integral compreensão dos fatos e seus resultados, com a identificação do autor, vítima e testemunhas, bem como o registro de eventuais requisições de perícias ou exames.

Sendo o caso de lavratura obrigatória de auto de apreensão ou optando a autoridade policial por esse caminho, deverá encetar as providências do art. 173 do ECA[1852]. São elas: (a) identificação dos responsáveis pela condução; (b) especificação do maior de idade que deverá ser prontamente avisado; (c) lavratura do auto de apreensão; (d) apossamento dos produtos e instrumentos da infração; e (e) requisição de exames e perícias necessárias.

O auto, considerando especialmente as normas residentes nos arts. 173, caput, do ECA, e 304, caput, do Código de Processo Penal[1853], é a peça de formalização da apreensão em flagrante de adolescente apontado como autor de ato infracional, devendo necessariamente conter: (a) a oitiva do condutor, com a descrição da situação fática determinante da apreensão; (b) a oitiva

---

1852. ECA: "Art. 173. Em caso de flagrante de ato infracional cometido mediante violência ou grave ameaça a pessoa, a autoridade policial, sem prejuízo do disposto nos arts. 106, parágrafo único, e 107, deverá: I — lavrar auto de apreensão, ouvidos as testemunhas e o adolescente; II — apreender o produto e os instrumentos da infração; III — requisitar os exames ou perícias necessários à comprovação da materialidade e autoria da infração. Parágrafo único. Nas demais hipóteses de flagrante, a lavratura do auto poderá ser substituída por boletim de ocorrência circunstanciado".

1853. CPP: "Art. 304. Apresentado o preso à autoridade competente, ouvirá esta o condutor e colherá, desde logo, sua assinatura, entregando a este cópia do termo e recibo de entrega do preso. Em seguida, procederá à oitiva das testemunhas que o acompanharem e ao interrogatório do acusado sobre a imputação que lhe é feita, colhendo, após cada oitiva, suas respectivas assinaturas, lavrando, a autoridade, afinal, o auto".

CURSO DE DIREITO DA CRIANÇA E DO ADOLESCENTE

de testemunhas; e (c) a oitiva do adolescente, que deverá ser informado do direito de permanecer calado. Todos deverão ser identificados, inclusive a autoridade policial, que deverá consignar no auto o cumprimento das providências relacionadas às garantias processuais[1854], sendo ultimado com as assinaturas da autoridade e dos demais envolvidos.

A apropriação do produto da infração compreende o apossamento de objetos e coisas que diretamente resultaram do cometimento do ato infracional, de vez que seus frutos ou proveitos dependem de avaliação judicial, em cognição mais aprofundada do que a reclamada na fase policial. Já os instrumentos correspondem aos objetos e documentos usados para a prática do ato infracional, notadamente armas ou qualquer outro apetrecho usado para intimidar, violar ou enganar a vítima. No conjunto, representam os "objetos que tiverem relação com o fato"[1855] e que "interessarem à prova"[1856], coisas e comprovantes escritos referenciados ao ato infracional.

A autoridade policial também deverá requisitar os exames ou perícias necessários à comprovação da materialidade e da autoria da infração. Hoje, deve estar atenta à "cadeia de custódia", introduzida no CPP com a Lei n. 13.964, de 24 de dezembro de 2019, que a considera como "o conjunto de todos os procedimentos utilizados para manter e documentar a história cronológica do vestígio coletado em locais ou em vítimas de crimes, para rastrear sua posse e manuseio a partir de seu reconhecimento até o descarte"[1857]. É de observar que, no campo da apuração de ato infracional, especialmente aquela que autoriza a imposição de medida privativa de liberdade, são imprescindíveis os exames e perícias, de vez que, "Quando a infração deixar vestígios, será indispensável o exame de corpo de delito, direto ou indireto, não podendo supri-lo a confissão do acusado"[1858], de

---

1854. Informação sobre os direitos do apreendido, consignação do nome do adulto avisado e da forma de comunicação e local da custódia.

1855. CPP, art. 6º, II.

1856. CPP, art. 11.

1857. CPP, art. 158-A.

1858. CPP, art. 158.

modo que a aferição técnica do vestígio permita que cientificamente seja considerado como evidência, transformando-se em meio de prova capaz de arrimar a sentença de mérito.

293. Aferições prévias

A autoridade policial, adotadas as providências preliminares, deve proceder a uma avaliação que lhe permita decidir sobre dois caminhos possíveis, exercitando importante poder discricionário: o de liberar o adolescente ou prosseguir com a custódia provisória, decorrente do flagrante.

Para esta decisão, a autoridade policial deve levar em conta: (a) a existência de flagrante; (b) a possibilidade legal de privação de liberdade; (c) a gravidade do ato infracional; e (d) a repercussão social do fato. São requisitos cumulativos dos quais decorre a possibilidade jurídica da mantença da apreensão do adolescente, que, somados a uma das finalidades previstas em lei, compõem a base da excepcionalidade da privação da liberdade garantida constitucionalmente[1859].

A autoridade policial deve, preliminarmente, fazer uma avaliação quanto à ocorrência do flagrante, buscando no art. 302 do Código de Processo Penal[1860], aqui aplicado subsidiariamente[1861], uma de suas razões justificadoras, sob o pálio dos direitos e garantias individuais. A falta do estado de flagrância importa lavratura de um boletim de ocorrência, com a liberação do adolescente, podendo a autoridade policial representar pela internação provisória, se for o caso.

1859. CF, art. 227, § 3º, V.

1860. CPP: "Art. 302. Considera-se em flagrante delito quem: I — está cometendo a infração penal; II — acaba de cometê-la; III — é perseguido, logo após, pela autoridade, pelo ofendido ou por qualquer pessoa, em situação que faça presumir ser autor da infração; IV — é encontrado, logo depois, com instrumentos, armas, objetos ou papéis que façam presumir ser ele autor da infração".

1861. ECA: "Art. 152. Aos procedimentos regulados nesta Lei aplicam-se subsidiariamente as normas gerais previstas na legislação processual pertinente".

CURSO DE DIREITO DA CRIANÇA E DO ADOLESCENTE

Presente o flagrante, a decisão de mantença da custódia ou de liberação do adolescente passa necessariamente pela verificação da possibilidade jurídica da internação, nos termos do art. 122, I e II, do ECA[1862]. Se o ato infracional perpetrado não autorizar a privação de liberdade, seja por não ter sido praticado com violência ou grave ameaça à pessoa, seja por não ter correspondente penal apenado com reclusão ou inexistir prova de reincidência em ato infracional grave, a autoridade policial deverá liberar o adolescente. Se não pode, ao final, ser apenado com a medida de internação, a providência antecipatória da custódia provisória não encontra alicerce para que possa perdurar para momentos subsequentes à apreensão, depois de cessada a atividade infracional. Trata-se de situação correlata ao processo penal em que, há muito, reconheceu-se na jurisprudência a necessidade de incidência do princípio da homogeneidade, indicativo de que não se autoriza medida mais severa daquela que, ao cabo do devido processo legal, seria aplicada ao condenado.

Para a manutenção da apreensão também é necessário verificar a gravidade substancial da infração, ou seja, as circunstâncias e consequências do ato infracional, as primeiras revelando as condições de realização da conduta, as motivações e o modo de agir, e as segundas os resultados produzidos com o ato ilícito.

Também deve ser considerada a repercussão social do ato infracional, o seu impacto na comunidade. Quanto maior a reprovação social, mais visível o sentimento de agressão, mais perceptível a indignação coletiva, maior o peso na reflexão da autoridade policial quanto à mantença ou não da apreensão derivada do flagrante.

Além dos elementos anteriores, a autoridade policial deve concluir pela liberação ou mantença da custódia, orientada por duas finalidades: (a) necessidade de preservação da ordem pública; e (b) indispensabilidade de garantia da segurança pessoal do adolescente.

1862. ECA: "Art. 122. A medida de internação só poderá ser aplicada quando: I — tratar-se de ato infracional cometido mediante grave ameaça ou violência a pessoa; II — por reiteração no cometimento de outras infrações graves".

Na primeira hipótese, razões de defesa social impõem a custódia provisória. Probabilidade de progressão infracional, justo receio de intimidações e agravos a vítimas e testemunhas e inserção do adolescente em organizações criminosas, como quadrilhas e grupos de extermínio, são motivos suficientes para manter a custódia decorrente do flagrante.

Também a necessidade de preservação da segurança pessoal do próprio adolescente deve ser considerada. Se a liberação importar risco ao apreendido, como a notícia ou presunção de promessa de linchamento, vingança ou retaliação, a manutenção da custódia se afigura até mesmo como humanitária, expressão de civilidade.

Reitere-se que o atendimento às finalidades da mantença da custódia provisória derivada do flagrante — preservação da ordem pública e/ou da segurança pessoal do adolescente — deve ser considerado somente nas hipóteses de preenchimento dos requisitos autorizadores da custódia decorrente do flagrante. A necessidade de garantia da integridade de adolescente cuja apreensão por ato infracional não seja possível juridicamente deve encontrar outras formas e justificativas na legislação de proteção, como no próprio ECA e na Lei de Proteção a Vítimas e Testemunhas Ameaçadas[1863]. Anote-se que medidas protetivas podem ser determinadas em razão da própria conduta do adolescente[1864], inclusive em virtude da colaboração premiada, na forma analógica do art. 15 da citada Lei de Proteção[1865], evidenciando que o ordenamento jurídico tem outras maneiras de proteção ao adolescente que se encontra envolvido com a criminalidade,

---

1863. Lei n. 9.807, de 13 de julho de 1999.

1864. ECA, art. 98, III.

1865. Lei n. 9.807, de 13 de julho de 1999: "Art. 15. Serão aplicadas em benefício do colaborador, na prisão ou fora dela, medidas especiais de segurança e proteção a sua integridade física, considerando ameaça ou coação eventual ou efetiva. § 1º Estando sob prisão temporária, preventiva ou em decorrência de flagrante delito, o colaborador será custodiado em dependência separada dos demais presos. § 2º Durante a instrução criminal, poderá o juiz competente determinar em favor do colaborador qualquer das medidas previstas no art. 8º desta Lei. § 3º No caso de cumprimento da pena em regime fechado, poderá o juiz criminal determinar medidas especiais que proporcionem a segurança do colaborador em relação aos demais apenados".

CURSO DE DIREITO DA CRIANÇA E DO ADOLESCENTE

mas contra o qual inexistam indícios de participação em atos infracionais que justifiquem a custódia provisória.

294. Entrega aos pais ou responsável

Inexistindo possibilidade jurídica e faltando razões finalísticas para a custódia provisória, a regra é a entrega do adolescente aos seus pais ou responsável, na forma do art. 174 do ECA[1866]. São contatados para comparecerem à Delegacia de Polícia, ocasião em que o filho ou pupilo lhes é entregue, sob o compromisso, tomado mediante termo, de apresentação ao membro do Ministério Público que exerça a função de Promotor de Justiça da Infância e da Juventude. Essa apresentação deve ser no mesmo dia, razão da necessidade de plantão permanente e ininterrupto, podendo excepcionalmente ser no dia útil seguinte e imediato à apreensão.

Se os pais ou responsável não forem localizados, a autoridade policial deve proceder à entrega do adolescente em sua residência ou, à sua falta, encaminhá-lo ao Conselho Tutelar que, de acordo com a norma do art. 136, I, do ECA[1867], deve atender adolescente que, em razão da sua própria conduta, encontra-se em situação de vulnerabilidade. O que não deve ocorrer é a manutenção de apreensão sem substrato jurídico e razão finalística ou a simples liberação do adolescente sem qualquer cuidado, extremos do descaso, pois, de um lado, a privação indevida de liberdade e, de outro, a absoluta falta de consideração quanto à sorte do liberado.

1866. ECA: "Art. 174. Comparecendo qualquer dos pais ou responsável, o adolescente será prontamente liberado pela autoridade policial, sob termo de compromisso e responsabilidade de sua apresentação ao representante do Ministério Público, no mesmo dia ou, sendo impossível, no primeiro dia útil imediato, exceto quando, pela gravidade do ato infracional e sua repercussão social, deva o adolescente permanecer sob internação para garantia de sua segurança pessoal ou manutenção da ordem pública".

1867. ECA: "Art. 136. São atribuições do Conselho Tutelar: I — atender as crianças e adolescentes nas hipóteses previstas nos arts. 98 e 105, aplicando as medidas previstas no art. 101, I a VII".

Sendo o adolescente entregue aos pais ou responsável, firmado o termo de compromisso, cópia do auto de apreensão ou do boletim de ocorrência deve ser encaminhada ao Ministério Público[1868]. É de observar que, ausente a figura de inquérito policial ou de sindicância para apuração de ato infracional, notícia de fato ilícito que envolva adolescente também deve ser investigada pela polícia judiciária, pois qualquer crime ou ato infracional não pode ficar sem apuração, devendo o ilícito, praticado por quem quer que seja, receber resposta estatal. Assim, prescreve o ECA que, se, "afastada a hipótese de flagrante, houver indícios de participação de adolescente na prática de ato infracional, a autoridade policial encaminhará ao representante do Ministério Público relatório das investigações e demais documentos"[1869], evidenciando a necessidade de investigação a respeito de toda e qualquer notícia de fato criminoso.

Elucidada a autoria de conduta típica, recaindo sobre adolescente, a autoridade policial, enquanto um dos principais agentes estatais responsáveis pela segurança pública, pode representar pela internação provisória do adolescente, fazendo-o com base nas mesmas razões e finalidades que autorizam a mantença da apreensão em flagrante, demonstrando a necessidade imperiosa da medida, conforme previsão do art. 108, parágrafo único, do ECA[1870].

295. Apresentação imediata e custódia em repartição policial

A autoridade policial, mantida a custódia derivada do flagrante, deve providenciar a apresentação imediata do adolescente ao Ministério Público,

---

1868. ECA:"Art. 176. Sendo o adolescente liberado, a autoridade policial encaminhará imediatamente ao representante do Ministério Público cópia do auto de apreensão ou boletim de ocorrência".

1869. ECA, art. 177.

1870. ECA:"Art. 108. A internação, antes da sentença, pode ser determinada pelo prazo máximo de quarenta e cinco dias. Parágrafo único. A decisão deverá ser fundamentada e basear-se em indícios suficientes de autoria e materialidade, demonstrada a necessidade imperiosa da medida".

CURSO DE DIREITO DA CRIANÇA E DO ADOLESCENTE

encaminhando-o com cópia do auto de apreensão ou boletim de ocorrência circunstanciado[1871]. Nos locais onde instituído juizado de instrução, precisa também encaminhar ao Ministério Público os pais ou responsável, vítima e testemunhas, pois também deverão ser ouvidos na oportunidade, conforme se extrai do disposto no art. 179, parte final, do ECA.

À falta de instalação dos juizados de instrução no território nacional, a exceção virou regra[1872]. Dessa forma, a autoridade policial encaminha o adolescente apreendido à entidade de atendimento, previamente definida como porta de entrada ou de recepção do sistema socioeducativo, que faz a sua apresentação ao Ministério Público no prazo de 24 (vinte e quatro) horas. Existe ainda a exceção da exceção, pois, "nas localidades onde não houver entidade de atendimento, a apresentação far-se-á pela autoridade policial", aguardando o adolescente na própria repartição policial, "em dependência separada da destinada a maiores", não podendo, em qualquer hipótese, exceder o prazo de 24 (vinte e quatro) horas[1873].

É de observar que, além dos tipos penais que tratam da ilegalidade da apreensão de criança ou adolescente[1874], a Lei de Abuso de Autoridade[1875] tipifica como crime a conduta da autoridade que "mantém, na mesma cela, criança ou adolescente na companhia de maior de idade ou em ambiente inadequado", conforme definição residente no parágrafo único de seu art. 21[1876], evidenciando rigor na tentativa de manutenção da integridade e dignidade do apreendido.

1871. ECA: "Art. 175. Em caso de não liberação, a autoridade policial encaminhará, desde logo, o adolescente ao representante do Ministério Público, juntamente com cópia do auto de apreensão ou boletim de ocorrência".

1872. ECA: "Art. 175. [...] Sendo impossível a apresentação imediata, a autoridade policial encaminhará o adolescente à entidade de atendimento, que fará a apresentação ao representante do Ministério Público no prazo de vinte e quatro horas".

1873. ECA, art. 175, § 2º.

1874. ECA, arts. 230, 231, 232 e 234.

1875. Lei n. 13.869, de 5 de setembro de 2019.

1876. Lei de Abuso de Autoridade: "Art. 21. Manter presos de ambos os sexos na mesma cela ou espaço de confinamento: Pena — detenção, de 1 (um) a 4 (quatro) anos, e multa. Parágrafo único. Incorre na mesma pena quem mantém, na mesma cela, criança ou adolescente na companhia de maior de idade ou em ambiente inadequado, observado o disposto na Lei n. 8.069, de 13 de julho de 1990 (Estatuto da Criança e do Adolescente)".

XLII

Fase ministerial

296. Apresentação ao Ministério Público

O adolescente apontado como autor de ato infracional será encaminhado ao Ministério Público: (a) pela autoridade policial em razão da regra da apresentação imediata ou de custódia excepcional na própria repartição policial; (b) pelo responsável pela entidade de atendimento que fez a triagem inicial no sistema socioeducativo; e (c) pelos pais ou responsável, quando compromissados a fazê-lo.

Nas duas primeiras hipóteses, nas quais se verifica a custódia provisória do adolescente, a primeira providência do Promotor de Justiça da Infância e da Juventude consiste na verificação da legalidade da privação excepcional da liberdade.

Trata-se de imposição legal tutelada até mesmo pela ameaça de pena, pois, de acordo com a regra do art. 234 do ECA, constitui crime, reprimido com detenção de 6 (seis) meses a 2 (dois) anos, "Deixar a autoridade competente, sem justa causa, de ordenar a imediata liberação de criança ou adolescente, tão logo tenha conhecimento da ilegalidade da apreensão".

O membro do Ministério Público deve ficar atento à possibilidade jurídica da custódia provisória decorrente do flagrante, adotando, de

CURSO DE DIREITO DA CRIANÇA E DO ADOLESCENTE

pronto, medida de liberação se desatendido qualquer requisito justificador da excepcionalidade prevista constitucionalmente. Não há necessidade de ordem judicial de liberação, pois, enquanto titular da persecução socioeducativa, o Promotor de Justiça da Infância e da Juventude pode até mesmo dispor da ação judicial mediante a concessão de remissão, inclusive como forma de perdão puro e simples. Como integrante principal da cadeia de aferição formal de responsabilidade socioeducativa, ao lado das autoridades policial e judicial, o Promotor de Justiça exerce papel de defensor da legalidade, tendo o dever de atuar na superação de equívocos e arbítrios comprometedores da liberdade.

A análise da legalidade da apreensão reclama ciência dos registros do evento infracional, presentes no auto de apreensão em flagrante ou no boletim de ocorrência circunstanciado, que devem ser previamente autuados pelo cartório judicial[1877]. O Promotor de Justiça, além da possibilidade jurídica, verifica se presente uma das finalidades da custódia provisória — preservação da ordem pública ou da incolumidade do adolescente —, mesmo porque a eventual situação de perigo à integridade do apreendido pode ter se dissipado, havendo condições de segurança para a sua liberação.

A apresentação do adolescente pelos pais ou responsável deriva de duas situações: (a) a primeira do compromisso, assumido na Delegacia de Polícia, de apresentar o filho ou pupilo no local e data mencionados no termo; e (b) a segunda, em razão de notificação provocada pelo Ministério Público.

A notificação, por sua vez, deriva da determinação do Ministério Público tomada em razão do contido em relatório de investigação que lhe foi encaminhado pela autoridade policial[1878], bem como da falta de comparecimento dos pais no dia aprazado ainda na fase policial, conforme prescrição do art. 179, parágrafo único, do ECA[1879].

1877. ECA, art. 179.

1878. ECA, art. 177.

1879. ECA: "Art. 179. [...] Parágrafo único. Em caso de não apresentação, o representante do Ministério Público notificará os pais ou responsável para apresentação do adolescente, podendo requisitar o concurso das polícias civil e militar".

Reprise-se que relatório policial, boletim de ocorrência e quaisquer peças de informação sobre a prática de ato infracional atribuído a adolescente devem ser previamente autuados pelo cartório judicial, ainda que as providências iniciais fiquem a cargo do Ministério Público. Isso decorre do sistema de controle estabelecido pelo ECA, pois as deliberações preliminares do Promotor de Justiça, consistentes em arquivamento, remissão ou representação[1880], ficam sujeitas à análise judicial, compondo um sistema de freios e contrapesos, de modo que o respeito à autonomia não se transforme em espaço de abusos. Assim, os registros das iniciativas procedimentais e processuais constituem-se em decorrência do princípio da oficialidade das atividades estatais.

297. Oitiva informal

Autuadas as peças oriundas da polícia, verificados os antecedentes do adolescente e ultrapassada a análise da legalidade da apreensão, inclusive com eventual decisão preliminar de liberação, segue-se a realização de oitiva informal, consoante regra estatuída no art. 179, caput, do ECA[1881].

A oitiva informal consiste na escuta do adolescente sobre a prática do ato infracional, circunstâncias e motivações, bem como sobre seu modo de vida e inserção na família e comunidade. Também deve compreender o cenário da apreensão, na hipótese de adolescente apreendido em flagrante, de modo que o Promotor de Justiça, além do que foi documentado por escrito, forme um quadro mais próximo da realidade.

Essa oitiva serve exclusivamente para a formação da convicção do membro do Ministério Público quanto às alternativas colocadas à sua

---

1880. ECA, art. 180.

1881. ECA: "Art. 179. Apresentado o adolescente, o representante do Ministério Público, no mesmo dia e à vista do auto de apreensão, boletim de ocorrência ou relatório policial, devidamente autuados pelo cartório judicial e com informação sobre os antecedentes do adolescente, procederá imediata e informalmente à sua oitiva e, em sendo possível, de seus pais ou responsável, vítima e testemunhas".

disposição pela lei, de modo que, da soma dos elementos indiciários, inclusive da palavra do adolescente, possa melhor decidir. Não se trata de meio de prova, razão pela qual o legislador se utilizou do vocábulo "informal", adjetivo indicativo daquilo que não cumpre qualquer regra procedimental, de modo que eventual registro não pode servir como elemento para juízo condenatório.

Não se trata de coleta de declarações ou de interrogatório, de modo que sua redução a termo não foi prevista pelo legislador. Basta que o Promotor de Justiça registre que, naquela data e horário, foi procedida a oitiva informal, encontrando-se o adolescente acompanhado ou não, indicando os eventuais presentes ao ato, para que se documente a contraprestação ao direito assegurado pelo art. 111, V, do ECA[1882].

A oitiva é presencial[1883], porquanto na garantia de ser ouvido pela autoridade competente encontram-se o desiderato da humanização e a personalização do atendimento, de modo que a justiça, principalmente a que incide sobre a liberdade da pessoa humana, tenha lastro na compreensão das razões de todos os envolvidos no ato infracional. O adolescente ao qual se atribui a infração deve ser compreendido na sua integralidade, ainda que dessa ciência derive a decisão de pedido de custódia provisória como instrumento de defesa social; o que não é admissível é que o sistema socioeducativo se assente na impessoalidade, no vislumbre de um "menor" sem vida relacional ou história, visto apenas sob a lente da infração cometida.

Também se trata de atividade indelegável, devendo o ato ser presidido pelo Promotor de Justiça da Infância e da Juventude, porquanto constitui atribuição exclusiva, contraprestação ao direito do adolescente de ser ouvido pessoalmente pela autoridade competente. Se a decisão de processar ou não

---

1882. ECA: "Art. 111. São asseguradas ao adolescente, entre outras, as seguintes garantias: [...] V — direito de ser ouvido pessoalmente pela autoridade competente".

1883. O CNMP, inicialmente através da Recomendação n. 71, de 18 de março de 2020, exortou à realização da oitiva informal pelo sistema remoto durante a pandemia da Covid-19, denotando caráter precário e excepcional ao marcar prazo ou termo de vigência, este último condicionado à perduração das medidas sanitárias de restrição aos contatos pessoais.

compete ao Promotor de Justiça, no exercício de função correspondente à parcela de poder derivada da soberania estatal, sendo quem, regularmente investido no cargo, representa o Ministério Público, não há possibilidade legal de delegação da atribuição a qualquer servidor, por mais qualificado que seja. Essa orientação está de acordo com a regra residente no art. 13, III, da Lei n. 9.784, de 29 de janeiro de 1999, que regula o processo administrativo no âmbito da Administração Pública Federal, indicativo de que competência exclusiva de autoridade não pode ser delegada, sob pena de frustração da vontade do legislador e de subtração material de garantia estabelecida em benefício da pessoa.

No caso de o Promotor de Justiça registrar a substância do ato, como a confissão do adolescente, esta não pode servir nem mesmo como argumento lateral para a imposição de qualquer medida socioeducativa. Além da afronta ao texto da lei, que somente permite oitiva informal, a prática do registro do teor da fala do adolescente afronta ao princípio do contraditório, pois na ocasião, na maioria dos casos, o adolescente não está acompanhado por defensor, a quem incumbe a sua defesa técnica. Também esbarra no princípio de que ninguém está obrigado a produzir prova contra si mesmo, pois o acusado ou suspeito pode preferir o silêncio, incidindo a proibição da autoincriminação[1884], prevista no art. 8º da Convenção Americana dos Direitos Humanos, especialmente no item 2, g[1885], escorada ainda especialmente nos incisos LVII[1886] e LXIII[1887] do art. 5º da Magna Carta, bem como no art. 186 do Código de Processo

---

1884. *Nemo tenetur se detegere*, ou seja, em tradução e interpretação livre, ninguém está obrigado a se descobrir, mostrando sua culpa.

1885. CADH: "Art. 8º [...] 2. Toda pessoa acusada de um delito tem direito a que se presuma sua inocência, enquanto não for legalmente comprovada sua culpa. Durante o processo, toda pessoa tem direito, em plena igualdade, às seguintes garantias mínimas: [...] g. direito de não ser obrigada a depor contra si mesma, nem a confessar-se culpada".

1886. CF, art. 5º, LVII: "ninguém será considerado culpado até o trânsito em julgado de sentença penal condenatória".

1887. CF, art. 5º, LXIII: "o preso será informado de seus direitos, entre os quais o de permanecer calado, sendo-lhe assegurada a assistência da família e de advogado".

CURSO DE DIREITO DA CRIANÇA E DO ADOLESCENTE

Penal[1888], aplicado subsidiariamente ao procedimento de apuração de ato infracional por força da regra do art. 152 do ECA[1889].

Segundo a lei[1890], também devem ser ouvidos informalmente, na ocasião e em sendo possível, pais ou responsável, vítima e testemunhas. Os pais ou responsável, notadamente na hipótese de liberação na fase policial com o compromisso de apresentação ao Ministério Público, estarão presentes, pois são eles que fazem a apresentação do adolescente ao Promotor de Justiça da Infância e da Juventude. Quando o adolescente é apresentado pela polícia ou por estabelecimento socioeducativo, a oitiva é dispensável, não determinando qualquer adiamento, ante a celeridade que marca o procedimento de apuração. Na hipótese de maior gravidade, evidenciada pelo oferecimento de representação, os pais ou responsáveis serão necessariamente ouvidos na audiência de apresentação. Nas demais iniciativas do Ministério Público, remissão sem medida ou arquivamento, eventuais orientações poderão ser prestadas pelo Conselho Tutelar, mediante provocação do Promotor de Justiça da Infância e da Juventude, considerando a competência derivada de situação de risco, derivada da própria conduta do adolescente[1891].

Vítima e testemunhas somente estarão presentes quando em localidades que instalarem juizado de instrução socioeducativo, porquanto atuantes logo após a ocorrência do ato infracional mediante plantões permanentes e ininterruptos.

Após a audiência informal, o Promotor de Justiça firma a sua convicção quanto a dois caminhos possíveis, previstos no art. 180 do ECA[1892]: (a) não

---

1888. CPP: "Art. 186. Depois de devidamente qualificado e cientificado do inteiro teor da acusação, o acusado será informado pelo juiz, antes de iniciar o interrogatório, do seu direito de permanecer calado e de não responder perguntas que lhe forem formuladas".

1889. ECA: "Art. 152. Aos procedimentos regulados nesta Lei aplicam-se subsidiariamente as normas gerais previstas na legislação processual pertinente".

1890. ECA, art. 179.

1891. ECA, art. 136, I, c/c o art. 98, III.

1892. ECA: "Art. 180. Adotadas as providências a que alude o artigo anterior, o representante do Ministério Público poderá: I — promover o arquivamento dos autos; II — conceder a remissão; III — representar à autoridade judiciária para aplicação de medida socioeducativa".

processar; e (b) desencadear a ação socioeducativa pública. Na primeira, decide pelo arquivamento ou concessão de remissão como forma de exclusão do processo; na segunda, oferta representação.

298. Arquivamento e remissão como forma de exclusão do processo

O arquivamento dos registros policiais de ato infracional[1893] importa manifestação de certeza quanto à sua inocorrência ou de absoluta segurança de que o adolescente apresentado não foi o seu autor ou partícipe da conduta.

Trata-se de decisão impeditiva da investigação, de modo que deve se assentar em evidências absolutamente claras, intransponíveis ou impermeáveis a qualquer elemento de contestação. Ao contrário da ação penal, em que a decisão do Promotor de Justiça pressupõe investigação prévia e administrativa, possibilitando afirmação excludente da responsabilidade, pondo cobro ao trabalho de apuração, a decisão de arquivamento das peças iniciais relacionadas ao ato infracional tem caráter excepcional, em regra derivada da constatação de abusos nos registros iniciais, perceptíveis de plano. Condutas que não têm correspondentes em tipos penais ou consideradas crimes próprios, aquelas que somente podem ser realizadas por pessoas determinadas, são exemplos de imputações que podem ficar sujeitas ao arquivamento sumário.

A configuração do ato infracional, considerada a expressão como designativa da presença de todos os elementos integrantes da conduta típica, antijurídica e culpável, adotado didaticamente o conceito clássico e analítico de crime, reclama cognição exauriente, incompatível com os elementos coligidos sumariamente. Todavia, isso não significa que o

---

1893. Auto de apreensão, boletim de ocorrência ou relatório de investigações.

CURSO DE DIREITO DA CRIANÇA E DO ADOLESCENTE

Promotor de Justiça deva optar sempre pela representação, de modo a buscar o conhecimento cabal da ocorrência do ato infracional. A previsão do instituto da remissão como forma de exclusão do processo[1894] permite que não processe, mesmo na dúvida quanto à realização da conduta e sua autoria, situação que não envolve, como expressamente consignado pelo legislador[1895], certeza quanto à conformação da infração.

O arquivamento e a remissão devem ser fundamentados, como todas as manifestações do Ministério Público, conforme determinação contida no art. 205 do ECA[1896], reprisado especialmente em seu art. 181, ao exigir termos justificados. Não se trata de exigência para o convencimento do magistrado, mas de exposição das razões de decidir do Ministério Público, decorrência da oficialidade que marca suas ações, orientada pelos princípios da legalidade e publicidade. Serve aos controles específico e genérico de suas atividades, o primeiro exercitado em todos os casos e na forma da lei e o segundo derivado do conhecimento, ocasional ou correicional, dos motivos invocados para a prática do ato. Mas, acima de tudo, como forma de satisfação social do cumprimento do poder que lhe foi investido, prestando contas da sua atividade e demonstrando que não foi o resultado do capricho, abuso ou inconsequência.

O controle específico do arquivamento, bem como da remissão como forma de exclusão do processo, vem inteiramente disciplinado pelo ECA, em seu art. 181[1897]. Além de sua forma, termo fundamentado com resumo

---

1894. V. § 286, Capítulo XXXIX, deste livro.

1895. ECA: "Art. 127. A remissão não implica necessariamente o reconhecimento ou comprovação da responsabilidade, nem prevalece para efeito de antecedentes, podendo incluir eventualmente a aplicação de qualquer das medidas previstas em lei, exceto a colocação em regime de semiliberdade e a internação".

1896. ECA: "Art. 205. As manifestações processuais do representante do Ministério Público deverão ser fundamentadas".

1897. ECA: "Art. 181. Promovido o arquivamento dos autos ou concedida a remissão pelo representante do Ministério Público, mediante termo fundamentado, que conterá o resumo dos fatos, os autos serão conclusos à autoridade judiciária para homologação. § 1º Homologado o arquivamento ou a remissão, a autoridade judiciária determinará, conforme o caso, o cumprimento da medida. § 2º Discordando, a autoridade judiciária fará remessa dos autos ao Procurador-Geral de Justiça, mediante despacho fundamentado, e este oferecerá representação, designará outro membro do Ministério Público

dos fatos, trata-se de ato complexo, sujeito à homologação judicial, elemento indispensável à obtenção de eficácia executória. O arquivamento e a remissão somente produzem os resultados que lhes são ínsitos quando confirmados pela autoridade judiciária, de pronto ou em razão de insistência da instituição, em caráter definitivo, decorrência da titularidade exclusiva da ação socioeducativa pública.

A homologação judicial se insere em um sistema de freios e contrapesos, instrumento de controle do exercício de poder, permitindo a correção de abusos. Não importa intromissão indevida do Judiciário nos assuntos exclusivos do Ministério Público, pois a ratificação do arquivamento ou da remissão pelo Procurador-Geral de Justiça determina sua homologação, decisão que, neste caso, relaciona-se somente à verificação do preenchimento dos requisitos legais. Também não há avaliação judicial e preliminar da prova, que ainda não foi produzida, ao contrário do inquérito policial, nem mesmo condicionante à representação ante a disponibilidade da ação socioeducativa pública. Em resumo, a previsão da homologação judicial não compromete o sistema socioeducativo introduzido pelo ECA, em que a figura do Promotor de Justiça não se esgota na do acusador do direito penal, cumprindo a função de acusar apenas quando imprescindível o processo em razão da possibilidade e antevista necessidade de privação de liberdade.

Anote-se que o sistema de arquivamento do procedimento de apuração de ato infracional prescrito pelo ECA teve como inspiração a legislação penal anterior à Lei n. 13.964, de 24 de dezembro de 2019[1898], que, ao incluir no Código de Processo Penal o art. 3-A[1899] e dar nova redação ao seu art. 28[1900], suprimiu a competência do juiz criminal para o controle do

---

para apresentá-la, ou ratificará o arquivamento ou a remissão, que só então estará a autoridade judiciária obrigada a homologar".

1898. Lei do "Pacote anticrime".

1899. CPP: "Art. 3º-A. O processo penal terá estrutura acusatória, vedadas a iniciativa do juiz na fase de investigação e a substituição da atuação probatória do órgão de acusação".

1900. CPP: "Art. 28. Ordenado o arquivamento do inquérito policial ou de quaisquer elementos informativos da mesma natureza, o órgão do Ministério Público comunicará à vítima, ao investigado e à

CURSO DE DIREITO DA CRIANÇA E DO ADOLESCENTE

arquivamento do inquérito policial, circunscrevendo-o à própria instituição, mediante provocação recursal ao órgão interno competente.

Com a entrada em vigor do novo art. 28 do CPP[1901], poder-se-ia pensar em sua aplicação analógica. Todavia, o sistema do ECA tem sua aplicabilidade mantida, porquanto disciplina inteiramente a questão, sendo prevalentes suas normas especiais. A aplicação subsidiária do CPP é reservada às situações em que se verifica a ausência de regulamentação da matéria pelo ECA, de modo que incidente a razão da especialidade. A questão deve ficar reservada ao legislador, na ponderação da conveniência de adoção de sistema semelhante ao penal, cotejando os traços distintivos dos dois sistemas, mormente porque a persecução socioeducativa não se esgota em provimentos de condenação ou absolvição e a apuração de ato infracional se desenvolve exclusivamente em juízo, inexistindo a figura de inquérito ou sindicância policial.

O arquivamento e a remissão, tal como disciplinados no ECA, são instrumentos do Ministério Público para o não processar, de modo que pressupõem a liberdade do adolescente, seja porque sempre desfrutou desta condição, sendo apenas apontado em boletim de ocorrência ou relatório de investigação, seja porque tenha sido liberado pela autoridade policial ou mesmo pelo Promotor de Justiça da Infância e da Juventude quando de sua apresentação. São decorrências da titularidade exclusiva da ação socioeducativa pública, resultantes da convicção do Ministério Público quanto à ilegalidade do apontamento inicial, hipótese de arquivamento, ou do juízo de conveniência quanto à exclusão do processo.

---

autoridade policial e encaminhará os autos para a instância de revisão ministerial para fins de homologação, na forma da lei. § 1º Se a vítima, ou seu representante legal, não concordar com o arquivamento do inquérito policial, poderá, no prazo de 30 (trinta) dias do recebimento da comunicação, submeter a matéria à revisão da instância competente do órgão ministerial, conforme dispuser a respectiva lei orgânica. § 2º Nas ações penais relativas a crimes praticados em detrimento da União, Estados e Municípios, a revisão do arquivamento do inquérito policial poderá ser provocada pela chefia do órgão a quem couber a sua representação judicial".

1901. Suspensa a eficácia do caput do art. 28 pelo Ministro Luiz Fux do STF, por força de liminar concedida na condição de relator das ADIs 6.298, 6.299, 6.300 e 6.305-DF, conforme decisão em 22 de janeiro de 2020.

299. Representação

A representação é a peça inaugural da ação socioeducativa pública, instrumento de provocação da atividade jurisdicional de apuração de ato infracional atribuído a adolescente, visando à aplicação de medida que se afigurar a mais adequada ao final do procedimento.

Formaliza-se, em regra, mediante uma peça escrita[1902], devendo conter o resumo dos fatos e indicar o correspondente penal, incluindo rol de testemunhas conhecidas nessa fase. Disciplinada no art. 182 do ECA[1903], a representação guarda semelhança com a denúncia criminal, disciplinada em seu conteúdo no art. 41 do Código de Processo Penal[1904], apresentando, todavia, importante distinção.

A dissonância reside no fato de que a representação independe de indícios suficientes de autoria e materialidade, pois no sistema socioeducativo disciplinado no ECA inexiste procedimento prévio de investigação. O ECA correlaciona a representação a um sistema de apuração estritamente judicial, de modo que basta a descrição do ato infracional com os elementos constantes de seu registro inicial, coletados sumariamente na fase policial. Assim, não se exige a exposição dos fatos com todas as suas circunstâncias, pois estas somente serão conhecidas através da sua perquirição na fase judicial.

A denúncia acarreta a instauração da ação penal desde que veicule pretensão fundada em justa causa, aferível à luz dos elementos colhidos na

---

1902. Pode ser ofertada oralmente, quando instituído juizado de instrução socioeducativo.

1903. ECA: "Art. 182. Se, por qualquer razão, o representante do Ministério Público não promover o arquivamento ou conceder a remissão, oferecerá representação à autoridade judiciária, propondo a instauração de procedimento para aplicação da medida socioeducativa que se afigurar a mais adequada. § 1º A representação será oferecida por petição, que conterá o breve resumo dos fatos e a classificação do ato infracional e, quando necessário, o rol de testemunhas, podendo ser deduzida oralmente, em sessão diária instalada pela autoridade judiciária. § 2º A representação independe de prova pré-constituída da autoria e materialidade".

1904. CPP: "Art. 41. A denúncia ou queixa conterá a exposição do fato criminoso, com todas as suas circunstâncias, a qualificação do acusado ou esclarecimentos pelos quais se possa identificá-lo, a classificação do crime e, quando necessário, o rol das testemunhas".

CURSO DE DIREITO DA CRIANÇA E DO ADOLESCENTE

fase pré-processual, enquanto a representação determina a instauração da ação socioeducativa pública quando assentada apenas na razoabilidade da apuração. Ao suprimir o inquérito policial, pretendeu o legislador reduzir ao máximo o contato do adolescente com o aparato policial, genérico para todas as infrações cometidas por maiores ou menores de idade, preferindo a apuração exclusivamente no juízo especializado, de modo que o desencadear da ação socioeducativa não se assenta em juízo de probabilidade, como no processo penal, mas no de possibilidade.

O fato-base deve estar, ainda que sucintamente, descrito na representação, pois é ele que, circunscrevendo a acusação, possibilita a defesa do adolescente apontado como autor do ato infracional. Ainda que desconhecidas todas as suas circunstâncias, o que importa para o desencadear da apuração judicial é que o núcleo da conduta, revelado pelo verbo constante do tipo e descritivo da ação ou omissão proibida, seja retratado na representação, que o fazer ou o não fazer ilícito, base da imputação, seja devidamente narrado. Dessa forma, cumpre-se a exigência constitucional do "pleno e formal conhecimento da atribuição de ato infracional"[1905], dando a conhecer ao adolescente o que lhe está sendo materialmente imputado e que, ao final, poderá determinar a aplicação compulsória de uma das medidas socioeducativas.

A indicação do correspondente penal ao ato infracional, categorização da conduta na tipologia criminal, também deve constar da representação, notadamente em razão da reserva de medidas mais gravosas somente em relação a tipos penais cujos elementos normativos indiquem maior reprovabilidade ou que sejam crimes reiterados aos quais a pena prevista seja a de reclusão. Somente os atos infracionais cometidos mediante violência ou grave ameaça autorizam a internação e a colocação em casa de semiliberdade, assim como a reincidência em correspondentes penais considerados graves[1906]. Dessa forma, a referência aos tipos penais, ainda que a narrativa

---

1905. ECA, art. 227, § 3º, IV.
1906. Os punidos com reclusão.

dos fatos possa suprir equívocos na capitulação, viabiliza a construção da representação, constituindo-se, no mínimo, em requisito formal estabelecido pelo legislador para o seu recebimento.

No processo penal, a capitulação da conduta constante da denúncia indica a pena aplicável, dentro dos parâmetros fixados no preceito secundário do crime imputado, salvo as exceções da desclassificação nos crimes dolosos contra a vida[1907] e do aditamento posterior à denúncia[1908]. O juiz criminal pode atribuir ao crime capitulação diversa somente na sentença, desde que não altere a descrição dos fatos[1909], não tendo a mesma prerrogativa quando do recebimento da denúncia em respeito ao sistema acusatório e da impossibilidade de antecipação de juízo de valor sobre os fatos descritos.

No sistema do ECA inexiste indicação prévia da medida socioeducativa perseguida, pois ao final do processo é que se revela a providência adequada[1910], de modo que a postulação do Ministério Público somente restará definida na fase das alegações finais[1911].

Essa adequação resulta dos elementos colhidos no procedimento judicial, também destinado à definição da providência que melhor atenda às circunstâncias do ato infracional e às condições de seu autor, derivando do sopesamento das razões de defesa social e de intervenção no processo educacional do adolescente. Qualquer pedido de medida socioeducativa formulado na representação importa adiantamento indevido de juízo retributivo, incompatível com o sistema do ECA.

Na cota, manifestação ou petição de encaminhamento da representação, instruído com os documentos oriundos da fase policial, informes sobre

---

1907. CPP, arts. 74, § 2º e 492, § 1º.

1908. CPP, art. 384.

1909. CPP: "Art. 383: O juiz, sem modificar a descrição do fato contida na denúncia ou queixa, poderá atribuir-lhe definição jurídica diversa, ainda que, em consequência, tenha de aplicar pena mais grave".

1910. V. § 269, Capítulo XXXVII, deste livro.

1911. ECA: "Art. 186. [...] § 4º Na audiência em continuação, ouvidas as testemunhas arroladas na representação e na defesa prévia, cumpridas as diligências e juntado o relatório da equipe interprofissional, será dada a palavra ao representante do Ministério Público e ao defensor, sucessivamente, pelo tempo de vinte minutos para cada um, prorrogável por mais dez, a critério da autoridade judiciária, que em seguida proferirá decisão".

CURSO DE DIREITO DA CRIANÇA E DO ADOLESCENTE

os antecedentes do adolescente e registro da realização da oitiva informal, o Promotor da Infância e da Juventude poderá requerer, se for o caso, a internação provisória do adolescente.

Neste caso, além da demonstração da possibilidade jurídica da internação ou colocação em casa de semiliberdade, observado o princípio da homogeneidade, o Promotor de Justiça deverá justificar a necessidade da custódia provisória, especialmente indicando as razões de defesa social. A motivação é semelhante à da prisão preventiva, regulada no art. 312 do Código de Processo Penal[1912], pois a liberdade do adolescente encontra-se abstratamente protegida pelos princípios constitucionais da presunção da inocência[1913] e o da excepcionalidade da internação[1914], de modo que exige muito mais do que se reclama para a representação. Para o pedido de internação provisória, estando o adolescente solto, impõem-se indícios suficientes de autoria e materialidade e, ainda na esteira do CPP, sinais de perigo pelo estado de liberdade do adolescente, principalmente à vítima e seus familiares.

1912. CPP: "Art. 312. A prisão preventiva poderá ser decretada como garantia da ordem pública, da ordem econômica, por conveniência da instrução criminal ou para assegurar a aplicação da lei penal, quando houver prova da existência do crime e indício suficiente de autoria e de perigo gerado pelo estado de liberdade do imputado. § 1º A prisão preventiva também poderá ser decretada em caso de descumprimento de qualquer das obrigações impostas por força de outras medidas cautelares (art. 282, § 4º). § 2º A decisão que decretar a prisão preventiva deve ser motivada e fundamentada em receio de perigo e existência concreta de fatos novos ou contemporâneos que justifiquem a aplicação da medida adotada".

1913. CF, art. 5º, LVII.

1914. CF, art. 227, § 3º, V.

XLIII

Fase judicial

300. Balizas da intervenção judicial

A fase judicial do procedimento de apuração de ato infracional encontra-se balizada por 4 (quatro) determinantes da intervenção do Juiz da Infância e da Juventude: (a) exercício da função de controlador da legalidade da investigação; (b) impedimento de atuação de ofício na imposição de medidas coercitivas à liberdade; (c) celeridade procedimental; e (d) vedação de decisões fundadas em prova não discutida pelas partes.

A previsão, no ECA, de um sistema em que a coleta da prova ocorre exclusivamente em juízo dispensa o juiz de garantias, introduzido pela Lei n. 13.964, de 24 de dezembro de 2019, ao acrescentar no Código de Processo Penal os arts. 3º-B a 3º-F[1915]. O Juiz da Infância e da Juventude é o "responsável pelo controle da legalidade da investigação"[1916], na medida em que a mantença da apreensão decorrente do flagrante, a apreciação da pretensão de internação provisória, o deferimento e a produção da prova ficam inteiramente sob seu domínio, submetidos ao contraditório.

1915. V. STF ADI 6.298, ADI 6.300, ADI 6.305.
1916. CPP, art. 3º-B.

CURSO DE DIREITO DA CRIANÇA E DO ADOLESCENTE

Em resumo, o controle da legalidade estrita é papel do Juiz da Infância e da Juventude[1917] no transcorrer de todo o procedimento de apuração de ato infracional, de modo a garantir que o escopo socioeducativo, misto de defesa social e interferência positiva no desenvolvimento do adolescente, esteja presente em todos os momentos do processo.

O Juiz da Infância e da Juventude não é um mero espectador dos conflitos estabelecidos entre as partes nem distante árbitro dos acertos e desacertos dos contendores processuais; é o controlador da legalidade do procedimento de apuração de ato infracional, velando pela sua lisura e consecução de seus objetivos sociais, pavimentando os caminhos da absolvição ou imposição de medida socioeducativa com o concreto intransponível da prova reveladora da verdade e indicativa da necessidade das providências previstas em lei.

A internação provisória depende sempre de pedido expresso do Ministério Público[1918], não podendo o Juiz da Infância e da Juventude adotar essa determinação de ofício, na esteira da redação atual do art. 311 do Código de Processo Penal[1919], sob pena de indevida antecipação de juízo de valor sobre a necessidade de medida socioeducativa privativa de liberdade. Todavia, uma vez decretada a internação provisória, poderá ser revista de ofício pelo Juiz da Infância e da Juventude[1920], ocasião em que analisa a manutenção dos motivos determinantes da cautelar, sua extinção ou suplantação por outros, novos, determinantes da imediata revogação[1921]. A revisão também se opera a pedido do defensor, do Ministério Público, do próprio adolescente ou de seus pais ou responsável[1922].

1917. V. § 233, Capítulo XXXI, deste livro.

1918. V. § 299, Capítulo XLII, deste livro.

1919. CPP: "Art. 311. Em qualquer fase da investigação policial ou do processo penal, caberá a prisão preventiva decretada pelo juiz, a requerimento do Ministério Público, do querelante ou do assistente, ou por representação da autoridade policial".

1920. ECA, arts. 184, caput, e 185, caput.

1921. A prisão preventiva de maiores também poderá ser revista de ofício pelo Juiz Criminal, conforme dispõe o art. 316 do Código de Processo Penal: "O juiz poderá, de ofício ou a pedido das partes, revogar a prisão preventiva se, no correr da investigação ou do processo, verificar a falta de motivo para que ela subsista, bem como novamente decretá-la, se sobrevierem razões que a justifiquem".

1922. Lei n. 12.594, de 18 de janeiro de 2012, Lei do Sinase, art. 48.

Havendo decretação e revogação posterior, não pode o magistrado agir de ofício, repristinando a cautelar, prejulgando a causa mediante aferição própria de outros motivos para a internação provisória, dependendo sempre da provocação do Ministério Público. Trata-se de sistema em que a revisão de ofício somente é admitida no sentido da preservação da liberdade e na esteira da determinação constitucional da excepcionalidade da sua privação, garantindo a presença de mais um filtro quanto à avaliação periódica da necessidade de manutenção da internação provisória.

A celeridade também marca o procedimento de apuração de ato infracional, decorrência lógica do princípio da prioridade absoluta e da atualidade da medida socioeducativa no contexto da defesa social e, especialmente, no da intervenção no desenvolvimento educacional do adolescente. Estando internado provisoriamente, a lei marca o prazo peremptório de 45 (quarenta e cinco) dias para a conclusão do procedimento[1923], tempo permitido também para a internação provisória[1924]. Estando o adolescente respondendo ao processo em liberdade, não há prazo para conclusão, devendo ser observadas as regras gerais da duração razoável do processo[1925], da prioridade absoluta[1926] e da precedência, para crianças e adolescentes, no atendimento nos serviços públicos de qualquer natureza[1927].

Outra das balizas da intervenção judicial consiste na impossibilidade de decisão fundada em prova que não tenha sido submetida ao crivo do contraditório. Tirante a iniciativa de perenização dos vestígios deixados pela realização da conduta típica, toda a produção de prova submete-se a requerimento e determinação pela autoridade judiciária, que submete seu

---

1923. ECA: "Art. 183. O prazo máximo e improrrogável para a conclusão do procedimento, estando o adolescente internado provisoriamente, será de quarenta e cinco dias".

1924. ECA: "Art. 108. A internação, antes da sentença, pode ser determinada pelo prazo máximo de quarenta e cinco dias".

1925. CF: "Art. 5º [...] XXVIII — a todos, no âmbito judicial e administrativo, são assegurados a razoável duração do processo e os meios que garantam a celeridade de sua tramitação".

1926. CF, art. 227.

1927. ECA, art. 4º, parágrafo único, *b*.

CURSO DE DIREITO DA CRIANÇA E DO ADOLESCENTE

resultado à discussão das partes, permitindo a melhor interpretação da sua implicação no caso concreto.

Os exames e perícias requisitados na fase policial[1928] devem ser juntados aos autos do procedimento de apuração de ato infracional, facultada a manifestação das partes, especialmente da defesa, que pode impugnar seu conteúdo ou requerer justificadamente a realização de contraprova, desde que presentes indícios de coleta ou metodologia inadequados ou até mesmo falsidade das suas conclusões. Anote-se que a Constituição da República, ao garantir o contraditório e a ampla defesa[1929], impede a imposição de medida socioeducativa que não tenha base em prova conhecida e discutida pelas partes, mesmo porque, com a remissão, o procedimento judicial de apuração acaba reservado às infrações graves, com a possibilidade real de colocação em casa de semiliberdade ou internação, medidas constitucionalmente gravadas pela excepcionalidade.

301. Apreciação da promoção de arquivamento e da concessão de remissão

Qualquer que seja o caminho adotado pelo Ministério Público, na forma do art. 180 do ECA[1930], caberá à autoridade judiciária decidir sobre a legalidade e a possibilidade jurídica da providência adotada[1931].

1928. V. § 292, Capítulo XLI, deste livro.

1929. CF: "Art. 227. [...] § 3º O direito a proteção especial abrangerá os seguintes aspectos: [...] IV — garantia de pleno e formal conhecimento da atribuição de ato infracional, igualdade na relação processual e defesa técnica por profissional habilitado, segundo dispuser a legislação tutelar específica".

1930. ECA: "Art. 180. Adotadas as providências a que alude o artigo anterior, o representante do Ministério Público poderá: I — promover o arquivamento dos autos; II — conceder a remissão; III — representar à autoridade judiciária para aplicação de medida socioeducativa".

1931. ECA: "Art. 181. Promovido o arquivamento dos autos ou concedida a remissão pelo representante do Ministério Público, mediante termo fundamentado, que conterá o resumo dos fatos, os autos serão conclusos à autoridade judiciária para homologação".

O arquivamento e a remissão como atos ministeriais impedem a apuração judicial da prática de ato infracional, obstando a instauração do processo. Assim, as razões desenhadas pelo Ministério Público devem se ajustar aos permissivos legais, de modo que o arquivamento represente juízo de certeza quanto à exculpação e, na remissão, exercício legítimo do direito de dispor da ação socioeducativa pública.

Compreende-se a prerrogativa homologatória como freio às deliberações infundadas ou derivadas de motivações estranhas à realização da justiça, de modo que a decisão possa ser reavaliada pelo Procurador-Geral da Justiça.

Sob o enfoque de que a Justiça da Infância e da Juventude tem por escopo básico a intervenção socioeducativa como instrumento de desenvolvimento individual e pacificação social, o sistema é avesso a razões dele dissociadas, prescrevendo controles complementares entre o Judiciário e o Ministério Público, levando maior segurança na conformação do seu objetivo básico.

Nos extremos das visões retributiva, de um lado, e da indulgência absoluta, de outro, assentadas em concepções mais ideológicas do que científicas, enevoadas pela fantasia da isenção, os atos divorciados do desiderato socioeducativo encontram nos controles do Judiciário e do Ministério Público limitadores recíprocos às motivações desprovidas de substrato técnico, projetando maior eficácia do sistema.

Assim, quando o Judiciário rejeita a promoção de arquivamento ou a deliberação de concessão de remissão como forma de exclusão do processo[1932], submetendo-as à revisão pelo Procurador-Geral de Justiça, está no exercício desse controle, atuando no sentido da coibição de abusos. Curva-se, todavia, à vontade institucional quando a manifestação anterior

---

1932. ECA: "Art. 181. [...] § 2º Discordando, a autoridade judiciária fará remessa dos autos ao Procurador-Geral de Justiça, mediante despacho fundamentado, e este oferecerá representação, designará outro membro do Ministério Público para apresentá-la, ou ratificará o arquivamento ou a remissão, que só então estará a autoridade judiciária obrigada a homologar".

CURSO DE DIREITO DA CRIANÇA E DO ADOLESCENTE

for ratificada, confirmado o arquivamento ou a remissão pela manifestação incontornável da sua instância superior, presumidamente concorde com a finalidade socioeducativa do sistema.

A autoridade judiciária, optando pela homologação, determina o arquivamento dos autos ou o cumprimento da medida[1933]. Na remissão, havendo ajuste de cumprimento de medida socioeducativa não privativa de liberdade[1934], o Juiz da Infância e da Juventude, após a homologação fundamentada, adota as providências relacionadas à sua efetivação, encerrando essa fase procedimental.

302. Recebimento da representação e avaliação do pedido de internação provisória

Embora o ECA não tenha destinado dispositivo regulatório do recebimento da representação, deflui do sistema adotado, especialmente do seu art. 184[1935], que o Juiz da Infância e da Juventude exara decisão de admissibilidade da peça inaugural da ação socioeducativa pública promovida pelo Promotor de Justiça.

Como inexiste fase prévia de coleta de indícios de autoria e materialidade do ato infracional, o juízo preambular repousa na razoabilidade da apuração, tendo como arrimo o § 2° do art. 182 do ECA[1936], de sorte que para o seu recebimento basta que a representação descreva o ato

---

1933. ECA: "Art. 181. [...] § 1° Homologado o arquivamento ou a remissão, a autoridade judiciária determinará, conforme o caso, o cumprimento da medida".

1934. ECA: "Art. 127. A remissão não implica necessariamente o reconhecimento ou comprovação da responsabilidade, nem prevalece para efeito de antecedentes, podendo incluir eventualmente a aplicação de qualquer das medidas previstas em lei, exceto a colocação em regime de semiliberdade e a internação".

1935. ECA: "Art. 184. Oferecida a representação, a autoridade judiciária designará audiência de apresentação do adolescente, decidindo, desde logo, sobre a decretação ou manutenção da internação, observado o disposto no art. 108 e parágrafo".

1936. ECA: "Art. 182. [...] § 2° A representação independe de prova pré-constituída da autoria e materialidade".

infracional com os elementos constantes de seu registro inicial, coletados sumariamente na fase policial.

Ao contrário, a decisão quanto à decretação de internação provisória ou mesmo de manutenção da custódia derivada do flagrante, constante do mesmo despacho, na forma do art. 108, parágrafo único, do ECA, deve "basear-se em indícios suficientes de autoria e materialidade", exigência decorrente do princípio constitucional da excepcionalidade da interna-ção[1937]. Também, nos fundamentos, deve ser demonstrada "a necessidade imperiosa da medida", ou seja, a sua utilidade imediata enquanto instru-mento de defesa social ou mecanismo indeclinável e atual de intervenção no processo de desenvolvimento do adolescente, sob pena de contínuo e importante agravamento das ameaças decorrentes da sua própria conduta a direitos individuais fundamentais.

Em resumo, somente quando dos registros iniciais defluam elementos significativos de convencimento a respeito da ocorrência do ato infracio-nal grave e da sua autoria é que, havendo manifesta necessidade, o Juiz da Infância e da Juventude pode deferir o pedido de internação provisória ou consentir na manutenção da custódia decorrente do flagrante.

Neste sentido, é o momento em que a autoridade judiciária deve cum-prir a exigência legal de exame da possibilidade de liberação do adolescente apreendido[1938], valendo lembrar que a lei estampou como figura criminosa, punida com detenção de 6 (seis) meses a 2 (dois) anos, "deixar a autoridade competente, sem justa causa, de ordenar a imediata liberação de criança ou adolescente, tão logo tenha conhecimento da ilegalidade da apreensão"[1939].

Embora o legislador tenha fixado o prazo máximo de 45 (quarenta e cinco) dias para a internação provisória[1940], bem como prescrito a pena

---

1937. CF, art. 227, § 3º, V.

1938. ECA, art. 107, parágrafo único.

1939. ECA, art. 234.

1940. ECA: "Art. 108. A internação, antes da sentença, pode ser determinada pelo prazo máximo de quarenta e cinco dias".

CURSO DE DIREITO DA CRIANÇA E DO ADOLESCENTE

de 6 (seis) meses a 2 (dois) anos de detenção, para a autoridade que "descumprir, injustificadamente, prazo fixado nesta Lei em benefício de adolescente privado de liberdade"[1941], não há necessidade de estabelecimento do prazo no despacho que decreta a internação provisória, sendo apenas indeclinável o seu controle, de modo a não exceder o tempo legal para a conclusão do procedimento.

Outro cuidado diz respeito ao local de cumprimento da internação provisória. A regra básica é de proibição do cumprimento da medida em estabelecimento prisional, entendido como aquele destinado, ordinária ou precariamente, a adultos em prisão temporária, preventiva ou em cumprimento de sentença condenatória de prisão simples, detenção ou reclusão[1942]. A Lei do Sinase chega até mesmo a proibir a "edificação de unidades socioeducacionais em espaços contíguos, anexos, ou de qualquer outra forma integrados a estabelecimentos penais"[1943], garantindo ambientes específicos como forma de evitar influências ou vislumbres de exemplos negativos, transpondo o desiderato de estabelecimento somente de garantia à integridade física dos adolescentes internados.

A regra, extraída da referência do art. 185, § 1º, ambos do ECA, é que a internação provisória deve ser cumprida em entidade exclusiva para adolescentes, em local distinto daquele destinado ao abrigo[1944], obedecida rigorosa separação por critérios de idade, compleição física e gravidade da infração, caracterizada pela efetiva realização de atividades pedagógicas. Trata-se do mínimo, pois a Lei n. 12.594, de 18 de janeiro de 2012, Lei do Sinase, estabeleceu outros requisitos para inscrição dos programas de internação, vinculando a estrutura física às normas de referência do sistema e prescrevendo exigências básicas em relação aos seus dirigentes[1945].

1941. ECA, art. 235.

1942. ECA: "Art. 185. A internação, decretada ou mantida pela autoridade judiciária, não poderá ser cumprida em estabelecimento prisional".

1943. Lei n. 12.594, de 18 de janeiro de 2012, art. 16, § 1º.

1944. Hoje acolhimento institucional.

1945. Lei n. 12.594, de 18 de janeiro de 2012, Lei do Sinase, arts. 15, 16 e 17.

Inexistindo entidade socioeducativa de internação com registro para essa modalidade de programa, o Juiz da Infância e da Juventude deverá determinar o encaminhamento imediato do adolescente à localidade mais próxima, permitindo o legislador a sua permanência em Delegacia de Polícia, em espaço reservado, por até 5 (cinco) dias, até que se encontre uma vaga para a realização da transferência[1946]. No extremo da proibição, o crime de abuso de autoridade consiste em manter em cela ou espaço de confinamento crianças ou adolescentes e maiores de idade[1947].

No despacho de recebimento da representação escrita e fora da hipótese do juizado de instrução socioeducativo[1948], além de decidir sobre eventual pedido de internação provisória ou sobre a mantença da custódia decorrente do flagrante, o Juiz da Infância e da Juventude deve designar audiência de apresentação do adolescente, mandando intimá-lo e a seus pais ou responsável.

Essas intimações servem a dois propósitos, na forma do art. 184, § 1º, do ECA[1949]: (a) levar ao adolescente e a seus pais ou responsáveis o conhecimento da imputação, ciência que se exprime no recebimento de cópia da representação; e (b) notificar os interessados da data aprazada para a audiência, com a indicação de que devem comparecer ao ato processual acompanhados de advogado. Necessário constar do mandado observação

---

1946. ECA: "Art. 185. A internação, decretada ou mantida pela autoridade judiciária, não poderá ser cumprida em estabelecimento prisional. § 1º Inexistindo na comarca entidade com as características definidas no art. 123, o adolescente deverá ser imediatamente transferido para a localidade mais próxima. § 2º Sendo impossível a pronta transferência, o adolescente aguardará sua remoção em repartição policial, desde que em seção isolada dos adultos e com instalações apropriadas, não podendo ultrapassar o prazo máximo de cinco dias, sob pena de responsabilidade".

1947. Lei n. 13.869, de 5 de setembro de 2019: "Art. 21. Manter presos de ambos os sexos na mesma cela ou espaço de confinamento: Pena — detenção, de 1 (um) a 4 (quatro) anos, e multa. Parágrafo único. Incorre na mesma pena quem mantém, na mesma cela, criança ou adolescente na companhia de maior de idade ou em ambiente inadequado, observado o disposto na Lei n. 8.069, de 13 de julho de 1990 (Estatuto da Criança e do Adolescente)".

1948. V. § 289, Capítulo XL, deste livro.

1949. ECA: "Art. 184. [...] § 1º O adolescente e seus pais ou responsável serão cientificados do teor da representação, e notificados a comparecer à audiência, acompanhados de advogado".

CURSO DE DIREITO DA CRIANÇA E DO ADOLESCENTE

de que a impossibilidade de constituição de advogado importará nomeação de defensor público no ato da audiência, sem prejuízo da indicação dos órgãos que, na localidade, exerçam a defesa judicial dos necessitados, na esteira da determinação legal de que "nenhum adolescente a quem se atribua a prática de ato infracional, ainda que ausente ou foragido, será processado sem defensor"[1950]. Também deverá ser intimado o representante do Ministério Público, autor da ação socioeducativa pública, não só porque deverá se manifestar pela eventual conveniência de remissão judicial[1951], bem como em razão da necessidade de se prevenir eventual nulidade do processo[1952].

O Juiz da Infância e da Juventude poderá também intimar para comparecimento à audiência um profissional da área técnica[1953], dando-lhe ciência do contido nos autos e em outros registros relacionados ao adolescente e à sua família, de modo a ouvi-lo quando da audiência de apresentação[1954]. O *expert* deverá fazer parte da equipe interprofissional do juízo da infância ou juventude[1955], estar inserido nos quadros da equipe de entidade de atendimento socioeducativo ou se constituir em perito nomeado pela autoridade judiciária[1956].

1950. ECA, art. 207.

1951. ECA, art. 186, § 2°.

1952. ECA: "Art. 204. A falta de intervenção do Ministério Público acarreta a nulidade do feito, que será declarada de ofício pelo juiz ou a requerimento de qualquer interessado".

1953. Psicólogo, assistente social, pedagogo, antropólogo etc.

1954. ECA, art. 186.

1955. ECA: "Art. 151. Compete à equipe interprofissional dentre outras atribuições que lhe forem reservadas pela legislação local, fornecer subsídios por escrito, mediante laudos, ou verbalmente, na audiência, e bem assim desenvolver trabalhos de aconselhamento, orientação, encaminhamento, prevenção e outros, tudo sob a imediata subordinação à autoridade judiciária, assegurada a livre manifestação do ponto de vista técnico".

1956. ECA: "Art. 151. [...] Parágrafo único. Na ausência ou insuficiência de servidores públicos integrantes do Poder Judiciário responsáveis pela realização dos estudos psicossociais ou de quaisquer outras espécies de avaliações técnicas exigidas por esta Lei ou por determinação judicial, a autoridade judiciária poderá proceder à nomeação de perito, nos termos do art. 156 da Lei no 13.105, de 16 de março de 2015 (Código de Processo Civil)".

303. Rejeição da representação

Embora o recebimento da representação se assente em juízo de razoabilidade, dispensada prova pré-constituída de autoria e materialidade[1957], estando toda a apuração subordinada ao juízo, a rejeição encontra motivos excepcionais, assemelhados àqueles determinantes da promoção de arquivamento[1958]. Se a representação não descrever conduta correspondente a um tipo penal, se dos indícios então apurados restar evidente que o adolescente não é o autor do ato infracional ou indicar a exclusão manifesta dos elementos configuradores do ilícito, a representação, nos termos em que foi proposta, deverá ser rejeitada. Da decisão cabe recurso de apelação, na forma do art. 198 do ECA, no prazo de 10 (dez) dias[1959], representando outro degrau do sistema de freios e contrapesos prescrito na tentativa de garantir absoluta legalidade na atividade de persecução socioeducativa.

304. Audiência de apresentação

A audiência de apresentação consiste na oitiva do adolescente apontado na representação como autor de ato infracional e de seus pais ou responsáveis, bem como eventualmente de profissional técnico[1960].

Tem por escopo ouvir a defesa pessoal do adolescente quanto aos fatos imputados, bem como para conhecer motivações e inferir potencialidades que auxiliem na identificação das medidas socioeducativas próprias e impróprias[1961]. Serve ainda para gerar convencimento quanto à necessidade

---

1957. ECA, art. 182, § 2º.

1958. V. § 298, Capítulo XLII, deste livro.

1959. V. § 232, Capítulo XXX, deste livro.

1960. ECA: "Art. 186. Comparecendo o adolescente, seus pais ou responsável, a autoridade judiciária procederá à oitiva dos mesmos, podendo solicitar opinião de profissional qualificado".

1961. V. § 270, Capítulo XXXVII, deste livro.

CURSO DE DIREITO DA CRIANÇA E DO ADOLESCENTE

e/ou utilidade da continuidade do procedimento, agregando elementos para eventual decisão de proposta de remissão às partes.

Difere do interrogatório do réu no processo criminal, apresentando distinções substanciais, próprias da regulamentação especial prevista no ECA, aplicado supletivamente o Código de Processo Penal somente quando de omissões presentes na lei de regência[1962]. Tem identidade apenas quanto à garantia do adolescente de ficar em silêncio, escorado no dispositivo residente no inciso LXIII do art. 5º da Constituição da República[1963], que proíbe a autoincriminação[1964], de modo que recomendável que conste no termo a advertência de que pode ficar calado, na evocação dos termos do art. 186 do Código de Processo Penal[1965].

O momento processual de oitiva do adolescente não foi alterado pela Lei n. 11.719, de 20 de junho de 2008, que, ao dar nova redação ao art. 400 do Código de Processo Penal, prescreveu a realização do interrogatório do réu no processo-crime como ato final da instrução. Ainda que se afaste o critério da especialidade como determinante da não incidência do mencionado dispositivo, sob o enfoque do prestígio ao sistema acusatório e da sua migração para a esfera da infância e da juventude, em evidente esforço interpretativo, é de relevar que no sistema do ECA a oitiva inicial do adolescente, na audiência de apresentação, também tem por escopo avaliar a possibilidade de ultimação abreviada do procedimento de

---

1962. ECA: "Art. 152. Aos procedimentos regulados nesta Lei aplicam-se subsidiariamente as normas gerais previstas na legislação processual pertinente".

1963. CF: "Art. 5º [...] LXIII — o preso será informado de seus direitos, entre os quais o de permanecer calado, sendo-lhe assegurada a assistência da família e de advogado".

1964. V. Norma 7.1. das Regras Mínimas das Nações Unidas para a Administração da Justiça de Menores, Regras de Beijing: "Respeitar-se-ão as garantias processuais básicas em todas as etapas do processo, como a presunção de inocência, o direito de ser informado das acusações, o direito de não responder, o direito à assistência judiciária, o direito à presença dos pais ou tutores, o direito à confrontação com testemunhas e a interrogá-las e o direito de apelação ante uma autoridade superior".

1965. CPP: "Art. 186. Depois de devidamente qualificado e cientificado do inteiro teor da acusação, o acusado será informado pelo juiz, antes de iniciar o interrogatório, do seu direito de permanecer calado e de não responder perguntas que lhe forem formuladas. Parágrafo único. O silêncio, que não importará em confissão, não poderá ser interpretado em prejuízo da defesa".

apuração[1966], mediante a concessão de remissão como forma de suspensão ou extinção do processo[1967].

Postergar a oitiva judicial para o final da instrução importa atraso na consecução do objetivo da solução rápida do conflito, caracterizando ainda desprezo aos princípios da excepcionalidade da intervenção judicial[1968] e da brevidade na resposta ao ato cometido[1969], paradigmas de intervenção constantes na Lei do Sinase, editada na perspectiva de garantir maior efetividade à execução das medidas socioeducativas introduzidas no nosso ordenamento jurídico pelo ECA. Ainda que o processo siga para a instrução e sentença, a oitiva do adolescente e de seus pais ou resposta no momento inicial do procedimento auxilia na identificação da medida adequada[1970], compondo o necessário para a sua individualização[1971], de modo que benéfica ao adolescente no contexto da persecução socioeducativa.

Se o adolescente em liberdade não comparecer à audiência de apresentação, dois são os caminhos: (a) se não for localizado nos endereços constantes dos autos, seja porque não existe, não é o local de residência ou mesmo porque tenha deixado o lugar, o Juiz da Infância e da Juventude deverá expedir mandado de busca e apreensão, suspendendo o andamento do procedimento[1972]; ou (b) se o adolescente intimado deixar de comparecer sem justificar o motivo, a autoridade judiciária deverá determinar a sua condução coercitiva[1973].

1966. V. § 285, Capítulo XXXIX, deste livro.

1967. ECA: "Art. 186. [...] § 1º Se a autoridade judiciária entender adequada a remissão, ouvirá o representante do Ministério Público, proferindo decisão".

1968. Lei n. 12.594, de 18 de janeiro de 2012, art. 35, II.

1969. Lei n. 12.594, de 18 de janeiro de 2012, art. 35, V.

1970. V. § 269, Capítulo XXXVII, deste livro.

1971. V. Lei n. 12.594, de 18 de janeiro de 2012, art. 35: "[...] A execução das medidas socioeducativas reger-se-á pelos seguintes princípios: [...] VI — individualização, considerando-se a idade, capacidades e circunstâncias pessoais do adolescente".

1972. ECA: "Art. 184. [...] § 3º Não sendo localizado o adolescente, a autoridade judiciária expedirá mandado de busca e apreensão, determinando o sobrestamento do feito, até a efetiva apresentação".

1973. ECA: "Art. 187. Se o adolescente, devidamente notificado, não comparecer, injustificadamente, à audiência de apresentação, a autoridade judiciária designará nova data, determinando sua condução coercitiva".

CURSO DE DIREITO DA CRIANÇA E DO ADOLESCENTE

A presença do adolescente na audiência de apresentação é de suma importância para o desfecho antecipado ou ordinário do procedimento de apuração, valorando o legislador a sua importância como protagonista, personagem mais relevante sob o aspecto processual, sobre o qual recairá a solução do conflito. O procedimento de apuração de ato infracional não se destina a uma resolução formal, como ocorre com a condenação do réu ausente ou foragido no processo penal, não prescindindo dos contatos pessoais para eventual escolha da medida socioeducativa adequada e sua melhor individualização.

O não comparecimento dos pais ou responsável pode determinar a condução coercitiva, desde que devidamente intimados e sem justificativa aceitável, uma vez que, na função de representantes ou assistentes legais do filho menor, têm a obrigação de cumprimento desse múnus[1974] em momento tão importante da vida do adolescente. Considere-se, ainda, que a medida socioeducativa tem como um de seus escopos a intervenção no processo educativo do adolescente autor de ato infracional, de modo que o dever civil de direção da educação dos filhos[1975], somado à obrigação de "cumprir e fazer cumprir as determinações judiciais" tomadas em benefício deles, assume papel de importância no estabelecimento ou resgate de um processo de desenvolvimento saudável.

Já a nomeação de curador especial ao adolescente, prevista no art. 184, § 2º, do ECA, supre o direito de estar acompanhado pelos pais ou responsável, previsto no art. 111, VI, do ECA[1976]. A curadoria especial pode recair na pessoa do advogado, notadamente em razão de que a presença dos pais, ou curador especial, também tem por finalidade garantir a regularidade do procedimento de apuração de ato infracional, constituindo-se em objetivo primordial do próprio exercício da defesa técnica, de modo que desnecessária dupla curadoria, material e processual.

1974. CC, art. 1.634, VII.

1975. CC, art. 1.634, I.

1976. ECA: "Art. 111. São asseguradas ao adolescente, entre outras, as seguintes garantias: [...] VI — direito de solicitar a presença de seus pais ou responsável em qualquer fase do procedimento".

694 PAULO AFONSO GARRIDO DE PAULA

A audiência de apresentação serve especialmente para o Juiz da Infância e da Juventude conduzir o processo para a concessão da remissão como forma de extinção ou suspensão do processo[1977]. Ouvindo o adolescente, seus pais ou responsável e colhendo, se possível, a opinião técnica de profissional especializado, o magistrado, fazendo um juízo do valor sobre as perspectivas do processo, pode propor às partes a concessão de remissão quando os valores da pronta resposta estatal e da sua potencialidade como instrumento educativo suplantarem a busca da verdade real. A ultimação do processo por sentença, depois da instrução e debate da causa, não constitui um fim em si mesma, mas circunstância que sucumbe à transação entre as partes, propiciada pelo juiz na tentativa de uma resposta social e pessoal potencialmente mais eficiente na busca da pacificação social.

Não sendo o caso de remissão, o processo prossegue com a designação de audiência em continuação. Diz a lei o seguinte: "Sendo o fato grave, passível de aplicação de medida de internação ou colocação em regime de semiliberdade, a autoridade judiciária, verificando que o adolescente não possui advogado constituído, nomeará defensor, designando, desde logo, audiência em continuação, podendo determinar a realização de diligências e estudo do caso"[1978].

Duas considerações básicas sobre o dispositivo anteriormente transcrito: (a) a audiência em continuação não é apenas para os atos infracionais que ensejarem semiliberdade ou internação; e (b) o adolescente deve estar assistido por advogado desde o início da audiência, qualquer que seja o ato infracional.

A primeira observação assenta-se no fato de que as partes têm direito a uma sentença de mérito, qualquer que seja a imputação. Quanto ao adolescente, verifica-se o interesse protegido a uma declaração de

---

1977. V. § 287, Capítulo XXXIX, deste livro.
1978. ECA, art. 186, § 1°.

CURSO DE DIREITO DA CRIANÇA E DO ADOLESCENTE

absolvição, não suprida pela concessão de remissão, de modo que o direito à defesa prévia e à indicação de testemunhas para serem ouvidas em continuação constitui-se em conteúdo da própria garantia constitucional de acesso à justiça.

Por outro lado, o Ministério Público, enquanto titular da ação socioeducativa pública, tem o direito de processar, de modo que eventual coarctar de sua atividade implica verdadeiro impedimento ao exercício de função primordial do Estado.

Além disso, basta a discordância de uma das partes para o impedimento à avença consubstanciada na remissão, impondo-se logicamente a continuidade do seu procedimento até o seu desfecho natural, com a apuração cabal dos fatos. A menção às medidas socioeducativas da internação e da semiliberdade representa apenas indicativo de que essas pretensões repousam na ocorrência de "fato grave"[1979], dependente de prova cabal de autoria, materialidade e necessidade de imposição de medida socioeducativa adequada, produzidas durante a instrução do processo.

Sendo o advogado indispensável à administração da Justiça[1980], tendo o apontado como autor de ato infracional o direito à defesa técnica[1981], é necessária a presença do defensor em qualquer ato potencialmente capaz de interferir na cidadela jurídica do jovem, até mesmo na remissão acordada extrajudicialmente com o Ministério Público[1982]. Assim, recebida a representação, iniciado o procedimento judicial de apuração de ato infracional, verificado que o imputado não possui advogado constituído, o Juiz da Infância e da Juventude deverá nomear defensor, de modo que possa comparecer à audiência de apresentação, promovendo desde logo a defesa técnica do adolescente.

1979. Na concepção do legislador, ato infracional cometido mediante violência ou grave ameaça à pessoa, na forma do art. 122, I, do ECA.

1980. CF, art. 133.

1981. CF, art. 227, § 3º, IV.

1982. V. § 286, Capítulo XXXIX, deste livro.

305. Defesa prévia

A defesa prévia referida no ECA[1983] é a peça processual através da qual o adolescente apontado como autor de ato infracional, por meio de seu advogado ou defensor, protesta genericamente pela sua inocência, requer a produção de provas e arrola testemunhas para serem ouvidas na audiência em continuação.

Tem inspiração no revogado art. 395 do Código de Processo Penal[1984], matéria hoje disciplinada pelo seu art. 396[1985], constituindo, em todos os seus aspectos, faculdade exercitável pela defesa técnica. O que gera nulidade no procedimento de apuração de ato infracional é a falta de sua oportunização pela autoridade judiciária, de modo que sua ausência deliberada se insere como aceitável estratégia de defesa. A consequência da sua não apresentação tem natureza exclusivamente processual, levando a preclusão do direito de arrolar testemunhas, ainda que possam ser intempestivamente indicadas para serem ouvidas como testemunhas do juízo.

O protesto genérico de inocência corresponde ao declínio de eventual remissão naquele momento processual, justaposto o pedido de instrução com posterior declaração judicial de absolvição, pronunciamento formal de exculpação perseguido pelo adolescente. Veicula também a defesa prévia o rol de testemunhas e requerimentos de outras provas que entender imprescindíveis à exposição da verdade, sendo o momento oportuno para os pedidos de realização de contraprovas àquelas produzidas na fase policial, como perícias e exames, desde que presentes indícios veementes de incompletude, deficiência ou falsidade, fatores de corrosão à cientificidade

---

1983. ECA: "Art. 186. [...] § 3º O advogado constituído ou o defensor nomeado, no prazo de três dias contado da audiência de apresentação, oferecerá defesa prévia e rol de testemunhas".

1984. CPP, art. 395, revogado: "O réu ou seu defensor poderá, logo após o interrogatório ou no prazo de três dias, oferecer alegações escritas e arrolar testemunhas".

1985. CPP: "Art. 396. Nos procedimentos ordinário e sumário, oferecida a denúncia ou queixa, o juiz, se não a rejeitar liminarmente, recebê-la-á e ordenará a citação do acusado para responder à acusação, por escrito, no prazo de 10 (dez) dias".

CURSO DE DIREITO DA CRIANÇA E DO ADOLESCENTE

da qual deflui a presunção de veracidade da prova técnica, em qualquer processo judicial.

O prazo para apresentação da defesa prévia é de 3 (três) dias, contados da audiência de apresentação, de modo que o advogado ou defensor nomeado deve sair intimado do ato, prevenindo eventual alegação de que a falta de requerimento de provas, com a incidência do fenômeno processual da preclusão, derivou exclusivamente da ausência de comunicação.

306. Audiência em continuação ou de instrução e julgamento

Segue-se ao oferecimento da defesa prévia a designação da audiência de instrução em julgamento, em conjunto com a apreciação dos pedidos de provas requeridas pelas partes. Caso, na audiência de apresentação, se anteveja a desnecessidade de provas além daquelas já requeridas, o juiz já pode marcar audiência em continuação, saindo as partes intimadas, sem prejuízo da fluência do prazo para a defesa prévia, que não poderá ser prejudicado.

Essa audiência deverá ser realizada após o encarte dos resultados das diligências determinadas anteriormente, como laudos e relatórios de prova técnica, cumprimento de cartas precatórias, juntada de estudo de caso e/ ou plano individual de atendimento.

Deflui do art. 186, § 4°, do ECA[1986] que a audiência em continuação, já com os autos contendo o necessário para sua realização, presta-se à oitiva de testemunhas, inclusive vítimas, debates e julgamento da causa. Desse conjunto defluem duas ordens de atividades: (a) operação destinada

---

1986. ECA: "Art. 186. [...] § 4° Na audiência em continuação, ouvidas as testemunhas arroladas na representação e na defesa prévia, cumpridas as diligências e juntado o relatório da equipe interprofissional, será dada a palavra ao representante do Ministério Público e ao defensor, sucessivamente, pelo tempo de vinte minutos para cada um, prorrogável por mais dez, a critério da autoridade judiciária, que em seguida proferirá decisão".

a apuração dos fatos e conclusão quanto à configuração do ato infracional; e (b) atuação na identificação da medida socioeducativa adequada.

A primeira atividade diz respeito ao próprio juízo de conhecimento do ato infracional[1987]. Através da cognição derivada da prova e do sopesamento dos argumentos das partes, o juiz conclui sobre a ocorrência do ilícito e culpabilidade do imputado. Pronuncia, portanto, um julgamento de certeza quanto à materialidade, autoria e responsabilidade sobre o evento infracional, considerando o adolescente culpado ou inocente da imputação que lhe foi inicialmente irrogada. Mescla a consideração de elementos relacionados à conduta típica[1988], à presença ou não de excludentes[1989] e aos determinantes da sua realização, no contexto da exigibilidade de comportamento diverso[1990].

Havendo emissão de juízo de responsabilidade[1991], segue-se a etapa seguinte, a da identificação da medida socioeducativa adequada[1992]. Somam-se ao grau de reprovabilidade da conduta os elementos constantes dos laudos e relatórios, com realce às potencialidades positivas vislumbradas nos estudos técnicos. Esta tarefa de equilíbrio das razões de defesa social e de intervenção no processo educacional do adolescente transcende a formal consideração da capacidade de cumprimento da medida e do relevo às circunstâncias e à gravidade da infração[1993], alcançando os próprios desideratos da República Federativa do Brasil em construir uma sociedade justa, livre e solidária, na qual os bens de todos, entre eles a superação das desigualdades, o desenvolvimento pessoal, a paz e a segurança[1994], migrem, ainda que um pouco, do patamar da utopia e se instalem no cotidiano das pessoas.

1987. V. § 263, Capítulo XXXVI, deste livro.

1988. V. § 264, Capítulo XXXVI, deste livro.

1989. V. § 265, Capítulo XXXVI, deste livro.

1990. V. § 266, Capítulo XXXVI, deste livro.

1991. V. § 267, Capítulo XXXVI, deste livro.

1992. V. § 269, Capítulo XXXVII, deste livro.

1993. ECA: "Art. 112. [...] § 1º A medida aplicada ao adolescente levará em conta a sua capacidade de cumpri-la, as circunstâncias e a gravidade da infração".

1994. V. CF, art. 3º.

CURSO DE DIREITO DA CRIANÇA E DO ADOLESCENTE

É de destacar que o Juiz da Infância da Juventude, antes da prolação da sentença e mesmo após a realização ou ultimação da audiência em continuação, sem antecipar seu julgamento de mérito, pode propor às partes a concessão de remissão como forma de suspensão ou extinção do processo[1995]. Havendo concordância das partes, poderá substituir a sentença pela concessão de remissão, de vez que o ajuste pode ser entabulado a qualquer tempo depois de iniciado o procedimento[1996], representando, neste caso, apenas instrumento de definição de resultado socioeducativo derivado do consenso dos sujeitos processuais principais[1997].

307. Sentença

Ao prescrever as hipóteses absolutórias no art. 189 do ECA, tendo como fonte inspiradora o então vigente art. 386 do Código de Processo Penal[1998], o legislador assim dispôs: "A autoridade judiciária não aplicará qualquer medida, desde que reconheça na sentença: I — estar provada a inexistência do fato; II — não haver prova da existência do fato; III — não constituir o fato ato infracional; IV — não existir prova de ter o adolescente concorrido para o ato infracional".

A desconsideração, no ECA, de duas hipóteses então vigentes no art. 386 do CPC, que, adaptadas, importariam em não existirem circunstâncias que excluíssem o ato infracional ou isentassem o adolescente de

---

1995. V. § 287, Capítulo XXXIX, deste livro.

1996. ECA, art. 126, § 1º.

1997. Juiz, promotor, adolescente e seu defensor.

1998. Antes das modificações e acréscimos introduzidos pela Lei n. 11.690, de 9 de junho de 1990. Na redação então vigente: "Art. 386. O juiz absolverá o réu, mencionando a causa na parte dispositiva, desde que reconheça: I — estar provada a inexistência do fato; II — não haver prova da existência do fato; III — não constituir o fato infração penal; IV — não existir prova de ter o réu concorrido para a infração penal; V — existir circunstância que exclua o crime ou isente o réu de pena; VI — não existir prova suficiente para a condenação".

medida socioeducativa, como primeira, e a segunda a relacionada à inexistência de prova suficiente para incidência de medida, teve duas razões.

A primeira relacionada ao entendimento de que a existência de excludentes ou causas de inimputabilidade material impediria a configuração de ato infracional, estando, portanto, absorvida pela figura constante do art. 189, III, do ECA[1999]. Não se considera configurado o ato infracional quando o adolescente age autorizado pela lei, ainda que seu agir se encaixe nos exatos termos da descrição da conduta, uma vez que o próprio legislador indica objetivamente a inexigibilidade de conduta diversa. Da mesma forma quando doença mental, perturbação da saúde mental ou embriaguez fortuita impedem a representação prévia e abstrata da conduta, de modo que visível a falta de um elemento na sua conformação. Assim, o ato infracional, enquanto causa eficiente para a imposição coercitiva de providência, não se configurou, isto é, não se aperfeiçoou enquanto conduta punível ou responsabilizável.

É na hipótese de configuração de ato infracional que se encaixam as questões relacionadas à tipicidade, antijuricidade e culpabilidade, de sorte que as demais apresentam-se como superfetações explicativas, com realce à autoria e materialidade, obviamente condicionantes da conduta ilícita. De toda sorte, reitere-se a necessidade de emanação de um juízo de certeza, carregado de definitividade, de modo a colocar um término na discussão quanto ao ato infracional, inaugurando-se, com a execução, fase vinculada exclusivamente à coleta de bons resultados com a medida socioeducativa adequada.

A prescrição da pretensão socioeducativa[2000] também impede a configuração do ato infracional, na medida em que a impossibilidade de responsabilização descaracteriza a conduta como punível. Se falta um dos seus elementos principais, no caso imputabilidade objetiva da medida, o ato infracional não se perfaz. A corrosão pela ação do tempo da potencialidade

---

1999. ECA: "Art. 189. A autoridade judiciária não aplicará qualquer medida, desde que reconheça na sentença: [...] III — não constituir o fato ato infracional".

2000. V. Capítulo XLV deste livro.

CURSO DE DIREITO DA CRIANÇA E DO ADOLESCENTE

da medida socioeducativa como instrumento de intervenção no processo de desenvolvimento do adolescente desautoriza sua aplicação, de modo que o ato infracional, na sua completude, não se verifica.

Já a previsão de absolvição pela inexistência de prova suficiente para a condenação foi entendida desnecessária em razão do contido nos demais incisos do art. 189 do ECA[2001], bem como em virtude da perseguição de um juízo de certeza quando da ultimação, por sentença, do procedimento de apuração de ato infracional. Prova contrária ou insuficiente quanto à autoria e materialidade devem legalmente equivaler ao pronunciamento estatal de exculpação, na forma dos incisos I, II e IV do art. 189 do ECA, sem margem a qualquer dúvida, mesmo porque a incerteza afigura-se provável embaraço aos recomeços possíveis estimulados pelas apostas nas potencialidades.

Quanto aos seus requisitos formais, com fulcro analógico no art. 381 do Código de Processo Penal e fazendo as adaptações necessárias, a sentença resolutória do procedimento de ato infracional deve conter: (a) os nomes das partes ou, quando não possível, as indicações necessárias para identificá-las; (b) a exposição sucinta da atribuição inicial com o correspondente penal e a contrariedade do adolescente; (c) o relatório das intercorrências processuais; (d) a indicação dos motivos de fato e de direito em que se funda a decisão; (e) a justificativa da medida socioeducativa adequada, havendo afirmação da responsabilidade; (f) a síntese dispositiva; e (g) a identificação e assinatura do Juiz do Infância e da Juventude.

A sentença homologatória de arquivamento ou remissão como forma de exclusão do processo pode ser sucinta, com alusão às razões invocadas pelo Ministério Público. Havendo utilização do disposto no art. 181, § 2°, do ECA[2002], a rejeição deverá ser fundamentada. Já a sentença concessiva

---

2001. ECA: "Art. 189. [...] I — estar provada a inexistência do fato; II — não haver prova da existência do fato; [...] IV — não existir prova de ter o adolescente concorrido para o ato infracional".

2002. ECA: "Art. 181. Promovido o arquivamento dos autos ou concedida a remissão pelo representante do Ministério Público, mediante termo fundamentado, que conterá o resumo dos fatos, os autos serão conclusos à autoridade judiciária para homologação. [...] § 2° Discordando, a autoridade judiciária fará remessa dos autos ao Procurador-Geral de Justiça, mediante despacho fundamentado, e este oferecerá

de remissão como forma de suspensão ou extinção do processo deverá especialmente indicar a concordância das partes, adolescente, Defensor e Ministério Público, quanto à conciliação frutífera ocorrida no curso do processo. Deverá, ainda, incluir medida socioeducativa ajustada entre as partes, desde que não privativa de liberdade.

308. Medidas iniciais de execução

A sentença resolutória de ato infracional ou de mérito, quanto ao seu conteúdo afirmativo, pode ser: (a) declaratória de absolvição; ou (b) declaratória de responsabilidade.

Na primeira hipótese, afirma que o adolescente não é o autor do ato infracional que lhe foi atribuído, que o fato não ocorreu ou que não restou configurada, na ação, a conduta infracional.

Na segunda, o Juiz da Infância e da Juventude pronuncia a responsabilidade do adolescente, fixando-lhe a medida socioeducativa adequada.

Na primeira hipótese, transitada em julgado a decisão, segue-se o arquivamento dos autos; na segunda, imediatamente devem ser adotadas as providências visando ao cumprimento das medidas, de acordo com a sua natureza.

A sentença impositiva de medida, por sua vez, pode ser resultado de: (a) sentença de mérito; ou (b) sentença homologatória de remissão. Esta última pode compreender perdão puro e simples, de modo que não conta com qualquer providência socioeducativa.

Deflui dos arts. 38 e 39 da Lei do Sinase[2003] que a execução de medida socioeducativa deve ser efetivada nos próprios autos ou em autos apartados.

---

representação, designará outro membro do Ministério Público para apresentá-la, ou ratificará o arquivamento ou a remissão, que só então estará a autoridade judiciária obrigada a homologar".

2003. Lei n. 12.594, de 18 de janeiro de 2012.

CURSO DE DIREITO DA CRIANÇA E DO ADOLESCENTE

Na primeira hipótese, as medidas socioeducativas impróprias e as de advertência e de reparação dos danos[2004] e, na segunda, as de prestação de serviços à comunidade, liberdade assistida, semiliberdade e internação[2005].

A advertência executa-se nos próprios autos, apenas com uma providência imediata: a juntada do termo de advertência, seguindo-se o arquivamento. Da mesma forma a obrigação de reparação de danos, quando o ressarcimento se opera em apenas uma parcela, com a anexação de seu comprovante; no caso de prestações periódicas, arquivam-se os autos com a juntada do último recibo.

As medidas socioeducativas impróprias, protetivas, quando aplicadas isoladamente em razão de ato infracional, determinam o arquivamento dos autos com a remessa de ofício ao juiz competente para a execução dessas medidas, responsável pelo seu acompanhamento e verificação de aproveitamento, pessoal ou familiar. Sendo juízo único, um termo deve inaugurar procedimento próprio.

Já as demais medidas socioeducativas reclamam procedimento de execução em separado, na forma do mencionado art. 39 da Lei n. 12.594, de 18 de janeiro de 2012. O Conselho Nacional de Justiça, através da Resolução n. 165, de 16 de novembro de 2012, alterada pelas Resoluções n. 326, de 26 de junho de 2020, e n. 191, de 25 de abril de 2014, prescreve a necessidade de expedição de guias de internação, de semiliberdade e medidas socioeducativas em meio aberto, determinadas de forma provisória ou definitiva, bem como a de internação-sanção e também a chamada guia

---

2004. Lei do Sinase: "Art. 38. As medidas de proteção, de advertência e de reparação do dano, quando aplicadas de forma isolada, serão executadas nos próprios autos do processo de conhecimento, respeitado o disposto nos arts. 143 e 144 da Lei n. 8.069, de 13 de julho de 1990 (Estatuto da Criança e do Adolescente)".

2005. Lei do Sinase: "Art. 39. Para aplicação das medidas socioeducativas de prestação de serviços à comunidade, liberdade assistida, semiliberdade ou internação, será constituído processo de execução para cada adolescente, respeitado o disposto nos arts. 143 e 144 da Lei n. 8.069, de 13 de julho de 1990 (Estatuto da Criança e do Adolescente), e com autuação das seguintes peças: I — documentos de caráter pessoal do adolescente existentes no processo de conhecimento, especialmente os que comprovem sua idade; e II — as indicadas pela autoridade judiciária, sempre que houver necessidade e, obrigatoriamente: a) cópia da representação; b) cópia da certidão de antecedentes; c) cópia da sentença ou acórdão; e d) cópia de estudos técnicos realizados durante a fase de conhecimento".

unificadora, "aquela expedida pelo juiz da execução para unificar duas ou mais guias de execução em face do mesmo adolescente"[2006].

Essas guias, geradas pelo sistema do Cadastro Nacional de Adolescentes em Conflito com a Lei, criado pelo CNJ através da Resolução n. 77, de 26 de maio de 2009, com a "finalidade de consolidar dados de todas as comarcas das unidades da federação referentes aos envolvidos na prática de atos infracionais, estejam ou não em cumprimento de medidas socioeducativas"[2007], dão origem aos processos individualizados de execução, na forma do art. 6º da Resolução CNJ n. 165, de 16 de novembro de 2012[2008].

2006. Resolução CNJ n. 165/2012, art. 2º, VII. V. Lei do Sinase, art. 45.

2007. Resolução n. 77, de 26 de maio de 2009, art. 5º.

2008. Resolução CNJ n. 165, de 16 de novembro de 2012: "Art. 6º A guia de execução — provisória ou definitiva — e a guia de internação provisória deverão ser expedidas pelo juízo do processo de conhecimento. § 1º Extraída a guia de execução ou a de internação provisória, o juízo do processo de conhecimento encaminhará, imediatamente, cópia integral do expediente ao órgão gestor do atendimento socioeducativo, requisitando designação do programa ou da unidade de cumprimento da medida. § 2º O órgão gestor do atendimento socioeducativo, no prazo máximo de 24 (vinte e quatro) horas, comunicará o programa ou a unidade de cumprimento da medida ao juízo do processo de conhecimento e ao juízo responsável pela fiscalização da unidade indicada. § 3º Após definição do programa de atendimento ou da unidade, no prazo de 24 (vinte e quatro) horas, o juízo do processo de conhecimento deverá remeter a Guia de Execução, devidamente instruída, ao Juízo com competência executória, a quem competirá formar o devido processo de execução".

XLIV

Execução das medidas socioeducativas

309. Características gerais

A dupla finalidade das medidas socioeducativas, meio de defesa social e intervenção no processo de desenvolvimento educacional do adolescente, determina a persecução dos resultados que lhes são próprios, exigindo potencialidades condizentes com seus objetivos. Mesmo as finalidades objetivamente inibitórias da escalada infracional, representadas pela privação, restrição e algum controle da liberdade, reclamam formatações dotadas de eficácia, de modo que conquistem credibilidade e, assim, possam atingir seus desideratos.

Já a interposição educativa, processo de mediação na aquisição de valores sociais, exige capacitações dos executores das medidas socioeducativas potencialmente capazes de produzir os benefícios relacionais esperados, fomentando a aquisição de capacidades pessoais que permitam ao adolescente o enfrentamento civilizado dos desafios do cotidiano.

As medidas socioeducativas, no sistema do ECA, são caracterizadas por quatro traços marcantes: (a) objetividade finalística; (b) profissionalismo intervencionista; (c) preservação de direitos não afetados pela imposição da medida; e (d) insuficiência resolutiva.

Também são orientadas por princípios gerais, previstos na Lei do Sinase, e específicos, como o da indeterminação temporal e da reavaliação periódica, que se aplicam à semiliberdade e à internação.

310. Objetividade finalística

A medida socioeducativa em espécie guarda uma intencionalidade evidente. Serve exatamente ao propósito para o qual foi concebida, reclamando exata correspondência entre o concebido e o efetivado, de modo que as projeções legal e de definição da medida adequada encontrem *performance* material vivificadora.

Assim, em linhas gerais, a advertência serve para admoestar, a reparação de danos para indenizar, a prestação de serviços para despertar a importância do trabalho nos seus aspectos pessoal e social, a liberdade assistida para auxiliar no processo relacional da vida em comunidade, a semiliberdade para mesclar contenção e responsabilidade.

A internação, medida mais severa, para segregar como necessidade imediata na interrupção da escalada infracional, com submissão a conteúdos com a potencialidade de propiciar a aquisição, reincorporação ou desenvolvimento de valores, competências e habilidades que permitam ao adolescente enfrentar os desafios do cotidiano com civilidade.

As medidas socioeducativas impróprias, de proteção, servem para arrimar bens da vida garantidos por direitos sociais, eliminando ou minimizando as causas determinantes da prática de atos infracionais.

Os desvios de finalidade derivam, em regra, para a ineficácia das medidas, notadamente quando objetivos relacionados ao castigo, à imposição de constrangimentos, à contenção como fim em si, à imposição de prejuízos e de outros gravames, porquanto divorciados das metas legais da socioeducação.

CURSO DE DIREITO DA CRIANÇA E DO ADOLESCENTE

O sistema visa à pacificação social mediante a intervenção no processo educativo do adolescente autor de ato infracional, propiciando-lhe condições que lhe permitam superar as adversidades motivadoras do ilícito, contribuindo para uma existência com dignidade, respeito e civilidade, dele para com a sociedade e da sociedade para com ele.

A experiência positiva ou negativa no cumprimento da medida socioeducativa repercute no comportamento presente e futuro, de modo que a obediência a sua pertinência temática eleva suas possibilidades de êxito e reduz os riscos de agudização de fatores estimulantes de condutas ilícitas, como a reprodução da violência e o arraigamento da concepção da existência de infrações aceitáveis.

311. Profissionalismo intervencionista

Lidar com adolescente autor de ato infracional não é tarefa para amador. Reclama competência técnica, conhecimento acumulado e práticas embasadas em estudos e na ciência. O senso comum e a experimentação desprovida de método, observação e controle eventualmente podem servir topicamente na solução de um conflito emergente, mas não se constituem em trabalho estratégico destinado ao cumprimento de uma finalidade de Estado. Quanto mais complexa a situação, maior conhecimento se exige do profissional da socioeducação, reclamando saberes e habilidades permissivas de uma intervenção capaz de produzir os resultados esperados.

O campo de trabalho em relação ao adolescente infrator exige competências específicas, especialmente nos domínios dos conhecimentos sociais e comportamentais, alicerçando intervenções significativas e fundamentadas. A definição da atuação ou atividade sempre deve ter lastro, subsídios técnicos e referências a experiências documentadas, permeados pela responsabilidade funcional e ética de quem se encontra inserido em um sistema introduzido pelo ECA como fomentador da proteção integral.

No caso das medidas socioeducativas de prestação de serviços à comunidade, liberdade assistida, semiliberdade e internação, o Plano Individual de Atendimento, PIA, previsto no art. 52 da Lei do Sinase[2009], sintetiza o estudo técnico individualizado e a necessidade de governança dirigida na execução da medida[2010], exigindo competências imprescindíveis à intervenção exclusivamente profissional. Devem ser retratadas no PIA especialmente em razão da sua submissão a outros atores desse sistema, como juízes, promotores, defensores e técnicos do sistema de justiça, que têm o dever de avaliação da cientificidade das propostas, aferindo suas possibilidades de êxito. Em outras palavras, perseguem-se metas previamente traçadas mediante práticas potencialmente capazes de realizar os objetivos das medidas socioeducativas, ainda que não se afirme a consecução de resultados em razão das múltiplas variáveis que determinam o comportamento humano.

O que não se tolera, todavia, é o reducionismo de fazer da advertência uma mera assinatura de termo no cartório judicial, da reparação de danos o depósito de certa importância em juízo, da prestação de serviços à comunidade o cumprimento de tarefas, da liberdade assistida a aceitação formal das condições impostas, da semiliberdade o recolhimento noturno e da internação o depósito ou prisão de adolescentes.

O profissionalismo interventivo exige mediação de conteúdos que agreguem valores às medidas socioeducativas, possibilitando ao adolescente sua consolidação ou incorporação.

O profissionalismo não exclui a necessidade de inter-relacionamentos pessoais significativos entre educador e educando, capazes de propiciar uma inteiração proveitosa, balizada especialmente pelo respeito, valor que pode transcender os limites da socioeducação e alcançar a sociedade. A

2009. Lei n. 12.594, de 18 de janeiro de 2012.

2010. Lei do Sinase: "Art. 52. O cumprimento das medidas socioeducativas, em regime de prestação de serviços à comunidade, liberdade assistida, semiliberdade ou internação, dependerá de Plano Individual de Atendimento (PIA), instrumento de previsão, registro e gestão das atividades a serem desenvolvidas com o adolescente".

CURSO DE DIREITO DA CRIANÇA E DO ADOLESCENTE 709

competência técnica não exclui as condições determinantes de relacionamentos saudáveis e propícios ao crescimento pessoal, imprescindíveis à eficácia da tarefa educacional facilitada pela empatia, afeto e incondicional convivência com as diferenças.

312. Preservação de direitos não afetados pela imposição da medida

A decisão judicial pode coarctar direitos e impor constrangimentos. É da sua essência enquanto instrumento de validação de direitos irrealizados, pressupondo o contraponto da existência de obrigações que devem ser cumpridas, de modo que o Estado, nessas circunstâncias, manifesta toda a sua força coativa com o propósito de vivificação das normas pelo exercício da atividade jurisdicional.

Todavia, tem como balizas as fronteiras definidas pela lei, não podendo determinar restrições e imposições além do expressamente permitido, nem consentir que na execução das decisões a restrição a direitos desborde dos lindes expressamente estabelecidos. Aliás, é bom destacar que a atividade pública sempre se encontra limitada pelas autorizações legislativas, dela não destacando a jurisdicional e a relacionada à execução das suas decisões, que devem manter correspondência com o estabelecido na Constituição da República e nas leis.

Tomando como vetor de inspiração o art. 185 da Lei n. 7.210, de 11 de julho de 1984[2011], de que "haverá excesso ou desvio de execução sempre que algum ato for praticado além dos limites fixados na sentença", o ECA proibiu a restrição a qualquer direito não abrangido pela decisão. E o fez ao tratar das obrigações das entidades de internação, depois de

---

2011. Lei de Execução Penal.

peremptoriamente declarar a manutenção, pelo adolescente atingido pela medida, da titularidade de direitos e garantias[2012].

Ao enunciar como um dos objetivos das medidas socioeducativas a reprovação objetiva da conduta infracional, a Lei do Sinase[2013] exigiu a observância dos marcos legais[2014], evidenciando a absoluta intransponibilidade dos contornos normativos na atividade de execução das medidas decorrentes da prática de atos correspondentes a crimes ou contravenções penais.

Os direitos não afetados pela sentença permanecem íntegros e devem ser garantidos pelos executores das medidas socioeducativas.

O ECA, considerando que a internação é a medida mais gravosa, subtraindo da pessoa o magno direito à liberdade, foi além e listou os direitos do adolescente internado[2015], reiterando a necessidade de preservação daqueles não atingidos pela decisão judicial, especialmente a dignidade. E, no seu limite, prescreveu o óbvio, estabelecendo que: "É dever do Estado zelar pela integridade física e mental dos internos, cabendo-lhe adotar as medidas adequadas de contenção e segurança"[2016]. E mais: caracterizado o desrespeito aos princípios norteadores das atividades de proteção, o ECA determinou que "as pessoas jurídicas de direito público e as organizações não governamentais responderão pelos danos que seus agentes causarem às crianças e aos adolescentes"[2017], evidenciando a permissão para atividades coercitivas somente nas estritas autorizações da lei. E a Lei do Sinase, por sua vez, em seu art. 49, elencou os direitos individuais do adolescente submetido ao cumprimento de medida socioeducativa, evidenciando a

---

2012. ECA: "Art. 94. As entidades que desenvolvem programas de internação têm as seguintes obrigações, entre outras: I — observar os direitos e garantias de que são titulares os adolescentes; II — não restringir nenhum direito que não tenha sido objeto de restrição na decisão de internação".

2013. Lei n. 12.594, de 18 de janeiro de 2012.

2014. Lei do Sinase, art. 1°, § 2°, III.

2015. ECA, art. 124.

2016. ECA, art. 125.

2017. ECA, art. 97, § 2°, com a redação dada pela Lei n. 12.010, de 3 de agosto de 2009.

manutenção de direitos não coarctados expressamente pela sentença, na exata conformação da legalidade da providência.

A preservação de direitos durante o período de cumprimento de medida socioeducativa, especialmente a internação e a semiliberdade, não importa ausência de disciplina, entendida como a necessidade de respeito às normas de comportamento estabelecidas com o propósito de garantir a convivência harmoniosa entre todos os conviventes da unidade ou programa.

Sob essa perspectiva, a Lei do Sinase impôs a obrigatoriedade de previsão de regime disciplinar, estabelecendo seus princípios[2018], entre eles o que reclama a instauração formal de processo disciplinar para a aplicação de qualquer sanção, garantidos a ampla defesa e o contraditório.

313. Insuficiência resolutiva da medida socioeducativa

A insuficiência resolutiva consiste na compreensão da necessidade de a medida socioeducativa ser completada por outras intervenções e iniciativas capazes de auxiliar no processo de superação ou minimização dos motivos determinantes da prática do ato infracional.

Revela-se notadamente pela cumulação de medidas socioeducativas com medidas de proteção[2019], permissão decorrente das normas residentes nos arts. 113 e 99 do ECA.

2018. Lei do Sinase: "Art. 71. Todas as entidades de atendimento socioeducativo deverão, em seus respectivos regimentos, realizar a previsão de regime disciplinar que obedeça aos seguintes princípios: I — tipificação explícita das infrações como leves, médias e graves e determinação das correspondentes sanções; II — exigência da instauração formal de processo disciplinar para a aplicação de qualquer sanção, garantido a ampla defesa e o contraditório; III — obrigatoriedade de audiência do socioeducando nos casos em que seja necessária a instauração de processo disciplinar; IV — sanção de duração determinada; V — enumeração das causas ou circunstâncias que eximam, atenuem ou agravem a sanção a ser imposta ao socioeducando, bem como os requisitos para a extinção dessa; VI — enumeração explícita das garantias de defesa; VII — garantia de solicitação e rito de apreciação dos recursos cabíveis; e VIII — apuração da falta disciplinar por comissão composta por, no mínimo, 3 (três) integrantes, sendo 1 (um), obrigatoriamente, oriundo da equipe técnica".

2019. V. § 271, Capítulo XXXVII, deste livro.

Não basta advertir, obrigar a reparar o dano, impor prestação de serviços à comunidade, colocar em liberdade assistida, casa de semiliberdade ou de internação, se desprezado o conjunto multifatorial da conduta infracional. Os elementos que contribuíram ou influenciaram na realização do ilícito devem ser identificados e sobre eles incidir outras intervenções potencialmente capazes de sua remoção nos campos pessoal e social. Não se esgotam nas medidas de proteção previstas no art. 101 do ECA, mas estas resumem as principais iniciativas na área da saúde, educação e proteção à família, agregando às medidas socioeducativas valores que permitam ao adolescente transpor as motivações do ilícito.

314. Sistema Nacional de Atendimento Socioeducativo — Sinase

A Lei n. 12.594, de 18 de janeiro de 2012, instituiu o Sistema Nacional de Atendimento Socioeducativo, Sinase, criando um conjunto articulado de normas e ações destinadas à regulamentação da execução das medidas socioeducativas, estabelecendo princípios, regras e critérios para o seu cumprimento, complementando os dispositivos residentes no ECA.

O sistema, integrado pela União, Estados, Distrito Federal e Municípios, impôs a definição de competências, destacando-se a necessidade de elaboração de planos de atendimento nos diferentes níveis e a coordenação do Sinase pela Secretaria dos Direitos Humanos da Presidência da República, hoje Ministério dos Direitos Humanos e da Cidadania.

Ao dispor sobre os programas de atendimento dos Estados, Distrito Federal e Municípios[2020], prescreveu seus requisitos, destacando-se a inscrição dos programas nos Conselhos Estaduais, Distrital e Municipais dos Direitos da Criança e do Adolescente, conforme o sistema a que pertencerem,

---

2020. O § 1º do art. 3º da Lei do Sinase vedou "à União o desenvolvimento e a oferta de programas próprios de atendimento".

CURSO DE DIREITO DA CRIANÇA E DO ADOLESCENTE

definindo as principais exigências dos programas em meio aberto[2021] e dos de privação de liberdade[2022], semiliberdade e internação.

Também instituiu o Sistema Nacional de Avaliação e Acompanhamento do Atendimento Socioeducativo e estabeleceu normas de responsabilização de gestores, operadores e entidades de atendimento[2023], trazendo também regras sobre o financiamento do sistema.

Ingressando no título que trata da execução das medidas socioeducativas, a Lei do Sinase dispôs sobre seus princípios orientadores, procedimentos, proclamou os direitos individuais dos adolescentes submetidos ao cumprimento de medidas socioeducativas, instituiu o Plano Individual de Atendimento e estabeleceu seus conteúdos, tratou da atenção à saúde de adolescente em cumprimento de medida, disciplinou as visitas aos internados e estabeleceu as regras básicas dos regimes disciplinares.

Também é de ressaltar a importância regulatória das Resoluções CNJ n. 165, de 16 de novembro de 2012, n. 367, de 29 de janeiro de 2021, e Resoluções Conanda n. 225, de 27 de dezembro de 2021, n. 160, de 18 de novembro de 2013, e n. 119, de 11 de dezembro de 2006, que complementam o sistema de execução das medidas socioeducativas, dispondo especialmente sobre as inter-relações do Judiciário com o Executivo, responsável pela concretização dos programas e manutenção de unidades.

315. Princípios gerais das medidas socioeducativas

Os princípios informativos das medidas socioeducativas, previstos no art. 35 da Lei do Sinase, são balizas de orientação, servindo tanto à

2021. Prestação de serviços à comunidade e liberdade assistida.

2022. Semiliberdade e internação.

2023. Vale destacar a regra constante do art. 29 da Lei do Sinase, assim redigida: "Àqueles que, mesmo não sendo agentes públicos, induzam ou concorram, sob qualquer forma, direta ou indireta, para o não cumprimento desta Lei, aplicam-se, no que couber, as penalidades dispostas na Lei n. 8.429, de 2 de junho de 1992, que dispõe sobre as sanções aplicáveis aos agentes públicos nos casos de enriquecimento ilícito no exercício de mandato, cargo, emprego ou função na administração pública direta, indireta ou fundacional e dá outras providências (Lei de Improbidade Administrativa)".

aplicação quanto à execução das medidas, de modo que tematicamente dirigem-se ao seu aplicador e aos responsáveis pela implementação prática das respostas estatais à prática de ato infracional.

A Lei do Sinase assim dispõe:

Art. 35. A execução das medidas socioeducativas reger-se-á pelos seguintes princípios: I — legalidade, não podendo o adolescente receber tratamento mais gravoso do que o conferido ao adulto; II — excepcionalidade da intervenção judicial e da imposição de medidas, favorecendo-se meios de autocomposição de conflitos; III — prioridade a práticas ou medidas que sejam restaurativas e, sempre que possível, atendam às necessidades das vítimas; IV — proporcionalidade em relação à ofensa cometida; V — brevidade da medida em resposta ao ato cometido, em especial o respeito ao que dispõe o art. 122 da Lei n. 8.069, de 13 de julho de 1990 (Estatuto da Criança e do Adolescente); VI — individualização, considerando-se a idade, capacidades e circunstâncias pessoais do adolescente; VII — mínima intervenção, restrita ao necessário para a realização dos objetivos da medida; VIII — não discriminação do adolescente, notadamente em razão de etnia, gênero, nacionalidade, classe social, orientação religiosa, política ou sexual, ou associação ou pertencimento a qualquer minoria ou *status*; e IX — fortalecimento dos vínculos familiares e comunitários no processo socioeducativo.

316. Processo de execução

Partindo da distinção básica de que as medidas de advertência e de reparação de danos, quando aplicadas de forma isolada, serão executadas nos próprios autos do processo de conhecimento e que as relacionadas à prestação de serviços, liberdade assistida, semiliberdade e internação dependem de autuação em apartado, gerando procedimento específico, depois das providências iniciais tomadas nos autos principais[2024], instaura-se um processo de execução, presidido pelo Juiz da Infância e da Juventude e marcado pelo contraditório.

2024. V. § 308, Capítulo XLIII, deste livro.

CURSO DE DIREITO DA CRIANÇA E DO ADOLESCENTE

Esse processo, especialmente por força da remissão constante no art. 39, caput, da Lei do Sinase[2025], é sigiloso e a expedição de certidão depende sempre de ordem judicial, demonstrado o interesse na sua obtenção, nos termos dos arts. 143[2026] e 144[2027] do ECA.

Formado o processo com as peças obrigatórias, exigidas pelo art. 39 da Lei do Sinase[2028], a primeira providência é solicitar ao órgão gestor do atendimento socioeducativo a designação de programa ou de unidade para cumprimento da medida[2029]. Para tanto, deve ser encaminhada cópia do procedimento de execução à autoridade administrativa, repassando todas as informações necessárias para a eleição do programa ou entidade adequados. As entidades são aquelas relacionadas à semiliberdade e à internação, enquanto os programas dizem respeito à prestação de serviços à comunidade e à liberdade assistida.

É de ressaltar que o CNJ disciplinou a gestão de vagas integrada ao Sistema Estadual de Atendimento Socioeducativo, editando, em janeiro de 2021, a Resolução CNJ n. 367, sendo a central responsável "por receber e processar as solicitações de vagas formuladas pelo Poder Judiciário, cabendo-lhe indicar a disponibilidade de alocação de adolescente em unidade de atendimento ou, em caso de indisponibilidade, sua inclusão em lista de espera até a liberação de vaga adequada à medida aplicada"[2030].

2025. Lei do Sinase: "Art. 39. Para aplicação das medidas socioeducativas de prestação de serviços à comunidade, liberdade assistida, semiliberdade ou internação, será constituído processo de execução para cada adolescente, respeitado o disposto nos arts. 143 e 144 da Lei n. 8.069, de 13 de julho de 1990 (Estatuto da Criança e do Adolescente)".

2026. ECA: "Art. 143. É vedada a divulgação de atos judiciais, policiais e administrativos que digam respeito a crianças e adolescentes a que se atribuam autoria de ato infracional. Parágrafo único. Qualquer notícia a respeito do fato não poderá identificar a criança ou adolescente, vedando-se fotografia, referência a nome, apelido, filiação, parentesco, residência e, inclusive, iniciais do nome e sobrenome".

2027. ECA: "Art. 144. A expedição de cópia ou certidão de atos a que se refere o artigo anterior somente será deferida pela autoridade judiciária competente, se demonstrado o interesse e justificada a finalidade".

2028. Documentos de caráter pessoal do adolescente existentes no processo de conhecimento, especialmente os que comprovem sua idade, e cópias da representação, certidão de antecedentes, sentença ou acórdão e de estudos técnicos realizados durante a fase de conhecimento.

2029. Lei do Sinase, art. 40.

2030. Resolução CNJ n. 367, de 29 de janeiro de 2021, art. 2º, parágrafo único.

Nessa Resolução, em seu art. 8º, substituiu-se o encaminhamento da solicitação referida no art. 39 da Lei do Sinase do gestor estadual para a central de vagas[2031], disciplinando esse encaminhamento de modo a racionalizar a atividade nos Estados e, conforme constante de seus considerandos, vivificar determinação do STF constante no *Habeas Corpus* n. 143.988, que deliberou "que as unidades de execução de medida socioeducativa não ultrapassem a capacidade projetada e estabeleceu a adoção do princípio *numerus clausus* como estratégia de gestão para estas unidades, com a liberação de nova vaga na hipótese de ingresso de adolescente".

A execução da medida socioeducativa de prestação de serviços, liberdade assistida, semiliberdade e internação fica sujeita a um Plano Individual de Atendimento (PIA), "instrumento de previsão, registro e gestão das atividades a serem desenvolvidas com o adolescente"[2032], de modo que o procedimento de execução tem como primeira atividade processual a sua homologação, precedida de eventuais complementações, como perícias e estudos, requeridas pelas partes ou determinadas de ofício pelo Juiz, e de seu debate pelo Ministério Público e defensor. Ainda de acordo com a Lei n. 12.594, de 18 de janeiro de 2012, havendo discordância das partes, o juiz poderá designar audiência[2033], que poderá ser efetivada no modelo concentrado, recomendado pelo CNJ para as audiências de reavaliação da semiliberdade e internação[2034].

2031. Resolução CNJ n. 367, de 29 de janeiro de 2021:"Art. 8º O juiz deverá encaminhar a solicitação à Central de Vagas mediante expediente devidamente instruído com a seguinte documentação: I — guia de execução; II — cópia da representação e da decisão judicial, em que deverá constar expressamente a capitulação jurídica completa do ato infracional; III — tratando-se de adolescente apreendido, documento comprobatório da data de apreensão; IV — cópia da certidão de antecedentes infracionais; V — documentos de caráter pessoal do adolescente existentes no processo de conhecimento, especialmente os que comprovem sua idade; e VI — tratando-se de adolescente submetido a internação-sanção, cópia do Termo de Audiência em que foi decretada a medida".

2032. Lei do Sinase, art. 52.

2033. Lei do Sinase, art. 41, § 3º.

2034. As audiências socioeducativas concentradas destinadas à reavaliação das medidas de semiliberdade e internação, referidas na Resolução CNJ n. 367/2021, contam com diretrizes fixadas na Recomendação CNJ n. 98, de 26 de maio de 2021, podendo também ser adotadas para reavaliação das medidas em meio aberto, consoante previsão em seu art. 11:"Os magistrados com competência para execução das medidas

CURSO DE DIREITO DA CRIANÇA E DO ADOLESCENTE

Homologado o PIA, segue-se o acompanhamento judicial da execução da medida, com atenção aos princípios gerais fixados no art. 35 da Lei do Sinase, processualmente se instalando e resolvendo-se os incidentes relacionados à reavaliação da semiliberdade e da internação, até o decreto de extinção das medidas, na forma do art. 46 da mencionada lei[2035].

317. Direitos individuais dos adolescentes submetidos a medidas socioeducativas

O art. 49 da Lei do Sinase[2036] indicou direitos individuais dos adolescentes submetidos à medida socioeducativa, complementando especialmente o disposto no art. 124 do ECA[2037], que, ainda que diga respeito à internação,

---

socioeducativas poderão realizar audiências concentradas para a reavaliação das medidas de meio aberto, adaptando as diretrizes e procedimentos contidos nesta Recomendação à natureza das medidas de prestação de serviço à comunidade e liberdade assistida".

2035. Lei do Sinase: "Art. 46. A medida socioeducativa será declarada extinta: I — pela morte do adolescente; II — pela realização de sua finalidade; III — pela aplicação de pena privativa de liberdade, a ser cumprida em regime fechado ou semiaberto, em execução provisória ou definitiva; IV — pela condição de doença grave, que torne o adolescente incapaz de submeter-se ao cumprimento da medida; e V — nas demais hipóteses previstas em lei".

2036. Lei do Sinase: "Art. 49. São direitos do adolescente submetido ao cumprimento de medida socioeducativa, sem prejuízo de outros previstos em lei: I — ser acompanhado por seus pais ou responsável e por seu defensor, em qualquer fase do procedimento administrativo ou judicial; II — ser incluído em programa de meio aberto quando inexistir vaga para o cumprimento de medida de privação da liberdade, exceto nos casos de ato infracional cometido mediante grave ameaça ou violência à pessoa, quando o adolescente deverá ser internado em Unidade mais próxima de seu local de residência; III — ser respeitado em sua personalidade, intimidade, liberdade de pensamento e religião e em todos os direitos não expressamente limitados na sentença; IV — peticionar, por escrito ou verbalmente, diretamente a qualquer autoridade ou órgão público, devendo, obrigatoriamente, ser respondido em até 15 (quinze) dias; V — ser informado, inclusive por escrito, das normas de organização e funcionamento do programa de atendimento e também das previsões de natureza disciplinar; VI — receber, sempre que solicitar, informações sobre a evolução de seu plano individual, participando, obrigatoriamente, de sua elaboração e, se for o caso, reavaliação; VII — receber assistência integral à sua saúde, conforme o disposto no art. 60 desta Lei; e VIII — ter atendimento garantido em creche e pré-escola aos filhos de 0 (zero) a 5 (cinco) anos".

2037. ECA: "Art. 124. São direitos do adolescente privado de liberdade, entre outros, os seguintes: I — entrevistar-se pessoalmente com o representante do Ministério Público; II — peticionar diretamente a qualquer autoridade; III — avistar-se reservadamente com seu defensor; IV — ser informado de sua

proclama direitos que pela essência transcendem os limites da privação de liberdade, aplicando-se a toda e qualquer medida socioeducativa.

Como os direitos definidos exigem contraprestações objetivas, especialmente das entidades de atendimento, é de relevar as obrigações estampadas no art. 94 do ECA[2038], completando um sistema de garantias no cumprimento das medidas socioeducativas.

---

situação processual, sempre que solicitada; V — ser tratado com respeito e dignidade; VI — permanecer internado na mesma localidade ou naquela mais próxima ao domicílio de seus pais ou responsável; VII — receber visitas, ao menos, semanalmente; VIII — corresponder-se com seus familiares e amigos; IX — ter acesso aos objetos necessários à higiene e asseio pessoal; X — habitar alojamento em condições adequadas de higiene e salubridade; XI — receber escolarização e profissionalização; XII — realizar atividades culturais, esportivas e de lazer; XIII — ter acesso aos meios de comunicação social; XIV — receber assistência religiosa, segundo a sua crença, e desde que assim o deseje; XV — manter a posse de seus objetos pessoais e dispor de local seguro para guardá-los, recebendo comprovante daqueles porventura depositados em poder da entidade; XVI — receber, quando de sua desinternação, os documentos pessoais indispensáveis à vida em sociedade. § 1º Em nenhum caso haverá incomunicabilidade. § 2º A autoridade judiciária poderá suspender temporariamente a visita, inclusive de pais ou responsável, se existirem motivos sérios e fundados de sua prejudicialidade aos interesses do adolescente".

2038. ECA: "Art. 94. As entidades que desenvolvem programas de internação têm as seguintes obrigações, entre outras: I — observar os direitos e garantias de que são titulares os adolescentes; II — não restringir nenhum direito que não tenha sido objeto de restrição na decisão de internação; III — oferecer atendimento personalizado, em pequenas unidades e grupos reduzidos; IV — preservar a identidade e oferecer ambiente de respeito e dignidade ao adolescente; V — diligenciar no sentido do restabelecimento e da preservação dos vínculos familiares; VI — comunicar à autoridade judiciária, periodicamente, os casos em que se mostre inviável ou impossível o reatamento dos vínculos familiares; VII — oferecer instalações físicas em condições adequadas de habitabilidade, higiene, salubridade e segurança e os objetos necessários à higiene pessoal; VIII — oferecer vestuário e alimentação suficientes e adequados à faixa etária dos adolescentes atendidos; IX — oferecer cuidados médicos, psicológicos, odontológicos e farmacêuticos; X — propiciar escolarização e profissionalização; XI — propiciar atividades culturais, esportivas e de lazer; XII — propiciar assistência religiosa àqueles que desejarem, de acordo com suas crenças; XIII — proceder a estudo social e pessoal de cada caso; XIV — reavaliar periodicamente cada caso, com intervalo máximo de seis meses, dando ciência dos resultados à autoridade competente; XV — informar, periodicamente, o adolescente internado sobre sua situação processual; XVI — comunicar às autoridades competentes todos os casos de adolescentes portadores de moléstias infectocontagiosas; XVII — fornecer comprovante de depósito dos pertences dos adolescentes; XVIII — manter programas destinados ao apoio e acompanhamento de egressos; XIX — providenciar os documentos necessários ao exercício da cidadania àqueles que não os tiverem; XX — manter arquivo de anotações onde constem data e circunstâncias do atendimento, nome do adolescente, seus pais ou responsável, parentes, endereços, sexo, idade, acompanhamento da sua formação, relação de seus pertences e demais dados que possibilitem sua identificação e a individualização do atendimento. § 1º Aplicam-se, no que couber, as obrigações constantes deste artigo às entidades que mantêm programas de acolhimento institucional e familiar. § 2º No cumprimento das obrigações a que alude este artigo as entidades utilizarão preferencialmente os recursos da comunidade".

318. Plano Individual de Atendimento — PIA

O Plano Individual de Atendimento (PIA), que deverá ser produzido para a execução das medidas de prestação de serviços à comunidade, liberdade assistida, semiliberdade e internação, é, enquanto instrumento técnico, um misto de diagnóstico e prognóstico psicossocial.

A identificação das determinantes do ato infracional[2039], das condições familiares, das variáveis sociais, das potencialidades do adolescente e das projeções de vida expressamente manifestadas serve para: (a) apontar a unidade e/ou o programa adequado àquele adolescente determinado, com fundamentos individualizados; (b) prever as atividades internas e externas que contribuirão para a consecução do objetivo socioeducativo personalizado; (c) estabelecer metas alcançáveis, prescrevendo seus prazos, inclusive as etapas de progressão de regime ou mesmo seu término; e (d) definir atendimentos necessários relacionados à promoção à saúde, se o caso.

O Plano Individual de Atendimento foi introduzido no ECA pela Lei n. 12.010, de 3 de agosto de 2009, que, alterando seu art. 101, acrescentou os §§ 4º, 5º e 6º, criando esse mecanismo importante inicialmente para as medidas de acolhimento institucional e familiar, espraiado para as medidas socioeducativas através da Lei n. 12.594, de 18 de janeiro de 2012, Lei do Sinase.

2039. Razão básica do acesso ao procedimento de apuração, ficando o funcionário e a entidade de atendimento responsáveis pelo sigilo. Lei do Sinase: "Art. 57. Para a elaboração do PIA, a direção do respectivo programa de atendimento, pessoalmente ou por meio de membro da equipe técnica, terá acesso aos autos do procedimento de apuração do ato infracional e aos dos procedimentos de apuração de outros atos infracionais atribuídos ao mesmo adolescente. § 1º O acesso aos documentos de que trata o caput deverá ser realizado por funcionário da entidade de atendimento, devidamente credenciado para tal atividade, ou por membro da direção, em conformidade com as normas a serem definidas pelo Poder Judiciário, de forma a preservar o que determinam os arts. 143 e 144 da Lei n. 8.069, de 13 de julho de 1990 (Estatuto da Criança e do Adolescente). § 2º A direção poderá requisitar, ainda: I — ao estabelecimento de ensino, o histórico escolar do adolescente e as anotações sobre o seu aproveitamento; II — os dados sobre o resultado de medida anteriormente aplicada e cumprida em outro programa de atendimento; e III — os resultados de acompanhamento especializado anterior".

319. Medida socioeducativa e atenção integral à saúde do adolescente

No campo das medidas socioeducativas, a saúde do adolescente contou com especial atenção do legislador, pois variável que pode interferir: (a) na exculpação; (b) na definição da medida adequada; (c) nas projeções dos planos individuais de atendimento; e (d) no cumprimento da medida socioeducativa.

Se a saúde do adolescente compromete os aspectos intelectivo ou volitivo da conduta infracional, interferindo na imputabilidade socioeducativa[2040], trata-se de condição a ser aferida na sentença, podendo se constituir em impediente absoluto para a sua reprovação ou diminuir o grau da censura estatal, quando de incapacidades relativas.

Também pode definir a medida adequada, especialmente as socioeducativas impróprias previstas como medidas de proteção no ECA. O Juiz da Infância e da Juventude pode considerar que a melhor resposta ao ato infracional praticado, na perspectiva da interferência em eventual escalada ilícita e na promoção da saúde do adolescente, esteja na "requisição de tratamento médico, psicológico ou psiquiátrico, em regime hospitalar ou ambulatorial"[2041]. Havendo conclusão diagnóstica e identificação técnica de programa condizente com a abordagem necessária, o Juiz da Infância e da Juventude também poderá determinar a "inclusão em programa oficial ou comunitário de auxílio, orientação e tratamento a alcoólatras e toxicômanos"[2042].

Importando a medida socioeducativa em prestação de serviços à comunidade, liberdade assistida, semiliberdade e internação, as medidas específicas de atenção à saúde do adolescente constituem-se em itens obrigatórios do Plano Individual de Atendimento[2043], com a previsão dos cuidados necessários, havendo diagnóstico já fechado.

2040. V. § 267, Capítulo XXXVI, deste livro.

2041. ECA, art. 101, V.

2042. ECA, art. 101, VI.

2043. Lei do Sinase, art. 54, VI.

CURSO DE DIREITO DA CRIANÇA E DO ADOLESCENTE

Se os problemas de saúde se tornarem conhecidos no curso da execução da medida socioeducativa, notadamente nos regimes de semiliberdade e internação, caberá à entidade de atendimento a obrigação de "oferecer cuidados médicos, psicológicos, odontológicos e farmacêuticos"[2044], mesmo porque tem o dever de "oferecer instalações físicas em condições adequadas de habitabilidade, higiene, salubridade e segurança e os objetos necessários à higiene pessoal"[2045].

Genericamente, o adolescente em cumprimento de qualquer medida socioeducativa tem o direito de "receber assistência integral à sua saúde"[2046], razão de disciplina contida na Lei do Sinase, especialmente em seu art. 60[2047].

Preocupou-se a lei principalmente com a percepção, durante o cumprimento da medida socioeducativa, de indícios de transtorno e/ou deficiência mental, bem como de dependência química, estabelecendo a necessidade de avaliação por equipe técnica multidisciplinar[2048] e multissetorial[2049], prescrevendo necessidade de observância das normas de referência do SUS e do Sinase[2050].

2044. ECA, art. 94, IX.

2045. ECA, art. 94, VII.

2046. Lei do Sinase, art. 49, VII.

2047. Lei do Sinase: "Art. 60. A atenção integral à saúde do adolescente no Sistema de Atendimento Socioeducativo seguirá as seguintes diretrizes: I — previsão, nos planos de atendimento socioeducativo, em todas as esferas, da implantação de ações de promoção da saúde, com o objetivo de integrar as ações socioeducativas, estimulando a autonomia, a melhoria das relações interpessoais e o fortalecimento de redes de apoio aos adolescentes e suas famílias; II — inclusão de ações e serviços para a promoção, proteção, prevenção de agravos e doenças e recuperação da saúde; III — cuidados especiais em saúde mental, incluindo os relacionados ao uso de álcool e outras substâncias psicoativas, e atenção aos adolescentes com deficiências; IV — disponibilização de ações de atenção à saúde sexual e reprodutiva e à prevenção de doenças sexualmente transmissíveis; V — garantia de acesso a todos os níveis de atenção à saúde, por meio de referência e contrarreferência, de acordo com as normas do Sistema Único de Saúde (SUS); VI — capacitação das equipes de saúde e dos profissionais das entidades de atendimento, bem como daqueles que atuam nas unidades de saúde de referência voltadas às especificidades de saúde dessa população e de suas famílias; VII — inclusão, nos Sistemas de Informação de Saúde do SUS, bem como no Sistema de Informações sobre Atendimento Socioeducativo, de dados e indicadores de saúde da população de adolescentes em atendimento socioeducativo; e VIII — estruturação das unidades de internação conforme as normas de referência do SUS e do Sinase, visando ao atendimento das necessidades de Atenção Básica".

2048. Equipe formada por profissionais de várias disciplinas.

2049. Equipe formada por profissionais de diferentes setores integrantes da rede de atendimento.

2050. Lei do Sinase, art. 64, § 1º.

Ao estabelecer a preocupação com "ações voltadas para a família"[2051], considerando seu papel fundamental na promoção da saúde e na educação do adolescente, bem como a necessidade de apoio familiar, inclusive aos próprios integrantes de núcleo de convivência, fragilizados ou em sofrimento por força do transtorno, da deficiência mental ou da dependência química, a Lei do Sinase pressupôs um conjunto articulado de atividades de enfrentamento desses problemas de saúde, reconhecendo sua dimensão pública.

Processualmente, é de destacar a possibilidade de suspensão da medida socioeducativa, qualquer que seja ela, quando se verificar a inserção do adolescente "em programa de atenção integral à saúde mental que melhor atenda aos objetivos terapêuticos estabelecidos para o seu caso específico"[2052], providência que se soma à possibilidade de substituição da medida, a qualquer tempo[2053], como a troca da original pelas medidas de proteção previstas no art. 101, VI e VII, conforme autorização prevista no art. 112, VII, todos do ECA.

A diferença é que, na suspensão, com a obrigação de oitiva do Ministério Público e do defensor, o adolescente ainda fica submetido à medida original, que pode ser restaurada a qualquer tempo. Assemelha-se à remissão como forma de suspensão do processo, prevista no art. 126, parágrafo único, do ECA, tendo na sua essência a possibilidade de repristinação, da fase de execução suspendida ou da medida anteriormente imposta.

Ainda sob o prisma processual, convém realçar a possibilidade de nomeação, pelo Juiz da Infância e da Juventude, de um responsável pelo acompanhamento das ações de saúde, no caso de suspensão da medida socioeducativa para tratamento específico. A nomeação poderá recair em qualquer um capaz de cumprir o encargo de "acompanhar e informar sobre a evolução do atendimento ao adolescente"[2054], podendo também

---

2051. Lei do Sinase, art. 64, § 2º.

2052. Lei do Sinase, art. 64, § 4º.

2053. ECA, arts. 113 e 99.

2054. Lei do Sinase, art. 64, § 5º.

CURSO DE DIREITO DA CRIANÇA E DO ADOLESCENTE

incidir sobre profissional do programa da medida socioeducativa suspensa ou sobre pessoa indicada pelas partes, aceitos pelo Juiz.

Da referência de que o "tratamento a que se submeterá o adolescente deverá observar o previsto na Lei n. 10.216, de 6 de abril de 2001, que dispõe sobre a proteção e os direitos das pessoas portadoras de transtornos mentais e redireciona o modelo assistencial em saúde mental"[2055], extraem-se conclusões importantes, como a observância ao princípio básico de que "a internação, em qualquer de suas modalidades, só será indicada quando os recursos extra-hospitalares se mostrarem insuficientes"[2056] e que "somente será realizada mediante laudo médico circunstanciado que caracterize os seus motivos"[2057].

Assim, eventual proposta de entidade ou programa de atendimento socioeducativo deverão justificar a imperiosa necessidade de internação psiquiátrica e ser instruídos com laudo médico convincente, porquanto o pedido dirige-se a uma excepcionalidade afirmada pelo legislador, que, de forma expressa, fez clara opção pelo tratamento extra-hospitalar.

A internação hospitalar de adolescente submetido à medida socioeducativa somente é admissível na modalidade judicial, não incidindo as demais hipóteses previstas no parágrafo único do art. 6º da Lei n. 10.216, de 6 de abril de 2001[2058].

A execução das medidas socioeducativas, inclusive a solução de seus incidentes, pertence à Justiça da Infância e da Juventude, conforme o art. 146 do ECA[2059], competência reiterada expressamente pelo art. 36 da Lei do

---

2055. Lei do Sinase, art. 64, § 7º.

2056. Lei n. 10.216, de 6 de abril de 2001, art. 4º.

2057. Lei n. 10.216, de 6 de abril de 2001, art. 6º.

2058. Lei n. 10.216, de 6 de abril de 2001: "Art. 6º [...] Parágrafo único. São considerados os seguintes tipos de internação psiquiátrica: I — internação voluntária: aquela que se dá com o consentimento do usuário; II — internação involuntária: aquela que se dá sem o consentimento do usuário e a pedido de terceiro; e III — internação compulsória: aquela determinada pela Justiça".

2059. ECA: "Art. 146. A autoridade a que se refere esta Lei é o Juiz da Infância e da Juventude, ou o juiz que exerce essa função, na forma da lei de organização judiciária local".

Sinase[2060], de modo que cabe exclusivamente ao magistrado aferir o PIA e decidir eventualmente sobre suspensão de medida socioeducativa para tratamento de saúde. Releve-se, ainda, a necessidade de integração das ações de saúde com as finalidades da medida socioeducativa em cumprimento[2061], concorde com o objetivo do ECA de uma intervenção individualizada e que atenda a todos os reclamos da existência.

Não são admissíveis as internações psiquiátricas voluntária e involuntária de adolescente submetido à medida socioeducativa. Dessa forma, funcionário de programa ou entidade de atendimento ou mesmo familiar de adolescente vinculado à medida socioeducativa, percebendo "indícios de transtorno mental, de deficiência mental, ou associadas"[2062], deve solicitar a intervenção do Juízo da Infância e da Juventude. Depois da avaliação necessária, ouvido o Ministério Público e o Defensor, o Juiz da Infância e da Juventude, havendo necessidade, decretará a internação hospitalar compulsória.

320. Interdição do submetido à medida socioeducativa

A Lei do Sinase abrigou menção à interdição do adolescente submetido à medida socioeducativa, dispondo em seu art. 65 que, "enquanto não cessada a jurisdição da Infância e Juventude, a autoridade judiciária, nas hipóteses tratadas no art. 64, poderá remeter cópia dos autos ao Ministério Público para eventual propositura de interdição e outras providências pertinentes".

Dessa forma, em caso de transtorno ou deficiência mental, sugere-se a possibilidade de interdição. Todavia, é de considerar que a providência

---

2060. Lei do Sinase: "Art. 36. A competência para jurisdicionar a execução das medidas socioeducativas segue o determinado pelo art. 146 da Lei n. 8.069, de 13 de julho de 1990 (Estatuto da Criança e do Adolescente)".

2061. Lei do Sinase, art. 60, I.

2062. Lei do Sinase, art. 64, caput.

CURSO DE DIREITO DA CRIANÇA E DO ADOLESCENTE

judicial, na disciplina do Código Civil, hoje somente está relacionada à incapacidade relativa[2063], afirmando a Lei Brasileira de Inclusão da Pessoa com Deficiência[2064] que a "deficiência não afeta a plena capacidade civil da pessoa"[2065]. Dessa forma, tem por objeto, na salvaguarda dos direitos do interdito, estabelecer uma curatela limitada ao necessário, devendo os lindes do suprimento da capacidade constar expressamente da sentença, conforme art. 755, II, do CPC[2066].

Assim, considerando que o adolescente, por força da idade, ou é relativa ou absolutamente incapaz, a interdição afigura-se desnecessária. Somente na hipótese de cumprimento de medida socioeducativa por pessoa entre 18 (dezoito) e 21 (vinte e um) anos de idade[2067], e desde que evidenciada a necessidade de proteção à sua pessoa, é que eventual interdição deve ser cogitada.

Quanto à legitimidade ativa do Ministério Público, é de observar que, nos termos do art. 748 do Código de Processo Civil, o pedido de interdição somente pode ocorrer em caso de doença mental grave e desde que os legitimados ordinários não existam, não promovam a interdição ou se também forem incapazes. A internação psiquiátrica compulsória, com base na Lei n. 10.216, de 6 de abril de 2001, independe de prévio ou concomitante pedido de interdição, porquanto se assenta em razões diferentes, disciplinadas em distintos diplomas legais.

A interdição, somente por desvio interpretativo, pode transmudar-se em medida de segurança detentiva, prevista no art. 96, I, do Código Penal[2068].

2063. CC, art. 4º.

2064. Lei n. 13.146, de 6 de julho de 2015.

2065. Lei n. 13.146, de 6 de julho de 2015, art. 6º.

2066. CPC: "Art. 755. Na sentença que decretar a interdição, o juiz: I — nomeará curador, que poderá ser o requerente da interdição, e fixará os limites da curatela, segundo o estado e o desenvolvimento mental do interdito; II — considerará as características pessoais do interdito, observando suas potencialidades, habilidades, vontades e preferências".

2067. ECA, art. 2º, parágrafo único c/c art. 121, § 5º.

2068. CP: "Art. 96: As medidas de segurança são: I — Internação em hospital de custódia e tratamento psiquiátrico ou, à falta, em outro estabelecimento adequado; II — sujeição a tratamento ambulatorial".

Não só porque o ECA não dispõe de medida assemelhada, que ultrapasse os limites temporais previstos para a internação[2069], mas especialmente porque a interdição civil não tem essa natureza e finalidade. Dessa forma, a internação psiquiátrica, atestada a gravidade da doença mental, especialmente a psicopatia, deve seguir as regras da Lei n. 10.216, de 6 de abril de 2001, defluindo que eventual desinternação conte igualmente com ordem.

Completados 21 (vinte e um) anos de idade do paciente internado em unidade psiquiátrica, o Juiz da Infância e da Juventude deve decretar a extinção da medida socioeducativa com fulcro no art. 2º, parágrafo único, e no art. 121, § 5º, ambos do ECA, incidente especialmente por força do inciso V do art. 46 da Lei do Sinase, remetendo cópias dos documentos determinantes da internação inicial ao juízo referido na Lei n. 10.216, de 6 de abril de 2001, encarregado pelas normas de organização judiciária locais para controlar as internações psiquiátricas. A partir desse momento, a internação compulsória e prolongada deve ser revista periodicamente pelo juiz cometente, de modo a garantir o direito do interno à reinserção comunitária[2070], mesmo porque o "tratamento visará, como finalidade permanente, a reinserção social do paciente em seu meio"[2071].

321. Visitas a internados

O ECA, ao disciplinar os direitos do adolescente privado de liberdade em razão da medida socioeducativa de internação, prescreveu como um dos seus direitos o de receber visitas, ao menos semanalmente[2072]. Não é só em razão da importância enquanto instrumento de minimização do sofrimento ínsito à medida, como também na perspectiva de mantença

---

2069. ECA, art. 121, §§ 3º e 5º.

2070. Lei n. 10.216, de 6 de abril de 2001, art. 1º, II.

2071. Lei n. 10.216, de 6 de abril de 2001, art. 4º, § 1º.

2072. ECA, art. 124, VII.

dos vínculos afetivos e de convivência, familiares ou não, imprescindíveis na montagem de projetos de vida sem os recursos da ilicitude.

A garantia da periodicidade semanal dirige-se aos responsáveis pelas entidades de internação, de sorte a impedir que posturas administrativas coarctem o direito. Em sendo possível uma maior convivência do adolescente com os familiares e amigos com os quais mantenha relações significativas, as visitas poderão ser mais frequentes, a critério da equipe técnica da unidade. Também deverão observar dias e horários próprios previamente definidos pela direção do programa de atendimento, de acordo com as dinâmicas da entidade de internação, tendo como referência sempre o desiderato da garantia das visitas, de caráter proeminente ante as facilidades dos responsáveis pelo programa.

O art. 67 da Lei do Sinase esclarece que as visitas podem ser realizadas pelo cônjuge, companheiro, pais ou responsáveis, parentes e amigos do adolescente submetido à internação.

Presume o legislador que essas visitas sejam saudáveis, benéficas ao desenvolvimento educacional do internado, prescrevendo, em sentido contrário, que poderão ser suspensas se existirem motivos sérios e fundados de sua prejudicialidade aos interesses do adolescente[2073]. A decisão é exclusiva do Juiz da Infância e da Juventude responsável pela execução da medida, de modo que a autoridade administrativa deverá solicitar justificadamente a restrição, cabendo a vedação de visitas até mesmo dos pais ou responsável, desde que desvantajosas para o filho ou pupilo.

Atenta à realidade social, a Lei do Sinase permitiu ao adolescente casado ou mantenedor de união estável o direito à visita íntima[2074], constituindo-se no primeiro diploma legal a regulamentar o direito.

2073. ECA, art. 124, § 2º.

2074. Lei do Sinase: "Art. 68. É assegurado ao adolescente casado ou que viva, comprovadamente, em união estável o direito à visita íntima. Parágrafo único. O visitante será identificado e registrado pela direção do programa de atendimento, que emitirá documento de identificação, pessoal e intransferível, específico para a realização da visita íntima".

Anote-se que a idade núbil no Brasil está fixada aos 16 (dezesseis) anos de idade[2075], não sendo permitido o casamento antes desse marco[2076], inexistindo regra disciplinando a idade mínima para o reconhecimento da união estável[2077], de modo que, analogicamente, pode-se ter como marco temporal a permissão para o casamento. Não teria sentido adotar maior flexibilidade para a concessão de visitas íntimas aos mantenedores de uniões estáveis, mesmo porque vedação de casamento antes da idade núbil se deu como estratégia de impedimento ao casamento infantil, tragédia indicativa de um déficit civilizatório que ainda devemos superar, de modo que razoável interpretação sistêmica permissiva de visitas íntimas somente a partir dos 16 (dezesseis) anos de idade, quer em relação ao visitado, quer em relação ao visitante.

A visita íntima é um direito, ao qual corresponde a obrigação das entidades de internação em garantir seu exercício, propiciando condições de privacidade e dignidade. O ambiente reservado constitui-se em garantia relacionada ao respeito à intimidade dos parceiros[2078], no caso decorrente da afirmação peremptória constante do art. 17 do ECA[2079] e da obrigação social, inclusive dos responsáveis e funcionários de entidade de atendimento, de velar pela dignidade dos adolescentes, inclusive, colocando-os a salvo de qualquer tratamento constrangedor[2080].

2075. CC: "Art. 1.517: "O homem e a mulher com dezesseis anos podem casar, exigindo-se autorização de ambos os pais, ou de seus representantes legais, enquanto não atingida a maioridade civil".

2076. CC: "Art. 1.520. Não será permitido, em qualquer caso, o casamento de quem não atingiu a idade núbil, observado o disposto no art. 1.517 deste Código".

2077. CC, art. 1.723.

2078. A Resolução n. 01, de 1999, do Conselho Nacional de Política Criminal e Penitenciária, subordinado ao Ministério da Justiça, entende como visita íntima "a recepção pelo preso, nacional ou estrangeiro, homem ou mulher, de cônjuge ou outro parceiro, no estabelecimento prisional em que estiver recolhido, em ambiente reservado, cuja privacidade e inviolabilidade sejam asseguradas".

2079. ECA: "Art. 17. O direito ao respeito consiste na inviolabilidade da integridade física, psíquica e moral da criança e do adolescente, abrangendo a preservação da imagem, da identidade, da autonomia, dos valores, ideias e crenças, dos espaços e objetos pessoais".

2080. ECA: "Art. 18. É dever de todos velar pela dignidade da criança e do adolescente, pondo-os a salvo de qualquer tratamento desumano, violento, aterrorizante, vexatório ou constrangedor".

CURSO DE DIREITO DA CRIANÇA E DO ADOLESCENTE

Ainda de acordo com a Lei do Sinase, é "garantido aos adolescentes em cumprimento de medida socioeducativa de internação o direito de receber visita dos filhos, independentemente da idade desses"[2081], reiterando a opção clara do ECA em preservar e estreitar os vínculos familiares, cumprindo a promessa constitucional de apoio à família[2082].

2081. Lei do Sinase, art. 69.
2082. CF, art. 226, caput.

XLV

Prescrição

322. Prescrição e sistemas diferenciados

Considerando que a prática do ato infracional equivale à violação do direito, protetivo de um bem jurídico que o legislador resolveu tutelar pela sua importância social, o interesse público à segurança jurídica impõe o aniquilamento das pretensões a ele referenciadas em razão da inércia verificada no tempo marcado para sua vivificação.

Em primeiro lugar, o tempo corrói a pretensão socioeducativa, ou seja, o direito de fazer incidir as respostas estatais legalmente prescritas quando não definidas no momento oportuno; em segundo, destroça a pretensão de execução da medida socioeducativa em razão de inação quanto à realização concreta do prescrito judicialmente.

No direito civil, os lapsos temporais de prescrição são fixados em prazos certos, considerando a natureza especial da pretensão[2083] ou, fora das hipóteses catalogadas, mediante o estabelecimento de prazo genérico[2084].

2083. CC, art. 206.
2084. CC:"Art. 205. A prescrição ocorre em dez anos, quando a lei não lhe haja fixado prazo menor".

CURSO DE DIREITO DA CRIANÇA E DO ADOLESCENTE

No direito penal, o legislador fixa prazos prescricionais levando em conta a pena em abstrato, antes de transitar em julgado a sentença[2085], ou em concreto, depois do trânsito em julgado da sentença condenatória[2086].

Presentes, portanto, regras prescricionais distintas, variáveis de acordo com os sistemas básicos considerados, civil ou penal, ainda que os seus fundamentos, objetivo da segurança jurídica e consolidação da inércia, estejam presentes em ambos os ordenamentos jurídicos.

O ECA não se referiu expressamente à prescrição, o que não significa que o instituto não esteja presente no sistema socioeducativo. O respeito à segurança jurídica impõe que a possibilidade de aplicação judicial da medida socioeducativa encontre uma limitação temporal, bem como que seja executada em momento oportuno. O ato infracional como episódio da adolescência obriga ao estabelecimento de um término consequencial, sob pena de permanecer indefinidamente como variável de instabilidade pessoal, bem como estabelecer resultados educacionais absolutamente inócuos ante a passagem para a vida adulta.

A falta de fixação de prazos prescricionais determinados ou de critérios referenciados e expressos para o seu cômputo não determina aplicação analógica, especialmente do sistema prescricional do direito penal.

Em primeiro lugar, porquanto o ECA não trabalha com medidas socioeducativas com prazos determinados, como as penas. Assim, inexistem parâmetros de quantidades de pena em abstrato ou em concreto que possam ser considerados como pontos de partida para o encontrar dos prazos prescricionais.

Em segundo, porque a correspondência dos atos infracionais com as condutas descritas como crimes ou contravenções penais, prevista no art. 103 do ECA[2087], reserva-se exclusivamente aos tipos penais, aos preceitos primários

---

2085. CP, art. 109.

2086. CP, art. 110.

2087. ECA: "Art. 103. Considera-se ato infracional a conduta descrita como crime ou contravenção penal".

definidores de comportamentos, não incidindo os preceitos secundários de previsão de penas, porquanto no sistema do ECA da prática de atos infracionais deriva apenas a possibilidade de aplicação de medidas socioeducativas[2088].

Em terceiro, porque levaria ao raciocínio equivocado de se considerar a prescrição tendo como parâmetro somente a cominação abstrata da lei penal, considerando a classificação constante da representação do Ministério Público[2089], de vez que, com a definição judicial da medida socioeducativa ao caso concreto, mais branda ou mais grave, não haveria padrão quantitativo de pena que poderia servir ao cálculo da prescrição. Qual seria o critério, exemplificando, para a definição da prescrição quando da aplicação de advertência, obrigação de reparar o dano ou prestação de serviço à comunidade, que podem ser aplicadas independentemente da gravidade do ato infracional?[2090]. Mesmo no caso da aplicação da semiliberdade e da internação, cuja fixação na sentença não comporta prazo determinado e podem ser aplicadas a qualquer ato infracional praticado mediante violência ou grave ameaça à pessoa, independentemente da tipologia mais ou menos gravosa, ou até mesmo em reiteração no cometimento de outras infrações graves, não haveria parâmetro de estabelecimento do prazo prescricional, salvo se, indevidamente, ainda se tivesse como referência a capitulação constante da representação[2091], o que configuraria verdadeiro ilogismo.

2088. ECA, art. 112.

2089. V. § 299, Capítulo XLII, deste livro.

2090. Até mesmo a internação pode deixar de ser aplicada, pois no sistema do ECA verifica-se a previsão dos casos que o Juiz pode internar, não os que deva aplicar a medida privativa de liberdade.

2091. Suponha-se que, em razão de um homicídio, considerando as circunstâncias do caso concreto, imponha o juiz a medida socioeducativa de liberdade assistida. No CP, a pena em abstrato para o homicídio qualificado ou feminicídio é de 12 a 30 anos (art. 121, §§ 2º e 3º). Tomando a pena menor (12 anos), reduzida pela metade, pois ao tempo do crime, o agente, adolescente, era evidentemente menor de 21 anos (CP, art. 115), a prescrição executória verificar-se-ia em 6 anos. Dessa forma, se a sentença transitasse em julgado à época que o autor do ato infracional tivesse 17 anos de idade, até os 23 anos de idade ficaria sujeito ao cumprimento da medida. Anote-se que a situação da prescrição da pretensão socioeducativa seria ainda mais desarrazoada, pois contada pelo máximo da pena, ainda que com o redutor, verificar-se-ia em 15 anos, de modo que um ato infracional cometido aos 17 anos somente iria prescrever, impedindo a atuação do sistema da infância e da juventude, quando o agente alcançasse 32 anos de idade, não tendo o menor sentido que fosse incluído em programa de liberdade assistida.

CURSO DE DIREITO DA CRIANÇA E DO ADOLESCENTE

Dessa forma, o entendimento lógico do instituto da prescrição somente pode ser construído à luz das características do sistema socioeducativo, possibilitando conclusão harmônica com seus princípios e concorde com suas finalidades. De maneira geral, o objetivo da intervenção no desenvolvimento educacional do adolescente reclama atividade contemporânea com a infração cometida, não tendo sentido que processo de apuração e/ou execução da medida se estabeleçam depois de ultrapassadas fases naturais de amadurecimento e introjeção de valores.

Por essa razão o legislador estabeleceu, como disposição preliminar delimitadora de espectro de incidência, que a aplicação do ECA somente ocorre por excepcionalidade entre 18 (dezoito) e 21 (vinte e um) anos de idade, colocando este último termo como limite máximo do seu recaimento[2092].

Dessa forma, é de considerar a idade de 21 (vinte e um) anos como limite para a aplicação das normas do ECA, inclusive no que concerne à medida socioeducativa. Trata-se, portanto, de critério etário absoluto, que se espraia para todos os seus institutos, inclusive a prescrição.

Em outras palavras: a prescrição opera-se no sistema do ECA quando o apontado autor do ato infracional completar 21 anos de idade em razão do atingimento do limite para a incidência da lei especial.

E tal conclusão vem referenciada pelo disposto no art. 121, § 5º, do ECA, que, ao tratar da medida socioeducativa mais gravosa, a internação, peremptoriamente estabeleceu que:"A liberação será compulsória aos vinte e um anos de idade".

323. Prescrição da pretensão socioeducativa

A pretensão socioeducativa é a exigência de aplicação de medida prevista em lei como resposta ao ato infracional praticado. Pretensão manifestada

---

2092. ECA, arts. 2º, parágrafo único, e 121, § 5º.

pelo Ministério Público, ao qual cabe exclusivamente a propositura da ação ou ofertar proposta de ajuste, mediante remissão, que exclua o processo.

Extingue-se no momento em que o autor do ato infracional, cometido durante a menoridade, completar 21 (vinte e um) anos de idade, de modo que, se o Ministério Público não oferecer representação antes dessa idade, ou ajustar remissão, não poderá mais fazê-lo.

Ultrapassado o marco final, presume-se que a intervenção socioeducativa perde sua potencialidade enquanto instrumento imediato de defesa social e como recurso contributivo ao desenvolvimento educacional saudável, de modo que qualquer providência se afigura desprovida de propósito.

O Ministério Público, recebendo peças de informação da Polícia ou intervindo em procedimento ainda sem proposta de remissão ou representação, deverá requerer o arquivamento com fundamento na prescrição da pretensão socioeducativa, causa impeditiva da configuração do ato infracional em razão da ausência do requisito da imputabilidade objetiva[2093].

324. Prescrição da pretensão executória

A pretensão executória consiste na exigência de concretização da medida socioeducativa aplicada judicialmente.

Manifesta-se como decorrência lógica da sentença transitada em julgado, não havendo necessidade de ação autônoma iniciada pelo Ministério Público, consoante se verifica especialmente da disciplina contida na lei que instituiu o Sistema Nacional de Atendimento Socioeducativo[2094]. Processualmente, equivale a uma fase de cumprimento de sentença iniciada de ofício, assim concebida por força da importância social e pessoal da socioeducação.

2093. V. § 267, Capítulo XXXVI, deste livro.

2094. Lei n. 12.594, de 18 de janeiro de 2012.

CURSO DE DIREITO DA CRIANÇA E DO ADOLESCENTE

A medida socioeducativa ainda não cumprida ou em cumprimento se extingue quando o autor do ato infracional, cometido durante a menoridade, completar 21 (vinte e um) anos de idade.

Se sua incidência foi determinada às vésperas de completar 18 anos de idade, o Estado tem até os 21 (vinte e um) anos para efetivar a medida aplicada, na conjugação do mencionado parágrafo único do art. 2º do ECA com o disposto no art. 121, § 3º, que fixa em três (3) anos o limite máximo de internação, e com o já mencionado § 5º do mesmo artigo, que determina a liberação compulsória aos 21 (vinte e um) anos de idade.

Somente o viés da retribuição pode justificar a execução de qualquer medida após a idade fixada na lei, pois a partir desse marco perde seu propósito socioeducativo. A objetividade finalística da medida socioeducativa, especialmente a interferência no processo educacional do adolescente, perde sua razão com a idade do autor do ato infracional, que já se encontra submetido ao regime do direito penal, de incidência prevalente mesmo no período entre 18 (dezoito) e 21 (vinte e um) anos de idade[2095]. Antes dos 21 (vinte e um) anos de idade, a efetivação da medida socioeducativa faz sentido quando se verificar, especialmente pelo PIA[2096], que recursos da socioeducação ainda podem ser benéficos para o jovem, contribuindo para o seu processo de amadurecimento e comportamento nos limites da civilidade, especialmente sem violência.

325. A Súmula 338 do STJ

Não se olvida o enunciado na Súmula 338 do STJ, que estabelece que: "A prescrição penal é aplicável às medidas socioeducativas", devendo

---

2095. Lei do Sinase: "Art. 46. [...] § 1º No caso de o maior de 18 (dezoito) anos, em cumprimento de medida socioeducativa, responder a processo-crime, caberá à autoridade judiciária decidir sobre eventual extinção da execução, cientificando da decisão o juízo criminal competente. § 2º Em qualquer caso, o tempo de prisão cautelar não convertida em pena privativa de liberdade deve ser descontado do prazo de cumprimento da medida socioeducativa".

2096. V. § 318, Capítulo XLIV, deste livro.

ser interpretada mais no sentido de que o instituto é compatível com o sistema do ECA do que em relação aos marcos temporais e critérios de direito penal referidos nos seus precedentes[2097] e em julgados posteriores.

Em primeiro lugar, porque embutida na concepção de utilização de marcos penais a ideia de imposição de pena, de retribuição estatal ao ato infracional praticado. O tempo, corroendo o direito de punir ou de executar a pena, impediria o processo ou a imposição da sanção, de vez que não mais existiria proveito social nas providências, inclusive na submissão ao cárcere, notadamente naqueles lapsos temporais prolongados. É a lógica do direito penal, que contrasta com a concepção do direito socioeducativo, resumida especialmente na interferência no processo de desenvolvimento do jovem e, através de ações concretas, minimizar ou remover o potencial criminógeno demonstrado com a prática do ato infracional.

O ECA e a Lei do Sinase têm uma preocupação social e individual que transcende a mera imposição da sanção, razão da necessidade de identificar a medida socioeducativa adequada[2098] e realizar estudos capazes de propiciar diagnósticos e prognósticos indicativos das razões do ato infracional e dos caminhos para a superação das adversidades, consoante se verifica do PIA. A regra básica, portanto, é que a intervenção se faça durante a menoridade ou, excepcionalmente, até os 21 (vinte e um) anos de idade, potencializando ganhos sociais e pessoais significativos, capazes de arrimar uma vida na fruição dos direitos básicos e dentro dos padrões da civilidade.

Em segundo, porque o referencial do "máximo de duração de medida socioeducativa prevista no ECA, o que, a teor do art. 121, § 3°, do estatuto em apreço, é de 3 anos"[2099], restou adotado de forma equivocada. Dispõe expressamente o ECA que, depois de 3 (três) anos de cumprimento da

---

2097. AgRg no Ag 469.617-RS; HC 30.028-MS; HC 34.550-RJ; HC 45.667-SP; REsp 171.080-MS; REsp 341.591-SC; REsp 489.188-SC; REsp 564.353-MG; REsp 598.476-RS; REsp 602.178-MG; REsp 605.605-MG; RHC 15.905-SC.

2098. V. § 269, Capítulo XXXVII, deste livro.

2099. V. AgRg n. 600711/SC.

CURSO DE DIREITO DA CRIANÇA E DO ADOLESCENTE

medida de internação, exatamente no parágrafo subsequente[2100], "Atingido o limite estabelecido no parágrafo anterior, o adolescente deverá ser liberado, colocado em regime de semiliberdade ou de liberdade assistida", de modo que o lapso temporal inicial não é o máximo temporal de submissão à medida socioeducativa, pelo mesmo ato infracional.Vencido o prazo inicial de 3 (três) anos de internação, não tendo completado 21 (vinte e um) anos de idade, pode o adolescente ser colocado em liberdade assistida ou em casa de semiliberdade, podendo ficar por tempo idêntico ao inicial, evidenciado que o prazo adotado como referencial máximo confronta diretamente com o dispositivo legal citado.

Em terceiro, porque no direito penal a pena encontra-se vinculada a um tipo específico. Para cada crime ou contravenção a pena é variável, de modo que as referências quantitativas giram em torno da gravidade da conduta punível, em uma graduação prescrita pelo legislador. No ECA isso não ocorre, pois a medida socioeducativa não se encontra vinculada a tipos penais determinados, podendo ser aplicada qualquer uma delas, independentemente do ato infracional praticado. O pedido contido na representação é de aplicação da medida socioeducativa que se afigurar a mais adequada no curso da instrução, de modo que faltam parâmetros objetivos para as contas de prescrição estabelecidas nos termos do direito penal.

Em quarto, porque a fixação do prazo de 4 (quatro) anos para a prescrição[2101] levaria à situação que esbarraria em norma legal expressa, pois poderia ultrapassar o limite de 21 (vinte e um) anos de idade, bastando que a medida fosse imposta ou tivesse seu início de execução na véspera do limite máximo permitido pelo ECA. No extremo inverso, em caso de ato infracional praticado aos 12 (doze) anos de idade, a sentença não poderia sobrevir depois que seu autor completasse 16 (dezesseis) anos de

---

2100. ECA, art. 121, § 4º.

2101. V. AgRg no HC 527658/SP, onde está consignado que, tomado 3 anos como limite temporal, "deve-se considerar o lapso prescricional de 8 (oito) anos previsto no art. 109, inciso IV, do Código Penal, posteriormente reduzido pela metade em razão do disposto no art. 115 do mesmo diploma legal, de maneira a restar fixado em 4 (quatro) anos".

idade, tempo de vida em que a socioeducação poderia ainda ser bastante exitosa e colaborar para o estabelecimento de projetos de vida saudável.

Anote-se também que a referência genérica ao fato de que a situação do adolescente não pode ser mais gravosa do que a do adulto, expressamente contida no disposto no art. 35, I, da Lei do Sinase, deve ser tomada em concreto, na comparação com adultos que participaram da infração ou em situação assemelhada do ponto de vista da tipicidade. Deve ser levada em conta a imputação, concreta ou em tese, que estaria contida na denúncia criminal ou a pena fixada na sentença penal condenatória para os adultos, de modo a verificar se o adolescente estaria tendo um tratamento mais gravoso, sempre no cotejo com a realidade do adulto. E, também, não perder de vista o sistema de incidência, penal ou socioeducativo, porquanto a regra do Sinase refere-se expressamente ao princípio da legalidade como informador da execução da medida socioeducativa[2102].

A subordinação do adolescente ao sistema socioeducativo dos 12 (doze) aos 21 (vinte e um) anos de idade, ou seja, durante nove (9) anos, atende ao desiderato da necessidade da intervenção educacional durante a juventude, estando ainda concorde com a soma teórica de medidas estabelecidas no art. 121, § 4º, do ECA, passíveis de serem aplicadas em substituição uma da outra[2103]. E considere-se ainda que há salvaguardas aos arbítrios do Estado, como a garantia constitucional da brevidade e da excepcionalidade quanto à medida privativa de liberdade[2104], impondo a lei ordinária revisões periódicas da medida, de sorte que a adoção do critério etário como marco prescricional não acarreta prejuízos ao *status libertatis* do adolescente.

Embora derive dos julgados relacionados ao tema que o STJ procurou encontrar a melhor forma de proteger os direitos dos adolescentes

---

2102. Lei do Sinase:"Art. 35.A execução das medidas socioeducativas reger-se-á pelos seguintes princípios: I — legalidade, não podendo o adolescente receber tratamento mais gravoso do que o conferido ao adulto".

2103. Vinculação ao sistema socioeducativo: 3 (três) anos de internação, 3 (três) de semiliberdade e 3 (três) de liberdade assistida, limitado pelo completar, pelo autor, dos 21 (vinte e um) anos de idade.

2104. CF, art. 227, § 3º, V.

CURSO DE DIREITO DA CRIANÇA E DO ADOLESCENTE

apontados como autores de atos infracionais, é certo que causou uma anomia sistêmica. O direito da criança e do adolescente, como o trato legal da diferença, encontra-se fundado em postulados próprios que o fazem diferente do direito penal, de sorte que sua melhor incidência supletiva é a remissiva expressa, seguindo a vontade do legislador. A socioeducação incorporou conteúdos garantistas, necessários à consolidação do Estado democrático de direito, sem, todavia, adotar um direito penal juvenil[2105], em que a aplicação analógica fica facilitada e, se muitas vezes protege, outras pode criar embaraços à consideração permanente das condições peculiares da infância e da juventude.

Em resumo, antes da interpretação analógica, é necessário buscar na sistêmica os componentes de suprimento da lacuna quanto à disciplina da prescrição, preferindo-se sempre o resultado que melhor se encaixe nos postulados do direito da criança e do adolescente, com ênfase permanente à socioeducação. Aliás, trata-se de recomendação legal, posto que o art. 6º do ECA expressamente consigna que: "Na interpretação desta Lei levar-se-ão em conta os fins sociais a que ela se dirige, as exigências do bem comum, os direitos e deveres individuais e coletivos, e a condição peculiar da criança e do adolescente como pessoas em desenvolvimento".

2105. V. § 261, Capítulo XXXV, deste livro.

XLVI

Medidas aplicáveis aos pais ou responsável

326. Deveres

A família natural, extensa ou substituta, pode ser conceituada como o espaço de criação, desenvolvimento e proteção de crianças e adolescentes nela inseridos[2106]. Deve se constituir em um ambiente familiar adequado, consoante dicção no art. 29 do ECA[2107], reunindo condições de saudabilidade.

Ambiente familiar adequado é aquele que reúne condições para criação, educação e proteção da criança ou adolescente, promovendo e preservando a liberdade e a dignidade de seus integrantes.

Das normas familiares, extraídas especialmente do ECA e do Código Civil, vislumbram-se deveres que podem ser assim resumidos: (a) deveres relacionados à criação; (b) deveres relacionados à educação; e (c) deveres relacionados à proteção.

2106. V. § 86, Capítulo XIII, deste livro.
2107. ECA: "Art. 29. Não se deferirá colocação em família substituta a pessoa que revele, por qualquer modo, incompatibilidade com a natureza da medida ou não ofereça ambiente familiar adequado".

CURSO DE DIREITO DA CRIANÇA E DO ADOLESCENTE

Criar significa manter a vida. Mais do que dar origem, sua manutenção consiste em um conjunto de iniciativas fomentadoras da existência saudável, especialmente sustento, atenção à saúde e, na primeira infância, estimulação.

O sustento é exigido pelo art. 22[2108] do ECA e pelos arts. 1.566[2109], 1.724[2110] e 1.634, I[2111], todos do Código Civil, valendo lembrar que ninguém está obrigado ao impossível, razão do disposto no art. 23 do ECA: "A falta ou a carência de recursos materiais não constitui motivo suficiente para a perda ou a suspensão do poder familiar". Cuidar da saúde, enquanto aspecto do dever de criação, importa prestar atenção à higidez física e mental do filho ou pupilo e dispensar-lhe os cuidados ao seu alcance, especialmente, socorrendo-se de profissionais da área e ministrando os medicamentos prescritos e necessários, anotando-se que ao direito à saúde de criança e adolescente, previsto na Constituição e no ECA, correspondem obrigações da família, da sociedade e do Estado.

Já a estimulação na primeira infância, compreendida como práticas destinadas ao favorecimento das atividades neurais, indutoras de desenvolvimento cognitivo e emocional, corresponde à incumbência indissociável da criação saudável[2112].

O dever de educar os filhos e pupilos abrange a passagem de valores e conhecimentos próprios da família, da sua história e de seus grupos sociais, bem como o necessário para a educação formal[2113], especialmente matrícula, controle de frequência e de aproveitamento. Tem assento constitucional[2114]

2108. ECA: "Art. 22. Aos pais incumbe o dever de sustento, guarda e educação dos filhos menores, cabendo-lhes ainda, no interesse destes, a obrigação de cumprir e fazer cumprir as determinações judiciais".

2109. CC: "Art. 1.566. São deveres de ambos os cônjuges: [...] IV — sustento, guarda e educação dos filhos".

2110. CC: "Art. 1.724. As relações pessoais entre os companheiros obedecerão aos deveres de lealdade, respeito e assistência, e de guarda, sustento e educação dos filhos".

2111. CC: "Art. 1.634. Compete a ambos os pais, qualquer que seja a sua situação conjugal, o pleno exercício do poder familiar, que consiste em, quanto aos filhos: I — dirigir-lhes a criação e a educação".

2112. V. Lei n. 13.257, de 8 de março de 2016.

2113. V. Capítulo XI deste livro.

2114. CF: "Art. 229. Os pais têm o dever de assistir, criar e educar os filhos menores, e os filhos maiores têm o dever de ajudar e amparar os pais na velhice, carência ou enfermidade".

e disciplina no ECA e na LDB, sendo a obrigação referida também no Código Civil.

O dever de proteção abrange essencialmente a guarda, a obrigação de ter o filho sob sua companhia e de reclamá-lo de quem ilegalmente o detenha, conforme disposições presentes nos incisos II e VIII do art. 1.634 do Código Civil[2115]. Abrange as obrigações relacionadas aos cuidados da integridade, como a prevenção de acidentes, o acautelamento de conflitos e a defesa contra assédios de toda ordem, bem como ações de resguardo a práticas potencialmente nocivas e/ou influenciadoras de comportamentos ilícitos, imbricando aqui com o dever de educação.

327. Infração aos deveres

Quando comportamentos comprometem a criação, o desenvolvimento e a proteção de filhos ou pupilos, ameaçando ou lesionando seus direitos fundamentais, os pais ou o responsável ficam sujeitos a medidas promocionais ou sancionatórias, conforme o caso.

As promocionais são aquelas que potencializam a família, induzindo à superação das adversidades e dos comportamentos inadequados, no escopo final da emancipação social e da vivência harmônica. Têm por fundamento constitucional a promessa de que, como base da sociedade, a família conta com especial proteção do Estado[2116].

São adotadas em razão do próprio núcleo, sendo que beneficiam os filhos e pupilos porquanto integrantes dessa célula, indicando que todos, adultos, adolescentes e crianças, independentemente de gênero, são

---

2115. CC: "Art. 1.634. Compete a ambos os pais, qualquer que seja a sua situação conjugal, o pleno exercício do poder familiar, que consiste em, quanto aos filhos: [...] II — exercer a guarda unilateral ou compartilhada nos termos do art. 1.584; [...] VIII — reclamá-los de quem ilegalmente os detenha".

2116. CF, art. 226, caput.

CURSO DE DIREITO DA CRIANÇA E DO ADOLESCENTE

destinatários dessas ações de promoção. Em regra, basta a vivificação dos direitos sociais, a efetivação das prestações positivas relacionadas aos bens da vida por eles protegidos, para que permitam às famílias constituírem-se em instituições benéficas à felicidade de todos, reunindo condições para o seu progresso humanístico e cultural. São medidas primárias, que devem ser adotadas antes de qualquer sanção, não só em razão da necessidade de cumprimento da Constituição, mas também ante o desiderato de buscar solução que preserve vínculos e convivência.

As sancionatórias são reprimendas às condutas voluntárias que lesionem ou ameacem direitos fundamentais dos filhos ou pupilos. A voluntariedade, como ação derivada da vontade, compreende também condutas omissivas permissivas da perpetuação de situações violadoras de direitos de criança ou adolescente.

Tem caráter secundário, sucedendo às medidas promocionais não exitosas, salvo quando a ofensa seja direta e de extrema gravidade, prejudicando a própria convivência familiar.

As medidas promocionais e sancionatórias destinadas aos pais ou ao responsável estão previstas no art. 129 do ECA. São elas: (a) encaminhamento a serviços e programas oficiais ou comunitários de proteção, apoio e promoção da família; (b) inclusão em programa oficial ou comunitário de auxílio, orientação e tratamento a alcoólatras e toxicômanos; (c) encaminhamento a tratamento psicológico ou psiquiátrico; (d) encaminhamento a cursos ou programas de orientação; (e) obrigação de matricular o filho ou pupilo e acompanhar sua frequência e aproveitamento escolar; (f) obrigação de encaminhar a criança ou adolescente a tratamento especializado; (g) advertência; (h) perda da guarda; (i) destituição da tutela; (j) suspensão ou destituição do poder familiar.

Todas as medidas, inclusive as promocionais, aplicáveis pelos juízos da infância e da juventude ou pelo juízo de família, conforme sua competência, não ficam ao alvedrio dos condenados, sendo de cumprimento obrigatório. A frequência a cursos, por exemplo, deve ser comprovada, sob pena de progressão para as sancionatórias. A distinção entre as medidas se dá pela sua finalidade, promoção da família ou atribuição de consequência, e não em razão do seu potencial coercitivo.

Aliás, a progressão das medidas aplicáveis aos pais ou responsável, seguimento das promocionais para as sancionatórias, constitui-se no último recurso legal de proteção de criança ou adolescente, em regra incidente somente depois de esgotadas as tentativas de promoção do núcleo familiar e preservação dos vínculos. Processualmente, as iniciativas promocionais iniciais devem estar documentadas, para que não reste qualquer dúvida de que a progressão se operou por absoluta necessidade de proteção à criança ou ao adolescente, restando evidente a violação ou ameaça de lesão a direito fundamental em razão da "falta, omissão ou abuso dos pais ou responsável"[2117].

328. Medidas promocionais

A medida promocional por excelência consiste no encaminhamento dos pais ou do responsável a "serviços e programas oficiais ou comunitários de proteção, apoio e promoção da família"[2118]. Esses serviços e programas são de existência obrigatória, derivados do dever do Estado de assistir socialmente os cidadãos, notadamente mediante "a proteção à família, à maternidade, à infância, à adolescência e à velhice"[2119] e "o amparo às crianças e adolescentes carentes"[2120], de modo que não ficam ao alvedrio dos governantes, constituindo-se em hipótese legal expressa de cabimento de ação civil pública, visando obrigar o Estado a criá-los e mantê-los[2121].

2117. ECA, art. 98, II.V. também § 121, Capítulo XVIII, deste livro.

2118. ECA, art. 129, I.

2119. CF, art. 203, I.

2120. CF, art. 203, II.

2121. ECA: "Art. 208: Regem-se pelas disposições desta Lei as ações de responsabilidade por ofensa aos direitos assegurados à criança e ao adolescente, referentes ao não oferecimento ou oferta irregular: [...] VI — de serviço de assistência social visando à proteção à família, à maternidade, à infância e à adolescência, bem como ao amparo às crianças e adolescentes que dele necessitem".

CURSO DE DIREITO DA CRIANÇA E DO ADOLESCENTE

As medidas de "inclusão em programa oficial ou comunitário de auxílio, orientação e tratamento a alcoólatras e toxicômanos"[2122] e "encaminhamento a tratamento psicológico ou psiquiátrico"[2123], aplicáveis aos pais ou responsável, são promocionais na medida em que visam à recuperação da saúde. São também coercitivas, de cumprimento obrigatório pelo condenado, que fica sujeito em caso de desobediência à progressão para as sancionatórias. Reclamam estudos clínicos e indicação médica quando importarem internação em regime hospitalar, devendo ser observadas as regras constantes nas Leis n. 10.216, de 6 de abril de 2001[2124], e 13.840, de 5 de junho de 2019.

O "encaminhamento a cursos e programas de orientação"[2125], de qualquer ordem, também se encaixa entre as medidas promocionais, tendo nítido caráter educacional e/ou formativo. Reciclagem e/ou formação profissional, cuidados de puericultura, aconselhamento, pós-adotivos, de agressores e outros são exemplos das infindáveis possibilidades de promoção da família, mediante potencialização de recursos que permitam aos pais ou responsável vencer ou minimizar as adversidades estruturais ou momentâneas, auxiliando na mantença do núcleo familiar e na obtenção de saudabilidade.

As medidas promocionais são, em regra, de competência do Juiz da Infância e da Juventude, autoridade judiciária a quem compete determinar as medidas necessárias à proteção dos direitos da criança e do adolescente. Podem ser adotadas em qualquer procedimento em curso, como medidas incidentais, mas também podem ser resultantes de procedimentos específicos, inaugurados na forma do art. 153 do ECA[2126]. Incidentalmente, também

---

2122. ECA, art. 129, II.

2123. ECA, art. 129, III.

2124. Dispõe sobre a proteção e os direitos das pessoas portadoras de transtornos mentais.

2125. ECA, art. 129, IV.

2126. ECA: "Art. 153. Se a medida judicial a ser adotada não corresponder a procedimento previsto nesta ou em outra lei, a autoridade judiciária poderá investigar os fatos e ordenar de ofício as providências necessárias, ouvido o Ministério Público".

podem ser determinadas pelo Juízo de Família ou Cível, como assuntos relacionados a um processo em curso e que reclamam solução.

329. Medidas sancionatórias

As medidas sancionatórias, quando dependentes de comportamentos positivos do apenado, são de cumprimento obrigatório, podendo o recalcitrante cometer infração administrativa[2127] ou até mesmo o delito de desobediência[2128].

Na primeira hipótese, basta a comprovação de que teve ciência inequívoca da ordem e que deixou de cumpri-la, por dolo ou culpa. Para a prática do crime é necessária advertência comprovada, oral em audiência ou escrita, de que o descumprimento da determinação, no prazo fixado, configurará o crime de desobediência, sujeitando o infrator à penalidade criminal. Na primeira hipótese, a ordem encontra-se subjacente à decisão da qual os pais ou o responsável tomaram ciência; na segunda, a ordem é direta e pessoal, contendo todos os elementos necessários ao pleno conhecimento do seu conteúdo, inclusive o prazo. Além disso, a recalcitrância repercute no poder familiar, podendo dar ensejo até mesmo à sua suspensão ou perda[2129]. Anote-se que o descumprimento deve ser injustificável, pois ninguém está obrigado ao impossível.

A primeira medida sancionatória dessa natureza consiste na "obrigação de matricular o filho ou pupilo e acompanhar sua frequência e aproveitamento escolar"[2130]. A matrícula diz respeito à educação básica obrigatória,

---

2127. ECA: "Art. 249. Descumprir, dolosa ou culposamente, os deveres inerentes ao poder familiar ou decorrente de tutela ou guarda, bem assim determinação da autoridade judiciária ou Conselho Tutelar: Pena — multa de três a vinte salários de referência, aplicando-se o dobro em caso de reincidência".

2128. Código Penal: "Art. 330. Desobedecer a ordem legal de funcionário público: Pena — detenção, de quinze dias a seis meses, e multa".

2129. V. §§ 91 e 92, Capítulo XIII, deste livro.

2130. ECA, art. 129, V.

dos 4 (quatro) aos 17 (dezessete) anos de idade, compreendendo a pré-escola, o ensino fundamental e o médio. Durante todo esse período, o acompanhamento da frequência e do aproveitamento escolar constitui-se em obrigação inarredável dos pais ou responsável, de modo que o recebimento de ordem dessa natureza importa reiteração individualizada da obrigação, na perspectiva de promoção do direito da criança e do adolescente e, de certa forma, de uma segunda oportunidade aos pais ou responsável.

Trata-se de medida adequada ao enfrentamento da desídia quanto ao ensino formal do filho ou pupilo, uma vez que tem por realce primário o direito à educação, ficando em plano secundário eventuais punições aos pais ou responsável. Se cumprida a ordem, retomada a situação de normalidade de exercício do direito, não há de fazer incidir normas repressivas, cujo escopo de proteção visa ao bem primordial do ensino obrigatório.

A segunda medida sancionatória consiste na ordem de encaminhamento da criança ou adolescente a tratamento especializado[2131]. Recurso terapêutico de qualquer natureza: médico, psiquiátrico, psicológico, pedagógico, odontológico etc., ou seja, qualquer assistência profissional adequada à situação clínica da criança ou adolescente, detectada especialmente por estudo técnico.

Além de necessário, o tratamento deve ser possível, conformado às condições dos pais ou responsável. Custos financeiros e temporais devem ser considerados, de modo que as determinações levem em conta as possibilidades reais, sem prejuízo do sustento da família. Em suma, a medida tem por escopo os pais ou responsável negligentes, que poderiam propiciar a atenção adequada, mas não o fazem. Além disso, a requisição de serviços públicos obrigatórios complementa a medida, de modo que os pais ou responsável devem fazer o que suas condições permitam, como, exemplificando, levar a criança ou adolescente aos hospitais, consultórios e clínicas, nas datas aprazadas.

2131. ECA: "Art. 129: São medidas aplicáveis aos pais ou responsável: [...] VI — obrigação de encaminhar a criança ou adolescente a tratamento especializado".

A advertência consiste em admoestação formal aos pais ou responsável que descumpriram dever inerente ao poder familiar ou guarda. Esgota-se em si mesma, de modo que, com a formalização da medida, mediante documentação acostada aos autos, o procedimento deve ser arquivado. Advertir é, basicamente, dar ciência da infração, nem sempre compreendida pelos seus autores, bem como indicar prováveis consequências em caso de recalcitrância. É considerar um comportamento e afirmar, nos termos da lei, que ele está errado e que infração idêntica levará à medida mais grave.

Inexiste disciplina, no ECA, de procedimento visando à aplicação dessas três primeiras medidas sancionatórias (obrigação de matricular o filho ou pupilo e acompanhar sua frequência e aproveitamento escolar — obrigação de encaminhar a criança ou adolescente a tratamento especializado — advertência), de modo que, ante sua natureza constritiva, é de aplicar, analogicamente, o mesmo procedimento previsto para a destituição da tutela, prevista no mesmo dispositivo ora em comento. Assim, formulação do pedido pelo Ministério Público ou por quem tenha legítimo interesse, citação para contestar em 5 (cinco) dias e, decorrido o prazo, adoção do procedimento comum do CPC.

A perda da guarda, como medida aplicável por força do art. 129, VIII, do ECA, diz respeito à providência deferida como forma de colocação em família substituta. Já a guarda, como atributo do poder familiar conferido legalmente aos pais, fica sujeita às ações de inibição de guarda ou representando pedidos cumulativos nas ações de suspensão ou destituição do poder familiar, podendo ser deferida liminarmente como forma de proteção imediata à criança ou adolescente.

A perda da guarda, anteriormente deferida como modalidade de colocação em família substituta, como medida naturalmente precária, fica sujeita à revogação nos próprios autos de sua concessão, observado o disposto no art. 35 do ECA: "A guarda poderá ser revogada a qualquer tempo, mediante ato judicial fundamentado, ouvido o Ministério Público". Todavia, situação jurídica consolidada, pincipalmente nos casos em que a

CURSO DE DIREITO DA CRIANÇA E DO ADOLESCENTE

guarda se transformou em definitiva, não evoluindo para tutela ou adoção, ou mesmo porque tenha sido inicialmente deferida excepcionalmente[2132], reclama processo autônomo, com possibilidade de ampla defesa.

A destituição da tutela, prevista como medida aplicada ao responsável[2133], reclama ação de remoção de tutor, nos termos do art. 761[2134] do CPC, aplicável ante a ausência de normas procedimentais especiais previstas no ECA. Depois de findo o prazo de contestação da arguição, de 5 (cinco) dias, segue-se o procedimento comum do CPC, especialmente as regras dos arts. 347[2135] e seguintes desse diploma legal. O tutor pode ser removido liminarmente na forma do art. 762 do CPC[2136], mas também, nos casos de maus-tratos, opressão ou abuso sexual, ser afastado da moradia comum[2137], mormente porque a tutela prevista no ECA importa necessariamente o dever de guarda[2138]. Em resumo, o descumprimento dos deveres do tutor, semelhantes aos dos detentores do poder familiar, autoriza o decreto de revogação da concessão dessa modalidade de colocação em família substituta.

Já a suspensão e a destituição do poder familiar, previstas como medidas aplicáveis aos pais ou responsável, são sanções civis tradicionalmente previstas para os casos de descumprimento injustificável de deveres inerentes à maternidade e paternidade, sendo tratadas em tópicos próprios[2139].

2132. ECA, art. 33, § 2º: "Excepcionalmente, deferir-se-á a guarda, fora dos casos de tutela e adoção, para atender a situações peculiares ou suprir a falta eventual dos pais ou responsável, podendo ser deferido o direito de representação para a prática de atos determinados".

2133. ECA, art. 129, IX.

2134. CPC: "Art. 761. Incumbe ao Ministério Público ou a quem tenha legítimo interesse requerer, nos casos previstos em lei, a remoção do tutor ou do curador. Parágrafo único. O tutor ou o curador será citado para contestar a arguição no prazo de 5 (cinco) dias, findo o qual observar-se-á o procedimento comum".

2135. CPC: "Art. 347. Findo o prazo para a contestação, o juiz tomará, conforme o caso, as providências preliminares constantes das seções deste Capítulo".

2136. CPC: "Art. 762. Em caso de extrema gravidade, o juiz poderá suspender o tutor ou o curador do exercício de suas funções, nomeando substituto interino".

2137. ECA, art. 130

2138. ECA, art. 36, parágrafo único.

2139. V. §§ 91 e 92, Capítulo XIII, deste livro.

Se os pais ou responsável se constituírem em agressores, cometendo violência doméstica ou familiar, na forma disciplinada na Lei Henry Borel[2140], ficam sujeitos, além das penas correspondentes ao crime que cometerem, às medidas protetivas que os obrigam, arroladas no art. 20 da mencionada Lei[2141], muitas das quais já previstas no ECA.

A aplicação, aos pais ou responsável, das medidas sancionatórias de urgência da Lei Henry Borel é de competência concorrente dos Juízos da Infância e da Juventude e do Criminal, porquanto determinadas pela necessidade premente de proteção. Ultrapassada essa fase, o Juízo da Infância e da Juventude passa a ter competência exclusiva para a aplicação dessas medidas, considerando seus escopos principais relacionados à garantia da integridade de crianças e adolescentes e preservação dos vínculos familiares, rompendo-os, se for o caso, mediante o decreto de perda do poder familiar em razão de ação própria.

2140. Lei n. 14.344, de 24 de maio de 2022.

2141. Lei n. 14.344, de 24 de maio de 2022: "Art. 20. Constatada a prática de violência doméstica e familiar contra a criança e o adolescente nos termos desta Lei, o juiz poderá determinar ao agressor, de imediato, em conjunto ou separadamente, a aplicação das seguintes medidas protetivas de urgência, entre outras: I — a suspensão da posse ou a restrição do porte de armas, com comunicação ao órgão competente, nos termos da Lei n. 10.826, de 22 de dezembro de 2003; II — o afastamento do lar, do domicílio ou do local de convivência com a vítima; III — a proibição de aproximação da vítima, de seus familiares, das testemunhas e de noticiantes ou denunciantes, com a fixação do limite mínimo de distância entre estes e o agressor; IV — a vedação de contato com a vítima, com seus familiares, com testemunhas e com noticiantes ou denunciantes, por qualquer meio de comunicação; V — a proibição de frequentação de determinados lugares a fim de preservar a integridade física e psicológica da criança ou do adolescente, respeitadas as disposições da Lei n. 8.069, de 13 de julho de 1990 (Estatuto da Criança e do Adolescente); VI — a restrição ou a suspensão de visitas à criança ou ao adolescente; VII — a prestação de alimentos provisionais ou provisórios; VIII — o comparecimento a programas de recuperação e reeducação; IX — o acompanhamento psicossocial, por meio de atendimento individual e/ou em grupo de apoio. § 1º As medidas referidas neste artigo não impedem a aplicação de outras previstas na legislação em vigor, sempre que a segurança da vítima ou as circunstâncias o exigirem, e todas as medidas devem ser comunicadas ao Ministério Público. § 2º Na hipótese de aplicação da medida prevista no inciso I do caput deste artigo, encontrando-se o agressor nas condições referidas no art. 6º da Lei n. 10.826, de 22 de dezembro de 2003, o juiz comunicará ao respectivo órgão, corporação ou instituição as medidas protetivas de urgência concedidas e determinará a restrição do porte de armas, e o superior imediato do agressor ficará responsável pelo cumprimento da determinação judicial, sob pena de incorrer nos crimes de prevaricação ou de desobediência, conforme o caso. § 3º Para garantir a efetividade das medidas protetivas de urgência, poderá o juiz requisitar, a qualquer momento, auxílio da força policial".

XLVII

Infrações administrativas

330. Conceito

Infração administrativa, no ECA, é o comportamento contrário ao dever social de prevenção[2142], acarretando ameaça ou violação de direito da criança ou adolescente.

A pessoa natural ou jurídica[2143], bem como autoridade, servidor ou funcionário de entidade governamental ou não governamental, deixa de conduzir-se de acordo com o projetado pela norma legal, abstendo-se de agir no sentido de atalhar, impedir ou evitar afronta a bem jurídico preservado pela norma protetiva ou deixando de realizar conduta necessária à proteção do direito[2144].

Relaciona-se ao poder fiscalizatório exercido pelo Ministério Público, Conselho Tutelar ou mesmo por servidores efetivos ou voluntários credenciados pelo Judiciário[2145], cujas atividades devem ser regulamentadas no

---

2142. ECA: "Art. 70. É dever de todos prevenir a ocorrência de ameaça ou violação dos direitos da criança e do adolescente".
2143. V. § 109, Capítulo XVIII, deste livro.
2144. V. § 111, Capítulo XVIII, deste livro.
2145. ECA, art. 197.

âmbito local[2146]. A infração administrativa insere-se no contexto do exercício do poder de polícia[2147], exercitado em razão de funções legalmente atribuídas a diferentes órgãos do sistema integrado de proteção aos direitos da criança e do adolescente.

Caracteriza-se também pela incidência de medidas de caráter pecuniário ou de interdição de direitos, recaindo sobre o patrimônio ou atividades desenvolvidas pelo infrator. Não contempla privação ou restrição da liberdade individual, não tendo o sentido de pena corporal. Ainda que os interditos, obrigações de fazer e sanções patrimoniais tenham componentes retributivos, releva-se a intenção de arraigamento de uma consciência coletiva capaz de enxergar crianças e adolescentes como sujeitos de direitos dependentes de contraprestações do mundo adulto, necessárias para um desenvolvimento saudável.

Anote-se também que as sanções pecuniárias, multas, são direcionadas aos fundos municipais geridos pelos respectivos conselhos[2148], de modo que, mesmo na hipótese da sua aplicação, elas se revertem à proteção de crianças e adolescentes, evidenciando também a finalidade administrativa de contribuição ao financiamento do sistema de proteção aos direitos[2149], capaz de propiciar programas necessários à prevenção.

A exigência de um procedimento judicial resolvido por sentença está em consonância com os traços distintivos do Juízo da Infância e da Juventude, que mantém funções atinentes a uma justiça administrativa[2150], preservação histórica que remonta ao seu nascedouro.

A competência para "aplicar penalidades administrativas nos casos de infrações contra norma de proteção à criança ou adolescente"[2151], bem

---

2146. A título de exemplificação, anote-se que o Provimento CGJ n. 20/2019, da Corregedoria Geral de Justiça do Estado do Rio de Janeiro, não prevê a participação na fiscalização de servidores voluntários, ficando reservada exclusivamente a servidores efetivos regularmente designados para essa atividade.

2147. Em regra, o poder de polícia administrativo é exercido pelo Poder Executivo.

2148. ECA: "Art. 214. Os valores das multas reverterão ao fundo gerido pelo Conselho dos Direitos da Criança e do Adolescente do respectivo município".

2149. V. § 213, Capítulo XXVII, deste livro.

2150. V. § 237, Capítulo XXXI, deste livro.

2151. ECA, art. 149, VI.

CURSO DE DIREITO DA CRIANÇA E DO ADOLESCENTE

como a previsão do devido processo legal para esse desiderato[2152], não altera a sua natureza; ao contrário, subordinando a aplicação da sanção, dos interditos e das obrigações de fazer desde logo à atividade jurisdicional e garantindo a incidência do magno princípio constitucional do contraditório e da ampla defesa[2153], o ECA garante a inafastabilidade da jurisdição[2154] ante a possibilidade de afetação patrimonial do infrator, exigência mesmo para os casos de infração.

Em resumo, as infrações definidas nos arts. 245 a 258-C do ECA são administrativas em razão: (a) da sua tipificação pelo legislador; (b) de resultarem do exercício do poder fiscalizatório por integrantes do sistema de proteção aos direitos; e (c) de não contemplarem consequências pessoais relacionadas à restrição de liberdade, encerrando medidas patrimoniais, como multas, interditos de atividades e obrigações de fazer.

331. Infrações em espécie

As infrações administrativas previstas no ECA, quanto ao bem jurídico agredido, valor considerado pelo legislador como relevante na prevenção à violação ou ameaça a direitos da criança ou do adolescente, podem ser classificadas da seguinte forma, considerando o risco ou os danos causados: (a) à integridade física, psíquica e moral; (b) ao exercício de direitos nos estabelecimentos socioeducativos; (c) à criação, educação e sustento necessários ao desenvolvimento saudável; e (d) à regularidade na colocação de criança em família substituta.

A sanção básica é a multa, aplicável a pessoas naturais ou jurídicas, dependendo da configuração da infração. Além da regra básica estatuindo o dever de todos de prevenir a ocorrência de ameaça ou violação dos

---

2152. ECA, arts. 194 a 197.
2153. CF, art. 5º, LV.
2154. CF, art. 5º, LIV.

direitos da criança ou do adolescente, o ECA, em seu art. 73, prescreve que "a inobservância das normas de prevenção importará em responsabilidade da pessoa física ou jurídica", inexistindo qualquer condicionamento para a responsabilização da pessoa ficta. Basta que a pessoa jurídica, em regra o estabelecimento, tenha o dever jurídico de agir conforme o direito, atalhando a possibilidade de dano à criança ou ao adolescente, para restar configurada a infração. Agindo por intermédio de seus responsáveis ou prepostos, a pessoa jurídica provoca alterações no mundo fenomênico, resultado de condutas humanas ligadas à pessoa jurídica, identificáveis ou não, que se colmatam em uma vontade ou atitude corporativa contrária ao direito.

Nas infrações definidas à época de promulgação do ECA, 1990, o legislador utilizou-se como parâmetro da fixação das multas o salário de referência, criado pelo Decreto-lei n. 2.351, de 7 de agosto de 1987, que seria reajustado "em função da conjuntura socioeconômica do País"[2155]. Todavia, o salário de referência já se encontrava extinto pela Lei n. 7.789, de 3 de julho de 1989, que, em seu art. 5º, prescreveu que, "a partir da publicação desta Lei, deixa de existir o salário mínimo de referência e o piso nacional de salário, vigorando apenas o salário mínimo". Essa lei também revogou as disposições em contrário, de modo que, tanto pela menção expressa como pela norma de revogação genérica, a melhor interpretação é no sentido da substituição do salário de referência pelo salário mínimo, de reajuste anual.

Não é adequado, do ponto de vista da clareza quanto ao valor da penalidade e até em razão do princípio da anterioridade, tomar o último salário de referência e fazer a atualização de acordo com as tabelas práticas de atualização dos respectivos tribunais, ainda que elaboradas sob orientação dos comandos econômico-financeiros da Resolução CNJ n. 303, de 18 de dezembro de 2019.

O ECA estabeleceu um padrão nacional de apenação, que não pode variar de acordo com os critérios de atualização monetária de

---

2155. Decreto-lei n. 11.321, de 7 de agosto de 1987, art. 2º, § 3º.

CURSO DE DIREITO DA CRIANÇA E DO ADOLESCENTE

cada Estado. A referência ao salário mínimo, notadamente porque é o substituto legal do salário de referência, atende a esse caráter nacional do quantitativo das penas, sendo de fácil percepção quanto ao seu valor pelos destinatários das normas proibitivas e é o critério que mais se amolda ao princípio de que o cidadão deve conhecer, antes da realização da conduta, a pena que lhe poderá ser imposta no caso de descumprimento da norma comportamental.

Trata-se de uma medida de valor, previamente estabelecida para fixação inicial da penalidade, não sendo referência para atualização posterior da multa, de modo que não alcançada pela vedação prevista no art. 7°, IV, da Constituição da República, estabelecida como forma de preservação da sua substância, passível de corrosão se vinculada a formas de atualização monetária de qualquer natureza[2156].

Algumas infrações administrativas, incluídas no ECA por leis esparsas[2157], fixaram valores em reais, como se verifica nos arts. 258-A, 258-B e 258-C. Assim, depois da estabelecido o termo inicial de referência, fixado pelo "dia em que se houver configurado o descumprimento"[2158], as multas não recolhidas serão atualizadas de acordo com índices utilizados pelos respectivos Tribunais.

De acordo com o art. 213, § 3°, do ECA, "a multa só será exigível do réu após o trânsito em julgado da sentença favorável ao autor", fixado o prazo de 30 (trinta) dias para seu recolhimento voluntário que, vencido, autoriza o início do cumprimento de sentença[2159]. Esse é o termo inicial do lapso prescricional de 5 (cinco) anos, na esteira do determinado no

---

2156. CF: "Art. 7° [...] IV — salário mínimo, fixado em lei, nacionalmente unificado, capaz de atender a suas necessidades vitais básicas e às de sua família com moradia, alimentação, educação, saúde, lazer, vestuário, higiene, transporte e previdência social, com reajustes periódicos que lhe preservem o poder aquisitivo, sendo vedada sua vinculação para qualquer fim".

2157. Leis n. 12.010, de 3 de agosto de 2009, e 13.106, de 17 de março de 2015.

2158. ECA, art. 213, § 3°, parte final.

2159. ECA: "Art. 214. [...] § 1° As multas não recolhidas até trinta dias após o trânsito em julgado da decisão serão exigidas através de execução promovida pelo Ministério Público, nos mesmos autos, facultada igual iniciativa aos demais legitimados".

art. 1º do Decreto n. 20.910, de 6 de janeiro de 1932[2160], levando-se em conta o disposto no art. 1º-A, da Lei n. 9.873, de 23 de novembro de 1999, que estabelece que, "constituído definitivamente o crédito não tributário, após o término regular do processo administrativo, prescreve em 5 (cinco) anos a ação de execução da administração pública federal relativa a crédito decorrente da aplicação de multa por infração à legislação em vigor".

Além da multa, sanção ordinária, o ECA prevê as sanções excepcionais do fechamento provisório de estabelecimentos, suspensão de espetáculos, atividades ou de programações e apreensão de revistas ou publicações. Essas medidas somente são possíveis na reincidência, evidenciando a última razão administrativa na tentativa de suprimir o contributo à ameaça ou lesão de direito da criança ou do adolescente, garantindo a necessária prevenção.

332. Infrações ao dever de prevenir a integridade física, psíquica e moral

Neste conjunto agrupam-se as infrações residentes nos arts. 245, 247, 250, 251, 252, 253, 254, 255, 256, 257, 258 e 258-C, todos do ECA. O valor da integridade, em todos os seus aspectos, é de suma importância para o desenvolvimento saudável, de modo que prevenir quaisquer formas de agravo ao físico, psíquico e moral constitui-se em dever social de imensa magnitude. Ao considerar infrações administrativas condutas violadoras dessa obrigação legal, pretendeu o legislador coibir comportamentos permissivos ou estimuladores desses agravos, preservando a integridade de crianças e adolescentes, condição indispensável para o desenvolvimento saudável.

2160. Decreto n. 20.910, de 6 de janeiro de 1932: "Art. 1º As dívidas passivas da União, dos Estados e dos Municípios, bem assim todo e qualquer direito ou ação contra a Fazenda federal, estadual ou municipal, seja qual for a sua natureza, prescrevem em cinco anos contados da data do ato ou fato do qual se originarem".

CURSO DE DIREITO DA CRIANÇA E DO ADOLESCENTE

O art. 245 do ECA[2161] visa coibir a conivência, a indiferença ou mesmo a desatenção de quem, pelo contato profissional com crianças ou adolescentes, pode perceber situações de vitimização carecedoras de intervenções inibitórias e protetivas. Pune-se administrativamente o descaso de quem se exige um olhar atento sobre a integralidade da pessoa de criança ou adolescente que vem sofrendo, por parte de familiares ou terceiros, ameaças ou ofensas à integridade.

Configura-se a infração administrativa, genericamente atrelada à ofensa ao dever de prevenção, quando o agente deixa de comunicar à autoridade competente caso de suspeita ou confirmação de maus-tratos, expressão tomada em sentido amplo, envolvendo qualquer forma e intensidade de violência contra criança ou adolescente. Se o agente omite dolosamente a comunicação, indo além do desleixo, desatenção ou descuido, comete o crime do qual a criança ou o adolescente eventualmente tenha sido vítima, devendo sua conduta ser aferida à luz dos conceitos criminais de coautoria ou participação[2162].

A comunicação, de acordo com o art. 13 do ECA[2163], deve ser dirigida preferencialmente ao Conselho Tutelar, podendo também ser feita à Polícia, ao Ministério Público e ao Juiz da Infância e da Juventude, por qualquer meio passível de documentação e que leve à certeza de entrega ao destinatário. Também deve ser tempestiva, no tempo oportuno a permitir providências para coibir de imediato as ameaças ou lesões.

2161. ECA: "Art. 245. Deixar o médico, professor ou responsável por estabelecimento de atenção à saúde e de ensino fundamental, pré-escola ou creche, de comunicar à autoridade competente os casos de que tenha conhecimento, envolvendo suspeita ou confirmação de maus-tratos contra criança ou adolescente: Pena — multa de três a vinte salários de referência, aplicando-se o dobro em caso de reincidência".

2162. CP: "Art. 29. Quem, de qualquer modo, concorre para o crime incide nas penas a este cominadas, na medida de sua culpabilidade. § 1º Se a participação for de menor importância, a pena pode ser diminuída de um sexto a um terço. § 2º Se algum dos concorrentes quis participar de crime menos grave, ser-lhe-á aplicada a pena deste; essa pena será aumentada até metade, na hipótese de ter sido previsível o resultado mais grave".

2163. ECA: "Art. 13. Os casos de suspeita ou confirmação de castigo físico, de tratamento cruel ou degradante e de maus-tratos contra criança ou adolescente serão obrigatoriamente comunicados ao Conselho Tutelar da respectiva localidade, sem prejuízo de outras providências legais".

A infração administrativa do art. 245 do ECA tem como sujeitos ativos o médico, professor ou responsável por estabelecimento de atenção à saúde e de ensino fundamental, pré-escola ou creche[2164], ou seja, aquele que, em razão do contato profissional e frequente com criança ou adolescente, tem como perceber sinais de maus-tratos, por relatos verbais, observações de vestígios ou de inferências comportamentais. A causa eficiente da comunicação pode residir em suspeita, ou seja, em conjetura derivada de indícios que apontam para a ocorrência de maus-tratos, ainda que não confirmados ou evidentes[2165].

A expressão maus-tratos foi utilizada em sentido amplo, abrangendo os elementos integrantes do tipo do art. 136 do Código Penal[2166], bem como qualquer forma de negligência, discriminação, exploração, violência, crueldade e opressão, conforme proclamação peremptória residente no art. 5º do ECA[2167].

A pena prevista para a infração administrativa do art. 245 do ECA é a de multa de 3 (três) a 20 (vinte) salários de referência, aplicando-se o dobro em caso de reincidência. Sua aplicação em concreto deve ser proporcional à conduta ilícita, levando-se em conta a intensidade do descaso e as consequências da ofensa ao dever de prevenção. Da ponderação, do valor atribuído a cada uma dessas grandezas no caso concreto, encontra-se a dose certa de pena. Em caso de reincidência, essa operação deve ser repetida, dobrando-se seu resultado.

2164. Os profissionais atuantes no ensino médio, integrantes do ensino básico, também têm o dever de comunicação nos termos da regra genérica do art. 13, caput, do ECA.

2165. Tarefa incumbida ao destinatário da comunicação.

2166. CP: "Art. 136. Expor a perigo a vida ou a saúde de pessoa sob sua autoridade, guarda ou vigilância, para fim de educação, ensino, tratamento ou custódia, quer privando-a de alimentação ou cuidados indispensáveis, quer sujeitando-a a trabalho excessivo ou inadequado, quer abusando de meios de correção ou disciplina: Pena — detenção, de dois meses a um ano, ou multa. § 1º Se do fato resulta lesão corporal de natureza grave: Pena — reclusão, de um a quatro anos. § 2º Se resulta a morte: Pena — reclusão, de quatro a doze anos. § 3º Aumenta-se a pena de um terço, se o crime é praticado contra pessoa menor de 14 (catorze) anos".

2167. ECA: "Art. 5º Nenhuma criança ou adolescente será objeto de qualquer forma de negligência, discriminação, exploração, violência, crueldade e opressão, punido na forma da lei qualquer atentado, por ação ou omissão, aos seus direitos fundamentais".

Quando se tratar de violência doméstica ou familiar, a Lei Henry Borel[2168] determinou, igualmente como dever social, a seguinte obrigação: "Qualquer pessoa que tenha conhecimento ou presencie ação ou omissão, praticada em local público ou privado, que constitua violência doméstica e familiar contra a criança e o adolescente tem o dever de comunicar o fato imediatamente ao serviço de recebimento e monitoramento de denúncias, ao Disque 100 da Ouvidoria Nacional de Direitos Humanos do Ministério da Mulher, da Família e dos Direitos Humanos, ao Conselho Tutelar ou à autoridade policial, os quais, por sua vez, tomarão as providências cabíveis"[2169].

Do ponto de vista da inobservância do dever de prevenção e especialmente nos casos de violência doméstica e familiar[2170], a Lei n. 14.344, de 24 de maio de 2022, absorveu a infração administrativa, considerando que criou uma figura típica, abrangente: "Art. 26. Deixar de comunicar à autoridade pública a prática de violência, de tratamento cruel ou degradante ou de formas violentas de educação, correção ou disciplina contra criança ou adolescente ou o abandono de incapaz: Pena — detenção, de 6 (seis) meses a 3 (três) anos. § 1º A pena é aumentada de metade, se da omissão resulta lesão corporal de natureza grave, e triplicada, se resulta morte. § 2º Aplica-se a pena em dobro se o crime é praticado por ascendente, parente consanguíneo até terceiro grau, responsável legal, tutor, guardião, padrasto ou madrasta da vítima".

A integridade física, psíquica e moral da pessoa reúne melhores chances de ser preservada também em razão da fama de que ela desfruta na comunidade. Se é tida como honesta, colaborativa ou produtiva, lhe é atribuído valor social de importância; ao contrário, se passa a ser conhecida em razão de fatos desabonadores, ainda que não confirmados, parte do grupo social discrimina, restringe oportunidades e muitas vezes adota expedientes

---

2168. Lei n. 14.344, de 24 de maio de 2022.

2169. Lei n. 14.344, de 24 de maio de 2022, art. 23.

2170. V. definições constantes do art. 2º da Lei n. 14.344, de 24 de maio de 2022.

vingativos, em resposta ao desvalor social que atribui aos comportamentos conhecidos. Assim, a mantença do sigilo quanto à imputação da prática de ato infracional à criança ou adolescente tem a finalidade da prevenção, evitando que o conhecimento do negativo acarrete comportamentos sociais de retaliação, dos mais leves aos mais graves.

Referendado por esses valores, o ECA, em seu art. 247, considerou como infração administrativa a conduta de "divulgar, total ou parcialmente, sem autorização devida, por qualquer meio de comunicação, nome, ato ou documento de procedimento policial, administrativo ou judicial relativo a criança ou adolescente a que se atribua ato infracional". A ação punível é a de levar ao conhecimento, publicar, propagar notícia que identifique o autor de ato infracional, potencializando a reação social, que não precisa ocorrer para que esteja configurada a infração administrativa. Reitere-se também nesta figura que a publicação dolosa com resultados concretos poderá levar à responsabilização pelo crime do qual a criança ou adolescente eventualmente tenha sido vítima, devendo a conduta ser aferida à luz dos conceitos criminais de coautoria ou participação, sem prejuízo da consumação de outras figuras típicas, como a instigação ao suicídio ou à automutilação[2171], eventos reforçados pela exposição pública negativa de criança ou adolescente.

2171. CP: "Art. 122. Induzir ou instigar alguém a suicidar-se ou a praticar automutilação ou prestar-lhe auxílio material para que o faça: Pena — reclusão, de 6 (seis) meses a 2 (dois) anos. § 1º Se da automutilação ou da tentativa de suicídio resulta lesão corporal de natureza grave ou gravíssima, nos termos dos §§ 1º e 2º do art. 129 deste Código: Pena — reclusão, de 1 (um) a 3 (três) anos. § 2º Se o suicídio se consuma ou se da automutilação resulta morte: Pena — reclusão, de 2 (dois) a 6 (seis) anos. § 3º A pena é duplicada: I — se o crime é praticado por motivo egoístico, torpe ou fútil; II — se a vítima é menor ou tem diminuída, por qualquer causa, a capacidade de resistência. § 4º A pena é aumentada até o dobro se a conduta é realizada por meio da rede de computadores, de rede social ou transmitida em tempo real. § 5º Aumenta-se a pena em metade se o agente é líder ou coordenador de grupo ou de rede virtual. § 6º Se o crime de que trata o § 1º deste artigo resulta em lesão corporal de natureza gravíssima e é cometido contra menor de 14 (catorze) anos ou contra quem, por enfermidade ou deficiência mental, não tem o necessário discernimento para a prática do ato, ou que, por qualquer outra causa, não pode oferecer resistência, responde o agente pelo crime descrito no § 2º do art. 129 deste Código. § 7º Se o crime de que trata o § 2º deste artigo é cometido contra menor de 14 (catorze) anos ou contra quem não tem o necessário discernimento para a prática do ato, ou que, por qualquer outra causa, não pode oferecer resistência, responde o agente pelo crime de homicídio, nos termos do art. 121 deste Código".

De acordo com o § 1° do mencionado art. 247, "incorre na mesma pena quem exibe, total ou parcialmente, fotografia de criança ou adolescente envolvido em ato infracional, ou qualquer ilustração que lhe diga respeito ou se refira a atos que lhe sejam atribuídos, de forma a permitir sua identificação, direta ou indiretamente", merecendo destaque o elemento da identificação indireta, divulgação de conteúdos permissivos do reconhecimento da autoria do ato infracional.

A pena ordinária é a de multa, "de três a vinte salários de referência[2172], aplicando-se o dobro em caso de reincidência". A regra excepcional do § 2° do art. 247 do ECA[2173] teve a expressão "ou a suspensão da programação da emissora até por dois dias, bem como da publicação do periódico até por dois números" declarada inconstitucional pelo STF, através da ADIN n. 869-2, do Distrito Federal, aos 4 de agosto de 1999, de modo que persiste a possibilidade de determinação da apreensão da publicação que veicule a divulgação ilícita, bem como ordem obstativa de que emissora de rádio ou televisão divulgue inicialmente o proibido ou reprise a notícia ou matéria vedada. Essas medidas, não alcançadas pela declaração de inconstitucionalidade, têm natureza essencialmente cautelar, impedindo a configuração do ilícito ou sua reiteração, atalhando efeitos concretos de uma divulgação específica, que podem ser gravíssimos para a criança ou adolescente determinado, sem importar ofensa à liberdade de expressão.

Ainda sob o escopo da prevenção especialmente da integridade física, o ECA, em seu art. 258-C, introduzido pela Lei n. 13.106, de 11 de março de 2015, tipificou como infração administrativa a conduta de descumprimento à proibição estabelecida no art. 81, II, do ECA, ou seja, o impedimento de venda, à criança ou adolescente, de bebida alcoólica.

2172. V. § 331, Capítulo XLVII, deste livro.

2173. ECA: "Art. 247. [...] § 2° Se o fato for praticado por órgão de imprensa ou emissora de rádio ou televisão, além da pena prevista neste artigo, a autoridade judiciária poderá determinar a apreensão da publicação ou a suspensão da programação da emissora até por dois dias, bem como da publicação do periódico até por dois números".

A mesma lei revogou o inciso I do art. 63 da LCP[2174], que considerava contravenção penal a ação de "servir bebidas alcoólicas a menores de dezoito anos", bem como alterou o crime previsto no art. 243 do ECA, instituindo como figura típica a conduta de vender, fornecer, servir, ministrar ou entregar bebida alcoólica a criança ou adolescente, ainda que gratuitamente ou de qualquer forma.

Em resumo, preenchendo lacunas ou esclarecendo obscuridades advindas com a promulgação do ECA, ante a convivência de critérios diversos a respeito da apenação, com a presença de um crime genérico no ECA[2175], uma contravenção penal específica[2176] e a ausência de uma clara definição de infração administrativa, a lei nova reordenou a repressão relacionada ao fornecimento de bebidas alcoólicas a crianças e adolescentes, prevendo: (a) um crime pressupondo como sujeito ativo a pessoa natural; e (b) uma infração administrativa dirigida à pessoa jurídica.

A infração ao dever de prevenção, agora expressamente prevista no art. 258-C do ECA, consiste na venda de bebida alcoólica, para consumo no estabelecimento ou não. Basta que a criança ou o adolescente figurem como adquirentes do produto para restar configurada a infração. Já a permissão de consumo, ainda que a criança ou o adolescente não tenham sido os compradores, faz do conivente ou do omisso coautor ou partícipe do crime descrito no art. 243 do ECA, conforme as circunstâncias do fato.

A pena de multa foi fixada em reais, de R$ 1.000,00 (mil reais) a R$ 3.000,00 (três mil reais), trazendo a Lei n. 13.106, de 11 de março de 2015, a inovação de uma medida administrativa: "interdição do estabelecimento comercial até o recolhimento da multa aplicada". Trata-se de um expediente visando à execução do julgado, coagindo o condenado ao cumprimento da obrigação, mediante a adoção do interdito consistente no fechamento do estabelecimento até o pagamento da multa. Somente

---

2174. Lei das Contravenções Penais, Decreto-lei n. 3.688, de 3 de outubro de 1941.

2175. ECA, art. 243.

2176. LCP, art. 63, I.

CURSO DE DIREITO DA CRIANÇA E DO ADOLESCENTE

é possível depois de configurado o inadimplemento, devendo o infrator ser intimado, após o trânsito em julgado, a recolher a multa no prazo de 30 dias[2177], constando da ordem a advertência de que o não pagamento acarretará o fechamento do estabelecimento.

Na perspectiva de prevenção da integridade física, psíquica e moral da criança e do adolescente, o legislador cunhou a norma do art. 258 do ECA, tipificando como infração administrativa a conduta de: "Deixar o responsável pelo estabelecimento ou o empresário de observar o que dispõe esta Lei sobre o acesso de criança ou adolescente aos locais de diversão, ou sobre sua participação no espetáculo". O ECA deixou a critério da autoridade judiciária disciplinar, mediante portaria, ou autorizar, através de alvará, a presença ou participação de crianças ou adolescentes aos locais de diversões e espetáculos[2178], atento às peculiaridades e à cultura locais e sopesando a necessidade de prevenir agravos à integridade, de modo que a infração administrativa do art. 258 do ECA é integrada pelas determinações anteriores da autoridade judiciária. Assim, comete a infração quem: (a) deixa de observar o contido em portaria regulatória do acesso, permitindo o ingresso de criança ou adolescente desacompanhado dos pais ou responsáveis em estádio, ginásio, campo desportivo, bailes ou promoções dançantes, boate ou congêneres, casa que explore comercialmente diversões eletrônicas e estúdios cinematográficos, de teatro, rádio e televisão; e (b) promove a participação de criança ou adolescente em espetáculos públicos e seus ensaios ou em certames de beleza, sem alvará de participação ou em desacordo com ele.

2177. ECA, art. 214, § 1º.

2178. ECA: "Art. 149: Compete à autoridade judiciária disciplinar, através de portaria, ou autorizar, mediante alvará: I — a entrada e permanência de criança ou adolescente, desacompanhado dos pais ou responsável, em: a) estádio, ginásio e campo desportivo; b) bailes ou promoções dançantes; c) boate ou congêneres; d) casa que explore comercialmente diversões eletrônicas; e) estúdios cinematográficos, de teatro, rádio e televisão. II — a participação de criança e adolescente em: a) espetáculos públicos e seus ensaios; b) certames de beleza. § 1º Para os fins do disposto neste artigo, a autoridade judiciária levará em conta, dentre outros fatores: a) os princípios desta Lei; b) as peculiaridades locais; c) a existência de instalações adequadas; d) o tipo de frequência habitual ao local; e) a adequação do ambiente a eventual participação ou frequência de crianças e adolescentes; f) a natureza do espetáculo. § 2º As medidas adotadas na conformidade deste artigo deverão ser fundamentadas, caso a caso, vedadas as determinações de caráter geral".

Na primeira hipótese, a permissão de acesso de criança ou adolescente desacompanhado ao local proibido na portaria, ou omissão de cautela no controle de ingresso, importa risco à integridade física, psíquica ou moral, conforme o caso, sujeitando o infrator à multa de 3 (três) a 20 (vinte) salários de referência, podendo a autoridade judiciária, em caso de reincidência, determinar o fechamento do estabelecimento por até 15 (quinze) dias.

Na segunda figura de infração, o responsável por espetáculos públicos e seus ensaios, inclusive certames de beleza, não tendo alvará ou deixando de observar condicionantes nele contidas, como horários, revezamentos, folgas, equipamentos de segurança, presença necessária de um familiar ou responsável e outras determinações da autoridade judiciária, não promove o espetáculo com a participação de criança ou adolescente.

Qualquer representação ou programação cinematográfica, televisiva, radiofônica, teatral, circense etc., na qual criança ou adolescente tome parte, contribua com a sua voz, história, *performance*, gestos e expressões para a realização do evento, artístico ou de entretenimento, assumindo papel de personagem, real ou fictício, coadjuvante ou principal, reclama alvará judicial, cuja expedição da autorização está relacionada à preservação das condições para o desenvolvimento saudável. O descumprimento desse dever preventivo pelo produtor ou responsável pelo espetáculo, que não exige alvará ou desconsidera qualquer de suas condicionantes, importa configuração da infração administrativa do art. 258 do ECA, com a imposição de multa de 3 (três) a 20 (vinte) salários de referência e fechamento do estabelecimento por até quinze dias, no caso de reincidência.

As normas dos arts. 250, 251, 252, 253, 254, 255, 256, 257 e 258 do ECA têm por escopo básico a proteção da integridade moral, prevenindo situações que possam facilitar ofensas à dignidade, em razão de possíveis atos de terceiros ou até mesmo decorrentes da própria conduta da criança ou do adolescente, uma das hipóteses geracionais de risco previstas no ECA[2179].

2179. ECA, art. 98, III.

CURSO DE DIREITO DA CRIANÇA E DO ADOLESCENTE

Todas as infrações administrativas previstas no ECA independem da ocorrência do dano, de lesão a direito da criança, bastando a ameaça de violação derivada de uma situação evitável, cuja realização foi possível em razão da conduta do infrator.

O art. 250 do ECA considera infração administrativa a conduta de "hospedar criança ou adolescente desacompanhado dos pais ou responsável, ou sem autorização escrita desses ou da autoridade judiciária, em hotel, pensão, motel ou congênere". Na redação original do ECA, a infração era punida com multa de 10 (dez) a 50 (cinquenta) salários de referência, com a possibilidade de fechamento do estabelecimento por até 15 (quinze) dias no caso de reincidência. Mantendo a multa e o fechamento provisório, a Lei n. 12.038, de 1º de outubro de 2009, prescreveu que, "se comprovada a reincidência em período inferior a 30 (trinta) dias, o estabelecimento será definitivamente fechado e terá sua licença cassada"[2180].

Levou em conta o legislador a potencialidade lesiva da infração, contribuição ilícita, ainda que culposa, principalmente para a exploração e a prostituição infantojuvenil, tolerada ou até mesmo negligenciada por alguns empresários irresponsáveis, que deixam de cumprir o dever social de prevenir a ocorrência de ameaça ou lesão a direito fundamental de criança ou adolescente. A execução da providência extrema cumpre-se mediante mandado expedido para a Prefeitura local, com determinação de cassação da licença ou alvará de funcionamento do hotel, pensão, motel ou congênere, bem como para que a Administração encete providências visando ao impedimento de acesso físico ao estabelecimento, ordem judicial que deverá ser cumprida imediatamente, sob pena de desobediência.

A determinação deverá ser tomada após constatação da reincidência e nova infração no prazo de 30 (trinta) dias, contados do trânsito em julgado da cominação da penalidade anterior, resolvidos eventuais incidentes com terceiros, como locadores dos imóveis, mediante pedidos

---

2180. ECA, art. 250, § 2º.

formulados ao juízo, em analogia aos embargos previstos nos arts. 674 e seguintes do CPC[2181].

Havendo condenação criminal em razão de prostituição ou exploração sexual de criança ou adolescente, "a cassação da licença de localização e de funcionamento do estabelecimento" constituiu-se em um dos seus efeitos obrigatórios, conforme determinação do art. 244-A, § 2°, do ECA.

Um dos deveres preventivos consiste na observância das regras legais disciplinadoras do deslocamento de crianças e adolescentes desacompanhados dos pais ou responsáveis, além do seu domicílio. O ECA, em seus arts. 83[2182], 84[2183] e 85[2184], regulamentou a questão, estabelecendo as regras para as viagens de crianças e adolescentes, para o Brasil e exterior, que inobservadas pelo transportador o sujeitam à pena correspondente à infração administrativa prevista no art. 251 do ECA, de 3 (três) a 20 (vinte) salários de referência, aplicando-se o dobro em caso de reincidência.

A classificação indicativa, instrumento de referência sobre o conteúdo de informação, cultura, lazer, diversões e espetáculos inadequados ou impróprios a diferentes faixas etárias de criança ou adolescente, na conformidade

---

2181. CPC: "Art. 674. Quem, não sendo parte no processo, sofrer constrição ou ameaça de constrição sobre bens que possua ou sobre os quais tenha direito incompatível com o ato constritivo, poderá requerer seu desfazimento ou sua inibição por meio de embargos de terceiro".

2182. ECA: "Art. 83. Nenhuma criança ou adolescente menor de 16 (dezesseis) anos poderá viajar para fora da comarca onde reside desacompanhado dos pais ou dos responsáveis sem expressa autorização judicial. § 1° A autorização não será exigida quando: a) tratar-se de comarca contígua à da residência da criança ou do adolescente menor de 16 (dezesseis) anos, se na mesma unidade da Federação, ou incluída na mesma região metropolitana; b) a criança ou o adolescente menor de 16 (dezesseis) anos estiver acompanhado: 1) de ascendente ou colateral maior, até o terceiro grau, comprovado documentalmente o parentesco; 2) de pessoa maior, expressamente autorizada pelo pai, mãe ou responsável. § 2° A autoridade judiciária poderá, a pedido dos pais ou responsável, conceder autorização válida por dois anos.

2183. ECA: "Art. 84. Quando se tratar de viagem ao exterior, a autorização é dispensável, se a criança ou adolescente: I — estiver acompanhado de ambos os pais ou responsável; II — viajar na companhia de um dos pais, autorizado expressamente pelo outro através de documento com firma reconhecida".

2184. ECA: "Art. 85. Sem prévia e expressa autorização judicial, nenhuma criança ou adolescente nascido em território nacional poderá sair do País em companhia de estrangeiro residente ou domiciliado no exterior".

CURSO DE DIREITO DA CRIANÇA E DO ADOLESCENTE

com a condição peculiar de pessoa em processo de desenvolvimento, serve de base para as infrações previstas nos arts. 252 a 256 do ECA.

Essas infrações previnem que o acesso intempestivo a determinadas temáticas possa interferir no desenvolvimento e antecipar conceitos dependentes de amadurecimento existencial, exigindo que os responsáveis por guardar observância à classificação indicativa comportem-se de acordo com o exigido pelas normas legais.

Dessa forma, o ECA tipifica como infrações administrativas: (a) deixar de informar sobre a natureza do espetáculo e faixa etária adequadas[2185]; (b) anunciar eventos sem a correspondente classificação[2186]; (c) transmitir, via rádio ou televisão, programa sem aviso de sua classificação[2187]; (d) exibir amostra em desacordo com a recomendação indicativa[2188]; e (e) locar em desacordo com a classificação indicativa[2189].

2185. ECA: "Art. 252. Deixar o responsável por diversão ou espetáculo público de afixar, em lugar visível e de fácil acesso, à entrada do local de exibição, informação destacada sobre a natureza da diversão ou espetáculo e a faixa etária especificada no certificado de classificação: Pena — multa de três a vinte salários de referência, aplicando-se o dobro em caso de reincidência".

2186. ECA: "Art. 253. Anunciar peças teatrais, filmes ou quaisquer representações ou espetáculos, sem indicar os limites de idade a que não se recomendem: Pena — multa de três a vinte salários de referência, duplicada em caso de reincidência, aplicável, separadamente, à casa de espetáculo e aos órgãos de divulgação ou publicidade".

2187. ECA: "Art. 254. Transmitir, através de rádio ou televisão, espetáculo sem aviso de sua classificação: Pena — multa de vinte a cem salários de referência; duplicada em caso de reincidência a autoridade judiciária poderá determinar a suspensão da programação da emissora por até dois dias". Na redação originária do dispositivo constava a expressão "em horário diverso do autorizado", suprimida por força da Ação Declaratória de Inconstitucionalidade n. 2404 DF, julgada pelo STF aos 31 de agosto de 2016, prevalecendo o entendimento básico de que a Constituição da República não prevê a possibilidade de autorização de horário, expressão de censura prévia, mas apenas a hipótese de recomendação de horário.

2188. ECA: "Art. 255. Exibir filme, trailer, peça, amostra ou congênere classificado pelo órgão competente como inadequado às crianças ou adolescentes admitidos ao espetáculo: Pena — multa de vinte a cem salários de referência; na reincidência, a autoridade poderá determinar a suspensão do espetáculo ou o fechamento do estabelecimento por até quinze dias".

2189. ECA: "Art. 256. Vender ou locar a criança ou adolescente fita de programação em vídeo, em desacordo com a classificação atribuída pelo órgão competente: Pena — multa de três a vinte salários de referência; em caso de reincidência, a autoridade judiciária poderá determinar o fechamento do estabelecimento por até quinze dias".

Ainda no campo da preservação da integridade moral, o ECA considera infração administrativa, em seu art. 257[2190], o descumprimento das obrigações constantes dos seus arts. 78[2191] e 79[2192].

O primeiro artigo estabelece que as "revistas e publicações contendo material impróprio ou inadequado a crianças e adolescentes deverão ser comercializadas em embalagem lacrada, com a advertência de seu conteúdo". Como não estão sujeitas à classificação indicativa[2193], a impropriedade ou inadequação do material derivam dos assuntos referidos em seu parágrafo único, "mensagens pornográficas ou obscenas", bem como das referências do art. 79, "ilustrações, fotografias, legendas, crônicas ou anúncios de bebidas alcoólicas, tabaco, armas e munições", conteúdos com graus de certeza e determinação impeditivos de qualquer subjetivismo.

Assim, dentro do quadro dos deveres sociais exigidos pelo ECA na prevenção de ameaça ou lesão a direito, cabe aos responsáveis por revistas e publicações observarem a potencialidade danosa na formação de crianças e adolescentes quando do acesso a material inadequado ou impróprio, adotando as cautelas exigidas pela lei. A infração administrativa sujeita o infrator a "multa de três a vinte salários de referência, duplicando-se a pena em caso de reincidência, sem prejuízo de apreensão da revista ou publicação", valendo observar que a medida de captura do material não se encontra vinculada à reincidência, bastando gravidade que recomende a providência como instrumento necessário para o coarctar do indevido acesso por crianças e adolescentes.

2190. ECA: "Art. 257. Descumprir obrigação constante dos arts. 78 e 79 desta Lei: Pena — multa de três a vinte salários de referência, duplicando-se a pena em caso de reincidência, sem prejuízo de apreensão da revista ou publicação".

2191. ECA: "Art. 78. As revistas e publicações contendo material impróprio ou inadequado a crianças e adolescentes deverão ser comercializadas em embalagem lacrada, com a advertência de seu conteúdo. Parágrafo único. As editoras cuidarão para que as capas que contenham mensagens pornográficas ou obscenas sejam protegidas com embalagem opaca".

2192. ECA: "Art. 79. As revistas e publicações destinadas ao público infantojuvenil não poderão conter ilustrações, fotografias, legendas, crônicas ou anúncios de bebidas alcoólicas, tabaco, armas e munições, e deverão respeitar os valores éticos e sociais da pessoa e da família".

2193. Estão ausentes da descrição do art. 3º, da Portaria n. 1.189, de 3 de agosto de 2018, do Ministério da Justiça.

333. Infração ao dever de prevenir riscos ao exercício de direitos nas entidades socioeducativas

Sem prejuízo da configuração de crimes variados em que adolescentes internados figuram como vítimas de maus-tratos, lesões corporais, tortura e outros, considerando que as decisões judiciais de internação privam o infrator da liberdade, mas não lhe subtraem qualquer direito não alcançado pela sentença, o ECA insculpiu a norma do art. 124, arrolando os direitos do adolescente privado de liberdade[2194].

São de observância obrigatória, cujo descumprimento importa grave irregularidade, sujeitando a entidade de atendimento às penalidades do art. 97, I, do ECA[2195], em consonância com o determinado no art. 94, I e II, do mesmo diploma legal[2196].

Como tutela suplementar de alguns dos direitos arrolados no art. 124 do ECA, o legislador criou a infração administrativa do art. 246, tendo

---

2194. ECA: "Art. 124. São direitos do adolescente privado de liberdade, entre outros, os seguintes: I — entrevistar-se pessoalmente com o representante do Ministério Público; II — peticionar diretamente a qualquer autoridade; III — avistar-se reservadamente com seu defensor; IV — ser informado de sua situação processual, sempre que solicitada; V — ser tratado com respeito e dignidade; VI — permanecer internado na mesma localidade ou naquela mais próxima ao domicílio de seus pais ou responsável; VII — receber visitas, ao menos, semanalmente; VIII — corresponder-se com seus familiares e amigos; IX — ter acesso aos objetos necessários à higiene e asseio pessoal; X — habitar alojamento em condições adequadas de higiene e salubridade; XI — receber escolarização e profissionalização; XII — realizar atividades culturais, esportivas e de lazer: XIII — ter acesso aos meios de comunicação social; XIV — receber assistência religiosa, segundo a sua crença, e desde que assim o deseje; XV — manter a posse de seus objetos pessoais e dispor de local seguro para guardá-los, recebendo comprovante daqueles porventura depositados em poder da entidade; XVI — receber, quando de sua desinternação, os documentos pessoais indispensáveis à vida em sociedade. § 1º Em nenhum caso haverá incomunicabilidade. § 2º A autoridade judiciária poderá suspender temporariamente a visita, inclusive de pais ou responsável, se existirem motivos sérios e fundados de sua prejudicialidade aos interesses do adolescente".

2195. ECA: "Art. 97. São medidas aplicáveis às entidades de atendimento que descumprirem obrigação constante do art. 94, sem prejuízo da responsabilidade civil e criminal de seus dirigentes ou prepostos: I — às entidades governamentais: a) advertência; b) afastamento provisório de seus dirigentes; c) afastamento definitivo de seus dirigentes; d) fechamento de unidade ou interdição de programa".

2196. ECA: "Art. 94. As entidades que desenvolvem programas de internação têm as seguintes obrigações, entre outras: I — observar os direitos e garantias de que são titulares os adolescentes; II — não restringir nenhum direito que não tenha sido objeto de restrição na decisão de internação".

como sujeitos ativos o responsável ou funcionário de entidade de atendimento que impedir o "exercício dos direitos constantes nos incisos II, III, VII, VIII e XI do art. 124 desta Lei".

A realização desses interesses protege o adolescente internado em entidades socioeducativas, mantendo possibilidades de reivindicação de direitos[2197], garante a necessária sociabilidade[2198] e potencializa a aquisição de recursos educativos permissivos da superação das adversidades[2199]. O sujeito ativo inviabiliza, de qualquer forma, o peticionamento a autoridades, deixa de solicitar a presença ou obsta qualquer contato eletrônico ou telefônico com o defensor do interno, proíbe visitas, deixa de entregar correspondência e não adimple a obrigação de ofertar escolarização e profissionalização, ou mesmo obstaculiza seu acesso. Fica sujeito à multa de 3 (três) a 20 (vinte) salários de referência, que pode ser dobrada no caso de reincidência.

334. Infrações de risco à criação, educação e sustento

Os deveres de criação, educação e sustento são inerentes ao poder familiar, conforme art. 22[2200], assumidos também pelos guardiões e tutores, nos termos dos arts. 33[2201] e 36, parágrafo único[2202], todos do ECA.

Esses deveres legais, em concreto, podem ser reforçados por determinações ou recomendações específicas da autoridade judiciária ou do

---

2197. ECA, art. 124, II, III.

2198. ECA, art. 124, VII.

2199. ECA, art. 124, XI.

2200. ECA: "Art. 22. Aos pais incumbe o dever de sustento, guarda e educação dos filhos menores, cabendo-lhes ainda, no interesse destes, a obrigação de cumprir e fazer cumprir as determinações judiciais".

2201. ECA: "Art. 33. A guarda obriga a prestação de assistência material, moral e educacional à criança ou adolescente, conferindo a seu detentor o direito de opor-se a terceiros, inclusive aos pais".

2202. ECA: "Art. 36. [...] Parágrafo único. O deferimento da tutela pressupõe a prévia decretação da perda ou suspensão do poder familiar e implica necessariamente o dever de guarda".

CURSO DE DIREITO DA CRIANÇA E DO ADOLESCENTE

Conselho Tutelar, por força dos permissivos constantes na parte final do mencionado art. 22, que incumbem aos pais também o dever de "cumprir e fazer cumprir as determinações judiciais" tomadas em benefício dos filhos, bem como da regra do art. 136, I, igualmente do ECA, que fez competir ao Conselho Tutelar aconselhar pais e responsáveis e aplicar medidas a eles dirigidas, previstas nos incisos I a VII do seu art. 129[2203].

O descumprimento injustificável desses deveres básicos pode levar os pais ou responsáveis à perda ou suspensão do poder familiar, destituição da tutela ou revogação da guarda, na incidência e conjunção dos arts. 24[2204], 38[2205] e 35[2206], todos do ECA.

Paralelamente, os pais ou responsável incidem na infração administrativa descrita no art. 249 do ECA, que penaliza quem "Descumprir, dolosa ou culposamente, os deveres inerentes ao poder familiar ou decorrente de tutela ou guarda, bem assim determinação da autoridade judiciária ou Conselho Tutelar".

O dispositivo contempla duas figuras relacionadas aos deveres de criação, educação e sustento, considerando a origem remota ou próxima das obrigações e a natureza das prestações correspondentes, genéricas ou específicas.

No primeiro caso, descumprimento dos deveres inerentes ao poder familiar ou decorrentes de tutela ou guarda, buscam-se na lei os alvos das obrigações normatizadas, verificando se o descumprimento importou risco ao desenvolvimento dos filhos ou pupilos. Na segunda figura,

---

2203. ECA: "Art. 129. São medidas aplicáveis aos pais ou responsável: I — encaminhamento a serviços e programas oficiais ou comunitários de proteção, apoio e promoção da família; II — inclusão em programa oficial ou comunitário de auxílio, orientação e tratamento a alcoólatras e toxicômanos; III — encaminhamento a tratamento psicológico ou psiquiátrico; IV — encaminhamento a cursos ou programas de orientação; V — obrigação de matricular o filho ou pupilo e acompanhar sua frequência e aproveitamento escolar; VI — obrigação de encaminhar a criança ou adolescente a tratamento especializado; VII — advertência".

2204. ECA: "Art. 24. A perda e a suspensão do poder familiar serão decretadas judicialmente, em procedimento contraditório, nos casos previstos na legislação civil, bem como na hipótese de descumprimento injustificado dos deveres e obrigações a que alude o art. 22".

2205. ECA: "Art. 38. Aplica-se à destituição da tutela o disposto no art. 24".

2206. ECA: "Art. 35. A guarda poderá ser revogada a qualquer tempo, mediante ato judicial fundamentado, ouvido o Ministério Público".

descumprimento de determinação da autoridade judiciária ou do Conselho Tutelar, a presença de uma ordem certa e específica, como o ditame de matrícula escolar do filho ou pupilo, delimita com clareza o núcleo da infração, permitindo melhor aferição da culpabilidade.

Nos dois casos é de perquirir a existência de dolo ou culpa, na compreensão da exigência de comportamento diverso dos pais ou responsável daquele que redundou em gravame aos filhos ou pupilos. O vocábulo "injustificável", elemento normativo utilizado no art. 24 do ECA, bem como a razão do art. 23 da mesma lei[2207], projeta a necessidade de avaliação que leve em conta as condições de cumprimento real e adequado das obrigações. Variáveis culturais e socioeconômicas devem ser sopesadas, sob pena de penalização da ignorância, da pobreza e da exclusão, bem como deve ser considerado que pais ou responsáveis têm para com os filhos e pupilos obrigações de meios e não de resultados, mesmo porque os adolescentes são detentores de certo grau de liberdade que lhes permite escolhas, acertadas ou não. A culpa, revelada no caso especialmente pela negligência, deve ser de tal ordem que necessariamente reflita sobre o estado de criação, educação e sustento dos filhos e pupilos, representando, no mínimo, concausa de perigo para o desenvolvimento saudável ou mesmo para o efeito instalado de degradação.

Configurada a infração, estando clara a responsabilidade, os pais ou responsáveis ficam sujeitos a multa de 3 (três) a 20 (vinte) salários de referência, aplicando-se o dobro em caso de reincidência.

335. Infrações de risco ao direito à convivência familiar

A colocação em família substituta, nas modalidades adoção, tutela ou guarda, pressupondo a destituição ou suspensão do poder familiar, ou

---

2207. ECA: "Art. 23. A falta ou a carência de recursos materiais não constitui motivo suficiente para a perda ou a suspensão do poder familiar".

CURSO DE DIREITO DA CRIANÇA E DO ADOLESCENTE

somente inibição de um dos seus componentes, importa, nas suas razões substanciais, no coarctar de direitos naturais relacionados à maternidade e paternidade e no estabelecimento de novos vínculos, de modo que reclama absoluto rigor na sua realização.

A colocação em família substituta deve guardar respeito à regularidade estrita, condição objetiva da certeza de que a providência adotada se cercou das cautelas necessárias à segurança jurídica, preservando direitos de todos os envolvidos, pais ou responsável, terceiros e especialmente da própria criança ou adolescente. Complementando as normas regulatórias dos institutos relacionados à colocação em família substituta, o legislador, na feitura original do ECA, considerou gravíssimas algumas burlas à regularidade na colocação em família substituta, definindo inicialmente três tipos penais[2208], tutelando bens jurídicos relacionados ao direito fundamental à convivência familiar. Posteriormente, nesse mesmo caminho, a Lei n. 12.010, de 3 de agosto de 2010, criou outras duas infrações administrativas.

A primeira delas, presente no art. 258-A do ECA, tipifica como infração administrativa: "Deixar a autoridade competente de providenciar a instalação e operacionalização dos cadastros previstos no art. 50 e no § 11 do art. 101 desta Lei".

Quem tem a obrigação legal de instalar e operacionalizar cadastro de adotandos e adotantes é a autoridade judiciária, o Juiz da Infância e da Juventude ou o que exerça essa função nos termos da legislação local[2209], por força do caput do art. 50 do ECA, que prescreve: "A autoridade judiciária manterá, em cada comarca ou foro regional, um registro de crianças e adolescentes em condições de serem adotados e outro de pessoas interessadas na adoção". Essa mesma Lei n. 12.010, de 3 de agosto de 2010, ao incluir o § 11 ao art. 101 do ECA, estabeleceu que: "A autoridade judiciária manterá, em cada comarca ou foro regional, um cadastro contendo informações atualizadas sobre as crianças e adolescentes em regime de acolhimento

---

2208. ECA, arts. 237, 238 e 239.
2209. ECA, art. 146.

familiar e institucional sob sua responsabilidade, com informações pormenorizadas sobre a situação jurídica de cada um, bem como as providências tomadas para sua reintegração familiar ou colocação em família substituta, em qualquer das modalidades previstas no art. 28 desta Lei".

Em resumo, sob o prisma legal[2210], o Juiz da Infância e da Juventude tem as obrigações de manter cadastros[2211] que reúnam as seguintes informações: (a) de crianças e adolescentes passíveis de adoção; (b) de pessoas interessadas e habilitadas à adoção; e (c) de crianças e adolescentes em regime de acolhimento institucional e familiar, com dados sobre todas as providências adotadas.

Tais cadastros têm como finalidade básica o controle do afastamento de crianças e adolescentes de suas famílias naturais, a regularidade de eventual colocação em família substituta e a democratização do acesso dos adotantes aos adotáveis, medidas muitas vezes necessárias, mas que podem mascarar iniciativas de penalização da pobreza e/ou estabelecimento de privilégios, quer pela internação evitável, quer pela grave transferência dos filhos das classes populares para terceiros e ainda pela ausência de critérios na escolha de interessados à adoção.

Essas razões e a indiferença ao seu antídoto básico levaram o legislador a prever a punição administrativa do Juiz da Infância e da Juventude que não criar ou instalar os cadastros obrigatórios. E foi mais longe: prevendo a existência dos cadastros, mas a falta de sua alimentação, contributo à burla e à fraude, criou a figura assemelhada do parágrafo único do art. 258-A, considerando também infração a conduta do Juiz da Infância e da Juventude "que deixa de efetuar o cadastramento de crianças e de adolescentes em condições de serem adotadas, de pessoas ou casais habilitados à adoção e de crianças e adolescentes em regime de acolhimento institucional ou familiar".

É de observar que, por vontade do legislador, a "alimentação do cadastro e a convocação criteriosa dos postulantes à adoção serão fiscalizadas pelo

---

2210. O CNJ mantém o Sistema Nacional de Adoção (SNA), nascido da união do Cadastro Nacional de Adoção e do Cadastro Nacional de Crianças Acolhidas, criado pela Resolução n. 289, de 14 de agosto de 2019.

2211. V. § 206, Capítulo XXVI, deste livro.

CURSO DE DIREITO DA CRIANÇA E DO ADOLESCENTE

Ministério Público"[2212], denotando a importância do tema na efetivação dos direitos da criança e do adolescente.

A pena é de multa de R$ 1.000,00 (mil reais) a R$ 3.000,00 (três mil reais)[2213], sem prejuízo das providências de caráter disciplinar, ante a demonstração de, no mínimo, negligência no cumprimento das magnas funções inerentes ao cargo, nos termos da Lei Orgânica da Magistratura Nacional[2214] e dos princípios estatuídos no Código de Ética da Magistratura Nacional[2215].

Considerando que a colocação de criança ou adolescente em família substituta, notadamente a adoção, reclama obrigatória intervenção judicial ante a delicadeza e importância dos valores relacionados, bem como a inexistência no nosso ordenamento jurídico de solução administrativa ou extrajudicial, o legislador, igualmente mediante a Lei n. 12.010, de 3 de agosto de 2010, incluiu no ECA o art. 258-B, considerando infração administrativa o ato de: "Deixar o médico, enfermeiro ou dirigente de estabelecimento de atenção à saúde de gestante de efetuar imediato encaminhamento à autoridade judiciária de caso de que tenha conhecimento de mãe ou gestante interessada em entregar seu filho para adoção".

Considerou o legislador que a omissão atrasa a necessidade de intervenção precoce, princípio aplicável às medidas de proteção[2216], bem como propicia soluções informais, não raras vezes prejudiciais aos direitos dos envolvidos, apenando administrativamente o infrator pelo descumprimento do dever de encaminhamento da gestante ou mãe à autoridade judiciária, hoje residente no art. 19-A do ECA, introduzido pela Lei n. 13.509, de 22 de novembro de 2017[2217].

2212. ECA, art. 50, § 12.

2213. ECA, art. 258-A.

2214. Lei Complementar n. 35, de 14 de março de 1979.

2215. Aprovado na 68ª Sessão Ordinária do Conselho Nacional de Justiça, do dia 6 de agosto de 2008, nos autos do Processo n. 200820000007337.

2216. ECA, art. 100, parágrafo único, VI.

2217. ECA: "Art. 19-A. A gestante ou mãe que manifeste interesse em entregar seu filho para adoção, antes ou logo após o nascimento, será encaminhada à Justiça da Infância e da Juventude".

O encaminhamento deve ser imediato, tão logo o médico, enfermeiro ou dirigente de estabelecimento tenham conhecimento da situação, fazendo-o sem prejuízo da comunicação formal à autoridade judiciária, com os dados de qualificação e de residência da mãe ou gestante, de modo a possibilitar as providências exigidas pela lei, especialmente da equipe interprofissional do juízo da infância e da juventude, encarregada do atendimento inicial[2218].

A lei também considerou como autor da omissão de encaminhamento à autoridade judiciária da mãe ou gestante interessada em entregar seu filho para adoção "o funcionário de programa oficial ou comunitário destinado à garantia do direito à convivência familiar"[2219]. Na forma do art. 90 do ECA, abrange os programas de orientação e apoio sociofamiliar[2220], colocação familiar[2221] e de acolhimento institucional[2222], inseridos nos primeiros todos os órgãos de saúde e de assistência social destinados ao atendimento de mães, gestantes e crianças e adolescentes que sejam destinatários da manifestação de vontade.

Anote-se que o encaminhamento à autoridade judiciária não importa provável adoção, posto que a regra básica é a da preservação da família biológica ou natural, que deve ser promovida a ponto de criar, educar e sustentar os filhos em condições de dignidade. O encaminhamento possibilita a intervenção do sistema de justiça, na sua dimensão protetiva e de concretização dos direitos declarados, prevenindo situações gravosas de exclusão social e de desprezo aos interesses sociais protegidos especialmente pela Constituição da República.

2218. ECA: "Art. 19-A [...] § 1º A gestante ou mãe será ouvida pela equipe interprofissional da Justiça da Infância e da Juventude, que apresentará relatório à autoridade judiciária, considerando inclusive os eventuais efeitos do estado gestacional e puerperal".

2219. ECA, art. 258-B, parágrafo único: "Incorre na mesma pena o funcionário de programa oficial ou comunitário destinado à garantia do direito à convivência familiar que deixa de efetuar a comunicação referida no caput deste artigo".

2220. ECA, art. 90, I.

2221. ECA, art. 90, III.

2222. ECA, art. 90, IV.

CURSO DE DIREITO DA CRIANÇA E DO ADOLESCENTE

Assim, o encaminhamento não importa materialmente revelação de segredo, crime descrito no art. 154 do Código Penal, que se procede somente mediante representação e que tem como elemento normativo a potencialidade de produção de dano[2223]. Todavia, se a manifestação de vontade da mãe ou gestante se deu em caráter reservado, em atendimento individualizado, notadamente de psicólogo ou psiquiatra, não se verificando situação de risco iminente à vida ou saúde, negligência ou abuso, própria, de terceiros e especialmente de criança ou adolescente, a preservação da intimidade e da mantença da relação de confiança impõe que a mãe ou a gestante sejam somente orientadas a comparecerem no Juízo da Infância e da Juventude, sem comunicação formal, mantido o desiderato de entrega do filho. O importante é o sopesamento dos valores em conflito, de modo que a intimidade e a relação de confidencialidade sucumbem ante o risco real à integridade de quem quer que seja, hipótese em que a comunicação atende ao desiderato da proteção integral.

A pena fixada para a infração administrativa do art. 258-B do ECA é a de multa de R$ 1.000,00 (mil reais) a R$ 3.000,00 (três mil reais), sem prejuízo também de providências disciplinares, considerando a vinculação do infrator a entidade ou órgão do sistema público.

336. Procedimento

O procedimento de imposição de penalidade administrativa tramita exclusivamente perante a Justiça da Infância e da Juventude, sendo a apuração de infração a normas de proteção à criança ou adolescente eminentemente judicial, disciplinada nos arts. 194 a 197 do ECA, na esteira da regra do

---

2223. CP: "Art. 154. Revelar alguém, sem justa causa, segredo, de que tem ciência em razão de função, ministério, ofício ou profissão, e cuja revelação possa produzir dano a outrem: Pena — detenção, de três meses a um ano, ou multa de um conto a dez contos de réis. Parágrafo único. Somente se procede mediante representação".

seu art. 148, VI, que prescreve que a Justiça da Infância e da Juventude é competente para "aplicar penalidades administrativas nos casos de infrações contra norma de proteção à criança ou adolescente".

O procedimento pode ser decomposto nas seguintes etapas: (a) constatação preliminar da infração; (b) dedução da pretensão penalizadora em juízo; (c) defesa; (d) instrução; e (e) sentença.

O poder fiscalizatório, quanto ao exato cumprimento do dever de prevenção, ínsito a todos, pessoas naturais ou jurídicas[2224], bem como das obrigações relacionadas a entidades, governamentais ou não governamentais[2225], é exercido pelo Ministério Público, Conselho Tutelar ou mesmo por servidores efetivos ou voluntários credenciados pelo Judiciário[2226]. Ministério Público e Conselho Tutelar documentam, de qualquer forma, a infração constatada, assim como também os servidores do Judiciário, aos quais é permitida a elaboração de um auto de infração.

O auto é o documento com indicativos da tipificação da infração e sua descrição[2227], local, data e horário da constatação, qualificação da pessoa jurídica e da natural por ela responsável no momento da verificação e identificação do autuante, ou seja, tudo o que é necessário para o desencadear da apuração judicial. Deve ser lavrado na sequência da verificação da irregularidade, com a certificação dos motivos de eventual retardamento[2228], devendo ser assinado pelo autuante e infrator, com a identificação e o endereço de testemunhas do fato, colhendo-se, se possível, a assinatura de duas delas. Cópia do auto de infração, no qual "poderão ser utilizadas fórmulas impressas"[2229], deverá ser entregue ao infrator, constando intima-

---

2224. ECA: "Art. 70. É dever de todos prevenir a ocorrência de ameaça ou violação dos direitos da criança e do adolescente".

2225. ECA: "Art. 95. As entidades governamentais e não governamentais referidas no art. 90 serão fiscalizadas pelo Judiciário, pelo Ministério Público e pelos Conselhos Tutelares".

2226. ECA, art. 194.

2227. Na linguagem do ECA, "a natureza e as circunstâncias da infração", conforme art. 194, § 1º.

2228. ECA, art. 194, § 1º.

2229. ECA, art. 194, § 1º.

ção de que terá o prazo de 10 (dez) dias para apresentação de defesa no juízo especificado[2230]. Quando o auto for lavrado posteriormente, instruirá mandado de intimação a ser cumprido por oficial de justiça ou funcionário legalmente habilitado[2231].

Quando a constatação da irregularidade decorrer do exercício do poder fiscalizatório pelo Ministério Público ou Conselho Tutelar, o procedimento inicia-se mediante uma representação, peça formulada com os dados qualificadores do infrator e com a descrição da natureza e das circunstâncias da infração, instruída com prova documental e indicação de testemunhas, se houver. O Conselho Tutelar poderá optar pela providência indicada no inciso V do art. 136 do ECA, encaminhando ao Ministério Público notícia de fato que constitua infração administrativa, que poderá, desde logo, oferecer representação ou fazer investigações preliminares para adotar fundamentadamente essa providência ou proceder ao seu arquivamento[2232].

A representação do Ministério Público para aplicação de infração administrativa também poderá estar lastreada em qualquer outro procedimento de apuração, como o inquérito civil, bem como em documentos suficientes que lhe forem remetidos. Também é admissível que o pedido seja formulado no bojo de ação veiculadora de outras pretensões, atendidos os requisitos do art. 327 do CPC[2233].

Recebida a representação formulada pelo Ministério Público ou Conselho Tutelar, segue-se a intimação do requerido, se ela não tiver sido

---

2230. ECA, art. 195, caput, e seu inciso I.

2231. ECA, art. 195, II.

2232. A tramitação de notícia de fato no âmbito do Ministério Público vem disciplinada pela Resolução n. 174, de 4 de julho de 2017, do CNMP.

2233. CPC: "Art. 327. É lícita a cumulação, em um único processo, contra o mesmo réu, de vários pedidos, ainda que entre eles não haja conexão. § 1º São requisitos de admissibilidade da cumulação que: I — os pedidos sejam compatíveis entre si; II — seja competente para conhecer deles o mesmo juízo; III — seja adequado para todos os pedidos o tipo de procedimento. § 2º Quando, para cada pedido, corresponder tipo diverso de procedimento, será admitida a cumulação se o autor empregar o procedimento comum, sem prejuízo do emprego das técnicas processuais diferenciadas previstas nos procedimentos especiais a que se sujeitam um ou mais pedidos cumulados, que não forem incompatíveis com as disposições sobre o procedimento comum".

feita no momento da lavratura do auto pelo servidor do Judiciário. Conta-se, a partir daí, o prazo de 10 (dez) dias para apresentação da defesa[2234], computado na forma dos arts. 219, caput, e 231, especialmente os incisos I, II e IV do CPC.

A falta de resposta importa produção do principal efeito da revelia, presunção de veracidade das alegações de fato formuladas na representação ou constantes do auto de infração, na forma do art. 344 do CPC, de vez que o ECA prescreveu, em seu art. 196, que, "não sendo apresentada a defesa no prazo legal, a autoridade judiciária dará vista dos autos do Ministério Público, por cinco dias, decidindo em igual prazo". Sua base repousa na concepção de que o auto de infração, como modalidade de ato administrativo, goza de presunção relativa de legalidade e veracidade, de modo que sua desconstituição ou retirada de eficácia depende de prova em sentido contrário, requerida ou documentada na contrariedade ínsita à defesa apresentada no regular processo judicial. Dessa forma, a ausência de impugnação ao auto de infração ou ao constante de representação faz presumir como verdadeiros os fatos imputados naquelas peças, possibilitando o subsequente julgamento.

Havendo defesa, a autoridade judicia avalia: (a) a necessidade de produção de provas, considerando a existência de fatos relevantes e tornados controvertidos; ou (b) a possibilidade de julgamento antecipado, depois da oitiva do Ministério Público.

A instrução gira em torno de fatos, sobre os quais a prova, oral, documental ou pericial, deve ser produzida. Na hipótese de representação, o momento oportuno para seu requerimento é o da sua apresentação, por

---

2234. ECA: "Art. 195. O requerido terá prazo de dez dias para apresentação de defesa, contado da data da intimação, que será feita: I — pelo autuante, no próprio auto, quando este for lavrado na presença do requerido; II — por oficial de justiça ou funcionário legalmente habilitado, que entregará cópia do auto ou da representação ao requerido, ou a seu representante legal, lavrando certidão; III — por via postal, com aviso de recebimento, se não for encontrado o requerido ou seu representante legal; IV — por edital, com prazo de trinta dias, se incerto ou não sabido o paradeiro do requerido ou de seu representante legal".

aplicação analógica do disposto no art. 319,VII[2235], do CPC, enquanto para o representado o pedido deverá ser formulado na defesa, agora na inspiração do art. 336[2236], também do CPC. Havendo deferimento de realização de prova oral, a autoridade designa audiência de instrução e julgamento, ocasião em que, colhida "a prova oral, manifestar-se-ão sucessivamente o Ministério Público e o procurador do requerido, pelo tempo de vinte minutos para cada um, prorrogável por mais dez, a critério da autoridade judiciária, que em seguida proferirá sentença", conforme art. 197, parágrafo único, do ECA.

A sentença, derivada de julgamento antecipado ou materializando conclusão final do procedimento, julga subsistente/insubsistente o auto de infração ou procedente/improcedente a representação, fixando, se for o caso, a penalidade cabível. Fica sujeita à impugnação mediante recurso de apelação, com fulcro no art. 198 do ECA, que manda aplicar a todos os procedimentos afetos à Justiça da Infância e da Juventude o sistema recursal do CPC, que estabelece, em seu art. 1.009, que "da sentença cabe apelação".

2235. CPC: "Art. 319. A petição inicial indicará: [...] VI — as provas com que o autor pretende demonstrar a verdade dos fatos alegados".

2236. CPC: "Art. 336. Incumbe ao réu alegar, na contestação, toda a matéria de defesa, expondo as razões de fato e de direito com que impugna o pedido do autor e especificando as provas que pretende produzir".

XLVIII

Crimes previstos no ECA

337. Considerações gerais

Em linhas gerais, o ECA prevê crimes cometidos contra a infância e juventude, elegendo bens jurídicos merecedores da tutela penal, aquela que no mundo do direito é dotada de maior potencialidade coercitiva, considerando seu objetivo da máxima prevenção aos ilícitos. Pretende o cumprimento da regra de comportamento, funcionando como impedimento relativo à realização da conduta indesejada, ameaçando os recalcitrantes às ordens legais com a imposição de penas, especialmente de prisão.

O ECA valorou em grau máximo certos bens jurídicos da criança e do adolescente, estabelecendo condutas e suas respectivas sanções, somando-se a outros já previstos no Código Penal e na legislação extravagante. Enquanto diploma legal próprio da infância e da juventude, não mirou estabelecer uma disciplina completa de coibição das ações criminosas contra a criança ou o adolescente, tendo caráter meramente complementar e específico, razão da norma residente em seu art. 225[2237], que, ainda que

---

[2237]. ECA: "Art. 225. Este Capítulo dispõe sobre crimes praticados contra a criança e o adolescente, por ação ou omissão, sem prejuízo do disposto na legislação penal".

possa ser considerada despicienda, revelou-se didaticamente necessária ante a campanha que se iniciava, com o ECA, de recrudescimento no combate aos crimes praticados contra a criança ou o adolescente.

Na mesma linha, seguiu-se a explicitação de aplicação das normas da parte geral do Código Penal e do Código de Processo Penal[2238], indicando que os tipos penais introduzidos pelo ECA ingressaram no mundo jurídico no sistema comum, sem criar uma legislação criminal especial, dentro de um microssistema distinto, com regras próprias.

A Lei Henry Borel, Lei n. 14.344, de 24 de maio de 2022, introduziu no art. 226, que originalmente apenas tratava da aplicação ordinária do CP e do CPP aos crimes descritos no ECA, duas normas.

A primeira, prescrevendo que: "Aos crimes cometidos contra a criança e o adolescente, independentemente da pena prevista, não se aplica a Lei n. 9.099, de 26 de setembro de 1995"[2239], a chamada Lei dos Juizados Especiais Civis e Criminais.

A principal decorrência, derivada da utilização da expressão "independentemente da pena aplicada", foi a de excluir da categoria "infrações penais de menor potencial ofensivo", utilizada especialmente nos arts. 60 e 61 da Lei n. 9.099, de 26 de setembro de 1995, todo e qualquer crime praticado contra criança ou adolescente, afastando a competência do Juizado Especial Criminal para o julgamento desses crimes.

Trata-se de comando que se espraia para além dos estreitos limites do ECA, alcançando todo sistema penal, devendo ser considerada norma não incriminadora atópica integrante da parte geral do Código Penal no que diz respeito à aplicação da lei, porquanto indicativa de que qualquer crime contra a criança e adolescente sempre carrega o grave potencial ofensivo de comprometer o esforço social de promoção da infância e adolescência saudáveis.

2238. ECA: "Art. 226. Aplicam-se aos crimes definidos nesta Lei as normas da Parte Geral do Código Penal e, quanto ao processo, as pertinentes ao Código de Processo Penal".

2239. ECA, art. 226, § 1º.

Por outro lado, reflete-se como norma processual relacionada aos processos da justiça criminal disciplinados no Código de Processo Penal, verificando-se que a imputação de crimes cometidos contra criança ou adolescente, tirante os afetos ao Tribunal do Júri, deve se servir do processo comum, ordinário ou sumário, excluída a possibilidade de uso do procedimento sumaríssimo, reservado às "infrações penais de menor potencial ofensivo, na forma da lei"[2240].

A Lei Henry Borel também fez incluir no art. 226 do ECA o § 2º, vazado nos seguintes termos: "Nos casos de violência doméstica e familiar contra a criança e o adolescente, é vedada a aplicação de penas de cesta básica ou de outras de prestação pecuniária, bem como a substituição de pena que implique o pagamento isolado de multa". Assim, excluiu do rol constante do art. 43 do Código Penal a pena de prestação pecuniária, restando inaplicável aos casos de violência doméstica ou familiar, conceitos também encontrados na mesma Lei[2241]. Também, na mesma esteira da maior reprovabilidade social, vedou a troca do conteúdo de qualquer medida restritiva de direitos pelo fornecimento de cestas básicas, bem como impediu que a multa possa ser aplicada como medida isolada, dando contornos de maior severidade à coibição de crimes cometidos contra crianças e adolescentes.

O ECA também declarou que os crimes nele previstos são de ação pública incondicionada[2242], ou seja, aquela que é promovida pelo Ministério

---

2240. CPP, art. 397, III.

2241. Lei n. 14.344, de 24 de maio de 2022: "Art. 2º Configura violência doméstica e familiar contra a criança e o adolescente qualquer ação ou omissão que lhe cause morte, lesão, sofrimento físico, sexual, psicológico ou dano patrimonial: I — no âmbito do domicílio ou da residência da criança e do adolescente, compreendida como o espaço de convívio permanente de pessoas, com ou sem vínculo familiar, inclusive as esporadicamente agregadas; II — no âmbito da família, compreendida como a comunidade formada por indivíduos que compõem a família natural, ampliada ou substituta, por laços naturais, por afinidade ou por vontade expressa; III — em qualquer relação doméstica e familiar na qual o agressor conviva ou tenha convivido com a vítima, independentemente de coabitação. Parágrafo único. Para a caracterização da violência prevista no caput deste artigo, deverão ser observadas as definições estabelecidas na Lei n. 13.431, de 4 de abril de 2017".

2242. ECA, art. 227.

CURSO DE DIREITO DA CRIANÇA E DO ADOLESCENTE

Público de ofício, independentemente de representação ou, em alguns casos, de requisição do Ministro da Justiça, reforçando toda a disciplina de legitimação do Ministério Público como defensor dos direitos socioindividuais da criança e do adolescente. A vontade da criança ou do adolescente, bem como de seus pais ou responsável, quanto ao exercício do direito de processar e buscar as provas necessárias, fica em segundo plano, prevalecendo o direito social de punir todos que cometam crimes que atentem contra direitos da infância e juventude, ante os valores da prevenção especial e geral, cabendo ao Ministério Público a exclusividade da persecução criminal.

Também é de anotar que a prescrição dos crimes que envolvam qualquer forma de violência contra criança ou adolescente começa a correr "da data em que a vítima completar 18 (dezoito) anos, salvo se a esse tempo já houver sido proposta a ação penal", conforme ampliação trazida pela Lei n. 14.344, de 24 de maio de 2022, que modificou o art. 111, V, do Código Penal[2243].

Modificação introduzida na Lei n. 8.072, de 25 de julho de 1990, trazida pela Lei n. 14.811, de 12 de janeiro de 2024, considerou hediondos os crimes de induzimento, instigação ou auxílio a suicídio ou a automutilação realizados por meio da rede de computadores, de rede social ou transmitidos em tempo real, tipos penais que têm crianças e adolescentes como vítimas preferenciais. Além disso, também incluiu no rol de hediondos o sequestro e cárcere privado e tráfico de pessoas, quando crimes cometidos contra crianças e adolescentes. Da mesma, alterando o ECA, considerou hediondos crimes relacionados ao agenciamento, produção, exibição, armazenamento, facilitação e demais figuras presentes no § 1º dos arts. 240 e 241-B do ECA, coibindo com maior rigor as práticas adultas relacionadas às cenas de sexo explícito ou pornográfica envolvendo crianças e adolescentes.

2243. Antes, na redação dada ao dispositivo do Código Penal pela Lei n. 12.650, de 17 de maio de 2017, essa forma especial de contagem da prescrição somente incidia sobre os crimes contra a dignidade sexual.

338. Efeitos extrapenais dos crimes previstos no ECA

Na sua redação original, o ECA não dispôs sobre outros efeitos da condenação, de modo que aplicadas as regras gerais previstas no Código Penal[2244]. Coube à Lei n. 13.869, de 5 de setembro de 2019, que redefiniu os crimes de abuso de autoridade, acrescentar o art. 227-A ao ECA, nos seguintes termos: "Art. 227-A. Os efeitos da condenação prevista no inciso I do caput do art. 92 do Decreto-lei n. 2.848, de 7 de dezembro de 1940 (Código Penal), para os crimes previstos nesta Lei, praticados por servidores públicos com abuso de autoridade, são condicionados à ocorrência de reincidência. Parágrafo único. A perda do cargo, do mandato ou da função, nesse caso, independerá da pena aplicada na reincidência".

O dispositivo recai, além das hipóteses elencadas no art. 92 do Código Penal, aplicáveis ainda que o autor seja primário, quando se tratar de reincidência em infrações cometidas por servidores públicos, qualquer que seja a pena e desde que reveladoras de abuso de autoridade. De acordo com a lei especial[2245], as condutas típicas descritas no ECA para justificar a perda do cargo, mandato ou função pública devem ser praticadas "com a finalidade específica de prejudicar outrem ou beneficiar a si mesmo ou a terceiro, ou, ainda, por mero capricho ou satisfação pessoal"[2246] e, voltando ao Código Penal, esse grave efeito deve ser motivadamente declarado na sentença[2247].

2244. CP: "Art. 92. São também efeitos da condenação: I — a perda de cargo, função pública ou mandato eletivo: a) quando aplicada pena privativa de liberdade por tempo igual ou superior a um ano, nos crimes praticados com abuso de poder ou violação de dever para com a Administração Pública; b) quando for aplicada pena privativa de liberdade por tempo superior a 4 (quatro) anos nos demais casos. II — a incapacidade para o exercício do poder familiar, da tutela ou da curatela nos crimes dolosos sujeitos à pena de reclusão cometidos contra outrem igualmente titular do mesmo poder familiar, contra filho, filha ou outro descendente ou contra tutelado ou curatelado; III — a inabilitação para dirigir veículo, quando utilizado como meio para a prática de crime doloso. Parágrafo único. Os efeitos de que trata este artigo não são automáticos, devendo ser motivadamente declarados na sentença".

2245. Lei n. 13.869, de 5 de setembro de 2019.

2246. Lei n. 13.869, de 5 de setembro de 2019, art. 1º, § 1º.

2247. CP, art. 92, parágrafo único.

CURSO DE DIREITO DA CRIANÇA E DO ADOLESCENTE

Trata-se de uma tutela penal complementar, desestimuladora da prática de crimes contra a criança e o adolescente, derivada da prioridade absoluta na efetivação dos direitos da criança e do adolescente[2248] e da afirmação de que o agente público, além do dever genérico e social de todos em prevenir ameaça ou violação a direitos[2249], está jungido aos princípios da legalidade e da moralidade que informam a Administração Pública[2250].

Quando age com abuso de autoridade, realizando a conduta típica descrita na lei e desprezando garantia estabelecida em favor de criança ou adolescente, o servidor público demonstra intenso e claro dolo, pois deixa também de cumprir obrigação de ofício, desdenhando do dever de garantir a segurança e proteção à infância e à juventude, de modo que a perda do cargo na reincidência de qualquer crime previsto no ECA veio em boa hora, funcionando como mais um estímulo ao respeito aos direitos da infância e juventude.

339. Crimes contra o nascimento seguro

O nascimento contou com grande preocupação no ECA, especialmente na perspectiva do desenvolvimento saudável[2251]. Entre os agravos criminosos, o descaso relacionado aos registros do atendimento médico/hospitalar da gestante, a falta de entrega de declaração de nascimento, a ausência ou desleixo na identificação do neonato e a omissão na realização de exames obrigatórios.

Perpassam nos tipos citados a preocupação do legislador em garantir o acesso a informações que possibilitem eventuais tratamentos de saúde, a tentativa de evitar as tragédias das trocas de recém-nascidos em hospitais e maternidades, bem como o anteparo às doenças por causas evitáveis.

2248. CF, art. 227, caput.

2249. ECA, art. 70.

2250. CF, art. 37.

2251. V. Capítulo VI deste livro.

Em primeiro lugar, ao considerar criminosa a conduta do encarregado ou dirigente de estabelecimento de atenção à saúde de gestante em deixar de manter registros das atividades desenvolvidas pelo prazo de 18 (dezoito) anos[2252], pretendeu o legislador garantir acesso ao prontuário da gestante, permitindo que o conhecimento de intercorrências da gravidez pudesse servir para diagnósticos futuros. A pretensão do legislador foi eminentemente médica, na medida em que o acesso a todos os elementos pudesse servir para diagnósticos mais exatos e com melhor possibilidade de êxito.

Todavia, tal acesso serve também para eventuais investigações sociais da origem da pessoa, valendo lembrar o direito do adotado à sua própria história[2253], de modo que os registros médicos podem conter elementos valiosos para a identificação biológica. Ao incriminar a omissão, revelada pelo verbo deixar, o legislador evidenciou a importância reconhecida à guarda dos registros e prontuários, garantindo a preservação dos dados de saúde da existência humana, hoje facilitada pelos serviços de internet.

Também incriminou, no mesmo art. 228 do ECA, a falta de fornecimento à parturiente ou a seu responsável, por ocasião da alta médica, de declaração de nascimento, com registros das intercorrências do parto e do desenvolvimento do neonato, destacando a importância do documento na atenção à saúde do neonato, instrumento facilitador da narrativa quanto às condições experimentadas quando do nascimento.

A menção a anomalias congênitas, identificadas durante o pré-natal ou mediante exame físico completo logo após o parto, exemplificando, supre deficiências pessoais de comunicação dos pais ou responsável, auxiliando na feitura de prognósticos quando das primeiras consultas médicas ao recém-nascido. O não fornecimento da declaração de nascimento com

---

2252. ECA, art. 228 c/c o art. 10, I.

2253. ECA: "Art. 48. O adotado tem direito de conhecer sua origem biológica, bem como de obter acesso irrestrito ao processo no qual a medida foi aplicada e seus eventuais incidentes, após completar 18 (dezoito) anos. Parágrafo único. O acesso ao processo de adoção poderá ser também deferido ao adotado menor de 18 (dezoito) anos, a seu pedido, assegurada orientação e assistência jurídica e psicológica".

CURSO DE DIREITO DA CRIANÇA E DO ADOLESCENTE

os registros obrigatórios exigidos pelo art. 10, IV, do ECA[2254] dificulta e compromete ações de saúde necessárias à promoção, proteção e recuperação da saúde do recém-nascido, motivo da incriminação da conduta omissiva.

A garantia da filiação biológica, na tentativa de minimizar trocas de crianças em hospitais e maternidades, levou o legislador a tutelar penalmente o interesse social na correta identificação do neonato e da puérpera. A identificação deve ocorrer por ocasião do parto[2255], ou seja, no momento ou ao tempo do nascimento, no mesmo local, de modo que a referência recíproca, mãe e nascituro, ganhe a segurança necessária para evitar qualquer erro.

Identificar corretamente é, portanto, relacionar com exatidão a mãe ao seu nascituro, incidindo na figura penal qualquer prática comprometedora desse desiderato, potencialmente capaz de acarretar enormes dramas familiares. As consequências de eventual troca, às vezes evidenciadas anos depois, são geradoras de inúmeros traumas para todos os envolvidos, ocasionando enormes sofrimentos evitáveis, causa de abalos psicológicos imensos, determinando, independentemente da consumação do crime, a obrigação de indenizar os danos morais experimentados por todos, nos termos da legislação civil[2256].

Também se constitui em crime, nos termos do art. 229 do ECA, a omissão quanto aos exames obrigatórios no neonato. Nesta figura, de tipo remetido ao art. 10 do ECA, especialmente ao seu inciso III[2257], tutela-se

---

2254. ECA: "Art. 10. Os hospitais e demais estabelecimentos de atenção à saúde de gestantes, públicos e particulares, são obrigados a: [...] IV — fornecer declaração de nascimento onde constem necessariamente as intercorrências do parto e do desenvolvimento do neonato".

2255. ECA: "Art. 229: "Deixar o médico, enfermeiro ou dirigente de estabelecimento de atenção à saúde de gestante de identificar corretamente o neonato e a parturiente, por ocasião do parto, bem como deixar de proceder aos exames referidos no art. 10 desta Lei: Pena — detenção de seis meses a dois anos. Parágrafo único. Se o crime é culposo: Pena — detenção de dois a seis meses, ou multa".

2256. CC, arts. 186 e 927.

2257. ECA: "Art. 10. Os hospitais e demais estabelecimentos de atenção à saúde de gestantes, públicos e particulares, são obrigados a: [...] III — proceder a exames visando ao diagnóstico e terapêutica de anormalidades no metabolismo do recém-nascido".

o desenvolvimento saudável, mediante a detecção precoce de doenças metabólicas, especialmente erros inatos ao metabolismo da criança, garantindo-se intervenções precoces capazes de assegurar qualidade de vida ao recém-nascido e prevenir agravos que possam comprometer sua saúde[2258].

As condutas atentatórias ao nascimento seguro são punidas também na forma culposa, de modo que o desleixo, o descaso, a desatenção às correspondentes obrigações legais determinam também a repressão criminal. Derivam especialmente da negligência, nos termos do art. 18, II, do Código Penal[2259], evidenciando a importância reconhecida pelo legislador ao cumprimento das obrigações estabelecidas para a realização dos direitos à vida e à saúde, desde a fase intrauterina até o episódio do nascimento[2260].

340. Crimes contra a liberdade de criança e adolescente

Historicamente, a tutela da liberdade de crianças e adolescentes ganhou expressão normativa somente com o advento do ECA, revelando-se, além da sua manifestação genérica, especialmente mediante a explicitação de direitos individuais e garantias processuais aos apontados como autores de atos infracionais.

Rompeu-se com antiga tradição do direito do menor em afastar, com base em eufemismos semânticos, a proteção da liberdade individual, orientando-se o direito da criança e do adolescente, ao contrário, por uma disciplina fundada no respeito à integridade, em todos os seus aspectos, da criança ou adolescente.

2258. V. § 66, Capítulo X, deste livro.

2259. CP: "Art. 18 — Diz-se o crime: [...] II — culposo, quando o agente deu causa ao resultado por imprudência, negligência ou imperícia".

2260. V. §§ 23, 24 e 25, Capítulo VI, deste livro.

CURSO DE DIREITO DA CRIANÇA E DO ADOLESCENTE

Descrente da realização voluntária dos direitos proclamados, negacionismo derivado da consideração de crianças e adolescentes como meros objetos da intervenção do mundo adulto, bem como decorrente do viés ideológico criminalizador das classes populares, o ECA optou por definir condutas típicas ofensivas à liberdade de crianças e adolescentes, ameaçando com penas as autoridades recalcitrantes aos direitos expressamente reconhecidos.

Trilhando esse caminho, o ECA arrolou nos arts. 230, 231, 234 e 235 condutas criminosas atentatórias à liberdade da criança e do adolescente, que podem ser perpetradas com abuso de autoridade do agente público que, na dicção do art. 1º, § 1º, da Lei n. 13.869, de 5 de setembro de 2019[2261], atua por mero capricho ou satisfação pessoal, bem como com a finalidade de causar prejuízo ou acarretar benefício a si mesmo, em claros desvios de finalidade no exercício da função pública.

Anote-se a prevalência das normas especiais previstas no ECA sobre crimes semelhantes estabelecidos na Lei de Abuso de Autoridade, considerando a utilização, nos dois diplomas legais, de conceitos próprios e específicos de cada área de atuação, indicando indiscutível especialidade que deve ser observada. A Lei n. 13.859, de 5 de setembro de 2019, quando quis, estabeleceu modificações expressas, tanto que prescreveu a perda do cargo como efeito extrapenal dos crimes previstos no ECA no caso de abuso de autoridade, em claro indicativo da permanência integral dos tipos nele descritos.

A primeira das condutas criminosas consiste em: "Privar a criança ou o adolescente de sua liberdade, procedendo à sua apreensão sem estar em flagrante de ato infracional ou inexistindo ordem escrita da autoridade judiciária competente"[2262]. Embora alcance qualquer conduta que importe detenção ilegal, impedindo, ainda que momentaneamente, o direito da criança e do adolescente de ir, vir e estar[2263], a norma teve como desiderato

---

2261. Lei de Abuso de Autoridade.

2262. ECA, art. 230.

2263. V. § 33, Capítulo VII, deste livro.

principal tutelar o direito prescrito no art. 106 do ECA[2264], coarctando apreensões desprovidas de juridicidade.

Dirige-se a qualquer pessoa, mas particularmente aos que, por força do ofício, são responsáveis pelo policiamento ostensivo e pela manutenção da ordem em espaços públicos ou particulares, evitando que abordagens compreensíveis se transmudem em práticas arbitrárias e ilegais.

Na mesma pena, detenção de 6 (seis) meses a 2 (dois) anos, incide "aquele que procede à apreensão sem as formalidades legais"[2265], especialmente a autoridade que deixa de lavrar auto de apreensão em flagrante ou boletim de ocorrência circunstanciado, conforme o caso, do qual deve fazer constar expressamente as razões determinantes da medida. Deixa de cumprir as formalidades legais a autoridade que procede à apreensão sem se identificar, que não informa os direitos do apreendido e que procede à identificação compulsória do adolescente civilmente identificado[2266], sem que seja para fins de confrontação, havendo dúvida fundada[2267].

O legislador destacou o crime de: "Deixar a autoridade policial responsável pela apreensão de criança ou adolescente de fazer imediata comunicação à autoridade judiciária competente e à família do apreendido ou à pessoa por ele indicada"[2268], considerando a importância das informações para o controle judicial e familiar da legalidade da privação da liberdade através da apreensão.

Obrigação estabelecida no art. 107 do ECA[2269], as comunicações obrigatórias estão a cargo da autoridade policial responsável pela formalização

---

2264. ECA: "Art. 106. Nenhum adolescente será privado de sua liberdade senão em flagrante de ato infracional ou por ordem escrita e fundamentada da autoridade judiciária competente".

2265. ECA, art. 230, parágrafo único.

2266. V. Lei n. 12.037, de 1º de outubro de 2009.

2267. ECA, art. 109.

2268. ECA, art. 231.

2269. ECA: "Art. 107. A apreensão de qualquer adolescente e o local onde se encontra recolhido serão incontinenti comunicados à autoridade judiciária competente e à família do apreendido ou à pessoa por ele indicada".

CURSO DE DIREITO DA CRIANÇA E DO ADOLESCENTE

da apreensão, em regra o Delegado de Polícia[2270], a quem incumbem as providências relacionadas à fase policial do procedimento de apuração de ato infracional.

O crime do art. 234 do ECA tem como sujeitos ativos todas as autoridades que, tomando conhecimento da ilegalidade de apreensão de criança ou adolescente, não determinem sua imediata liberação[2271].

Delegado de Polícia no momento da presença do conduzido, Promotor de Justiça por ocasião da apresentação do adolescente, e Juiz da Infância e da Juventude quando da ciência da comunicação da apreensão e na primeira oportunidade que tiver ciência do contido nos autos têm o dever de apreciar a legalidade da apreensão, determinando, se for o caso, a pronta liberação do apreendido.

Considerando a excepcionalidade constitucional da privação da liberdade[2272], a apreensão somente é legal se em flagrante de ato infracional ou em razão de ordem escrita e fundamentada da autoridade judiciária competente, podendo recair somente em adolescente, de modo que o legislador tutela a liberdade também mediante a responsabilização criminal dos dolosamente omissos[2273].

A tutela da liberdade individual também se deu, no ECA, mediante tipo de caráter penal que penaliza, com detenção de 6 (seis) meses a 2 (dois) anos, aquele que descumprir, injustificadamente, prazo fixado em benefício de adolescente privado de liberdade[2274].

Assim, a autoridade judiciária que excede o prazo de 45 (quarenta e cinco) dias para a conclusão do procedimento estando o adolescente

---

2270. V. Lei n. 12.830, de 20 de junho de 2013.

2271. ECA: "Art. 234. Deixar a autoridade competente, sem justa causa, de ordenar a imediata liberação de criança ou adolescente, tão logo tenha conhecimento da ilegalidade da apreensão: Pena — detenção de seis meses a dois anos".

2272. CF, art. 227, § 3º, V.

2273. A forma culposa somente é sancionada administrativamente.

2274. ECA, art. 235.

internado[2275], que não revê a necessidade de mantença da internação no máximo a cada 6 (seis) meses[2276], que deixa de liberar o adolescente que completar 3 (três) anos no regime de internação[2277] ou aos 21 (vinte e um) anos de idade[2278], bem como aquela que, na internação-sanção, não observa o limite temporal de 3 (três) meses[2279].

Também a autoridade policial que deixa de apresentar no prazo de 24 (vinte e quatro) horas adolescente apreendido ao Ministério Público, em sendo impossível a apresentação imediata[2280], e que permite que adolescente fique custodiado por mais de 5 (cinco) dias em estabelecimento policial[2281], respondendo também pela infração o Juiz da Infância e da Juventude que tenha autorizado a permanência excepcional e que não exerça qualquer controle de prazo.

A utilização no art. 235 do elemento normativo "injustificadamente" impõe na consideração da tipicidade a verificação da razão do descumprimento do prazo, se a demora tem alguma explicação juridicamente aceitável, a exemplo da força maior ou do caso fortuito da legislação civil, na correspondência com causas independentes e efeitos que não era possível evitar ou impedir[2282].

Assim, deficiências crônicas dos sistemas de segurança e justiça, como excesso de processos ou deficiências de pessoal, não excluem a tipicidade da conduta, mesmo porque eram fatos sobejamente conhecidos e deveriam ter sido considerados quando da aferição preliminar da apreensão, situação processual a ser tratada com absoluta prioridade, até mesmo em homenagem ao princípio constitucional afirmado no art. 227 da Lei Maior.

2275. ECA, art. 186.

2276. ECA, art. 121, § 2º.

2277. ECA, art. 121, §§ 3º e 4º.

2278. ECA, art. 121, § 5º.

2279. ECA, art. 122, § 1º.

2280. ECA, art. 175, caput e § 1º.

2281. ECA, art. 185, § 2º.

2282. CC, art. 393, parágrafo único.

341. Crime de desrespeito à criança ou adolescente

O ECA, em seu art. 17, definiu o direito ao respeito como o interesse protegido à inviolabilidade da integridade física, psíquica e moral. Explicitou que faziam parte dele os direitos à preservação da imagem, da identidade, da autonomia, dos valores, ideias e crenças, dos espaços e objetos pessoais[2283].

Uma das ações vilipendiadoras desse direito vem traduzida no tipo penal residente no art. 232 do ECA, consistente em submeter criança ou adolescente sob sua autoridade, guarda ou vigilância a vexame ou a constrangimento.

Coibida com detenção de 6 (seis) meses a 2 (dois) anos, a norma penal incriminadora teve como fonte inspiradora o art. 136 do Código Penal, limitado à proteção da integridade física, prevendo distorção no poder/dever educativo mediante ações de interferência na saudabilidade psíquica e moral da criança ou adolescente, expressadas pelos verbos vexar e constranger. O primeiro, no sentido mais grave de causar vergonha ou humilhação e o segundo, em forma mais branda, mas ainda criminosa, de levar a vítima, criança ou adolescente, a uma situação de embaraço ou encabulamento.

Trata-se de ações que arranham ou danificam a autoimagem da criança ou do adolescente, repercutindo na sua autoestima e nos valores determinantes do comportamento, evidenciando enorme desrespeito ao desenvolvimento saudável e equivocada compreensão do papel educativo do mundo adulto.

Aliás, a Lei n. 13.010, de 26 de junho de 2014[2284], que, além de outras alterações, introduziu os arts. 18-A e 18-B no ECA, considerou como tratamento cruel ou degradante a conduta que humilhe, ameace gravemente ou ridicularize criança ou adolescente, explicitando ainda

---

2283. V. Capítulo VIII deste livro.

2284. Conhecida como "Lei da Palmada" ou "Lei do Menino Bernardo".

mais os conteúdos das ações impositivas de vexame ou constrangimento, de absoluta compreensão e significados certos, determinados e nada vagos, especialmente para as pequenas vítimas.

Anote-se também que o desrespeito consiste em afronta à dignidade da pessoa, pois as ações vexatórias e constrangedoras atingem a consciência de valor e importância pessoais, estando expressamente referidas no art. 18 do ECA, assim redigido: "É dever de todos velar pela dignidade da criança e do adolescente, pondo-os a salvo de qualquer tratamento desumano, violento, aterrorizante, vexatório ou constrangedor".

342. Crime contra a fiscalização de entidades e programas

As entidades de atendimento, encarregadas da execução de programas de proteção e socioeducativos, governamentais e não governamentais, são fiscalizadas pelo Judiciário, Ministério Público e Conselhos Tutelares, consoante dispõe o art. 95 do ECA[2285]. O objeto da fiscalização repousa na verificação das condições materiais, assistenciais e educacionais do atendimento, na perspectiva de oferta de serviço com a aptidão para realizar os objetivos da proteção integral.

O impedimento ou o embaraço à fiscalização, compreendidos como a colocação de obstáculos ou criação de dificuldades para a realização da atividade fiscalizatória, constitui crime punido com detenção de seis (6) meses a 2 (dois) anos, conforme tipo penal descrito no art. 236 do ECA[2286].

2285. ECA: "Art. 95. As entidades governamentais e não governamentais referidas no art. 90 serão fiscalizadas pelo Judiciário, pelo Ministério Público e pelos Conselhos Tutelares".

2286. ECA: "Art. 236. Impedir ou embaraçar a ação de autoridade judiciária, membro do Conselho Tutelar ou representante do Ministério Público no exercício de função prevista nesta Lei: Pena — detenção de seis meses a dois anos".

CURSO DE DIREITO DA CRIANÇA E DO ADOLESCENTE

Mais do que a tutela do exercício de deveres funcionais, resguarda-se o direito de crianças e adolescentes a um atendimento de qualidade, respeitoso e concorde com as finalidades protetivas e da socioeducação, razão da fiscalização que, impedida ou embaraçada, pode resultar na manutenção de irregularidades atentatórias a direitos e garantias de crianças e adolescentes.

343. Crimes contra a regularidade da colocação em família substituta

Colocação em família substituta é medida de proteção prevista no art. 101, IX, do ECA, destinada à inserção de criança e adolescente em família diversa da natural ou extensa, ausente ou impossibilitada de assegurar ao filho ou parente espaço de criação, desenvolvimento e cuidados próprios exigidos pela idade ou condição.

Trata-se de medida excepcional[2287], materializada através dos institutos da guarda, tutela e adoção, efetivados em procedimentos judiciais regrados e regulares, especialmente definidos com o intuito de assegurar os direitos da família natural, propiciar segurança jurídica para a substituta e garantir a melhor solução para crianças e adolescentes privados da convivência familiar.

Assim, a tutela penal da regularidade da colocação em família substituta apresenta-se como importante instrumento de resguardo da lisura dos seus meios e finalidades, contribuindo para a legalidade e moralidade dessa importante e necessária medida de proteção.

Aliás, as penas desse conjunto de tipos penais são graves, evidenciando o alto grau de reprovação às condutas ilícitas correspondentes, fontes de diminuição do valor social e humanitário da guarda, da tutela e da adoção.

2287. ECA: "Art. 19. É direito da criança e do adolescente ser criado e educado no seio de sua família e, excepcionalmente, em família substituta, assegurada a convivência familiar e comunitária, em ambiente que garanta seu desenvolvimento integral".

O tipo penal residente no art. 237 do ECA define como crime a conduta de: "Subtrair criança ou adolescente ao poder de quem o tem sob sua guarda em virtude de lei ou ordem judicial, com o fim de colocação em lar substituto", prevendo reclusão de 2 (dois) a 6 (seis) anos, e multa. Pune a lei quem retira criança ou adolescente do seu convívio natural com o objetivo de integrá-lo em outra família, utilizando-se do rapto com violência, ameaça, fraude ou qualquer outro meio. A subtração consuma-se com a colocação da criança ou adolescente em lugar diverso do que legalmente deveria estar, coarctando o direito dos pais, tutores ou guardiões de terem o filho ou pupilo sob sua companhia.

Conduta semelhante encontra-se no art. 249 do Código Penal[2288], subtração de incapazes, que se distingue do tipo previsto no ECA em razão da previsão do fim especial da colocação em família substituta. No tipo do ECA, o sujeito ativo age, em regra, como intermediário de outrem, ciente ou não da prática criminosa, interessado na assunção da criança ou adolescente como filho ou pupilo. O sujeito ativo pode atuar também em causa própria, raptando filho ou pupilo de terceiro; se era originalmente detentor de guarda legal, perdida ou suspensa por determinação judicial, responde pelo crime do art. 249 do Código Penal.

Também é crime "prometer ou efetivar a entrega de filho ou pupilo a terceiro, mediante paga ou recompensa", ficando submetido à mesma pena, reclusão de 4 (quatro) a 6 (seis) anos, "quem oferece ou efetiva a vantagem, pecuniária ou de qualquer ordem"[2289].

2288. CP: "Art. 249 — Subtrair menor de dezoito anos ou interdito ao poder de quem o tem sob sua guarda em virtude de lei ou de ordem judicial: Pena — detenção, de dois meses a dois anos, se o fato não constitui elemento de outro crime. § 1° — O fato de ser o agente pai ou tutor do menor ou curador do interdito não o exime de pena, se destituído ou temporariamente privado do pátrio poder, tutela, curatela ou guarda. § 2° — No caso de restituição do menor ou do interdito, se este não sofreu maus-tratos ou privações, o juiz pode deixar de aplicar pena".

2289. ECA: "Art. 238. Prometer ou efetivar a entrega de filho ou pupilo a terceiro, mediante paga ou recompensa: Pena — reclusão de um a quatro anos, e multa. Parágrafo único. Incide nas mesmas penas quem oferece ou efetiva a paga ou recompensa".

CURSO DE DIREITO DA CRIANÇA E DO ADOLESCENTE

Na primeira figura, o sujeito ativo é o pai, mãe, tutor ou guardião que faz a promessa ou procede à entrega da criança ou adolescente; na segunda, quem faz a oferta ou cumpre o prometido, repassando o pagamento ou o benefício acordado. São condutas convergentes, ligadas pelo mesmo desiderato de entrega e recebimento, realizadas em razão da promessa ou obtenção de vantagem.

A norma em apreço teve o claro propósito de evitar a comercialização de crianças, especialmente por mães pobres das classes populares, que muitas vezes acertam a entrega antes mesmo da concepção e parto. No mesmo sentido, a previsão dos cadastros de "crianças e adolescentes em condições de serem adotados e outro de pessoas interessadas na adoção", com o intuito de dificultar ilicitudes, democratizar o acesso dos interessados e coibir fraudes, também na busca da regularidade da colocação em família substituta. É de observar que a adoção em favor de pessoa não cadastrada, ainda que a criança lhe tenha sido entregue diretamente pelos pais, somente é admitida em hipóteses excepcionalíssimas, consoante se verifica no art. 50, § 13, do ECA[2290].

Na mesma linha segue o disposto no art. 239 do ECA, destinado à repressão do tráfico internacional de crianças e adolescentes[2291]. Quem provocar ou ajudar na realização de ato destinado ao envio de criança ou adolescente para o exterior, com inobservância das formalidades legais ou

---

2290. ECA: "Art. 50. A autoridade judiciária manterá, em cada comarca ou foro regional, um registro de crianças e adolescentes em condições de serem adotados e outro de pessoas interessadas na adoção. [...] § 13. Somente poderá ser deferida adoção em favor de candidato domiciliado no Brasil não cadastrado previamente nos termos desta Lei quando: I — se tratar de pedido de adoção unilateral; II — for formulada por parente com o qual a criança ou adolescente mantenha vínculos de afinidade e afetividade; III — oriundo o pedido de quem detém a tutela ou guarda legal de criança maior de 3 (três) anos ou adolescente, desde que o lapso de tempo de convivência comprove a fixação de laços de afinidade e afetividade, e não seja constatada a ocorrência de má-fé ou qualquer das situações previstas nos arts. 237 ou 238 desta Lei".

2291. ECA: "Art. 239. Promover ou auxiliar a efetivação de ato destinado ao envio de criança ou adolescente para o exterior com inobservância das formalidades legais ou com o fito de obter lucro: Pena — reclusão de quatro a seis anos, e multa. Parágrafo único. Se há emprego de violência, grave ameaça ou fraude: Pena — reclusão, de 6 (seis) a 8 (oito) anos, além da pena correspondente à violência".

com o intuito de obter rendimento, comete a conduta típica, que independe da consumação do delito. Basta um ato, uma ação ou providência com a finalidade expressa no tipo para restar configurado o delito.

O que faz a conduta ilícita é a tentativa ou burla ao sistema oficial de autorização da saída da criança e do adolescente do Brasil ou a utilização dos meios regulares com o objetivo de lucro, em desvios das nobres finalidades da colocação em família substituta através da adoção, única forma admissível para estrangeiros residentes ou domiciliados fora do país[2292]. Sair ou tentar sair do Brasil com criança ou adolescente sem autorização legal, sem processo de adoção, com permissões fraudulentas ou derivadas de erro, bem como utilizando-se de violência ou grave ameaça, são exemplos de condutas penalmente reprováveis e que encontram no art. 239 do ECA seu tipo incriminador.

A Lei n. 14.811, de 12 de janeiro de 2024, incluiu no ECA um novo tipo penal, residente no art. 244-C. Incrimina, com reclusão de 2 (dois) a 4 (quatro) anos, e multa, o pai, a mãe ou o responsável legal que deixar, "de forma dolosa, de comunicar à autoridade pública o desaparecimento de criança ou adolescente". Ainda que o novo artigo melhor ficaria no Código Penal, no título que trata dos crimes contra a família, em um ou outro capítulo específico (crimes contra a assistência familiar ou crimes contra o pátrio poder, tutela ou curatela), sua inclusão no ECA tem o condão de impor maior responsabilidade àqueles que têm o dever de guarda, representado pela obrigação de ter o filho ou pupilo sob sua companhia. Assim, se não evidenciada especialmente a entrega de criança ou adolescente a terceiro mediante paga ou recompensa, a imposição da obrigação de comunicação supletivamente cria mais um impediente às entregas irregulares e até mesmo ao tráfico de pessoas.

2292. ECA: "Art. 31. A colocação em família substituta estrangeira constitui medida excepcional, somente admissível na modalidade de adoção".

344. Crimes contra a dignidade sexual de crianças ou adolescentes previstos no ECA

A sexualidade, parte indissociável do ser humano, sujeita-se a um desenvolvimento natural, conducente a um estado de entendimento pessoal sobre o corpo, relacionamentos e afetos. Constrói-se nas etapas de vida, à luz de informações e vivências que se fundem, compondo uma das características mais importantes e dinâmicas da personalidade. A interferência abusiva na sexualidade de outrem atenta contra a dignidade na exata correspondência da imposição de atos indesejados, extemporâneos e apartados das escolhas pessoais, resultados apenas dos desideratos criminosos de terceiros. E, quando tem como vítimas crianças e adolescentes, na situação peculiar de pessoas em processo de desenvolvimento, notadamente através da exploração de vulnerabilidades, merece maior reprovação.

A dignidade sexual apresenta-se, portanto, como imperativo absoluto da civilidade, que não tolera quaisquer formas de abusos ou agravos. O desenvolvimento saudável, em todos os seus aspectos, físico, mental, moral, espiritual e social, deve ocorrer em condições de liberdade e dignidade[2293], de modo a propiciar à criança ou ao adolescente um estado individual de integridade e felicidade. Negligência, discriminação, exploração, violência, crueldade e opressão, substantivos utilizados no art. 5º do ECA[2294], indicam situações de negacionismo de direitos fundamentais, revelando absoluta desconsideração aos valores básicos da existência.

Genericamente, nos termos da Lei n. 13.432, de 4 de abril de 2017, violência sexual é "entendida como qualquer conduta que constranja a criança ou o adolescente a praticar ou presenciar conjunção carnal ou qualquer outro ato libidinoso, inclusive exposição do corpo em foto ou vídeo por meio eletrônico ou não".

2293. ECA, art. 3º.

2294. ECA: "Art. 5º Nenhuma criança ou adolescente será objeto de qualquer forma de negligência, discriminação, exploração, violência, crueldade e opressão, punido na forma da lei qualquer atentado, por ação ou omissão, aos seus direitos fundamentais".

Compreende 3 (três) formas: (a) abuso sexual; (b) exploração sexual; e (c) tráfico de pessoas. Essas maneiras de manifestação da violência também são definidas na mencionada lei, encontrando-se os seguintes conceitos em seu art. 4º, II:

a) abuso sexual, entendido como toda ação que se utiliza da criança ou do adolescente para fins sexuais, seja conjunção carnal ou outro ato libidinoso, realizado de modo presencial ou por meio eletrônico, para estimulação sexual do agente ou de terceiro; b) exploração sexual comercial, entendida como o uso da criança ou do adolescente em atividade sexual em troca de remuneração ou qualquer outra forma de compensação, de forma independente ou sob patrocínio, apoio ou incentivo de terceiro, seja de modo presencial ou por meio eletrônico; c) tráfico de pessoas, entendido como o recrutamento, o transporte, a transferência, o alojamento ou o acolhimento da criança ou do adolescente, dentro do território nacional ou para o estrangeiro, com o fim de exploração sexual, mediante ameaça, uso de força ou outra forma de coação, rapto, fraude, engano, abuso de autoridade, aproveitamento de situação de vulnerabilidade ou entrega ou aceitação de pagamento, entre os casos previstos na legislação.

No ECA, a primeira das condutas atentatórias à dignidade sexual de criança ou adolescente prevista na redação dada pela Lei n. 11.829, de 25 de novembro de 2008, tipificada como crime, consiste em: "Produzir, reproduzir, dirigir, fotografar, filmar ou registrar, por qualquer meio, cena de sexo explícito ou pornográfica, envolvendo criança ou adolescente"[2295].

Pretendeu o legislador, na essência, evitar que criança ou adolescente representassem cenas de sexo explícito ou pornográfica, contracenando ou interpretando situações de práticas sexuais comuns ou obscenas. Na definição legal, constante da declaração do art. 241-E do ECA, "a expressão 'cena de sexo explícito ou pornográfica' compreende qualquer situação que envolva criança ou adolescente em atividades sexuais explícitas, reais ou simuladas, ou exibição dos órgãos genitais de uma criança ou adolescente para fins primordialmente sexuais".

2295. ECA, art. 240, caput.

Incriminou, como forma de evitar o indesejável, o adulto que produz, reproduz, dirige, fotografa, filma ou registra a cena proibida, desconsiderando a participação de um menor de 18 anos de idade. A norma penal prescreveu uma vedação absoluta à conduta, que não se legaliza em razão de qualquer autorização, dos pais ou responsável, ou até mesmo judicial, formalmente adotada mediante expedição de alvará. Se a cena autorizada se constituir em prática sexual, de qualquer ordem, e envolver criança ou adolescente, não pode ser realizada ou produzida, sob pena de incidência da norma penal incriminadora.

O legislador submeteu à mesma pena, de reclusão, de 4 (quatro) a 8 (oito) anos, e multa, também "quem agencia, facilita, recruta, coage, ou de qualquer modo intermedeia a participação de criança ou adolescente nas cenas referidas no caput deste artigo, ou ainda quem com esses contracena".

Extrai-se da primeira parte do dispositivo a clara intenção de fechar o cerco sobre todos os intervenientes da cena de sexo explícito ou pornográfica, alcançando a norma penal todo aquele que tenha colaborado para sua realização. Assim, o agenciador, aquele que serve de intermediário entre a criança, seus pais ou responsável e o produtor da cena, quem tenha contribuído para sua realização ou aliciado ou atraído a criança ou adolescente, quem tenha forçado ou compelido a criança ou adolescente, ou mesmo sua família, bem como qualquer um que tenha interferido ou intercedido para que a cena de sexo explícito tenha se verificado, responde também pelo mesmo crime.

Complementa o dispositivo a norma que explicita como sujeito ativo também aquele que "contracena" com criança ou adolescente, participando da cena de sexo explícito ou pornográfica. É quem representa ou interpreta a ação, cumulando materialmente essa conduta criminosa com outras previstas no Código Penal, especialmente o estupro de vulnerável[2296]. Soma-se à ação de contracenar, que pode compreender apenas simulação

---

2296. CP: "Art. 217-A. Ter conjunção carnal ou praticar outro ato libidinoso com menor de 14 (catorze) anos. Pena — reclusão, de 8 (oito) a 15 (quinze) anos".

ou fingimento e que no tipo em comento tem o significado de atuação cênica em conjunto, a realização de outra ação, como conjunção carnal ou outro ato libidinoso, de modo que praticados dois crimes, determinando a soma de penas[2297].

Ao alterar o art. 240 do ECA, a Lei n. 11.829, de 25 de novembro de 2008, disciplinou as causas de aumento de pena quando da prática do crime de envolvimento de criança ou adolescente em cena de sexo explícito ou pornográfica[2298]. A reprovação à conduta é maior quando o sujeito ativo tinha o dever funcional de utilizar-se de seu cargo ou função para a proteção de criança ou adolescente, ou porque abusou da relação pessoal que mantinha com a vítima, aproveitando-se da sua proeminência no vínculo com a criança ou adolescente. Também aumenta a pena daquele que exara consentimento, pais ou responsável, autorizando o filho ou pupilo a participar de cena de sexo explícito ou pornográfica.

O segundo tipo penal, residente no art. 241 do ECA, penaliza com reclusão de 4 (quatro) a 8 (oito anos) quem: "Vender ou expor à venda fotografia, vídeo ou outro registro que contenha cena de sexo explícito ou pornográfica envolvendo criança ou adolescente". Observando que quem registra a cena comete o crime descrito no art. 240 do ECA, a mera oferta de transação é suficiente para a configuração do ilícito penal, não exigindo a efetivação da venda, ou seja, a transferência onerosa da fotografia, vídeo ou outra forma de registro mostrando cena de sexo explícito ou pornográfica com criança ou adolescente.

Já o art. 241-A, incluído pela Lei n. 11.829, de 25 de novembro de 2008, acrescentou ao ECA o crime de: "Oferecer, trocar, disponibilizar,

---

2297. CP: "Art. 69 — Quando o agente, mediante mais de uma ação ou omissão, pratica dois ou mais crimes, idênticos ou não, aplicam-se cumulativamente as penas privativas de liberdade em que haja incorrido".

2298. ECA: "Art. 240. [...] § 2º Aumenta-se a pena de 1/3 (um terço) se o agente comete o crime: I — no exercício de cargo ou função pública ou a pretexto de exercê-la; II — prevalecendo-se de relações domésticas, de coabitação ou de hospitalidade; ou III — prevalecendo-se de relações de parentesco consanguíneo ou afim até o terceiro grau, ou por adoção, de tutor, curador, preceptor, empregador da vítima ou de quem, a qualquer outro título, tenha autoridade sobre ela, ou com seu consentimento".

transmitir, distribuir, publicar ou divulgar por qualquer meio, inclusive por meio de sistema de informática ou telemático, fotografia, vídeo ou outro registro que contenha cena de sexo explícito ou pornográfica envolvendo criança ou adolescente", penalizando qualquer das condutas tipificadas com reclusão de 3 (três) a 6 (seis) anos, e multa.

Nos sete verbos integrantes do tipo está presente a ideia de repasse ou propagação do proibido, independentemente da finalidade de obtenção de lucro e da origem da fotografia, vídeo ou registro, evidenciando o desiderato legislativo de impedir a publicidade do material, representativo da indignidade da situação e alimento criminoso de pedófilos.

Na incriminação dos mecanismos de comunicação, incluída a internet, o legislador arrolou também as figuras de quem "assegura os meios ou serviços para o armazenamento das fotografias, cenas ou imagens de que trata o caput deste artigo", bem como proporciona "o acesso por rede de computadores a esse material"[2299], esclarecendo que as condutas "são puníveis quando o responsável legal pela prestação do serviço, oficialmente notificado, deixa de desabilitar o acesso ao conteúdo ilícito", criando tipos penais com o intuito de conferir proteção suficiente à dignidade sexual de crianças e adolescentes.

É de destacar que se a oferta, troca, disponibilização, transmissão, exposição à venda, distribuição, publicação ou divulgação contiver cena de estupro de vulnerável, conduta prevista no art. 218-C, do Código Penal[2300], verifica-se concurso formal com o art. 241-A do ECA, que proíbe a divulgação de cena de sexo explícito ou pornográfica envolvendo criança

---

2299. ECA, art. 241-A, § 1°, I e II.

2300. CP: "Art. 218-C. Oferecer, trocar, disponibilizar, transmitir, vender ou expor à venda, distribuir, publicar ou divulgar, por qualquer meio — inclusive por meio de comunicação de massa ou sistema de informática ou telemática —, fotografia, vídeo ou outro registro audiovisual que contenha cena de estupro ou de estupro de vulnerável ou que faça apologia ou induza a sua prática, ou, sem o consentimento da vítima, cena de sexo, nudez ou pornografia: Pena — reclusão, de 1 (um) a 5 (cinco) anos, se o fato não constitui crime mais grave".

ou adolescente, nos termos do art. 70 do Código Penal[2301], porquanto de uma única ação se verifica a prática de crimes distintos.

No extremo oposto da linha de veiculação de fotografias, vídeos, registros e imagens de crianças e adolescentes em cenas de sexo explícito ou pornográfica, o legislador incriminou os consumidores desse material ilícito, com reclusão de 1 (um) a 4 (quatro) anos, e multa[2302]. Assim, incriminou quem adquirir, possuir ou armazenar os produtos proibidos, utilizando-se de verbos amplos de modo a abranger todo o espectro de posse material ou virtual dessas fotografias, vídeos, registros ou imagens. Reduziu a pena, de 1 (um) a 2/3 (dois terços), nos casos de pequena quantidade, bem como não tipificou condutas relacionadas à posse real ou virtual destinada às providências repressivas, desde que de responsabilidade de certas pessoas, cuja função as isenta de crime[2303].

Mesmo que criança ou adolescente não contracene, não participe da produção da cena de sexo explícito ou pornográfica, também é crime, punido com reclusão de 1 (um) a 3 (três) anos, e multa, produzir algo que simule ou aparente que esteja participando daquelas cenas, mediante "adulteração, montagem ou modificação de fotografia, vídeo ou qualquer outra

---

2301. CP: "Art. 70 — Quando o agente, mediante uma só ação ou omissão, pratica dois ou mais crimes, idênticos ou não, aplica-se-lhe a mais grave das penas cabíveis ou, se iguais, somente uma delas, mas aumentada, em qualquer caso, de um sexto até metade. As penas aplicam-se, entretanto, cumulativamente, se a ação ou omissão é dolosa e os crimes concorrentes resultam de desígnios autônomos, consoante o disposto no artigo anterior".

2302. ECA, art. 241-B.

2303. ECA: "Art. 241-B. Adquirir, possuir ou armazenar, por qualquer meio, fotografia, vídeo ou outra forma de registro que contenha cena de sexo explícito ou pornográfica envolvendo criança ou adolescente: Pena — reclusão, de 1 (um) a 4 (quatro) anos, e multa. § 1º A pena é diminuída de 1 (um) a 2/3 (dois terços) se de pequena quantidade o material a que se refere o caput deste artigo. § 2º Não há crime se a posse ou o armazenamento tem a finalidade de comunicar às autoridades competentes a ocorrência das condutas descritas nos arts. 240, 241, 241-A e 241-C desta Lei, quando a comunicação for feita por: I — agente público no exercício de suas funções; II — membro de entidade, legalmente constituída, que inclua, entre suas finalidades institucionais, o recebimento, o processamento e o encaminhamento de notícia dos crimes referidos neste parágrafo; III — representante legal e funcionários responsáveis de provedor de acesso ou serviço prestado por meio de rede de computadores, até o recebimento do material relativo à notícia feita à autoridade policial, ao Ministério Público ou ao Poder Judiciário. § 3º As pessoas referidas no § 2º deste artigo deverão manter sob sigilo o material ilícito referido".

forma de representação visual". E "incorre nas mesmas penas quem vende, expõe à venda, disponibiliza, distribui, publica ou divulga por qualquer meio, adquire, possui ou armazena o material" adulterado, simulando cena de sexo explícito ou pornográfica envolvendo criança ou adolescente[2304].

Trata-se de evidente indicativo de que a tutela penal, ao mesmo tempo que protege a dignidade sexual pessoal e coletiva, tentando evitar vilipêndio moral às imagens da infância e adolescência através da proibição até mesmo de simulacros, coarcta o alimento dos pedófilos, impedindo o acesso a qualquer tipo de material, ainda que falsificado, que possa determinar ou recrudescer comportamentos abusivos contra crianças ou adolescentes.

Em resumo, produzir cena de sexo explícito ou pornográfica com criança ou adolescente (ECA, art. 240), comercializá-la ou propor sua venda (art. 241), transferi-la a qualquer título (art. 241-A), fazer aquisição e guardar o seu produto (art. 241-B) e até mesmo produzir e adquirir material simulado (ECA, art. 241-C) são elementos de um conjunto normativo penal que visa garantir espaço sadio de desenvolvimento, impedindo que o material seja utilizado com o intuito de lucro ou de satisfação da lascívia de outrem.

Completando a proteção material à dignidade sexual, especialmente constante do Código Penal, a Lei n. 11.829, de 25 de novembro de 2008, incluiu no ECA a figura do crime do assédio à criança, especialmente mediante a utilização da internet.

Prescreveu o legislador, no art. 241-D, que é crime: "Aliciar, assediar, instigar ou constranger, por qualquer meio de comunicação, criança, com o fim de com ela praticar ato libidinoso". Assim, quem se utilizar da internet, via computador ou smartphone e suas redes sociais, da televisão, do rádio, de revista ou jornal, ou seja, de qualquer meio de comunicação para convencer criança à realização de ato libidinoso, aproveitando-se de sua condição de adulto e da fragilidade da criança, especialmente a idade, comete o crime referido, ficando sujeito às penas de reclusão, de 1 (um) a 3 (três) anos, e multa. Basta o assédio para a configuração do crime;

2304. ECA, art. 241-C.

praticado o ato libidinoso, cumula com o crime de abuso de vulnerável, previsto no art. 217-A, do Código Penal, pois somente tem como sujeito passivo criança, pessoa até 12 (doze) anos de idade incompletos[2305].

Diz a lei que: "Nas mesmas penas incorre quem facilita ou induz o acesso à criança de material contendo cena de sexo explícito ou pornográfica com o fim de com ela praticar ato libidinoso", bem como quem assedia criança com a finalidade de induzi-la a se exibir de forma pornográfica ou sexualmente explícita[2306].

Na primeira figura, o criminoso utiliza-se de cenas de sexo explícito ou pornográfica de outrem como instrumento de convencimento para a prática do ato libidinoso, utilizando-se daquele material para afastar resistências e levar à aceitação, pela criança, da proposta de ato sexual. Na segunda, o assédio consiste em persuadir a criança, considerando a definição do art. 241-E do ECA, a exibir seus órgãos sexuais e apresentar-se em "atividades sexuais explícitas, reais ou simuladas", de modo a obter seus registros para a satisfação da própria lascívia ou para comercialização.

Por fim, os crimes residentes no art. 244-A do ECA, incluídos pela Lei n. 9.975, de 23 de junho de 2000, de submissão de criança ou adolescente à prostituição ou exploração sexual e o de facilitação da sua ocorrência, com penas definidas pela Lei n. 13.440, de 8 de maio de 2017[2307].

De conteúdo semelhante ao contido no art. 218-B do Código Penal, incluído naquele diploma pela Lei n. 12.015, de 7 de agosto de 2009[2308],

---

2305. ECA, art. 2º.

2306. ECA, art. 241-D, parágrafo único, I, II.

2307. ECA: "Art. 244-A. Submeter criança ou adolescente, como tais definidos no caput do art. 2º desta Lei, à prostituição ou à exploração sexual. Pena — reclusão de quatro a dez anos e multa, além da perda de bens e valores utilizados na prática criminosa em favor do Fundo dos Direitos da Criança e do Adolescente da unidade da Federação (Estado ou Distrito Federal) em que foi cometido o crime, ressalvado o direito de terceiro de boa-fé. § 1º Incorrem nas mesmas penas o proprietário, o gerente ou o responsável pelo local em que se verifique a submissão de criança ou adolescente às práticas referidas no caput deste artigo. § 2º Constitui efeito obrigatório da condenação a cassação da licença de localização e de funcionamento do estabelecimento".

2308. CP: "Art. 218-B. Submeter, induzir ou atrair à prostituição ou outra forma de exploração sexual alguém menor de 18 (dezoito) anos ou que, por enfermidade ou deficiência mental, não tem o necessário

CURSO DE DIREITO DA CRIANÇA E DO ADOLESCENTE

a atualização das penas pelo ECA autoriza a conclusão de prevalência do dispositivo especial, orientação que também assegura proteção penal mais eficiente.

Opera-se a submissão da criança ou adolescente mediante dominação física ou utilização de meio que reduza ou elimine sua resistência, compreendendo a indução ou atração formas de aliciamento, cujo resultado também é a subjugação ou resignação ante a força física ou psíquica utilizada pelo adulto. O que importa é a verificação da existência de uma situação de dependência ou subordinação, impeditiva de reação e de cumprimento de eventual deliberação do agir livre, derivada de múltiplos fatores, inclusive a obtenção de sustento.

O exercício da prostituição habitual e a permissão ou aceitação da exploração sexual esporádica ou ocasional inserem-se em contexto de violação da dignidade sexual e de impedimento ao desenvolvimento saudável, representando uma das mais abjetas condutas criminosas cometidas contra a infância e adolescência.

É de destacar que a Lei n. 13.440, de 8 de maio de 2017, trouxe a pena de perdimento de bens e valores utilizados para a mantença da criança ou do adolescente na prostituição ou que colaborem para sua exploração sexual.

Neste caso, não se trata de mero efeito da condenação e consequência limitada aos produtos da atividade ilícita[2309], conforme previsão do art. 91 do Código Penal, mas de pena expressamente consignada no preceito secundário da norma penal, singularmente cominada e perfeitamente

---

discernimento para a prática do ato, facilitá-la, impedir ou dificultar que a abandone: Pena — reclusão, de 4 (quatro) a 10 (dez) anos. § 1º Se o crime é praticado com o fim de obter vantagem econômica, aplica-se também multa. § 2º Incorre nas mesmas penas: I — quem pratica conjunção carnal ou outro ato libidinoso com alguém menor de 18 (dezoito) e maior de 14 (catorze) anos na situação descrita no caput deste artigo; II — o proprietário, o gerente ou o responsável pelo local em que se verifiquem as práticas referidas no caput deste artigo. § 3º Na hipótese do inciso II do § 2º, constitui efeito obrigatório da condenação a cassação da licença de localização e de funcionamento do estabelecimento".

2309. Importante realçar o advento do chamado "perdimento alargado", na previsão do art. 91-A do Código Penal, redação dada pela Lei n. 13.964, de 24 de dezembro de 2019.

individualizada. Assim, afirmada judicialmente a prática do ilícito, incidem, cumulativa e complementarmente, três penas, todas previstas *in abstracto*: a de reclusão, a de multa e a de perda dos bens, também com previsão constitucional[2310].

A pena de perdimento no crime de submissão de criança ou adolescente à prostituição ou exploração sexual incide sobre bens e valores utilizados na prática criminosa, de modo que assemelhados a instrumentos de crime, como um imóvel utilizado como casa de meretrício. Basta que tenha servido à prostituição ou exploração sexual de criança ou adolescente para que se verifique o confisco legal, de modo que a denúncia, ao requerer a condenação do denunciado nas penas previstas no art. 244-A do ECA, já permite a defesa do acusado também em relação ao perdimento, muito embora a indicação do imóvel e do réu proprietário na peça inaugural da ação penal seja conveniente, evitando qualquer dúvida em relação à individualização do bem e evitando alegação de cerceamento de defesa.

Como efeito condenatório da condenação, explicitado no § 3º do art. 244-A, verifica-se a "a cassação da licença de localização e de funcionamento do estabelecimento", autorizações administrativas de atividades econômicas lícitas cujos estabelecimentos foram utilizados pelos proprietário, gerente ou responsável para a prostituição ou exploração sexual de criança ou adolescente, também sujeitos passivos do mesmo delito.

No art. 218-B do Código Penal, subsiste a figura típica consistente em praticar conjunção carnal ou outro ato libidinoso com adolescente entre 14 (catorze) e 18 (dezoito anos da idade) na situação de prostituição ou de exploração sexual. Antes dos 14 (catorze) anos da vítima, o sujeito pratica o crime de estupro de vulnerável, previsto no art. 217-A do Código Penal, de modo que reprováveis criminalmente todas as situações em que o adulto se relaciona sexualmente com criança ou adolescente em situação de prostituição ou de exploração sexual.

2310. CF: "Art. 5º [...] XLVI — a lei regulará a individualização da pena e adotará, entre outras, as seguintes: a) privação ou restrição da liberdade; b) perda de bens; c) multa; d) prestação social alternativa; e) suspensão ou interdição de direitos".

CURSO DE DIREITO DA CRIANÇA E DO ADOLESCENTE 811

Anote-se que, para a elucidação dos crimes contra a dignidade sexual de crianças e adolescentes previstos no ECA (arts. 240, 241, 241-A, 241-B, 241-C e 241-D), bem como os residentes no Código Penal (arts. 154-A, invasão de dispositivo informático; 217-A, estupro de vulnerável; 218, corrupção de menores; 218-A, satisfação da lascívia mediante a presença de criança ou adolescente; 218-B, favorecimento à prostituição ou exploração sexual), o ECA disciplinou a infiltração de agentes da polícia na internet. Assim, nos arts. 190-A[2311], 190-B[2312], 190-C[2313], 190-D[2314] e 190-E[2315],

---

2311. ECA: "Art. 190-A. A infiltração de agentes de polícia na internet com o fim de investigar os crimes previstos nos arts. 240, 241, 241-A, 241-B, 241-C e 241-D desta Lei e nos arts. 154-A, 217-A, 218, 218-A e 218-B do Decreto-lei n. 2.848, de 7 de dezembro de 1940 (Código Penal), obedecerá às seguintes regras: I — será precedida de autorização judicial devidamente circunstanciada e fundamentada, que estabelecerá os limites da infiltração para obtenção de prova, ouvido o Ministério Público; II — dar-se-á mediante requerimento do Ministério Público ou representação de delegado de polícia e conterá a demonstração de sua necessidade, o alcance das tarefas dos policiais, os nomes ou apelidos das pessoas investigadas e, quando possível, os dados de conexão ou cadastrais que permitam a identificação dessas pessoas; III — não poderá exceder o prazo de 90 (noventa) dias, sem prejuízo de eventuais renovações, desde que o total não exceda a 720 (setecentos e vinte) dias e seja demonstrada sua efetiva necessidade, a critério da autoridade judicial. § 1º A autoridade judicial e o Ministério Público poderão requisitar relatórios parciais da operação de infiltração antes do término do prazo de que trata o inciso II do § 1º deste artigo. § 2º Para efeitos do disposto no inciso I do § 1º deste artigo, consideram-se: I — dados de conexão: informações referentes a hora, data, início, término, duração, endereço de Protocolo de Internet (IP) utilizado e terminal de origem da conexão; II — dados cadastrais: informações referentes a nome e endereço de assinante ou de usuário registrado ou autenticado para a conexão a quem endereço de IP, identificação de usuário ou código de acesso tenha sido atribuído no momento da conexão. § 3º A infiltração de agentes de polícia na internet não será admitida se a prova puder ser obtida por outros meios".

2312. ECA: "Art. 190-B. As informações da operação de infiltração serão encaminhadas diretamente ao juiz responsável pela autorização da medida, que zelará por seu sigilo. Parágrafo único. Antes da conclusão da operação, o acesso aos autos será reservado ao juiz, ao Ministério Público e ao delegado de polícia responsável pela operação, com o objetivo de garantir o sigilo das investigações".

2313. ECA: "Art. 190-C. Não comete crime o policial que oculta a sua identidade para, por meio da internet, colher indícios de autoria e materialidade dos crimes previstos nos arts. 240, 241, 241-A, 241-B, 241-C e 241-D desta Lei e nos arts. 154-A, 217-A, 218, 218-A e 218-B do Decreto-lei n. 2.848, de 7 de dezembro de 1940 (Código Penal). Parágrafo único. O agente policial infiltrado que deixar de observar a estrita finalidade da investigação responderá pelos excessos praticados".

2314. ECA: "Art. 190-D. Os órgãos de registro e cadastro público poderão incluir nos bancos de dados próprios, mediante procedimento sigiloso e requisição da autoridade judicial, as informações necessárias à efetividade da identidade fictícia criada. Parágrafo único. O procedimento sigiloso de que trata esta Seção será numerado e tombado em livro específico".

2315. ECA: "Art. 190-E. Concluída a investigação, todos os atos eletrônicos praticados durante a operação deverão ser registrados, gravados, armazenados e encaminhados ao juiz e ao Ministério

introduzidos no ECA pela Lei n. 13.441, de 9 de maio de 2017, primeiro diploma legal brasileiro normatizador da questão, muito embora a infiltração genérica tenha sido prevista na Lei n. 11.343, de 21 de agosto de 2006, que instituiu o Sistema Nacional de Políticas Públicas sobre Drogas[2316], bem como na Lei sobre Organizações Criminosas[2317], que hoje conta com o art. 10-A, introduzido pela Lei n. 13.964, de 24 de dezembro de 2019, que, a exemplo do ECA, disciplina também a ação de agentes de polícia infiltrados nas redes sociais de internet.

345. Crimes contra o desenvolvimento saudável

Tutelando a integridade, na tentativa de assegurar desenvolvimento pessoal saudável, sem acidentes ou agravos evitáveis, o legislador estabeleceu quatro condutas típicas, penalizando o adulto que contribui para o aumento do risco de ameaça ou violação de direitos fundamentais, na esteira do dever geral de prevenção[2318].

Na tutela penal da preservação da vida e da saúde, prescreveu, para o mundo adulto, dois crimes e, na proteção da liberdade, estabeleceu outros dois, prevenindo situações de facilitação à prática de atos infracionais.

Público, juntamente com relatório circunstanciado. Parágrafo único. Os atos eletrônicos registrados citados no caput deste artigo serão reunidos em autos apartados e apensados ao processo criminal juntamente com o inquérito policial, assegurando-se a preservação da identidade do agente policial infiltrado e a intimidade das crianças e dos adolescentes envolvidos"

2316. Lei n. 11.343, de 21 de agosto de 2006: "Art. 53. Em qualquer fase da persecução criminal relativa aos crimes previstos nesta Lei, são permitidos, além dos previstos em lei, mediante autorização judicial e ouvido o Ministério Público, os seguintes procedimentos investigatórios: I — a infiltração por agentes de polícia, em tarefas de investigação, constituída pelos órgãos especializados pertinentes".

2317. Lei n. 12.850, de 2 de agosto de 2013: "Art. 10. A infiltração de agentes de polícia em tarefas de investigação, representada pelo delegado de polícia ou requerida pelo Ministério Público, após manifestação técnica do delegado de polícia quando solicitada no curso de inquérito policial, será precedida de circunstanciada, motivada e sigilosa autorização judicial, que estabelecerá seus limites".

2318. ECA: "Art. 70. É dever de todos prevenir a ocorrência de ameaça ou violação dos direitos da criança e do adolescente".

CURSO DE DIREITO DA CRIANÇA E DO ADOLESCENTE

Modificando redação do art. 243 do ECA, que originalmente somente incriminava quem propiciasse, por qualquer meio, produtos que causassem, ainda que por utilização indevida, dependência física ou psíquica, a Lei n. 13.106, de 17 de março de 2015, expressamente arrolou também o fornecimento de bebida alcoólica como crime, revogando o art. 63, I, da Lei das Contravenções Penais[2319].

Na nova redação do art. 243, considera-se crime a ação de "vender, fornecer, servir, ministrar ou entregar, ainda que gratuitamente, de qualquer forma, a criança ou a adolescente, bebida alcoólica ou, sem justa causa, outros produtos cujos componentes possam causar dependência física ou psíquica", punindo a conduta com detenção, de 2 (dois) a 4 (quatro) anos, e multa, se o fato não constitui crime mais grave.

Ao prevenir a dependência química, prevista na Classificação Internacional de Doenças como transtorno mental e comportamental devido ao uso de múltiplas drogas e ao uso de substâncias psicoativas[2320], o ECA tenta garantir o desenvolvimento saudável, punindo quem oportuniza à criança ou ao adolescente o acesso a substâncias com a potencialidade de causar vício e compulsão.

Ainda na defesa da saúde e da vida, o ECA, em seu art. 244, pune com detenção de 6 (seis) meses a 2 (dois) anos quem "vender, fornecer ainda que gratuitamente ou entregar, de qualquer forma, a criança ou adolescente fogos de estampido ou de artifício, exceto aqueles que, pelo seu reduzido potencial, sejam incapazes de provocar qualquer dano físico em caso de utilização indevida".

Não elide o crime o manuseio contrário às instruções de uso, bastando que o produto tenha a potencialidade de causar dano físico, ante sua prioridade explosiva, ainda que fabricado com o intuito de causar somente efeito pirotécnico ou sonoro[2321].

2319. Decreto-lei n. 3.688, de 3 de outubro de 1941.

2320. CID-10, F-19.

2321. Leis estaduais e municipais vêm proibindo a soltura, comercialização, armazenagem e transportes de fogos com estampidos, prevenindo agravos a pessoas sensíveis a ruídos, bem como protegendo os

Prevenindo episódios de configuração de atos infracionais, determinantes da intervenção do Estado, podendo acarretar aos adolescentes até mesmo privação de liberdade, o ECA incriminou, em seu art. 242, quem "vender, fornecer ainda que gratuitamente ou entregar, de qualquer forma, a criança ou adolescente arma, munição ou explosivo", punindo o agente com a grave pena de reclusão de 3 (três) a 6 (seis) anos, por força de modificação introduzida pela Lei n. 10.764, de 12 de novembro de 2003.

Anote-se que conteúdo idêntico se encontra na Lei n. 10.826, de 22 de dezembro de 2003, conhecida como "Estatuto do Desarmamento", que em seu art. 16, § 1º, V, submete à mesma pena quem "vender, entregar ou fornecer, ainda que gratuitamente, arma de fogo, acessório, munição ou explosivo a criança ou adolescente", inovando ao mencionar "arma de fogo" e "acessório", de modo que, considerando o critério cronológico, é de afirmar a derrogação da norma do ECA.

Anote-se que a aquisição, para o adolescente, importa ato infracional referenciado ao crime de posse ou porte de arma, munição ou explosivo, nos termos das condutas descritas no Estatuto do Desarmamento.

Por fim, o crime de corrupção de menores de 18 anos de idade, residente no art. 244-B do ECA por determinação da Lei n. 12.015, de 7 de agosto de 2009[2322], revogando anterior tipo penal previsto no art. 1º da Lei n. 2.252, de 1º de julho de 1954.

Abrange a corrupção material, que acontece no âmago das relações reais, e a virtual, desenvolvida eletronicamente, notadamente por meio de interações na internet, bastando a prática conjunta de crime ou contravenção ou a indução à sua realização.

---

animais, estando também tramitando no Senado Federal projeto de lei proibindo a fabricação, importação ou comercialização de fogos que produzam ruídos em intensidade excessiva (PLS n. 439, de 2021).

2322. ECA: "Art. 244-B. Corromper ou facilitar a corrupção de menor de 18 (dezoito) anos, com ele praticando infração penal ou induzindo-o a praticá-la: Pena — reclusão, de 1 (um) a 4 (quatro) anos. § 1º Incorre nas penas previstas no caput deste artigo quem pratica as condutas ali tipificadas utilizando-se de quaisquer meios eletrônicos, inclusive salas de bate-papo da internet. § 2º As penas previstas no caput deste artigo são aumentadas de um terço no caso de a infração cometida ou induzida estar incluída no rol do art. 1º da Lei nº 8.072, de 25 de julho de 1990".

CURSO DE DIREITO DA CRIANÇA E DO ADOLESCENTE

Trata de crime que se consuma com a coautoria entre o maior e o menor de idade de qualquer figura típica, ou sua realização somente por criança ou adolescente, induzida por adulto. A realização de cada ato infracional, independentemente do estágio de vivência na atividade ilícita, produz ou reforça comportamentos indesejados, de modo que o adulto interfere nocivamente no desenvolvimento da criança ou adolescente.

Corrompe na medida em que diminui as possibilidades de reversão do potencial criminógeno através de intervenções socioeducativas, atrasando o processo de introjeção de valores civilizatórios, entre os quais a busca de soluções pacíficas no enfrentamento dos desafios do cotidiano.

A coautoria entre criança/adolescente e adulto na perpetração de crime ou contravenção representa, a cada ato infracional, distanciamento da vida digna, dificultando o trabalho socioeducativo, sem estabelecer situação de irreversibilidade, notadamente em razão da idade da criança e do adolescente, sempre propensos a intervenções significativas. Entender que uma criança ou adolescente já se encontra corrompido, de modo que o tipo penal não mais alcance o adulto, é premiar e estimular a utilização de menores de 18 (dezoito) anos de idade na prática de crimes, beneficiando o mundo adulto, especialmente o criminoso, disseminando ainda a ideologia do fatalismo, como se o destino não pudesse ser alterado por práticas educativas capazes de interferir no desenvolvimento pessoal de quem ainda está no início da sua existência.

Aliás, se o crime praticado for hediondo, nos termos da Lei n. 8.072, de 25 de julho de 1990, a pena que hoje é aumentada apenas de 1/3 (um terço)[2323] deveria conter figura prevendo reclusão na maior quantidade individualmente fixada no Código Penal, hoje em 30 (trinta) anos[2324], pois é importante impedir a utilização de crianças e adolescentes pela criminalidade, desestimulando a nefasta prática de aliciamento.

2323. ECA, art. 244-B, § 2º.

2324. A chamada "Lei Anticrime", Lei n. 13.964, de 24 de dezembro de 2019, modificou o art. 75 do Código Penal, prevendo a possibilidade de cumprimento de penas privativas de liberdade, somadas, por até 40 (quarenta) anos.

É necessário utilizar-se da maior severidade penal no coarctar do recrutamento de crianças e adolescentes para o crime, punindo exemplarmente o mundo adulto aliciador, muitas vezes determinante da prática de atos infracionais de extremada gravidade, cujas consequências recaem em maior número somente nos aliciados. Em caso de mudança legislativa, dever-se-ia também aproveitar a oportunidade para expurgar, de vez, o verbo "corromper" desse tipo penal, optando-se apenas pela conduta objetiva de praticar conjuntamente ou induzir criança ou adolescente a prática de infração penal, de modo a evitar interpretações benéficas aos criminosos aliciadores.

Referências

AGAMBEN, Giorgio. *Infância e história*: destruição da experiência e origem da história. Tradução de Henrique Burigo. Belo Horizonte: Editora UFMG, 2014.

ARENDT, Hannah. *Sobre a violência*. Tradução de André de Macedo Duarte. Rio de Janeiro: Civilização Brasileira, 2021.

ARIÈS, Philippe. *História social da criança e da família*. Tradução de Dora Flaksman. Rio de Janeiro: LTC, 2021.

AZEVEDO, Maria Amélia; GUERRA, Viviane Nogueira de Azevedo. *Infância e violência fatal em família*. São Paulo: Iglu Editora, 1998.

AZEVEDO, Maria Amélia; GUERRA, Viviane Nogueira de Azevedo. *Mania de bater*: a punição corporal doméstica de crianças e adolescentes no Brasil. São Paulo: Iglu Editora, 2001.

AZEVEDO, Maria Amélia; GUERRA, Viviane Nogueira de Azevedo. *Crianças vitimizadas*: a síndrome do pequeno poder. São Paulo: Iglu Editora, 2007.

AZEVEDO, Maria Amélia; GUERRA, Viviane Nogueira de Azevedo. *Infância e violência doméstica*: fronteiras do conhecimento. São Paulo: Cortez Editora, 1997.

AZEVEDO, Maria Amélia; GUERRA, Viviane Nogueira de Azevedo. *Pele de asno não é só história...* Um estudo sobre a vitimização sexual de crianças e adolescentes em família. São Paulo: Livraria Roca, 1988.

BARRETO, Tobias. *Menores e loucos em direito criminal*. Recife: Typographia Central, 1886.

BASÍLIO, Luiz Cavalieri; KRAMER, Sonia. *Infância, educação e direitos humanos*. São Paulo: Cortez Editora, 2008.

BAUMAN, Zygmunt. *Danos colaterais*: desigualdades sociais numa era global. Tradução de Carlos Alberto Medeiros. Rio de Janeiro: Zahar, 2015.

BAZZO, Mariana *et al. Crimes contra crianças e adolescentes.* São Paulo: JusPodivm, 2022.

CAMARA, Sônia. *Sob a guarda da República*: a infância menorizada no Rio de Janeiro da década de 1920. Rio de Janeiro: Quartet, 2010.

CARVALHO, Rosane de Souza. *Transgressão autorizada*: violência doméstica contra crianças e adolescentes. São Paulo: Salesiana, 2000.

CHILDHOOD, Brasil (Instituto WCF-Brasil); ABMP (Associação Brasileira de Magistrados, Promotores de Justiça e Defensores Públicos da Infância e da Juventude). *Violência sexual contra crianças e adolescentes*: novos olhares sobre diferentes formas de violações, 2015.

COMEL, Denise Damo. *Do poder familiar.* São Paulo: Revista dos Tribunais, 2003.

COSTA, Antonio Carlos Gomes *et al. Brasil Criança Urgente*: o novo direito da criança e do adolescente. São Paulo: Columbus Cultural, 1989.

CURY, Garrido; MARÇURA, Jurandir Norberto. *Estatuto da Criança e do Adolescente anotado.* São Paulo: Revista dos Tribunais, 1999.

CURY, Munir; SILVA, Antonio Fernando do Amaral; GARCIA MÉNDEZ, Emílio. *Estatuto da Criança e do Adolescente comentado.* São Paulo: Malheiros, 2000.

D'ANTONIO, Daniel Hugo. *Derecho de menores.* Buenos Aires: Editorial Astrea, 1994.

DEL PRIORE, Mary (org.). *História das crianças no Brasil.* São Paulo: Contexto, 2020.

DIAS, Aldo de Assis. *O menor em face da justiça.* São Paulo: Lex, 1968.

DONZELOT, Jacques. *A polícia das famílias.* Tradução de M. T. da Costa Albuquerque. Rio de Janeiro: Edições Grall, 1986.

ELIAS, Norbert. *O processo civilizador.* Tradução de Ruy Jungmann. Rio de Janeiro: Zahar, 2011. v. 1: *Uma história dos costumes.*

ELIAS, Norbert. *O processo civilizador.* Tradução de Ruy Jungmann. Rio de Janeiro: Zahar, 1993. v. 2: *Formação do Estado e civilização.*

EPIFÂNIO, Rui. *Direito de menores.* Coimbra: Almedina, 2002.

CURSO DE DIREITO DA CRIANÇA E DO ADOLESCENTE

FIGUEIREDO, Luiz Carlos de Barros. *Temas de direito da criança e do adolescente*. Recife: Nossa Livraria, 1997.

FREITAS, Marcos Cezar de (org.). *História social da infância no Brasil*. São Paulo: Cortez Editora, 1977.

GUERRA, Viviane Nogueira de Azevedo. *Violência de pais contra filhos*: procuram-se vítimas. São Paulo: Cortez Editora, 1985.

HAN, Biung-Chul. *Topologia da violência*. Tradução de Enio Paulo Giachini. Petrópolis: Vozes, 2017.

INSTITUTO BRASILEIRO DE ANÁLISES SOCIAIS E ECONÔMICAS; MOVIMENTO NACIONAL DE MENINOS E MENINAS DE RUA; NÚCLEO DE ESTUDOS DA VIOLÊNCIA, UNIVERSIDADE DE SÃO PAULO. *Vidas em risco*: assassinatos de crianças e adolescentes no Brasil. Rio de Janeiro: IBASE, 1991.

KONZEN, Afonso Armando. *Pertinência socioeducativa*. Porto Alegre: Livraria do Advogado, 2005.

LIBERATI, Wilson Donizete. *Comentários ao Estatuto da Criança e do Adolescente*. São Paulo: Malheiros Editores, 1995.

LIBERATI, Wilson Donizete. *O Estatuto da Criança e do Adolescente*. Brasília: IBPS, 1991.

MACHADO, Martha de Toledo. *A proteção constitucional de crianças e adolescentes e os direitos humanos*. São Paulo: Manole, 2003.

MACHADO, Martha de Toledo. *Proibições de excesso e proteção insuficiente no direito penal*. São Paulo: Verbatim, 2008.

MACIEL, Katia Regina Ferreira Lobo Andrade (org.). *Curso de direito da criança e do adolescente*. São Paulo: Saraiva Educação, 2021.

MARCÍLIO, Maria Luíza. *História social da criança abandonada*. São Paulo: Hucitec, 2019.

MARQUES, Maria Aparecida Barbosa (org.). *Violência doméstica contra crianças e adolescentes*. Petrópolis: Vozes, 1994.

MELO, Eduardo Rezende. *Crianças e adolescentes em situação de rua*: direitos humanos e justiça. São Paulo: Malheiros, 2011.

MENDEZ, Emílio Garcia; BELLOF, Mary. *Infancia, ley y democracia en América Latina*. Buenos Aires: Temis-Depalma, 1999.

MENDEZ, Emílio Garcia; COSTA, Antonio Carlos Gomes da. *Das necessidades aos direitos*. São Paulo: Malheiros, 1994.

MICHAUX, Léon. *A criança delinquente*. Tradução da Maria Lúcia do Eirado Silva. Rio de Janeiro: Fundo de Cultura, 1961.

MINEIRO, Beatriz Sofia. *Código dos Menores dos E.U. do Brasil*. Rio de Janeiro: Companhia Editora Nacional, 1929.

MUCHEMBLED, Robert. *História da violência*: do fim da Idade Média aos nossos dias. Tradução de Abner Chiqueri. Rio de Janeiro: Forense Universitária, 2012.

MÜLLER, Veronica Regina; MORELLI, Ailton José (org.). *Crianças e adolescentes*: a arte de sobreviver. Maringá: Eduem, 2002.

PAULA, Paulo Afonso Garrido de. *Menores, direito e justiça*. São Paulo: Revista dos Tribunais, 1989.

PAULA, Paulo Afonso Garrido de. *Direito da criança e do adolescente e tutela jurisdicional diferenciada*. São Paulo: Revista dos Tribunais, 2002.

PAULA, Paulo Afonso Garrido de. Natureza do sistema de responsabilização do adolescente autor de ato infracional. *In*: ILANUD *et al.* (org.). *Justiça, adolescente e ato infracional*: socioeducação e responsabilização. São Paulo: Ilanud, 2006.

PAULA, Paulo Afonso Garrido de. Criança e dignidade da pessoa humana. *In*: MIRANDA, Jorge; SILVA, Marco Antonio Marques da (org.). *Tratado luso-brasileiro da dignidade humana*. São Paulo: Quartier Latin, 2008.

PAULA, Paulo Afonso Garrido de. Dos abusos corporais ao Estatuto da Criança e do Adolescente. *In*: BIASON, Rita; LIVIANU, Roberto (org.). *200 anos da Independência do Brasil. Das margens do Ipiranga à margem da sociedade*. São Paulo: Quartier Latin, 2022.

PINHEIRO, Paulo Sérgio. *Relatório mundial sobre violência contra a criança*. Genebra: Organização das Nações Unidas; Brasília: Secretaria Especial de Direitos Humanos/Presidência da República, 2010.

PINHEIRO, Paulo Sérgio; BRAUN, Eric (org.). *Democracia x violência*: comissão Teotônio Vilela. Rio de Janeiro: Paz e Terra, 1986.

QUINALHA, Renan. *Movimento LGBTI+*: uma breve história do século XIX aos nossos dias. Belo Horizonte: Autêntica, 2022.

RAMIDOFF, Mário Luiz. *Direito da criança e do adolescente*: teoria jurídica da proteção integral. Curitiba: Vicentina, 2008.

REINA, Eduardo. *Cativeiro sem fim*: as histórias dos bebês, crianças e adolescentes sequestrados pela ditadura militar no Brasil. São Paulo: Alameda, 2019.

REZENDE, Mário Moura. *Introdução ao estudo do direito do menor*. João Pessoa: A União, 1989.

RIBEIRO, Marisa Marques; MARTINS, Rosilda Baron. *Violência doméstica contra a criança e o adolescente*. Curitiba: Juruá, 2010.

RIBEIRO, Neide Aparecida. *Cyberbullying*. Salvador: JusPodivm, 2019.

ROCHA, J. V. Castelo Branco. *O pátrio poder*. São Paulo: Livraria e Editora Universitária do Direito, 1978.

ROSA, Alexandre Morais da. *Direito infracional*: garantismo, psicanálise e movimento antiterror. Florianópolis: Habitus, 2005.

ROSSATO, Luciano Alves; LÉPORE, Paulo Eduardo; CUNHA, Rogério Sanches. *Estatuto da Criança e do Adolescente*. São Paulo: Saraiva Educação, 2021.

SABATER, Antonio. *Juventud inadaptada y delincuente*. Barcelona: Editorial Hispano Europea, 1965.

SANTOS, Benedito Rodrigues dos; ESBER, Karen Michel; SANTOS, Izabela Barbosa C. *Autores de violência sexual contra crianças e adolescentes*: responsabilização e atendimento psicoterapêutico. Goiânia: Cânone Editorial, 2009.

SARAIVA, João Batista da Costa. *Adolescente e ato infracional*: garantias processuais e medidas socioeducativas. Porto Alegre: Livraria do Advogado, 2002.

SARAIVA, João Batista da Costa. *Da indiferença à proteção integral*: uma abordagem sobre a responsabilidade penal juvenil. Porto Alegre: Livraria do Advogado, 2005.

SEDA, Edson. *A proteção integral*. Campinas: Adés, 1995.

SHECAIRA, Sérgio Salomão. *Sistema de garantias e o direito penal juvenil*. São Paulo: Revista dos Tribunais, 2008.

SILVA, José Luiz Monaco da. *Estatuto da Criança e do Adolescente*. São Paulo: Juarez de Oliveira, 2000.

SILVA, Paulo Vinicius Baptista da; LOPES, Jandicleide Evangelista; CARVALHO, Ariane (org.). *Por uma escola que protege*: a educação e o enfrentamento à violência contra crianças e adolescentes. Curitiba: Editora UEPG, 2008.

SPOSATO, Karyna Batista. *O direito penal juvenil*. São Paulo: Revista dos Tribunais, 2006.

SPOSATO, Karyna Batista. *Justiça juvenil restaurativa e novas formas de solução de conflitos*. São Paulo: Editora CLA, 2018.

TRASSI, Maria de Lourdes; MALVASI, Paulo Artur. *Violentamente pacíficos*: descontruindo a associação juventude e violência. São Paulo: Cortez Editora, 2010.

VERONESE, Josiane Rose Petry (org.). *Violência e exploração sexual infantojuvenil*: crimes contra a humanidade. Florianópolis: OAB/SC Editora, 2005.

VIANA, Natalia. *Dano colateral*: a intervenção dos militares na segurança pública. Rio de Janeiro: Objetiva, 2021.

Sobre o Autor

Formado em Direito pela USP, turma de 1979, Paulo Afonso Garrido de Paula ingressou no Ministério Público do Estado de São Paulo em 1980, onde permanece até hoje, ocupando o cargo de 1º Procurador de Justiça de Interesses Difusos e Coletivos, atuando, entre outras, em ações coletivas da área da infância e da juventude. É mestre em Direito das Relações Sociais pela PUC-SP.

É um dos coautores do anteprojeto que deu origem ao ECA, tendo participado ativamente do movimento que levou à incorporação, na Constituição de 1988, das balizas do direito da criança e do adolescente.

Exerceu, durante anos, a docência em cursos preparatórios para o ingresso nas carreiras jurídicas e na graduação da Faculdade de Direito da Pontifícia Universidade Católica de São Paulo (PUC-SP), onde ocupou também as funções de coordenador do Curso de Direito e de chefe do Departamento de Direitos Difusos e Coletivos.

Presidiu a Associação Brasileira de Magistrados, Promotores de Justiça e Defensores Públicos da Infância e da Juventude (ABMP), e no Ministério Público Paulista ocupou os cargos de coordenador do Centro de Apoio Operacional da Infância e da Juventude, membro do Conselho Superior, chefe de gabinete da Procuradoria-Geral de Justiça e de corregedor geral do Ministério Público de São Paulo. Atualmente, integra o Órgão Especial do Colégio de Procuradores como membro nato.

Embora afastado do magistério, continua proferindo aulas, palestras e conferências sobre assuntos do seu domínio, tendo sido homenageado em diferentes ocasiões pela sua militância e contribuição ao estudo e à efetivação dos direitos da criança e do adolescente, sendo autor de livros e de artigos publicados em jornais e revistas especializadas.

Lista de Abreviaturas

§ — Parágrafo
§§ — Parágrafos
ADC — Ação Declaratória de Constitucionalidade
ADI — Ação Declaratória de Inconstitucionalidade
ADIn — Ação Declaratória de Inconstitucionalidade
ADPF — Ação de Descumprimento de Preceito Fundamental
Anvisa — Agência Nacional de Vigilância Sanitária
art. — Artigo
BNCC — Base Nacional Comum Curricular
CADH — Convenção Americana dos Direitos Humanos
CC — Código Civil
CDC — Código de Defesa do Consumidor
CF — Constituição Federal
CLT — Consolidação das Leis do Trabalho
CM — Código de Menores
CMDCA — Conselho Municipal dos Direitos da Criança e do Adolescente
CMM — Código Mello Mattos
CNJ — Conselho Nacional de Justiça
CNMP — Conselho Nacional do Ministério Público
Conanda — Conselho Nacional dos Direitos da Criança e do Adolescente
CP — Código Penal
CPC — Código de Processo Civil
CPP — Código de Processo Penal
Cras — Centro de Referência de Assistência Social

Creas — Centro de Referência Especializado de Assistência Social

CSDC — Convenção sobre os Direitos da Criança

CSDPD — Convenção sobre os Direitos da Pessoa com Deficiência

DCNEI — Diretrizes Curriculares Nacionais da Educação Básica

DDC/1927 — Declaração dos Direitos da Criança de 1927

DDC/1959 — Declaração dos Direitos da Criança de 1959

ECA — Estatuto da Criança e do Adolescente

Enem — Exame Nacional do Ensino Médio

Funai — Fundação Nacional dos Povos Indígenas

Ideb — Índice de Desenvolvimento da Educação Básica

LACP — Lei da Ação Civil Pública

LBIPD — Lei Brasileira de Inclusão da Pessoa com Deficiência

LDB — Lei de Diretrizes e Bases da Educação Nacional

LEP — Lei das Execuções Penais

LINDB — Lei de Introdução às Normas do Direito Brasileiro

Loas — Lei Orgânica da Assistência Social

LONMP — Lei Orgânica Nacional do Ministério Público

MS — Mandado de Segurança

OIT — Organização Internacional do Trabalho

ONU — Organização das Nações Unidas

OSCIP — Organização da Sociedade Civil de Interesse Público

PIA — Plano Individual de Atendimento

Pisa — Programa Internacional de Avaliação de Estudantes

PNA — Política Nacional de Alfabetização

PNE — Plano Nacional de Educação

RE — Recurso extraordinário

Sinase — Sistema Nacional de Atendimento Socioeducativo

STF — Supremo Tribunal Federal

STJ — Superior Tribunal de Justiça

Suas — Sistema Único de Assistência Social

SUS — Sistema Único de Saúde

V. — Vide

Normativa

Para acompanhar a atualização da legislação e de outras normas relevantes citadas na obra, segue relação de endereços eletrônicos em que elas estão disponíveis.

Para visualizar essa relação em nosso *site*, aponte seu telefone celular para o QR Code ao lado.

- Ação Civil Pública (LACP)/1985:
  https://www.planalto.gov.br/ccivil_03/leis/L7347Compilada.htm

- Código Civil (CC)/2002:
  https://www.planalto.gov.br/ccivil_03/Leis/2002/L10406.htm#art20453

- Código de Defesa do Consumidor (CDC)/1990:
  https://www.planalto.gov.br/ccivil_03/Leis/L8078compilado.htm

- Código de Menores (CM/1979 – revogado pelo ECA):
  https://www.planalto.gov.br/ccivil_03/leis/1970-1979/l6697.htm

- Código de Menores (CM/1927 – Código "Mello Mattos", revogado pelo Código de Menores de 1979):
  https://www.planalto.gov.br/ccivil_03/decreto/1910-1929/d17943a.htm

- Código de Processo Civil (CPC)/2015:
  https://www.planalto.gov.br/ccivil_03/_ato2015-2018/2015/lei/l13105.htm

- Código de Processo Penal (CPP)/1941:
  https://www.planalto.gov.br/ccivil_03/decreto-lei/del3689compilado.htm

- Código Penal (CP)/1940:
  https://www.planalto.gov.br/ccivil_03/decreto-lei/del2848compilado.htm

- Conselho Nacional de Educação (CNE):
  https://normativasconselhos.mec.gov.br/normativa/view/CNE_RES_
  CNECEBN52009.pdf?query=diretrizes%20curriculares

- Conselho Nacional de Justiça:
  - Provimento n. 32:
    https://atos.cnj.jus.br/atos/detalhar/1789

  - Recomendação n. 98:
    https://atos.cnj.jus.br/atos/detalhar/3949

  - Provimento n. 118:
    https://atos.cnj.jus.br/atos/detalhar/4013

  - Resolução n. 165:
    https://atos.cnj.jus.br/atos/detalhar/1640

  - Resolução n. 225:
    https://atos.cnj.jus.br/atos/detalhar/atos-
    normativos?documento=2289

  - Resolução n. 229:
    https://www.tjes.jus.br/corregedoria/2016/07/12/resolucao-cnj-no-
    229-de-22062016/

  - Resolução n. 231:
    https://atos.cnj.jus.br/atos/detalhar/2306

  - Resolução n. 299:
    https://atos.cnj.jus.br/atos/detalhar/3110

  - Resolução n. 367:
    https://atos.cnj.jus.br/atos/detalhar/3679

CURSO DE DIREITO DA CRIANÇA E DO ADOLESCENTE

- Conselho Nacional do Ministério Público:
  - ☐ Recomendação n. 26:
    https://www.cnmp.mp.br/portal/atos-e-normas/norma/60/
  - ☐ Recomendação n. 32:
    https://www.cnmp.mp.br/portal/atos-e-normas/norma/4175/
  - ☐ Recomendação n. 44:
    https://www.cnmp.mp.br/portal/atos-e-normas/norma/4510/
  - ☐ Recomendação n. 61:
    https://www.cnmp.mp.br/portal/atos-e-normas/norma/5231/
  - ☐ Recomendação n. 67:
    https://www.cnmp.mp.br/portal/atos-e-normas/norma/6225/
  - ☐ Resolução n. 67:
    https://www.mpdft.mp.br/portal/index.php/n-67-2011
  - ☐ Recomendação n. 70:
    https://www.cnmp.mp.br/portal/atos-e-normas/norma/6657/
  - ☐ Resolução n. 71:
    https://www.cnmp.mp.br/portal/atos-e-normas/norma/723
  - ☐ Resolução n. 118:
    https://www.cnmp.mp.br/portal/atos-e-normas/norma/154/
- Consolidação das Leis do Trabalho (CLT)/1943:
  https://www.planalto.gov.br/ccivil_03/decreto-lei/del5452.htm
- Constituição Federal (CF)/1988:
  https://www.planalto.gov.br/ccivil_03/Constituicao/Constituicao.htm
- Convenção Americana sobre Direitos Humanos (CADH)/ – Convenção dos Americanos, San José, Costa Rica, 1969:
  https://www.cidh.oas.org/basicos/portugues/c.convencao_americana.htm
- Convenção sobre os Direitos da Criança (CSDC)/ONU, 1989:
  https://www.unicef.org/brazil/convencao-sobre-os-direitos-da-crianca
- Convenção sobre os Direitos das Pessoas com Deficiência (CSDPD)/ ONU, 2006:
  https://www.unicef.org/brazil/convencao-sobre-os-direitos-das-pessoas-com-deficiencia

PAULO AFONSO GARRIDO DE PAULA

- Declaração dos Direitos da Criança (DDC)/ONU, 1990:
https://www.planalto.gov.br/ccivil_03/decreto/1990-1994/d99710.htm

- Declaração Universal dos Direitos Humanos (DUDH)/ONU, 1948:
https://www.unicef.org/brazil/declaracao-universal-dos-direitos-humanos

- Estatuto da Criança e do Adolescente (ECA)/1990:
https://www.planalto.gov.br/ccivil_03/leis/L8069.htm

- Estatuto do Índio:
https://www.planalto.gov.br/ccivil_03/leis/l6001.htm

- Lei Brasileira de Inclusão da Pessoa com Deficiência (LBIPD):
https://www.planalto.gov.br/ccivil_03/_ato2015-2018/2015/lei/l13146.htm

- Lei de Diretrizes e Bases da Educação Nacional (LDB)/2015:
https://www.planalto.gov.br/ccivil_03/Leis/L9394.htm

- Lei de Introdução às Normas do Direito Brasileiro (LINDB)/1942:
https://www.planalto.gov.br/ccivil_03/Decreto-Lei/Del4657compilado.htm

- Lei do Sistema Nacional de Atendimento Socioeducativo (Sinase)/2012:
https://www.planalto.gov.br/ccivil_03/_ato2011-2014/2012/lei/l12594.htm

- Lei Orgânica da Assistência Social (LOAS)/1993:
https://www.planalto.gov.br/ccivil_03/LEIS/L8742.htm

- Lei Orgânica Nacional do Ministério Público (LONMP)/1993:
https://www.planalto.gov.br/ccivil_03/Leis/L8625.htm

- Objetivos de Desenvolvimento Sustentável da ONU (ODS):
https://brasil.un.org/pt-br/sdgs

- Atos normativos editados pelo Poder Executivo Federal que dispõem sobre a promulgação de convenções e recomendações da Organização Internacional do Trabalho – OIT ratificadas pela República Federativa do Brasil/1981:
https://www.planalto.gov.br/ccivil_03/_Ato2019-2022/2019/Decreto/D10088.htm

- Plano Nacional de Educação (PNE):
  https://pne.mec.gov.br/18-planos-subnacionais-de-educacao/543-plano-nacional-de-educacao-lei-n-13-005-2014

- Resolução n. 170 do Conselho Nacional dos Direitos da Criança e do Adolescente (Conanda):
  https://acteba.blogspot.com/2015/01/conanda-resolucao-n-170-de-10-de.html